山东大学年鉴

（2021）

邢占军　赵　海　主编

山东大学出版社
·济南·

图书在版编目(CIP)数据

山东大学年鉴．2021/邢占军，赵海主编．--济南：山东大学出版社，2023.12

ISBN 978-7-5607-6954-7

Ⅰ．①山…　Ⅱ．①邢…②赵…　Ⅲ．①山东大学-2021-年鉴　Ⅳ．①G649.285.21-54

中国国家版本馆 CIP 数据核字(2024)第 061547 号

责任编辑　李　璐　郭凯迪　肖淑辉
美术设计　王秋忆

山东大学年鉴(2021)
SHANDONG DAXUE NIANJIAN (**2021**)

出版发行　山东大学出版社
社　　址　山东省济南市山大南路 20 号
邮　　编　250100
发行热线　(0531)88363008
经　　销　新华书店
印　　刷　山东新华印务有限公司
规　　格　787 毫米×1092 毫米　1/16
　　　　　12 插页　45.5 印张　1085 千字
版　　次　2023 年 12 月第 1 版
印　　次　2023 年 12 月第 1 次印刷
定　　价　129.00 元

3 月 2 日，山东大学召开党史学习教育动员部署大会

4月9日，由教育部高等教育司、山东省教育厅指导，山东大学、全国新文科教育研究中心和山东省高等学校教务与教学管理学会共同主办的“新文科建设高峰论坛2021：迈入新阶段”在山东济南召开

4 月 24 日，第十七届中国研究生数学建模竞赛颁奖大会在华东理工大学举行，山东大学研究生荣获一等奖 2 项、二等奖 9 项、三等奖 11 项

4 月 24 日至 25 日，《文史哲》创刊 70 周年纪念会在山东济南举行

习近平给《文史哲》编辑部全体编辑人员的回信

《文史哲》编辑部的同志们：

你们好！来信收悉。《文史哲》创刊70年来，在党的领导下，几代编辑人员守正创新、薪火相传，在弘扬中华文明、繁荣学术研究等方面做了大量工作，在国内外赢得一定声誉，你们付出的努力值得肯定。

增强做中国人的骨气和底气，让世界更好认识中国、了解中国，需要深入理解中华文明，从历史和现实、理论和实践相结合的角度深入阐释如何更好坚持中国道路、弘扬中国精神、凝聚中国力量。回答好这一重大课题，需要广大哲学社会科学工作者共同努力，在新的时代条件下推动中华优秀传统文化创造性转化、创新性发展。高品质的学术期刊就是要坚守初心、引领创新，展示高水平研究成果，支持优秀学术人才成长，促进中外学术交流。希望你们再接再厉，把刊物办得更好。

习近平

2021年5月9日

新华社发

5月9日，中共中央总书记、国家主席、中央军委主席习近平给《文史哲》编辑部全体编辑人员回信，对办好哲学社会科学期刊提出殷切期望

5 月 10 日，山东大学专题学习贯彻习近平总书记给《文史哲》编辑部全体编辑人员重要回信精神

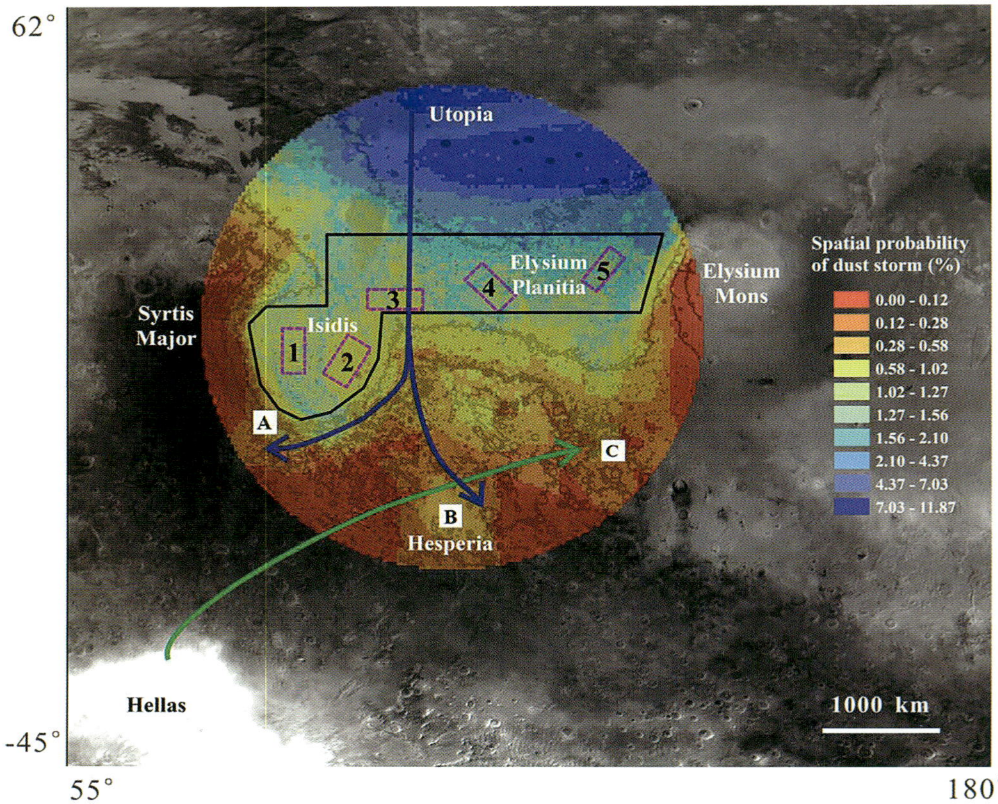

5 月 15 日 7 时 18 分，“天问一号”探测器成功着陆火星乌托邦平原南部，我国首次火星探测任务着陆火星圆满成功，山东大学行星科学团队建立了我国首个火星尘暴数据库，掌握了火星尘暴和光学深度的时空分布规律，为“天问一号”成功着陆提供了决策依据

5 月 15 日，第十二届全国大学生数学竞赛决赛在吉林大学举行，山东大学 17 名参赛学生获一等奖 2 项、二等奖 8 项、三等奖 7 项

5 月 17 日，山东大学与中铁十八局集团有限公司签署战略合作协议

5 月 20 日，国家示范性软件学院服务山东重大项目集中签约活动在山东大学举行

5 月 26 日，国家税务总局山东省税务局与山东大学签署战略合作协议

5 月到 9 月，中央第十一巡视组对山东大学党委开展政治巡视，并向山东大学党委反馈巡视情况

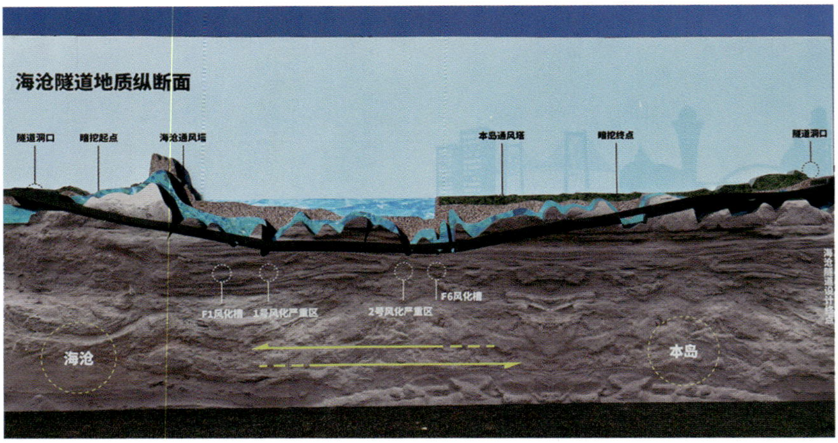

6月17日，历时5年，我国华南地区最长的钻爆法海底隧道——海沧隧道通车仪式隆重举行，在海沧海底隧道工程建设中，山东大学岩土中心李术才院士团队参与了多项技术攻关，为工程的安全建设和顺利贯通提供了重要技术支撑

10 月 10 日，山东大学科学技术馆开馆仪式在千佛山校区举行

10 月 13 日，山东大学校史馆、校友馆、人文社科展、抗疫主题展开馆开展

10 月 14 日，以“面向共同未来的高等教育：迎接全球挑战”为主题，全球大学校长论坛在山东大学中心校区举行

10 月 15 日，山东大学庆祝建校 120 周年大会在中心校区体育场隆重举行

10 月 15 日，《山东大学建校一百二十周年》纪念邮票首发式举行

10 月 15 日晚，庆祝山东大学建校 120 周年音乐舞蹈晚会《为国育贤》在中心校区举行

10 月 15 日，2021 山东大学校友“泉城行”活动在济南新旧动能转换起步区举行

11 月 5 日，中共山东大学第十四届委员会第九次全体会议举行，听取《山东大学“十四五”事业发展规划》有关情况说明，审议并通过《山东大学“十四五”事业发展规划》

11 月 10 日，山东大学服务山东高质量发展座谈会在中心校区举行

11月28日11时18分，历经9年建设的成兰铁路跃龙门隧道左线胜利贯通，山东大学岩土工程团队扎根工地，攻坚克难，实现多项关键技术的突破，为工程的安全建设和顺利贯通提供了关键技术支撑

11 月，山东大学陈子江教授（左）、王小云教授（右）当选 2021 年度发展中国家科学院院士

12 月 10 日，临床医学院临床医学（五年制）2017 级本科生陈润泽获得优秀学生特等奖，山东大学本科生获宝钢优秀学生特等奖实现“四连冠”

12月3日，山东大学召开博士后工作会议

12 月 20 日，山东大学与中国科协、山东省政府共建的黄河国家战略研究院在威海举行揭牌仪式

山东大学临床医学院辅导员薛冰当选 2021 年“最美高校辅导员”

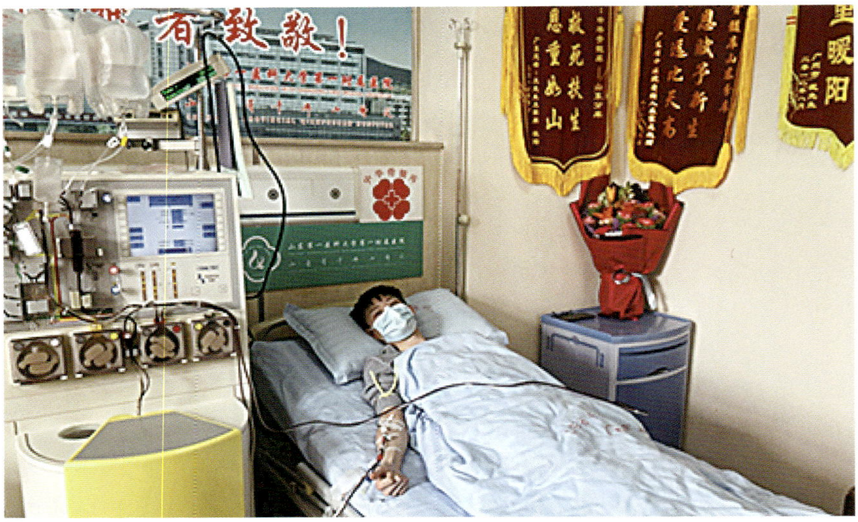

2021 年，山大学子王子铭(上)、曾庆恺(中)、张木子 3 名同学成功捐献造血干细胞

《山东大学年鉴》编纂委员会

魏英凯	盖玉强	石　莹	董丹丹	江小荃	董雪梅	郑智航
张海燕	邹永厚	满洪杰	赵　萍	徐　慧	王　薇	王　英
郑海涛	张灵慧	刘海华	王　庆	王欣茹	徐良瑜	李慧慧
周　洪	韩　杰	曲珊娜	张　啸	侯　雯	袁玉起	王建峰

编写说明

一、《山东大学年鉴（2021）》是由学校年鉴编纂委员会主持编纂的一部综合性资料工具书，是全面系统记述学校各领域、各方面建设发展情况的年度史料性文献。

二、本年鉴编纂坚持以马克思列宁主义、毛泽东思想、邓小平理论、“三个代表”重要思想、科学发展观、习近平新时代中国特色社会主义思想为指导，客观地记载学校在各项工作中取得的成绩，及时总结存在的问题，以史为鉴。

三、本年鉴记述时限上起2021年1月1日，下止2021年12月31日。部分内容依实际情况，在时限上略有延伸。

四、本年鉴结合时代特点和山东大学特色，以学校事业发展为主线，从党政管理、人才培养、科学研究、服务社会、师资队伍建设、国际合作与交流、基本建设、校办产业以及图书、档案、出版等各个方面反映山东大学办学全貌。全书共分概述、特载、年度十大新闻、党的建设和思想政治工作、行政工作、学院建设、威海校区、青岛校区、齐鲁医学院、附属医院、表彰和奖励、毕业生名单、大事记、附录等栏目。

五、本年鉴以文章和条目为基本体裁，文字力求客观准确、简洁凝练。

六、年鉴编纂涉及学校各职能部门、直属附属单位，各学院、教学部，各附属医院等单位。本年鉴所刊内容均由各单位确定专人负责提供，并经本单位领导审定。

《山东大学年鉴》编委会

2022年10月

目 录

概 述

特 载

年度十大新闻

党的建设和思想政治工作

行政工作

学院建设

威海校区

青岛校区

齐鲁医学院

附属医院

表彰和奖励

毕业生名单

大事记

附　录

概述

2021 年山东大学概况

山东大学是一所历史悠久、学科齐全、实力雄厚、特色鲜明的教育部直属重点综合性大学，在国内外具有重要影响，2017 年顺利迈入世界一流大学建设高校（A 类）行列。

山东大学前身是 1901 年创办的山东大学堂，被誉为中国近代高等教育起源性大学。其医学学科起源于 1864 年，开启近代中国高等医学教育之先河。从诞生起，学校先后历经了山东大学堂、国立青岛大学、国立山东大学、山东大学以及由原山东大学、山东医科大学、山东工业大学三校合并组建的新山东大学等几个历史发展时期。120 年来，山东大学始终秉承“为天下储人才，为国家图富强”的办学宗旨，深入践行“学无止境，气有浩然”的校训精神，踔厉奋发，薪火相传，积淀形成了“崇实求新”的校风，培养了 60 余万各类人才，为国家和区域经济社会发展作出了重要贡献。

学校总占地面积 8000 余亩，形成了一校三地（济南、威海、青岛）的办学格局，是中国目前学科门类最齐全的大学之一，在综合性大学中具有代表性，拥有博士学位授权一级学科 44 个，博士学位授权二级学科 1 个，硕士学位授权一级学科 51 个，本科招生专业 93 个，博士后科研流动站 42 个，涵盖除军事学以外的所有学科门类。学校现有在校生近 7 万人，专任教师 4600 余人，其中，中国科学院和工程院院士（含双聘）21 人，长江学者特聘教授 42 人、青年长江学者 13 人，国家杰出青年科学基金获得者 55 人、优秀青年科学基金获得者 42 人，国家特支计划领军人才 32 人、青年拔尖人才 16 人，国家百千万人才工程入选者 39 人；国家级各类平台基地 26 个，教育部人文社会科学重点研究基地 4 个，部委级平台 51 个，另有大批省级重点实验室和工程技术研究中心；拥有多家直属附属医院；与 30 多个国家和地区的 200 余所学校签署了校际合作协议。

中国特色社会主义进入新时代以来，学校深刻领会“扎根中国大地办大学”的精神实质，坚持和加强党对学校的全面领导，以追求卓越、只争朝夕的奋进姿态，大力实施“七大战略”，加快实现“由大到强”历史性转变，学校的整体实力和国际影响力明显增强，18 个学科的学术影响力和贡献能力进入 ESI 世界排名前 1%，5 个学科进入 ESI 前 1‰，金融数学、晶体材料、凝聚态物理、胶体界面化学、微生物、机械、材料学、心脑血管功能修复、新药制造、中国古典哲学等学科均达到国内一流水平，有些方向和领域已处在世界水平，家国情怀、担当精神、崇实品格、创新素养的“山大基因”广受赞誉。

2021 年 5 月 9 日，习近平总书记给山东大学《文史哲》编辑部全体编辑人员回信，充分肯定 70 年来《文史哲》编辑部在党的领导下，几代编辑人员守正创新、薪火相传，为弘扬中华文明、繁荣学术研究等作出的积极贡献，对办好《文史哲》杂志寄予殷切期望，对包括山东大学教师在内的广大哲学社会科学工作者提出明确要求，体现了对山东大学的亲切关怀，全体山大人备受激励鼓舞、倍感责任重大。

新的征程上，学校将在习近平新时代中国特色社会主义思想指引下，认真学习贯彻习近平总书记“七一”重要讲话精神和给《文史哲》编辑部全体编辑人员重要回信精神，聚势谋远，守正创新，追求卓越，只争朝夕，全面落实立德树人根本任务，深入实施“七大战略”，加快推进中国特色世界一流大学建设，为全面建成社会主义现代化强国、早日实现中华民族伟大复兴贡献山大力量！

（刘帆）

特载

在2021年春季新学期工作会议上的讲话

郭新立

（2021年2月26日）

老师们、同志们：

刚才，樊校长代表学校对去年一年的工作作了系统总结，并对2021年的工作进行了全面部署。希望各单位认真学习传达，并结合本单位的工作实际，抓好贯彻落实，确保全年的目标任务能够高质量高标准高效率地完成。

今年寒假大家都很辛苦，学校党委利用假期时间，聚焦“双一流”建设和高质量发展主题，先后组织召开了务虚会、全委会、常委会，深入学习贯彻党的十九届五中全会精神，把握新发展阶段，贯彻新发展理念，融入新发展格局，以龙山校区（创新港）规划建设为引领，系统谋划学校“十四五”事业发展，厘清了发展思路，锚定了发展方向，擘画了发展蓝图。下面，就坚定不移地落实全委会精神，全力以赴聚势谋远“十四五”，确保起好步、开好局，我再谈四点意见：

一、在把握方位中“聚势谋远”

方位决定定位，定位决定地位。习近平总书记强调，不谋全局者，不足谋一域。只有把握发展大势，立足高质量发展全局，才能在关键处落子，实现满盘皆活的良好局面。“十四五”时期，是我国全面建设社会主义现代化国家、向第二个百年奋斗目标进军的第一个五年。昨天，习近平总书记在全国脱贫攻坚总结表彰大会上，向全世界庄严宣告脱贫攻坚战取得全面胜利，创造了彪炳史册的人间奇迹。这标志着第一个百年目标顺利完成，第二个百年目标同步开启，社会主义现代化建设进入了新阶段。“十四五”时期，也是山大在完成第十四次党代会“三步走”战略第一步目标基础上、向世界一流行列迈进的开局五年。面向“十四五”，推动学校高质量可持续发展，必须要系统分析我们所处的环境和形势，深刻理解我们面临的挑战何在、压力何在、机遇何在。

一方面，要跳出山大看清楚“历史方位”。只有进一步把握历史发展规律，才能更好地把握党和国家发展的历史主题。从学校外部来看，中华民族伟大复兴的战略全局和世界百年未有之大变局“两个大局”交织激荡，社会主义现代化国家建设新征程已然开启，作为中国近代高等教育的起源性大学，我们要直面党和国家事业发展对高等教育、对科学技术、对创新人才的迫切需要，要直面世界百年未有之大变局加速演进的深刻调整以及新一轮科技革命、产业变革的蓬勃发展，要直面国内外高等教育千帆竞发、百舸争流的竞争态势和中国高等教育转型升级的重要关口，要直面山东开启新时代现代化强省建设新征程、笃定“七个走在前列”“九个强省突破”目标的定位需求，在积极主动融入以国内大循环为主体、国内国际双循环相互促进的新发展格局中提高站位、找准方位、明确定位，体现担当、展示作为、贡献力量。

另一方面，要立足山大把握好“发展方位”。从内部来看，回顾极不平凡的“十三五”，在全校上下团结一心、共同奋斗下，五年来，党的领导优势充分彰显；五年来，一流大学建设全面加速；五年来，全面深化改革纵深推进；五年来，内部治理效能明显提升；五年来，条件保障和民生福祉获得重大改善；五年来，各项事业取得辉煌成就。可以说，我们已全面具备冲击世界一流大学的基础和条件，已充分集聚承担国家重大战略任务的能力和实力，已逐步形成昂扬向上、加速赶超、高质量发展的良好态势，学校“由大到强”历史性转变的步伐愈发坚定、愈发强健、愈发有力，“中国特色、世界一流、山大风格”的发展道路越走越清晰、越走越笃定、越走越宽广。总的来看，无论是国际国内的大局，教育和山东的发展，还是山大的态势，都决定了当前和今后一个时期仍然是学校发展的重要战略机遇期，机遇前所未有，挑战前所未有，希望前所未有。

面对时代大变革、大挑战，要实现大跨越、大发展，我们既要坚定发展信心，更要增强忧患意识，深刻把握时与势的变化、危与机的转化、竞与合的衍化，准确识变、科学应变、主动求变，切实在世界变局、全国大局、高教格局、山东新局中找准定位和优势，乘风破浪、扬帆远航，攻坚克难、勇往直前，牢牢把握战略机遇期，全力办好山大事，努力走出一条高质量发展的新路。

二、在坚定道路中“聚势谋远”

道路决定出路，出路决定思路。学校第十四次党代会明确了世界一流、中国特色、山大风格的建设发展道路，为学校发展指明了方向。“十四五”时期，我国经济社会发展和教育都进入高质量发展阶段，教育改革发展的外部环境和宏观政策环境已经发生深刻变化。作为中国近代高等教育的起源性大学和世界一流大学建设A类高校，我们要勇于突破唯排名、唯数量、唯规模的思维定式，以敢闯敢试、敢为人先的胆识，以追求卓越、勇攀高峰的气魄，以时不我待、只争朝夕的精神，积极探索中国特色世界一流的山大道路，努力建设一所担当中华民族复兴大任的世界一流大学，在强国伟业中彰显百廿山大的办学初心和价值追求，为“中国梦”增强支撑，为“高教梦”增强引领，为“山东梦”增强驱动。

经过务虚会研讨和全委会审定，我们提出“十四五”时期，学校事业发展的总体思路是：高举中国特色社会主义伟大旗帜，深入贯彻党的十九大和十九届二中、三中、四中、五中全会精神，坚持以习近平新时代中国特色社会主义思想为指导，以推动内涵式高质量发展为根本主题，以立德树人为根本任务，以改革创新为根本动力，以办好人民满意的教育为根本目的，统筹发展与安全，深化实施“六大战略”，坚决贯彻“121”行动路径，全力推进融合发展，在坚持“四个面向”、践行“四个服务”中高度彰显新时代山大的初心使命，积极探索中国特色、世界一流的山大道路，全面开创担当中华民族复兴大任的世界一流大学建设新局面。具体来说，要始终做到“五个坚持”：一是坚持党建领航，始终坚持和加强党对学校工作的全面领导，充分发挥学校党委、学院党委、党支部、党员“四个作用”，努力在破解“两张皮”上取得根本性突破，切实使党的领导成为办好山大的最大优势和根本保证；二是坚持创新提质，牢牢把握创新核心地位，聚焦聚力科技自立自强，将提升科技创新能力、汇聚和培养创新人才作为主攻方向，着力打造国家战略科技力量，以高水平创新驱动高质量发展；三是坚持融合聚势，将融合发展上升为学校发展战略，大力推进学科融合、科教融合、产教融合、医教融合、军民融合，积极探索融合发展的新体制新模式新路径，努力在开放融合中显著提升学术核心竞争力；四是坚持治理赋能，加快推进学校治理体系和治理能力现代化，着力在构建中国特色现代大学制度体系上下功夫，推动实现内部管理的深刻变革，持续将治理效能转变成发展动能；五是坚持文化铸魂，以社会主义核心价值观为统领，熔铸新时代的山大精神，弘扬新时代的山大文化，不断提振山大自信，充分激发向上斗志，广泛汇聚起全体山大人推动实现“由大到强”的磅礴力量。

老师们，同志们！在“五个坚持”的指引下，今后五年，我们要始终锚定建设担当中华民族复兴大任的世界一流大学这个战略目标，敢于直面问题、敢于迎难而上、敢于勇担重任，在危机中育新机、于变局中开新局，奋力实现“由大到强”的历史性转变，着力抓好“十一项重点任务”：一是加强和改进党的领导，着力彰显最大办学优势。二是始终坚持立德树人，着力丰富“山大基因”时代内涵。三是深入推进人才强校，着力造就高水平师资队伍。四是推动实现学科升级换代，着力打造一流学术高地。五是贯彻落实“四个面向”，着力增强科研创新能力。六是加快推进强力蓄能，着力夯实高质量发展支撑保障。七是深入实施服务山东战略，着力提升服务经济社会水平。八是不断深化国际交流合作，着力构建对外开放办学新格局。九是高度凸显文化引领，着力助推文化强国建设。十是持续深化综合改革，着力激发办学活力。十一是科学统筹安全发展，着力维护安全稳定大局。

三、在振奋精神中“聚势谋远”

振奋精神，才能激发出磅礴的动力。回首百年党史和120年建校史，我们越是艰险越向前，无不源于精神的振奋。面对新形势、新阶段、新理念、新格局、新目标、新要求，我们必须要突出文化引领作用，大力弘扬奋斗精神、改革精神、创新精神，切实把学校的发展同国家的建设发展更加紧密地联系在一起，更积极更主动地融入并促进山东经济社会发展，切实回答好新时代山大人应该有什么样的追求、胸襟、底气的重大命题。

——要大力弘扬奋斗精神。征途漫漫，唯有奋斗。中华民族伟大复兴，绝不是轻轻松松、敲锣打鼓就能实现的。社会主义是干出来的，新时代是奋斗出来的。艰苦奋斗是我们的政治本色，是我们一路走来、发展壮大的重要保证，也是我们继往开来、再创辉煌的重要保证。我们要大力弘扬新时代“抗疫精神”，坚决摒弃“过小日子”的落后观念，引导全校上下始终以国家强盛、民族振兴、人民幸福为使命担当，树立报国壮志、勇做强国大事，将山大特色的文化基因深深植入每一名山大人的意识中，切实做到内化于心、外化于行。一是深入开展党史学习教育，教育引导全校上下坚定奋斗自信、树立奋斗志向，深入淬炼“追求卓越、只争朝夕”的精气神。二是努力营造“人人皆可成才、人人尽显其才”的环境氛围，为担当者担当，让实干者实惠，真正让“个人梦”

“山大梦”“山东梦”“中国梦”梦梦相连。三是持续健全正向激励体制机制，派发“激励红包”，释放“激励效应”，鼓励党员干部想干事、干成事。

——大力弘扬改革精神。改革只有进行时，没有完成时。虽然我们已走过千山万水，取得了一定改革成效，但仍需要不断跋山涉水，开辟改革发展新境界。面对改革进入深水区、攻坚期，唯有大胆试、大胆闯、全力拼、踏实干，迸发出改革精神的无穷力量，才能闯关夺隘、劈波斩浪，推动改革开放事业浩荡前行。要始终解放思想、实事求是。以人事人才工作为例，我们既要看到近年来人才强校战略深入人心、人才事业蓬勃发展、高层次人才连续翻番的成绩，同时也要看到，我们与复旦大学、浙江大学等“参照系”之间存在的差距。要进一步发扬求真务实、真抓实干的作风，脚踏实地把既定的行动纲领、战略目标、工作蓝图切实转变为现实。要始终紧跟时代、与时俱进，结合社会主义现代化建设进入新发展阶段的时代要求，结合学校推进实施“第二步”战略发展目标的总体定位，深入推进新一轮的思想解放和体制机制改革，准确识变、科学应变、主动求变，不断回答时代和实践提出的新的重大课题。要始终敢闯敢试、锐意进取，敢于向积存多年的顽瘴痼疾开刀，敢于触及深层次利益关系和矛盾，以更大的决心、更大的气力、更大的勇气向着陌生地带、高难领域发起新的改革攻坚，将改革进行到底。

——大力弘扬创新精神。抓创新就是抓发展，谋创新就是谋未来。前进道路上，我们要大力弘扬与时俱进、锐意进取、勤于探索、勇于实践的创新精神，引导全校上下强化“不入主流，难成一流”的思想认识，主动顺应大局大势，坚决改变“小作坊”式的落后发展方式，坚持在经济发展大形势、国家发展大战略、区域经济发展大格局中找定位、有作为、谋发展。要积极适应综合创新的大趋势，始终在融入发展大局、服务国家重大需求、支撑区域经济发展中承担责任、主动作为、强校兴国，着力攻关重大理论和现实问题，努力解决“卡脖子”问题；始终以海纳百川的胸怀、开放包容的心态，着力推动校内外各类学科和创新要素的融合发展，始终坚定一流目标、树牢一流意识、恪守一流标准；始终把追求卓越作为核心价值追求，凝心聚力打造大平台、组建大团队、承担大项目、产出大成果、培育大人才，切切实实做强学院、做强学科，全面提升学术核心竞争力。

四、在狠抓落实中“聚势谋远”

2021年，是建党100周年，是“十四五”规划开局之年，是“第二个百年奋斗目标”开启之年，也是山东大学开启新甲子新征程、实现高质量发展奠基之年。做好2021年的工作，对于山东大学未来五年的发展具有极其重要的意义。我们必须保持敢打必胜的精神状态，聚焦全委会确定的五年发展思路和各项重点任务，坚定坚决地落实、专业专注地落实、创新创造地落实，在不懈奋斗、苦干实干中确保“十四五”开好局、起好步。

一是要强党建促发展。要以开展党史学习教育为契机，把党史学习教育与学校改革发展重要工作、重大任务紧密结合起来，坚决防止学习和工作“两张皮”，切实做到学史明理、学史增信、学史崇德、学史力行，切实做到学党史、悟思想、办实事、开新局，切实做到把学习成效转化为改革发展动力。

二是要强本领善作为。不断提高政治判断力、政治领悟力、政治执行力，在破解发展难题中、在贯彻群众路线中、在发扬斗争精神中锤炼能力本领，着力打造适应学校事业发展需要的高素质专业化的干部队伍。

三是要强作风优服务。践行师生为本的理念，用心用情用力办实事解难题，围绕“强院兴校”行动，积极在根治形式主义、官僚主义上见真招，树牢“学院吹哨、机关报到”的鲜明导向，持续提升“两不出”的改革成效，切实为基层松绑减负，持续提升师生医务员工的幸福感和满意度。

四是要强安全守底线。安全工作极端重要，安全形势十分严峻。要始终坚持人民至上、生命至上，抓细抓实常态化疫情防控，坚决守护好师生医务员工生命安全和身体健康。要下好先手棋、打好主动仗，牢牢把握意识形态工作主动权，健全完善“八横八纵”管理工作机制、网格化管理服务体系，以最严制度、最硬责任、最强措施切实维护校园安全稳定。目前，已有1万名学生提前批次返校，后续几天学校将迎来第二批、第三批近6万名学生返校，全校上下务必要“揪起心”“瞪起眼”“动起手”来，高度重视安全工作，主动排查安全隐患，快速解决安全问题。

五是要强担当保落实。要带头立足岗位履职尽责，把该担的责任担起来，把该干的事情干出色，在改革攻坚中打头阵，在高质量发展上当先锋，在为民服务上作表率，努力在创建中国特色世界一流大学中建功立业。

老师们，同志们！时间属于奋进者，历史属于奋进者！过去的这几年，每一位山大人都为学校的发展作出了历史性的贡献，每一个人都是山大历史的见证者、创造者、贡献者。站在百廿山大继往开来的历史新起点，我们要继续勇做时代的奋进者、历史的创造者，大力弘扬为民服务孺子牛、创新发展拓荒牛、艰苦奋斗老黄牛的“三牛”精神，以不怕苦、能吃苦的牛劲牛力，保持不用扬鞭自奋蹄的精气神，追求卓越、只争朝夕，攻坚克难、不懈奋斗，坚决确保各项目标任务落实落地，奋力实现“十四五”良好开局，以优异成绩迎接建党100周年和建校120周年！

谢谢大家！

在山东大学2021年全面从严治党工作会议上的讲话

郭新立

（2021年3月2日）

同志们：

今天，我们召开学校2021年全面从严治党工作会议，深入学习贯彻十九届中央纪委五次全会精神，总结回顾“十三五”时期学校全面从严治党工作，在新的历史起点上谋划和推进全面从严治党向纵深发展。下面，我讲三点意见。

一、求真务实，深入总结“十三五”时期学校全面从严治党的成绩经验

“十三五”时期是学校事业发展极不平凡的五年，也是全面从严治党取得显著成效的五年。五年来，学校党委深入学习贯彻习近平新时代中国特色社会主义思想，全面加强党的领导和党的建设，以全面从严治党引领保障从严治学、从严治教、从严治校，为实现“由大到强”历史性转变提供了坚强政治保证。

——我们坚持从严从实抓思想，党的思想引领力持续增强。创建“五个一”模式，持续学懂弄通做实习近平新时代中国特色社会主义思想，全校上下已经形成用“金钥匙”破解改革发展难题的思想共识和行动自觉。坚持以理想信念铸魂育人，扎实开展“不忘初心、牢记使命”主题教育，持续巩固提升主题教育成果，扎实推进学校“三全育人”综合改革，深入推进师德师风建设，健全思政工作体系，实施学校文化引领战略，立德树人取得显著成效。强化政治监督，持续深化中央巡视整改工作，开展聚焦“四个落实”自查自纠、未巡先改专项行动，不断巩固扩大巡视整改成果。坚持马克思主义在意识形态领域指导地位的根本制度，旗帜鲜明管好意识形态阵地，实现意识形态工作专项巡察全覆盖，及时防范化解安全风险隐患，有力维护了校园安全稳定。

——我们坚持从严从实抓管党，党的领导优势不断彰显。成功召开学校第十四次党代会，擘画了新时代学校事业发展的宏伟蓝图。坚持党委领导下的校长负责制，建立健全“校领导班子务虚会谋划、全委会审定、新学期工作会议部署、专题会议推进”的制度安排，在人才培养、学科建设、师资队伍、治理体系等方面实现深层次突破，学校党委把方向、管大局、作决策、保落实的能力持续增强。每年召开全面从严治党工作会议，已经制定并落实全面从严治党“一办法三清单”，建立健全监督协同机制，不断拧紧抓实管党治党责任链条。充分发挥党建引领作用，构建一校三地党建制度体系和“四位一体”组织体系，探索形成“发挥四个作用”特色党建模式，凝心聚力谋大事、干大

事、成大事，不断增强基层党组织政治功能和组织力，有效破解“两张皮”。

——我们坚持从严从实抓队伍，干部队伍活力大幅提升。落实新时代党的组织路线和好干部标准，树立讲担当重实绩的鲜明导向，完善“五大体系”，着力选育优秀年轻干部，先后两批选派320名年轻干部教师校内双向挂职历练，配齐建强思政、党务工作队伍，全方位多层次开展干部教育培训，干部办学治校的本领素质显著增强。加强干部管理监督，严厉治庸治懒，弘扬新风正气，推进能上能下，多措并举激励全校干部新时代新担当新作为。在中组部选人用人“一报告两评议”中，学校选人用人工作和从严管理监督干部满意率连续四年提升，选人用人总体评价为“好”的比例从2016年的45.8%上升到2019年的88.1%，从严监督管理干部评价为“好”的比例从2016年的49.4%上升到2019年的90.5%。

——我们坚持从严从实抓作风，党风校风学风持续向好。严格落实中央八项规定精神，专项整治形式主义、官僚主义问题。落实“一线规则”，推进服务型机关建设，引导职能部门树立“学院吹哨、机关报到”的意识，加快推动“强院兴校”。实施服务民生“五大聚心工程”，巩固扩展“两不出”成果，建成师生服务大厅，开通校园“12345”服务热线，推动“年度服务师生十件实事”制度化常态化，师生满意度、获得感得到进一步提升。

——我们坚持从严从实抓执纪，政治生态持续巩固提升。坚定不移推进党风廉政建设，聚焦廉政风险突出的重点领域和关键环节，聚焦师生医务员工身边的腐败和作风问题，一体推进不敢腐、不能腐、不想腐，让师生在全面从严治党中感受到公平正义。坚持严管和厚爱相结合、激励和约束并重，制定并落实容错免责实施办法。扎实推进学校纪检体制改革，深入推进校内巡察，用好监督执纪“四种形态”，监督执纪数据呈现出“四升一降”新态势：问题线索办结率、初核查实率、第一种形态处置量、自行初核转立案率逐年上升，检举控告类信件数量持续下降。

特别需要指出的是，2020年是山东大学发展史上不同寻常的一年。面对波谲云诡的国际形势，面对艰巨繁重的改革发展稳定任务，面对突如其来的新冠肺炎疫情，我们统筹推进疫情防控常态化、安全稳定常态化和事业改革发展并取得显著成效，在实践中检验了全校各级党组织的战斗力凝聚力，检验了全体党员干部的党性、能力和作风，检验了学校全面从严治党的总体成效。面对大战大考，全校上下坚决贯彻习近平总书记重要指示批示精神和党中央决策部署，认真落实教育部和山东省委省政府各项要求，扛牢管党治党政治责任，为实现收官之年圆满收官、推动学校各项事业健康发展提供了坚实保证。

这些成绩的取得，根本在于以习近平同志为核心的党中央的坚强领导，同时也是全校各级党组织和广大师生医务员工辛勤付出和共同努力的结果。在此，我代表学校党委，向全体师生医务员工致以诚挚的感谢和崇高的敬意！

总的来看，“十三五”时期，学校全面从严治党取得了显著成绩。总结实践，我们有以下几点体会。一是必须提高政治站位。自觉以更高的站位认识我们担负的政治使命和职责定位，不断提高政治判断力、政治领悟力、政治执行力，以高度的政治责任感和历史使命感担当作为，坚决保障党中央决策部署落实落地。二是必须做到“两个维护”。

维护意识要牢、维护能力要强、维护行动要实，将党对高校的全面领导贯穿到办学治校全过程，理直气壮地永葆“为国育贤”办学初心，以培养中国最优秀的本科生和最具创造力的研究生为己任，努力造就富有“家国情怀、担当精神、崇实品格、创新素养”的时代新人。三是必须落实“两个责任”。习近平总书记指出的政治问题和经济问题交织、传统腐败和新型腐败交织、腐败问题和不正之风交织等“交织问题”在高校也不同程度存在，必须认真落实好中管高校纪检监察体制改革任务，落实党委主体责任和纪委监督责任，切实加强对关键少数和关键环节的监督。四是必须树牢“阵地意识”。教育引导广大干部师生增强“四个意识”，坚定“四个自信”，做到“两个维护”，使高校成为坚持党的领导的坚强阵地；牢牢把握意识形态工作主动权，持续强化意识形态领域风险防控，着力加强意识形态阵地建设与管理；加强高校各类阵地建设管理，为党育人、为国育才，确保红色江山永不变色。五是必须严肃执纪问责。始终坚持“严”的主基调，聚焦“存量清楚、增量清零、生态清明”，注重把查办违纪违法案件与堵塞制度漏洞、强化监督监管结合，以系统思维推动办案、整改、治理贯通融合，解决一批顽瘴痼疾，发挥查处一案、警示一片、治理一域的综合效应，不断推动管党治党迈向标本兼治。六是必须强化监督协同。针对日常监督中存在的监督力量分散、质量不高、合力不足等问题，要健全党委统一领导、全面覆盖、权威高效的监督体系，推动形成系统集成、协同高效的监督工作机制，以党内监督为主导，推动各类监督有机贯通、相互协调，特别是党办校办、纪检监察、督查巡察、组织、人事、财务、资产、审计等部门要加强沟通协作，信息共享、结果共用。七是必须狠抓作风建设。作风问题本质上是党性问题，作风建设的关键在于解决问题、务求实效，我们坚持从作风建设破题，小切口大成效，通过驰而不息抓实作风转变，促“两不出”成果持续深化拓展，使“学院吹哨、机关报到”成为现实，以党风带教风促学风成效显著。

二、对标对表，准确把握“十四五”时期学校全面从严治党新形势新任务

今年是我们党成立100周年，是“十四五”开局之年。我们要实现各项既定目标，关键在党、关键在党要管党、关键在全面从严治党，这是我们做好一切工作的根本保证。1月22日，十九届中央纪委五次全会召开，习近平总书记发表了重要讲话，强调全面从严治党首先要从政治上看，不断提高政治判断力、政治领悟力、政治执行力，一刻不停地推进党风廉政建设和反腐败斗争，充分发挥全面从严治党引领保障作用，以强有力的政治监督，确保“十四五”时期目标任务落到实处。中央纪委五次全会，是在“十四五”开局之年召开的一次十分重要的会议，总书记的重要讲话是推进全面从严治党向纵深发展的重要遵循，是“十四五”时期全面从严治党的行动指南。我们要深刻领会精神实质，精准把握部署要求，学深悟透、融会贯通、坚定笃行，自觉把思想和行动高度统一到习近平总书记重要讲话精神和党中央决策部署上来。

第一，准确把握全会提出的“虽然党风廉政建设和反腐败斗争取得历史性成就，但形势依然严峻复杂”这一重大政治判断，既坚定信心决心，又保持冷静清醒。

去年下半年，我们开展了聚焦“四个落实”自查自纠、未巡先改专项行动并取得一定成效，但同新形势新使命新任务相比，我们的工作还存在明显差距和不足。一是贯彻

落实习近平总书记关于教育和高校工作的重要讲话、指示批示精神还不够深入，用习近平新时代中国特色社会主义思想推动事业发展的能力还需提升。二是管党治党责任和压力传导存在递减。部分单位和领导干部对全面从严治党的新常态还未“习以为常”；有的单位政治意识淡化、党的领导弱化、党建工作虚化、责任落实软化等问题仍不同程度存在；有的领导干部无视学校党委要求，仍然热衷于吃吃喝喝，隔三岔五就要聚一聚，在师生中造成不良影响。三是重点领域、关键环节廉洁风险还比较突出。有的党员干部还存在特权思想，损害学校利益的“大腐败”和发生在师生身边的“微腐败”依然存在，更有甚者竟对防疫资金“打主意”，各种违规违纪甚至违法问题禁而不绝，对此，我们一定严查严办，绝不姑息。近年来，学校查处多起违反中央八项规定精神问题，师德失范、学术不端、教学事故问题也是屡屡发生。四是治理体系与治理能力存在不足。有的党组织书记腰杆不够硬、底气不够足，所在单位的党建与管理“宽松软”，暴露出一些深层次问题。要看到，学校办学体量大、异地多校区办学，管理层级多、覆盖领域广、廉政风险高，但治理体系和治理能力跟不上学校改革发展步伐，存在监管滞后、内控缺失、制度执行不力、管理漏洞和盲区多等问题。狠抓落实、敢抓落实、善抓落实的风气尚未完全形成，促进学校事业高质量发展的协同机制还不完善。

以上问题的存在，反映出我们面临的形势依然严峻复杂，反映出我们全面从严治党工作还存在薄弱环节。我们要坚定不移深化学校党风廉政建设和反腐败工作，一体推进不敢腐、不能腐、不想腐，有效运用监督执纪“四种形态”，及时解决苗头性、倾向性问题，严厉惩处各种腐败问题和不正之风，以系统施治、标本兼治的理念正风肃纪反腐，使党员干部因敬畏而“不敢”、因制度而“不能”、因觉悟而“不想”。要持续深化作风建设，毫不松懈纠治“四风”，坚决防止形式主义、官僚主义滋生蔓延。要进一步巩固拓展机关作风的建设成果，继续坚持“深化作风建设、弘扬新风正气的十项要求”和“三个行为规范”，让求真务实、清正廉洁的新风正气像春风一样荡漾校园。

第二，准确把握全会提出的“全面从严治党首先要从政治上看”这一深远考量，增强“四个意识”、坚定“四个自信”、做到“两个维护”。

从山东大学改革发展、由大到强的实践中，我们深刻认识到，学校存在的很多问题根子上都是政治问题，都是因为党的政治建设没有抓紧、没有抓实。如果不从政治上认识问题、解决问题，就会陷入头痛医头、脚痛医脚的被动局面，就无法从根本上解决问题。为此，我们要深刻领会“全面从严治党首先要从政治上看”的时代内涵和实践意义，并在实践中提高“政治三力”。提高政治判断力，就是要从讲政治的高度看教育工作，善于用政治眼光观察和分析教育问题，定政策、作决策要把握政治判断标尺，遇事多看政治得失、政治风险。提高政治领悟力，就是要及时跟进学习党中央精神，深刻认识和领会党中央关于教育的重大决策部署的政治意图、战略谋划和实践要求，把讲政治的要求从外部要求转化为内在主动。提高政治执行力，就是要将党中央的政治要求创造性地转化为教育领域推进工作的具体措施，经常对表对标，及时校正偏差，切实将党中央决策部署落实到谋划战略、制定政策、部署任务、推进工作的实践中去。

第三，准确把握全会提出的“充分发挥全面从严治党引领保障作用”这一战略部署，自觉将全面从严治党贯穿到“十四五”建设中。

实施“十四五”规划、开启全面建设社会主义现代化国家的号角已经吹响，教育改革发展的外部环境和宏观政策环境发生深刻变化，党和国家对教育的需求比以往任何时候都更加迫切，对科学知识和卓越人才的渴求比以往任何时候都更加强烈。在这样的形势下，我们想要破解关系学校事业全局和长远发展的一系列重大课题，必须充分发挥全面从严治党引领保障作用。要结合学习贯彻中央纪委五次全会精神，对十九届五中全会精神进行再学习再深化，把中央的各项决策部署和要求落实落细到学校“十四五”规划中。五次全会进一步强调，要围绕贯彻新发展理念、构建新发展格局、推动高质量发展等重大决策，围绕巩固拓展疫情防控和经济社会发展成果、强化国家战略科技力量等重点任务，加强监督检查，督促落实落地。我们要领会新要求，应对新挑战，抢抓新机遇，在学校改革发展各项工作中，深入贯彻全面从严治党方针，制定并实施好“十四五”规划，推动学校“双一流”建设不断迈出新的更大步伐。领导班子成员要勇于攻坚克难，敢于开拓创新，以“追求卓越、只争朝夕”的精气神，奋力推进学校高质量发展。

第四，准确把握全会提出的“高质量发展”这一主题要义，以全面从严治党推动学校各项事业高质量发展。

当前，学校的发展正处于转型升级的紧要关口，我们已全面具备冲击世界一流大学的基础和条件，已充分集聚承担国家重大战略任务的能力和实力。从外部来看，“十四五”时期，学校事业发展仍处在重要战略机遇期；从内部来看，目前的山大正处在内涵提升期、创新突破期、改革攻坚期、治理优化期、建设高峰期等多期叠加的特殊阶段。我们要牢牢把握战略机遇期，全力办好山大事，努力走出一条高质量发展的新路。“十四五”时期，我们要坚持以习近平新时代中国特色社会主义思想为指导，充分发挥全面从严治党引领保障作用，以推动内涵式高质量发展为根本主题，以立德树人为根本任务，以改革创新为根本动力，以办好人民满意的教育为根本目的，全面开创担当中华民族复兴大任的世界一流大学建设新局面，为社会主义现代化建设和中华民族伟大复兴贡献山大力量。

第五，准确把握全会提出的“纪检监察机关要接受最严格的约束和监督”这一现实要求，努力建设一支政治素质高、忠诚干净担当、专业化能力强、敢于善于斗争的纪检监察铁军。

打铁必须自身硬。学校纪检系统要以更高标准、更严要求加强自身建设，更好知责于心、担责于身、履责于行，带头加强政治建设，坚守职责定位，强化监督、铁面执纪、严肃问责。纪检干部要坚定理想信念，提高政治能力，严格依规依纪履职，以最严标准强化自我监督约束，提高自身免疫力和专业履职能力。全校各级党组织要支持纪检组织履行责任，主动自觉接受监督，合力推进全面从严治党。

三、学以致用，奋力推动全面从严治党取得新成效

党史学习教育是党中央作出的重大决策部署，根本在于引导广大党员干部做到明理、增信、崇德、力行。我们要把党史学习教育与坚持党的领导、加强党的建设、推进全面从严治党具体实践结合起来，与山东大学建成中国特色世界一流大学的宏伟目标以及“十四五”重要任务结合起来。当前要重点做好以下工作：

一是坚决扛起全面从严治党政治责任。全面从严治党越向纵深推进，管党治党责任越要压实压紧。全校各级党组织要坚决扛起管党治党主体责任，书记作为第一责任人要敢抓真管，领导班子其他成员要切实担负“一岗双责”，学校纪委要对落实管党治党责任不务实、不尽力、不到位的坚决问责。要管在日常、严在经常，进一步完善和强化党内监督，不断健全完善监督体系。要注重关爱、激励担当，实行精准问责，加大容错纠错力度，及时澄清正名，持续关怀帮扶，使干部能干事、干成事。坚持组织路线服务政治路线，紧密围绕学校事业高质量发展选干部、配班子、建队伍、聚人才。坚持“干部政治素质、班子政治功能、单位政治生态”三位一体，统筹谋划中层领导班子和干部队伍建设。

二是大力推动全面从严治党向基层延伸。2 月 26 日，中共中央政治局会议审议了《中国共产党普通高等学校基层组织工作条例》。我们要按照会议要求和即将公布的工作条例要求，毫不动摇坚持和加强党对学校的全面领导，不断加强和改进学校党的建设，持续深入推动学校党建与事业发展深度融合，确保党的教育政策和党中央重大决策部署在学校有效贯彻落实；要着力解决一些基层党组织弱化、虚化、边缘化问题，推动基层党组织全面进步、全面过硬；要严格落实意识形态工作责任制，配齐建强学校党务工作和思想政治工作队伍，做好学校思想政治工作，推动党的创新理论进教材进课堂进头脑，深入培育和践行社会主义核心价值观；要全面增强学校基层党组织生机活力，发挥好师生党员先锋模范作用。今年还要特别重视对历史虚无主义等错误思潮的分析研判和辨析引导，及时跟进对“疫后综合征”的分析研判，坚决防止有害信息向校园渗透，筑牢防范化解各类风险的“铜墙铁壁”。

三是切实把全面从严要求贯穿学校各项工作中。要用好“3D”工作法，统筹疫情防控常态化、安全稳定常态化、事业改革发展。学校党委领导班子和成员要带好头、作表率，推动全校各级党组织从严从实抓好管党治党、办学治校各项工作的落实。当前，疫情防控形势严峻复杂，安全稳定形势严峻复杂，容不得半点麻痹懈怠，全校各级党组织要坚决落实好各项防控措施，守好守牢安全底线。各单位领导班子和领导干部特别是党政主要负责人，要切实增强大局意识和全局观念，在党委统一领导下有序行动、积极作为，既要有责任担当之勇，又要有科学防控之智，既要有统筹兼顾之谋，又要有组织实施之能，切实抓好工作落实。

这里，我再强调一下深化中央巡视整改、推进未巡先改工作，深化审计整改、开展风险排查专项行动，打好整改“组合拳”。2 月 4 日，教育部党组召开了中管高校巡视整改巩固深化调研座谈会，宝生部长对全面落实巡视整改任务提出了要求，强调要进一步统一思想认识，压实整改责任，抓实整改效果。2 月 28 日，学校召开审计委员会会议，决定针对教育部审计、学校内部审计和内控评价发现的问题，开展“深化审计整改，加强风险排查”专项行动。

下一步，我们要进一步深化认识，从“两个维护”的政治高度，坚持“政治体检”与“经济体检”相结合，按照提高“政治三力”的新要求，统筹抓好中央巡视整改、主题教育整改、审计整改、内控评价整改和风险排查，打好深化整改“组合拳”；要进一步提高标准，认真学习习近平总书记关于教育的重要论述、关于巡视工作的重要指示批示精神，贯彻落实教育部巡视整改巩固深化座谈会精神，更新对照标尺，坚持用新标准去衡量老问题、善于用新标准去发现新问题，与时俱进对标对表，做好前瞻性整改；要进一步强化责任，强化政治担当、扛起整改责任、进行全面检视，统筹推进整改工作和专项行动，实行对账销号、闭环管理，以钉钉子精神抓实整改，切实办成一些长期想办而没有办成的事情，推进全面从严治党向纵深发展。要进一步攻坚克难。目前，尚未完成的整改任务基本上都是一些棘手的老大难问题。对于顽瘴痼疾怎么办？唯有铁腕整改。一定要强化斗争精神，敢于攻坚克难，善于从政治上看待问题，拿出根本性的解决方案，不达目的决不罢休，以深化整改的新成效迎接中央新一轮巡视。

同志们，全面从严治党永远在路上，百廿山大即将开启新征程，我们要不忘初心、牢记使命，以“追求卓越、只争朝夕”的精气神奋力书写全面从严治党新篇章，为建设担当中华民族复兴大任的世界一流大学提供坚强保证，以优异成绩向建党100周年和建校120周年献礼。

谢谢大家！

在山东大学党史学习教育动员部署大会上的讲话

郭新立

（2021 年 3 月 2 日）

老师们、同志们：

今天我们召开大会，主要任务是，深入学习贯彻习近平总书记在党史学习教育动员大会上的重要讲话精神，按照中央《关于在全党开展党史学习教育的通知》要求，紧密结合学校改革发展实际，对学校开展党史学习教育进行动员部署。

2 月 20 日，中央召开党史学习教育动员大会，正式拉开了全党开展党史学习教育的序幕。28 日，山东省委也对全省开展党史学习教育进行了动员。我们坚持早谋划、早部署、早行动，在总书记提出在全党开展党史学习教育后就开始研究谋划。中央动员大会后，我们第一时间组织党委理论学习中心组会议，专题传达学习习近平总书记在党史学习教育动员大会上的重要讲话精神，先后召开党建专题会议和党建工作领导小组会议，研究部署贯彻落实工作。学校开展党史学习教育的实施方案已经印发，具体安排我就不再展开，请大家会后认真学习，抓好贯彻落实。

下面，根据工作安排，我重点讲三个方面的问题。

一、深入学习贯彻习近平总书记重要讲话精神，增强开展党史学习教育的政治自觉、思想自觉和行动自觉

今年是中国共产党成立 100 周年，党中央在全党开展党史学习教育，正当其时，意义重大。在动员大会上，习近平总书记深刻阐述了开展党史学习教育的重大意义和重点工作要求。总书记的重要讲话高屋建瓴、视野宏大、思想深邃，为开展好党史学习教育指明了方向、提供了根本遵循。全校各级党组织要提高政治站位，深入学习贯彻习近平总书记重要讲话精神，深刻领会和把握党史学习教育的重大意义、目标要求、重点任务、工作安排，坚决把思想和行动统一到总书记重要讲话精神和党中央重大决策部署上来，切实增强开展党史学习教育的政治自觉、思想自觉和行动自觉。要落实政治任务，不等不靠、迅速行动，把学习贯彻习近平总书记重要讲话精神作为当前的一项重要政治任务抓紧抓好，安排专门时间集中学习讨论，组织广大党员干部专题学习，全面领会讲话的丰富内涵、精神实质和实践要求。要准确把握“为什么学、学什么、如何学”，深刻领会开展党史学习教育是牢记初心使命、推进中华民族伟大复兴的必然要求，是坚定信仰信念、在新时代坚持和发展中国特色社会主义的必然要求，是推进党的自我革命、

永葆党的生机活力的必然要求，是坚守为国育贤办学初心、勇担强校兴国时代使命，奋力建设担当民族复兴大任世界一流大学的必然要求。要把握政治要求，把开展党史学习教育作为砥砺初心使命的“磨刀石”、激励担当作为的“动力源”、提升政治能力的“必修课”，紧紧围绕学懂弄通做实党的创新理论，坚持学习党史与学习新中国史、改革开放史、社会主义发展史相贯通，做到学史明理、学史增信、学史崇德、学史力行，学党史、悟思想、办实事、开新局，教育引导广大党员和师生医务员工进一步学懂弄通做实习近平新时代中国特色社会主义思想，不断增强“四个意识”、坚定“四个自信”、做到“两个维护”，不断提高政治判断力、政治领悟力、政治执行力。

二、坚决贯彻落实中央部署要求，确保党史学习教育取得实实在在的成效

总书记特别强调，要把学习党史同总结经验、观照现实、推动工作结合起来，同解决实际问题结合起来，把学习成效转化为工作动力和成效，防止学习和工作“两张皮”。这是我们开展党史学习教育的基本遵循，必须把这一要求贯穿党史学习教育全过程。要紧扣学懂弄通做实习近平新时代中国特色社会主义思想这条主线，聚焦习近平总书记在动员大会上提出的“六个进一步”重点要求，围绕中央通知明确的六个方面的学习内容，做好党史学习教育与推动改革发展的“结合文章”，真正在学习教育中破解学校改革发展难题，推动学习教育与事业发展融为一体。

一是要感悟思想伟力，在用好用活“金钥匙”上出实效。习近平新时代中国特色社会主义思想是武装头脑、指导实践、推动工作的强大思想武器。这是当代中国的马克思主义，也是破解学校改革发展难题的“金钥匙”。第十四次党代会以来，我们用这把“金钥匙”有力推动解决了过去长期想解决但没有解决的一系列重点难点问题，取得了实实在在的成效。用“金钥匙”来破解难题，已成为全校上下的思想共识和行动自觉。当前，党和国家事业发展对高等教育和科学技术的需要越来越迫切。我们也要清醒地认识到，学校发展不平衡不充分的问题依然比较突出。比如，学科汇聚交叉融合还不够，学科“老、小、散、虚、弱”，学术研究的标志性成果少，学术核心竞争力不足，科技创新支撑能力不强，高层次领军人才、高水平创新团队数量偏少，治理体系的精细化水平还不够高，等等。我们要解决好这些问题，关键还得靠“金钥匙”，不仅要用，而且要用得更好、用得更活。我们开展党史学习教育，就是要在用“金钥匙”破解难题上下功夫见实效。要切实增强用好“金钥匙”的政治自觉，在勤学原文中深悟原理，在学用结合中促进工作，特别要重点学习总书记关于高等教育的重要论述，学习总书记关于本部门本领域工作的重要论述，真正把伟大思想的力量转化为推动工作、解决问题的立场、观点和方法。

二是要把握历史规律，在掌握历史主动上出实效。在一百年的奋斗中，我们党始终善于把握住历史发展大势，抓住历史变革时机。站在“十四五”的历史新起点上，我们既要看清楚“历史方位”，又要把握好“发展方位”。从学校大势来看，经过“十三五”时期的不懈努力，我们“由大到强”历史性转变的步伐愈发坚定，已经全面具备冲击世界一流大学的基础和条件。但刚才提到的一系列瓶颈问题，也是我们在“十四五”时期迫切需要解决的。我们开展党史学习教育，就是要在聚势谋远、开创新局上下功夫见实效。要掌握历史主动。始终胸怀“两个大局”，心系“国之大者”，树立大历史观，深刻认识“十四五”时期是山东大学的内涵提升期、创新突破期、改革攻坚期、治理优化期、建设高峰期，始终把学校事业发展放在中国特色社会主义伟大事业中来思考，放在世界变局、全国大局、高教格局、山东新局中来谋划。要把握历史规律。深刻认识学校发展正处于转型升级、由大到强的紧要关口，深刻把握高等教育发展规律，紧紧围绕高质量发展主题，深入推进新一轮的思想解放和体制机制改革，敢于向顽瘴痼疾开刀，切实增强工作的系统性、预见性、创造性，谋划实施“七大战略”的实招硬招，着力解决发展不平衡不充分的问题。要强化历史思维。山大的历史，就是学科发展的历史。我们当下的学科优势，都是前人立足国家急需、瞄准学术前沿、超前谋划布局的结果。要本着对历史、对山大、对师生医务员工负责的态度，总结凝练双甲子办学经验，紧紧抓住龙山校区（创新港）建设的历史机遇，按照“四个面向”要求，以实施学科融合创新计划为突破，高质量谋划“十四五”事业发展。

三是要牢记初心使命，在落实立德树人根本任务上出实效。我们党的百年历史，是一部践行初心和使命的奋斗史。我们要牢记初心使命，就是要为党育人、为国育才，培养担当民族复兴大任的时代新人，办好人民满意的教育。但对照初心使命，我们在如何培养满足社会主义现代化需要的创新人才方面还存在诸多亟待破解的难题。总书记强调，立德树人成效是检验高校一切工作的根本标准。在第五轮学科评估中，大家肯定也有深刻的感受，立德树人是贯穿全方位的，思政教育是第一位的。我们开展党史学习教育，就是要在为党育人、为国育才上下功夫见实效。要坚持党建引领，用一流的思政工作体系建设引领一流的人才培养体系建设，突出学生的政治引领、思想引领、文化引领，努力造就富有“家国情怀、担当精神、崇实品格、创新素养”山大基因的时代新人。要践行“四个服务”，聚焦全面提高人才培养能力和质量，一体化推进学科、研究生学位点与本科专业现代化，着力为党和国家培养中国最优秀的本科生和最具创造力的研究生。要坚持五育并举，深化“三全育人”综合改革，围绕学生的成长成才完善培养体系，推动全员育人职责到岗、全过程育人工作到家、全方位育人协同到位，培养德智体美劳全面发展的社会主义建设者和接班人。

四是要强化底线思维，在统筹安全和发展两件大事上出实效。我们党生于忧患、成长于忧患、壮大于忧患。总书记反复强调，要坚持底线思维，增强忧患意识，提高防控能力，着力防范化解重大风险。“十三五”期间，特别是在疫情发生后，我们以习近平总书记总体国家安全观为指导，统筹推进“疫情防控、安全稳定、事业发展”，积极推进一校三地网格化管理服务体系建设，全力维护校园安全稳定。但目前，我们面临的安全形势的复杂性和严峻性前所未有，学校安全稳定工作还存在一些突出问题。比如，全员安全意识不够强，应对风险挑战的能力不足，内部管理粗放，一些重点难点安全隐患亟待解决。但这些问题只是表象，根子上还是我们内部控制体制机制不健全，内部治理体系有短板。没有校园安全稳定，就没有学校的改革发展。在未来的前进道路上，我们还会遇到各种可以预见和难以预见的风险挑战，必须从历史经验中提炼出克敌制胜的法宝。我们开展党史学习教育，就是要在全力维护校园安全稳定上下功夫见实效。要提高政治站位。认真学习总书记关于安全稳定工作的重要论述，始终从讲政治的高度看待安全问题，统筹安全和发展两件大事，不断增强斗争意识、丰富斗争经验、提升斗争本领。要织密安全网格。下一步我们要实现全员签订安全责任书，层层压实安全责任，构建线上线下相联通、人员空间全覆盖、管理服务相连接的闭环网格化管理服务体系。要提升服务治理能力。近期我们要以迎接国家审计为契机，全面开展风险排查行动，下大力气构建完备的内部控制体系，提升依法治校、完善内控、规范管理、防范风险、提高效益的能力和水平，推动学校治理体系和治理能力现代化。特别是，目前学生已经全部返校，常态化疫情防控面临巨大的压力。我们要保持高度的风险意识、危机意识，杜绝任何侥幸心理、松劲心态，不折不扣地落实好常态化疫情防控工作任务，守护师生医务员工的生命安全。

五是要发扬革命精神，在激励担当作为上出实效。在我们党一百年的非凡奋斗历程中，形成了中国共产党人的精神谱系，这一谱系成为党和人民事业不断前进的不竭动力。同样，在革命、建设、改革的不同历史时期，处处也都有山大人的奋斗身影和历史贡献。我们现在正处在爬坡过坎、弯道超车的关键时期，逆水行舟不进则退，慢进也是退。但我们有的党员、干部追求卓越、只争朝夕的精气神还不足，敢于担当、勇于作为的意识还不够强，干事创业、攻坚克难的精神还不够，山大文化凝心聚力、引领发展的作用发挥还不充分。我们开展党史学习教育，就是要在传承百廿山大红色基因、引领事业发展上下功夫见实效。要深入实施文化引领战略，深入推进文化引领战略，赓续共产党人精神血脉，激发起全校上下“奋斗新时代、奋进十四五”的强大动能，让山大文化和山大精神成为“双一流”建设的最大禀赋优势和最强驱动力量。要大力弘扬援鄂医疗队精神，用他们舍己为人、担当奉献、忠诚履职、救死扶伤的高尚精神感召、激励师生医务员工把“个人梦”融入“山大梦”“中国梦”。要激励担当作为，持续完善崇尚实干、带动担当、加油鼓劲的激励措施，教育引导党员、干部始终保持革命者的大无畏奋斗精神，切实提高解决实际问题的能力，不断攻克新征程中的一个又一个“娄山关”“腊子口”。

六是要践行“两个维护”，在彰显党的领导最大优势上出实效。历史充分证明，要治理好我们这样一个大党、治理好我们这样一个大国，保证党的团结和集中统一至关重要，维护党中央权威至关重要。第十四次党代会以来，我们坚持党建领航，着力破解党建和中心工作“两张皮”难题，推动党建和发展深度融合。实践充分证明，党的领导是改革发展的最大优势和根本保证。去年，我们专门开展了聚焦“四个落实”自查自纠、未巡先改专项行动，取得了一定效果。但对标中央要求，我们还存在着一些突出的短板和弱项。比如，政治建设抓得不够严不够紧，全面从严治党工作不均衡，管党治党压力传导不够到位，基层党委在领导基层治理中的作用发挥不够，基层党组织建设还存在薄弱环节。今年，中央新一轮巡视即将开始。中央巡视是政治巡视，是全面、彻底的“政治体检”。在这样一个关键节点上，我们开展党史学习教育，就是要在践行“两个维护”、落实中央部署上下功夫见实效。要聚焦“四个落实”，持续深化未巡先改，对上一轮巡视整改的老问题不能说改了就是没有问题了，而是要对标对表中央巡视的新部署新要求，用新标准看老问题，用新标准找新问题，做到即知即改、立行立改，一体化抓好整改落实。要坚持政治统领，落实全面从严治党“一办法三清单”，以良好政治生态引领良好的学术生态和育人生态，教育引导党员、干部忠诚核心、维护核心、看齐核心。要强化党建引领，充分发挥学校党委、基层党委、党支部和党员作用，以高质量党建引领高质量发展，让党的领导在改革发展中的最大优势更加彰显。

三、加强组织领导，高标准高质量完成党史学习教育各项任务

开展党史学习教育，是党的政治生活中的一件大事，也是学校事业发展中的一件大事。学校领导班子和各级党组织要高度重视，把党史学习教育摆上重要议事日程，坚持统筹兼顾，精心组织实施，引导党员干部求真务实、学以致用，切实把学习教育成效转化为聚势谋远、开创新局的强劲动力。

一是要严格落实责任。学校党委全面落实主体责任，切实加强领导，成立了学校党史学习教育领导小组。领导小组下设了办公室，同时还抽调精干力量组成了若干工作组，具体负责日常工作。各单位要建立健全责任体系和落实机制，抓实每个环节，抓好每个步骤。各级党组织主要负责人要履行好第一责任人责任，其他成员要履行“一岗双责”，从自身做起，带头示范，靠前指挥，担负好领导指导责任，切实抓好本部门本单位的学习教育工作。学校将采取多种方式，对各单位开展情况进行指导和督促检查，各党工委、各单位党委（党总支、直属党支部）要加强对所属党组织的督促指导，确保学习教育质量。

二是要明确工作安排。根据中央通知精神，按照学校党史学习教育实施方案，学校开展这次学习教育，以处级以上领导干部为重点，面向全体党员和师生医务员工，贯穿2021年全年，其中以“七一”庆祝中国共产党成立100周年大会为节点，前后两个阶段略有区别、各有侧重。学校党委坚持在顶层设计上下功夫，加强统筹谋划和资源整合，在方案中共明确了9项工作安排，确保既落实中央统一部署，把“规定动作”做好做到位，又坚持融合理念，做好结合文章，创新方法载体，在解决问题、推动发展、促进改革、惠及民生等实效上彰显学习教育的特色成果。这9项工作安排对“谁来学”“学什么”“怎么学”，都有具体要求和牵头负责单位，请大家会后进一步学习领会，结合实际抓好贯彻落实。后期，随着学习教育的持续推进和走深走实，根据中央新部署新要求和上级党组织安排，我们还要进一步完善和细化学校实施方案，把握正确导向，丰富内容载体，营造浓厚氛围，不断推动学习教育深入基层、深入师生、深入人心。

三是要注重融入日常。党史学习教育，基础在“学”。要坚持自主学习和集中学习相结合，用好中央要求的指定学习材料和重要参考材料。学校各级领导班子层面要采取理论学习中心组、专题读书班等形式，深化“五个一”学习模式，紧紧围绕党史学习教育的主要内容分专题开展学习研讨。要在用“金钥匙”推动发展上迈出更深入、更坚实的步伐，聚焦学校改革发展任务和重点难点问题，凝练学习研讨专题，学校领导与分管领域共同认领题目，协同联动、集中攻坚，同向发力解难题，做到在学习党史中体悟党的初心和使命，在领会运用党的创新理论中推动工作，在深入思考中寻找解决问题的钥匙。全校基层党组织、党支部层面要把党史学习教育纳入教职工政治理论学习、融入“三会一课”等组织生活，采取主题党日、政治生日、专家讲座、读书会等形式，联系实际学、融会贯通学。“七一”前后，还要组织党员领导干部、基层党组织书记、先进典型讲一次专题党课。通过召开严肃认真、形式多样的专题组织生活会，开展党性分析，交流学习体会。全校上下要创新线上党史学习教育平台载体，积极发挥“灯塔一党建在线”“学习强国”等平台作用，打通“报、网、端、微、屏”各种资源，建好全方位、全时段、立体化理论学习宣传网。

四是要坚持立体推进。党史学习教育，关键还在“做”。用好党史这本“教科书”，把从党史中汲取的精神力量内化于心、外化于行。要树牢以人民为中心的发展思想，坚持师生为本的理念，引导党员干部紧紧依靠群众、走好群众路线，按照中央部署要求开展好“我为群众办实事”实践活动，紧密结合实施服务民生“五大聚心工程”“年度服务师生十件实事”、推动“强院兴校”行动等，聚焦急难愁盼问题，为基层减负、为群众解忧，以改善民生的实际成效体现学习教育效果，让改革发展成果更多更公平地惠及广大师生医务员工。坚持立体推进，还要注重方式方法创新，讲活历史故事、用活红色资源、搞活教育形式，生动鲜活开展党史学习教育。一方面，要大力发扬红色传统，比如组织红色遗迹寻访、革命历史调研、英模人物访谈等研学实践，发挥老党员作用讲活党的光荣传统和优良作风，邀请精品巡展进校园，开展“双进”活动（党性教育基地进高校、高校青年学子进基地）等，让党员、干部切身感受百年艰辛历程、巨大变化、辉煌成就。另一方面，要以庆祝建校120周年为契机，深入挖掘校史、院史、学科史、人物史中的红色元素，梳理山大历史中的红色脉络，弘扬山大文化中的革命精神，讲好山大故事中的英雄事迹，让全体山大人从中感悟党的初心使命，自觉传承红色基因、当好红色传人，熔铸新时代价值追求。

五是要突出分类实施。要着眼增强党史学习教育的精准性实效性，区分教学、科研和管理服务等不同性质岗位，根据师生医务员工不同群体实际，因类制宜、因人施教。各相关职能部门要各尽其职、密切配合、一体推进，立足工作领域和群体特点，列出必读书目和篇目，明确学习目标要求，设计和细化各群体党史学习教育的内容与安排，同时鼓励和引导各级党组织结合单位实际和学科特点进一步开展特色活动。对领导干部群体，主要是坚持把党史教育纳入干部教育培训的必修课，把全面了解和正确认识党的历史作为一项基本要求，统筹开展党的十九届五中全会精神轮训、世情国情党情教育等，引领党员干部以史为鉴，从党史中汲取精神上的“钙”。对教师队伍群体，主要是围绕坚持马克思主义指导地位、落实立德树人根本任务、培养社会主义建设者和接班人等方面，突出思想引领，持续开展“弘扬爱国奋斗精神、建功立业新时代”活动，不断增强政治认同、思想认同、理论认同、情感认同。对青年学生群体，主要是坚持开展以党史为重点的“四史”宣传教育，与全方位推进“三全育人”工作结合起来，通过点滴浇灌，教育引导青年学生听党话、跟党走。另外，学校还要充分发挥“文史见长”优势，积极发挥有关教学科研机构作为党史教育、研究、宣传重要阵地的作用，通过做好党的历史和理论的研究阐释、组建宣讲团进基层进社区等，服务好学校党史学习教育，为全省乃至全国党史学习教育贡献山大智慧和山大力量。

老师们、同志们，知史明智，鉴往知来。学习历史，是为了在对历史的深入思考中做好现实工作、更好走向未来！我们要深刻汲取历史经验，全面掌握实践要求，守正创新抓住机遇，锐意进取开辟新局，切实在学习教育中学出坚强党性，学出信仰担当，破解学校改革发展难题，奋力建设担当中华民族复兴大任的世界一流大学，以优异成绩迎接建党100周年和建校120周年！

在“深化审计整改 加强风险排查”专项行动部署会上的讲话

郭新立

（2021 年 3 月 23 日）

同志们：

今天，我们在这里召开“深化审计整改 加强风险排查”专项行动部署会，这既是一次思想动员会，又是一次工作推进会，更是一次责任落实会。刚才，向阳同志作了动员讲话，延华同志部署了专项行动的具体任务，威海校区、齐鲁医院和财务部分别作了交流发言，大家讲得很好，我都赞同。为了确保这次专项行动取得实效，围绕审计整改“怎么看”“怎么办”“怎么干”，我再讲三点意见。

一、政治站位再提高，深刻领会“三个必然”

思想是行动的先导，有正确的思想才有正确的行动，有统一的思想才有统一的行动。要进一步提高政治站位，紧紧抓住“怎么看”这个关键，从做到“两个维护”、践行“四个落实”的高度出发，从全力迎接“大考”、扎实推进全面从严治党、加快实现学校高质量发展的目标切入，真正把思想认识对标调整提升到十九大后的新要求新形势新任务上来，深刻领会“三个必然”要求，以高度的政治责任感充分认识审计整改的重要意义。

（一）深刻领会审计整改是迎接中央巡视和国家审计“大考”的必然要求

内部审计整改是基础性、源头性的自我监管，是“要我改”向“我要改”转变的基本前提，是评判政治站位高不高、“四个意识”牢不牢的重要标准。2021 年，是建党 100 周年，是“十四五”规划开局之年，是“第二个百年奋斗目标”开启之年，也是山东大学开启新甲子新征程、实现高质量发展奠基之年。在这样关键的时期，我们将迎来中央巡视和国家审计两项“大考”，务必要通过这次专项行动，发挥审计“治已病、防未病”的作用，有力推动问题早查找、早发现、早纠正、早解决，为在大考中交出合格答卷打下良好的基础。

（二）深刻领会审计整改是推进学校全面从严治党的必然要求

审计监督是党和国家监督体系的重要组成部分，是全面从严治党的利剑和尖兵。进入新发展阶段，全面从严治党面临政治问题和经济问题交织、传统腐败和新型腐败交织、腐败问题和不正之风交织的新形势新变化新挑战，改头换面的形式主义、官僚主义等作风问题频发。要积极彰显审计全面性、专业性、连续性的优势，充分发挥审计促改革、促发展、促安全、促绩效、促反腐的重要作用，助力全面从严治党向纵深发展。

（三）深刻领会审计整改是实现“十四五”高质量发展的必然要求

高质量发展是“十四五”乃至更长时期我国经济社会发展的主题，关系我国社会主义现代化建设全局。2020 年，山大全年预算首次突破百亿。2021 年，总体预算规模将达到 118 亿。面向“十四五”，构建符合新时代要求的高质量发展体系、建设担当中华民族复兴大任的世界一流大学，必须树立质量意识，掀起质量革命，建设质量文化，让每一分钱花出效益，让有限的财政资金发挥最大作用。我们要聚焦“由大到强”历史性转变抓审计监督，做到重大决策部署指向哪里审计监督就跟进到哪里，政策落实“梗阻”出现在哪里监督重点就聚焦在哪里，风险隐患累积在哪里监督工作就延伸到哪里，以高水平审计监督、高标准的整改落实为学校高质量发展保驾护航，加快实现“由大到强”历史性转变。

二、目标重点再聚焦，统筹推进“三个贯通”

要牢固树立系统观念，全面加强工作统筹，科学谋划、一体推进审计、党史学习教育、中央巡视等各项重点工作，做到学习统筹、培训统筹、整改统筹，在推动各项重大任务的相互贯通和有机统一中确保学校事业行稳致远。

（一）坚持与党史学习教育贯通

当前，全党正在扎实开展党史学习教育，全校上下要深刻把握习近平总书记关于党史学习教育的总体要求，进一步感悟思想伟力，进一步把握历史发展规律和大势，进一步总结党的历史经验，进一步发扬革命精神。要统筹推进审计整改与党史学习教育相贯通，坚持在干中学、学中干，努力从党的光辉历史和优良传统中、从百廿山大的奋斗历程和宝贵经验中汲取推动提升工作的智慧和力量，真正做到学史明理、学史增信、学史崇德、学史力行，学党史、悟思想、办实事、开新局，通过学党史深化思想认识、增强工作本领、破解整改难题，切实把学习成效转化为高质量的“经济体检”、有针对性的风险揭示和切实有效的改进建议，高质量完成审计整改各项任务。

（二）坚持与中央巡视整改贯通

党的十八大以来，国家对审计工作提出了更高的要求，高校审计工作监督覆盖面更广，重要性更强，责任更加重大。要着力推进审计整改与中央巡视整改贯通，自觉从政治角度发现问题、分析问题、解决问题，不断提高政治判断力、政治领悟力、政治执行力。要推进监督内容贯通，紧紧围绕“四个落实”根本任务，切实将“十二个紧盯”与经济审计内容结合起来，坚持用政治视角审视经济问题、从经济视角发现政治问题，着力检视经济问题背后存在的政治偏差，有效避免政治问题引起的经济风险。要推动工作机制贯通，在各司其职、各负其责的基础上，畅通审计与纪检监察、巡视巡察的衔接配合，实现信息互通、监督互动、措施互补、成果互享。

（三）坚持与学校事业发展贯通

审计监督是保障学校改革发展的重要途径。要坚持围绕中心、服务大局，立足推动建设担当中华民族复兴大任的世界一流大学全局来谋划和推动审计工作。要着力在服务深化改革、推动高质量发展上有作为，聚焦强院兴校、教育评价改革、学科现代化等重大改革政策和发展举措的落实，提出既有力度又有温度的审计建议。要着力加大学校事业运行中各类风险隐患的排查和反映力度，牢牢盯住风险易发高发的重点领域和关键环节，敢于查真相、说真话、报实情，推动风险隐患早预防、早化解、早处置。要着力强化对师生医务员工最关心的民生资金和项目落实情况的审计监督力度，及时发现民生投入“跑冒滴漏”、政策执行“打折偏离”等问题。要着力在推动全面从严治党上当尖兵，坚持依法审计、客观求实，推动形成新时代新担当新作为的浓厚氛围。

三、责任担当再强化，坚决做到“三个过硬”

审计整改基础在“审”，关键在“改”，重点在“实”。要进一步突出问题导向，强化责任担当，切实做到责任不落实决不放过、整改不到位决不放过、问题不见底决不放过、师生不满意决不放过，以过硬的组织、过硬的作风、过硬的举措，全力以赴地完成好这项重要的政治任务。

（一）要坚决做到组织过硬

要把党的领导贯穿到审计整改的全过程和各环节，建立健全工作网络和责任体系。学校层面，成立了专项行动领导小组，组建了十四个工作专班，负责协同推进工作落实。每一位领导小组成员都要守土有责、守土尽责、守土负责，既要挂帅、更要出征，对分管领域发现的问题，务必要亲自部署、亲自过问、亲自协调、亲自督办。每一位工作专班成员要全身心投入，恪尽职守，主动作为，扛起责任。各单位层面，要尽快成立由党政主要负责人担任组长的工作专班，自觉主动地开展风险排查和问题整改，抓紧每个环节，抓好每个步骤，抓实每项任务。各级党组织主要负责人要担负起第一责任人责任，班子其他成员要履行好“一岗双责”，讲担当、重担当、有担当，切实把本部门本单位的审计整改工作做到位。

（二）要坚决做到作风过硬

良好作风是审计整改的重要保障。要坚持以师生为中心，聚焦高质量发展目标，开展高水平审计整改，推进静态审计整改向动态审计整改转变，既要发现问题、还要找到原因，既要注重形式、还要挖掘实质，既要面子、也要里子。要坚持实事求是，对照国家审计范围，逐一列出问题清单，以刀刃向内的自我革命精神和重新整装再出发的决心勇气，把问题找准、把根源找深、把整改落地，将自我斗争的成果转化为改进工作的动能。要坚持一线导向，深入师生、深入基层，广泛开展调查研究，做到问题发现在一线解决在一线，有效避免“有错不知错、知错不亮错或者亮错不改错”现象。

（三）要坚决做到举措过硬

围绕一个“深”字，抓好问题检视。要把内部审计整改与国家审计的内容结合起来，既要对照审计新规定发现新问题，还要对照以往台账检视老问题，务必做到不留死角、不留盲点、不留隐患。要深刻查找问题存在的根源，确保每个问题原因分析到位、整改落实到位、效果展现到位。聚焦一个“实”字，抓好整改提升。针对发现的问题，按图施工、挂图作战，对整改到位的及时销号并做好“回头看”工作，还有差距的抓紧补齐短板，需要持续用力细化阶段性措施扎实推进，确保进度和质量。突出一个“严”字，抓好督查督办。整改不落实就是对党不忠诚，就是政治不担当。要严肃纪律，对简单应付、推诿扯皮、整改不力的要坚决追责问责；对整改不彻底，“蜻蜓点水”式的整改事项必须重新“回炉”；要始终坚持“严”的基调，确保整改取得实实在在的成效，切实经得起中央巡视和国家审计的检验。

同志们！做好内部审计整改时间紧、任务重、要求高。让我们以强烈的政治责任感、历史使命感、现实紧迫感，恪尽职守，担当作为，奋力开创审计工作新局面，推动党和国家重大决策部署落地见效，推动进一步做好世界一流大学建设工作，推动治理体系和治理能力现代化水平提升，为“十四五”开好局作出积极贡献，以优异成绩庆祝建党 100 周年和建校 120 周年！

谢谢大家！

在山东大学四届三次教代会暨十九届三次工代会开幕式上的致辞

郭新立

（2021 年 4 月 16 日）

各位代表、同志们：

今天，我们隆重召开学校第四届教职工代表大会第三次会议暨第十九次工会会员第三次代表大会，这既是充分展现社会主义民主政治优势、全面加强学校民主建设的喜事，也是聚势谋远、勠力同心推动“十四五”高质量发展开好局起好步的大事。在此，我代表学校党委，向大会的召开表示热烈的祝贺！

党的十八大以来，习近平总书记发表了一系列关于党的群团工作的重要论述，蕴含着与时俱进的时代要求，为群团工作创新发展指明了方向、提供了重要思想和方法论指引。重视并做好党的群团工作，一直是山东大学的光荣传统，也是我们奋进新时代、加快实现“由大到强”历史性转变的有力支撑和坚强保障。自四届一次教代会暨十九届一次工代会以来，学校各级教代会和工会组织深入学习贯彻中央党的群团工作会议精神，围绕学校中心工作，坚定不移强“三性”，持续深入去“四化”，引导鼓励教职医务员工积极参与和贡献学校改革发展。特别是在去年抗疫大考中，群团组织充分发挥“党有号召、群团有行动”的优良传统，团结动员广大教职医务员工为学校统筹推进疫情防控常态化、安全稳定常态化和事业改革发展作出了积极贡献。回顾最近一个时期，我们真切感受到，全体山大人追求卓越、只争朝夕的思想越来越统一，学校民主管理、依法治校的氛围越来越浓烈，推进“双一流”建设、实现“由大到强”历史性的步伐越来越坚定。借此机会，我代表学校党委，向各位代表，并通过你们向所有为学校事业发展付出努力、倾注心血、作出贡献的广大教职医务员工表示衷心的感谢！

各位代表、同志们！今年是“十四五”开局之年，也是学校迎接百廿校庆、开启新甲子辉煌篇章的关键之年。立足新发展阶段，贯彻新发展理念，服务新发展格局，推动高质量发展，必须坚持人民至上，始终紧紧依靠全体教职医务员工。我们要以此次“双代会”为契机，深入学习贯彻党的十九届五中全会精神，进一步坚定强校兴国的信念，进一步保持改革创新的劲头，进一步增强锐意进取的勇气，全力以赴谋划推动学校“十四五”高质量发展，聚势谋远，共治共赢，为学校加快实现“由大到强”历史性转变作出新的更大贡献。在此，我代表学校提三点希望。

一是要在“聚势”中融汇高质量发展合力。当前，我们正面临着中华民族伟大复兴的战略全局和世界百年未有之大变局“两个大局”交织激荡，也面临着“十四五”期间

“五期叠加”的特殊形势，只有把握住历史发展规律和大势，才能够更好前进。我们要深刻把握发展大势，始终在世界变局、全国大局、高教格局和山东新局中找准定位，紧紧抓住战略机遇期，全力办好山大事；要努力彰显文化引领优势，坚持从党史、国史、校史中汲取智慧和力量，大力弘扬援鄂抗疫精神、脱贫攻坚精神等新时代山大精神，为推动学校高质量发展凝聚广泛共识、汇聚各方力量、展现时代作为。

二是要在“谋远”中擘画高质量发展蓝图。要锚定担当中华民族复兴大任的世界一流大学建设目标，从战略和全局的高度积极探索中国特色世界一流大学的山大道路。我们要深刻感悟思想伟力，坚持不懈用好习近平新时代中国特色社会主义思想“金钥匙”，聚焦内涵式高质量发展主题，增强“四个自信”，坚持“四个面向”，践行“四个服务”，集聚山大人的众智，进一步完善“十四五”事业发展规划和龙山校区（创新港）建设发展规划，科学谋划学校发展；要以改革创新为根本动力，敢闯敢试，蹄疾步稳，确保方向不变、道路不偏、力度不减，推动学校改革事业发展行稳致远。

三是要在“共治”中增强高质量发展动能。这次“双代会”，将要审议《山东大学章程（修订稿）》，这是学校的“根本大法”，在学校制度体系中居于统领地位。希望大家以对学校对师生对历史高度负责的态度，贯彻“五治”并举的治理思路，认真审议章程修订稿，使修改后的章程充分反映新时代教育改革发展要求，充分体现学校在创建中国特色世界一流大学进程中的最新理论及实践成果，充分发挥其引领带动现代大学制度体系建设的重要作用。

各位代表、同志们！征途漫漫，唯有奋斗。站在“两个一百年”的历史交汇点，站在百廿山大继往开来的历史新起点，让我们高举习近平新时代中国特色社会主义思想伟大旗帜，切实增强“学党史，悟思想，办实事，开新局”的政治自觉思想自觉行动自觉，励精图治求突破，聚势谋远开新局，奋力实现中国特色世界一流大学建设新突破，以优异成绩迎接建党100周年和建校120周年！

最后，祝愿此次大会圆满成功！谢谢大家！

在学习贯彻习近平总书记给山东大学《文史哲》编辑部重要回信精神座谈会上的讲话

郭新立

（2021年5月10日）

在《文史哲》创刊70周年、山东大学即将迎来百廿校庆的特殊时刻，习近平总书记给山东大学《文史哲》编辑部全体工作人员回信，体现了总书记对教育工作的高度重视和对山东大学的亲切关怀。习近平总书记的重要回信，充分肯定了《文史哲》在弘扬中华文明、繁荣学术研究等方面作出的贡献，提出了“深入理解中华文明，从历史和现实、理论和实践相结合的角度，深入阐释如何更好坚持中国道路、弘扬中国精神、凝聚中国力量”这一重大课题，对下一步把《文史哲》作为高品质学术期刊办得更好提出殷切期望。习近平总书记的重要回信情真意切、思想深远、内涵丰富、催人奋进，广大师生医务员工，特别是哲学社会科学工作者倍感振奋、备受鼓舞。下一步，全校上下要深入学习宣传贯彻习近平总书记重要回信精神，深刻理解领会，坚决贯彻落实。下面，我代表学校党委提出三点要求。

一是感悟思想伟力。全校上下要把深入学习贯彻落实习近平总书记重要回信精神作为首要政治任务，充分认识回信的深远意义，认真组织一次深入的大学习，迅速掀起学习热潮，通过学习准确把握重要回信的精神实质和丰富内涵，切实把思想和行动统一到回信精神上来。学校领导班子和各级领导干部要做好表率、带头学习，各级党组织理论学习中心组要精心组织专题学习研讨，从政治高度理解把握、在行动层面深入实践。各单位要迅速行动起来，把学习贯彻习近平总书记重要回信精神与贯彻落实习近平新时代中国特色社会主义思想结合起来，与党史学习教育结合起来，引导教育全校师生医务员工深刻感悟思想伟力，不断增强“四个意识”、坚定“四个自信”、做到“两个维护”，把学习成效转化为扎根中国大地办大学的教育自信，进一步激发全校师生医务员工立德树人、强校兴国的决心和热情。

二是坚定文化自信。习近平总书记在回信中指出要“深入阐释如何更好坚持中国道路、弘扬中国精神、凝聚中国力量”，回答好这一重大课题，就是要在新的时代条件下，推动中华优秀传统文化创造性转化与创新性发展。通过近年来学校推进文化建设的实践，我们更加深刻地认识到，文化自信是更基础、更广泛、更深厚的自信，中华民族伟大复兴的根本是文化的复兴，世界一流大学建设的根本是文化的建设，山东大学实现“由大到强”历史性转变的根本是文化的历史性发展。我们要以总书记重要回信精神为根本遵循，锚定总书记指明的目标奋力前行，聚焦总书记划出的重点真抓实干。一方面，要坚定不移实施文化引领战略，聚焦聚力创造性转化、创新性发展，用好齐鲁文化资源，发挥文史见长优势，深化研究阐发，推动文化传播，努力在传承创新中华优秀传统文化最具代表性大学上迈出更大步伐、实现更大突破，为社会主义先进文化建设和中华文化走出去作出积极贡献。另一方面，要坚定不移探索新时代山东大学人文社会科学的发展道路，深刻认识和理解新形势下高校人文社科工作者培根铸魂的历史使命，坚持守正创新，破除思想困局，继承传统、光大学统，面向时代和人民，面向中国现实，植根中国大地，立足学术前沿，服务国家需求，在若干学科领域和方向上形成山东大学的绝对优势或比较优势，培育造就中国特色哲学社会科学“山大学派”，为加快构建中国特色的学科体系、学术体系和话语体系作出山大贡献。

三是开创办学新局。要切实将学习贯彻习近平总书记重要回信精神融入山东大学各项事业发展中来，贯穿到认真接受中央巡视等重要工作中，紧紧围绕新时代高等教育服务国家战略的历史使命，深入贯彻“立足新发展阶段、贯彻新发展理念、服务构建新发展格局”的“三新”要求，努力把党和国家事业对科学知识和优秀人才的迫切需要变成坚定自觉的实际行动，深入探索中国特色、世界一流、山大风格的发展道路。要在立德树人上下更大功夫，想国家之所想、急国家之所急、应国家之所需，全面提升人才培养能力，加快构建山大特色的高水平人才培养体系，加大基础学科人才和紧缺人才培养力度，着力造就担当民族复兴大任的时代新人。要在引领创新上下更大功夫，坚持“四个面向”，深化学术兴校，夯实学科建设发展根基，推进学科汇聚融合交叉，完善大学创新体系，聚力开展科研攻关，勇于攻克提升原始创新能力之关，勇于攻克“卡脖子”的关键核心技术，着力打造国家战略科技力量。要在深化改革上下更大功夫，切实用好改革关键一招，持续增强学校综合改革的系统性、整体性、协同性，坚持以评价改革为牵引，蹄疾步稳推进强院兴校、一校三地体制机制、人事人才体制机制等改革攻坚，深度激发办学活力和内生动力，实现高水准改革与高质量发展的有机融合、高效联动。要在发挥党的领导最大优势上下更大功夫，以政治建设为统领，切实提高政治判断力、政治领悟力、政治执行力，进一步发挥学校党委把方向、管大局、作决策、抓班子、带队伍、保落实的领导作用，持续破解“两张皮”，以高质量党建引领保障学校高质量发展。

刚才，《文史哲》编辑部几位同志都做了很好的交流发言。习近平总书记在回信中把《文史哲》定位为高品质学术期刊，这是对我们过去工作的肯定，更是对我们今后工作的鞭策。我们一定要牢记总书记嘱托，举全校之力，全力以赴把《文史哲》办得更好；要坚持“守正创新、薪火相传”，努力培育出更多的、像《文史哲》一样优秀的高品质学术期刊，把优秀办刊传统继承下来、发扬开来。

同志们！习近平总书记的重要回信，是对山东大学提出的历史嘱托和时代使命，是新时代山东大学“为天下储人才，为国家图富强”的总动员，是我们每一名山大人不忘初心、继续前进、爱国奉献的集结号，是我们强校兴国、奋力建设中国特色世界一流大学的进军令。我们一定把习近平总书记的殷殷嘱托牢记在心，努力回答好习近平总书记提出的重大课题，坚守初心，引领创新，扎根中国大地，贡献中华文明复兴，不断开创担当中华民族复兴大任世界一流大学建设新局面，以优异成绩回报习近平总书记和党中央的关心关怀，迎接建党100周年！

在2021年秋季学期工作会议上的讲话

郭新立

（2021年8月30日）

老师们、同志们：

刚才，樊校长代表学校对春季学期工作进行了总结，并对秋季学期工作进行了全面部署，对推动学校高质量发展提出了明确要求。希望各单位认真学习和传达，并结合本单位工作实际，抓好贯彻落实，圆满完成各项目标任务。

前不久，学校先后召开务虚会、全委会、党委常委会，围绕新一轮“双一流”建设和“十四五”高质量发展主题，开展了卓有成效的研讨，进一步凝聚了共识、明确了方向、形成了思路。特别是通过召开全委会，我们回望了过去发展之路，坚定了未来前行之路，深刻认识到，山东大学正站在建党百年、建校百廿的历史交汇点，正面临首轮“双一流”建设圆满收官、新一轮“双一流”建设掀开新篇、“十四五”开局起步等多期交汇的战略机遇，必须始终坚持以习近平新时代中国特色社会主义思想为指导，深入学习贯彻习近平总书记“七一”重要讲话精神和给《文史哲》编辑部全体编辑人员重要回信精神，不断增强建设担当中华民族复兴大任世界一流大学的自信自省自觉，努力为服务国家富强、民族复兴、人民幸福作出新的更大贡献。下面，我就贯彻落实全委会精神谈三点意见。

一、不断增强建设担当中华民族复兴大任世界一流大学的自信

回顾首轮“双一流”建设，在全校师生医务员工的共同努力下，全面并超额完成目标任务，各项事业发展呈现出崭新气象，中央巡视组对山东大学工作给予充分肯定。特别令我们鼓舞和自豪的是，在迎来建校120周年之际，习近平总书记给《文史哲》编辑部全体编辑人员回信，体现了对山东大学的亲切关怀，进一步增强了我们建设担当中华民族复兴大任世界一流大学的山大自信。

这一自信，来源于我们坚持正确道路。深刻领会“扎根中国大地办大学”的精神实质，全面贯彻党的教育方针，牢牢把握社会主义办学方向，始终聚焦“四个服务”，制定实施“六大战略”，加快推进“由大到强”历史性转变，“中国特色、世界一流、山大风格”的发展道路越走越清晰、越走越宽广、越走越坚定。这一自信，来源于我们感悟思想伟力。实现跨越式发展最重要的一条经验就是，我们坚定理论自信，形成了用“金钥匙”破解改革发展难题的思想自觉、理论自觉、行动自觉，在“金钥匙”指导下，我们解决了许多长期想解决而没有解决的难题，办成了许多过去想办而没有办成的大事。

这一自信，来源于我们发挥制度优势。坚持在“由大到强”历史性转变进程中彰显党的领导优势，提出“五治”并举治理思路、“3D”工作法，加快推进治理体系和治理能力现代化，学校的制度优势、治理效能正持续转化为推进中国特色世界一流大学建设的发展动能。这一自信，来源于我们植根文化沃土。大力实施文化引领战略，以坚定的文化自信支撑伟大梦想，激励山大人焕发了“追求卓越、只争朝夕”的精气神，为学校事业发展画出最大“同心圆”。只要我们始终坚定道路自信、理论自信、制度自信、文化自信，就没有任何困难能够阻挡我们实现“由大到强”历史性转变的前进步伐。

二、不断增强建设担当中华民族复兴大任世界一流大学的自省

在坚定自信的同时，我们还要保持“不自满、不自是”的理智和清醒，以强烈的使命意识、忧患意识、危机意识，加快补齐短板，从容应对挑战，赢得战略主动。我们要在对标使命中强化自省。我国开启了全面建设社会主义现代化国家新征程，教育事业进入了高质量发展阶段，山东掀开了全面开创新时代现代化强省建设新篇章。党和国家事业发展对高等教育的需要、对科学知识和优秀人才的需要，比以往任何时候都更为迫切。作为高水平研究型大学，要抓住历史机遇，紧扣时代脉搏，服务国家急需，把党和国家事业的迫切需要转变成践行初心使命的重大成果，打造国家战略科技力量，培养一流人才方阵，履行支撑高水平科技自立自强的使命担当。我们要在找准差距中强化自省。当前，第四次工业革命正以指数级速度展开，高等教育呈现百舸争流、千帆竞发的激烈竞争态势，关键是“质量博弈”和“加速度比拼”。对标社会主义现代化强国建设新要求和标杆高校发展，我们在一流学科建设、领军人才培养、重大标志成果产出等方面仍存在较大差距，绝不能因过去成绩沾沾自喜、故步自封，要始终保持等不起的紧迫感、慢不得的危机感、坐不住的责任感，不断提高发展“加速度”，努力实现“领跑”的跨越。我们要在正视问题中强化自省。通过中央巡视和首轮“双一流”建设评价发现，学校在坚持和加强党的领导、落实立德树人任务、推进治理体系和治理能力现代化、服务国家和山东能力、落实全面从严治党“两个责任”、贯彻新时代党的组织路线、学科建设、突破重点领域改革深水区等方面存在短板弱项。这些长期存在的“老大难”问题，严重制约了学校内涵发展，甚至影响一流大学建设的目标实现，必须以彻底的自我革命精神和刀刃向内的勇气，努力在攻克顽瘴痼疾中补齐短板，在破除发展桎梏中闯出新路。

三、不断增强建设担当中华民族复兴大任世界一流大学的自觉

在新的征程上，我们紧扣立德树人根本任务和高质量发展主题，大力实施“七大战略”，深入落实“121”行动路径，坚定不移地探索“中国特色、世界一流、山大风格”的发展道路，以高度的政治自觉、行动自觉、文化自觉、整改自觉，奋力书写担当中华民族复兴大任世界一流大学建设新篇章。

第一，要增强政治自觉。一是要持续彰显党的领导优势。深入学习贯彻习近平总书记关于加强高校党建工作的重要论述、《中国共产党普通高等学校基层组织工作条例》、第 27 次全国高校党建会议精神，紧扣立德树人根本任务，坚持和完善党委领导下的校

长负责制，以一流党建引领推动一流大学建设，健全党建工作体系，压实党建工作政治责任，增强基层党组织政治功能，推动新时代思想政治工作守正创新，打造德才兼备干部人才队伍，推进全面从严治党向纵深发展，力争彻底破解“两张皮”问题，实现党建与事业发展深度融合。二是要持续提高立德树人成效。树立“中国教育是能够培养出大师来的”自信，以培养中国最优秀的本科生和最具创造力的研究生为己任，彰显“为国育贤”育人特色，以更大的决心和力度深化人才培养模式改革创新。要坚持把立德树人贯穿思想道德教育、文化知识教育、社会实践教育各环节，融入学科体系、教学体系、教材体系、管理体系，积极探索“三全育人”山大模式，着力培养堪当民族复兴重任的时代新人。三是要持续树牢国家需求导向。不入主流，难成一流。要始终把服务国家作为最高追求，聚焦“四个面向”，深入实施学术兴校战略，持续推进“四大”建设，推动“卡脖子”关键核心技术攻坚，持续打造服务山东“山大系”品牌，为实现高水平科技自立自强、构建中国特色哲学社会科学提供更加坚强有力支撑。

第二，要增强行动自觉。一是要高质量谋划新一轮“双一流”建设。深入贯彻习近平总书记关于“双一流”建设的重要指示批示精神，紧扣立德树人根本任务，按照“坚持正确方向，服务国家急需，坚持特色一流，保持战略定力”的原则，聚焦“四个面向”，用好学科交叉融合的“催化剂”，大力实施学科融合创新计划，全面筑牢高质量发展的学科根基，促进引领性、原创性、标志性成果产出。要坚持“筑峰”，瞄准国际学术前沿、国家重大战略和经济社会发展需要，大力推进重点学科集群建设，围绕优势特色创造点上的“出尖出峰”，推动一批国内领先、国际先进的优势特色学科率先进入世界一流前列。坚持“出新”，充分发挥学科综合优势，超前布局、重点建设战略性前瞻性新兴交叉学科和学科方向，有效整合老化弱化学科，着力破除学科壁垒和行政壁垒，构建健康学科生态和联动高效的学科链，加快推进学科更新换代和学科现代化。坚持“聚力”，紧紧围绕“优特新”重点建设学科，集中配置人财物办学资源，统筹各学科要素一体化建设，促进学科开放合作发展，齐心合力、协同作战，推进产出一大批重大标志性成果。二是要高质量落实“十四五”改革发展任务。加强统筹协调，细化明确重点任务的推进路径、落实举措和成果形式，夯实各职能部门、各教学科研单位责任分工，并制定可操作、能落实的专项方案，完善牵头抓总、分工协作、齐抓共管的工作格局，建立指导帮扶、解决困难的联动机制，健全推动落实的督促考评体系，努力把“路线图”变成“施工图”、“时间表”变成“进程表”、“任务书”变成“成绩单”。三是要高质量规划建设龙山校区（创新港）。聚焦高质量创新发展主题，高起点规划、高标准设计、高质量建设、高效能推进龙山校区（创新港）规划建设，充分发挥龙山校区（创新港）的引领示范作用，积极探索新时代高等教育发展新形态，奠定百廿山大新时代方位下赓续辉煌的“新基业”。

第三，要增强文化自觉。一是要持续激发强校兴国的“主人翁”意识。坚持以山大文化涵养家国情怀，深入淬炼“追求卓越、只争朝夕”的精气神，不断夯实每一位山大人的“主人翁”担当，持续增强全体师生医务员工的事业心和荣誉感。二是要努力回答重大时代课题。深入学习贯彻习近平总书记重要回信精神，大力实施哲学社会科学创新发展五年行动方案。三是要积极促进中华文化与世界文明交流互鉴。为提升中华文化国际影响力、构建人类命运共同体贡献山大智慧。

第四，要增强整改自觉。全校上下要深入学习领会习近平总书记关于巡视工作的重要讲话精神，从践行“两个维护”的政治高度，把落实巡视整改作为重要政治任务，以整改落实的成效体现政治巡视效果。

同志们！此次全委会提出，要不断增强建设担当中华民族复兴大任世界一流大学的自信自省自觉，这是对我们十四次党代会确立的历史使命、奋斗目标、发展道路的进一步聚焦和升华。增强自信，最根本的是要深刻把握扎根中国大地办大学的精神内涵，进一步坚定“中国特色、世界一流、山大风格”的道路自信；增强自省，最根本的是要以理智清醒的头脑和自我革命的精神，找准我们所处的历史方位；增强自觉，最根本的是把百廿山大的初心使命转化为强校兴国、担当复兴大任的行动和贡献。第十四次党代会以来，在全校上下团结一心、顽强拼搏下，学校各项事业取得辉煌成就，师生医务员工的精神面貌焕然一新，“由大到强”转变逐步形成了不可逆转的趋势。面对国际复杂形势，面向全面建设社会主义现代化国家的新征程和山东新时代现代化强省建设的新需要，山东大学能否乘势而上，在建设担当中华民族复兴大任世界一流大学上实现更大突破，为国家和人民再建新功，有“三个取决于”：一是取决于能否紧扣时代脉搏，踏上“国之大者”的政治节拍、第四次工业革命的科技节拍、建设教育强国的教育节拍，找准一流大学建设与服务构建新发展新格局的切入点、发力点和着力点；二是取决于能否克服短板不足，以壮士断腕的决心解决制约高质量发展的突出瓶颈和深层次问题；三是取决于能否实现人才、学术等重大成果突破，成为国家战略科技力量的重要组成部分，更好地履行支撑高水平科技自立自强的使命担当。下一步，我们要进一步树牢系统思维，全面抓好“五个力”，切实增强自信自省自觉，不断开创建设担当中华民族复兴大任世界一流大学的新局面。

——要在提高政治能力上下功夫。一是提高政治判断力。要对“国之大者”了然于胸，自觉在中华民族伟大复兴战略全局和世界百年未有之大变局中找定位，主动把学校工作融入党和国家事业“大棋局”。二是提高政治领悟力。要持续深入学习贯彻习近平总书记“七一”重要讲话精神、关于巡视工作的重要讲话精神、关于教育的重要论述、给《文史哲》编辑部全体编辑人员重要回信精神，坚持用“金钥匙”武装头脑、指导实践、推动工作。三是提高政治执行力。始终对标对表，坚持从政治高度落实党中央的重大决策部署，切实做到党中央提倡的坚决响应，党中央决定的坚决执行，党中央禁止的坚决不做。

——要在保持战略定力上下功夫。一是坚定战略自信。要持续推进“由大到强”历史性转变，巩固深化“七大战略”，大力落实“121”行动路径，坚定不移地走“中国特色、世界一流、山大风格”的发展道路。二是保持战略清醒。要深刻把握使命、客观看待成绩，敢于直面问题，进一步增强使命感责任感紧迫感，以新气象新作为创造新业绩。三是增强战略韧劲。要咬定目标，攻坚克难，久久为功，以“不破楼兰终不还”的韧劲，全力以赴推动内涵式高质量发展。

——要在增强改革魄力上下功夫。一是面对关键问题敢于决断。要树立强烈的改革主体意识、主角意识、主场意识，聚焦中央巡视发现的问题，每个单位都是改革的“发球手”“操盘手”，把改革牢牢抓在手上、用足用好改革这个关键一招。二是面对“烫手山芋”敢于触碰。拿出时间表、路线图、任务书，以抓铁有痕、踏石留印的劲头将改革进行到底。三是面对风险考验敢于负责。时刻牢记初心使命，尽责、尽心、尽力，敢于承担难事、棘手的事，努力把矛盾隐患消除在萌芽状态。

——要在汇聚发展合力上下功夫。一是实现融合聚势。深入实施融合发展战略，积极探索校内外各类要素融合发展的新体制新模式新路径。二是突出文化引领。推动文化引领与立德树人、与其他各大战略、与一流大学治理拧成“一股绳”，抓住百廿校庆重大历史机遇，加快熔铸新时代山大文化，大力推进传承创新中华优秀传统文化最具代表性大学建设。三是推进一体发展。坚持“统筹布局，一体发展”，在落实“六个统一”基础上，创新一校三地管理运行机制，加快建设威海校区新亮点、青岛校区新引擎，擦亮齐鲁医学品牌，汇聚一体发展合力。

——要在激发治理活力上下功夫。一是推动制度创新。扎实推进中国特色、世界一流、山大风格的现代大学制度体系建设，完善内部治理体系，强化制度激励，最大限度地调动师生医务员工的积极性、主动性、创造性。二是提升队伍能力。进一步解放思想，推进高素质专业化干部队伍建设，显著提升战略谋划、精细化管理等治理能力。三是加强风险防控。深入贯彻总体国家安全观，树牢“万无一失，一失万无”的理念，健全一校三地大安全格局，完善“八横八纵”网格化管理工作机制，把牢意识形态工作主动权，抓细抓实常态化疫情防控，坚决守好安全稳定底线。

老师们、同志们！让我们高举习近平新时代中国特色社会主义思想伟大旗帜，不忘初心、牢记使命，追求卓越、只争朝夕，以更坚定的自信、更理智的自省、更高度的自觉，奋力走好建设担当中华民族复兴大任世界一流大学的新长征，努力为党和人民争取更大的光荣，以优异成绩迎接建校120周年！

在山东大学医学发展战略咨询委员会第二次会议暨临床医学一流学科建设方案专家论证会上的讲话

郭新立

（2021 年 10 月 14 日）

尊敬的韩启德院士，尊敬的各位专家、各位同仁：

明天，山东大学就将迎来百廿校庆。在这个喜庆的重要时刻，非常高兴邀请到各位专家委员，对临床医学一流学科建设方案进行论证和指导，共商光大齐鲁医学的发展大计。今天的会议开得很成功，久别重逢见到大家，我们都感到非常亲切，也让彼此间的情谊更加深厚。特别是，韩启德院士和各位专家在百忙之中抽出宝贵时间，对临床医学一流学科建设方案进行了认真论证和具体指导，为齐鲁医学未来发展指明了方向，让我们深受教益和启迪。可以说，丰硕的会议成果是各位专家委员赠予山大百廿校庆的一份非常珍贵的礼物。在此，衷心感谢韩启德院士和各位专家委员对山东大学的指导和帮助！

自 2018 年 10 月医学发展战略咨询委员会成立以来，在韩启德院士的亲自领导下，各位专家委员一直热情关心支持山东大学和齐鲁医学的改革发展，付出了很多心血和努力，贡献了重要智慧和力量。虽然疫情给我们的沟通交流带来了许多不便，但是各位委员坚持通过各种方式为齐鲁医学发展建言献策、聚力聚智，有力促进了齐鲁医学的发展进步。在今天的会议中，各位专家本着对党和国家事业高度负责的精神，以专业精神和严谨态度，充分肯定了齐鲁医学改革发展取得的成绩和经验，积极评价了临床医学一流学科建设方案。各位专家的真知灼见高瞻远瞩、饱含深情，体现了各位对山东大学事业的关心和厚爱，对齐鲁医学发展的期待和嘱托。可以说，各位专家是山大加快建设中国特色世界一流大学和临床医学一流学科的重要推动者，是山大“由大到强”历史性转变的重要参与者，是山大奋进新时代、勇担“强校兴国”使命的重要见证者！

“为天下储人才，为国家图富强”，这是山东大学建校时就确立的办学宗旨和坚定初心；“强校兴国”，这是山东大学全体师生医务员工自觉担当的时代使命和宏伟志向。当前，山东大学正站在“两个一百年”奋斗目标的历史交汇点上，迈入了继往开来、砥砺奋进的发展新阶段，机遇前所未有，挑战前所未有，希望前所未有。立足新时代，展望新甲子，如何用好习近平新时代中国特色社会主义思想“金钥匙”，在总书记给《文史哲》编辑部重要回信精神指引下，全面落实“四个面向”要求，更好服务健康中国等重大战略，更好满足人民对健康的迫切需要，努力为国家富强、民族复兴、人民幸福作出新的更大贡献？这是包括齐鲁医学人在内的全体山大人必须要答好的时代答卷。今天，各位专家从不同角度，对临床医学一流学科建设和学校医学事业发展提出了宝贵的指导意见，为医学发展引航指路，使我们争创一流、强校兴国的信心更加坚定、思路更加清晰、方向更加明确！我相信专家们的这些指导意见必将为山大和齐鲁医学奋进新征程、勇攀新高峰注入强大动力！

今天的会议召开在百廿校庆之际，还具有聚势谋远、乘势而上、开启新局的重要意义。下一步，我们将认真研究落实韩启德院士的指示精神和各位专家的意见建议，并充分体现到临床医学一流学科建设方案中，使专家们的思想智慧转化为学校医学内涵式高质量发展的明确思路、具体举措、生动实践，切实将各位的高招高见转化为显著的发展成效，让专家组的集体智慧光芒闪耀在我们建设世界一流临床学科的光荣事业中，闪耀在建设担当中华民族复兴大任的世界一流大学的奋进征程中，努力为全面建设社会主义现代化国家构筑坚不可摧的健康长城，以更加优异的成绩回报各位专家对山东大学和齐鲁医学的厚爱和支持！

最后，再次对韩启德院士和各位专家表示崇高的敬意和衷心的感谢！祝福大家工作顺利、身体健康、万事如意！

谢谢！

在共青团山东大学第十七次代表大会开幕式上的讲话

郭新立

（2021年12月30日）

各位来宾、各位代表、青年朋友们：

大家好！在全国上下深入学习贯彻党的十九届六中全会精神之际，共青团山东大学第十七次代表大会隆重开幕，这是广大团员青年政治生活的一件大事，也是学校青年工作守正创新、继往开来的崭新起点。在此，我代表学校党委向大会的召开表示热烈的祝贺！向长期以来关心和支持学校共青团工作的共青团山东省委、兄弟院校及社会各界表示衷心的感谢！向各位代表并通过你们向全校团员青年和青年工作者致以诚挚的问候！

党的十八大以来，以习近平同志为核心的党中央，亲切关怀青年成长成才，为做好新时代青年工作指明了前进方向。习近平总书记围绕青年工作发表的一系列重要论述，阐明了新形势下青年工作的重大理论和实践问题，指明了当代青年的历史使命和成长道路，对于准确把握青年工作的基本要求和重点任务，激励和动员广大青年为实现中华民族伟大复兴的中国梦而勤奋学习、努力工作，具有十分重要的意义。

自第十六次团代会以来，学校各级团组织在学校党委和上级团组织的领导下，积极构建“凝聚青年、服务大局、当好桥梁、从严治团”的四维工作格局，在政治引领、维护权益、深化改革等方面做了大量工作，共青团在全校工作大局中的支撑作用进一步彰显。特别是学校第十四次党代会以来，广大团员青年自觉把个人奋斗融入学校事业发展的大局，以追求卓越、只争朝夕的奋进姿态，激扬青春理想，彰显青春力量，涌现出一大批受到团中央、团省委表彰的先进典型，为学校推进“由大到强”历史性转变作出了山大青年应有的贡献。

各位代表、青年朋友们！当前，学校正站在建党百年、建校百廿的历史交汇点，正面临新一轮“双一流”建设掀开新篇、“十四五”开局起步等多期交汇的战略机遇。目标催人奋进，发展时不我待。召开此次团代会，就是要动员和号召全校各级团组织，以习近平新时代中国特色社会主义思想为指导，进一步增强共青团工作政治性、先进性、群众性，强化责任担当，深入推进改革，全面开创共青团工作新局面。在此，我代表党委对学校共青团工作提三点要求：

第一，坚持把培养社会主义建设者和接班人作为根本任务。

一是要坚持用习近平新时代中国特色社会主义思想铸魂育人。深刻理解“两个确立”的决定性意义，增强“四个意识”、坚定“四个自信”、做到“两个维护”，坚持用党的创新理论武装团员青年，引导青年听党话、跟党走，自觉做习近平新时代中国特色社会主义思想的坚定信仰者、忠实实践者。二是要认真落实立德树人根本任务。坚守“为国育贤”初心，深化“三全育人”综合改革，为党培养政治坚定、素质全面、能力卓越的青年骨干人才。三是要不断完善“五育并举”的高质量人才培养体系。加快构建“德智体美劳”融合发展体系，大力实施素质拓展工程，持续推进创新创业教育3.0建设，努力培养传承“家国情怀、担当精神、崇实品格、创新素养”山大基因的时代新人。

第二，坚持把巩固和扩大党执政的青年群众基础作为政治责任。

一是要把牢共青团“政治性”的第一属性。各级团组织要充分发挥党的忠实助手和忠诚后备军作用，把凝聚青年人心、团结青年人群作为评价工作成效的根本标准，深深植根青年、充分依靠青年、一切为了青年，把青年紧紧凝聚在党的周围。二是要推动共青团改革向纵深发展、在基层落地。充分发挥党联系青年的桥梁和纽带作用，持续完善思政教育机制、健全实践教育机制、优化组织运行机制、创新组织动员方式，持续激发团的基层组织创新活力。三是要提升党建带团建实效。持续推进团建工作与党建工作同部署、同考核，建立完善基层党建带团建长效机制，加强团干部队伍建设和发展团员工作，形成党团共建齐争共创的良好局面。四是要坚持服务青年的工作生命线。强化服务意识，提升服务能力，千方百计为青年解决“急难愁盼”问题，让共青团成为广大青年遇到困难想得起、找得到、靠得住的力量。

第三，坚持把围绕中心、服务大局作为工作主线。

一是要引导青年服务国家重大战略。始终把握为实现中国梦而努力奋斗这一中国青年运动的时代主题，教育引导广大青年牢记“国之大者”，投身强国伟业，扎根祖国和人民最需要的地方，创造青春建功新时代的优秀业绩。二是要引导青年服务山东高质量发展。结合学校服务山东2.0计划实施，引导广大青年在山东新时代现代化强省建设中“打头阵”“当先锋”，为山东发展贡献青年力量，写好服务山东的“山大故事”。三是要引导青年服务学校一流大学建设。大力弘扬“主人翁”精神，引导广大青年聚焦学校“十四五”事业发展规划和新一轮“双一流”建设，积极投身“强校兴国”行动，助力“七大战略”实施，在推动担当中华民族复兴大任世界一流大学建设中展现青春风采。

各位代表、青年朋友们！每一代青年都有自己的历史际遇，每一代青年都有自己的使命担当。在庆祝中国共产党成立一百周年大会上，习近平总书记寄语青年一代，希望广大青年以实现中华民族伟大复兴为己任，增强做中国人的志气、骨气、底气，进一步鲜明标定了中国青年运动的前进方向。全体山大青年要以总书记讲话要求为根本遵循，肩负历史使命，坚定前进信心，立大志、明大德、成大才、担大任，走好新时代中国青年运动的“赶考路”，上好理想信念的“必修课”，做好服务大局的“必答题”，不负时代，不负韶华，不负党和人民的殷切期望！

各位代表、青年朋友们！实现中华民族伟大复兴中国梦需要全体青年人的共同努力、接续奋斗。希望全校各级共青团组织在学校党委的带领下，团结带领广大团员青年逐梦勇担当、建功新时代，努力开创学校共青团和青年工作新局面，为建设担当中华民族复兴大任世界一流大学贡献青春力量，以优异的成绩迎接党的二十大胜利召开！

最后，预祝本次大会圆满成功！谢谢大家！

在 2021 年春季新学期工作会议上的讲话

樊丽明

（2021 年 2 月 26 日）

老师们、同志们：

大家好！首先祝愿大家元宵节快乐！寒假期间，为了科研事业的发展、服务社会工作的推进，以及为服务保障留校学生学习生活等，很多同志坚守岗位、付出辛劳。尤其是，不少同志围绕科学谋划“十四五”期间学校各项事业发展，召开各种形式的座谈会、务虚会，进行思想碰撞，产生很多智慧火花，为“十四五”开好新局想出了不少新点子、形成了初步规划。所以说，寒假既是紧张忙碌的，也是富有成效的！大家辛苦了！

今天会议的主要任务是研究部署学校 2021 年重点工作。下面，我代表学校党委和行政与大家做一下沟通交流。稍后，郭书记将作总结讲话，给大家提出工作要求。

一、总结 2020，极不平凡、成绩显著

2020 年，是山东大学发展史上不同寻常的一年。这一年，在党中央关怀下，在教育部、山东省委省政府的领导下，在新时代山大精神的激励下，学校党政领导班子团结带领全校师生医务员工，统筹兼顾、真抓实干、共克时艰，扛过大疫大考，决战脱贫攻坚，实现“十三五”圆满收官，奋力夺取疫情防控、安全稳定和事业发展的全面胜利，成功交出了让国家和人民满意的优异答卷。

下面，我从三个方面进行简要总结：

一是疫情防控坚强有力。倾力支援湖北服务全国大局。先后选派四批援鄂医疗队近 300 名队员驰援湖北抗疫，出色完成党和人民托付的光荣任务，彰显了百年山大的家国情怀和责任担当，受到国家卫健委和山东省委、省政府的表彰。全力实现复学复课。第一时间全面开展线上教育教学，圆满实现“停课不停教、停课不停学”的目标。完成五批学生返校工作，稳妥组织研究生“云”复试，精心上好“复学第一课”，确保秋季学期安全开学，教育教学秩序全面恢复。扎实推进常态防控。贯彻“人物同防”理念，严格落实“五个一律”要求，加强应急处置综合演练，实现校内师生“零感染”。

二是事业发展长足进步。立德树人取得新成效。牵头组织发布《新文科建设宣言》，持续引领全国新文科建设。70 门课程入选国家级一流本科课程，位列全国第 6 位。首次召开学位与研究生教育工作会议，构建研究生育人制度“1＋N”体系。推出“最难就业时期，最暖温情守护”系列举措，有力保障学生高质量充分就业，就业率稳中有

升。学术研究迈上新台阶。国家重点研发计划项目公示立项数并列全国高校第4位，国家自然科学基金立项经费数列全国第9位，国家社科基金立项总数列全国高校第3位，国家科学技术奖数量创20年来历史新高，教育部高等学校科学研究优秀成果奖数量实现历史新突破，新增4个国家级科研平台，组建黄河国家战略研究院，1项成果获评2020年度世界十大考古新发现。人才队伍实现新突破。全年共引育各类高层次人才423人，新增国家级人才75人，增幅达36%；彭实戈院士获2020未来科学大奖，8人入选全球高被引科学家名单，28人入选国家“四青人才”。8个博士后流动站获评优秀，列全国高校第7位。服务社会开启新篇章。与济南签署深化校地合作协议，与青岛持续推动青岛校区二期共建协议落地，有力有序推进与威海的6个校地合作重点项目。“山大校友泉城行”活动签约意向金额达到700亿，切实擦亮“山大系”服务品牌。引导学院与世界500强、行业领军企业等建立深度合作关系，开启校企共进共赢新篇章。坚决落实脱贫攻坚任务，定点帮扶的河南确山县实现脱贫摘帽。对外开放收获新成果。加入多个国际文教合作联盟，与新加坡国立大学等高校新签或续签合作协议，与香港中文大学战略合作伙伴建设取得实质性进展。深入实施“国际科研合作种子基金”培育计划，新增1个学科创新引智基地，总数居全国高校前列。文化引领彰显新担当。制定实施文化引领战略实施纲要，深入推进文化引领战略。全面启动百廿校庆筹备工作，山大博物馆入选国家一级博物馆，《20世纪中国史学编年》和《尚书注疏汇校》荣获第四届全球华人国学成果奖。

三是安全保障全面加强。持续完善制度建设。以学校三大安全文件制度为支撑，健全补齐全覆盖安全责任链条，制定实施《关于加强学校安全工作常态化若干措施》，切实提升各单位风险预警、隐患排查、应急处置等能力。不断健全管理体制。坚持“主线+条块”工作方法，增设科技安全工作组，将公共安全纳入工作范畴，构建起“八横八纵”安全管理新机制，切实打通落实的“最后一公里”。积极构建网格体系。探索形成独具山大特色、服务与管理并重、促进学生成长成才、教育管理服务融为一体的“1+N”网格化管理服务体系，确保每一位山大人、每一个空间都有唯一归属网格，有力维护了校园安全稳定。

二、面向2021，任重道远、接续奋斗

当前的山东大学，正站在全面建设世界一流大学、加快实现“由大到强”历史性转变的关键时间节点上，学校事业发展的机遇前所未有、挑战前所未有、希望前所未有。2021年是“十四五”规划的开局之年，是“双一流”二期的展望之年，是建校120周年的校庆之年。我们要把2021年学校工作放到新时代历史方位下来分析，放到“十四五”奠基之年的地位去重视，在全面准确把握“十四五”阶段“五期叠加”的特殊形势中找准未来发展的方向和重点。第一，“十四五”是学校的内涵提升期。“十三五”期间，学校各项事业呈现出昂扬向上、快速发展的良好势头，但学校的内部治理体系仍不完善、服务国家战略需求的核心竞争力还不够强，许多方面还存在短板。我们必须进一步明确目标任务，激发内涵发展的活力，推动实现学校各项办学指标稳居国内高校第一方阵目标，尽快达到或接近世界一流大学水平。第二，“十四五”是学校的创新突破期。

党的十九届五中全会提出，坚持创新在我国现代化建设全局中的核心地位，把科技自立自强作为国家发展的战略支撑。我们必须进一步深刻理解“四个面向”的内涵要求，聚焦重大现实问题、服务国家重大需求，矢志不移地推进自主创新，面对国家高质量发展提出的若干重大课题，注重创新人才培养尤其是研究生创新能力培养，努力在科研组织和组织科研上实现重点突破，以过硬的创新能力扛起强校兴国的时代使命。第三，“十四五”是学校的改革攻坚期。发展出题目，改革作文章。“十四五”时期改革又到了新关头，如何突破、从哪突破，关系到改革的成效、高质量发展的进程。我们必须进一步用好改革关键一招，以更大的魄力和勇气，着力打好教育评价改革的“龙头之战”“攻坚之战”“升级之战”，深入推进学科交叉融合创新、强院兴校行动、绩效管理改革、一校三地体制机制改革等重大任务，不断强化改革成果系统集成，充分激发内生动力和办学活力。第四，“十四五”是学校的治理优化期。一流大学离不开一流的治理，治理成效直接关系大学兴衰、事业成败。推进学校治理体系和治理能力现代化，是实现高等教育现代化的必然要求，也是加快实现学校“由大到强”历史性转变的基础工程。我们必须进一步加快推进学校治理体系和治理能力现代化，着力在构建中国特色现代大学制度体系上下功夫，切实提升内部管理的科学化精细化规范化水平，强化制度执行和风险防范，持续将治理效能转变成发展动能。第五，“十四五”是学校的建设高峰期。“十四五”期间，我们要推进龙山校区（创新港）、青岛校区二期规划建设以及威海校区、齐鲁医学院部分重点项目基本建设，这些都是影响深远的大工程、前所未有的大考验。我们必须进一步提升整体谋划能力、社会筹资能力、统筹协调能力、专业管理能力以及风险控制能力，全面夯实支撑中国特色世界一流大学战略目标的条件保障。

同志们！“九层之台，起于累土；千里之行，始于足下。”过去我们每次年初的新学期工作会都说一年之计在于春、都说年度工作非常重要，但是如果把学校所处的发展阶段放到120年的办学历史中来看、放到新时代历史方位下来看、放到创建一流的目标上来看，我越来越深切地体会到，2021年工作对学校发展的意义不同寻常、作用至关重要。经过深入研讨、反复斟酌和多次修订，我们明确了以下主要内容。

首先，今年学校工作的总体要求是：坚持以习近平新时代中国特色社会主义思想为指导，深入学习贯彻党的十九大和十九届二中、三中、四中、五中全会精神，贯彻落实习近平总书记关于教育的重要论述和全国教育大会精神，立足新发展阶段，贯彻新发展理念，融入新发展格局，按照党史学习教育“学党史、悟思想、办实事、开新局”的要求，紧紧围绕立德树人根本任务和高质量发展主题，统筹推进疫情防控常态化、安全稳定常态化和事业改革发展，全面落实学校第十四次党代会决策部署，科学编制并实施“十四五”规划，深入推进“强院兴校”“强校兴国”行动，加快推动学校实现“由大到强”历史性转变，全力确保“十四五”时期学校高质量发展开好局、起好步，以优异成绩向中国共产党建党100周年、学校建校120周年献礼。

具体来讲，要全力落实好以下十个方面32项重点工作：

（一）扎实推进党的建设新的伟大工程

1. 精心组织庆祝建党100周年系列活动。坚持将迎接建党100周年与落实全面从严治党主体责任相结合、与推进“强院兴校”“强校兴国”行动相结合，深入实施“学习·诊断·建设”行动。

2. 认真开展党史学习教育。高标准高质量完成学习教育各项任务，把学习党史同总结经验、观照现实、推动工作结合起来，同解决实际问题结合起来，切实为师生医务员工办实事解难题，把学习成效转化为工作动力和发展成效。

3. 始终坚持在学懂弄通做实上下功夫。深入推进“两学一做”学习教育常态化制度化，巩固深化“不忘初心、牢记使命”主题教育成果，探索建立管根本、利长远的长效机制。科学安排校院两级党委理论学习中心组学习和政治理论学习。推动《山东大学加快构建学校思想政治工作体系工作台账（2021年度）》落实落细落地。

4. 切实抓好意识形态工作。严格落实意识形态工作责任制，强化意识形态领域风险防控，开展意识形态风险隐患排查和意识形态工作责任制落实情况监督检查，统筹抓好校内专项巡察整改。强化舆情应对处置和网络信息管理，不断提升舆情研判力和引导力。

5. 不断提升基层党建质量。健全“四位一体”组织体系，大力培育建设党建工作标杆学院、样板支部和“双带头人”教师党支部书记工作室。深入推进党支部建设规范提升行动。从严做好党员监督和组织处置，健全党员教育培训体系，持续加大在低年级大学生、优秀青年教师、海外留学归国教师中发展党员的力度。

6. 着力建设高素质专业化干部队伍。扎实推进“五大体系”建设。树立鲜明选人用人导向，深化监督管理，加强轮岗交流，优化考核体系，重用榜样先锋，整治不担当不作为乱作为，推进“能上能下”。进一步优化干部队伍结构。构建全方位干部培训体系，全面提升干部政治素养、理论水平和专业能力。

7. 深入推进正风肃纪。突出政治监督，加强对党中央重大决策部署贯彻落实情况的监督检查。坚持主体责任、监督责任贯通联动，推动全面从严治党“一办法三清单”落实落地。深化运用监督执纪“四种形态”，巩固拓展作风建设成效。深入推进巡视巡察上下联动，做好巡视巡察“后半篇文章”。

（二）统筹推进发展和安全两件大事

8. 严格落实常态化疫情防控各项举措要求。坚持“预防为主”工作方针和“主动防疫”工作要求，狠抓校园管控、联防联控、应急演练、防控知识宣讲等各项措施落实落细，确保校园疫情防控安全。

9. 切实筑牢校园安全屏障。强化全员安全意识，推进安全宣传教育制度化规范化。打造全链条全覆盖网格化平台，构建“分级管理、层层履职、横向到边、纵向到底、无缝衔接、全面覆盖”的校园网格化管理服务体系。深入实施一校三地安全稳定工作体系建设方案，持续健全“八横八纵”管理工作机制。

10. 全力做好“十四五”规划编制工作。坚持全面总结分析、深入学习调研、系统科学谋划、广泛汇聚众智，高质量完成学校“十四五”规划编制工作，推动目标任务落实落地。

11. 扎实推进学校综合改革。深化一校三地体制机制改革，全面落实《关于深化一校三地管理体制机制改革的意见》。扎实推进威海校区内涵建设，加快建设威海前沿交叉科学研究院、澳国立联合理学院等重点平台。稳步推进青岛校区二期建设，有力有序抓好齐鲁蓝谷医院、实验中学等重点项目建设。持续擦亮齐鲁医学品牌，完善医学教育管理体制，加快建设临床学院，积极推进山东大学国际医学中心、美里湖转化医学研究中心、附属医院体系等建设。大力实施“强院兴校”行动，持续深化“放管服”，不断夯实学院办学主体地位。加快推动一校三地学院学科学者“三学”一体发展。推进新时代教育评价改革，印发实施《深化新时代教育评价改革工作清单》。谋划实施融合发展战略，推进学科融合、科教融合、产教融合、医教融合、军民融合。

（三）认真落实立德树人根本任务

12. 加强和改进学生思想政治工作。纵深推进“三全育人”综合改革，推进“三全育人”到岗到位到家。打造“榜样的力量”等思政品牌，深入开展“四史”教育和爱国、励志、诚信、责任等主题教育活动，完善山大特色思政工作体系。加强体育美育劳育体系机制建设。完善心理危机预警干预网，提升心理健康教育工作质量。加强“青马工程”团校建设。

13. 发展一流本科教育。推进专业建设现代化，新增 10 个左右新专业、双学士学位项目和微专业项目；建设 30 个国家级一流本科专业和 60 门国家级一流课程，出版 50 部高水平教材，总结凝练 30 项左右高水平教学成果。强化新文科建设，形成新文科建设制高点，引领全国新文科发展；以强基计划、拔尖学生培养计划 2.0 基地建设为契机，打造拔尖人才培养的升级版；建立未来技术学院，统领新工科专业建设与改造；落实创新创业教育改革规划，建立本研一体、专创结合、学科融合的双创教育体系；坚持以评促改、以评促建，启动第二轮教育部本科教育教学审核评估的准备工作，完成质量标准体系、质量保障机制和持续改进机制建设，打造全员参与的质量文化；强化基层教学组织建设，建立学院党委推进课程思政建设机制，完善院级教师教学发展机制，实现教师教学发展和课程思政建设全覆盖，打造一批课程思政教学名师、优秀案例库和优秀成果。

14. 提高研究生培养质量。贯彻全国研究生教育大会精神，大力推动新时代研究生教育改革创新。初步完成学位点现代化工程建设阶段性任务，积极布局新兴交叉学科方向。坚持以“国家急需学科高层次人才”为导向，创新新兴学科人才培养模式。全面推行以本科直博、硕博连读、申请考核为主的博士生招生录取方式。推动导师团队指导机制建设，实现研究生导师团队指导全覆盖。推动研究生“课程＋”体系和专业教材建设。新增 20 个产教融合培养专项，加强专业学位研究生实习实践和创新创业教育，新增 20 个“山东大学研究生联合培养基地”，新建 20 个省级以上教学案例库，分步实施“专业学位百优课程”建设计划。探索建立新时代研究生培养质量分类评价标准。

15. 扎实推进就业创业工作。加强一校三地学生就业工作统筹，充分实现就业管理、市场拓展、校园招聘、就业创业指导等资源共享。强化就业状况分析反馈机制，切实做好招生、培养、就业、校友发展各环节的协同联动。加强就业创业工作队伍建设，提升专业化服务水平。加强就业价值引领，以充分高质量就业为目标，以服务国家战略为导向，引导更多优秀学子到西部、基层和重点单位就业创业。统筹做好常态化疫情防控下的线下、线上校园招聘工作，打造“山东大学·青年领袖成长计划”创新创业教育—实践—孵化平台。

（四）加快建设高素质师资队伍

16. 加强师德师风建设。充分发挥党委教师工作委员会作用，加强校区、部门、学院间工作联动，提高师德师风建设的规范化、科学化水平。落实师德第一标准，严格师德考察制度，把好教师政治关、品德关。开展师德培训研修，打造特色师德教育品牌。做好典型选树宣传，发挥示范引领作用。加强教师思政工作队伍建设，提高工作能力和水平。加强师德监督，对师德失范行为“零容忍”。

17. 深化人事人才制度改革。进一步解放思想，聚焦关键领域深化改革，充分释放队伍活力。开展教师编制和高级岗位中期动态调整工作，将人力资源向重点学科、重点平台、重点团队倾斜，提高资源配置效益。坚持破“五唯”，全面深化细化教师评价改革，突出质量和贡献导向，细化分类评价，推动交叉评价，注重团队评价。完善人员聘用与聘期考核制度，落实人员能进能出、岗位能上能下，实现提质增效。完善能力提升工作机制，搭建能力提升线上平台，积极拓展海外培训基地，健全能力提升激励考核制度，夯实各支队伍发展支持服务体系。

18. 打造具有国际竞争力的人才队伍。紧扣“双一流”建设目标，科学谋划人才发展布局，突出重点，拓展渠道，精准引育领军人才、培养中青年骨干，搭建青年人才成长平台。抢抓海外人才回流机遇，创新海外招聘形式，发挥齐鲁青年论坛和海外人才工作站引才聚才品牌效应，吸引优质海外人才。聚焦学科转型升级和解决“卡脖子”问题，引进顶尖领军人才、高端技能人才和高水平创新团队。持续畅通柔性引才路径，与高科技企业、附属医院等联合引才，发挥资源叠加优势，强力汇聚交叉复合型人才。加大青年人才储备和培育，升级支持保障条件，帮助青年人才快速成长。健全博士后管理制度和流动站评估机制，进一步优化博士后招收培养体系，全面发挥博士后科研生力军作用。

（五）着力增强学术核心竞争力

19. 持续推进学科现代化。谋划编制“双一流”下一周期建设方案，布局重点建设学科，谋划重点建设任务。开展“学科高峰计划”“学科激励计划”重点建设学科项目绩效考核。落实《山东大学关于推进学科汇聚融合交叉创新的实施意见》，大力实施“学科融合创新计划”，重点建设“十一大学科集群”，前瞻性布局建设战略新兴交叉学科，加快推动学科现代化，打造世界一流学科高峰。组织召开学校发展战略咨询委员会会议。

20. 加快提升科技创新能力。加大重大基础研究平台综合改革力度。推进非线性期望前沿科学中心建设。谋划布局网络安全、高能物理、空天探测、固有免疫调控与重大疾病等一批前沿科学中心。推进新一代半导体材料集成攻关大平台建设，加快完善全链条攻关体系。瞄准制造业、航空航天、国防领域等重大需求，谋划承担重大基础研究、工程应用项目，布局建设高性能纤维材料、地下工程灾害预警与防控等集成攻关大平台。以学术特区模式布局建设一批支撑结构转型、产业升级和区域发展的新兴交叉机构，加快推进高水平攀登计划创新团队、青年交叉创新群体等高端引领性交叉创新团队建设。瞄准科技创新 2030 重大项目，谋划组织川藏铁路、渤海海峡跨海通道等若干亿元级国家重大科技计划项目。推进山东工研院、大学科技园、技术转移中心建设，完善成果产出到转移转化全链条工作体系。组织召开山东大学科技创新大会，办好“山东大学科技成果直通车行动”、山东大学科技成果发布会等系列活动。

21. 着力提升哲学社会科学研究水平。紧紧围绕中国特色哲学社会科学体系建设，推进学科汇聚融合交叉，大力培育“山大学派”。围绕国家重大战略需求和学科前沿，形成一批特色鲜明、实力突出的创新团队。围绕中华优秀传统文化创造性转化、创新性发展，深入推进儒家文明省部共建协同创新中心和中华传统文化体验与研究基地建设，扎实推进全球汉籍合璧工程等重点文化工程，产出一批中国古典学术领域的标志性成果。力争在重大科研立项、重点平台建设、标志性成果培育、品牌论坛打造等方面取得新突破。开展人文社科重大科研成果奖评选。加强智库建设。推进文科实验室建设。推出人文社科强刊计划。优化人文社科学术评价，建立健全以质量和贡献为导向的分类评价机制。

（六）大力提升服务社会成效

22. 深耕服务山东工作。汇聚一校三地一体发展合力，以济青烟威三核为龙头，深化校地合作，进一步叫响“山大系”品牌。瞄准国家重大战略和区域发展需求，谋划布局“十四五”服务山东重点工作，进一步凝练大项目、搭建大平台、形成大团队，努力打造产学研合作典范。大力实施《山东大学推动产教融合、构建院企合作社会服务体系行动计划》，加强与世界500强企业、行业领军企业的合作对接，广泛汇聚社会资源，结合龙山校区（创新港）规划建设，共建科技研发平台。持续推进服务山东“六条路径”，精心谋划服务方案。加快推进苏州研究院、深圳研究院转型发展，加快山东工研院、威海工研院等平台建设发展。

23. 完善合作发展工作体系。探索合作发展工作新模式，统筹优化校内外资源筹措与配置。加快建设行业校友组织，推动校友产业园建设，积极发展“校友经济”。切实用好“新百廿基金”，持续完善基金会内部治理，扎实推进120周年校庆筹资工作。完善理事会建设方案，组织召开首届理事会。推广“天南地北山大人”服务系统。

（七）充分发挥文化引领作用

24. 弘扬新时代山大精神和山大文化。持续推动文化引领战略实施纲要贯彻落实。统筹做好一校三地校园整体文化氛围的营造与提升。组织开展“一院一品”校园文化建设项目推广、展示活动。扎实做好第三届山东省文明校园的申报参评工作，努力创建全国文明校园。注重打造宣传精品，开拓海外宣传渠道。推进学术聚焦、山大日记、山大人物等栏目建设。

（八）持续提升国际合作交流能力

25. 健全国际化人才培养机制。继续推进“国际学分计划”，不断提升学生国际化参与度和国际交流合作能力，力争年内实现国际学分全覆盖。在与世界一流大学共建国家急需领域科研教学平台上实现新突破，推进研究生层面的合作办学以及国际化联合学院建设，努力将国外优质教育资源引入新工科、新医科、新文科人才培养全过程。加强国际复合型人才、国际组织人才培养，培养国家急需“外语＋”“专业＋”人才。推进本科生、研究生全英文学历教育项目和国际化课程建设，打造“留学山大”品牌。制定主要生源国国际学生招生评价标准，提高国际学生招生培养质量。

26. 深化国际科研合作。利用国际科研合作种子基金及国家级国际合作平台等资源，重点推进能源、地下工程、医学等领域孵化国际合作研究与创新示范基地、国际合作联合实验室等；深化基础学科、交叉学科国际合作，支持学者参与并牵头国际大科学计划和工程，鼓励校际合作交流向学科、学术带头人延伸。实施“海外一流学科伙伴计划”，引导和培育5～8个国际化基础较好的院所先行先试，以国际联合平台/学院为基础框架，在数学、化学、物理、生命科学、经济、工程、医学等领域与海外友好高校或科研机构开展全面合作，构建战略性伙伴关系。

27. 推进师资队伍国际化。改革海外人才引进和管理方式，引导院系主动对接国家战略需求，充分利用国家和地方外专项目和平台揽才用才；扩大外籍青年学者的引进规模和经费投入，吸引高水平外籍青年人才。新增5个左右与世界一流高校合作的海外培训项目，积极拓展各类专题培训，推动各类教职工提升国际交流能力和专业化水平。

（九）隆重庆祝百廿华诞

28. 全力做好120周年校庆工作。遵循全员参与、开放共享、创新发展的基本原则，加强校庆工作的顶层设计与统筹推进，深入落实《百廿山大强校兴国行动方案》，以追求卓越、只争朝夕的昂扬姿态，彰显初心使命，逐梦教育强国，奋进复兴征程，全面推进世界一流大学建设；高质量完成迎接校庆的基本建设项目和校园整治工程，规划建设山东大学校史馆新馆、校友馆、科技馆，办好校庆庆典、音乐舞蹈史诗音乐会、大学校长论坛、高端学术论坛、科研成果发布会、全球友好学校交流周等重点活动，为学校事业改革发展进一步凝心聚力。

（十）着力强化支撑保障

29. 积极发挥财务支撑牵引作用。落实《山东大学新时期加强财经工作的若干意见》，加快构建“一体系三能力”的财务保障体系。召开全校财务工作大会，提升财务治理能力。强化财务资源统筹，落实年度财务预算收支任务，提升财务保障能力。完善财务制度体系，出台《山东大学财务管理办法》等一系列制度规范，提升财务管理精细化水平。深化学院综合预算改革，提升学院理财能力，激发学院办学活力。全面实施预算绩效管理，深化落实《山东大学全面实施预算绩效管理工作方案》，实现预算和预算绩效管理的一体化。出台《山东大学进一步推进内部控制建设方案》，提升风险防控能力。落实《山东大学财务信息化建设方案》，提升财务信息化水平，加快实现业财融合，促进财务转型。

30. 扎实推进龙山校区（创新港）规划建设。贯彻“天人合一、和合共生、以文化人、守正出新、止于至善”的理念，围绕“缔造有文化的校园”“塑造有生命的建筑”，形成校区总体性概念规划、修建性详细规划。加强校区规划建设的系统性、整体性，将校园建设与学科建设需求相衔接、规划方案与建设实施相衔接、发展理念与前沿技术相衔接，建设人文校园、开放校园、智慧校园、绿色校园。启动校区一期建设项目和中小学、医院、住宅等配套项目规划建设。

31. 加强条件支撑建设。持续完善学校国有资产管理体制机制，不断优化资产内控监管体系。统筹谋划中长期空间、设备及实验室资源，完善开放共享体制机制，推进资产使用效益考评、监督、激励政策落实。一体推进教学和科研实验室管理规范化，开展教学实验室综合绩效评估。统筹一校三地大型设备资源，组织新购大型设备论证，实施大型仪器设备年度使用效益考评，全面推进校级平台管理体制改革。完成动物实验中心和新一代半导体研发中心建设。推动电镜中心、冷冻电镜平台建设，打造支撑“双一流”建设的装备网络。全面落实实验室安全风险管控及预防措施，筑牢“六体系”保障。进一步深化校属企业改革，推动企业高质量发展。统筹新一轮物业招标，提升物业规范化科学化管理水平。推进智慧后勤建设，提高后勤服务水平和保障能力。落实好基础设施、房屋修缮等基础办学条件改善项目。完成中心校区文史楼、趵突泉校区体育场及室外环境改造。统筹规划推进校园环境、教学楼文化建设等项目，营造优美校园环境和良好文化氛围。加强国际化软环境建设，推进各类管理系统双语化。

32. 着力改善民生福祉。践行以师生为本的理念，更高质量推进年度服务师生“十件实事”“五大聚心工程”，持续改善师生医务员工的学习工作条件。提升学校餐饮品质、改善师生就餐环境。积极推进“健康山大”活动、确保体育运动场所安全，推进中心校区体育馆改造。全力争取政府支持，推动教工宿舍危房改造实现突破。持续推进教职工住宅区水电户表改造工作，进一步提升水电保障能力。积极谋划威海校区中小学、青岛校区中学段建设。通过解决师生最关切、最直接、最现实的利益问题，进一步提升山大人的获得感、幸福感、自豪感。

以上就是我们今年要完成的十个方面 32 项重点工作任务，请大家会后对照学校 2021 年工作要点，认真抓好贯彻落实。学校事业发展到今天，我有一个很深切的体会：比认识更重要的是决心，比方法更关键的是担当。今年是牛年，希望大家发扬“三牛精神”，以对历史、对山大、对师生负责的态度，苦干实干、狠抓落实，确保“十四五”开好局、起好步。

新征程，新期待，新作为。让我们在学校党委的领导下，追求卓越、只争朝夕，乘势而上、不懈奋斗，坚决完成各项目标任务，奋力实现“十四五”良好开局，以优异成绩迎接建党 100 周年和建校 120 周年！

谢谢大家！

在庆祝《文史哲》创刊70周年暨学术研讨会上的致辞

樊丽明

（2021年4月24日）

尊敬的刘家义书记、各位领导、各位学者、各位朋友：

大家上午好！

今天，我们在这里隆重集会，热烈庆祝《文史哲》创刊70周年，共同见证第九届“人文高端论坛”的成功举办！在此，我代表山东大学，向莅临指导的各位领导，向来自全国各地的专家学者和编辑同仁表示热烈欢迎！向一直以来关心支持学校事业和《文史哲》发展的各位领导、各位朋友表示衷心感谢！向常年在《文史哲》编辑部夙夜耕耘的各位同志表示诚挚祝贺和亲切问候！

70年前，《文史哲》作为新中国首份高校学报，甫以创刊，就以其卓尔不群的办刊宗旨、厚重的学术质量，开创了人文学刊的一代新风，受到从党和国家领导人到国内外学术界的广泛关注。她倡导“百家争鸣”的办刊方针，敏锐辨析学术趋势，前导性设置学术话题，在学术界一次次引起争鸣，比如史学界“五朵金花”中的三朵“中国古史分期论战”“中国农民战争史论战”“资本主义萌芽问题论战”就盛开于《文史哲》，被誉为中国学术的风向标；她坚持“培育小人物，延揽大学者”的办刊思路，通过刊物发掘培育学术新人，像受到毛泽东主席赞赏的“两个小人物”等许多著名学者的辉煌学术道路正是通过《文史哲》开启的；她秉承学术办刊的原则，不跟风，不浮躁，始终以精慎的选题、厚重的文章、精湛的编辑，恪守学术道德，坚守学术诚信，助力学术繁荣，2011年荣膺“中国出版政府奖”首次设立的“期刊奖”。近年来，《文史哲》编辑“文史哲丛刊”，举办“人文高端论坛”，发布“中国人文学术十大热点”等，引领学术趋势，提高刊物质量，扩大刊物影响。同时，为了服务中华文化“走出去”，《文史哲》在全国首创海外版，在国际汉学界引起重要反响。70年砥砺奋进，70年春华秋实，《文史哲》始终紧扣时代脉搏、聚焦中国问题、展现国际视野，逐渐走出了一条独具特色的办刊之路，生动诠释了百廿山大崇实求新的精神品格和为国图强的家国担当。“落其实者思其树，饮其流者怀其源”。在今天这个收获荣光的重要时刻，我们怀着无比崇敬的心情，感念、感谢、感激所有为《文史哲》发展付出过努力、倾注过心血、做出过贡献的人们。我代表学校，向刘家义书记及各位领导、向各位同仁、向各界朋友、向广大读者、向一代又一代《文史哲》的编辑同志们致以崇高的敬意和由衷的感谢！

各位领导、各位学者、各位朋友，当前，中国特色社会主义进入了新时代，党的十九届五中全会擘画了未来发展的宏伟蓝图，开启了全面建设社会主义现代化国家新征程。站在百廿山大开启新甲子辉煌、《文史哲》创刊70周年的历史起点上，希望《文史哲》不忘初心、牢记使命，以“学报之王”的责任担当，继往开来、守正创新，努力交出一份让时代满意、让人民满意、让学界满意的“文史哲”答卷。一是要坚定政治方向。始终以习近平新时代中国特色社会主义思想为指导，坚持正确的政治方向、舆论导向、价值取向，心系国家和山东发展的大局，扛起举旗帜、聚民心、育新人、兴文化、展形象的使命任务，努力“汲取传承优秀的人文精神，为当今所用，为后世续航”。二是要弘扬优良传统。充分发挥70年办刊积淀形成的独特优势，深入总结前人成功经验，坚持专家办刊、质量立刊、特色兴刊，立足高起点、追求高品位、确保高质量，抓住重大关键迫切问题多推出有深度、有力度、有高度的好文章和大成果。三是要深化改革创新。坚持用新时代要求审视办刊工作，积极面对舆论生态、媒体格局、传播方式发生颠覆性、革命性变化的新形势，在全面创新上勇于探索，在融合发展上下足功夫，在开放合作上主动作为，努力在办刊水平上走在全国前列、争创世界一流。

各位领导、各位学者、各位朋友，“以笔为犁千秋业，只在承前启后中”。习近平总书记指出：“我们这一代人，继承了前人的事业，进行着今天的奋斗，更要开辟明天的道路。”希望《文史哲》编辑部的同志，以70年为新的起点，再接再厉、持续奋斗，以“追求卓越、只争朝夕”的奋进姿态，努力铸就《文史哲》繁荣发展新辉煌，为加快构建中国特色哲学社会科学学科体系、学术体系、话语体系，为坚定文化自信、建设文化强国作出新的更大贡献！

最后，祝愿《文史哲》越办越好！祝福各位领导、各位学者、各位朋友工作顺利、身体健康！

谢谢大家！

增强做中国人的志气、骨气和底气

——在2021年本科生毕业典礼暨学位授予仪式上的讲话

樊丽明

（2021年6月23日）

尊敬的各位老师，亲爱的毕业生同学们：

大家晚上好！

今天对同学们而言，注定是一个值得纪念并永生难忘的日子。你们在这里整装待发，开启人生新的旅程。首先，我代表全校师生医务员工，向全体毕业生同学表示热烈的祝贺！向辛勤培育你们成才的老师致以崇高的敬意！向支持学校发展的广大校友和各界朋友表示衷心的感谢！

我与2021届毕业生同学有着特殊的缘分。我清晰地记得，四年前的开学典礼，我们一起品读山东大学这所百年学府的辉煌历程，一同分享家国情怀的文化特质，并约定要“将立身养德的坚守、开拓创新的追求和胸怀天下的担当融入血液，去涵养、去践行家国情怀，努力创造和实现自己的人生价值!”四年来，你们勤学苦读、不负韶华，奋勇前行、逐梦青春。小树林的晨风、洪家楼的晚霞、天工湖的波光、软件园的钟楼、趵突泉的花香、千佛山的身影，见证着你们的蜕变与成长。药学院宋丹同学、历史文化学院张木子同学，用捐献造血干细胞的实际行动，书写了山大人的大爱与真情。软件学院王长号同学，响应祖国号召，积极参军入伍，彰显了山大人的忠诚与担当。临床医学院薛志伟同学、物理学院窦恺莹同学，分别用49门专业课绩点5.0的优秀成绩、以第一作者发表两篇SCI论文的突出成果，诠释了山大人的出色与卓越！电气工程学院王增辉同学，用省赛100米冠军、200米亚军，展现了山大人的青春与活力。这样的故事在2021届同学们中还有很多，在近1400个平凡的日子里，你们信守初见时的约定，于平凡中创造了非凡。我为你们每一个人点赞！

这四年，在同学们的见证和参与下，学校事业发展进入了新阶段、驶上了快车道、跑出了加速度。我们制定实施“六大战略”，谋划推进“强校兴国”行动，全面超额完成“双一流”建设第一周期目标任务，“由大到强”历史性转变迈出坚实步伐。我们坚持“顶天”，着力发展一流学术。深入实施学科高峰计划，高层次人才引育数量连续翻番，学术基本面进入国内高校第一方阵，取得“倒向随机微分方程”等一大批原创性成果，攻关新一代半导体材料制备等一大批“卡脖子”难题，“古文、古史、古哲、古籍”研究优势全面确立。我们坚持“立地”，着力提供一流服务。深入实施服务山东战略，合力打造“山大系”品牌，战略谋划龙山校区（创新港）规划建设，为推动经济社会高质量发展提供重要支撑和动力引擎。在国内新冠肺炎疫情肆虐之际，先后派出四批医疗队近300名队员，千里驰援湖北抗疫一线，出色完成党和国家交付的光荣任务。我们坚持“育人”，着力培养一流人才。始终坚持以立德树人为根本，以学生成长成才为中心，不断擦亮“为国育贤”办学初心，引领全国新文科建设，打造国家一流本科专业58个（列全国第5）。过去几年，山大学子斩获各类创新创业竞赛奖项151个（列全国第1），“家国情怀、担当精神、崇实品格、创新素养”的山大基因广受赞誉。同学们，学校的发展进步离不开大家付出的辛勤努力，正是你们为梦想燃起的点点星火，汇聚成了山东大学的今日荣光。在此，我代表学校，向你们表示衷心的感谢！

今年5月，在《文史哲》创刊70周年之际，习近平总书记给编辑部全体编辑人员回信，充分肯定《文史哲》杂志在弘扬中华文明、繁荣学术研究等方面所取得的成绩。总书记在回信中强调，要增强做中国人的骨气和底气，让世界更好认识中国、了解中国。回顾《文史哲》70年的发展历程，从“昌明传统学术，锻铸人文新知，植根汉语世界，融入全球文明”的办刊理念，到“视学术为生命”的办刊原则，从“倡导百家争鸣，锻造公共学术话题”的办刊追求，到“发掘新生力量，扶植‘小人物’”的办刊传统，无不彰显着《文史哲》长期秉持的志气、底气和骨气，这也正是《文史哲》始终如一的价值追求和取得成功的关键所在。

当前，中国正处于近代以来最好的发展时期，世界正处于百年未有之大变局，两者同步交织、相互激荡。你们是与新时代同向同行、共同前进的一代，生逢盛世，肩负重任，既需要回应如何“以青春之我，创建青春之家庭，青春之国家，青春之民族”的重大命题，还面临如何应对“重大挑战、重大风险、重大阻力、重大矛盾”的严峻考验，唯有不断增强做中国人的志气、骨气、底气，才能在纷繁复杂中保持定力，在百舸争流中劈波斩浪，在千帆竞发中勇立潮头。借此机会，我想送给你们三句临别寄语：

一是要坚定理想信念，强志气。理想指引人生方向，信念决定事业成败。“古之立大事者，不惟有超世之才，亦必有坚韧不拔之志。”最近，广受热议和好评的电视剧《觉醒年代》，生动再现了百年前中国先进青年艰难探索救国救民之路的精神风貌。他们将青春和热血融进了祖国的万里山河、奉献给民族的救亡图存，成就了一段段鲜活厚重、可歌可泣的有志人生。我们的一位优秀校友，“忠勇为党志不渝”的革命先烈刘谦初就是其中的杰出代表。出生于山东平度的刘谦初是中国共产党早期领导人之一，也是我党杰出的理论宣传工作者。他自幼便立下“掌灯苦读为黎民”的远大志向。五四运动爆发后，他和同学上街游行示威，积极宣传爱国进步思想。面对白色恐怖，他将个人生死置之度外，迅速恢复被破坏的党组织，重建中共山东省委并担任省委书记。由于叛徒告密，他不幸被捕入狱，面对敌人的威逼利诱、严刑拷打，没有丝毫畏惧和动摇，始终坚持对敌斗争，并组织狱中同志学习马列著作，把“监狱当学校，法庭变讲坛”。在生命的最后时刻，他高唱《国际歌》英勇就义、献出了年轻的生命。明知生死难测，为何偏向危中行？正是坚定不移的理想信念，让以刘谦初为代表的先进青年经千难而前仆后继、历万险而锲而不舍，成为祖国和民族的脊梁。走过百年，先贤们的理念与精神依然能够烛照今人。坚定理想信念，牢记初心使命，人生的奋斗才有更高的思想起点，干事创业才有不竭的精神动力。希望同学们把牢理想信念这个人生“总开关”、价值“定盘星”，立鸿鹄伟志、守报国丹心，始终心怀“国之大者”、心系人民群众，筑牢信仰之基，努力把自己的小我融入祖国的大我、人民的大我之中，与时代同步伐、与人民共命运，积极追求更有高度、更有境界、更有品位的人生。

二是要锤炼意志品格，强骨气。人无刚骨，安身不牢。有了气节，人品就有了高度，人格就有了硬度，就能成就一个个顶天立地“大写的人”。学校法律系83级校友马俊欣，在毕业前夕运动锻炼时不慎摔伤造成颈椎骨折，落下了左手左腿瘫痪的后遗症。面对坎坷，他却说，“身体残了，我的脑子没有残，只要能思考，我就能用所学为社会做更多的事情”。从毕业分配到河南省郏县检察院那一刻起，30多年来，他自强不息、身残志坚，克服常人难以想象的困难，爱岗敬业、尽职尽责，在平凡的岗位上做出了不平凡的业绩，被誉为“中国的保尔”，获得“中国法治人物”“中国十大正义人物”“全国模范检察官”“全国创先争优优秀共产党员”“全国五一劳动奖章”“全国自强模范”等诸多荣誉。马俊欣校友用残缺的身体、钢铁般的意志和山大人的品格诠释了一位共和国检察官的忠诚、书写了一个挺立的“人”字，为大家增强骨气作出了很好的榜样。同学们！奋斗的道路可能不会一帆风顺，或许荆棘丛生、充满坎坷。强者，总是从挫折中不断奋起、永不气馁。希望你们始终坚守人间正道，锤炼无比坚强的意志品格，历练宠辱不惊的心理素质，坚定百折不挠的进取精神，保持乐观向上的昂扬状态，勇于面对各种困难挫折，在战风斗雨中乘风破浪，在激浊扬清中扬长补短，在守正创新中建功立业。

三是要增强本领才干，强底气。底气是一种内生的巨大力量。对青年来讲，底气来自知识、来自思考、来自实践。我国晶体材料领域的卓越开拓者之一、学校已故的蒋民华院士在这方面为我们全体山大人树立了很好的榜样。大学期间，他惜时如金、求知若渴、勤学苦读，成为学校为数不多的全优生之一。在德国科隆大学结晶研究所访学期间，他虚心求教、刻苦钻研，不到3个月的时间就研究出一种新的有机晶体，令国外专家刮目相看。他曾说，科技发展太快了，不学就会落后，必须争分夺秒，知识不像古董，放放就不值钱了，不能吃老本，要不断更新。他一生严谨治学、追求真理、奋发进取，积淀了深厚的学术造诣，推动中国晶体材料研究走向世界并处于国际领先水平，为国家和人民作出了重要贡献。当今时代，知识更新不断加快，社会分工日益细化，新技术新模式新业态层出不穷。这既为青年施展才华、竞展风采提供了广阔舞台，也对青年能力素质提出了新的更高要求。同学们不论是成就自己的人生理想，还是担承时代的神圣使命，都必须增强本领才干，使自己的思维视野、思想观念、认识水平、能力素质跟上越来越快的时代发展步伐。同学们毕业走向社会，并不意味着学习的终结，而应该是新的学习阶段的开始。希望你们秉承“学无止境，气有浩然”的校训精神，树立终身学习的理念，向书本学习、向实践学习、向他人学习，活到老学到老，在不断掌握真才实学中增强做人做事的底气。

同学们！青年兴则国家兴，青年强则国家强！你们是祖国的未来、民族的希望，你们的志气骨气底气就是国家的志气骨气底气！愿你们带着母校的嘱托，提升堪当大任的自觉、自勉和自信，找准定位、明确方位、提高站位，以山大之魂，明爱国之心、励强国之志、践报国之行，在与国家民族同呼吸共命运的壮阔进程中，熔铸山大辉煌，开创精彩人生！

同学们，再过 100 多天，我们将迎来学校 120 周年华诞。无论你们今后身在何处，这里永远是你们最温暖的家，随时欢迎你们回家看看。母校祝福你们！

谢谢！

坚守初心　引领创新

——在 2021 年研究生毕业典礼暨学位授予仪式上的讲话

樊丽明

（2021 年 6 月 24 日）

尊敬的各位老师、校友代表，亲爱的毕业生同学们：

大家晚上好！

今夜我们相聚在美丽星空下，隆重庆祝 2021 届研究生同学们圆满完成学业、踏上人生新征程。在这值得铭记的重要时刻，我代表全校师生医务员工，向全体毕业生同学表示热烈的祝贺！向为你们成长成才付出心血的老师们致以崇高的敬意！今天来到现场的，还有去年因疫情未能返校参加毕业典礼的 2020 届毕业生，欢迎你们回家！

在山大的求学时光，你们与学校一起见证了许多难忘的时刻、共同收获了成长和进步：我们扎根中国，厚植齐鲁，深入实施“六大战略”，深入探索山大风格的一流大学发展道路；我们坚持“四个面向”，打造“非线性期望”中国学派，攻关新一代半导体材料“卡脖子”难题，服务 300 多项“交通强国”重大工程，引领生殖健康科技前沿，儒学研究“山大学派”初见端倪，学术基本面进入国内高校第一方阵；我们坚持以“立德树人”为根本，深化研究生教育改革，“稷下风”“海右”激励学术之星，“榜样的力量”“山大杯”“十大歌手”彰显青春风采，“家国情怀、担当精神、崇实品格、创新素养”的山大基因广受好评；我们万众一心、共克时艰，千里驰援湖北抗疫一线，第一时间复学复课，实现校园零感染，赢得疫情防控和学校事业发展双胜利……在大家的共同努力下，学校全面并超额完成“双一流”建设第一周期目标任务，“十三五”圆满收官，“十四五”全面擘画，“由大到强”历史性转变迈出了坚定步伐，中国特色世界一流大学建设开创了崭新局面。更令人欣慰和自豪的是，我们每一位研究生同学，都用辛勤耕耘、奋力拼搏交出了一份沉甸甸的亮眼答卷！

化学院博士研究生王芝同学，你用七年时光上下求索，发现并证实了如星云一般美丽的新分子团簇结构，欢迎你继续留在山大，希望你再接再厉、早日成为科研星河里的“摘星者”。马克思主义学院硕士研究生肖遥同学、全明威同学，你们是“党的建设”学科第一批毕业生，希望你们不负时代所托、始终坚定信仰，为全面提升党的建设科学化水平贡献智慧和力量。岩土中心博士研究生任玉晓同学，你以工地为研究室，把脚印留在了山岭隧道，把论文写在了祖国大地上。希望你始终保持艰苦奋斗、攻坚克难的奋进姿态，在解决重大工程难题中成长为栋梁之材。历史文化学院硕士研究生程鸽同学，你在今日头条、腾讯公司实习期间取得了骄人的业绩，也收到了“大厂”邀请函。希望你在新的岗位上，充分发挥所学，为弘扬中华文化、讲好中国故事作出山大人的贡献。数学学院硕士研究生袁应象、经济学院硕士研究生许祯等30多位同学，你们虽来自不同学科专业，却不约而同地把抗击疫情作为研究主题或典型案例。希望你们始终面向人民生命健康，在助力健康中国、护佑民生健康中显担当、践使命、展作为。根据近年的统计，学校理工医科研究生对论文的贡献率超过90%，人文社科类研究生超过60%，可见，研究生是学校科研生力军，为学校事业发展贡献了重要力量！在此，我代表学校，向每一位研究生同学的辛勤付出表示衷心的感谢！

上个月，习近平总书记给《文史哲》编辑部全体编辑人员回信，充分肯定了《文史哲》在弘扬中华文明、繁荣学术研究等方面作出的贡献，令我们备受鼓舞、倍感振奋。总书记在回信中指出，高品质的学术期刊要“坚守初心、引领创新”，这不仅是对我们进一步办好《文史哲》杂志的殷切希望，也为我们加快建设中国特色、山大风格的世界一流大学指明了前进方向，为我们每一个人在新时代历史方位下奋发进取提供了行动指南。

不忘初心，方得始终。“一个民族、一个国家，必须知道自己是谁，是从哪里来的，要到哪里去，想明白了、想对了，就要坚定不移朝着目标前进。”中国共产党人的初心和使命，就是为中国人民谋幸福，为中华民族谋复兴。这是激励中国共产党人不断前进的根本动力。而我们党之所以能够历经考验磨难无往而不胜，关键就在于不断地进行理论和实践的创新，始终坚持和引领着创新。我们党的一百年，是矢志践行初心使命的一百年，是筚路蓝缕奠基立业的一百年，是创造辉煌开辟未来的一百年。100年来，中国共产党人坚持把马克思主义基本原理同中国具体实际相结合，创造性地坚持和发展马克思主义，致力于开拓和发展社会主义道路、理论、制度和文化，不断赢得新胜利、开创新局面、迈上新台阶。

同学们！一切伟大的成就都是接续奋斗的结果，一切伟大的事业都需要在继往开来中推进。面向未来，走好新时代的长征路，无论是我们党还是我们每一个人，都应继续以坚守初心的执着和源源不断的创新勇往直前乘风破浪，让中华民族伟大复兴在我们的奋斗中梦想成真！同学们生逢盛世，肩负重任，希望你们牢记总书记的嘱托，把坚守初心、引领创新作为人生的精神指引和价值追求，在统筹好“三个度”的基础上成就卓越人生。

一是要善于把握人生的向度。高远的理想和志向，能够激发前进动力、引领人生方向。正如俄国作家果戈理所说：“为了国家的利益，使自己的一生变为有用的一生，纵然只能效绵薄之力，我也会热血沸腾。”前不久去世的“杂交水稻之父”袁隆平先生，把让全国人民吃饱饭、让世界人民吃饱饭作为至高无上的人生志向，选择了学习农业、扎根乡村，潜心研究杂交水稻半个世纪，鲐背之年的他依旧每天都要去试验田观察杂交水稻的长势。即使在生命弥留之际，他最关心的仍然是试验田的稻子怎么样。他最大的愿望，就是要把饭碗牢牢地掌握在我们中国人自己手上。袁隆平先生一辈子躬耕田野，毕生扎根稻田，不仅破除了“21世纪，谁来养活中国人”的质疑，而且让杂交水稻技术惠泽世界上千千万万的人，为我国粮食安全、农业科学发展和世界粮食供给作出了杰出贡献。心在最高处，根在最深处。希望同学们以袁隆平先生为榜样，坚定爱国爱民的人生志向，始终以祖国和人民需要为己任，以奉献祖国和人民为目标，坚持从“国之大者”中找方向，从“民之大业”中找落点，信念坚定、矢志不渝、笃定前行，努力追求更有境界的人生。

二是要勇于突破人生的高度。当今世界百年未有之大变局加速演进，新一轮科技革命、产业变革和社会转型加速发展，全球科技创新空前活跃，为中国现代化建设、民族复兴提供了难得机遇，为广大青年施展才华、竞展风采提供了广阔舞台。创新才有机遇，敢为先锋才能不负时代。多年来，学校李术才院士领衔的岩土工程中心团队，弘扬山大敢为人先的精神传统，坚持“顶天立地”做科研，勇于先行先试，大胆实践探索，攻克了重大突涌水灾害防控的工程难题，构建了“理论—技术—应用—转化”全链条创新体系，推动隧道突水突泥灾害防控理论技术达到国际领先，其科研成果广泛应用于成兰铁路、新成昆铁路、青岛胶州湾海底隧道等重大工程，取得了显著的经济效益和社会效益。在百廿山大历史上，像李术才院士团队这样不断拼搏与攀登的山大人还有很多，蒋民华院士一生都在践行“勇攀高峰”的信念，产出了从 ADP 晶体、LAP 晶体到 KDP 晶体等国家急需的重大成果，开创了晶体材料研究的壮丽事业。今年，中国空间站“天和”核心舱、“神舟十二号”载人飞船相继发射升空，开启了中国航天的新篇章，其中确保空间站安全的密封件用关键有机硅材料，是由山大先进有机硅材料团队精心研制的。还有获得未来科学大奖的山大人薛其坤、马大为、王小云、彭实戈，他们都用坚实行动和创新成果诠释了不断挑战自我、突破极限的优秀品格。希望你们保持山大人“敢为天下先”的勇气、“初生牛犊不怕虎”的锐气、“狭路相逢勇者胜”的豪气，解放思想、与时俱进，上下求索、开拓进取，勇立时代潮头，矢志追求卓越，不断以创新贡献标注人生新高度。

三是要甘于积淀人生的厚度。法国文学家托马斯·布朗曾说：“你无法延长生命的长度，却可以把握它的宽度；无法预知生命的外延，却可以丰富它的内涵；无法把握生命的量，却可以提升它的质。”上周刚刚仙逝的我国翻译界泰斗许渊冲先生，择一事，终一生，不为繁华易匠心，在中外文化互译的舞台上躬身治学八十余载，把《诗经》《楚辞》《西厢记》等古典名著翻译成了英文、法文，让中国之美传遍世界，成就了“不老松”的传奇佳话。许先生耄耋之年，仍然给自己制定了“每天翻译 1000 字”的工作计划，93 岁获得国际翻译界最高奖项之一的“北极光”杰出文学翻译奖，被誉为“中英法文化沟通的桥梁”。他曾说：“生命不是你活了多少日子，而是你记住了多少日子，要让你过的每一天，都值得记忆。”回顾许先生的百年诗译人生，增长的是年龄与履历，不变的是初心与使命，他在拼搏奋斗和持之以恒中绽放了人生光芒。我们的《文史哲》杂志，几代人始终恪守“学者办刊，造就学者”的原则，积淀学术厚度，倡导百家争鸣，引领学界风骚，以 70 年的执着坚守、开拓进取铸就了“文科学报之王”的独特风骨、赢得了崇高的学术声誉。希望你们以许先生和《文史哲》杂志为榜样，保持矢志不渝的执着、永不止步的进取、百折不挠的勇毅、求真务实的笃行，孜孜以求、绵绵不息、久久为功，努力活出“有厚度”的人生。

同学们，再过 112 天，我们将隆重庆祝建校 120 周年。回顾百廿校史，一代代山大人永葆初心、崇实求新，演绎了有向度、有高度、有厚度的精彩人生，铸就了有向度、有高度、有厚度的百廿辉煌，用奋斗和实绩为国家富强、民族复兴、人民幸福贡献了山大力量。当“毕业季”遇见“百廿庆”，你们注定是非常特殊的一届学生，让我们携手并肩，坚守初心再出发，引领创新勇向前，共同书写更新更美的时代篇章！母校永远牵挂你们，永远支持你们，永远祝福你们！

谢谢大家！

在 2021 年秋季学期工作会议上的讲话

樊丽明

（2021 年 8 月 30 日）

老师们、同志们：

大家上午好！我们刚刚度过了一个繁忙而充实的暑期，为加快推进学校战略谋划、教学科研、校庆筹备、支撑保障、疫情防控等重点工作，很多同志坚守岗位、加班加点，为学校秋季学期乃至下一阶段的工作奠定了良好基础、争取了发展主动。借此机会，我代表学校向大家道一声“辛苦了”，谢谢大家！

今天，我主要跟大家交流三方面的内容，郭书记还将作总结讲话，给大家提出工作要求。

一、总结近期成绩，坚定“由大到强、争创一流”的信心决心

春季学期，我们坚持以习近平新时代中国特色社会主义思想为指导，深入贯彻落实习近平总书记“七一”重要讲话精神，心怀“国之大者”，扛起“两个维护”重大政治责任，团结带领全校师生医务员工改革创新、攻坚克难、顽强拼搏，努力办成了一批大事难事，顺利实现了既定目标任务，学校各项事业取得了新进步、实现了新突破、迈上了新台阶。

——深入学习贯彻习近平总书记给《文史哲》编辑部全体编辑人员重要回信精神。在《文史哲》杂志创刊 70 周年、学校即将迎来百廿校庆之际，习近平总书记给《文史哲》编辑部全体编辑人员回信，充分肯定《文史哲》在弘扬中华文明、繁荣学术研究等方面所付出的努力，体现了对学校的亲切关怀。我们深刻领会精神，全力贯彻落实，切实把全体师生医务员工的思想和行动统一到重要回信精神上来，制定实施哲学社会科学创新发展五年行动方案，努力回答好重大时代课题，着力推动中华优秀传统文化创造性转化、创新性发展。

——科学擘画未来发展蓝图。坚持聚势谋远、广聚众智、善用众力，高质量编制学校“十四五”事业发展规划，稳步推进龙山校区（创新港）规划建设，启动实施学科融合创新计划，进一步找准事业发展的历史方位，明确中国特色世界一流大学建设的目标方向。

——全力迎接和配合中央巡视工作。提高政治站位，强化政治责任，深刻认识巡视工作的重要意义，以对党的事业高度负责的态度，积极支持配合巡视工作，自觉接受监督，坚持边巡边改、立行立改，高质量圆满完成各项任务，得到中央巡视组高度肯定。

——扎实推进党史学习教育走深走实。认真贯彻“学党史、悟思想、办实事、开新局”要求，坚持上下联动、师生互动、典型带动，扎实做好结合“文章”，创新“四分法”，开展“我为群众办实事”实践活动，推出一批提升师生幸福感的实招硬招，受到中央指导组充分肯定，中央和教育部党史学习教育简报多次报道山大典型经验。

——着力推动“十四五”实现良好开局。人才培养质量进一步提升。深化“三全育人”综合改革，切实加强思政课程、课程思政建设及体育、美育和劳动教育，持续推进专业现代化建设，入选国家级一流专业数量位列全国第5、一流课程数量位列全国第6、国家级课程思政示范项目数量并列全国第1。系统谋划文科实验室建设，发布《新文科建设年度发展报告（2020）》，入选教育部首批新文科建设项目数量位列全国第1。大力推动新时代研究生教育改革创新，全面推广导师团队育人模式。积极构建创新创业教育生态系统3.0，持续强化就业价值导向，获教育部首批国际组织青年人才培训项目。师资队伍建设进一步加强。深化师德师风建设，激励广大教师争做“四有”好老师，努力成为“大先生”。推进教师评价改革，充分激发队伍活力，引育各类高层次人才150余人（其中全职高层次人才95人），15人入选国家自然科学基金人才项目，其中优青入选12人，创历史最好成绩。博士后基金评审再获佳绩，特别资助项目位列全国第8（其中站前项目实现翻番）。学术创新动能进一步释放。成立国家战略科技力量建设委员会，稳步推进工研院和大学科技园建设，加快提升科技创新能力，CNS期刊论文发表数量并列全国第8位。国家自然科学基金立项数和经费数再创新高，集中申报期获批立项504项，经费近2.6亿元。服务社会格局进一步优化。持续深化校地合作，成立服务山东高质量发展联盟和山大产业系联盟，进一步叫响“山大系”品牌。竞争性科研经费大幅增长，实际到账9.32亿元，比上年同期增长29%。推进智库中心建设，智库成果采用率、批示率明显提高。深入实施院企合作社会服务行动计划，大力引导学院与行业领军企业合作对接。与此同时，深入贯彻落实文化引领战略实施纲要，全力做好120周年校庆筹备工作，加快构建“一体系三能力”的财务保障体系，严格落实常态化疫情防控及安全稳定举措，加快推进制度废改立工作并取得阶段性成效，治理体系和治理能力现代化水平进一步提升，办学资源进一步拓展，基础设施进一步完善，民生福祉进一步增进，有效提升了广大师生医务员工的获得感、幸福感、自豪感。

特别需要指出的是，我们首轮“双一流”建设成效显著，实现圆满收官，为下一阶段工作奠定了坚实基础。成绩来之不易，未来更需努力，我们没有任何理由骄傲自满、松劲歇脚，要继续增强自信乘势而上，下定决心再接再厉，凝心聚力开创新局。

二、抓好当前工作，继续保持朝气蓬勃、昂扬向上的发展态势

千里之行，始于足下。做好今年秋季学期工作，对于确保“十四五”成功开局起步，意义重大、至关重要。经过深入研究、多次修订，学校明确了以下主要内容：

秋季学期工作基本思路是：坚持以习近平新时代中国特色社会主义思想为指导，深入学习贯彻习近平总书记“七一”重要讲话精神、给《文史哲》编辑部全体编辑人员重要回信精神和十九届六中全会精神，牢记“国之大者”，把握高质量发展要求，落实立德树人根本任务，聚精会神、坚定不移落实各项重点任务，顺利开启新一轮“双一流”

建设新篇章，全力确保“十四五”开好局、起好步，加快实现“由大到强”历史性转变，以优异成绩庆祝建党100周年和建校120周年。

具体来讲，要全力落实好九个方面29项重点任务：

（一）进一步加强党的领导和党的建设

1. 深化党史学习教育成果。以党史学习教育为抓手，深入学习贯彻落实习近平总书记“七一”重要讲话精神和给《文史哲》编辑部全体编辑人员重要回信精神，把党史学习教育同各项重点任务紧密结合起来，确保学习教育与中心工作同频共振、相互促进。

2. 抓好中央巡视整改落实。深入学习贯彻习近平总书记关于巡视工作的重要论述、重要讲话及中央关于巡视整改的工作要求，把巡视整改作为重要政治任务抓紧抓实，认真对照巡视反馈意见和自查问题深刻剖析，深化标本兼治、贯通融合，推动巡视整改取得扎实成效。

3. 加强意识形态工作。严格落实意识形态工作责任制，做好意识形态工作责任制年度考核。健全网络意识形态工作制度，强化舆情处置应对，确保意识形态阵地安全。

4. 提升基层党建质量。贯彻落实《中国共产党普通高等学校基层组织工作条例》，健全党建工作体系，选树培育一批优秀典型，推动学校基层党组织全面进步全面过硬。

5. 建设高素质干部队伍。扎实推进干部队伍“五大体系”建设，牢固树立鲜明的选人用人导向，全方位提高干部队伍办学治校的水平和能力。

6. 强化正风肃纪反腐。坚决扛起全面从严治党责任，加强对“一把手”和领导班子的监督，深化整治形式主义、官僚主义，推进纪检监察体制改革，加强审计监督工作。

（二）系统做好改革发展战略谋划

7. 推动“十四五”重大任务落地见效。落实“十四五”改革发展重大任务“施工图”，细化各教学科研单位建设目标与进度安排，确保发展规划有序推进实施。

8. 谋划新一轮“双一流”建设。贯彻党和国家“双一流”建设要求，高质量编制建设方案。组织发展战略咨询委员会第五次会议，科学布局重点建设学科，精心谋划重点建设任务。

9. 推进龙山校区（创新港）规划建设。高水平完成校区概念性总体规划方案，启动修建性详细规划。签订中小学、医院等市校区共建协议，落实教职医务员工住房综合解决方案。

10. 深化综合改革攻坚。深入实施融合发展战略，以教育评价改革为牵引，统筹推进“三全育人”综合改革、一校三地运行机制改革、“强院兴校”行动、医学教育管理体制改革等实现突破。

（三）高质量办好百七校庆

包括三项工作任务，分别是11. 抓好重点活动，12. 加强校庆宣传推广，13. 推进校园文化建设。新学期工作会后，我们将召开校庆工作推进会进行具体布置，此处就不再展开。

（四）深入落实立德树人根本任务

14. 实施铸魂育人工程。召开“三全育人”推进会，加快探索“三全育人”山大模式。提升思政课质量和水平，深化课程思政建设。持续开展“五育协同育人工程”，加强学生体育、美育和劳动教育。持续做好心理健康、资助育人、国防教育、共青团改革创新等工作。

15. 发展一流本科教育。积极探索新工科、新文科、新医科人才培养改革，全面落实基础拔尖人才培养2.0，承办全国新文科建设工作会议。深入推进专业现代化建设，全面推动山大特色高质量课程建设。成立创新创业战略咨询委员会和教育指导委员会，持续完善“五位一体”的“双创”教育体系，在本研一体、学科融合、专创结合上取得新突破。启动校级教学成果奖申报，系统谋划国家级教学成果奖。做好新一轮审核评估准备工作。举办第十七届全国重点中学校长论坛，不断创新优秀生源吸引工作。

16. 提高研究生培养质量。深化研究生招生导向性结构性改革，力争博士生招生规模增幅达10%，硕士推免生接收人数增幅达20%，加大对国家急需学科和前沿交叉学科的支持力度。创新产教融合育人体系，建设10门课赛结合的创新创业线上课程。构建多元评价体系，健全拔尖创新人才激励体系，建立分类评价和过程评价科学标准，提高学位授予质量。

17. 提升就业创业工作水平。强化就业价值引领，提升毕业生服务国家战略贡献度。统筹组织好线上线下就业双选会、专场招聘会，推动充分高质量就业。完善就业指导服务体系，强化学生创业团队的培育、指导和孵化。编制发布《山东大学2021届毕业生就业质量报告》。

（五）着力建强人才队伍

18. 增强教师思政工作实效。健全思政工作体系，落实年度思政工作台账。发挥党委教师工作委员会作用，加强教师思政工作。推进师德师风与学术诚信建设，开展师德专题教育，办好第37个教师节庆祝表彰大会。加强师德教育督导，印发《师德手册》，对师德失范行为坚持“零容忍”。

19. 打造高水平师资队伍。加大高水平人才引育力度，制定顶尖人才支持计划。探索团队引进模式，赋予学科带头人科研评价、团队分配等自主权。多渠道拓展引才途径，举办第六届齐鲁青年论坛，推进师资国际化建设，完善引智体系。提升博士后工作质量及管理效能，举办学校博士后管理工作会议、“数学与科技”全国博士后学术论坛。

20. 创新人事人才体制机制。开展教师编制中期动态调整，编制2022年管理支撑及思政队伍招聘计划。加强机构和岗位管理的内控建设，启动威海校区、青岛校区机关职能部门编制及岗位核定工作。谋划“十四五”收入分配制度改革，拟定新一轮绩效工资改革方案。健全教师考核评价体系，推进实施教职工能力提升计划。

（六）持续提升科研创新能力

21. 打造国家战略科技力量。召开科技工作会议暨国家战略科技力量建设部署会议，深入推进晶体国重、微生物国重重组工作，加大新建国重实验室培育力度，推进系列国家级平台基地培育建设。加强重大科学基础设施培育，提高国家自然科学基金、地方科技项目和国家重大科研项目立项率。推动大学科技园中心园区建设与运营，力争实现亿元级重大成果转化项目落地、年度横向科研实到经费突破5亿元、年度科技成果转化实际到账经费过亿元。

22. 培育造就“山大学派”。落实哲学社会科学创新发展五年行动方案，重点支持《文史哲》等一批人文社科学术期刊建设，出台强刊计划。加强智库建设，推进文科实验室建设。加强儒家文明省部共建协同创新中心、国家治理研究院等大平台建设，推进全球汉籍合璧工程等重点文化工程，办好“尼山世界文明论坛”“山东论坛”，启动实施重大科研成果奖励工作。

（七）大力推进开放办学

23. 提升服务国家和区域高质量发展能力。持续擦亮“山大系”品牌，举办第二届山大校友泉城行、山大校友威海行活动。巩固拓展脱贫攻坚成果，服务乡村振兴战略。推进继续教育提质增效，防控办学风险，提高区域人力资源水平。推进中华美德教育学院建设，打造特色鲜明的中华美德教育培训品牌。

24. 健全国际化人才培养机制。推进国际学分计划，举办第二届全球友好交流周。提升国际学生招生质量，完善“趋同化”配套管理制度，打造“留学山大”品牌。健全港澳台学生的教育培养体系，稳妥做好滞留境外国际学生及2021级新生有关工作。

25. 拓展全球合作伙伴网络。加强国际科研合作平台建设，完善国际科研合作种子基金管理链条，试点推行一流学科伙伴计划，推动未来能源技术国际学院、“一带一路”书院建设。深化与香港中文大学的战略合作，稳步有序推进孔子学院转隶。

（八）切实提升支撑保障能力

26. 加强支撑条件建设。狠抓年度预算执行，科学编制2022年预算，加快推进预算绩效管理。优化空间资源配置，完成中心校区空间优化调整，推进青岛校区二期建设，抓好槐荫区美里湖空间建设、历城区政府空间合作，改善青年教师公寓楼环境。推行实验室标准化管理。高质量完成校园环境改造提升、校容校貌及基础设施改造建设。

27. 增进民生福祉。推进年度服务师生“十件实事”“五大聚心工程”，改善师生医务员工学习工作生活条件。推进教职工住宅区水电户表改造，加强智慧后勤建设，推动南院教工宿舍危房改造实现突破。

（九）坚决守牢安全底线

28. 抓实常态化疫情防控。把疫情防控摆在突出位置，落实防疫条件和常态化防控措施，坚决维护师生医务员工生命安全和身体健康。积极引导师生医务员工疫苗接种“应接尽接”，坚持重点人群核酸检测“应检尽检”。认真细致做好新生报到、学生返校和教学科研相关工作，确保万无一失。

29. 维护校园安全稳定。统筹推进疫情防控常态化、安全稳定常态化和事业改革发展，重视并加强国家安全教育，持续完善一校三地安全稳定工作体系、“八横八纵”安全管理体系。推进消防安全整改、电动自行车校园智能充电桩试点安装等重点项目，切实维护校园安全稳定。

以上是秋季学期的重点任务，请大家会后对照学校工作要点，认真抓好贯彻落实。

三、把握形势要求，奋力实现内涵式高质量发展的跨越突破

当前的山东大学，正处在加快转型升级、实现“由大到强”、全面争创一流的新节点上，面临前所未有的机遇和挑战。看国际坐标，世纪疫情和百年未有之变局相互交织，中美博弈日趋激烈，国际形势错综复杂，给我们带来严峻考验；看国内坐标，我国正处于中华民族伟大复兴的关键时期，中国共产党迎来建党100周年，“十四五”开局，全面建设社会主义现代化国家新征程开启，对高等教育提出了人才和科技的更高要求；看高教坐标，一流大学建设呈现“百舸争流、千帆竞发，不进则退、慢进亦退”的激烈竞争态势，通过创新实现转型升级已成为赢得未来的必然选择；看山大坐标，面临“内涵提升期、创新突破期、改革攻坚期、治理优化期、建设高峰期”等“五期叠加”的发展形势。我们要准确把握大局大势，立足新发展阶段，贯彻新发展理念，服务构建新发展格局，推动高质量发展，着力抓好“五个突出”，促进学校事业行稳致远、再创佳绩。

（一）要在发展思路谋划上突出特色一流

要进一步深刻把握扎根中国大地办大学的精神内涵，围绕“建设一流大学体系，培养一流人才方阵”的新要求，战略谋划新一轮“双一流”建设思路，科学明确方向和重点，总的来说是要做到“三四五”。一是要明确“三点要求”，即要提高站位，充分认识学校发展的新起点新阶段；要认真学习，精准把握各项工作的新要求新任务；要汇聚众智，凝聚共识高质量编制“双一流”建设方案。二是要做好“四个结合”，即要与“十四五”规划相结合，与学科融合创新计划相结合，与首轮建设整改、巡视整改相结合，与深化改革相结合。三是要处理好“五个关系”，即处理好“高峰”与“高原”的关系，围绕“造什么峰”“怎么造峰”，找准方向、整合资源、谋划思路、明确任务，着力打造世界一流学科高峰；要处理好一流学科、学科群与一流大学建设的关系，以一流学科为核心，带动学科集群发展，以一流学科和学科群支撑世界一流大学建设；要处理好规律性、科学性与急需性的关系，学科群构建要遵循学科发展规律，准确把握内在逻辑；要处理好“望远”与“谋实”的关系，既要着眼五年发展需求，又要兼顾长远发展需要；要处理好自下而上与自上而下的关系，既要自下而上广泛征求意见，又要自上而下强化顶层设计，集中精力谋划好新一轮“双一流”建设思路和重点举措，交出一份对历史负责、对学校负责、对山大人负责的高质量建设方案。

（二）要在发展模式转型上突出融合发展

融合发展是大势所趋，模式转型刻不容缓。一方面，要坚持把融合发展贯穿到学校各领域、各方面、各环节，加快研究制定融合发展战略的实施意见，大力实施学科融合创新计划，深入推进学科汇聚融合交叉创新，有效解决“老小散弱虚”问题，全面推动学科“瘦身长高变强”。另一方面，要抓住龙山校区（创新港）规划建设的有利契机，大力推进科教融合、产教融合、医教融合、军民融合，积极探索融合发展的新路径、新举措、新模式，加快形成全要素、多领域、高效益的融合发展模式，在推动融合发展中提质增效、实现突破。

（三）要在发展瓶颈突破上突出改革创新

改革创新是时代发展的不竭动力，更是教育发展的时代主题。要用足用好改革关键

一招，树立“改革再出发”的理念，进一步增强改革创新的系统性、整体性、协同性，以更高远的历史站位、更宽广的国际视野、更深邃的战略眼光，围绕学校发展的重点领域、关键环节，聚焦难点痛点堵点，有力有序推进改革创新，要加大多校区管理、人事人才制度、绩效管理等多方面的改革力度，进一步优化管理体制、经费投入、保障机制等治理体系，全面提升各支队伍的治理能力，解决好事业发展中产生的新问题、面临的新挑战，切实以高效能的改革创新激发新动能、厚植新优势。

（四）要在发展资源汇聚上突出强力蓄能

“强力蓄能”是关系学校事业加速发展的关键性工作。要着眼长远发展，抢抓重大机遇，聚焦面临的人财物支撑能力不强、办学资源储备不足等突出问题，进一步解放思想、提前谋划，树牢“眼睛向外”谋资源的理念，以超常规的思路和举措全面加强优秀人才、办学经费、支撑条件等资源储备，深入推进绩效管理改革，积极构建资源配置和管理的新模式，努力实现从粗放管理到精细管理、从经验管理到科学管理的转变，为世界一流大学建设提供重要条件支撑、注入强大发展动能。

（五）要在发展任务落实上突出协同联动

一是要强化校内外的协同联动，加强校外单位的有效沟通联络，主动争取各级政府更大支持，不断深化校企战略合作，充分挖掘并用好 60 余万校友宝贵资源，积极学习借鉴兄弟高校典型经验做法，在深化合作、共建共赢中争取更广泛更坚实的发展助力。二是要强化内部集团作战，增强“山大系”的协同思维，继承发挥山大基教系、齐鲁医学系、校企系等特色优势，积极争取地方支持，加快推动成果转化，更好服务社会需要和人民福祉；三是要强化校区、部门、学院的协同推进、协同落实、协同改革、协同攻坚，提升工作效能，汇聚工作合力，切实推动“十四五”各项任务落地见效。

同志们，站在建党百年、建校百廿交汇的历史新起点，我们肩负着继往开来、再创辉煌的重要使命，要心怀“国之大者”，把握时代要求，立足山大校情，不断增强建设担当中华民族复兴大任世界一流大学的使命感责任感紧迫感，始终保持“追求卓越、只争朝夕”的精神状态，努力开创建设担当中华民族复兴大任世界一流大学新局面，以强校兴国的优异成绩庆祝建党 100 周年和建校 120 周年，不负历史所托、不负人民期望、不负山大未来！

在庆祝2021年教师节暨优秀教师表彰大会上的讲话

樊丽明

（2021年9月10日）

尊敬的各位老师，亲爱的同学们：

大家下午好！

今天，我们欢聚一堂，隆重庆祝第37个教师节，并表彰在教书育人等工作中作出突出贡献的先进个人和集体。首先，我代表学校，向受到表彰的个人和集体表示热烈的祝贺！向全体教职医务员工和离退休老同志，致以节日的问候和美好的祝愿！

今年是建党100周年和建校120周年的大庆之年，是“十四五”和新一轮“双一流”的开局之年。总结“十三五”和首轮“双一流”建设，我们坚持扎根中国、厚植齐鲁、创建一流，深入落实“121”行动路径，大力实施“六大战略”，谋划推进“强校兴国”行动，全面并超额完成“双一流”建设第一周期目标任务，学校整体实力及主要办学指标跻身世界200强，国家级创新平台总量接近翻番，国家重大项目和科研经费总量均增长一倍以上，国家级人才总量较“十二五”末实现倍增，取得“倒向随机微分方程”等一大批原创性成果，叫响服务社会“山大系”品牌，为推动中华优秀传统文化创造性转化、创新性发展作出了山大贡献。中央巡视组和教育部均对学校的工作充分肯定。特别令我们鼓舞和自豪的是，在迎来建校120周年之际，习近平总书记给《文史哲》编辑部全体编辑人员回信，体现了对山东大学的亲切关怀，进一步增强了我们建设担当中华民族复兴大任世界一流大学的山大自信。

教师是立教之本、兴教之源。过去的成绩来之不易，凝结着全校教职医务员工的心血和汗水。今天受到表彰的个人和集体就是其中的优秀代表，有为学院建设发展殚精竭虑，凝练“3＋5”党建工作法的全国优秀党务工作者赵国群老师；有培育学生创新能力，致力于打破国外技术垄断的陈代荣老师；有持身中正、潜心学术40载，当代中国学术史研究领域的著名学者王学典老师；有主动请缨奔赴武汉抗疫最前线，用仁心仁术守护生命的胡昭老师；还有其他今天在场或者不在场的诸多老师。在这里，我代表学校，向你们，向广大无私奉献、担当作为的教职医务员工表示衷心的感谢！

老师们，同志们！不忘初心、方得始终。习近平总书记在回信中勉励我们，要坚守初心、引领创新。这既是对《文史哲》的殷切期许，更是对全体山大人的鞭策激励。当前，党和国家事业发展对高等教育的需要，对科学知识和优秀人才的需要，比以往任何时候都更为迫切。站在建校百廿、继往开来的新起点，山东大学更要立足“两个大局”，牢记“国之大者”，赓续百年初心，担当育人使命，乘势而上、勇担重任，为培养德智体美劳全面发展的社会主义建设者和接班人、全面建设社会主义现代化国家不断作出新贡献。下面，围绕“赓续百年初心，担当育人使命”，我对广大教师提三点希望。

一是心有大我，至诚报国。建校120年来，一代又一代山大人踔厉奋发、薪火相传，用行动诠释了为国育贤的初心，用奋斗履行了兴学强国的使命。从“两弹一星元勋”王淦昌院士到“未来科学大奖”获得者薛其坤院士、马大为院士、王小云院士、彭实戈院士，从历史系“八大教授”到岩土工程中心团队、儒学研究团队、生殖健康团队等，他们均将爱国之情、报国之志、强国之才融入伟大事业和拼搏奋斗之中，生动诠释了山大人“为国图强”的深厚家国情怀。希望全体教师以他们为榜样，弘扬黄大年同志等优秀教师的高尚精神，始终牢记“国之大者”，主动把教书育人中心工作融入党和国家事业的“大棋局”，在服务强国建设中书写忠诚与担当。

二是永葆初心，潜心育人。山东大学在立校之初就宣示，“公家设立学堂，是为天下储人才，非为诸生谋进取；诸生来堂肄业，是为国家图富强，非为一己利身家”。穿越120年的历史长河，众多名师鸿儒以爱国爱校的赤子情怀、倾心育人的大师风范、严谨治学的扎实作风，谱写了一段段杏坛佳话、培育了一批批华夏英才。他们中有爱才惜才、破格录取臧克家的闻一多，有授课严丝合缝、批改作业绝不敷衍的人民艺术家老舍，有引导学生抓本质、培养学生独立思考能力的“中国雷达之父”束星北，再到今天不断涌现的最美教师、教书育人楷模、教学荣誉奖获得者等优秀代表们。希望全体教师向他们学习，坚持为党育人、为国育才，持续擦亮“为国育贤”初心，始终以培养中国最优秀的本科生和最具创造力的研究生为己任，作为学、为事、为人的示范，努力成为塑造学生品格、品行、品味的“大先生”和“四有好老师”。

三是追求真理，勇于创新。跨越两个甲子，山东大学数次创造辉煌，赢得了“海洋学科远东第一”“生物学科全国最好”“文史见长”等美誉。我们的《文史哲》杂志创刊70年来，弘扬守正创新精神，倡导百家争鸣，引领学界风骚，以一以贯之的执着坚守、开拓进取铸就了“文科学报之王”的独特风骨、赢得了崇高的学术声誉，彰显了山大人“潜心研究、敢为人先”的价值追求。在百廿山大历史上，像《文史哲》编辑部这样敢于求真、勇于创新的优秀榜样还有很多。希望全体教师传承山大敢为人先的精神传统，潜心治学、锐意进取、开拓创新，源源不断产出“顶天立地”的重大成果，为国家富强、民族复兴、人民幸福积极贡献山大力量。

老师们，同志们！百年大计，教育为本；教育大计，教师为本。下一步，学校将更加深入学习贯彻习近平总书记关于教育的重要论述和给全国高校黄大年式教师团队代表的重要回信精神，牢牢把握全面深化新时代教师队伍建设改革的政策机遇，系统贯彻“三新一高”要求，深入落实教师为本理念，大力实施人才强校、学术兴校战略，加强师德师风建设，健全成长发展体系，弘扬尊师重教风尚，真正让广大教师在岗位上有幸福感、事业上有成就感、社会上有荣誉感，加快建设世界一流的教师队伍，着力造就堪当民族复兴重任的时代新人，追求卓越、只争朝夕，努力为党和人民争取更大的光荣，以优异成绩庆祝建党100周年和建校120周年！

最后，祝愿全校教职医务员工节日快乐、工作顺利、阖家幸福！谢谢！

努力成为担当民族复兴大任的时代新人

——在2021级本科生开学典礼上的讲话

樊丽明

（2021年9月21日）

尊敬的各位老师，亲爱的2021级同学们：

大家晚上好！

在中秋佳节的美好时刻，我们隆重举行2021级本科生开学典礼，热烈欢迎济南各校区5601名本科新同学加入山东大学这个团结温暖奋进的大家庭！从今天起，来自五湖四海的你们，拥有了一个将伴随一生的名字——“山大人”。在此，我代表学校全体教职医务员工和广大海内外校友，向你们表示最诚挚的欢迎，祝愿同学们中秋快乐！

今年是中国共产党成立100周年，也是山东大学建校120周年。回溯峥嵘岁月和辉煌历程，每一代山大青年都在自己所处的时代条件下谋划人生、奉献国家、造福人民。接过历史接力棒、踏上时代新征程，你们要如何在担当中华民族复兴大任中创造绚丽的青春？我认为，关键是要回答好三个问题，我是谁、身在何处、去往何方。

在过去的这个夏天，你们刚刚走出高考考场，就积极以青春之名践行使命担当。机械工程学院的耿敏祺同学，在家乡河南遭遇洪灾后，你闻“汛”而动、勇敢“逆行”，志愿服务在防汛抢险一线，希望你继续弘扬志愿精神，带动身边同学积极践行山大“人人都做志愿者”的理念。连续三年来校参赛的物理学院邵梦源同学，15岁的数学学院刘昊原同学，物理与数学在你们眼中焕发着独特的魅力，希望你们在强基班的学习中勇攀学术高峰，早日成为国家急需的基础学科拔尖创新人才。基础医学院付钥焱、纪国强、陈旭阳、高正、罗欣同学，来自天南海北的你们不约而同地选择毕业后赴西藏地区工作，我特别赞赏并支持你们的人生选择，希望你们牢记初心、砥砺奋进，让青春之花绽放在党和人民最需要的地方。还有很多同学的优秀事迹不胜枚举，我从2021级全体同学的身上看到了开创未来的青春担当，看到了新时代中国的蓬勃气象。作为新时代的山大学子，你们是国家和民族的希望，要努力成为担当民族复兴大任的时代新人！

同学们！大学是人生的关键阶段，是成就未来的重要基石。一个人进入大学，会受到大学的熏陶，接受学校的精神品格和文化味道。山东大学自诞生之日起，就以为国育贤、兴学图强为使命。学校120年的办学史，就是一部为实现中华民族伟大复兴的不懈奋斗史。

——民族存亡之际，山大自强不息，矢志救国。创校之时初，学校即宣示：“公家设立学堂，是为天下储人才，非为诸生谋进取；诸生来堂肄业，是为国家图富强，非为一己利身家。”办学初期，虽数经变迁、几度分合，但历久弥坚、薪火相传。抗战期间，学校组织全校师生分批南下，历尽千辛万苦，辗转四川万县办学复课，为实现民族独立、人民解放培养了一批中坚力量。

——社会主义革命和建设阶段，山大艰苦创业，勠力建国。新中国成立后，积极推进“社会主义新山大”建设，举办《文史哲》杂志开风气之先，组织“政治大课”树马克思主义教育样板，创设晶体材料学科助力国防事业，唱响了“为社会主义建设”的奋斗凯歌。尤其是院系调整时，无私支持十余所高校建设，为新中国高等教育发展作出重要贡献。

——改革开放时期，山大砥砺奋进，锐意报国。在创新与改革中不断迸发生机与活力，学校先后进入国家“211工程”和“985”工程建设项目；2000年7月，原山东大学、山东医科大学、山东工业大学合并组建新山东大学，汇聚学科齐全综合优势和办学特色，实现了强强联合，优势互补，人才培养成效更加突出，科学研究成果更加丰硕，服务国家和社会的贡献度逐步提高。

——社会主义新时代，山大追求卓越，奋楫强国。聚焦“四个服务”，学校深刻领会“扎根中国大地办大学”的精神实质，擘画“三步走”安排，制定实施“六大战略”，谋划推进“强校兴国”行动，加快推进“由大到强”历史性转变，学术基本面进入国内高校第一方阵，整体实力及主要办学指标接近或进入世界200强，圆满完成“双一流”建设一期目标任务，为服务健康中国、文化强国、交通强国等重大战略，助力山东经济科技高质量发展作出了重要贡献。今年5月，在迎接建校120周年之际，习近平总书记给《文史哲》编辑部全体编辑人员回信，充分肯定《文史哲》杂志在弘扬中华文明、繁荣学术研究等方面所取得的突出成绩，体现了对山东大学的亲切关怀，让我们备受鼓舞、倍感振奋，进一步坚定了建设担当中华民族复兴大任世界一流大学的山大自信。

回首120年办学历程，山东大学与祖国共奋进、与时代同步伐，始终走在民族复兴、国家建设、时代发展的最前列，积淀形成了“家国情怀、担当精神、崇实品格、创新素养”融为一体的“山大基因”。这种基因特质镌刻着山大踔厉奋发、薪火相传的辉煌历程，更是指引大家担当历史重任、实现人生理想的“制胜法宝”。我相信，拥有了这种基因特质，大家会对“身在何处”这个问题有更加深刻的理解，让你们未来的道路更加坚定、更加清晰！

同学们！最近，“2050年的你”这个话题持续引发热议。我也想借这个话题问问大家，2050年的你要成为什么样的人？届时，同学们适逢近50岁的人生黄金时期，刚好与第二个百年奋斗目标实现阶段高度契合。习近平总书记说，“一代人有一代人的长征，一代人有一代人的担当”。作为新时代的山大人，你们既面临着建功立业的历史机遇，也肩负着“天将降大任于斯人”的时代使命！面向未来，全体同学要坚决扛起责任担当，不断增强做中国人的志气、骨气、底气，努力成为担当民族复兴重任的时代新人，让青春在为祖国、为民族、为人民、为人类的不懈奋斗中绽放绚丽之花。

一是要坚定理想信念，立大志。为学先立志，志既立，则学问可次第着力；志不定，则终不济事。对于个人而言，有没有远大理想，能不能志存高远，也决定着青春的成色与分量。曾在私立青岛大学附中就读的“两弹一星”元勋郭永怀先生，一生两次改变专业，立志为国效力。第一次是目睹航空工业的落后情形，放弃光学专业，投身航空工程；第二次是深感核武器的重要意义，再次改变专业，投入“两弹”攻关。同学们，水激石则鸣，人激志则宏。在前进道路上，只有树立远大理想、鸿鹄志向，才能在人生的航线上少走弯路、不走歧路，才能走得更远、飞得更高。希望你们向郭永怀先生学习，坚定理想信念，树立高远志向，在百年大变局中把握“时”与“势”，争做新时代“弄潮儿”“奋斗者”“实干家”，在祖国的大我、人民的大我之中升华人生境界、实现人生价值。

二是要涵养家国情怀，明大德。道德是时代的命脉、民族的灵魂和社会的底色，也是国富民强的精神标识。养大德者，方可成大业。大德就是个体对于国家、民族的情感。去年年初，面对突如其来的新冠肺炎疫情，山东大学齐鲁医院、第二医院的医疗队员满怀对人民的大爱，白衣执甲、逆行出征，援鄂抗疫、抢救生命，英勇无畏、舍生忘死，弘扬了“博施济众、广智求真”的齐鲁医学精神，彰显了山大人历久弥新的家国情怀和责任担当。同学们，道德的锤炼不能一蹴而就，必须久久为功。只有不断坚定对马克思主义、共产主义的信仰、对中国特色社会主义的信念、对实现中华民族伟大复兴的信心，才能持续激发对国家、对民族、对人民的深厚情感。希望你们以身边的榜样为镜、向榜样看齐，厚植爱国情怀，涵养浩然之气，自觉主动地把正确的道德认知、自觉的道德养成、积极的道德实践紧密结合起来，砥砺道德品质、提升道德修养，努力成为青年之标杆、时代之英才。

三是要练就过硬本领，成大才。大志非才不就，大才非学不成。当今时代，知识更新不断加快，社会分工日益细化，新技术新模式新业态层出不穷。这既为你们施展才华、竞展风采提供了广阔舞台，也对能力素质提出了新的更高要求。刚才发言的校友代表马大为院士 35 年如一日，始终致力于有机化学研究，在合成方法学与生物活性分子的高效创制方面作出了原创性的重要贡献。他曾说，科学上没有偶然的运气，一定要有充足的准备。事实证明，成功从不偏爱谁，只有练就真本领、硬功夫，才能开辟属于自己的一片天地。同学们，大学时期是苦练本领、增长才干的黄金时期，必须抓住青春年华，下一番苦功夫，练好“内功”，才能蓄满青春能量，走好人生之路。希望你们把学习作为一种责任、一种精神追求、一种生活方式，提高内在素质，锤炼过硬本领，确保自己的思维视野、思想观念、认识水平能够跟上时代发展，努力成为可堪大用、能担重任的栋梁之材。

四是要锤炼崇实品格，担大任。欲当大任，须是笃实。一直以来，山大培养出来的学生以“基础扎实、作风朴实、工作踏实”而著称于世，肯吃苦、不怕累、能奋斗的山大人在祖国建设的各条战线上辛勤耕耘、默默奉献。山大光学系 1980 级校友薛其坤院士求学时曾为准备国际会议发言，将 20 分钟的英语演讲稿练习 80 多遍，最终征服全场。工作后，他被称为“7－11”教授——早上 7 点进入实验室，晚上 11 点才离开。几十年来，他带领团队苦干实干，解决了很多世界级难题，并在国际上首次实验观测到了量子反常霍尔效应，成果发表于《科学》杂志，被誉为“中国实验室发表的诺贝尔奖级的物理学论文”。同学们，担大任，需要从大处着眼，更需要从小处着手，一步一个台阶地登攀、一步一个脚印地前行。奋进新征程，建功新时代，你们必将大有可为，也必将大有作为。希望你们始终以实现中华民族伟大复兴为己任，争做脚踏实地、实学实干的“排头兵”，孜孜不倦、如饥似渴，在攀登知识高峰中追求卓越，在肩负时代重任时行胜于言，不负时代，不负韶华，不负党和人民的殷切期望！

同学们！你们是与新时代同向同行、共同前进的一代，生逢盛世，肩负重任。再过23天，山东大学将迎来120周年华诞，强校兴国的时代接力棒现在传递到你们的手中。希望你们弘扬山大文化，传承“山大基因”，以社会主义建设者和接班人的使命担当，立大志、明大德、成大才、担大任，与祖国同心、与世界同行、与时代同频，早日成为担当民族复兴大任的时代新人！

最后，祝愿各位同学、各位老师、各位校友，中秋快乐，平安幸福！

谢谢！

做可堪民族复兴大任的先锋力量

——在 2021 级研究生开学典礼上的讲话

樊丽明

（2021 年 9 月 22 日）

尊敬的各位老师，亲爱的同学们：

大家晚上好！

前不久，我们刚刚庆祝中国共产党成立 100 周年，再过 22 天，我们又将迎来山东大学建校 120 周年。在这个意义非凡的重要时刻，研究生同学们的到来为百廿山大注入新活力、带来新气象。在此，我代表学校，热烈欢迎你们加入山东大学这个光荣温暖的大家庭！

今年 7 月 1 日，习近平总书记在庆祝中国共产党成立 100 周年大会上庄严宣告，实现中华民族伟大复兴进入了不可逆转的历史进程。面向中华民族伟大复兴战略全局和世界百年未有之大变局，坚持创新的核心地位，把科技自立自强作为国家发展的战略支撑，提高国家文化软实力，直接关系到中华民族伟大复兴中国梦的实现。作为新时代的研究生，你们担负着支撑实现高水平科技自立自强、坚定文化自信的历史重任，要不忘初心，牢记使命，勇攀科学高峰，弘扬优秀文化，努力成为可堪民族复兴大任的先锋力量。

人工智能、集成电路等国家急需专业的同学们，你们肩负着抢占科技竞争制高点的神圣使命，希望你们心怀“国之大者”，发扬首创精神，早日成为引领科技发展方向的中坚力量。齐鲁医学临床专业并轨培养的同学们，你们提前两个月入校，投身救死扶伤的工作，彰显了时代新人的责任担当，希望你们练就过硬本领，以仁心仁术助力健康中国建设。儒学高等研究院的同学们，习近平总书记在给《文史哲》编辑部全体编辑人员的重要回信中强调，要深入阐释如何更好坚持中国道路、弘扬中国精神、凝聚中国力量，希望你们牢记总书记的殷殷嘱托，努力跑好坚定文化自信、建设文化强国的历史接力棒。考古学专业博士研究生杨镇同学，你参与发掘的三星堆遗址惊艳了世界，希望你继续守护好全人类的文化瑰宝，为推动文明交流互鉴、构建人类命运共同体贡献山大力量。工商管理专业硕士研究生耿宾同学，欢迎你阔别 20 年后回到母校，希望你保持对知识与创新的渴求，续写人生新的华章。2021 级全体研究生同学，从踏入校门的那一刻起，你们就被赋予了强校兴国的使命，你们是百廿山大的未来，是可堪民族复兴大任的先锋力量！

同学们，作为与新时代同向同行、共同前进的一代，大家生逢盛世，也肩负重任。

借此机会，我想和同学们共同回顾一下百廿山大的奋斗史，一起探寻担当民族复兴大任的初心之本、精神之基、力量之源。

——百廿山大，铸就了家国担当的精神谱系。自建校之日起，山大就将“以天下为己任”的家国情怀深深地烙刻进灵魂中、融入血脉里。“为天下储人才，为国家图富强”的办学宗旨激励着一代代山大人弘毅担当。“两弹一星”元勋王淦昌，为国锻造重器，隐姓埋名奔赴青海高原和新疆戈壁，为核武器的研制做出了卓越贡献，“我愿以身许国”是他一生科学报国的真实写照；面对突如其来的疫情，山大齐鲁医院、第二医院组成的援鄂医疗队，白衣执甲、逆行出征，英勇无畏、护佑生命，展现了山大人的勇毅和担当。“家国情怀”是山大人的信仰，是对国家和人民的深情大爱；“担当精神”是山大人的坚守，是为国家富强、民族复兴、人民幸福的矢志奋斗。

——百廿山大，绘制了英杰辈出的人物画卷。120 年来，山东大学始终以“为国育贤”为己任，培养造就了一大批国家栋梁和社会中坚，从中国共产党先驱刘谦初、共和国元帅罗荣桓到抗日民族英雄张自忠，从党和国家领导人、知名企业家到身残志坚的全国模范检察官，从获得未来科学大奖的院士学者、创新创业的青年才俊到全国脱贫攻坚先进个人，山大学子不忘初心，奋发有为，奉献国家，服务人民，为中华民族的进步与中国社会的发展做出了重要贡献。

——百廿山大，书写了崇实求新的精彩华章。“崇实求新”的校风已化为一种文化基因和精神源泉，流淌在一代代山大人的血脉里，激励着我们脚踏实地、敢为人先。学校《杜甫全集校注》团队，三代人积 36 年之功，成就国学大典；山大晶体人 60 多年接续奋斗，孕育了世界上最大的 KDP 晶体，被李克强总理称为“国家的宝贝”；微生物重点实验室 25 年聚力攻坚，在基因技术等领域建成国际领先的科研平台。更令人欣慰和鼓舞的是，学校研究生已成为“崇实求新”精神的积极践行者，据统计，学校 90% 以上的科研成果都有研究生的参与，同学们以实际行动诠释了“把论文写在祖国大地上，把科技成果应用在实现现代化的伟大事业中”。

同学们！青年是创造力最为活跃的群体，世界上许多科学家的重大发现和发明，都产生于风华正茂、思维敏捷的青年时期，或在此阶段打下坚实的基础。作为科学研究的生力军，你们的学术造诣，决定了未来国家科技创新的高度；你们的努力奋斗，决定了未来中国以什么样的姿态屹立于世界民族之林。刚才，“榜样的力量”经验分享，充分展示了山大学子心怀家国、务实担当、矢志创新的时代风采。作为新时代的山大人，希望同学们向先进学习、向榜样看齐，不断增强做中国人的志气、骨气、底气，努力成为堪当民族复兴大任的先锋力量，不负党和国家对大家的殷切期望。

第一，要修身立德，做坚定理想信念的栋梁之材。要正心术，找准人生方向，胸怀远大抱负。一个人能成就多大的事业，很大程度上取决于他的抱负大小。只有树立为祖国为人民永久奋斗、赤诚奉献的坚定理想，不断筑牢信仰之基、补足精神之钙、把稳思想之舵，才能真正担当起民族复兴的大任。要敦品行，敦学笃行、砥砺品格，把求知、求真作为一生的追求。作为研究生更要“研”字当头，切实做到善钻研、能打磨、肯吃苦。要明伦理，自觉树立和践行社会主义核心价值观，用中华优秀传统文化、革命文化、社会主义先进文化培根铸魂、启智润心。要知大体，善于把握大局大势，把自身的学术发展放到“两个大局”中去思考、定位和谋划，把个人的理想追求与中华民族的前途命运紧密联系在一起，以青春之我扛起时代之责。“正心术、敦品行、明伦理、知大体”出自《山东大学堂章程》，希望同学们牢记这十二字箴言，加强道德修养，明辨是非曲直，增强自我定力，努力追求更有高度、更有境界、更有品位的精彩人生。

第二，要求真创新，做支撑科技自立自强的中坚力量。科技立则民族立，科技强则国家强。创新要坚持四个面向，聚焦国家重大需求和战略急需，不断解放思想，敢于求新求变，真正解决国家和社会的实际问题。建校120年来，山东大学锐意进取、开拓创新，坚持把国家重大战略需求放在首位，不断地创造新思想、新知识和新文化。从“克隆之父”“雷达之父”“藻类之父”到“中国牌”晶体先驱，从“彭一般原理”到为暗物质研究和“上帝粒子”发现做出卓越贡献，从为“天问一号”保驾护航到破解隧道与地下工程灾害防控难题，一项又一项的“中国之最”积淀形成了山大特色的创新基因。当前，科技创新已成为国际战略博弈的主战场，我们比过去任何时候都更加需要科学技术解决方案，都更加需要增强创新这个第一动力。大家在基础教育阶段，学会了寻找标准答案，但在研究生的科研探索阶段，就要尽快实现从学生向创新者的转变，提升解决实际问题的创新能力。要坚定方向，深刻认识和把握时代发展和学术前沿，奔着最紧急、最紧迫的问题去，聚焦事关发展全局和国家安全的基础核心领域，持续加强原创性、引领性科技攻关。要严谨治学，切实让学术道德和学术规范内化于心、外化于行，培养严谨求是的科学研究态度，争做“不畏劳苦沿着陡峭山路攀登”的奋进者。要勇攀高峰，既遵循创新规律，也敢于突破定势、大胆质疑，要始终保持好奇心，借助学校基础研究深厚的优势，加快推进交叉融合创新，努力发现和解决新的科学问题，积极提出新的概念、理论、方法，勇于开辟新的领域和方向。

第三，要笃学实干，做助力民族复兴大业的时代精英。习近平总书记强调：“刀要在石上磨、人要在事上练，不经风雨、不见世面是难以成大器的。”研究生不仅要在科研中锤打，也要在实践中磨炼，做到学以致用、知行合一，以“十年磨一剑”“甘坐冷板凳”的耐心和专注做出真知灼见。老校长成仿吾坚持真理、体察国情，反复研读和修订翻译《共产党宣言》，他说事关信仰、党和国家的未来“任重道远，要拚命向前!”《文史哲》创刊70年来，一代代学人编辑薪火相传，走出了一条坚守初心、引领创新的厚重办刊之路。今年教师节，习近平总书记给全国高校黄大年式教师团队代表回信，赞扬他们在教书育人与科研创新中的贡献，这其中就有山大李术才院士领衔的岩土工程中心团队。“哪里有风险，我们就要冲向哪里”，多年来，岩土工程中心团队的师生甘心做“两脚沾泥”的研究者，立志把论文和成果转化为现实生产力，攻克了重大突涌水灾害防控的工程难题，为交通强国建设做出了重要贡献。作为民族复兴的重要参与者，希望同学们认真体会“志不求易者成，事不避难者进”的道理，秉承“朴实、扎实、务实”的山大品格，真正到工地、企业、生产现场去学习实践、解决问题，到临床一线、病患身边去治病救人、敬畏生命，到社区、基层、田间地头去走访调研、倾听心声，将学习和研究融入实现高水平科技自立自强、构建中国特色哲学社会科学体系的生动实践中，努力在肩负时代重任时行胜于言，在担承复兴使命中实现个人价值。

同学们！中国共产党踏上了实现第二个百年奋斗目标新的赶考之路，山东大学也将开启创造新甲子辉煌的时代篇章，你们的人生黄金时期正好与之高度契合。希望大家修身立德、求真创新、笃学实干，把个人的理想与奋斗，把青春的活力与精彩，汇入社会主义现代化强国建设的伟大事业，努力成为可堪民族复兴大任的先锋力量！

谢谢大家！

在庆祝山东大学建校120周年大会上的致辞

樊丽明

（2021年10月15日）

尊敬的各位领导、各位来宾、各位朋友，亲爱的老师们、同学们、校友们：

今年是中国共产党成立100周年、中华人民共和国成立72周年，在这个具有历史意义的重要年份，山东大学迎来了120周年华诞。今天，我们相聚山大，回顾百廿山大奋斗历程，展望强校兴国光明前景，心潮澎湃，豪情满怀。首先，我代表山东大学，向关心支持学校发展的各位领导、各界朋友表示衷心的感谢！向全校师生医务员工及海内外校友致以节日的问候和美好的祝福！

120年前，山东大学在办学章程中庄严宣告："公家设立学堂，是为天下储人才，非为诸生谋进取；诸生来堂肄业，是为国家图富强，非为一己利身家。"一经诞生，学校就把"为天下储人才，为国家图富强"确立为自己的初心使命。120年来，始终初心如磐、使命在肩，以"强校兴国"的责任担当，书写了一部波澜壮阔、荡气回肠的创业史、发展史、奋斗史。

——围绕这一初心使命，山东大学图强而生、为国育贤，在中国近代大学教育兴起中发挥了重要的示范作用。1901年，山东大学堂承齐鲁文脉，融中西学术，秉章程办学，开启在地方兴办新式大学堂先例，为各省书院改学堂所效法，被誉为中国近代高等教育的起源性大学。风雨飘摇年代，虽数经变迁、几度分合，始终坚持"教授高深学术，培养硕学宏才，应国家之需要"，文理融通，不拘一格，培养了开国元帅罗荣桓、当代诗魂臧克家、国学泰斗季羡林等一批革命先驱、学术英才，为实现民族独立、人民解放积蓄了中坚力量。

——围绕这一初心使命，山东大学革故鼎新、艰苦奋斗，努力服务社会主义革命和建设。中华人民共和国成立后，山东大学积极探索社会主义新型大学道路，"社会主义新山大"的发展步伐铿锵有力，华岗校长"政治大课"生动彰显马克思主义真理力量，《文史哲》开风气之先。在1952年的院系调整中，山东大学参与支持建设了十余所大学。在"为建设祖国而努力学习"的号召下，山大人自力更生，发愤图强，唱响了奉献社会主义革命和建设的壮丽凯歌。

——围绕这一初心使命，山东大学解放思想、求真务实，积极投身改革开放和社会主义现代化建设。"真理标准问题大讨论"冲破观念束缚，吹响了山大人思想解放的号角，迎来了科学的春天。学校迅速恢复教学科研秩序，在保持"文史见长"特色的基础上，经管法政应运而生、相得益彰，自主培养了新中国的首批博士，邓从豪先生和潘承洞先生摘得全国科学大会奖，吴富恒校长积极促进与国外的教育交流，成为国内获哈佛大学名誉博士第一人。伴随“211 工程”的加快建设，山东大学沿着“中国特色的社会主义大学”发展道路大踏步迈入 21 世纪。

——围绕这一初心使命，山东大学凝心聚力、开拓创新，全面贯彻落实科教兴国重大战略决策。2000 年，原山东大学、山东医科大学、山东工业大学三校合并组建新山大，成为名副其实的综合性大学，博士点增量列国内高校榜首。学校扎实推进“985 工程”，加快建设“中国特色、世界水平”的高水平大学，综合实力和国际影响力明显提升，“三跨四经历”人才培养模式独树一帜，山大智慧助力 ATLAS、AMS 等重大国际科学工程，金融数学、生殖医学、密码学等研究逐步进入世界前列，为国家和区域发展提供了强有力的人才和智力支撑。

——围绕这一初心使命，山东大学追求卓越、只争朝夕，坚决扛起民族复兴时代重任。中国特色社会主义进入新时代以来，学校深刻领会“扎根中国大地办大学”的精神实质，全面贯彻党的教育方针，牢牢把握社会主义办学方向，紧紧围绕“四个服务”，始终聚焦立德树人，制订实施“六大战略”，积极探索“中国特色、世界一流、山大风格”的发展道路，加快推进“由大到强”历史性转变，着力打造国家战略科技力量，精心培育“山大学派”，凝练形成服务社会“山大系”品牌，首轮“双一流”建设圆满收官，整体实力及主要办学指标显著提升，国家级人才总量较“十二五”末实现倍增，在倒向随机微分方程理论等方面产出原创性、引领性成果，“双创”教育走在全国前列，为服务健康中国、文化强国、交通强国等重大战略，助力山东经济社会高质量发展作出了山大贡献。

各位领导、各位嘉宾、老师们、同学们、校友们！从 1901 年到 2021 年，整整两个甲子，山东大学始终与民族共命运、与时代同奋进，“百廿峥嵘兴教育、一腔热血报中华”，在践行初心使命中积淀形成了一种独特的“山大基因”，成为指引和激励我们勇往直前的精神之基、事业之本、力量之源。

——这种独特的山大基因，饱含着大爱无疆的家国情怀。120 年来，一代代山大人弘扬伟大爱国主义精神，以坚实行动报效祖国、服务人民、奉献社会。抗日战争时期，民族英雄张自忠将军杀身成仁，毛泽东同志亲自为其题写“尽忠报国”挽词，堪称“中国人民不畏强暴、英勇抗争的杰出代表”；抗美援朝时期，仅仅两个小时内就有 500 余名山大学子响应号召报名参军、保家卫国；20 世纪 80 年代，山东大学发起“战士在我心中”“祖国在我心中”的“双心”活动，在全国上下汇聚起爱国主义的强大洪流；面对突如其来的新冠肺炎疫情，山东大学齐鲁医院、第二医院的援鄂医疗队员白衣执甲、逆行出征，以血肉之躯，护山河无恙，保家国安康。

——这种独特的山大基因，饱含着舍我其谁的担当精神。120 年来，一代一代山大人敢担当、真担当、能担当，创造出令人瞩目的辉煌业绩。（在这里，我愿与大家分享一下山大晶体人的故事）从 20 世纪 50 年代开始，以蒋民华院士为代表的山大晶体材料团队，以破解国家“卡脖子”难题的强烈担当，努力克服国际禁运封锁等艰难困苦，由化学系的一个实验小组起步发展，从无到有、从少到多、从追赶到领跑，累计研发出 KDP、DKDP 等一百多种重要晶体材料，十多项成果填补了国际空白，为“神光工程”

等国家重要战略急需作出了不可替代的贡献，被称赞为“国家的宝贝”。因为有这份担当精神，别人长不出来的晶体，他们能长出来；别人长不大的晶体，他们能长大；别人没有长过的晶体，他们也要长。今天，这个团队又主动扛起新一代半导体材料关键技术的攻关重任，为打造世界一流的“中国芯”披荆斩棘。

——这种独特的山大基因，饱含着坚毅厚重的崇实品格。120年来，一代代山大人深受齐鲁文化滋养、儒家思想熏陶，以朴实、扎实、务实的精神底色，在苦干实干、躬行实践中不断创造历史伟业。《文史哲》杂志几代编辑人员七十年如一日，守正创新、薪火相传，恪守“学术为本，质量立刊”的原则，聚焦中国问题，引领学术潮流，在“昌明传统学术，锻铸人文新知，植根汉语世界，融入全球文明”中走出了一条独具特色的办刊之路，为弘扬中华文明、繁荣学术研究作出了积极贡献，赢得了“文科学报之王”的美誉。

——这种独特的山大基因，饱含着敢为人先的创新素养。120年来，一代代山大人不断创造新思想、新技术、新文化，持续为民族复兴注入创新动能。从“中国克隆之父”童第周到“中国雷达之父”束星北，从“中国藻类研究之父”曾呈奎到“两弹一星”元勋王淦昌，从“童鱼”到“夏道行函数与夏不等式”，从“哥德巴赫猜想”研究到“彭一般最大值原理”，从“中国人工喉”到破解人类胚胎发育调控机制，从助力“天问一号”登陆火星到攻克隧道与地下工程灾害防控难题，从开创生态美学研究到入选世界十大考古新发现，一项又一项的山大首创、中国之最，积淀形成了历久弥坚的创新标识。刚才薛其坤校友谈到，他与马大为院士、王小云院士、彭实戈院士都摘得了未来科学大奖，这几位杰出的山大人都为百廿山大的创新DNA作出了生动注解。一届届像他们一样的莘莘学子，是百廿山大为国家和民族培育的最灿烂、最活跃、最珍贵的创新成果！

山东大学建校120年的历史启示我们，“家国情怀、担当精神、崇实品格、创新素养”的山大基因，是支撑我们战胜风险挑战、从胜利走向胜利的强大动力，是“山大风格”的文化内核。历史川流不息，精神代代相传。我们要弘扬光荣传统、赓续文化血脉，把这种独特的“山大基因”继承下去、发扬光大！

各位领导、各位嘉宾，老师们、同学们、校友们！回望百廿壮阔征程，山东大学取得的成就与辉煌，不但凝聚着所有山大人团结奋斗的心血，更是党和国家亲切关怀，教育部、山东省和其他有关部委大力支持，合作伙伴、友好高校以及社会各界无私帮助的结果。此时此刻，我们向所有关心支持山东大学的领导和朋友，向广大齐鲁人民，向呕心沥血、创业立校的先贤前辈，向心怀母校、情系母校的亲爱校友，向勤勤恳恳、兢兢业业的师生医务员工，致以最衷心的感谢和最崇高的敬意！

以史为鉴，开创未来。今天，我们重温百廿历史，感悟山大精神，是为了赓续荣光、逐梦前行。习近平总书记的重要回信，不仅是对《文史哲》杂志的激励和鞭策，更是对山东大学的期盼和重托，为学校未来发展指明了前进方向、提供了根本遵循。在全面建设社会主义现代化国家新征程上，我们要始终牢记习近平总书记的殷殷嘱托，立足新发展阶段，贯彻新发展理念，服务构建新发展格局，聚焦高质量发展，坚守初心、引领创新，扎根中国、厚植齐鲁，坚定不移走“中国特色、世界一流、山大风格”的发展道路，奋力建设担当中华民族复兴大任的世界一流大学！

——建设堪当大任的世界一流大学，必须提升对卓越人才的培养力。我们将始终把立德树人作为立身之本，坚持为党育人、为国育才，以培养最优秀的本科生和最具创造力的研究生为己任，大力弘扬“学无止境，气有浩然”的校训精神，努力构建德智体美劳全面发展的高质量人才培养体系，全面提升人才培养能力，积极打造基础研究人才培养新格局，着力增强国家急需紧缺创新人才供给能力，下大气力全方位培养、引进、用好人才，加快建设具有国际影响力和竞争力的一流师资队伍，持续擦亮“为国育贤”初心，悉心培养担当民族复兴大任的时代新人。

——建设堪当大任的世界一流大学，必须提升对国家战略的支撑力。我们将始终把服务国家作为最高追求，坚持创新核心地位，聚焦“四个面向”，恪守国家战略科技力量的使命担当，牢牢把握“双一流”建设重大机遇，厚植齐鲁，聚势谋远，开放融合，瞄准“出尖出峰”，实施“学科融合创新计划”，打造一流学科方阵，培育形成一批大平台、大团队、大项目、大成果，做大做强“山大系”服务品牌，在支撑实现高水平科技自立自强、服务社会主义现代化国家和新时代现代化强省建设中彰显山大作为。

——建设堪当大任的世界一流大学，必须提升对优秀文化的引领力。我们将始终厚植齐鲁文化沃土，弘扬“文史见长”优势，实施文化引领战略，落实哲学社会科学创新发展行动方案，高质量推进全球汉籍合璧等国家重大文化工程，着力打造有重要国际影响的世界儒学高地，精心培育中国特色哲学社会科学“山大学派”，全面建设传承创新中华优秀传统文化最具代表性大学，努力回答好“坚持中国道路、弘扬中国精神、凝聚中国力量”的时代课题，争做中华优秀传统文化“两创”的探路者和先行者，为坚定文化自信、增强做中国人的骨气和底气、建设社会主义文化强国作出山大贡献。

——建设堪当大任的世界一流大学，必须提升对全球教育的影响力。我们将始终秉持开放发展理念，立足世界百年未有之大变局，深入实施国际化战略，持续优化学校全球合作战略布局，广泛链接全球优质教育资源，积极融入世界创新体系，大力实施“全球一流学科伙伴计划”，深度参与国际大科学计划和工程，深入服务“一带一路”倡议，着力构建更全方位、更深层次、更高水平的国际化办学新格局，助力文明交流互鉴，破解人类共同难题，为服务国家对外开放大局、推动构建人类命运共同体贡献山大力量。

各位领导、各位嘉宾，老师们、同学们、校友们！百廿恰是风华正茂！今天，我们站在“两个一百年”奋斗目标的历史交汇点上，比历史上任何时期都更接近、更有信心和能力实现世界一流大学的建设目标。新的征程上，让我们牢记初心使命，坚定责任担当，凝心聚力，守正创新，为建设担当中华民族复兴大任的世界一流大学而不懈努力奋斗！

谢谢大家！

年度十大新闻

2021 年度“十大新闻”

一、习近平总书记给《文史哲》编辑部全体编辑人员回信，为学校发展注入强大信心和动力

新闻事件：5 月 9 日，中共中央总书记、国家主席、中央军委主席习近平给《文史哲》编辑部全体编辑人员回信，对办好哲学社会科学期刊提出殷切期望。习近平在回信中说，《文史哲》创刊 70 年来，在党的领导下，几代编辑人员守正创新、薪火相传，在弘扬中华文明、繁荣学术研究等方面做了大量工作，在国内外赢得一定声誉，你们付出的努力值得肯定。

习近平指出，增强做中国人的骨气和底气，让世界更好认识中国、了解中国，需要深入理解中华文明，从历史和现实、理论和实践相结合的角度深入阐释如何更好坚持中国道路、弘扬中国精神、凝聚中国力量。回答好这一重大课题，需要广大哲学社会科学工作者共同努力，在新的时代条件下推动中华优秀传统文化创造性转化、创新性发展。高品质的学术期刊就是要坚守初心、引领创新，展示高水平研究成果，支持优秀学术人才成长，促进中外学术交流。希望你们再接再厉，把刊物办得更好。

延伸阅读：山东大学第一时间传达学习习近平总书记给《文史哲》编辑部的重要回信精神，迅速掀起学习、宣传、贯彻的热潮，做到党支部学习回信精神全覆盖，出台《山东大学深入贯彻落实习近平总书记给〈文史哲〉编辑部全体编辑人员回信精神 奋力推进哲学社会科学创新发展行动方案（2021～2025）》，实施强刊计划，推进“学科融合创新计划”和新文科建设。全校上下一致表示，要以总书记回信精神为根本遵循，坚定不移实施文化引领战略，在建设传承创新中华优秀传统文化最具代表性大学上迈出更大步伐、实现更大突破；要坚定不移探索新时代人文社会科学的发展道路，扎根中国大地，立足学术前沿，服务国家需求，培育造就中国特色哲学社会科学“山大学派”；要切实将学习贯彻总书记重要回信精神融入学校各项事业发展中来，在立德树人、引领创新、深化改革、发挥党的领导最大优势上下更大功夫，深入探索中国特色、世界一流、山大风格的发展道路。

2021 年，学校在人文社科学术研究和智库建设、推动中华优秀传统文化“两创”方面不断取得新成效：获批国家社科基金、教育部哲学社会科学重大研究项目 12 项；国家社科基金年度项目、青年项目 41 项，列高校第 12 位；国家社科基金后期资助暨优秀博士论文出版项目 17 项，并列高校第 4 位；国家社科基金学术社团主题学术活动 5 项，列高校第 1 位；教育部人文社会科学研究一般项目 24 项，并列高校第 6 位。获第 35 届山东省社会科学优秀成果奖 61 项，其中特等奖和一等奖 11 项；第一届山东省人

民政府决策咨询奖3项；第十五届山东省社会科学突出贡献奖3项、学科新秀奖1项。入选国家智能社会治理实验基地体育特色基地，是唯一由高校牵头的体育特色基地。与中国科协、山东省政府共建的黄河国家战略研究院揭牌，与国际儒学联合会共同设立国际儒学联合会山东大学研究基地，培养中华文化对外传播与人文交流人才。一批学术成果在《中国社会科学》《文学评论》《哲学研究》《管理世界》等期刊发表。

二、扎实开展党史学习教育，汇聚起奋进新时代、建功新征程的磅礴力量

新闻事件：3月2日下午，山东大学召开党史学习教育动员部署大会，深入学习贯彻习近平总书记在党史学习教育动员大会上的重要讲话精神，按照中央要求，紧密结合学校改革发展实际，对学校开展党史学习教育进行动员部署。会议要求，要深刻汲取历史经验，全面掌握实践要求，守正创新抓住机遇，锐意进取开辟新局，切实在学习教育中学出坚强党性，学出信仰担当，破解学校改革发展难题，奋力建设担当中华民族复兴大任的世界一流大学。

延伸阅读：党史学习教育开展以来，学校党委把党史学习教育作为首要政治任务，按照学史明理、学史增信、学史崇德、学史力行的要求，坚持以习近平新时代中国特色社会主义思想为指引，坚持严实要求和效果导向，着眼大局，结合实际，与深入学习贯彻落实习近平总书记给《文史哲》编辑部重要回信精神紧密结合，与庆祝学校百廿华诞、扎实开展巡视整改、推动学校“十四五”高质量发展有机融合，坚持用党的创新理论武装头脑；分层分类精准发力，切实做好宣传宣讲；扎实推进“我为群众办实事”；开好专题组织生活会；坚持学用结合，促进事业内涵式高质量发展。学校坚持划分阶段、突出重点，第一阶段重点学习习近平总书记在党史学习教育动员大会上的重要讲话精神，第二阶段重点学习习近平总书记“七一”重要讲话精神，第三阶段重点学习党的十九届六中全会精神，坚定不移把“两个确立”真正转化为坚决做到“两个维护”的思想自觉、政治自觉、行动自觉。通过党史学习教育，广大党员、干部受到了一次全面深刻的政治教育、思想淬炼、精神洗礼，爱党爱国爱社会主义、爱校荣校的主旋律更加响亮，初心使命、责任担当更加坚定，追求卓越、只争朝夕的精气神更加昂扬，凝聚力和向心力得到进一步增强，充分汇聚起奋进新时代、建功新征程的强大合力，达到了学党史、悟思想、办实事、开新局的目的。

三、接受中央巡视“政治体检”，以巡促改、以巡促建、以巡促治，全面推动整改落实见真章求实效

新闻事件：5月8日，根据中央关于巡视工作的统一部署，中央第十一巡视组巡视山东大学党委工作动员会召开。会议传达了习近平总书记关于巡视工作的重要指示精神，通报了有关工作安排，并对做好巡视工作提出要求。9月3日，中央第十一巡视组向山东大学党委反馈了巡视情况。

延伸阅读：学校党委深入学习贯彻习近平总书记关于巡视工作重要讲话精神和中央部署要求，以对党高度负责、对人民高度负责、对事业高度负责的态度，坚决扛起重大政治任务，系统研究、周密部署、精心组织，扎实做好巡视“后半篇文章”，推动巡视

整改与新一轮“双一流”建设、“十四五”改革发展、党史学习教育、贯彻落实党的十九届六中全会精神等贯通融合、一体推进，整改落实取得阶段性成效。学校党委政治建设统领作用愈发彰显，立德树人战略地位全面夯实，执行党委领导下的校长负责制更加到位，新时代意识形态工作扎实推进，全面从严治党不断深入，班子队伍和基层党组织建设切实加强，治理体系和治理能力现代化水平持续提升，一些长期制约学校发展的老大难问题得到有效解决，全体党员干部和师生医务员工“追求卓越、只争朝夕”的精气神进一步迸发，各项事业呈现蓬勃向上的良好态势。

四、百廿山大，强校兴国，隆重庆祝建校 120 周年

新闻事件：10 月 15 日，山东大学庆祝建校 120 周年大会在中心校区体育场隆重举行。全体师生医务员工、海内外校友和关心支持学校事业发展的各界朋友通过线上和线下的方式参加大会，共同庆祝、见证这一难忘的时刻。大会现场还举行了教育部、山东省继续重点共建山东大学启动仪式。

延伸阅读：山大 120 周年校庆以“百廿山大，强校兴国”为主题，遵循全员参与、开放共享、创新发展的基本原则和以校庆促发展的工作理念，集文化校庆、学术校庆、开放校庆于一体，内容丰富，重点突出，成果丰硕，亮点纷呈，进一步提升了学校的影响力与美誉度，为奋进新征程、建功新时代汇聚了磅礴力量。校庆期间，学校共开展系列活动近 300 场，其中重点活动 24 场，校史馆、博物馆、科技馆、校友馆、“双一流”建设成就展、人文社科展、社会服务成就展、抗疫主题展、校庆美术大展等“四馆五展”全面回顾办学历史、系统总结办学经验、充分展示办学成就；校庆大会、音乐舞蹈晚会、全球大学校长论坛、2021 中新高等教育论坛、全国革命文物与新时代高校思想政治工作融合发展论坛、服务山东高层论坛、纪念邮票首发式等系列活动充分彰显了学术校庆、文化校庆、开放校庆的鲜明特色，“家国情怀、担当精神、崇实品格、创新素养”的山大基因得到进一步传承和弘扬；天南海北的山大人或回访母校感受新变化，或相约“云端”畅叙师生谊，或捐资助学展示爱校情，校友对母校的认同感、自豪感和责任感进一步提升；兄弟高校及社会各界高度关心、关注山大，为学校事业发展增添了强大的动力。百廿恰是风华正茂，百廿山大薪火相传，在新甲子的新征程中，学校将传承山大精神，赓续百廿荣光，不断提升对卓越人才的培养力、对国家战略的支撑力、对优秀文化的引领力、对全球教育的影响力，为建设担当中华民族复兴大任的世界一流大学而不懈奋斗。

五、高质量编制“十四五”事业发展规划，精心擘画学校事业发展的宏伟蓝图

新闻事件：11 月 5 日，中共山东大学第十四届委员会第九次全体会议在中心校区举行。会议听取了《山东大学“十四五”事业发展规划》有关情况说明，审议并通过了《山东大学“十四五”事业发展规划》（以下简称《规划》）。

延伸阅读：《规划》强调，“十四五”时期，是我国开启全面建设社会主义现代化国家新征程、向第二个百年奋斗目标进军的第一个五年，也是山东大学加快实现“由大到强”历史性转变、全面建设中国特色世界一流大学的重要战略机遇期。要高举中国特色

社会主义伟大旗帜，以习近平新时代中国特色社会主义思想为指导，深入贯彻落实习近平总书记“七一”重要讲话精神和给《文史哲》编辑部全体编辑人员重要回信精神，全面贯彻党的教育方针，坚持社会主义办学方向，抓住历史机遇，紧扣时代脉搏，立足新发展阶段、贯彻新发展理念、服务构建新发展格局，贯彻“四为”方针，坚持“四个面向”，以高质量发展为主题，以立德树人为根本，以学科建设为龙头，以改革创新为动力，统筹发展与安全，深入实施人才强校战略、学术兴校战略、服务山东战略、文化引领战略、国际化战略、一体发展战略与融合发展战略，认真落实“121”行动路径，扎实推进强力蓄能，积极探索中国特色世界一流大学建设的山大道路，全面开创担当中华民族复兴大任的世界一流大学建设新局面。

六、学校首轮“双一流”建设圆满收官、成效显著，“由大到强”历史性转变迈出坚实步伐

新闻事件：10月13日，“追求卓越 只争朝夕——山东大学‘双一流’建设成就展”开幕式在一校三地同步开展。成就展以“强校兴国”为主线，以“追求卓越、只争朝夕”为主题，紧扣立德树人根本任务，聚焦服务国家和区域经济社会发展，全面展示了山东大学坚持以习近平新时代中国特色社会主义思想为指导，深入贯彻党中央、国务院关于世界一流大学和一流学科建设的战略部署，落实扎根中国大地办大学的重要举措和重大成果。

延伸阅读：“双一流”建设启动以来，山东大学坚持党的全面领导，坚守“为国育贤”办学初心，勇担“强校兴国”时代使命，以“追求卓越、只争朝夕”的奋进姿态，推进落实“六大战略”“十大任务”，圆满完成首轮建设任务，学术基本面进入国内高校第一方阵，整体实力及主要办学指标接近或进入世界200强，为国家和区域经济社会发展作出了积极贡献。学校昂扬向上、加速赶超的良好态势已经形成，“由大到强”历史性转变迈出坚实步伐，“中国特色、世界一流、山大风格”的发展道路越走越清晰、越走越笃定、越走越宽广。

七、山大学子连续四年获得宝钢优秀学生特等奖，德智体美劳全面发展的高质量人才培养成效显著

新闻事件：12月10日，宝钢教育基金会公布2021年度宝钢教育基金（宝钢教育奖）评选结果，山东大学10位师生获得奖励。其中，临床医学院临床医学（五年制）2017级本科生陈润泽获得优秀学生特等奖，山东大学本科生获宝钢优秀学生特等奖实现“四连冠”。

延伸阅读：学校紧紧围绕立德树人根本任务，坚守“为国育贤”初心，不断强化三全育人、五育并举综合改革，着力培养富有“山大基因”、担当民族复兴大任的时代新人。大力推进新发展阶段本科教育教学高质量发展，出台《山东大学加快推进本科专业现代化实施方案（2021～2023）》，以新工科、新文科、新医科建设为引领，系统推进专业现代化提升。大力推动新时代研究生教育改革创新，创新性开展“把论文写在祖国大地上——山东大学研究生教育五育协同工程”，出台《关于推进专业学位研究生教育

发展的实施方案》，加快培养创新型、复合型、应用型人才。

学校在专业建设、教学模式、课程教材、管理体制和队伍建设中成效显著：19 个项目入选教育部首批新文科研究与改革实践项目，立项数量居全国第一。28 个专业入选 2020 年度国家级一流本科专业建设点。获批增设三个战略新兴新工科本科专业。新增 3 个基础学科拔尖学生培养计划 2.0 基地。入选省级和国家级课程思政教学研究示范中心，4 门课程入选教育部课程思政示范项目，入选数量全国第一。150 门课程入选 2021 年度通识教育核心课程立项名单。9 项高等教育类教材入选首届国家优秀教材奖。第一临床学院、第二临床学院分别揭牌成立，努力打造立德树人的典范和医学教育的标杆。打造过硬思想政治教育队伍，切实增强对学生的思想价值引领，薛冰当选“最美高校辅导员”。

德智体美劳全面发展的高质量人才培养成效显著：王子铭、曾庆恺、张木子 3 名同学成功捐献造血干细胞。宋浦文同学获中国青年志愿者优秀个人奖。机械工程学院硕机制第一党支部和 2021 届硕士研究生张晓获评首批全省高校“研究生样板党支部”和“研究生党员标兵”。物理学院博士生逄驰获王大珩学生光学奖，这是山东大学连续第三年获得该奖项。在第九届“泰迪杯”数据挖掘挑战赛中、第十二届全国大学生数学竞赛、第十七届中国研究生数学建模竞赛、第十七届“挑战杯”全国大学生学术科技作品竞赛、全国大学生节能减排与社会实践竞赛、“英特尔杯”全国并行应用挑战赛中斩获佳绩。获第十四届全国学生运动会校长杯。在第 20 届中国大学生田径锦标赛中总分列全国第六名。在第十四届全运会中获得 3 金 3 银 2 铜。学校 2021 届毕业生毕业去向落实率为 95.51%，毕业生对就业工作满意度达 97%以上，用人单位满意度在 99%以上，学校就业工作经验做法入选教育部百个“全国普通高校毕业生就业创业工作典型案例”。

八、陈子江、王小云当选发展中国家科学院院士，人事人才工作捷报频传

新闻事件：11 月，发展中国家科学院（TWAS）公布了新增选院士名单，山东大学陈子江教授、王小云教授当选本年度发展中国家科学院院士。名单中共有来自全球 33 个国家和地区的 58 位科学家当选，其中中国学者 7 位。

延伸阅读：学校深入学习贯彻中央人才工作会议精神，牢固树立“人才是第一资源”的理念，聚焦人才强校战略，紧扣“双一流”建设目标，持续深化人事人才体制机制改革，全力打造具有国际竞争力的人才队伍。全年引育齐鲁青年学者及以上人才 285 位，其中引进人才 205 位。顶尖和领军人才引进实现突破，引进一批在国内外具有重要影响力的专家学者和高端技术专家。人才培养成效显著，乔纳森·洛克·哈特（Jonathan Locke Hart）教授当选欧洲科学院外籍院士，凌沛学教授当选国际欧亚科学院院士，崔兆杰教授当选乌克兰国家工程院外籍院士，陈峰教授当选国际光学工程学会（SPIE）会士，曹英娟主任护师当选美国护理科学院院士，李敏勇教授当选英国皇家生物学会会士；国家级人才入选人数创历史新高，新增入选长江学者特聘教授、国家杰出青年基金获得者等国家级领军人才 16 位，新增入选国家优青、青年长江等国家四青人才 49 位。博士后规模和质量呈现跃升式发展，成为学科建设和科技创新的重要生力军。24 人获得第 14 批中国博士后科学基金特别资助，位列全国第 8 名。63 人获得第 69 批

中国博士后科学基金面上资助，位列全国高校第 11 名。8 个博士后流动站获评优秀，列全国高校第 7 位。在第一届全国博士后创新创业大赛中获得 1 金 1 银 1 铜 7 优胜的优异成绩。

九、首次获批单项总经费达 5 亿元的国家重大攻关任务，学术竞争力和服务国家重大战略能力显著增强，整体科研实力全面跃升

新闻事件：服务国家重大战略和社会发展能力不断提升，山东大学首次获批单项总经费达 5 亿元的国家重大攻关任务并实现单笔到账经费过亿元，科技成果转化首次实现单项转化经费过亿元的突破。2021 年度山东大学纯竞争性科研到账经费达到 23.75 亿元，较 2020 年增长 42%，科技实力跃上新台阶。

延伸阅读：学校率先成立国家战略科技力量建设委员会，着力构建一流科技创新体系，打造国家战略科技力量，不断持续提升科技原始创新能力和关键技术攻关能力，使服务国家和社会重大战略能力显著提升。主持和参与完成的 7 项成果荣获 2020 年度国家科学技术奖励，数量再创新高，张承慧教授获何梁何利基金科技进步奖。2021 年度国家自然科学基金立项数目达 564 项，人才类和重点类项目均取得最好成绩。一批原始创新成果相继发表在 *Nature*、*Science*、*CELL*、*New England Journal of Medicine* 等世界顶尖学术期刊上，年度发表数量再创历史新高。入选首批高校专业化国家技术转移机构试点单位。李术才院士团队为厦门海沧隧道、成兰铁路跃龙门隧道建设提供重要技术支撑；学校承担中国空间站天和核心舱航天密封件关键材料、空间站核心舱健康监测等重要任务；行星科学团队建立了我国首个火星尘暴数据库，为“天问一号”成功着陆提供了决策依据。

十、推出《山东大学服务山东高质量发展行动方案（2021～2025 年）》，服务社会“山大系”品牌愈来愈响亮

新闻事件：11 月 10 日，山东大学与山东省、济南市相关部门负责人共聚一堂，畅叙发展，就推进山东大学服务山东工作提质增效、取得更大突破进行了深入的交流研讨。会上提出的《山东大学服务山东高质量发展行动方案（2021～2025 年）》，围绕服务党建引领和经济社会治理、服务科教强省、服务人才强省、服务黄河流域生态保护与高质量发展等谋划设计了 10 大计划、35 个项目，涵盖一流学科建设、紧缺人才培养、关键核心技术攻关、传承弘扬优秀传统文化、高水平医院体系建设等内容。

延伸阅读：学校深化实施服务山东战略，紧抓山东新旧动能转换综合试验区建设、黄河流域生态保护和高质量发展等国家战略在山东交汇叠加的重要机遇，精准对接山东“走在前列、全面开创”“三个走在前”的总遵循，切实聚焦省委提出的“六个一”发展思路、“六个更加注重”策略方法、“十二个着力”重点任务，立足山东，走向全国，持续深化校地校企合作，积极融汇发展合力，进一步叫响了服务社会“山大系”品牌，为助力国家和区域经济社会高质量发展作出了应有贡献。

学校落实服务济青威工作方案，举行 2021 山大校友泉城行活动，制定实施“百廿山大 服务青岛”系列行动方案，编制《服务胶东经济圈县域经济社会高质量发展行动

方案》，威海工研院获批省级新型研发机构并孵化企业11家，与济南历城区、槐荫区、青岛中级人民法院、中车四方所签署合作协议；与东营市签署合作协议支持山东石油化工学院建设；落实产教融合、院企合作行动计划，与山东税务局、审计署驻济特派办、京博、泰山体育、齐鲁制药、歌尔、山东联通、中铁十局、中行山东分行等20余个单位签署合作协议。

学校服务国家区域发展战略部署，深化与重庆市、审计署、国家税务总局合作，与黑龙江省以及国家文物局、徐州地铁、浙江新安化工、比亚迪、徐州地铁等签署合作协议。10月15日，服务山东高层论坛暨山东大学社会服务成就展开幕，系统梳理、生动展示了山东大学“十三五”社会服务工作取得的系列重大成果。

（党委宣传部供稿）

党的建设和思想政治工作

中共山东大学委员会 2021 年党建工作要点

2021 年学校党建工作总体要求是：以习近平新时代中国特色社会主义思想为指导，深入学习贯彻党的十九大和十九届二中、三中、四中、五中全会精神，增强“四个意识”、坚定“四个自信”、做到“两个维护”，坚持和加强党对学校工作的全面领导，全面贯彻党的教育方针，按照新时代党的建设总要求和上级部署，以庆祝中国共产党建党 100 周年和学校建校 120 周年为契机，深入开展党史学习教育，全面学习贯彻《中国共产党普通高等学校基层组织工作条例》，扎实推进新时代学校党的建设新的伟大工程，持续彰显党的领导最大优势，以一流党建引领中国特色世界一流大学建设，为推动学校“十四五”高质量内涵式发展、加快实现“由大到强”历史性转变提供坚强保证。

1. 持续深化加强党的创新理论武装。认真落实“第一议题”制度，把学习贯彻新时代党的创新理论作为重要政治任务抓实抓紧抓好，不断深化“五个一”学习模式，持续在学懂弄通做实上下功夫，切实增强贯彻落实的政治自觉思想自觉行动自觉。落实落细校院两级理论学习中心组学习制度，深入推进“四史”专题教育，不断增强学习的针对性和实效性。坚持学以致用、知行合一，切实用习近平新时代中国特色社会主义思想“金钥匙”谋划发展、破解难题。（牵头单位：党委宣传部）

2. 认真开展党史学习教育。按照中央部署和要求，立足学校实际，坚持守正创新，发挥学校学科和人才优势，广泛开展党史、新中国史、改革开放史、社会主义发展史宣传教育，普及党史知识，高标准高质量完成党史学习教育各项任务，推动学习教育活动深入群众、深入基层、深入人心，切实做到学史明理、学史增信、学史崇德、学史力行。按照六个“进一步”要求，把学习党史同总结经验、观照现实、推动工作结合起来，同解决实际问题结合起来，切实为师生医务员工办实事解难题，切实把学习成效转化为工作动力和发展成效，切实做到学党史、悟思想、办实事、开新局。（牵头单位：党委宣传部，党委组织部）

3. 深入学习贯彻党的十九届五中全会精神。扎实抓好党的十九届五中全会精神的学习宣传和研究阐释，以宣传贯彻的实际成效凝聚推动学校改革发展的强大动力。坚持目标导向、问题导向、效果导向，以全会精神为指导，全面总结“十三五”建设发展的成绩和经验，系统分析存在的短板和深层次问题，把高质量编制学校“十四五”总体规划和党建等专项规划作为贯彻落实全会精神的一项重大政治任务抓紧抓实。（牵头单位：党委宣传部，人文社科研究院，学科建设与发展规划部）

4. 精心组织庆祝建党 100 周年系列活动。围绕庆祝建党 100 周年，贯彻落实中央有关决策部署，开展系列主题宣传活动。坚持将迎接中国共产党成立 100 周年与学懂弄通做实习近平新时代中国特色社会主义思想相结合、与巩固深化“不忘初心、牢记使命”主题教育成果相结合、与落实全面从严治党主体责任相结合、与推进“强院兴校”“强校兴国”行动相结合，在全校各级党组织和全体党员中深入开展“学习·诊断·建设”行动。组织开展群众性主题活动，动员广大教职医务员工立足本职、爱岗敬业、争创一流。（牵头单位：党委宣传部，党委组织部）

5. 始终突出政治建设统领。深入落实加强政治建设举措清单，健全完善“不忘初心、牢记使命”主题教育长效机制，定期开展贯彻落实情况“回头看”，不断增强“四个意识”、坚定“四个自信”、做到“两个维护”。常态化推进政治监督，有效推动党的主张和重大决策转化为办学治校、管党治党的思路举措。实施政治能力提升计划，推进各项工作进行全面政治风险评估常态化制度化，显著增强领导干部的政治能力，持续提升政治判断力、政治领悟力、政治执行力，不断提高党把方向、谋大局、定政策、促改革的能力和定力。（牵头部门：党委办公室，纪委办公室、监察处，督查巡察办公室）

6. 坚决扛起全面从严治党责任。组织召开学校全面从严治党工作会议，大力推进全面从严治党“一办法三清单”落实落地，切实发挥全面从严治党引领保障作用，始终把党的建设与学校改革发展稳定同谋划、同部署、同推进、同考核。引导督促各级党组织落实主体责任、党组织书记落实第一责任、领导班子其他成员落实“党政同责”“一岗双责”，压紧压实纪委监督责任，强化守土有责、守土负责、守土尽责的政治担当。健全完善层层传导、层层压实的责任落实链条，把管党治党责任延伸到每一个支部、每一名党员。（牵头单位：党的建设工作领导小组办公室）

7. 牢牢把握意识形态工作领导权。严格落实《教育系统贯彻落实〈党委（党组）意识形态工作责任制实施办法〉的实施细则》，建立横向到边、纵向到底的责任分工体系，切实把意识形态工作的责任落实到学校工作的各方面各领域。加强和改进新时代学校宣传工作，强化主流舆论引导力，旗帜鲜明反对和抵制各种错误观点。建立健全网络舆情常态监测和预警机制、联合应对处置机制，针对重要节点、重大事件和突发情况及时分析研判，切实提升风险发现力研判力处置力。加强意识形态阵地建设与管理，实行报告会、研讨会、讲座、论坛等“一会一报”制。（牵头单位：党委宣传部，人文社科研究院）

8. 有效提升教师思想政治工作质量。坚持把师德师风作为第一标准，在教师引进、职称评聘、年度考核、导师遴选、评优奖励等方面严把政治关、师德关。健全完善一校三地师德师风建设工作格局，推动师德师风建设常态化长效化。持续开展新聘教师、青年教师指导培训，及时了解掌握教师思想动态，全面加强教师思想引领，引导广大教师争做“四有”好老师。进一步加强教师荣誉体系建设，深入挖掘优秀教师典型，选树宣传先进典型，充分发挥榜样模范的导向和激励作用。（牵头单位：党委教师工作部，人事部）

9. 着力推进学生思想政治工作创新。充分发挥学生发展委员会的功能作用，全面深化“三全育人”综合改革，推进思政工作体系年度台账落实落地，持续优化就业指导服务，不断完善“大思政”工作格局，着力打造“三全育人”的山大样板。以社会主义核心价值观为引领，加强和改进大学生思政教育，研究探索“互联网＋”环境下思政教育新路径，发挥学生宿舍育人阵地作用，增强心理健康教育与危机预警干预效果。扎实开展日常思政教育活动和专项教育，抓好开学季、毕业季、重大节庆等关键教育节点，扩大主题党团日活动的有效覆盖面。实施“四点半”课堂，推进“拓展培养计划”，提高学生审美能力、人文素养、身体素质。落实辅导员育人能力提升专项方案，配齐建强思政工作队伍，实施优秀辅导员成长工程，落实研究生导师立德树人首要职责，统筹推进课程思政和思政课程改革创新，促进思政教育与专业教育有机统一，实现课程门门有思政、教师人人讲育人。（牵头单位：党委学生工作部，党委研究生工作部，团委，本科生院，研究生院，马克思主义学院）

10. 充分发挥文化引领作用。大力培育和践行社会主义核心价值观，积极熔铸新时代山大文化和山大精神，全面营造“追求卓越、只争朝夕”的浓厚氛围。深入实施《山东大学文化引领战略实施纲要》，推动文化引领战略向纵深发展，不断增强新时代山大文化感染力、驱动力、影响力。成立山东大学精神文明办公室，做好第三届山东省文明校园申报工作，努力创建全国文明校园。全力以赴办好 120 周年校庆，进一步挖掘校史资源，组织开展“百廿山大祝福你”“校庆视频献礼工程”等活动，讲述好山大故事、传播好山大声音，塑造好山大形象，持续提升学校影响力和美誉度。（牵头单位：党委宣传部、120 周年校庆筹备工作领导小组办公室）

11. 积极打造高素质干部队伍。坚持党管干部，按照“五好干部”标准，扎实推进“五大体系”建设。加强干部队伍建设的战略谋划和长远规划，实施干部队伍中长期建设规划，加大干部交流和岗位历练。把优秀年轻干部发现培养选拔工作列入党委常委会重要议事日程，形成日常发现、动态管理、持续培养的优秀年轻干部发现培养选拔机制。把干部素质培养作为基础性和战略性工程摆在更加突出的位置，增强干部斗争本领，切实提高治理能力。完善担当作为的激励机制，整治不担当不作为问题。（牵头单位：党委组织部）

12. 加快建设一流人才队伍。坚持党管人才原则，深入实施人才强校战略，持续深化人事人才体制机制改革。加大高端领军人才及人才团队引进力度，集中资源培养青年后备人才队伍，健全与国际接轨、有山大特色、科学规范、运行高效的人事人才制度体系，充分释放人力资源潜能、激发队伍活力。加强人事人才服务保障体系建设，优化领导干部与专家学者联系服务“直通车”制度，完善人才服务专员工作机制，深入实施政治、思想、生活、工作全方位引导服务，全面打造最优人才生态。（牵头单位：人事部、人才工作办公室）

13. 不断筑牢基层党建根基。健全完善学校党委、基层党委、党支部和党员“四位一体”组织体系，深化机关党的建设，召开机关第二次党代会，加强新时代附属医院、中小学、企业和离退休教职医务员工党建工作，进一步发挥基层党委在改革发展中的引领和支撑保障作用。贯彻落实《中国共产党支部工作条例（试行）》，深入推进党支部建设规范提升行动，大力培育建设党建工作标杆学院、样板支部和“双带头人”教师党支部书记工作室，积极做好全国、全省高校党建“双创”创建工作。完善“双包双联”工作机制，加大对基层党建工作的指导督促力度。持续推进党内政治生活制度化经常化规范化，有计划分层次高质量开展党员教育培训。扎实做好新形势下发展党员工作，进一步扩大入党积极分子规模，持续加强从优秀青年师生、高层次人才、海外引进教师、

学术骨干及低年级大学生中发展党员的工作力度。(牵头单位：党委组织部)

14. 持续巩固作风建设成效。坚持从讲政治的高度严格落实中央八项规定精神及其实施细则，驰而不息纠治“四风”，坚决反对形式主义、官僚主义，让求真务实、清正廉洁的新风正气更加充盈。坚守人民立场、人民情怀，深入落实师生为本理念，坚持践行“一线规则”，积极引导党员干部身在一线、心在一线、干在一线。全面启用师生服务大厅和“校园 12345”服务热线，健全完善帮助学院解决困难的机制，进一步营造“学院吹哨、机关报到”的浓厚氛围，持续提升“两不出”服务效果。抓住师生最关切、最直接、最现实的利益问题，深入实施民生工程、暖心工程，切实提升师生医务员工的获得感、幸福感、自豪感。(牵头单位：纪委办公室、监察处，党委办公室，工会、妇委会，后勤保障部)

15. 切实提升纪律建设质量。坚持“严”的主基调，坚定不移深化反腐败斗争，一体推进不敢腐、不能腐、不想腐。压紧压实党组织管党治党政治责任和书记第一责任人责任。深化日常监督，推动监督下沉落地，强化对“一把手”和领导班子的监督。有效运用监督执纪“四种形态”，及时解决苗头性、倾向性问题，严惩损害师生利益的不正之风和腐败问题；提升监督的治理效能，健全廉政风险防控机制，加强党性党风党纪教育和干部日常监督管理。持续推进中央巡视整改，坚守政治巡察职能定位，精准落实政治巡查要求，充分发挥党内监督利剑和密切联系群众纽带作用，不断巩固发展风清气正的政治生态。(牵头单位：纪委办公室、监察处，督查巡察办公室)

16. 扎实做好统战群团及离退休工作。深入贯彻《中国共产党统一战线工作条例》，加强党对统一战线工作的集中统一领导，推进民主党派、统战团体、党外代表人士队伍建设，做好出国和归国留学人员工作，坚决抵御渗透和防范校园传教，着力构建大统战工作格局。纵深推进共青团、学生会组织、学生社团改革，加快构建更好彰显政治本色、更加契合青年群众工作特点的共青团工作体制机制，进一步规范和加强学生社团管理，促进青年全面成长发展。持续完善教代会和工会体制机制，探索建立学校与教职医务员工良性互动的长效机制，打通学校与职工群众沟通交流的“最后一公里”。筹备召开团代会，加强教代会、工代会、团代会、学代会等内涵建设，激励全体师生医务员工践行“主人翁”精神，为建设中国特色山大风格的世界一流大学凝聚智慧和力量。全面提升离退休教职工党建工作水平，积极引导离退休老同志充分发挥独特优势和积极作用。(牵头单位：党委统战部，工会、妇委会，团委，离退休工作处)

17. 不断深化重点领域综合改革。聚焦学校事业发展，用好改革关键一招，持续推进系统性、整体性、协同性改革，强化改革成果系统集成，激发内生动力和办学活力。着力打好教育评价改革的“龙头之战”“攻坚之战”“升级之战”。谋划实施融合发展战略，推进学科融合、科教融合、产教融合、医教融合、军民融合。不断深化一校三地体制机制改革，大力实施“强院兴校”行动，持续深化“放管服”改革，推动落实综合预算改革，加快推动一校三地学院学科学者“三学”一体发展。完善医学教育管理体制，加快推进临床学院及附属医院体系建设，持续擦亮齐鲁医学品牌。(牵头单位：综合改革工作办公室)

18. 全面抓好常态化疫情防控。严格落实落细各项常态化疫情防控措施，坚决防止校园聚集性疫情发生，切实维护师生医务员工身体健康和生命安全。不断创新方式方法，强化防控知识宣传教育，加大政策解读力度，强化师生医务员工防控意识，提高防范应对疫情的素养和能力。加强疫情防控应急演练，经常性组织开展各校园演练活动，增加压力测试和场景测试，提高演练工作的针对性和实效性。（牵头单位：疫情防控工作专班、各专项工作组）

19. 坚决守牢校园安全防线。深入贯彻落实总体国家安全观，坚持“以人民安全为宗旨，以政治安全为根本”，统筹好发展和安全两件大事。扎实推动安全教育进教材、进课堂、进头脑，推动组建安全专家顾问团队，细化梳理安全责任清单，层层签订安全责任书，不断优化一校三地安全稳定体系，统筹推进校园安全稳定和综合治理，进一步织密织细织实校园安全防护网。全面推进网格化管理服务体系建设，打造“看得见、叫得通、听得到、早预警、能追溯、可评估”全链条全覆盖网格化平台，及时传达安排部署，精准掌握师生思想动态，主动送达“组合式”服务到每位师生医务员工，切实让服务和管理贯通起来。（牵头单位：安全工作委员会办公室、各专项安全工作组）

纪检监察工作

一、深入开展党史学习教育，切实增强政治判断力、政治领悟力、政治执行力

持续在学懂弄通做实习近平新时代中国特色社会主义思想上下功夫，以党史学习教育为主线，强化理论武装。全年开展集中学习 30 次，讲授专题党课 7 次，组织专题报告 3 次，开展联学活动 3 次，充分发挥党支部引领示范作用。坚持把党史学习教育成效体现在为师生医务员工解难题、办实事中，把学校党委确定的 32 项“我为群众办实事”重点项目作为监督重点，推动“服务师生十件实事”、教职工宿舍区危旧房改造等重点任务落实落地。中管高校党史学习教育第八指导组组长张德祥同志参加学校纪委专题组织生活会时，对开展党史学习教育情况给予充分肯定。

二、坚持思想到位、组织到位、措施到位，全力推进中央巡视整改走深走实

一是聚焦“四个落实”开展未巡先改。巡视前抓好未巡先改专项行动，对 14 个二级单位开展专项检查，形成专题报告，及时向学校党委报告。强化思想动员和业务培训，夯实迎巡工作的思想政治基础。二是坚持同题共答抓好边巡边改。巡视期间，配合中央巡视组开展谈话调研等工作，协助学校党委为中央巡视工作提供服务保障。开展法学教育领域政治安全情况专题调研，形成专题报告报送中央巡视组。对巡视组指出的问题，协助党委抓好即知即改、立行立改工作。三是强化监督问效推进集中整改。制定《巡视整改工作提示单》，约谈领导班子成员和二级单位主要负责人；组织 6 个督察组对

整改成效作出等级评定，评定结果纳入年度考核评价。对落实整改不力的2个医院党委通报批评，1名学院党委书记组织调整，8个单位主要负责人及分管校领导严肃批评。相关做法被中央纪委国家监委巡视整改监督工作简报采发。

三、贯通履行监督和协助职责，有力推动学校全面从严治党政治责任落实落地

一是协助抓好工作部署和责任落实。及时传达中央纪委五次全会精神，制定贯彻落实台账。协助召开全面从严治党工作会议，开展重点监督和专题调研6次，向党委常委会专题汇报党风廉政建设和纪检监察工作18次。二是协助开展学校政治生态分析研判。形成学校政治生态情况报告和信访举报分析专题报告，动态研判学校政治生态，为党委提供决策参考。三是协助党委开展校内巡视。探索校内巡视新方式，异地聘请巡视组组长，破解“熟人社会”监督难题。对威海校区18个党组织开展常规巡视，实现校区党工委巡视全覆盖。

四、提升监督质效，着力破解“不敢监督、不愿监督、不会监督”难题

一是紧盯“两个维护”强化政治监督。把贯彻落实习近平总书记给《文史哲》编辑部全体编辑人员重要回信精神、中央巡视整改作为政治监督的重中之重，围绕意识形态安全督促制定《意识形态工作责任制实施办法》责任清单，组织纪委委员听思政课，开展疫情防控、百廿校庆安全专项检查，查处8起学术不端、师德失范等问题。二是紧盯“一把手”和领导班子开展重点监督。派员参加党委常委会、校长办公会、民主生活会，约谈校领导班子成员、二级单位“一把手”26人次。加强中层领导班子换届纪律监督，对2名干部提出组织调整建议、4名干部提出暂缓或否定意见。三是紧盯重点领域、关键环节推进协同监督。牵头开展高校四个领域腐败风险专项清理整顿，会同相关部门推进廉政风险防控机制建设、师德失范和非党员教师违纪处理、科研经费类信访举报受理办理，处置组织、审计等部门移交线索4件，专责监督与职能监督形成更强合力。

五、坚持严的主基调，“三不”一体推进正风肃纪反腐

一是从严从实处置问题线索。把中央巡视移交问题线索和信访件办理放在突出位置，总体办结率为87.6%，对2人立案审查，给予1人党内警告处分，5人诫勉。全年受理信访举报89件次，处置问题线索115件，给予党纪政纪处分25人（重处分3人），问责7个单位、14名领导干部，挽回经济损失225.08万元。二是巩固提升纠“四风”树新风成果。及时通报典型案例、发布廉洁提醒和纪律要求，开展办公用房专项检查，督促制定精文减会十条措施。通报批评疫情防控责任落实不到位的校区党工委，对财务部未履行决策程序调整学生住宿费问题追责问责。三是深化以案促改效能。分类别分层次开展纪律规矩教育，拍摄《书记说纪》教育片。对查处的违规违纪、失职失责问题全校通报，对5起酒驾醉驾问题开展专项警示教育。制发纪检建议书5份，推动修订出台《处级领导干部因私出国（境）管理办法》等制度。

六、发扬自我革命精神，建设高素质专业化纪检监察铁军

一是带头抓好中央巡视整改。聚焦中央巡视反馈问题，结合中央纪委国家监委干部监督检查室专题调研反馈意见，制定工作方案和任务台账。二是持续推进纪检监察体制改革。制定《山东大学纪委内设机构主要职责和人员编制方案》，增加编制4人，形成“联合办、提级办、交叉办”工作模式，增强纪检工作合力。三是切实加强能力建设。举办专题培训班，实现纪检干部培训全覆盖，选派5名干部参与中央巡视、教育部巡视工作，与省纪委监委互派挂职干部1名，抽调二级单位7名干部参与问题线索办理。

（唐晓曼）

巡视工作

校内巡视工作深入贯彻落实中央巡视工作方针，坚守政治巡视定位，对标对表中央新部署新要求，坚持巡视工作上下联动，聚焦立德树人根本任务，努力推动校内巡视高质量发展。

一、坚持同题共答，努力做好迎接配合中央巡视工作

上半年，全面梳理总结了2017年以来校内巡视工作开展情况，在总结经验做法、肯定工作成绩的同时，坚持刀刃向内，与中央巡视组同频共振、同向发力，重点从贯彻落实巡视工作上下联动、巡视工作组织实施、做好巡视“后半篇文章”、巡视工作队伍自身建设和履职尽责等4个方面，深入查找了14项主要问题及若干问题表现，并进行了深刻的原因剖析，明确了努力方向，形成学校党委开展校内巡视工作情况汇报。深入研究分析了历次校内巡视工作情况报告，从学习贯彻习近平新时代中国特色社会主义思想和党的十九大精神以及学校党委决策部署，基层党组织政治引领和支撑保障作用发挥，基层单位领导班子自身建设、决策能力、作用发挥，聚焦立德树人根本任务、突出主责主业抓落实，落实全面从严治党主体责任等5个方面梳理汇总了近年来校内巡视发现的普遍性、典型性问题，为巡视组了解学校校内巡视工作开展情况、进一步深入发现问题提供了翔实的材料支撑。

二、坚持守正创新，持续提升校内巡视全覆盖质量

上半年，采取多方协同、上下联动、纵深推进的方式，对威海校区党工委及其所辖的教学院部、校区机关等18个党组织开展了常规巡视，继2019年对青岛校区党工委开

展巡视之后，实现了对校区党工委常规巡视全覆盖。本次巡视，邀请浙江大学纪委原书记周谷平同志担任巡视组组长，巡视组成员采取跨校区抽调的方式，进一步有效破解熟人社会监督难问题。同时，区分不同对象研究确定监督检查观测要点，采取集中反馈与个别反馈相结合的方式，分别向威海校区党工委、校区机关和直属单位党组织、各教学院部党组织反馈巡视意见，既对13个教学院部党组织集中反馈了普遍性、共性问题，也针对各个单位的具体情况反馈了个性问题和突出问题，进一步提高了监督的针对性和有效性，实现了有形覆盖与有效覆盖的统一，提升了巡视监督质量。

三、坚持上下联动，以中央巡视推动提升校内巡视工作水平

一是坚决整改中央巡视指出的问题。针对中央巡视指出的内部巡视聚焦政治监督不够、问题导向不鲜明，一些学院巡视整改做表面文章的问题，深刻把握政治巡视内涵要求，进一步提高内部巡视质量。在坚守职能定位方面，牢牢把握巡视工作方针，突出立德树人根本任务，强化对履行党的领导职能责任的政治监督。在加强统筹谋划方面，以中央巡视带动校内巡视，以校内巡视监督检验中央巡视整改成效。在狠抓整改落实方面，着重压实学校领导班子成员督促指导责任、纪检监察与组织人事部门日常监督责任，向接受学校党委常规巡视的学院党组织发出《整改工作提示单》，推动中央巡视整改和校内巡视整改一体落实，通过现场调研、组织调整等方式，坚决纠治巡视整改做表面文章的问题。

二是贯通落实中央巡视整改和校内巡视整改。坚持系统思维，注重有机融合，针对中央巡视整改确定的重点任务和主攻方向以及校内巡视整改存在的薄弱环节和突出问题，组织成立6个专项督查组，分别针对中央巡视整改与校内巡视整改贯通落实情况以及落实立德树人根本任务、“一校三地”一体发展、意识形态工作提升、落实全面从严治党要求、加强基层党组织建设等6个方面的整改落实情况开展专项督查。组织校内巡视专员对全校121个基层党组织的巡视整改报告进行逐一审核，审核结果作为二级单位党建工作年度考核的参考依据，督促各单位进一步压实整改责任，有效促进中央巡视整改和校内巡视整改上下联动、一体落实。持续跟踪督促校内巡视整改落实，组织继续教育学院党委、能源与动力工程学院党委、国际教育学院党委、微电子学院党委向巡视工作领导小组汇报整改落实情况，要求各单位深入结合党史学习教育，更加清醒地认识到自身存在的不足，进一步解决制约事业发展的深层次问题，进一步压实主体责任，推动深化整改。

三是对标对表中央巡视要求改进校内巡视工作。深入贯彻落实中央关于中管高校巡视工作的新部署新要求，将“督查巡察办公室”更名为“巡视工作办公室”，积极对标对表中央和教育部党组巡视工作，努力完善巡视工作制度机制，学习借鉴教育部党组巡视监督检查要点，围绕“四个落实”进一步完善校内巡视监督观测要点。注重加强巡视工作队伍建设，提高业务能力，选派2名同志参加教育部党组巡视工作，以干代训带动提升校内巡视工作水平。注重总结巡视工作经验，2021年第3期《巡视巡察参考》以“紧扣中央决策部署开展学生就业工作专项巡察”为题刊发学校典型做法，根据教育部巡视办要求，学校在“2021年教育部和高校巡视巡察骨干人员培训班”上就相关做法

进行了汇报交流。

（梁辰）

组织工作

组织部（机关党委、党校）坚持以习近平新时代中国特色社会主义思想为指导，全面落实新时代党的组织路线，圆满完成迎接建党 100 周年、党史学习教育、配合做好中央巡视等各项重点任务，统筹推进常态化疫情防控、组织建设、干部工作以及机关党建等工作，为加快实现山东大学“由大到强”历史性转变提供了坚强的组织保证。

一、全力做好建党 100 周年、建校 120 周年庆祝活动

认真开展“党旗在基层一线高高飘扬”和“我来讲党课”活动，制作展播微党课 55 部，深入组织党内走访慰问活动，组织走访慰问党员 3300 多人，发放慰问经费 39 万多元，牵头做好“光荣在党 50 年”纪念章发放工作，营造喜迎建党 100 周年的浓厚氛围。大力选树宣传先进典型，组织开展 2021 年全国、全省和学校“两优一先”推荐评选和宣传展示工作，1 人获批“全国优秀党务工作者”，1 个党组织获评“山东省先进基层党组织”，另有 4 个党组织和 6 名党员获得省教育系统“两优一先”表彰。积极参与校庆服务保障工作，组建工作组“一对一”全员全程全力对接服务校友、嘉宾，做好贴心服务，展示山大形象。

二、持续推进党史学习教育走深走实

认真贯彻“学党史、悟思想、办实事、开新局”要求，把党史学习教育作为重要政治任务，制订学校党史学习教育实施方案，组建 12 个校内指导组，坚持上下联动、师生互动、典型带动，做好与立德树人、改革发展、全面从严治党的结合“文章”，创新“四分法”，开展“我为群众办实事”实践活动，不断深化“五个一”学习模式，推出一批提升师生幸福感的实招硬招，切实把学习成效转化为工作动力和发展成效，受到中央指导组充分肯定，中央和教育部党史学习教育简报多次报道学校典型经验。

三、认真做好迎接中央巡视及整改落实工作

积极主动配合做好中央巡视工作，牵头负责迎接选人用人专项检查及选人用人专项整改落实工作。提供 10 大类 190 多项材料，组织 252 人进行个别谈话，客观真实汇报情况，诚恳面对监督，自觉接受检查。从践行“两个维护”的高度对待巡视反馈问题，坚持问题导向，深入查摆问题，深刻剖析原因，研究制定选人用人整改工作方案，制定

48项整改措施，明确时间表、路线图、任务书。逐项逐条落实整改任务，集中整改任务已全部完成，同时做到举一反三、标本兼治，坚持“当下改”“长久立”相结合，以钉钉子精神持续做好巡视“后半篇文章”。

四、扎实推进干部队伍建设

加强干部队伍建设统筹谋划，修订《关于加强新时代中层领导班子建设的意见》，发布《中层领导班子换届调整工作方案》，同步推进一校三地中层领导班子换届调整工作。修订《中层领导人员管理办法》《科级干部管理办法》，制定《处级领导干部因私出国（境）管理办法》《党委常委会讨论干部任免事项工作规程》《试用期考核工作规定》《考察工作规程》等十余项制度规定和工作规程，提高工作制度化、规范化和科学化水平。突出政治标准选干部，细化政治素质评价标准，做实政治素质考察，坚持“干部政治素质、班子政治功能、单位政治生态”三位一体配班子。科学精准开展年度考核和任期考核，强化日常考核和专项考核，常态化开展班子运行情况调研。健全干部监督联动机制，细化二级党组织日常管理监督职责，从严从实做好兼职审批、出国（境）管理、个人事项报告等工作。

五、持续提升基层党建工作质量

开展二级单位党组织“议事决策规范提升工作”，构建上下贯通、权责明晰、运转高效的议事决策工作体系，推动基层党组织发挥好政治功能和保障作用。全面系统梳理学校领导班子成员抓基层党建工作有关要求，形成工作清单，定期提醒督促；建立二级单位党员领导班子成员联系党支部制度，明确“五个一”要求，着力加强对基层党建的工作指导。推进党建工作创新，组织实施2021年度党组织书记抓基层党建突破项目102项，遴选支持基层党组织活动立项100项。加强党员队伍建设，规范出国（境）党员、毕业生党员党籍和组织关系管理，研究制定《进一步加强在教师中发展党员工作的意见》，持续加大在低年级大学生和高知群体中发展党员的力度，全年发展党员4800余人，发展教师党员15人。

六、切实抓好党员干部培训工作

举办党史学习教育专题培训，邀请国内党史党建专家为党员干部开展系统化辅导培训，上线党史学习教育专题网站，使党史学习教育覆盖面扩大到全体教职医务员工。着眼“十四五”规划和新一轮“双一流”建设推进，暑期组织部分学院党政主要负责人等近180人分三期赴上海交大开展专题培训。开展提高政治能力专题培训，组织7场专题报告会，提升干部队伍的政治能力。协同学校纪委、党委宣传部等7个部门开展聚焦岗位能力提升专业化培训。圆满完成新提任处级干部、第二医院班子和优秀年轻干部专题培训，有效助力学校干部队伍成长建设。构建学校示范培训、校区特色培训、基层党委兜底培训的党员培训工作格局，年内培训入党积极分子和发展对象12200余人。

七、稳步加强机关党建和作风建设

召开机关第二次党代会，全面总结过去四年机关党建工作成绩和工作经验，明确提出“六个机关”建设目标，擘画未来五年机关党建工作蓝图。以推进落实“我为群众办实事”实践活动为契机，进一步深化机关作风建设。落实好机关常态化疫情防控各项工作。开展2021年度机关教职工思想政治状况调研，定期分析研判机关教职工思想状况，动员机关教职工积极参加校庆志愿服务、党史知识比赛等活动，组织好课间广播操锻炼、“守初心 庆百廿”登山等系列活动，凝聚人心做好服务保障。

（冯洪彩）

宣传思想工作

党委宣传部坚持以习近平新时代中国特色社会主义思想为指导，把握“十四五”开局之年重要历史时期，立足建党百年与建校百廿重要节点，深入贯彻落实学校党委决策部署，全面谋划推进宣传思想文化各项事业发展，奋力助推学校“由大到强”历史性转变和“双一流”建设发展。

一、抓住重大机遇，以“金钥匙”武装师生医务员工头脑，强化师生理论武装

抓住习近平总书记给《文史哲》编辑部全体编辑人员回信的重大机遇，通过建立专题网站、强化学习宣传、汇编学习体会等方式，推动实现支部学习全覆盖。以学习回信精神为契机，和党史学习教育相融合，组织学校党委理论学习中心组学习，编发政治理论学习资料，开展政治理论学习情况排查，用好“学习强国”学习平台，开通山东大学学习强国号，深化师生医务员工对习近平总书记系列重要讲话、重要论述精神的学习。

扎实推进党史学习教育，组织四次集中学习研讨，印发“永远跟党走”主题教育、“四史”宣传教育，学习贯彻习近平总书记“七一”重要讲话、党的十九届六中全会精神，组织开展学习宣讲，引导广大师生医务员工坚定不移听党话、跟党走，推动党史学习教育走深走实。制定发布教师党史学习教育方案，推出“百年党史大家学”专题栏目，协同开展教职工党史知识竞赛。做好党史学习教育宣传，设计推出专题网站，编发87期简报，在重点媒体平台推出深入学习贯彻习近平总书记重要回信精神和党史学习教育宣传报道；中央、教育部、山东省委党史学习教育简报刊发30余次学校有关做法。

二、把握重要契机，以意识形态工作责任落实为抓手，巩固师生思想基础

以迎接中央巡视和意识形态工作责任制专项检查为契机，层层压实意识形态工作责

任，加强分析研判，强化阵地管理，落实“两个巩固”。组织签订215份意识形态工作责任书，召开5次分析研判会；梳理排查14类54条风险隐患。制定《贯彻落实〈党委（党组）意识形态工作责任制实施办法〉的责任清单》和《意识形态工作责任制考核办法（试行）》。审批各类报告会221场次，排查各类报告会45场次，组织开展教材排查。将意识形态工作责任制落实情况专项检查发现问题整改与学校党委巡视整改、部门整改同步落实、协同推进，制定整改方案和整改台账，形成整改报告。

强化网络阵地管理，制定实施《网络意识形态工作责任制实施细则》。制定舆情预案12份，联动处置61起突发事件，发送舆情提示29次，组织专题研判会13次。开展4次全校范围内网络信息排查，针对问题信息发放251份整改通知单，做好网络日常管理，指导舆情队伍举报投诉负面信息400余次，举办网络微内容创作大赛，高质量完成中宣部舆情直报点信息报送工作，15篇稿件被中宣部采用。

三、立足重要节点，以宣传思想文化品质提升激发师生奋进力量

立足迎接筹备举办120周年校庆的重要节点，坚持内聚人心、外塑形象，彰显学校发展巨大成就。新闻网全年发稿近9000条，山大日记发稿1900余篇，山大人物专访70余篇，含8期山大面孔群像报道；策划近20个系列报道，参加全校摄影360余场，全力保障做好学校重大活动宣传。《山东大学报》出版39期，334个版面，成功举办报庆90周年活动，推出《百微山大》短视频近70部，持续提升学校社会影响力和美誉度。全年学校相关正面新闻报道7860篇，转载10万余篇，各媒体矩阵刊发报道近40万篇。以山大为第一人称的报道4573篇，在《人民日报》、新华社、《光明日报》等央级重点平台刊发报道1513篇，同比增长39%。学校相关信息海外曝光量7585篇。聚焦学科学者学人典型，策划推出8期学科专题报道；改版上线学校官方英文网站，建设校庆英文专题网；及时挖掘学校重点主题向全球推广，被20余个国家和地区媒体采用。策划发布新媒体内容4256篇，阅读量达1.4亿次。

深入实施文化引领战略，做好校园文化氛围营造，更新完善校园导视系统，设置校庆宣传品，凸显特色、弘扬文化。加强校园文化成果的培育和展示，凝练优秀成果申报教育部“礼敬中华优秀传统文化”推选展示。持续发挥好文化委员会作用；完善文明校园创建体制机制，调整成立山东大学精神文明建设工作领导小组，设立精神文明建设办公室；扎实推进文明校园创建工作。

聚焦百廿校庆，在各级重点媒体刊发报道2000余篇，社会媒体矩阵刊发报道5万余篇，其中《人民日报》《光明日报》《科技日报》《中国青年报》《大众日报》在头版和重要版面刊发报道，中国新闻周刊推出封面重磅报道；在山东电视台和新浪策划推出9期校友和学子专题报道。在中新社、《中国社会科学报》、《大众日报》以“八马同槽”“五岳”为主题刊发深度报道，学校对外形象展示力度空前。学校官微《倒计时15天｜我的山大，我来祝福！》《一张图带你看山大的120年！》等5篇推文阅读量突破10万次，微博发布#山东大学120周年校庆#主话题冲上新浪微博主站热搜，阅读量累计近5000万。

设计推出校庆专题网站，发布120张人物、景观类主页轮播大图，出版《山大人物

专访集》，开展“百廿校庆作品征集”活动，以“百廿山大祝福你”“我与山大同行”“风华山大百廿年”为主题，营造浓厚和谐的校庆氛围。推出报庆专刊和《“百廿山大强校兴国”山东建校120周年纪念特刊》，累计发行近万份。实施“120年校庆视频献礼工程”，推出《百廿山大 强校兴国》校庆宣传片，引发热烈反响；举办山东大学抗击新冠肺炎疫情主题展览，新时代山大精神得到广泛传承弘扬。

四、坚持根本任务，以思政体制机制建设为着力点，增强思政工作效果

深入推进学校思想政治工作体系建设，组织申报教育部2022年度高校思想政治工作有关培育建设项目，开展2019年度山东大学思想政治研究项目结项考核。

组织开展黄大年式教师团队创建工作，评选出8支“山东大学黄大年式教师团队”，考古团队被评为山东省高校黄大年式教师团队；开展教育部首批教育世家、齐鲁最美教师（教书育人楷模）选树和推荐，陈代荣获评山东省教书育人楷模；组织开展山东省师德涵养基地申报。编发《师德手册》，开展师德专题教育，组织师德教育培训，联办师德师风知识竞赛，发布加强作风和学风建设工作方案，开展师德师风自查自纠，建立师德师风问题台账，对师德失范行为“零容忍”。开展山东大学第二届思政短视频大赛，召开课程思政建设研讨会，完成1300余人次师德考察，发放8000余份教职工思想状况调研问卷。统筹做好全校教职工疫情防控工作。

（李艳萍）

统战工作

党委统战部以习近平总书记关于加强和改进统一战线工作的重要思想为指导，贯彻落实中央、省委关于统战工作的各项决策部署，贯彻落实学校春季学期和秋季学期工作会议精神，发挥统一战线重要法宝作用，助力疫情防控和“双一流”建设，为学校实现“由大到强”历史性转变凝心聚力。

一、强化思想引领，凝聚广泛共识

深入学习贯彻《中国共产党统一战线工作条例》（以下简称《条例》），学校党委理论中心组第一时间组织专题学习，研究部署工作安排，将《条例》纳入各级党委理论中心组和党支部“三会一课”学习内容，纳入统一战线和党校年度教育培训计划，纳入各民主党派、统战团体组织活动内容，先后举办专题报告会、座谈会，联合山东省委统战部举办《条例》修订实施一周年研讨会，在全校树牢统战意识，形成“学统战、用统战、做统战”的良好氛围。结合党史学习教育，在统一战线开展“学党史、跟党走”主题教育，举办“统一战线史”专题讲座、“学习红色故事 感悟红色精神”现场教学、学习习近平总书记“七一”重要讲话精神研讨交流等活动，引导统战成员继承和发扬“听党话、感党恩、跟党走”的优良传统。结合学习习近平总书记重要回信精神和120周年校庆活动，召开党外代表人士专题座谈会，举办统一战线“走进120周年校庆美术大展”等活动，引导统战成员增强做中国人的骨气和底气，更好继承融“家国情怀、担当精神、崇实品格、创新素养”为一体的“山大基因”。

二、加强党的领导，完善大统战工作格局

按照“统战工作是全党的工作，必须全党重视，大家共同来做”的要求，结合学校实际，对中共山东大学委员会统战工作（宗教工作）领导小组组成人员进行了调整。健全完善领导干部与党外代表人士联谊交友制度，并对学校党委有关文件进行了修订，进一步落实“三个带头”的有关要求。在统战三级工作网络的框架下，建立党支部“一对一”联系人制度，推动统战工作重心下移，形成全党共同参与、广交党外朋友的良好氛围。

三、抓好党外代表人士队伍建设，凸显示范引领作用

贯彻落实“有意识地把一部分优秀人才留在党外”的政策，开展了“党外中青年人才库”人选推荐工作，共入库123人。严格按照政治坚定、业绩突出、群众认同的标准，全方位、多渠道广泛发现、培养、使用党外代表人士。2人担任省属高校副校长，6人在市级民主党派、统战团体担任职务。持续做好党外代表人士的政治理论培训和能力素质培养，举办第四、第五期“同心圆”大讲堂，60余人参加了学习，选调5人参加上级举办的培训班，不断提高党外代表人士的政治判断力、政治领悟力和政治执行力。

四、支持党派和统战团体建设，凝聚统一战线力量

指导各党派认真落实《民主党派发展成员工作规程》，严把党派成员入口关、政治关和质量关。2021年共发展成员11人，其中有省级及以上学术称号的5人。指导各党派委员会按照《山东大学民主党派基层组织工作细则》，扎实开展换届工作，不断优化班子结构，做好政治交接，提升凝聚力和向心力。成立山东大学欧美同学会，指导开展“迎建党百年 唱红色经典”“学史明志 报国力行——海归教师话成长”等活动，引导留学人员继承和发扬留学报国传统，搭建起学校党委联系广大留学人员的桥梁纽带，打造“留学人员之家”。建立“山东高校民主党派活动基地”“山东大学民盟工作室”“山东大学材料学院党外知识分子之家”，联合淄博市委统战部开展“携手办实事 绘就同心圆”等活动，打造思想引领的主阵地、发挥作用的新平台。

五、扎实开展巡视整改工作，建立抵御宗教渗透的防火墙

深入学习贯彻学校党委关于巡视整改工作的相关指示精神，贯彻落实《中共山东大学委员会关于中央巡视反馈意见的整改落实工作方案》，对照巡视反馈问题，在全校范围内开展宗教信仰排查，摸清信教师生底数，做好精准对接和思想引领。发挥课堂主渠道作用，积极推进马克思主义宗教观进课堂，引导学生正确认识和对待宗教问题。举办

民族团结进步专题报告会，邀请中央社会主义学院专家作了“做好高校民族宗教工作，铸牢中华民族共同体意识”的专题辅导报告，抓好基层党政干部、思想政治理论教师、辅导员等的教育培训，提高对宗教问题的分析判断能力和处置能力。

六、优化理论调研和宣传工作，营造良好统战氛围

组织相关领域专家教授，按照“深入调研、打造精品、多出成果、指导实践”的原则，持续做好统战研究课题立项结题工作。9 项课题已结题，其中 1 项获评中央统战部 2021 年度全国统战理论政策研究创新成果一等奖、省统战理论政策研究优秀成果特等奖，2 项分别获评省政协理论研究一等奖、二等奖。坚持线上、线下相结合的方式，不断拓展宣传渠道，加大对统战理论政策宣传阐释的广度、深度。积极推送党外代表人士学《条例》心得体会、党外人才先进事迹等，发挥身边人、身边事的示范引领作用。中央统战部《每日汇报》刊发了“山东大学建成全省首个山东高校民主党派活动基地”，山东省委统战部《每日信息要报》等信息刊物刊发了学校创新开展联谊交友工作、加强统战工作制度体系建设等方面的典型做法，提升了学校统战工作的影响力。

（刘健文）

学生工作

党委学生工作部、武装部在学校党委的坚强领导下，以习近平新时代中国特色社会主义思想为指引，深入学习贯彻党的十九大和十九届历次全会精神，紧紧围绕学校“双一流”建设目标，以立德树人为根本，以服务学生成长成才为中心，较好完成各项工作任务。

一、强化责任担当，坚决落实巡视整改措施

牵头落实中央巡视反馈落实立德树人根本任务有关问题，聚焦四方面问题，严肃认真开展问题自查和根源剖析，发扬“钉钉子”精神，做好“后半篇文章”，以巡视整改推动各项工作高质量、高效率落地落实。

二、系统谋划落实，扎实开展党史学习教育

把握“党的百年华诞”重要契机，以党史学习教育为主线开展“四史”教育。一是深化党史学习教育成果，建强党支部。制定落实党史学习教育实施方案和党史学习计划表，理论学习与工作实践相结合、党史学习教育与“三全育人”综合改革相结合，扎实开展学习研讨。《山东大学抓牢“四个引领”扎实推进学生党史学习教育》获党史学习

教育官网报道。二是坚持党旗领航，推进学生党支部建设规范提升。聚焦思想引领，开展“重走百年‘长征路’”学生党史学习教育，开展“七个一”毕业生党员主题教育活动。《山东大学着力提升学生党建工作质量》获教育部专题报道。强化阵地引领，组织开展“让党旗高高飘扬”学生党员先锋提升计划，以“百年风华，百日礼赞”本科生支部风采展为各支部搭设党建交流平台。探索组织引领，师生支部开展“联学共建”，发挥好“五老”同志，组织学生党支部书记讲党课。突出行动引领，各学生党支部梳理办实事清单 249 项，开学季设立“党员先锋岗”，开展党性教育实践“双进”，举办《日出》等四部党史学习教育主题话剧展演。6 人获山东高校辅导员讲党史优秀短视频展示活动一、二等奖。1 名辅导员、2 名学生入选山东高校大学生党史学习教育巡回报告团。党支部获评山东省教育系统先进基层党组织。

三、坚持凝魂聚力，持续深化“三全育人”综合改革

组织召开 8 次学生发展委员会办公室会议，围绕学生品德培养、学识提升、能力造就、素养拓展，持续开展“五育协同育人工程”，加强学生体育、美育及劳动教育，探索制定德智体美劳过程性评价办法；全面推进学生综合评价改革，引导学生自觉全面发展。面向一校三地涵盖文科、理科、工科、医科各个年级的本科生开展问卷调查，通过对 2990 份有效问卷进行数据分析，了解掌握本科生思想政治状况和对学校教育管理服务工作评价。

四、加强品牌建设，着力做好日常思想政治教育

一是主题教育深入人心。充分发挥典礼育人作用，推进思想政治教育的落细落小落实；深入挖掘红色资源育人要素，开展“沂蒙老战士后代讲党史”四场报告会。做优做精“榜样的力量”“成才大讲堂”“新双心”“诚信状”等多项主题教育活动。毕业典礼《山大，难再见》快闪被新华社转发。二是充分发挥课程主渠道作用，做精做细做强形势政策课。三是占领阵地，着力提升网络思政实效，持续拓展以公众号为核心的新媒体矩阵，建立并运维视频号。四是突出爱国，国防教育凝心聚力，积极应变、主动求变，高标准完成两级学生军训任务。五是着力完善“大思政”体系，构建“十大育人体系”，育人过程贯穿学习、生活、实践各方面。

五、细化举措，提升服务管理工作质效

一是加强分类指导，通过成立学生社团、国情考察、社会实践，做好学生趋同化管理。二是发挥评优评先与奖学金的激励作用，正面引领学生全面发展，发挥典型模范作用，激励学生奋发向上。三是拓展资助育人，迅速落实国家助学贷款新政策，确保校园地国家助学贷款“应贷尽贷”；修订《山东大学校设资助资金管理办法》，调整各项助学金资助范围、资助标准，对资助项目进行统筹调控，提高项目资助精准度；推进“添翼工程”创新升级，本年度共开展 33 项助学育人培训，共开设近 90 门课程，培训 4673 人次。四是创新开展心理服务，实施“朋辈辅导队伍培养工程”，组织 5504 名学生完成了线上学习并取得证书，打造以心理帮扶为主要工作的朋辈辅导队伍。五是打造安居公

寓、文化公寓，协同有关部门对8栋宿舍楼进行整体修缮改造，完成2021年住宿调整；出台“公寓中的山大”文化建设方案，共在学生公寓中安装文化展板1234块，户外楼号指示牌30块，网红打卡户外装置7个。

六、坚持选优培优，全面赋能思政队伍建设

一是建强队伍，多部门协同多种方式配齐建强辅导员队伍；建立高层次人才担任班主任的“专家队”，2021秋季学期为807个班级配备的班主任中有143为正教授，教授班主任与专业老师、思政教师等密切协同，形成合力，共同培养学生良好的道德情操和学习习惯。二是规范考核，完善工作制度，加强专职辅导员考评，推进立德树人根本任务落实落地落细。三是赋能发展，组织全体辅导员参与政治能力提升培训班，多渠道拓展培训资源，组织辅导员队伍开展“双周沙龙”、读书分享、专题研讨、教改立项、案例评选、体育锻炼和读书打卡等活动，助推辅导员队伍能力素养提升。坚持培优选优，培养选树新时代高校辅导员先进榜样，薛冰当选全国“最美辅导员”，邱瑶获“山东高校辅导员年度人物”称号。

七、加强网格管理，切实维护校园安全稳定

一是筑牢疫情防控学生工作体系，科学研判疫情形势，高标准做好春季学期学生开学返校，秋季学期新生报到、老生返校相关工作；做好各类学生信息全面摸排，维护好10余个标准化台账。二是完善机制，抓紧抓实学生安全工作，按照“防范在先、发现在早、化解在小、处置在快”的总体思路，常态化做好每周隐患台账更新及安全工作周报上报工作；扎实推进学生安全稳定“六个一”。三是守好安全稳定底线，进一步推进一校三地安全稳定工作体系建设，夯实“八横八纵”安全管理体系，完善“分级管理、层层履职、横向到边、纵向到底、无缝衔接、全面覆盖”的工作机制，“网格化”管理，对学生安全稳定工作进行体系化建设、全时段统筹、要素化管理。

（李国强）

安全保卫工作

公安处始终保持高度政治责任感，不断强化“四个意识”，坚定“四个自信”，做到“两个维护”，深刻理解并坚决贯彻落实总体国家安全观，全面落实立德树人根本任务，坚持底线思维，坚决贯彻一校三地一体发展“大安全”理念，提升安防保卫力量、强化风险管控能力，为推进学校“双一流”建设、实现“由大到强”历史性转变提供持续坚强的安全支撑保障。2021年12月，公安处更名为党委保卫部（安全管理处）。

一、学党史以明志，以更高的政治站位夯实政治安全稳定基础

公安处坚持以习近平新时代中国特色社会主义思想为指导，深入学习中国共产党的先进理论，深刻领会习近平总书记关于建党百年系列重要讲话精神，将党建与业务工作深度融合，充分发挥党支部战斗堡垒作用，夯实政治安全基础。

二、抓党建强班子，增强“一岗双责”责任落实，确保中央巡视整改工作落实到位

公安处坚持以党支部建设为引领，以平安校园建设为中心，筑体系、建机制、强服务，持续优化校园公共安全环境。对标中央巡视组的反馈意见，成立巡视意见反馈整改工作领导小组，强化政治意识，提高政治站位，加强政治判断力、政治领悟力、政治执行力，加强对巡视整改工作的统筹协调，确保整改落实到位。

三、以总体国家安全观为引领，落实学校一体化发展战略，提升统筹一校三地安全管理一体化发展水平

一是按照学校“一体化”战略发展要求，深化“放管服”改革，构建网格化公共安全管理服务新模式。二是牵头对济南六校区与威海校区统一进行了校园安保服务招标，确保校园安保队伍稳定性和专业化。三是调整了消防中控室的管理主体，依法依规推进一校三地消防中控室合并整合。

四、积极加强协调联动机制，开展政治保卫工作

公安处旗帜鲜明站在意识形态工作第一线，与校内外部门建立联动机制和信息互通机制，全面加强重点人员管理、国际合作、舆情处置、防范邪教与宗教渗透、深化信息员队伍建设等工作。

五、协同联动，继续做好疫情防控常态化工作

公安处班子成员模范带头，党员群众勠力同心，与各部门密切沟通协作，严格执行教育部“五个一律”“六个必须”要求，把好校门“出入关”。

六、以科技强安为目标，加大消安防投入，智慧消安防平台建设稳步推进

一是完成各校区监控全覆盖及二级单位接入校园安防平台，提高校园监控覆盖率，一校三地公共区域共安装11000余台监控摄像头，全年各类传统治安案件数量降至个位数。二是完成智能车辆管理系统的初步建设，推进实现校园智慧化交通管理工作。三是在化学院试点安装实验室消安防一体机，推进实验室消安防智慧化建设。四是扎实组织山东省校园既有建筑消防隐患专项整治活动，176栋楼宇开展消防整改，对存在抗震设防问题的129栋建筑物通过采取加固、改变用途等方式消除安全隐患。五是持续完善智慧化安防平台的建设，增强智慧化分析、实时管控、一体化大数据等功能。六是推进智慧消防综合管理平台一期建设，构建消防三级报警监督处置网络，提升消防感知预警能力和应急指挥能力。七是与山东省消防救援总队签署战略合作协议，在联合共建中健全

学校应急管理体系，共筑消防安全防线。

七、突出重点，多措并举，全面加强安全教育

一是围绕防范电信诈骗、心理健康等广泛开展安全教育，共进行了 52 次现场授课，听课人数达 12700 余人次。二是统筹安全教育规划与前置，深入开展安全微课学习活动。2021 级本科生参与学习率为 91.63%，研究生参与学习率为 93.97%。

八、以服务师生为中心，积极回应基层利益诉求

一是科学布点智能充电柜，在多校区共投入 192 个智能充电柜口，并通过大数据进行管控，既方便师生充电，又杜绝消防安全事故发生，受到师生医务员工高度好评。二是各校区校园“110”24 小时值班备勤，及时处理各类安全事件与服务性事务，共受理师生求助 5000 余次，户政服务 9360 余次，外来人员（5 人以下）入校预约审批 29800 次，入校人员 10 万余人次，利用“失物招领”平台使上千件物品物归原主。三是全校已安装 5 万多个消防自动报警设备（报警点），并计划 2022 年实现学生宿舍火灾自动报警系统全覆盖。四是推进校园门口人脸识别速通门系统和学生请假系统对接互通，简化学生进出流程。五是全力保障中央巡视、建党百年、建校百廿、十九届六中全会等关键节点的安全稳定，顺利保障双选会、开学及毕业典礼、高考阅卷等大型活动，以及英语四、六级等大型考试的开展。六是协助开展中心校区南院的维稳工作，确保平稳、安全、顺利完成危房拆迁改造。七是扎实推进“我为师生办实事”实践活动，针对极端恶劣天气及时启动应急处置预案，积极开展救助帮扶，为师生安全保驾护航。

（吴雪松　高月辉）

行政工作

山东大学2021年行政工作要点

2021年学校工作的总体要求是：坚持以习近平新时代中国特色社会主义思想为指导，深入学习贯彻党的十九大和十九届二中、三中、四中、五中全会精神，贯彻落实习近平总书记关于教育的重要论述和全国教育大会精神，立足新发展阶段，贯彻新发展理念，融入新发展格局，按照党史学习教育“学党史、悟思想、办实事、开新局”的要求，紧紧围绕立德树人根本任务和高质量发展主题，统筹推进疫情防控常态化、安全稳定常态化和事业改革发展，全面落实学校第十四次党代会决策部署，科学编制并实施“十四五”规划，深入推进“强院兴校”“强校兴国”行动，加快推动学校实现“由大到强”历史性转变，全力确保“十四五”时期学校高质量发展开好局、起好步，以优异成绩向中国共产党建党100周年、学校建校120周年献礼。

一、扎实推进党的建设新的伟大工程

1. 精心组织庆祝建党100周年系列活动。围绕庆祝建党100周年，贯彻落实中央有关决策部署，开展系列主题宣传活动。坚持将迎接中国共产党成立100周年与学懂弄通做实习近平新时代中国特色社会主义思想相结合、与巩固深化“不忘初心、牢记使命”主题教育成果相结合、与落实全面从严治党主体责任相结合、与推进“强院兴校”“强校兴国”行动相结合，在全校各级党组织和全体党员中深入开展“学习·诊断·建设”行动。组织开展群众性主题活动，动员广大教职医务员工立足本职、爱岗敬业、争创一流。（牵头单位：党委宣传部，党委组织部）

2. 认真开展党史学习教育。按照中央部署和要求，立足学校实际，坚持守正创新，发挥学校学科和人才优势，广泛开展党史、新中国史、改革开放史、社会主义发展史宣传教育，普及党史知识，高标准高质量完成党史学习教育各项任务，推动学习教育活动深入群众、深入基层、深入人心，切实做到学史明理、学史增信、学史崇德、学史力行。按照六个“进一步”要求，把学习党史同总结经验、观照现实、推动工作结合起来，同解决实际问题结合起来，切实为师生医务员工办实事解难题，切实把学习成效转化为工作动力和发展成效，切实做到学党史、悟思想、办实事、开新局。（牵头单位：党委宣传部，党委组织部）

3. 始终坚持在学懂弄通做实上下功夫。深入推进“两学一做”学习教育常态化制度化，巩固深化“不忘初心、牢记使命”主题教育成果，探索建立管根本、利长远的长效机制。加强统筹，践行“五个一”学习模式，科学安排校院两级党委理论学习中心组学习和政治理论学习。推动《山东大学加快构建学校思想政治工作体系工作台账（2021年度）》相关工作部署落实落细落地。（牵头单位：党委宣传部）

4. 切实抓好意识形态工作。严格落实意识形态工作责任制，压紧压实意识形态工作责任，组织签订 2021 年意识形态工作责任书。强化意识形态领域风险防控，加强意识形态分析研判，开展意识形态风险隐患排查和意识形态工作责任制落实情况监督检查，统筹抓好意识形态工作校内专项巡察整改。加强意识形态阵地的建设与管理，对形势报告会和哲学社会科学报告会、研讨会、讲座、论坛等严格审批把关。强化舆情应对处置和网络信息管理，组织开展网络媒介素养培训。加强网评队伍建设，举办网评文章写作和网评实战演练等活动，不断提升舆情研判力和引导力。健全网站和新媒体内容发布审核机制，加强网站和新媒体内容常态化检查，有效保障学校网络安全。（牵头单位：党委宣传部，人文社科研究院）

5. 不断提升基层党建质量。健全学校党委、基层党委、党支部和党员“四位一体”组织体系，大力培育建设党建工作标杆学院、样板支部和“双带头人”教师党支部书记工作室，积极做好全国、全省高校党建“双创”创建工作。深入推进党支部建设规范提升行动，完善“双包双联”工作机制，加大对基层党建工作的指导督促力度。加强党籍和组织关系管理，从严做好党员监督和组织处置，推动全面从严治党要求落实到每个党员。健全党员教育培训体系，结合教师、学生和管理服务岗党员的需求和特点，有计划分层次高质量开展党员教育培训。集中力量做好发展党员工作，进一步扩大入党积极分子规模，持续加大在低年级大学生、优秀青年教师、海外留学归国教师中发展党员的力度。（牵头单位：党委组织部）

6. 着力建设高素质专业化干部队伍。坚持党管干部原则，按照“五好干部”标准，扎实推进“五大体系”建设，推动建设忠诚干净担当干部队伍。树立鲜明选人用人导向，突出政治标准，深化监督管理，加强轮岗交流，优化考核体系，重用榜样先锋，整治不担当不作为乱作为，推进“能上能下”。进一步优化干部队伍结构，用好各年龄段干部。坚持问题导向和需求导向，构建全方位干部培训体系，全面提升干部政治素养、理论水平和专业能力。（牵头单位：党委组织部）

7. 深入推进正风肃纪。突出政治监督，加强对党中央重大决策部署贯彻落实情况的监督检查，着力发现和纠正政治偏差。坚持主体责任、监督责任贯通联动，压紧压实各级党组织管党治党政治责任，推动全面从严治党“一办法三清单”落实落地。深化运用监督执纪“四种形态”，一体推进不敢腐、不能腐、不想腐，让党员干部习惯在受监督和约束的环境中工作生活。巩固拓展作风建设成效，持之以恒落实中央八项规定精神，坚持不懈践行师生为本理念，让师生在全面从严治党中感受到新风正气。持续深化中央巡视整改，深入推进巡视巡察上下联动，持续提高巡察覆盖质量，做好巡视巡察“后半篇文章”。深化审计整改，加强风险排查。坚持和完善校院两级教代会制度，支持鼓励教职医务员工积极参与民主决策、民主管理和民主监督。（牵头单位：纪委办公室、监察处，督查巡察办公室，审计处，工会、妇委会）

二、统筹推进疫情防控、安全稳定和改革发展

8. 严格落实常态化疫情防控各项举措要求。坚持“预防为主”工作方针和“主动防疫”工作要求，坚决克服麻痹思想、厌战情绪、侥幸心理、松劲心态，以实而又实、

细而又细的态度和作风，严格落实学校疫情防控各项工作方案，狠抓校园管控、联防联控、应急演练、防控知识宣讲等各项措施落实落细落地，坚决确保校园安全、确保师生医务员工生命健康。（牵头单位：疫情防控工作专班、各专项工作组）

9. 切实筑牢校园安全屏障。强化全员安全意识，推进安全宣传教育制度化规范化，营造“人人懂安全，人人管安全，人人保安全”的良好氛围。打造“看得见、叫得通、听得到、早预警、能追溯、可评估”全链条全覆盖网格化平台，构建“分级管理、层层履职、横向到边、纵向到底、无缝衔接、全面覆盖”的校园网格化管理服务体系。深入实施一校三地安全稳定工作体系建设方案，优化“五大体系”建设，落细落实安全稳定常态化若干措施，健全完善“八横八纵”管理工作机制，层层压实安全责任。（牵头单位：安全工作委员会办公室、各专项安全工作组）

10. 持续深化综合改革。深化一校三地体制机制改革，全面落实《关于深化一校三地管理体制机制改革的意见》，进一步完善运行机制，落实保值增值工作要求。持续擦亮齐鲁医学品牌，完善医学教育管理体制，强化齐鲁医学院在临床医学教育中的主体责任，加快推进临床学院及附属医院体系建设。大力实施“强院兴校”行动，持续深化“放管服”改革，推动落实综合预算改革，不断夯实学院办学主体地位。加快推动一校三地学院学科学者“三学”一体发展。推进新时代教育评价改革，印发实施《深化新时代教育评价改革工作清单》，以落实立德树人根本任务为导向，健全教师评价改革，推进学生评价改革。谋划实施融合发展战略，推进学科融合、科教融合、产教融合、医教融合、军民融合。（牵头单位：综合改革工作办公室）

11. 全力做好“十四五”规划编制工作。牢牢把握目标导向、问题导向，坚持全面总结分析、深入学习调研、系统科学谋划、广泛汇聚众智，群策群力推进“十四五”期间学校各重点领域规划工作，高质量完成学校“十四五”规划编制任务。构建规划编制、实施、考核的管理闭环，推动目标任务落实落地。（牵头单位：学科建设与发展规划部）

三、认真落实立德树人根本任务

12. 加强和改进学生思想政治工作。纵深推进“三全育人”综合改革，贯彻以学生成长成才为中心的理念，推进“三全育人”到岗到位到家，把思政工作融入人才培养各环节。打造“榜样的力量”“新双心”“诚信状”“添翼工程”等思政品牌，深入开展“四史”教育和爱国、励志、诚信、责任等主题教育活动，完善山大特色思政工作体系。坚持以学生党建带团建、带班建，扎实做好学生党建各项重点工作。加强体育美育劳育体系机制建设，建立健全学校体育规章制度，推动劳动教育基地建设，助力学生全面发展。完善心理危机预警干预网，提升心理健康教育工作质量。深入推进“青年大学习”，加强“青马工程”团校建设。进一步发挥共青团群团组织属性，提升团组织建设效率。探索完善学生过程评价、分类评价、综合评价，帮助学生树立科学成才观念。（牵头单位：党委学生工作部，党委研究生工作部，团委，马克思主义学院）

13. 发展一流本科教育。推进专业建设现代化，新增 10 个左右新专业、双学士学位项目和微专业项目，建设 30 个国家级一流本科专业和 60 门国家级一流课程，出版

50 部高水平教材，总结凝练 30 项左右高水平教学成果。强化新文科建设，形成新文科建设制高点，引领全国新文科发展。以强基计划和拔尖学生培养计划 2.0 基地建设为契机，打造拔尖人才培养的升级版。建立未来技术学院，统领新工科专业建设与改造。落实创新创业教育改革规划，建立本研一体、专创结合、学科融合的双创教育体系。坚持以评促改、以评促建，启动第二轮教育部本科教育教学审核评估准备工作，完成质量标准体系、质量保障机制和持续改进机制建设，打造全员参与的质量文化。强化基层教学组织建设，建立学院党委推进课程思政建设机制，完善院级教师教学发展机制，实现教师教学发展和课程思政建设全覆盖，打造一批课程思政教学名师、优秀案例库和优秀成果。（牵头单位：本科生院）

14. 提高研究生培养质量。贯彻落实全国研究生教育大会精神，大力推动新时代研究生教育改革创新。初步完成学位点现代化工程建设阶段性任务，积极布局新兴交叉学科方向。坚持“四为”方向，以“国家急需学科高层次人才”为导向，创新新兴学科人才培养模式。全面推行以本科直博、硕博连读、申请考核为主的博士生招生录取方式。推动导师团队指导机制建设，实现研究生导师团队指导全覆盖。推动研究生“课程＋”体系和专业教材建设，持续打造“研·课程思政”品牌。新增 20 个产教融合培养专项，加强专业学位研究生实习实践和创新创业教育，新增 20 个“山东大学研究生联合培养基地”，新建 20 个省级以上教学案例库，分步实施“专业学位百优课程”建设计划。深化质量文化建设，探索建立新时代研究生培养质量分类评价标准。（牵头单位：研究生院、党委研究生工作部）

15. 扎实推进就业创业工作。加强一校三地学生就业工作统筹，充分实现就业管理、市场拓展、校园招聘、就业创业指导等资源共享。强化就业状况分析反馈机制，切实做好招生、培养、就业、校友发展各环节的协同联动。加强就业创业工作队伍建设，提升就业创业工作专业化服务水平。加强就业价值引领，深化就业创业指导，以充分高质量就业为目标，以服务国家战略为导向，引导更多优秀学子到西部、基层和重点单位就业创业。统筹做好常态化疫情防控下的线下、线上校园招聘工作，实现就业供需信息的精准推送。打造“山东大学·青年领袖成长计划”创新创业教育—实践—孵化平台，支持服务师生创业。（牵头单位：学生就业创业指导中心）

四、加快建设高素质师资队伍

16. 加强师德师风建设。充分发挥党委教师工作委员会作用，加强校区、部门、学院间工作联动，提高师德师风建设的规范化、科学化水平。落实师德第一标准，严格师德考察制度，把好教师政治关、品德关。开展师德培训研修，打造特色师德教育品牌。做好典型选树宣传，发挥示范引领作用。加强教师思政工作队伍建设，提高工作能力和水平。加强师德监督，对师德失范行为“零容忍”。（牵头单位：党委宣传部、党委教师工作部，人事部）

17. 深化人事人才体制机制改革。进一步解放思想，聚焦关键领域深化改革，充分释放队伍活力。开展教师编制和高级岗位中期动态调整工作，将人力资源向重点学科、重点平台、重点团队倾斜，提高资源配置效益。坚持破“五唯”，全面深化细化教师评价改革，突出质量和贡献导向，细化分类评价，推动交叉评价，注重团队评价。完善人员聘用与聘期考核制度，落实人员能进能出、岗位能上能下，实现提质增效。优化能力提升工作机制，搭建能力提升线上平台，积极拓展海外培训基地，健全能力提升激励考核制度，夯实各支队伍发展支持服务体系。（牵头单位：人事部、人才工作办公室）

18. 打造具有国际竞争力的人才队伍。紧扣“双一流”建设目标，科学谋划人才发展布局，突出重点，拓展渠道，精准引育领军人才、培养中青年骨干，搭建青年人才成长平台。抢抓海外人才回流机遇，创新海外招聘形式，发挥齐鲁青年论坛和海外人才工作站引才聚才品牌效应，吸引优质海外人才。聚焦学科转型升级和解决“卡脖子”问题，引进顶尖领军人才、高端技能人才和高水平创新团队。持续畅通柔性引才路径，与高科技企业、附属医院等联合引才，发挥资源叠加优势，强力汇聚交叉复合型人才。加大青年人才储备和培育，升级支持保障条件，助力青年人才快速成长。健全博士后管理制度和流动站评估机制，进一步优化博士后招收培养体系，全面发挥博士后科研生力军作用。（牵头单位：人事部，国际事务部）

五、切实增强学术核心竞争力

19. 持续推进学科现代化。谋划编制“双一流”下一周期建设方案，布局重点建设学科，谋划重点建设任务，全力推进世界一流大学和一流学科建设。落实《山东大学关于推进学科汇聚融合交叉创新的实施意见》，大力实施“学科融合创新计划”，重点建设“十一大学科集群”，前瞻性布局建设战略新兴交叉学科，加快推动学科现代化，打造世界一流学科高峰。组织召开学校发展战略咨询委员会会议。（牵头单位：学科建设与发展规划部、科学技术研究院）

20. 加快提升科技创新能力。加大重大基础研究平台综合改革力度。推进非线性期望前沿科学中心建设。谋划布局网络安全、高能物理、空天探测、固有免疫调控与重大疾病等一批前沿科学中心。推进新一代半导体材料集成攻关大平台建设，加快完善全链条攻关体系。瞄准制造业、航空航天、国防领域等重大需求，谋划承担重大基础研究、工程应用项目，布局建设高性能纤维材料、地下工程灾害预警与防控等集成攻关大平台。以学术特区模式布局建设一批支撑结构转型、产业升级和区域发展的新兴交叉机构，加快推进高水平攀登计划创新团队、青年交叉创新群体等高端引领性交叉创新团队建设。瞄准科技创新 2030 重大项目，谋划组织川藏铁路、渤海海峡跨海通道等若干亿元级国家重大科技计划项目。推进山东工研院、大学科技园、技术转移中心建设，完善成果产出到转移转化全链条工作体系。加快推进威海前沿交叉科学研究院、前沿交叉科学青岛研究院、山东大学国际医学中心、美里湖转化医学研究中心等重点平台建设。组织召开山东大学科技创新大会，办好“山东大学科技成果直通车行动”、山东大学科技成果发布会等系列活动。（牵头单位：科学技术研究院）

21. 着力提升哲学社会科学研究水平。紧紧围绕中国特色哲学社会科学体系建设，推进学科汇聚融合交叉，大力培育“山大学派”。围绕国家重大战略需求和学科前沿，形成一批特色鲜明、实力突出的创新团队。围绕中华优秀传统文化创造性转化创新性发展，深入推进儒家文明省部共建协同创新中心和中华传统文化体验与研究基地建设，扎实推进全球汉籍合璧工程等重点文化工程，产出一批中国古典学术领域的标志性成果，不断推动中华优秀传统文化的普及推广。力争在重大科研立项、重点平台建设、标志性成果培育、品牌论坛打造等方面取得新突破。开展人文社科重大科研成果奖评选，加强对高水平科研成果的宣传推广。加强智库建设，提升智库成果产出能力。推进文科实验室建设。推出人文社科强刊计划。优化人文社科学术评价，建立健全以质量和贡献为导向的分类评价机制。（牵头单位：人文社科研究院）

六、大力提升服务社会成效

22. 深耕服务山东工作。汇聚一校三地一体发展合力，以济青威三核为龙头，深化校地合作，进一步叫响“山大系”品牌。瞄准国家重大战略和区域发展需求，谋划布局“十四五”服务山东重点工作，进一步凝练大项目、搭建大平台、形成大团队，努力打造产学研合作典范。大力实施《山东大学推动产教融合、构建院企合作社会服务体系行动计划》，引导支持学院主动作为，加强与世界500强企业、行业领军企业的合作对接，结合龙山校区（创新港）规划建设和120周年校庆，广泛汇聚社会资源，共建若干突出学科融合、产教融合、科教融合特色的科技研发平台。持续推进服务山东“六条路径”，精心谋划服务方案。加快推进苏州研究院、深圳研究院转型发展，加快山东工研院、威海工研院等平台建设发展。（牵头单位：服务山东办公室）

23. 完善合作发展工作体系。探索合作发展委员会框架下的工作新模式，统筹优化校内外资源筹措与配置。加快建设行业校友组织，促进校友之间、校友与母校之间的交流与合作，盘活校友资源，积极发展“校友经济”，推进校友产业园建设，推动校友与学校、城市融合发展。以120周年校庆为重要契机，扎实做好筹资与捐赠工作。持续完善基金会内部治理，优化基金会管理模式，做好“新百廿基金”众筹及基金使用工作。推进理事会建设，组织召开首届理事会。推广“天南地北山大人”服务系统，加强融媒体平台建设和运维管理。（牵头单位：合作发展部）

七、充分发挥文化引领作用

24. 弘扬新时代山大精神和山大文化。持续推动文化引领战略实施纲要贯彻落实。统筹做好一校三地校园整体文化氛围的营造与提升。组织开展“一院一品”校园文化建设项目推广、展示活动。扎实做好第三届山东省文明校园的申报参评工作，努力创建全国文明校园。建好用好山东大学学习强国号。聚焦百廿校庆、迎新季、毕业季、教师节等重要节点，开展选题策划，打造宣传精品。开拓海外宣传渠道。推进学术聚焦、山大日记、百微山大、山大人物等品牌栏目建设。（牵头单位：党委宣传部）

八、持续提升国际合作交流能力

25. 健全国际化人才培养机制。继续推进“国际学分计划”，不断提升学生国际化参与度和国际交流合作能力，力争年内实现国际学分全覆盖。在与世界一流大学共建国家急需领域科研教学平台上实现新突破，推进研究生层面的合作办学以及国际化联合学院建设，将国外优质教育资源引入新工科、新医科、新文科人才培养全过程。加强国际复合型人才、国际组织人才培养，培养国家急需“外语＋”“专业＋”人才。推进本科生、研究生全英文学历教育项目和国际化课程建设，打造具有鲜明特色的“留学山大”品牌。研究制定主要生源国国际学生招生评价标准，提高国际学生招生培养质量。（牵头单位：本科生院，研究生院，国际事务部）

26. 深化国际科研合作。利用国际科研合作种子基金及国家级国际合作平台等资源，重点推进能源、地下工程、医学等领域孵化国际合作研究与创新示范基地、国际合作联合实验室等；深化基础学科、交叉学科国际合作，支持学者参与并牵头国际大科学计划和工程，鼓励校际合作交流向学科、学术带头人延伸。实施“海外一流学科伙伴计划”，引导和培育 5～8 个国际化基础较好的院所先行先试，以国际联合平台/学院为基础框架，在数学、化学、物理、生命科学、经济、工程、医学等领域与海外友好高校或科研机构开展全面合作，构建共谋发展的战略性伙伴关系。（牵头单位：国际事务部，科学技术研究院，人文社科研究院）

27. 推进师资队伍国际化。改革海外人才引进和管理方式，增强海外人才引进的吸引力和针对性，引导院系主动对接国家战略需求，积极主动、稳准申报相关项目，充分利用国家和地方外专项目和平台揽才用才；扩大外籍青年学者的引进规模和经费投入，吸引高水平外籍青年人才。新增 5 个左右与世界一流高校合作的海外培训项目，积极拓展各类专题培训，推动各类教职工提升国际交流能力和专业化水平。（牵头单位：国际事务部，人事部）

九、隆重庆祝百廿华诞

28. 全力做好 120 周年校庆工作。遵循全员参与、开放共享、创新发展的基本原则，加强校庆工作的顶层设计与统筹推进，深入落实《百廿山大强校兴国行动方案》，以追求卓越、只争朝夕的昂扬姿态，彰显初心使命，逐梦教育强国，奋进复兴征程，全面推进世界一流大学建设；高质量完成迎接校庆的基本建设项目和校园整治工程，规划建设校史馆新馆、校友馆、科技馆，办好校庆庆典、音乐舞蹈史诗音乐会、大学校长论坛、高端学术论坛、科研成果发布会、全球友好学校交流周等重点活动，为学校事业改革发展进一步凝心聚力。（牵头单位：120 周年校庆筹备工作领导小组办公室）

十、着力强化支撑保障

29. 积极发挥财务支撑牵引作用。落实《山东大学新时期加强财经工作的若干意见》，加快构建“一体系三能力”的财务保障体系。召开全校财务工作大会，统筹推进财务重点工作，全面提升财务治理能力。强化财务资源统筹，落实年度财务预算收支任务，提升财务保障能力。完善财务制度体系，出台《山东大学财务管理办法》等一系列制度规范，提升财务管理精细化水平。深化学院综合预算改革，提升学院理财能力，激发学院办学活力。全面实施预算绩效管理，深化落实《山东大学全面实施预算绩效管理工作方案》，实现预算和预算绩效管理的一体化。出台《山东大学进一步推进内部控制建设方案》，提升风险防控能力。落实《山东大学财务信息化建设方案》，提升财务信息化水平，加快实现业财融合，促进财务转型。（牵头单位：财务部）

30. 扎实推进龙山校区（创新港）规划建设。贯彻“天人合一、和合共生、以文化人、守正出新、止于至善”的理念，围绕“缔造有文化的校园”“塑造有生命的建筑”，形成校区总体性概念规划、修建性详细规划。加强校区规划建设的系统性、整体性，将校园建设与学科建设需求相衔接、规划方案与建设实施相衔接、发展理念与前沿技术相衔接，建设人文校园、开放校园、智慧校园、绿色校园。启动校区一期建设项目和中小学、医院、住宅等配套项目规划建设。［牵头单位：龙山校区（创新港）规划建设办公室］

31. 加强条件支撑建设。持续完善学校国有资产管理体制机制，不断优化资产内控监管体系。统筹谋划中长期空间、设备及实验室资源，完善开放共享体制机制，推进资产使用效益考评、监督、激励政策落实。一体推进教学和科研实验室管理规范化，开展教学实验室综合绩效评估。统筹一校三地大型设备资源，组织新购大型设备论证，实施大型仪器设备年度使用效益考评，全面推进校级平台管理体制改革。稳步推进青岛校区二期建设，有力有序抓好齐鲁蓝谷医院、实验中学等重点项目。完成动物实验中心和新一代半导体研发中心建设。推动电镜中心、冷冻电镜平台建设，打造支撑“双一流”建设的装备网络。全面落实实验室安全风险管控及预防措施，充分利用信息化手段提升危化品安全管理水平，筑牢“六体系”保障。进一步深化校属企业改革，推动企业高质量发展。统筹新一轮物业招标，提升物业规范化科学化管理水平。推进智慧后勤建设，提高后勤服务水平和保障能力。落实好基础设施、房屋修缮等基础办学条件改善项目。完成中心校区文史楼、趵突泉校区体育场及室外环境改造。统筹规划推进校园环境、教学楼文化建设等项目，营造优美校园环境和良好文化氛围。加强国际化软环境建设，推进各类管理系统双语化。［牵头单位：资产与实验室管理部、国资办（经资办），基建部，后勤保障部］

32. 着力改善民生福祉。践行以师生为本的理念，深入实施民生工程、暖心工程，更高质量推进年度服务师生“十件实事”（见附录）、“五大聚心工程”，持续改善师生医务员工的学习工作条件。提升学校餐饮品质，改善师生就餐环境。积极推进“健康山大”活动，确保体育运动场所安全，推进中心校区体育馆改造。全力争取政府支持，推动教工宿舍危房改造实现突破。持续推进教职工住宅区水电户表改造工作，进一步提升水电保障能力。积极谋划威海校区中小学、青岛校区中学段建设，努力为学校教职医务员工提供优质基础教育。通过解决师生最关切、最直接、最现实的利益问题，进一步提升山大人的获得感、幸福感、自豪感。（牵头单位：党委、校长办公室，工会，后勤保障部）

工会、妇委会工作

山东大学工会、妇委会深入学习习近平新时代中国特色社会主义思想，严格落实上级和学校党委决策部署，把党史学习教育融入日常工作中，把巡视整改的成果转化为进一步推动学校工会、妇委会工作的强大动力，较好完成了2021年工作任务。

一、强化思想政治引领，增强新时代工会、妇委会工作的使命感与责任感

1. 深入开展党史学习教育。研究制定《工会、妇委会党史学习教育计划》，为全体工作人员购买党史学习书籍，定期完成党史学习教育工作纪实，营造良好的学习氛围。认真组织学习贯彻习近平总书记在党史学习教育动员大会上的重要讲话精神，学习研讨习近平总书记“七一”重要讲话精神和总书记给《文史哲》编辑部回信精神以及十九届六中全会精神、参加学校组织的专题辅导等，切实增强“四个意识”、坚定“四个自信”、做到“两个维护”。

2. 围绕“四史”加强学习引领。在全校范围开展以“学史明理增信、践行初心使命”为主题的党史知识竞赛答题活动；开展以激发斗争精神、矢志建功立业为主题的红色教育主题实践活动等，充分调动了教职医务员工参与党史学习的积极性，增强了山大人的共同体意识。

3. 精心组织庆祝建党100周年、建校120周年系列活动。举办“永远跟党走 建功新时代”教职医务员工合唱比赛；举办庆祝建党100周年暨建校120周年第二届山东大学教职医务员工诗词大赛；举办庆祝中国共产党成立100周年教职医务员工书画展等，用党的奋斗历程和伟大成就鼓舞斗志、凝聚力量，引导教职医务员工发扬斗争精神，矢志建功立业。

二、切实履行教代会职权，推动学校民主管理、科学发展

1. 顺利召开学校四届三次教代会、十九届三次工代会，推动“十四五”高质量发展开好局，起好步。从四届二次教代会提案中，评选表彰了9件优秀提案和10个提案承办先进单位。

2. 修订《山东大学教职医务员工代表大会提案工作实施细则》，实现接收、办理提案常态化。

3. 会同相关部门，认真履行民主程序，组织教代会代表对龙山校区（创新港）概念性总体规划方案进行意见征集，有效推动学校科学民主决策落到实处。

4. 开展“做一名出彩山大人——金点子征集”活动，听取和采纳教职医务员工的好建议、金点子、新想法，拓宽民主参与渠道，提升民主建设参与度。共评选出优秀金点子41个。

三、加强师德师风建设，引领广大教职医务员工建功“双一流”

1. 组织申报省教育工会“劳模创新工作室”。按照上级要求，结合学校实际，在数学学院试点创建“陈增敬劳模创新工作室”，打造发挥劳模示范引领作用、传承劳模精神的新平台，努力把创建劳模创新工作室作为工会工作的品牌项目，将创建活动深入持久地开展下去。

2. 开展评先选优活动。以“三八”“五一”为节点，举行纪念“三八”国际劳动妇女节111周年暨先进表彰会；评选表彰2020年度工会工作先进单位和个人，激励广大

教职医务员工争做新时代奋斗者。

3. 强化师德师风建设。开展师德师风知识竞赛活动，全校共有1100余人参加，促进了教职医务员工思想政治素质和职业道德水平的提升，营造了全员育人浓厚氛围。

4. 精心打造特色品牌活动。开展“巾帼心向党 建功新时代”妇女文化节活动和女大学生“颂党恩·传家风”征文活动，凝聚女师生医务员工奋进力量。举办教职医务员工书画展、羽毛球比赛、气排球比赛、足球比赛等，营造积极向上的职工文化氛围。

四、提高服务保障质量，增强教职医务员工的获得感、幸福感

1. 打造服务民生“五大聚心工程”。通过服务平台建设，体现温馨和谐的校园文化，提升教职医务员工的获得感、幸福感和归属感，激发干事创业动力。建设“职工之家”15处，“春晖驿站”（母婴室）3处，改善教职医务员工的交流、憩息和生活环境，为孕期、哺乳期女教职医务员工的特殊需求提供一个私密、卫生、舒适、安全的场所。

2. 制定《山东大学教职医务员工慰问办法》，实现送温暖工作长效机制。组织发放节日、生日慰问品。春节期间走访慰问留校学生和在岗职工。在职职工结婚生育、退休离岗、生病住院、去世等情况工会必须到场关怀。

3. 开展教职医务员工“爱心一日捐”活动，做好帮扶困难师生、资助优秀学生工作。

4. 组织教职工健康体检，联合附属医院举办健康知识讲座及义诊活动，更好地为教职医务员工提供精准的健康服务。

5. 积极主动推进非事业编制人员加入工会组织，为学校事业发展凝心聚力，画出更大“同心圆”。

五、丰富职工文体活动，凝练山大精神，弘扬山大文化

积极发挥文化体育活动参与度高、影响力大、辐射面广的特点，通过组织开展系列活动，不断增强教职医务员工队伍的凝聚力、向心力。以庆祝建党100周年、建校120周年为主题，策划和举办各类职工文化体育活动十余项，弘扬了健康文明、昂扬向上、全员参与的职工文化，激发了全体教职医务员工提升生活品质的内生动力。

六、深化工会、妇委会自身建设，努力打造教职医务员工满意的职工之家

1. 深化党风廉政建设。深入落实全面从严治党要求，严格落实中央八项规定精神，健全完善工会财务管理规章制度，建立反腐倡廉工作长效机制，加大资源向基层倾斜力度，做好工会经费审查工作，加强对基层工会财务工作的指导和把关。

2. 加强制度防范，堵塞管理漏洞。制定《山东大学工会主席办公会议事规则》，进一步明确了议事内容和决策程序，强化集体决策规范性。制定了工会工作先进集体和先进个人评选表彰、基层工会“职工之家”建设管理、工会固定资产管理、工会采购管理、慰问品采购、确山农产品采购管理、办公用品管理等办法，明确工作流程，规范办事程序。

3. 开展工会工作课题研究立项工作。支持40项研究课题，促进工作创新，提升管

理水平，扩大工作影响。

4. 组织基层调研活动，开展“2022年服务师生十件实事”意见征集活动，坚持以教职医务员工需求为导向，增强工作的针对性、创新性和时效性。

（刘淑红）

共青团工作

在上级团组织和山东大学党委领导下，共青团山东大学委员会坚持以习近平新时代中国特色社会主义思想为指导，认真学习贯彻党的十九大和十九届二中、三中、四中、五中、六中全会精神，不断增强“四个意识”、坚定“四个自信”、做到“两个维护”、牢记“两个确立”，切实保持政治性、先进性、群众性，围绕学校中心大局，坚持“立德树人”根本任务，落实“三全育人”工作职责，扎实履职尽责、深化改革攻坚，各项工作和建设取得全方位进展。

一、强化思想锻造、明晰根本定位，全面加强政治建设

把巡视整改工作摆在首要位置。把抓好巡视整改作为贯穿共青团各项工作和建设的一条鲜明主线，积极落实团委书记第一责任制，明确“一岗双责”“两个责任”任务清单、实施细则，常态化深入基层调研、座谈、检查、考核，把全面从严治党和党风廉政建设任务抓实抓细抓严。

把理论武装工作摆在关键位置。学习宣传贯彻习近平总书记系列重要讲话，持续掀起学习实践热潮，组建十九届六中全会精神宣讲团，开展10余场青年师生交流座谈会，实施团干部能力提升计划，引导各级团干部学理论、强政治，提升政治把握能力，增强业务工作能力。

把从严治团工作摆在重要位置。规范共青团体制机制，从严从实强化团内作风纪律建设，制定《山东大学团学干部作风整顿工作整改落实方案》，强化日常监管考核，累计开展2场座谈、进行5次调研、组织4次培训、发放303份问卷、查摆14个问题、落实27项作风整顿工作。

二、把握时代脉搏、创新手段方式，着力提升思想引领

开展党史学习教育。发布《共青团系统党史学习教育行动方案》《共青团系统党史学习工作指导手册》，第一时间部署共青团系统党史学习教育工作，以团支部为基本单元严格落实“三会两制一课”制度，以学生组织为依托推出20余项精品活动，确定10项重点任务，细化为80项具体举措，组建130支青年宣讲团，开展“百天百队百场讲

百年党史”宣讲会，承办全国高校党史接力、山东首场示范宣讲会，会同中宣部《党建》杂志社及央视网等平台联合主办的“红色文物青年说”微党课活动，确保学习教育抓全面、抓到底、融入日常、落到经常。

完善青马工程体系。面向万名青年学生开展思想政治状况专题调研，基本构建起“一校三堂四班”分层分类培养体系，举办第32期团校，重点建设仿吾班、菁英班、经纬班，开展专题培训20余场次，培养青年政治骨干1300余名。

组织主题教育活动。开展“新生团员第一课”“Youth Talk青年说”“五四青年节”“我为学校做好事·雷锋月”“百廿山大 强校兴国”等系列主题团日、仪式教育、参观寻访等活动1500余场次，“青年大学习”活动推出33期青年化理论学习课程。

构建媒体宣传矩阵。提升新媒体引领性和辐射度，上线表情包、头像框、云答题、系列视频、说唱歌曲、新版网站、“山大有诗”专栏、“山大映像”日签，以广大青年喜闻乐见的图文视频等融媒体宣传形式，日更交互性强、普及度高的原创特色推送，累计访问量高达30万次，粉丝数量超15万人，阅读量超百万次。

三、紧扣国之大者、强化引导动员，切实助力强校兴国

带领青年学生投身创新创业工作。组织第十七届“挑战杯”全国大学生课外学术科技作品竞赛、第七届中国国际“互联网+”大学生创新创业大赛，服务1453个校内创新创业团队，服务全校15000余名学生，累计获得省级荣誉72项、国家级荣誉10项，以总分第一的成绩捧获省级最高荣誉“挑战杯”。实施双创阵地改造提升工程，建设新型创业社、创客街。

带领青年学生躬身社会实践工作。组织开展社会实践活动，一校三地共计17000余名学生组成1690支社会实践队伍、200支专项团队，奔赴全国31个省（自治区、直辖市）256座城市，探索开展“学四史”“访校友”“青鸟计划”“希望小屋”“硕博服务团”专项，定向挖掘千余个实习岗位，省部级、国家级媒体多次报道。

带领青年学生弘扬志愿服务精神。实施青年志愿服务项目提升计划，完善“人人都做志愿者”的工作格局，开展返校、迎新、校庆志愿服务，校庆期间招募1941名志愿者，开展20余项志愿服务活动，志愿时长共计2万余小时，举办“12·5”国际志愿者日暨志愿服务月系列活动，出台《山东大学研究生支教团负责人管理办法》，西部计划全国项目录取6名志愿者，突破性录取1名研究生，1人荣获第十三届中国青年志愿者优秀个人奖。

四、涵养校园文化、深化组织改革，服务青年成长成才

构建“五美”美育文化体系。以“五美”教育体系为牵动，开展高品位、多层次、系列化活动，发布《山东大学团属校园文化活动管理办法（试行）》，举办迎新生文艺晚会、毕业生告别母校青春歌会、美育文化节、校园十大歌手、山大杯辩论赛，组织党史舞剧《乳娘》、党史戏曲《江姐》、巡回相声晚会系列专场演出、红色电影展映周，与艺术学院合办艺术节。

形成“山大特色”劳动教育格局。将共青团工作融入“育人”大体系、贯通“育

贤”全过程，注重全域开发、高效利用、互动共享，推进制度体系建设，牵头出台《中共山东大学委员会关于全面加强新时代学生劳动教育的行动方案》，构建“7＋N”劳动教育体系，强化劳动教育实施，助力培养德智体美劳全面发展的社会主义建设者和接班人。

打造“引领型”学生会组织。加强“引领型”学生会组织建设，做好青年利益诉求代言工作，深化实施青山计划及青岩计划，召开第三十七次学生代表大会、第十九次研究生代表大会。推动学生社团规范管理、优化评级、校院联动、定向培育，召开学生社团管理工作会议，累积开展活动1262次，参与人数累积达6万余人次。

（马海波）

人事人才工作

人事部（人才工作办公室）坚持以习近平新时代中国特色社会主义思想为指导，深入学习贯彻党的十九大、十九届历次全会以及中央人才工作会议精神，坚持“疫情防控、安全稳定、事业发展”三维一体“3D”工作法，坚定实施人才强校战略，科学谋划人才队伍发展，大力推进人事人才体制机制改革，高质量落实人事人才重点任务，为“双一流”大学建设聚智汇力。

一、工作举措

（一）坚持和加强党的全面领导

深入开展党史学习教育。深入学习贯彻中央人才工作会议精神，通过多种形式组织各类人员开展对会议精神的学习和研讨活动，切实树立人才引领发展的新理念。制定支部党史学习教育实施方案，扎实做好党史学习教育与重点业务的“结合文章”，推出“我为群众办实事”系列主题活动，确保学有实效、做有实绩，切实发挥出党统领一切的核心作用。迎接中央巡视，落实整改任务。高效配合中央巡视工作，建立快速响应机制和规范科学的报送流程，高质量完成巡视检查和选人用人专项检查任务。坚持问题导向、目标导向和效果导向，从政治高度、思想深处、制度层面稳步落实整改任务，着重做好人才队伍建设工作，切实完善人才培养、评价、激励机制，对长期“在编不在岗”人员再排查，深入推进人员管理提质增效。

（二）聚智擘画队伍建设宏伟蓝图

服务国家战略需求，遵循高等教育发展规律和人才成长规律，突出目标引领、坚持需求导向、强化协同配合；围绕学科建设关键性指标布局人才队伍建设，坚持多核异步，高质量编制“十四五”时期人才队伍规划；医学人才队伍发展规划、龙山校区（创新港）人才队伍规划，引育一大批满足“四个面向”要求的战略领军人才、青年拔尖人才和高水平创新团队，实现强力蓄能；完善能够充分激发人才创新创造活力的培养、使用、激励、竞争机制，让人才创造活力竞相迸发，聪明才智充分涌流，为建设具有综合性、创新性、国际性、引领性的世界一流大学提供高质量人才队伍支撑。

（三）多方聚力引育高水平人才

聚焦重点学科加大人才及团队引进力度，主动对接教育部、省人社厅和海外人才工作站，积极拓宽人才引进宣传渠道，开展线上线下招聘宣讲、全球人才云宣讲及云面试。创新形式举办第六届齐鲁青年论坛，汇聚24个国家和地区的近500位青年学者，吸引5000余名学者线上参会。拓展校地校企资源，积极为院士申请省“一事一议”配套支持，为国家级人才和海外科技人才申请省配套和补助，为济南市分类认定人才申请住房、生活和租房等补贴，为博士后留济学者争取补贴，叠加省市各类资源支持人才发展。

（四）做大做强科研生力军蓄水池

构建博士后管理“1＋N”制度体系，修订出台《山东大学博士后管理实施办法》及6个配套方案，从管理体制、出入站审批、日常考核管理、经费管理、荣誉体系、流动站评估等各个维度入手，全面聚焦博士后高质量发展，突出博士后思想引领，强化基层流动站招收管理自主权，规范细化考核管理的标准体系和工作程序，加快汇聚高质量青年科技人才。精心筹备学校第一届博士后工作大会，筹办“数学与科技”全国博士后学术论坛，组织参加第一届全国博士后创新创业大赛，推进博士后队伍提质增效。

（五）多元积蓄管理支撑服务队伍力量

精准招聘教师外岗位人员。按照精准征集、精准设岗、先进后退等原则，设置高端、特需、基础岗位，优化公开招聘流程，赴7所高校开展宣讲，招聘质量和效率进一步提高。打造专聘教师队伍。制定2021～2022年专聘教师聘任工作方案，设置18个专聘教师岗位，突破编制局限，及时补充公共课基础课师资，为落实立德树人根本任务提供师资保障。建立国际交流专员队伍。制定2021～2022年国际交流专员聘任工作方案，首批设置15个国际交流专员岗位，逐步培养建设一支结构合理、充满活力的高水平国际合作交流队伍。畅通非事业编制人员发展通道。开展2021年度非编岗位聘任工作，加强岗位管理考核，为非事业编制人员调整工资待遇，激发非事业编制人员干事创业活力。

（六）持续深化教育评价改革

强化立德树人。坚持师德师风第一标准，修订《教师职务申报资格条件》进一步严格学生工作、支教扶贫等经历要求，强化教学工作量、教学质量评议等要求。优化人才评价。实行分类评价，根据学科特点制定学术评价标准，完善同行专家评价；突出质量、贡献导向，在职称评审中新增“代表性学术贡献”，对抗疫一线医务人员、对口支援人员予以重点支持；鼓励学科交叉融合创新，试行《学科交叉型教师高级职务申报条件》。推进聘期考核。对各类人才分类考核，完成首批68位杰出人才体系校内人选中期考核，完成近400位预聘制人员聘期考核和续聘，落实人员能进能出、岗位能上能下。

（七）深度开发人力资源增值效益

调整编制岗位设置。按照绩效导向、重点保障的原则，开展教师进人计划和高级职务岗位调整工作，将编制岗位资源向重点领域、重大平台投放，充分发挥资源的激励引导作用。稳步推进教职工能力提升工作。为一校三地529位新聘教职工举办入职培训、为142人开设英语能力提升专题培训、为40位管理骨干和30位学生工作人员打造专项能力培训，联合牛津大学为60位教师举办两期教育教学法国际线上培训，公派出国访学14人。持续构建荣誉体系。评选先进典型，举办教师节表彰大会，强化榜样模范的示范引领作用，营造全校尊师重教的良好氛围，激励广大教师争做“四有”好老师，努力成为“大先生”。深化收入分配改革。强化贡献和实绩，优化绩效工资分配体系，首次提前2个月发放年度业绩绩效工资，大大提升了教职工的获得感和满意度。启动新一轮绩效工资改革，建立层级梯度合理、动态激励充分、体现增加知识价值的绩效薪酬体系。

二、主要工作成效和亮点

人才队伍规模质量稳步攀升，人才发展生态环境日益优化，人才创新创造活力有效激发，有力地支撑了学校各项事业发展。全年引育齐鲁青年学者及以上人才285位，其中引进人才205位。顶尖和领军人才引进实现突破，引进何佳、阮荣春、于伟泳、宣东、曹祥东等一批在国内外具有重要影响力的专家学者和掌握关键核心技术的高端技术专家。杰出人才培养捷报频传，陈子江、王小云教授当选2021年度发展中国家科学院院士，乔纳森·洛克·哈特（Jonathan Locke Hart）教授当选欧洲科学院外籍院士，凌沛学教授当选国际欧亚科学院院士，崔兆杰教授当选乌克兰国家工程院外籍院士，陈峰教授当选国际光学工程学会（SPIE）会士、美国光学学会会士，曹英娟当选美国护理科学院院士，李敏勇教授当选英国皇家生物学会会士。国家级人才入选人数创历史新高，新增入选长江学者特聘教授、国家杰出青年基金获得者等国家级领军人才16位，新增入选国家优青、青年长江等国家四青人才49位，较2020年提高了75%。青年人才后备力量日益增强，招聘青年教师266人，统招博士后210人。近年来新聘青年教师和博士后通过学校青年学者未来计划、齐鲁青年学者计划、博士后分类资助等政策的培养，已有100余人获得省级及以上各类人才项目支持，27位学者在本年度入选国家级项目人才，占学校入选数的96%，24位学者进入国家特支计划下一轮评审环节，占学校进入总数的92%，展现出蓬勃向上的成长势头。

（秦丽媛）

学科建设与发展规划

一、融入中心抓党建，筑牢党支部坚强战斗堡垒

坚持以党史学习教育为主线，创新党建活动的内容和形式，推动党建与业务深度融

合，持续打造学习型党支部。梳理提出学校层面的发展类问题清单，为全校党史学习教育工作作出积极贡献。圆满完成迎接中央巡视有关工作，聚焦“落实高质量发展成效不明显”等巡视反馈问题，切实做好整改落实。建成用好党员活动室，完善“个人自学、一人领学、讨论交流”的特色学习模式，开展高质量专题学习18次。“党建与业务工作深度融合的实践探索”项目获批2021年度党组织书记抓基层党建突破项目，“以史为鉴知兴替，面向未来促发展”项目获批党组织活动立项。落实全面从严治党主体责任，加强机关作风建设，弘扬伟大建党精神，部门呈现团结干事、勤奋研究、忠诚奉献、能打硬仗的生动气象。

二、聚焦出尖出峰，系统谋划新一轮“双一流”建设

准确把握国家新一轮“双一流”建设精神，聚焦“出尖出峰”，科学谋划形成学校新一轮“双一流”建设思路。经过6次专题会议审核、校外专家评审、2次学校学科建设委员会评议、学校和学科战略专家组论证、校内征求意见、3次学校党委常委会审议、十几轮次反复修改完善，高质量完成《山东大学世界一流大学建设方案》编制工作。深入推进“学科融合创新计划”，按照“筑峰理科、弘扬人文、光大医学、做优社科、建强工科、推进交叉”的基本思路，分两个层次谋划布局12个一流学科领域，并组织编制了各领域建设方案。

三、聚势谋远，科学编制“十四五”规划

深入开展“大学习、大调研、大谋划”，组织4场规划交流座谈会、5场规划专题会、6场学部学术委员会会议，召开学校教代会会议、战略咨询委员会会议以及多场师生代表座谈会，2次提交学校党委常委会研究，并认真落实教育部审核指导意见，聚势谋远、汇聚众智，高质量编制《山东大学“十四五”事业发展规划》，经学校党委会全体会议审议通过并印发实施，精心擘画了学校事业高质量发展的宏伟蓝图。构建“1＋N”规划任务体系，协调有关部门做好各专项规划和校区规划的编制工作，指导各教学科研单位编制并完善“十四五”规划。组织制定《山东大学“十四五”改革发展重大任务实施方案》，明确任务书、路线图、时间表，推动规划落地落实。

四、加强学科建设管理，深入推进有关学科建设工作

积极落实2021年学科建设经费，着力协助学科解决建设过程中遇到的困难问题，推进学科经费执行和学科项目建设的成效明显。精心组织48个参评学科高质量完成第五轮学科评估公示异议报送、异议问题处理、问卷调查动员、权重调查服务等评估后续工作。组织32个山东省高水平学科制定建设任务书。牵头成立一流网络安全示范学院建设示范项目绩效评估迎评工作小组，积极协调支持网络安全学院建设，助力网安学院获得优异评估成绩。开展公共安全研究院等4个教学科研机构论证，编制《学科分析报告》8期。

五、发挥学科建设龙头作用，积极服务学校发展大局

成功举办百廿校庆重要活动——“双一流”建设成就展。成功组织学校发展战略咨询委员会第四、五次会议，充分发挥战略专家的战略决策咨询作用。高质量完成学校教育事业统计年度、季度报送工作。牵头实施龙山校区（创新港）产教融合大平台“百日攻坚行动”，组织3场专题推进会议，并积极参与龙山校区（创新港）概规有关工作。牵头制定“基础发展经费分配方案”，确保综合预算改革开好头、起好步。完成部省共建总结自评，参与推动新一轮部省共建工作。聚焦中央巡视反馈指出的“统筹推进‘三地八校区’协同发展不够有力”问题，参与制定《关于进一步深化一校三地一体发展的改革方案》。组织完成中办“双一流”调研、省委未来产业布局调研、民盟山东省委调研、樊校长接受 *Science* 和《中国新闻周刊》采访等系列材料。

（李磊）

人才培养

本科生教育

本科生院以习近平新时代中国特色社会主义思想为指引，深入学习习近平总书记关于教育的重要论述和给《文史哲》编辑部全体编辑人员重要回信精神，以全面提高人才培养能力为核心，以培养最优秀的本科生为己任，系统推进六大战略，本科人才培养质量不断提升。

一、工作举措及主要成效

（一）党建引领，全面加强课程思政建设

一是深入推动“我为群众办实事”实践活动，将教育成果转化为培养时代新人的具体行动和有效路径。二是加强党支部建设，推动党史学习教育与巡视整改、一流本科教育建设深度融合。三是全面推进课程思政建设，入选国家级课程思政教学研究示范中心，承办首届国家级课程思政教学研究示范中心建设研讨会，4门课程入选国家级课程思政示范项目，入选数量并列全国第一。

（二）质量驱动，大力推进专业现代化建设

一是出台《山东大学加快推进本科专业现代化实施方案（2021～2023）》；获批28个国家级一流专业建设点，国家一流专业建设点总数达58个，居全国第5；新增3个

基础学科拔尖学生培养计划2.0基地，总数达到9个；获批3个战略新兴专业，立项建设27个微专业；完成2个专业认证入校考查。二是新增48门省级一流本科课程，立项建设150门通识核心课程，推进通识教育2.0。三是获首届全国教材建设奖9项、全国教材建设先进集体1个、全国教材建设先进个人1人。四是发布《新文科建设年度发展报告（2020）》，成功申办《新文科理论与实践》期刊，获批教育部新文科项目19项，居全国第1。

（三）智能助力，高质量完成全年教学任务

一是以智慧教学管理与服务平台建设为牵引，打造全新教务管理体系；开设暑期项目407项，累计选课20812人次，再创历史新高。二是完成《2020～2021学年山东大学本科教学质量报告》和教育部高等教育质量监测国家数据平台数据填报工作。三是入选山东省智慧教育示范区校创建单位，完成一校三地全息教室的规划建设。四是成立实践教学办公室，系统梳理学校实践基地及实践课程建设情况。

（四）多措并举，稳步推进教师和生源质量

一是承办CHED年会，构建三级教师发展体系和系列化培训课程。二是承办山东省高校青年教师教学比赛决赛，获青教赛省级一等奖4项、教师教学创新大赛省赛一等奖2项。三是优化调整分省分专业招生计划，举办第十七届全国重点中学校长论坛，共录取本科新生10270人，预科新生130人，学科特长学生录取取得新突破。

（五）专创融合，创新创业教育走在前列

一是全面落实《山东大学深化创新创业教育改革行动方案（2020～2022）》各项任务，实现一校三地本科生双创课程协同共建。二是举办全国大学生节能减排大赛等近50项省级以上比赛，年度获智能车、电子设计、节能减排、ICAN等全国最好成绩。三是完成国家双创示范基地建设验收，新孵化团队（企业）超20个（家），培养赋能山东双创企业人才500多人。

二、突出亮点

1. 入选国家级课程思政教学研究示范中心，承办首届国家级课程思政教学研究示范中心建设研讨会。

2. 获批28个国家级一流专业建设点，新增3个基础学科拔尖学生培养计划2.0基地。

3. 获评首届全国教材建设奖9项、全国教材建设先进集体1个、全国教材建设先进个人1人。

4. 发布《新文科建设年度发展报告（2020）》，成功申办《新文科理论与实践》期刊。

5. 承办CHED年会和第十七届全国重点中学校长论坛。

（孙大永）

研究生教育

2021 年是建党 100 周年，国家开启全面建设社会主义现代化强国新征程；也是山大建校 120 周年，学校翻开办好中国特色世界一流大学新篇章。新时代对科技创新人才的需求前所未有，研究生教育备受瞩目。在习近平新时代中国特色社会主义指引下，在新时代山大精神的激励下，研究生院、研工部为师生办实事，为教育谋发展，努力做好研究生教育“十四五”高质量发展开局工作。

结合近年来研究生教育提质创新、改革发展实绩，构建“1＋N”制度和治理体系成效，推进“四大工程”建设成果，以及培养“最具创造力的研究生”的情况。2021 年研究生教育工作主要包括以下四个方面。

一、把准方向、党建引领，落实立德树人根本任务

以“四个面向”导航，以“山大基因”铸魂，以党史学习铸魂，以巡视整改筑基，持续深入破解“两张皮”，以党建引领研究生教育高质量发展。

1. 坚持用好“金钥匙”。加强理论学习武装，全年进行院务会集体学习 32 次，党支部集体学习研讨 15 次，专题学习 7 次。按照“标准＋特色＋创新”工作法，加强支部规范化建设，以《党章》为基本规范，结合业务职能开展特色党建工作，形成党支部的创新做法和典型经验。严格履行“一规一册一表”，制定了《研究生院、研工部机构设置与工作流程管理规定》，作为党建与业务工作融合开展的基本遵循和“工具书”；记录好《党支部工作手册》，让党建各项工作“留痕”，作为进行思想政治工作的监督考核评价表和“记录本”；制定《支部学习活动年度安排表》，明确学习和工作任务，推动支部运作规范化严肃化，作为党支部开展活动的“课程表”。

2. 掌稳党建“方向盘”。矩阵式开展党史学习教育，将政治理论学习贯穿全年，党史学习教育走深走实。组织全体研究生认真学习总书记“七一”重要讲话精神和给《文史哲》编辑部全体编辑人员重要回信精神，学习十九届六中全会精神。研究生“党史教育月”系列活动、党史系列专题讲座、研究生“四史”知识竞答活动系列推送浏览量达 4.6 万人次，累计报名参与人数 3000 人。开展红色研学实践立项，建立 21 支团队，动员 669 名研究生党员。抓好基层学生党建，建成一批山东大学研究生骨干临时党支部，举办“知行者”研究生骨干和党支部书记训练营，做好党员骨干“源头培养”，机械工程学院硕机制第一党支部和 2018 级硕士研究生张晓入选首批全省高校“研究生样板党支部”和“研究生党员标兵”。

3. 筑牢安全“防护网”。坚决守好安全稳定底线，绷紧“万无一失，一失万无”的意识，抓细抓实常态化疫情防控。地毯式、网格化精准、高效推进疫情防控工作，坚持“日报告＋零报告”，协同培养单位与相关部门每日准确上报至少 13 类防控数据。贯彻全省学校安全电视电话会议精神，不折不扣推进安全大排查、大整改，组织培养单位做好“六个一”工作。充分保障学校和在校研究生的权益，为 18070 名在校研究生购买校方责任险。把握安全工作重大节点，切实保障七一、校庆、十九届六中全会前后校园安

全稳定。持续开展“研究生安全教育月”系列活动，开展校园安全宣传活动、研究生校园安全短视频评选、消防演习和安全教育专题培训、安全调研和安全知识竞赛等。深刻反思巡视整改要求，开展研究生思想政治状况调研，回收问卷10271份，为加强和改进研究生思想政治教育工作提供数据支撑和决策依据。

4. 把稳思政“大动脉”。出台《进一步加强研究生思想政治教育的实施方案》，加强研究生思想政治教育顶层设计和系统谋划。完善“导学思政+”研究生特色思政教育体系，切实把握“导学关系”，充分激励导师发挥育人作用，启动研究生“导学思政年”系列活动，立项课题26项。举办“导学思政下午茶”活动11期，举办导学思政合唱比赛、师生羽毛球赛、师生篮球赛等。开展导学思政专题讲座、导学思政团队评选等。

二、系统谋划，细化举措，推进高质量体系化发展

判断研究生教育所处的新方位、新阶段，系统谋划改革举措，加快推进“四大工程”。

1. 推进学位授权点现代化。出台《学位授权点现代化工程建设方案》《山东大学学位授权自主审核实施办法》，调结构、凝方向、促交叉，推动学位授权点“瘦身、长高、变强”。撤销3个一级学科、5个目录外二级学科、2个专业学位授权类别和2个专业学位授权领域；新增两个博士一级学科，一个博士专业学位类别，4个目录外二级学科和4个交叉学科；用好学位授权自主审核单位的权责，建立起学位点评估动态调整体系。

2. 面向国家急需学科扩大招生规模。新增考古、儒学、中共党史等国家急需学科，硕士新增专项计划40人，博士新增专项计划41人。2021年，教育部下达国家急需学科专项硕士生招生计划626人，实际录取705人，超额完成79人，超额13%；下达专项博士生招生计划178人，实际录取214人，超额完成36人，超额20%。首次开展科研经费博士招生。科研经费博士录取50人，主要面向一流建设学科和国家级科研平台、国家重大科研项目等。

3. 生源结构和质量稳步提升。疫情防控常态化下完成招生录取工作。2021年共录取研究生9385人，其中全日制硕士生6524人，非全日制硕士生1339人；博士生1522人，博士生录取规模增幅11%。2022年推免生接收人数3103人（含医学长学制），比2021年增加13%，“双一流高校”人数占比为54%，较2021年增加11%。

4. 提升导师队伍建设水平。出台并修订《山东大学导师队伍建设实施办法》，落实导师立德树人首要职责，完善导师岗位管理制度，推进导师团队全覆盖。遴选18个学科交叉导师团队，开展年度考核，引领打破学科界限和行政壁垒，推进医工交叉、理工交叉，“信息+”模式交叉；提升导师培训效果，培育一流导师队伍，拓展线上培训资源，开发线上学习答题软件，丰富培训形式和内容，督导在岗导师轮训，建立校院协同的导师育人能力提升机制。

三、促进交叉，开放融合，打造创新人才培育高地

发挥研究生教育培养基础研究人才主力军作用，努力成为学科交叉的“催化剂”，做好高校产教融合的“强引擎”。

1. 强化研究生过程管理。完成三批次 7200 余名研究生毕业申请和审核工作。打破原“学院初审、学校终审”模式，全面实行学院审核负责制，发挥学校抽审监督作用。在毕业审核中首次试行代表作制度，允许博士研究生以原创性研究成果申请毕业。成果由专家评议和学院审核报学校备案，学校对后续毕业和授位环节进行追踪和监督。完成 2021 年度 2510 余名学术型硕士研究生和 1650 余名博士研究生的中期考核工作，开展 2020 级转博资格考试工作。完成 2021 年度新增专业培养方案的审核工作。落实提高专业实践过程质量，强化以质量为导向的专业实践全链条管理工作，共有 3345 人已于秋季学期陆续开展专业实践。提高学位授予质量，加强学位授予质量责任落实和责任追究力度，强化过程管理和内部质量控制。出台《山东大学优秀学位论文评选办法》，积极培育和评选优秀学位论文，山东省和全国学会优秀学位论文获奖数量明显提升。增加学位论文内审环节，把学位授予质量数据纳入招生计划计算和年终绩效考核体系，形成工作闭环。

2. 深化专业学位培养模式改革。新建人才培养专项 18 项，基本实现各专业类别特色培养专项牵引的全覆盖。新增创新创业教育，开设双创课程 27 门，选课 2750 人，“课赛结合”促进创新创业教育落地。推进创新创业学分直接认定。试点推动学校专业学位教育与职业资格的有效衔接，首批 8 名汉语国际教育专业学位研究生获得相应行业教师资格。加强联合培养基地建设，与歌尔、国网等龙头企业深化开展校企合作协同育人，新建 60 余个校级研究生联合培养基地。拓展实习实践资源，与济南科创中心、烟台市人社局签订联合培养协议。组织首届山东高校公共管理硕士专业学位研究生（MPA）案例大赛，获一等奖 1 项、二等奖 1 项、优秀奖 7 项；参加华北 5 省 MPA 案例大赛，斩获一等奖 3 项、二等奖 2 项、三等奖 1 项。

3. 夯实课程教材教研体系建设。实施 2021 年度“研究生课程思政”示范建设工程和研究生“课程＋”系列工程，全年开设研究生课程 4077 门次，建立“线上＋线下”教学双轨机制。根据疫情防控要求，跟进教学管理，调整教学方式，维持教学秩序，保障教学质量。充分考虑专业需求，为硕士生开设“新时代中国特色社会主义理论与实践”“马克思主义与社会科学方法论”，将原有的 24 个授课班级增加至 53 个，100％实现百人以下中班教学。打造山大特色的研究生精品课程，建设山东大学研究生数字能力公共课程立项 10 项，培育推送国家和省部级优质精品课程，完成山东大学研究生精品课程接续培育项目 70 项。出版“建校 120 周年研究生优秀教材精品系列丛书”16 套，完成教育部教材筛查工作。完成山东大学“研·课程思政”建设工程习近平新时代中国特色社会主义思想进课程教材专项立项 35 个。启动高质量案例编写工作，配套山东省研究生教育质量提升计划教学案例库专项建设资金 18 项。完成首届研究生教育教学优秀成果培育计划项目的结题工作，并且组织 15 个培育项目参加第九届省级教学成果奖（高等教育类）的评选。

4. 发挥奖励激励引领示范。激励研究生取得突破性、引领性、原创性研究成果，评选山东大学 2021 年研究生优秀学术成果奖获奖成果 299 项，其中一等奖 36 项、二等奖 74 项、三等奖 189 项，鼓励各培养单位根据学校要求和学科特点制定申报评审办法，充分尊重学院学科办学自主权，具有创造性和代表性的高质量学术成果频出。评选 20

项研究生奖学金，树立正确评价导向，破五唯，推趋同，完善奖学金评审办法和程序，一校三地共有 18000 余名优秀研究生获得奖励。其中校长奖 42 人，国家奖学金 399 人，学业奖学金 18801 人，优秀研究生干部奖 651 人，社会奖学金 16 项、获奖 157 人。评选第四届研究生学术之星奖，持续打造研究生“榜样的力量”学术报国品牌，发挥榜样引领作用。助推研究生以第一作者在 CNS 等具有国际影响力的高水平期刊上取得成绩，让研究生成为科研创新、学术兴校战略的基础支撑和新生力量。

5. 推进全球胜任力工程。对 178 门研究生国际化立项课程进行中期检查，推动 10 门课程在教育部认定英文版国际平台上线。借助线上平台推出“全球视野培养提升”暑期学校，共完成 30 个教学项目，注入浓厚国际化学术元素，搭建学科交叉融合平台，其中两项获评山东省研究生暑期学校和“未来科学家”研究生学术论坛项目。大力推进研究生出国留学选派工作，共审核推荐 27 个国家公派项目 158 人。与军事科学院、康复大学（筹）签署联合培养博士研究生协议。

四、落实发展，强化担当，做“为国育贤”事业先锋

促进研究生教育改革精神向培养单位贯彻下沉，解决疫情背景下研究生教育安全发展、开放发展的问题，引导研究生找准服务国家民生的切口，从“实”入手，强化当担。

1. 宣讲调研下基层。推进教育改革落细落实，向培养单位系统介绍“1＋N”制度体系和文件精神，与一线从事教育教学的导师代表座谈，了解研究生培养过程中的障碍难点，开展工科产教融合育人、专业学位教育、医学研究生并轨培养专题调研。完成全国专业学位水平评估申报和信息核查工作，六上六下反复推敲，修订完成 80 余万字的上报材料，形成近 1.5 万字工作报告。

2. 线上线下显温度。优化升级教育基础设施，把建设智慧化的研究生信息管理系统作为实现教育资源优化组合、教育过程升级再造的重要载体，面向一校三地研究生培养单位开展全方位、多角度的用户使用体验调研，开发论文检测系统和线上阅卷两大系统。设立专门邮箱、建立咨询专线等渠道，提供学历认证咨询、录取档案补办等服务。为需要在京津沪深地区办理落户申请的毕业生，开通绿色办理通道，需要盖章签字的文件即到即回。线上有便捷，线下有速度，线上线下，体现教育的温度。

3. 把论文写在祖国大地上。开展五育并举协同育人工程，培养德智体美劳全面发展的社会主义建设者和接班人。率先开展“走进川藏线”“走进新疆”两期示范项目，深入岩土工程团队战斗的国家重大工程施工现场，开展科研写生、学术写生和实地采风，用一幅幅美丽画卷、一个个生动镜头、一段段感人文字全方位展示学校师生奋斗在祖国大地，献身于边疆建设的昂扬姿态。并陆续开展走进考古挖掘现场、走进医疗救治现场、走进玛迦山天文台、走进微生物实验室等育人平台，感受学科交叉创新、科教产教融合的魅力。构建德育新高地、发扬智育新作为、挖掘体育新动力、弘扬美育新理念、打造劳育新平台，打造五育并举育人新模式。

（李啸闻）

继续教育

继续教育学院在学校党委、行政的正确领导下，深入学习习近平新时代中国特色社会主义思想，全面贯彻党的十九大和十九届历次全会精神，坚持稳中求进工作总基调，班子建设不断加强，学历教育规模得到严控，非学历教育持续增长，自学考试平稳有序，继续教育高质量发展格局不断深化。

全年学历继续教育招生 5302 人。全校共举办教育培训 240 个班次，参加培训学员 1.9 万余人次。自学考试实践考核报考科次数为 98152 科次。2021 年实现学费等总收入 1.6 亿元。学院设党委书记 1 人，院长 1 人，副院长 3 人，鲁统超任党委书记，陈志军任院长。

一、以政治建设为统领，着力夯实基层党建

一是召开全体党员大会选举 7 名党委委员，召开第一次党委会，选举党委书记，注重抓好基层党支部建设，把党的政治优势、组织优势和思想工作优势积极转化为推动学院内涵发展的强大动力。二是深入学习习近平总书记在党史学习教育动员大会上的重要讲话、“七一”重要讲话和给《文史哲》编辑部全体编辑人员重要回信精神，扎实开展党史学习教育。三是坚持 3D 工作法，统筹疫情防控、安全稳定和事业发展，全年实现疫情防控和安全管理“零事故”，有效保证了继续教育工作稳步发展。

二、持续在调结构上做加法，促进学校继续教育稳中求进

一是按照学校 2022 年底在校生规模压缩至 3 万人以内的要求，全面完成学历继续教育严控规模总体要求，为学校争取更多学科发展资源作出贡献。二是因疫情防控要求，培训项目屡次被停办，在此背景下，全校共举办非学历教育培训 240 个班次，同比增长 3.9%，培训学员 1.9 万余人次，较计划增长 22.8%。三是在高质量完成 98152 科次强化实践能力考核、294396 份试卷评阅工作基础上，推进具有自主研发特色和较为完善的优质学习资源建设。

三、夯实制度体系建设，提升规范办学意识，健康有序的继续教育办学生态初步显现

结合中央巡视、教育部办公厅关于开展高校一些领域腐败风险专项清理整顿工作相关要求，牵头制定《山东大学非学历教育培训合作办学管理办法（试行）》《山东大学非学历继续教育合作办学收支测算分析实施细则》《山东大学高等学历继续教育本科毕业生学士学位授予实施办法》等三项校级规范性文件，统筹一校三地，协调推进整改落实，将巡查整改成果转化为推动全校继续教育事业发展的强大动力。

四、积极回应时代需求和社会关切，推动美德教育工作

深入贯彻落实习近平总书记重要回信精神和中华优秀传统文化“两创两结合”重要

指示精神，与儒高院共同研发美德教育课程体系，助力中华美德进乡村、进社区、进企业、进学校、进机关，初步形成“学美德、到山大”品牌影响力。

五、教育培训管理服务职能更加明确，乡村振兴培训品牌特色逐步形成

一是全面落实教育培训“六强化”，即强化项目对接、强化新闻宣传、强化招生规范、强化过程管理、强化协同服务、强化技术支持，走访调研儒高院、政管学院等20余家办学单位，全面了解办学单位需求及困难，宣讲继续教育政策，众多单位踊跃参与，全校非学历教育培训办学单位达23个。二是围绕山东大学乡村人才振兴战略部署，继续教育学院延续、完善、巩固、拓展脱贫攻坚成果与乡村振兴有效衔接的对口帮扶工作机制，以强农兴农为己任，全方位培养各类人才。结合学科优势，实施分类培养，量身定制培养方案，先后组织五位教授赴确山县为科级干部培训班、组织人事培训班、中青年干部培训班授课，共计351人参加。11月，继续教育学院又运用“山大在线”学习平台，组织三位教授对确山县党校主体班的147人进行了线上培训，为乡村振兴提供了充足的人才储备，获得社会一致认可与好评。

六、积极构建具有山东大学继续教育特色的“3＋N”思政课体系

继续教育学院坚持以学生为中心，从课程属性、时代要求、继续教育特征出发，围绕“核心素养”“学段要求”，积极构建了重点突出、载体丰富、协同创新的“3＋N”山大特色学历继续教育思政课课程体系。“3”是指加强本科段“中国近现代史纲要”“马克思主义基本原理概论”“习近平新时代中国特色社会主义思想”三门课程建设。其中，前两门是中宣部、教育部要求本科段学生开设的必修课程，第三门是中宣部、教育部要求全国重点马院所在高校开设的课程。“N”是指根据中宣部、教育部发布的“形势与政策”教学要点，结合党和国家重要会议、国内外热点问题，每学期为学生开设一定数量的形势与政策专题报告。

七、创刊《山东大学继续教育工作简报》

简报重在落实立德树人根本任务，紧扣山东大学继续教育高质量发展主线，及时发布继续教育学院在人才培养、社会服务、文化传承等方面的重要部署、重大举措，增进全校继续教育交流互通。简报先后推出“要闻速递”“党建活动”“品牌建设”“三全育人”“培训动态”等栏目，同时设立“百廿校庆”“专项行动”“党史教育”等专项栏目，2021全年共发布40期。

八、获奖情况

一是继续教育学院荣获《中国远程教育》杂志社颁发的2021年度“终身教育特别贡献机构”“2020中国高校继续教育优秀成果及特色案例优秀组织机构”称号。二是“现代汉语”课程获评为教育部、山东省课程思政示范课程，入选新华网课程思政优秀案例。三是山东大学现代远程教育直属学习中心获全国高校现代远程教育协作组、《中国远程教育》杂志社联合颁发的“全国高校现代远程教育优秀校外学习中心”“优秀校

外学习中心”奖。四是由继续教育学院组织申报的“加强执业药师队伍建设，促进执业药师能力与学历提升”“讲好中国故事，激发爱国热情——山东大学学历继续教育思想政治理论课建设的探索与实践”等7项案例入选2021年“中国高校远程与继续教育优秀案例库”。五是“高等学历继续教育课程思政建设的实践路径——以‘现代汉语’课程开发为例”“服务社会需求，助力乡村人才振兴——山东大学继续教育学院服务乡村人才振兴的实践与探索”两个案例获评2020年“中国高校继续教育优秀成果及特色案例”。

（牛朝晖）

国际教育

国际教育学院按照学校党委统一部署，充分发挥党委政治核心作用，总揽学院发展大局和发展方向，以基层党支部建设引领系部发展为抓手，密切党群干群关系，提高议事决策水平和能力，扎实推进学院各项工作。

一、党的建设方面

学院党委以习近平新时代中国特色社会主义思想为指导，按月度定期召开党委理论中心组学习，贯彻落实习近平总书记系列重要讲话精神和党的十九届六中全会精神，扎实开展党史学习教育活动，全面落实学校第十四次党代会精神，在实际工作中用好“金钥匙”解决发展过程中的难题。

学院党委以严肃政治纪律为抓手，压实政治责任，把坚决抓好中央巡视整改工作和持续做好学校党委巡察整改工作作为重大政治任务，结合学校党委巡察“把脉”清单，逐条对照细化为五大类23条整改举措，目前整改工作已经全部完成并将长期坚持。

学院党委严抓党委委员的政治站位和“四个意识”，持续加强党委自身建设，以严明的政治纪律调动党委全员抓党建的政治责任；对标要求，结合学院教学组织架构调整党支部设置，努力提高新的支委会党建工作能力和群众工作能力，从基层工作层面解决党建与业务“两张皮”。重视青年学生培养，2021年共发展预备党员35名。

学院党委严格执行民主集中制和院务公开制度，提高学院班子议事决策能力，截至12月底共召开党委会议12次，党政联席会议29次；高度重视密切党群干群关系，自本学期开始设立“院领导接待日”“师生心愿箱”“吹哨单”，倾听师生“急难愁盼”心声；认真履行意识形态工作责任制，牢牢把握舆论阵地建设，系统排查并专题研究政治安全和意识形态问题。

二、工作实绩

（一）立足国家战略，以“百廿山大强校兴国”为契机、对标“双一流”，落实“十四五”规划，全力推进学科建设和人才培养

1. 以学生为中心，全面推进国家一流本科专业建设；构建思政教育和专业教育有

机统一的具有创新能力的研究生人才培养体系。汉语国际教育专业获批为国家级一流本科专业建设点，中国软科排名A+专业，居全国第五；国际中文教育线上微专业实现首轮招生。全面落实课程思政，2门课程获批省课程思政示范项目，2项课题获批校研究生课程思政项目，获批研究生精品课和暑期学校项目各1项。承办全国汉教硕士核心课程“中华文化与传播”师资研修班，汉教专业学位全国排名第五；获批教育部首批新文科立项。承担全校国际学生的汉语和中国概况课程，20门学校国际化课程通过验收并开课。构建产教融合、产学研协作的人才培养平台，挂牌“国际中文教育信息化人才培养实践基地”，获批山东大学专业学位研究生信息化人才培养专项。获评山东省优秀学位论文指导教师、山东省优秀研究生指导教师各1人。

2. 转变观念，落实新时代国际中文教育理念，推动非学历教育教学模式创新，加大教学学术研究力度。完成面向近40个国家留学生的线上教学，首次承担面向美国和“一带一路”国家的双百人团组教学任务。积极参与国家留学基金委组织的“来华预科教育十周年学术研讨会”，提交论文17篇、微课10门，数量均居首位，微课全部入选中国政府奖学金预科生教育精品资源名单。

3. 发挥学术讲座的集群优势，凸显教学学术工坊品牌效应；依托CTTI智库平台，积极为国际中文教育创新发展和中外人文交流咨政建言。开展“百廿山大·国际中文教育”系列学术活动21场，其中境外专家占比38%。向教育部报送国际中文教育研究课题17项，报送“全球中文教育主题学术活动资助计划”3项并立项。获国家社科基金立项1项。牵头组建国际文化交流联盟智库专门委员会，5项智库成果被教育部语合中心采用。出版《国际中文教育研究年度报告》。

4. 引育并举，夯实人才强院思路。实现海外、境外高层次人才引进零的突破，实现建院以来年度引进高层次人才数量之最。6位教师海外任教。新增1名未来学者。4位教师担任中文联盟全球志愿者中文教学微课比赛专家，指导作品分获一、二等奖各2项。赓续青年教师讲课比赛品牌院系传统，获山东大学教师教学创新大赛一等奖、入围2021年青教赛决赛并获优秀组织奖。

5. 平台建设持续推进，初显多元平台叠加效应。获批“山东省华侨国际文化交流基地”，履行“国家语言文字推广基地”“国家大学生文化素养提升基地”承建职责，形成包括服务国家战略和来华留学预科教育协同发展的格局。完成国家通用语言文字对口援疆和援陕培训任务，组织本硕学生参与国家扶贫战略，《人民日报》予以报道。

（二）精准育人，打造中外学生深度融合培养体系

创新立德树人机制，构建中外学生深度融合培养体系，形成了“五步工作法”。强化思想引领，激发党团支部活力，组织开展“百日百年百议”党史学习特色主题教育，17人获省级以上荣誉。打造“和合你我——中外文化交流互鉴”“丝路拾贝”文化驿站等品牌。喀麦隆籍国际学生获第二届“用英语讲中国故事”全国一等奖。

（三）适应后疫情时期国际中文教育领域新模式，启建在欧美和“一带一路”共建国家的国际教育合作网络

组建“汉语桥”线上交流团组、中英政府中文培优计划等多个百人团组。新设计泰国中学生汉语水平考试（HSK）课程专项、美国大学预科中文课程专项等，累计奖学

金学员数在全国高校中居前列。

（四）以文科实验室促内涵建设，实现“中华传统文化研究与体验基地”全面升级

发挥国家级一流课程辐射作用，在校内形成“体验教育创新”通识教育课程群。承接“中国文化乡村行志愿服务项目”，新华社全程跟踪报道，点击量超过100万次。依托唐仲英教育援助基金，面向多个省市的中学校长开展专题研修，服务全国基础教育领域。服务全校大学生创新创业，“中华文化创未来”一期24个项目分获香港当代设计奖、东方文化创意大赛铜奖，以及国家大学生创新创业立项等。筹建“山东大学新文科实践育人产学研与国际传播联盟”。

（五）在党风廉政和作风建设方面

学院党委分三个层面贯彻全面从严治党要求：一是突出重点，抓好“关键少数”，开展多项警示教育学习活动；二是结合巡视巡察整改工作，严格执行学校财经纪律和财务工作规范，加强对分管领域和人员的经常性监督管理；三是利用全院大会宣传全面从严治党治校廉政安全专题，做好压力传导。

（王尧美）

科学技术研究

2021年是国家“十四五”规划的开局之年，恰逢建党百年和建校百廿的重要历史节点，山东大学科技创新工作持续向纵深发展，有力支撑了山东大学“由大到强”历史性转变。2021年，山东大学科技工作始终以习近平新时代中国特色社会主义思想为指导，深刻把握“扎根中国大地办大学”的丰富内涵，以追求卓越、只争朝夕的奋进姿态，推进落实山东大学第十四次党代会“六大战略”和“十大任务”，汇聚强院兴校和一体化发展合力，聚焦“四个面向”，克服疫情影响，紧紧围绕“双一流”建设要求，坚持稳中求进和高质量发展，加强了战略性思考和系统性谋划，努力构建与新发展格局相适应的科研创新体系，持续强化大平台、大团队、大项目、大成果建设，着力提升原始创新能力和关键核心技术供给能力，以改革促创新，推动学科交叉融合，科技工作取得了新进步、实现了新突破、迈上了新台阶，科技创新核心竞争力显著提升。

一、概述

（一）坚持“谋划”：科研组织管理服务能力显著增强

持续完善科研组织管理模式。强化党建引领，扎实开展“我为群众办实事”，“一纵、一横、一面”科技管理体系更加完善，“8＋3＋X”管理服务单元运转更加高效，按照“规则、专业、谋划、格局”科研管理八字方针，不断增强科研管理服务的前瞻

性、谋划性、专业性，服务师生的能力显著提升。不断完善科研体制机制，保障科技创新生态活力。组织修订《山东大学科技成果转移转化工作管理办法》等科技政策，制定出台《山东大学交叉科学学部学术委员会章程（试行）》《山东大学医学科研诚信与作风学风建设专项教育整治活动工作实施方案》《山东大学“十大高价值应用科技成果”评选奖励办法（试行）》等规章制度，为提升科技创新能力提供政策保障。

（二）坚持“统筹”：构建高能级科技创新平台体系

持续推进高端平台提质增效。成立以山东大学党委书记和校长为主任的山东大学国家战略科技力量建设委员会，全面指导山东大学科技创新工作。在学校的统筹领导下，推进晶体材料、微生物技术等已建国家重点实验室和金融风险计算与安全技术、地下工程灾害防控与安全建造、科技考古等3个新建国家重点实验室谋划建设，高质量通过教育部组织的专家评审，打造国家战略科技力量生力军。5个教育部重点实验室及信息领域2个教育部工程研究中心高质量完成教育部组织的定期评估初评工作，3个重点实验室和1个工程研究中心参加评优现场考察，获教育部平台评估初评历史最好成绩。2021年作为依托单位立项建设3个国家药监局重点实验室、1个山东省重点实验室、1个山东省技术创新中心、6个山东省基础科学研究中心，作为共建单位参与2个自然资源部重点实验室建设。

（三）坚持“高效”：科技创新能力大幅提升

承担重大任务能力不断提升，自然科学领域实到竞争性科研经费（不含科技成果转化经费）达到22.90亿元，增长45.36％，实现重大跃升。2021年度国家自然科学基金项目立项564项，其中获批国家杰出青年科学基金项目3项，优秀青年科学基金项目12项，立项数较2020年翻一番，获历史最好成绩；获批重大项目、重大科研仪器项目等重大重点项目共31项。获批国家重大科研项目14项，首次实现单项目国拨经费达亿元及单笔到款经费过亿元双突破，承担国家重大战略任务的能力持续增强。获山东省各类项目资助535项，立项经费2.53亿元；地方项目实到经费3.8亿元，同比增长58％；其中驻鲁高校服务山东项目中山东大学纵向项目单项立项实现重大突破。

（四）坚持“高质”：科技创新成果产出丰硕

持续强化基础研究，原始创新取得新突破。8篇科研成果相继在*Nature*、*Cell*、*New England Journal of Medicine*等世界顶尖期刊上发表，顶级期刊论文成果数量创历史新高。获国家奖7项，为合校以来最高；获省部级科技奖44项，较去年增加38％，获奖数量再创新高；中国专利优秀奖1项，国外专利授权61项，同比增长69％；张承慧教授获何梁何利基金科技进步奖。7位学者入选科睿唯安2021年度全球高被引科学家，45位学者入选爱思唯尔2020年度中国高被引学者。ESI全球综合排名稳步提升，5个学科进入ESI全球排名前1‰，19个学科进入ESI全球排名前1％。学术核心竞争力不断增强，学术国际影响力进一步提升。

（五）坚持“聚力”：科技推动高质量发展再开新纪元

发挥山东大学科技优势服务国家和区域高质量发展，深化科教融合、产教融合、学科融合，持续打造服务山东“山大系”品牌。发挥一校三地协同优势，科技合作经费连续多年大幅跃升，实到经费开启“6.0时代”（实到经费超6.24亿元）。继续深化校地、校企合作，共建高水平新型研发机构80个，其中千万级平台达22个。年度实施科技成果转化58项，实施转化专利数154件，千万级成果转化4项，成果转化合同经费再创新高，亿元级项目实现零的突破。获批首批高校专业化国家技术转移机构试点单位，组织实施“首届山东大学十大高价值应用科技成果评选活动”，创新举措，推动山东大学科技成果转化快速发展。联合山东财金、工研院、产研院等单位共同成立规模4.5亿元的财金百廿学堂基金，完成百廿校庆重点工程山东大学科技馆建设。

2021年山东大学实现“十四五”良好开局，是山东大学事业发展的重要战略机遇期。面对世界百年未有之大变局的加速演进以及新科技革命和产业变革的蓬勃发展，站在新的历史起点上，山东大学将胸怀“两个大局”，心怀“国之大者”，把握好“五期叠加”的发展形势，深入落实“十四五”规划，着力推进强力蓄能，优化资源配置，加快推动山东大学“由大到强”的历史性转变，努力成为国家战略科技力量重要组成部分，为实现科技自立自强作出积极贡献。

二、科研项目与经费

2021年度，山东大学自然科学实到竞争性科研经费228986.05万元，其中，各类科学基金实到经费52364.57万元，国家各级政府高新技术实到经费112772.87万元，科技开发实到经费62441.05万元。

三、科技成果

（一）科技奖励

2021年山东大学获得国家级及省部级科技奖励共计51项。

2021年11月，2020年度国家科学技术奖励正式颁奖。山东大学共获得国家科学技术奖7项，获奖总数为合校以来最高，其中，作为主持单位获国家科学技术二等奖2项；作为参与单位获国家科学技术奖励5项（含专用项目一等奖1项，通用项目二等奖4项）。

2021年度，山东大学获山东省科学技术奖共计44项（含参与获奖18项），获奖数量比去年增加38%。其中山东大学作为主持单位获一等奖5项、二等奖21项；作为参与单位获一等奖4项、二等奖8项、三等奖6项。另外山东大学作为参与单位获得其他省级科学技术奖共计7项。

（二）科技论文

2021年度，黄柏标、戴瑛、刘宏、张进涛、张宁、岳钦艳、陈博等7位教授入选科睿唯安2021年度全球高被引科学家。彭实戈、赵国群、陶绪堂、黄柏标、陈代荣、熊胜林、高宝玉等共45位教授入选爱思唯尔2020年度中国高被引学者（见表1）。8项研究成果相继发表在*Cell*、*Nature*、《新英格兰医学杂志》等顶级期刊。据中国科学技术信息研究所统计数据，山东大学科学引文索引扩展版（SCIE）收录（2020年度发表）论文5448篇，在全国高校排名中列第12位。在SCIE收录论文中，中国卓越科技论文3446篇，在全国高校排名中列第18位。学科影响因子前1/10的期刊收录论文674篇，在全国高校排名中列第17位；作为第一作者国际合著论文收录967篇，在全国高校排名中列第 18 位。工程索引核心部分（EI）收录期刊论文 3209 篇，在全国高校排名中列第 20 位。科技会议录引文索引（CPCI-S）收录论文 261 篇，在全国高校排名中列第 25 位。

表 1 爱思唯尔 2020 年度中国高被引学者一览（2021 年公布）

序号	学院（所、中心）	姓名	学科领域
1	材料科学与工程学院	武传松	材料科学与工程
2		赵国群	材料科学与工程
3		尹龙卫	材料科学与工程
4	国家糖工程技术研究中心	陈宗刚	生物医学工程
5	护理与康复学院	曹枫林	护理学
6	化学与化工学院	赵宝祥	化学
7		熊胜林	化学
8		陈代荣	化学
9	环境科学与工程学院	张建	环境科学与工程
10		刘汝涛	环境科学与工程
11		岳钦艳	环境科学与工程
12		高宝玉	环境科学与工程
13	机械工程学院	邓建新	机械工程
14		刘战强	机械工程
15		周慎杰	动力工程及工程热物理
16	基础医学院	龚瑶琴	生物学
17	晶体材料研究所	何京良	物理学
18		黄柏标	材料科学与工程
19		陶绪堂	材料科学与工程
20		薛冬峰	化学
21		张怀金	物理学
22		于浩海	物理学
23	临床医学院	陈子江	临床医学
24	前沿交叉科学青岛研究院	李春霞	化学
25	山东大学第二医院	王传新	临床医学
26	山东大学附属省立医院	齐芳华	中西医结合

续表

序号	学院（所、中心）	姓名	学科领域
27	山东大学齐鲁医院	张运	临床医学
28		杨其峰	临床医学
29	生命科学学院	夏光敏	生物学
30		王金星	生物学
31		苗俊英	生物学
32		张举仁	生物学
33	数学学院	彭实戈	数学
34	外国语学院	韩佶颖	外国语言文学
35	微生物技术研究院	张友明	生物学
36	物理学院	陈峰	物理学
37		戴瑛	物理学
38		马衍东	物理学
39		赵明文	物理学
40	岩土与结构工程研究中心	李术才	土木工程
41	药学院	娄红祥	药学
42		刘新泳	药学
43		张娜	药学
44		翟光喜	药学
45	—	Daniel A. Bell	政治学

山东大学生殖医学研究中心陈子江院士团队的临床研究成果《胚胎植入前非整倍体遗传学检测（PGT-A，第三代试管婴儿）对累积活产率的影响》（"Live birth with or without preimplantation genetic testing for aneuploidy"）在《新英格兰医学杂志》（IF：91.246）发表，陈子江团队的最新试验结果明确了 PGT-A"并不适用于预后良好、非高龄且无遗传学指征患者"的适用范围，是辅助生殖遗传学领域的新突破，为规范其临床应用提供了强有力的科学依据。

山东大学基础医学院孙金鹏教授研究团队与浙江大学张岩教授团队、中国科学院上海药物研究所徐华强研究员团队精诚合作，全力攻关，在山东大学易凡教授团队和于晓教授团队的协助下，在 *Nature* 在线发表了题为"Structures of glucocorticoid-bound adhesion receptor GPR97-Go complex"的最新研究成果。该研究首次鉴定并解析了糖皮质激素与其膜受体 GPR97 结合的复合物电镜结构，这也是世界上首次解析的黏附类 GPCR 在配体激活情况下与 G 蛋白形成复合物的电镜结构。

山东大学基础医学院于晓教授团队、孙金鹏教授团队与四川大学华西医院邵振华教授团队、西安交通大学张磊教授团队和香港中文大学（深圳）杜洋教授团队通力合作，在 *Cell* 杂志在线发表了题为“Ligand recognition and allosteric regulation of DRD1-Gs signaling complexes”的最新研究成果，首次解析了多巴胺受体 DRD1-Gs 复合物结构，解释了 DRD1 配体识别、别构调节及与 G 蛋白偶联的分子机制。

（三）专利申请与授权

2021 年度，山东大学专利申请 2136 件，其中 PCT 申请 83 件，国内发明专利申请 1942 件，实用新型专利申请 111 件；山东大学专利授权 2151 件，其中国际发明专利授权 61 件，比去年增长 69%，发明专利 1832 件，实用新型 261 件。山东大学开展非正常专利申请的自查自纠工作，规范专利申请行为，全面提高专利质量，鼓励科技创新，实现山东大学专利申请由量到质的转变。

四、基础研究

（一）自然科学基金

2021 年度，山东大学自然科学领域各类基金项目实到经费 52364.57 万元，新上项目 1032 项，立项经费 43958.36 万元。

（二）国家自然科学基金

2021 年度，山东大学国家自然科学基金项目实到经费 38559.11 万元，申报国家自然科学基金项目 3267 项，新获批立项项目 564 项，立项直接经费 34584.10 万元（另有间接经费约 5317.302 万元）。获批国家杰出青年科学基金项目 3 项（见表 4），优秀青年科学基金项目 12 项（见表 5），其中，优秀青年科学基金立项数较 2020 年翻一番，创历史最好成绩。获批其他类优青 23 项，人才类项目获得全面突破；获批重大项目、重大科研仪器项目等重大重点项目共 31 项，创历年新高。人才类、重点类项目组织能力和实力稳步提升。

（三）山东省自然基金

2021 年度，山东大学申报省自然科学基金 1698 项，获批立项 504 项，立项经费 10895 万元，实到经费 13805.46 万元。其中，山东省自然科学青年项目 248 项，获资助经费 3720 万元，面上项目获得立项 188 项，获资助经费 1880 万元；优秀青年基金项目获得立项 11 项，获资助资费 455 万元；杰出青年基金项目获得立项 14 项，获资助经费 1400 万元；重大基础研究项目获得立项 14 项，获资助经费 2000 万元；创新发展联合基金项目获得立项 29 项，获资助经费 1440 万元。

五、应用研究与高科技研究

（一）高新技术

2021 年度，各级政府高新技术项目新立项 888 项，立项经费达 116025.83 万元，高新技术类项目实到经费 112772.87 万元。其中，国家及部委级高新技术项目立项 329 项，立项经费 66426.83 万元，实到经费 58577.23 万元；获批政府间国际科技合作专项项目 4 项，获批国拨经费 710 万元。

2021 年度，山东大学牵头获批立项国家重大科研项目 14 项，其中获批国家重点研发计划项目 13 项，作为项目组织实施单位承担 1 项，该项目获批国拨经费 10000 万元；获批国家××专项任务 1 项，该项目获批国拨经费 20000 万元，项目合计获批国拨经费 46300 万元。

（二）国家重点研发计划

2021 年度，山东大学获批立项国家重点研发计划项目 13 项，获批国拨经费 26339 万元，其中作为项目组织实施单位承担 1 项，获批国拨经费 10000 万元。主持承担国家重点研发计划课题（山东大学科研人员参加外单位牵头的项目）26 项，获批国拨经费 12240 万元。

（三）国际科技创新合作项目

2021 年度，山东大学获批政府间国际科技合作专项项目 4 项，获批国拨经费 710 万元。

（四）其他国家级重大重点项目

2021 年度，山东大学获批国家××专项任务 1 项，获批国拨经费 20000 万元。获批新一代人工智能（2030）重大项目课题 1 项，国拨经费共计 175 万元。

（五）地方政府科技计划项目

2021 年度，国家地方政府高新技术项目新立项 559 项，立项经费 49599 万元，实到经费 54195.64 万元。其中，山东大学主持立项的山东省重大科技创新工程项目 15 项，获批立项经费 27247 万元，立项经费实现新突破。其中驻鲁高校服务山东项目实现山东大学纵向项目单项立项经费重大突破，赵国群和陈玉国团队分别获批经费 8240 万元和 9160 万元。

六、科技成果转化

2021 年度，山东大学科技成果转化合同签订 58 项，合同金额共计 18556.80 万元。实施转让与许可的专利数达到 154 件，注重打造专利群的氛围增强。2021 年度山东大学千万级合同额成果转化项目见表 2。

表 2　2021 年度山东大学千万级合同额成果转化项目一览

序号	专利名称	涉及专利数量（件）	第一发明人	所在单位	转化方式	合同额（万元）
1	桥隧工程空天地一体化地质探测及检测新技术	47	刘斌、孙怀凤、张峰	岩土中心	转让	12510
2	全海域波浪能发电装备系列产品	3	刘延俊	机械工程学院	转让	1500

续表

序号	专利名称	涉及专利数量（件）	第一发明人	所在单位	转化方式	合同额（万元）
3	稀有糖 D-阿洛酮糖生产技术	2	林建强	微生物技术研究院	许可	1200
4	肿瘤十二项标记物检测技术	5	韩琳、刘宏	海洋研究院、晶体材料研究所	转让	1000
合计						16210

七、科技创新平台建设

2021 年度，山东大学坚持聚焦国家重大战略需求和区域科技创新需要，注重问题导向和目标导向，加强科研平台组织谋划，着力打造基础研究、应用基础研究和前沿技术开发融通发展的新型科研平台创新体系。截至 2021 年底，山东大学现有政府主导类科研平台（自然科学类）共计 167 个，其中国家级科研平台 12 个，部委级科研平台 38 个，省级科研平台 117 个，简述各类科研平台建设情况如下。

（一）国家重点实验室建设情况

2021 年度，山东大学按照国家重点实验室优化重组工作要求，坚持“需求导向、开放协作、质量为先、贡献为本”的原则，聚焦国家在本领域的重大战略需求，谋划完成晶体材料与器件、微生物技术与工程等 2 个已建国重重组方案和地下工程灾害防控与安全建造、科技考古、金融风险计算与安全技术等 3 个新建国重组建方案，同时山东大学充分发挥优势学科在人才团队和创新研究等方面的优势，推动与山东农业大学作物生物学国家重点实验室、天津血研所实验血液学国家重点实验室、海化集团海洋涂料国家重点实验室等相关国家重点实验室签订合作共建协议，共同参与重点实验室建设。

（二）科研平台新增情况

2021 年度，山东大学获批立项建设省部级科研平台 12 个，其中部委级科研平台 3 个，新增省级政府主导类科研平台 9 个。

八、学科建设

学科水平跨越提升。首轮“双一流”建设成效显著，新增 2 个国家“双一流”建设学科，增量处于全国高校前列。准确把握国家第二轮“双一流”精神，坚持“四个面向”，聚焦“出尖出峰”，谋划实施“学科融合创新计划”，按照“筑峰理科、弘扬人文、光大医学、做优社科、建强工科、推进交叉”的基本思路，分两个层次谋划布局 4 个优势学科领域和 8 个特色学科领域，统筹配置办学资源，强化多位一体重点建设，深入推进学科汇聚融合交叉创新，着力汇聚一流师资、培养一流人才、产出一流成果、作出一流贡献，建设一流学科高峰。5 个学科进入 ESI 全球排名前 1‰，19 个学科进入 ESI 全球排名前 1%，21 个学科进入国际主流学科排名前 100 名。

九、工业技术研究院、国家大学科技园建设

2021 年，山东工研院围绕“两个聚焦”，即：聚焦济南市需求，助力建设五个济南，服务济南强省会战略；坚持“科技赋能产业，创新引领发展”理念，聚焦济南市重点产业领域，以“头雁工程”建设为核心，以“引育引领性人才、建设引领性平台、培育引领性产业”为抓手，引育打造战略性新兴产业领航者，助力区域经济发展。2021 年以来，山东工研院推动建设研发创新与转化应用平台 5 家，申报科技创新领军人才等称号 10 人，输出科技成果 47 项，引进、孵化企业 15 家，引育投资企业营收 2.9 亿元，举办了“2021 对话山东——中德科技创新对接交流会”，推动搭建山东工研院技术经理人工作体系，完成首批 45 名中级技术经理人培训。济南市 2020 年度新型研发机构绩效评价被列为优秀，被省科技厅认定为首批“省级新型研发机构”；2021 年被省科技厅认定为“绩效评价结果优秀省级新型研发机构”单位和被列为首批“山东省专利技术转移转化试点”单位。

山东大学国家大学科技园立足自身功能定位，扎实做好基础建设，充分吸纳校企、校地创新资源，强化与地方政府互动协作，积极探索多元化合作模式，推动科技成果转化，服务区域经济转型升级。山东大学国家大学科技园在 2020 年教育部、科技部关于国家大学科技园绩效评价中取得“良好”成绩评定，位列第二梯队；中心园区建设工作稳步有序开展，山东大学与市中区政府进一步深化落实《山东大学国家大学科技园深化合作协议》约定。市中区提供大学科技园 14 号楼 2.76 万平方米使用空间，目前已交付。山东大学和济南市中区双方组建大学科技园联合工作专班，积极谋划中心园区招商引智工作，推进 14 号楼科技企业孵化器装修改造、项目入驻和人才公寓配套等。山东山大科技园发展有限公司与济南市中未来产业发展有限公司、济南胜悦投资有限公司合资成立山东百廿科技园有限公司，统筹开展中心园区运营和产业孵化；顺利完成百廿校庆重点工程山东大学科技馆的建设。科技馆作为集中展示、推介山东大学重大科技创新成果的平台，联动大学科技园平台，协同服务山东大学科技成果转化；2021 年技术经纪人培训工作扎实推进在济南、烟台、日照、淄博、德州等地开设十期（含线上）培训班，累计培训 1200 人次，受训人员全部纳入山东省技术转移转化人才库，进一步推动了山东省国家转移人才培养体系的构建与完善。

十、科技人才队伍建设

科技人才队伍建设情况见表 3、表 4、表 5。

表 3　2021 年度全球高被引学者一览

序号	学院（所、中心）	姓名	学科领域
1	化学与化工学院	张进涛	跨学科
2	环境科学与工程学院	岳钦艳	跨学科
3	晶体材料研究所	黄柏标	跨学科
4		刘宏	跨学科

续表

序号	学院（所、中心）	姓名	学科领域
5	威海前沿交叉科学研究院	张宁	跨学科
6	物理学院	戴瑛	跨学科
7	—	陈博	跨学科

表 4　2021 年度国家自然科学基金杰出青年基金一览（单位：万元）

序号	项目名称	负责人	学院（所、中心）	资助类别	立项经费
1	女性生殖障碍性疾病	秦莹莹	生殖医学研究中心	国家杰出青年科学基金	400
2	病毒感染与宿主固有免疫	赵伟	基础医学院		400
3	病原菌感染与宿主炎症反应	齐晓朋	高等医学研究院		400

表 5　2021 年度国家自然科学基金优秀青年基金一览（单位：万元）

序号	项目名称	负责人	学院（医院）	资助类别	立项经费
1	双曲型偏微分方程的控制理论	胡龙	数学学院	国家优秀青年科学基金	200
2	离子束光电材料改性及应用	谭杨	物理学院		200
3	肠道菌群互作	高翔	微生物技术研究院		200
4	类器官与组织再生	胡慧丽	基础医学院		200
5	微生物基因编辑与药物合成生物学	王海龙	微生物技术研究院		200
6	电离层—磁层跨尺度耦合过程研究	刘晶	空间科学与物理学院		200
7	磁场调控的光催化材料	桑元华	晶体材料研究所		200
8	动力电池建模与管控	商云龙	控制科学与工程学院		200
9	无线自组网络	于东晓	计算机科学与技术学院		200
10	随机系统平均场博弈与控制	王炳昌	控制科学与工程学院		200
11	肿瘤分子诊断	杜鲁涛	山东大学第二医院		200
12	靶向 GPCR-Arrestin 信号途径的药理学研究	杨帆	基础医学院		200

十一、科技合作与交流

（一）科技开发与技术咨询

2021 年度，山东大学科技开发实到经费 62441.05 万元，同比增长 56.10%；横向科研项目新立项 1485 项，合同额 124325.64 万元，合同经费首次突破 10 亿元大关。百万元以上项目 262 项（其中，立项金额 4000 万元以上 1 项，1000 万元以上 17 项，500 万元以上 45 项）。

（二）校地、校企合作情况

以校地校企共建新型研发机构为手段，努力形成长期稳定的科技合作，助力山东大学科技工作的全面提升。强化与支持以学院为主体建立校地、校企合作高水平研发平台，完善具有山大特色的技术转移体系。2021 年推动“山东大学—齐鲁制药创新药物研究院”“山东大学—开泰石化功能性纤维制备与应用工程技术研究院”“山东大学（京博）高端化工与新材料研究院”“山东大学—圣泉新材料与碳中和产业研究院”“山东大学—融瓴智能产业研究院”“山大—华熙合成生物学创新中心”等 80 个校地、校企共建平台签约，其中合同额达到千万元以上的合作协议 22 个。

创新举措，内外结合，加强推介，不断提升山东大学社会影响力。组织实施了“首届山东大学十大高价值应用科技成果评选活动”，继续优化“山东大学科技成果直通车行动”方案，在“济南、青岛、临沂、泰安、济宁”等地举办 10 场，累计 30 余场活动。实施“政策送上门，服务送到家”活动，在机械学院、药学院、晶体所、能动学院及威海、青岛校区进行 8 场宣讲。与济南科技局、东营科技局、肥城科技局、潍坊高新区、齐鲁制药、海信等几十家大型企事业单位多次进行交流，推进项目落地运行。参加第 23 届高交会（深圳）、第 56 届高博会（青岛）、第十四届百名专家淄川行等多场重大展示活动。依托利用山东省委组织部和江苏镇长团等形式，积极开展科技挂职工作，同时，鼓励科研人员到企业进行兼职，2021 年累计派出挂职及兼职人员 100 余人。既加强与学院的沟通与交流，又加强与社会的互动，通过内外结合多种举措做好科技成果推介，为校企校地开展科技合作打下良好基础。

（任敏利）

人文社科研究

一、科研项目与经费

2021 年，人文社科各类科研项目立项 799 项，其中，纵向项目 215 项，横向项目

559 项，校内项目 25 项。国家社科基金年度重大项目 5 项，教育部哲学社会科学研究重大课题攻关项目 2 项，教育部思政课教师研究专项重大课题攻关项目 1 项，研究阐释党的十九届五中全会精神国家社科基金重大项目 1 项，国家社科基金冷门绝学研究专项学术团队项目 1 项，国家社科基金重大历史问题研究专项 1 项。国家社科基金年度项目、青年项目 41 项，列全国高校第 12 位；国家社科基金后期资助暨优秀博士论文出版项目 17 项，居全国高校第 4 位（见附件 1）；教育部人文社科研究一般项目 24 项（见附件 2），并列全国高校第 6 位。

2021 年，科研到账经费总额 19010 万元。其中纵向项目到账经费 3965 万元，横向项目到账经费 15045 万元。

二、科研成果与奖励

2021 年，出版人文社科类著作 237 部，其中专著 132 部，译著 20 部，编著 70 部，古籍整理 15 部。2020 年，发表顶级学术论文 56 篇，权威学术论文 161 篇，重要或一般学术论文 1171 篇。《中国社会科学文摘》主体转载论文 14 篇，《新华文摘》主体转载论文 12 篇。2021 年，通过《山东大学智库快报》等渠道向中央部委报送智库成果 18 期，向山东省委、省政府报送智库成果 10 期；组织中办约稿 20 篇。智库成果获国家领导人批示 4 项，获山东省委、省政府主要领导批示 14 项。出台《山东大学人文社会科学重大科研成果奖励办法》（山大科字〔2021〕1 号）和《山东大学智库成果认定办法》（山大科字〔2021〕10 号）。

2021 年，获山东省第三十五届社会科学优秀成果奖 61 项（含特等奖并一等奖 1 项、一等奖 10 项）。杨蕙馨教授、栾丰实教授、傅有德教授获第十五届山东省社会科学突出贡献奖，路国权教授获第十五届山东省社会科学学科新秀奖。黄少安教授获首届山东省人民政府决策咨询突出贡献奖，《“抗疫精神”的生成逻辑、丰富内涵和价值意蕴》等 2 个成果获首届山东省人民政府决策咨询研究成果奖。组织评选山东大学人文社科重大科研成果 36 项。

三、科研平台建设

2021 年度，新增 1 个国家级科研平台——“国家智能社区体育健康治理实验基地”，并获批建设国家智能社会治理实验基地（体育特色基地）；新增 8 个校设非实体科研机构（见附件 3）。组建首个学校重点文科实验室“山东大学语言科学实验中心”。进一步加强儒家文明省部共建协同创新中心建设，与国际儒联共建“国际儒学联合会山东大学学术基地”。出台《山东大学文科实验室培育建设实施意见》（山大科字〔2021〕23 号）。组织申报山东省社科理论重点研究基地。组织 4 个教育部人文社科重点研究基地迎评工作。组织 2019～2020 年度人文社科非实体科研机构测评工作。组织实施第一批 6 个山东大学人文社会科学创新团队建设（见附件 4）。

四、智库建设与社会服务

出台《山东大学特色新型智库建设实施意见》（山大科字〔2021〕38 号）。建立直报中办的智库成果报送渠道。2021 年，新增 1 个山东省与特定国家或区域交流合作研究中心“以色列研究中心”，2 个山东省外事研究与发展智库“欧洲研究中心”“中日韩合作研究中心”。召开“山东大学特色新型智库建设研讨会”。组织年度智库成果认定工作，认定智库成果 71 项。

参与编写《山东大学服务山东高质量发展行动方案（2.0 版）》。与青海师范大学联合主办了“第五届鲁青论坛——黄河流域碳达峰与碳中和路径高峰论坛”。

五、学术交流

出台《山东大学深入贯彻落实习近平总书记给〈文史哲〉编辑部全体编辑人员重要回信精神 奋力推进哲学社会科学创新发展行动方案（2021～2025）》（山大党字〔2021〕35 号）和《山东大学哲学社会科学强刊计划》（山大科字〔2021〕45 号）。组织教育部主管哲学社会科学期刊年度社会效益评价考核工作。组织学术期刊出版阅评工作。

2021 年，围绕 120 周年校庆，组织策划 11 期“百廿山大·名家讲坛”系列学术活动（见附件 5），举办第三届山东论坛、山东社科论坛——习近平法治思想学术研讨会、《文史哲》杂志创刊 70 周年纪念会、《山东大学学报》（哲社版）刊庆 70 周年高端论坛等高端学术论坛。组织“人文社科成就展”。国家级学会获批国家社会科学基金社科学术社团主题学术活动资助项目 5 项（见附件 6），立项数列高校第 1 位。

六、全球汉籍合璧工程

全球汉籍合璧工程在境外中华古籍调查编目工作和复制影印工作进展顺利，已对 1700 多家境外藏书机构展开了调查；针对 400 多家藏书机构撰写了调查报告，与 420 家馆藏单位签署了合作协议或达成合作意向，已出版《法国国家图书馆中文古籍目录（古恒部分）》《美国爱荷华大学图书馆中文古籍目录》等编目成果。在境外中华古籍精华点校整理工作方面，已确立 112 项课题，共计整理 118 种汉籍，现已有 30 多部书稿进入出版程序。汉籍与汉学研究工作方面，目前正在进行的研究课题 17 项。

（梁健）

附件 1

2021 年度山东大学国家社科基金项目（单位：元）

序号	批准号	项目名称	负责人	工作单位	项目类别	立项经费
1	21&ZD008	马克思主义中国化“两个结合”及其关系研究	何中华	哲学与社会发展学院	重大项目	600000
2	21&ZD017	新时代英雄观的理论建构与传播体系研究	刘明洋	新闻传播学院	重大项目	600000
3	21&ZD054	中国经典诠释学基本文献整理与基本问题研究	傅永军	哲学与社会发展学院	重大项目	600000

续表

序号	批准号	项目名称	负责人	工作单位	项目类别	立项经费
4	21&ZD129	开放开源科学技术创新体系构建研究	张玉明	管理学院	重大项目	800000
5	21&ZD313	文明交流互鉴视域下全球传播新格局建构研究	戴元初	新闻传播学院	重大项目	800000
6	21ZDA065	推动黄河流域生态保护和高质量发展研究	张宁	威海前沿交叉科学研究院	研究阐释党的十九届五中全会精神重大项目	800000
7	21VJXT007	东北边疆古史谱系研究及数字人文平台建设	苗威	东北亚学院	冷门绝学研究专项学术团队项目	800000
8	21AJL005	制度理性建构论与制度自发演进论的范式比较与融合研究	黄凯南	经济研究院	重点项目	350000
9	21AZS012	民国时期中国粮食安全问题研究	徐畅	历史文化学院	重点项目	350000
10	21AXW002	新时代中国特色舆论学研究体系建构研究	刘明洋	新闻传播学院	重点项目	350000
11	21AZD054	实施文艺作品质量提升工程的导向引领、制度设计与实践创新研究	周根红	文学院	研究阐释党的十九届五中全会精神重点项目	350000
12	21VGQ026	与国际关系相关的课题	杨鲁慧	政治学与公共管理学院	重要国家和区域重点研究专项	350000
13	21BKS115	百年未有之大变局下的人类共同价值研究	韩升	马克思主义学院	一般项目	200000
14	21BZX057	先秦儒家时间哲学研究	陈晨捷	儒学高等研究院	一般项目	200000
15	21BZX077	《周易》象思维的历史源流与现代阐释研究	董春	易学与中国古代哲学研究中心	一般项目	200000

续表

序号	批准号	项目名称	负责人	工作单位	项目类别	立项经费
16	21BZX101	格莱斯推理思想研究	荣立武	哲学与社会发展学院	一般项目	200000
17	21BJL034	经济高质量发展阶段的资源错配影响要素收入分配的机制研究	陈言	经济研究院	一般项目	200000
18	21BJL126	合作与冲突：基于演化博弈与实验经济学的研究	姜树广	经济研究院	一般项目	200000
19	21BJL133	非线性与异质性视角下金融发展的收入分配效应研究	姜明明	经济学院	一般项目	200000
20	21BJY097	人工智能对企业间工资差距的影响机理与对策研究	陈东	经济学院	一般项目	200000
21	21BJY100	保障适度与可持续的多层次养老保险体系改革研究	苏春红	经济学院	一般项目	200000
22	21BJY146	“双循环”新格局下金融支持技术创新的机制和路径优化研究	凌士显	商学院	一般项目	200000
23	21BTJ046	异质性面板分位数模型及其应用研究	任燕燕	经济学院	一般项目	200000
24	21BZZ075	新时代基层党政干部心理健康的现状评估、影响机制与政策优化研究	刘华兴	政治学与公共管理学院	一般项目	200000
25	21BFX074	《民法典》中协助决定行为的体系化研究	孙犀铭	法学院	一般项目	200000
26	21BGJ028	“一带一路”规则软联通的评价指标体系研究	李远	东北亚学院	一般项目	200000
27	21BGJ047	中国积极参与全球清洁能源治理体系变革的战略研究	李昕蕾	政治学与公共管理学院	一般项目	200000
28	21BZS127	10—15世纪的华北民间组织与基层社会秩序研究	谭景玉	历史文化学院	一般项目	200000
29	21BKG037	章丘焦家大汶口文化居民古DNA研究	曾雯	文化遗产研究院	一般项目	200000
30	21BZW031	关内“东北”叙事与中国现代民族国家的建构研究（1912～1945）	杨慧	文化传播学院	一般项目	200000

续表

序号	批准号	项目名称	负责人	工作单位	项目类别	立项经费
31	21BZW091	宋代杜诗注辑考与研究	綦维	儒学高等研究院	一般项目	200000
32	21BWW045	维多利亚时期英国作家博物馆书写研究	李立新	外国语学院	一般项目	200000
33	21BWW051	法国汉学对中国古代神话的翻译、研究及其影响	卢梦雅	外国语学院	一般项目	200000
34	21BYY020	中国老年人语言退化及障碍干预的临床语言学研究	马文	外国语学院	一般项目	200000
35	21BYY127	中国大学生表达性英语写作育人机制研究	王颖	外国语学院	一般项目	200000
36	21BXW003	社会时空视角下媒体深度融合的发展策略与理论路径研究	戴元初	新闻传播学院	一般项目	200000
37	21BTY054	“双循环”新格局下体育产业链自主可控的靶向治理创新研究	高岩	体育学院	一般项目	200000
38	21BTY069	基于北京冬奥会的京张体育文化旅游带构建及其跨区域协同发展机制研究	李拓键	体育学院	一般项目	200000
39	21BGL131	数字经济背景下“新国潮”品牌成长与价值共生研究	王德胜	管理学院	一般项目	200000
40	21BGL304	供给侧结构性改革下老工业基地创新要素结构优化研究	刘超	商学院	一般项目	200000
41	21CKS040	澳新地区左翼运动发展态势研究	赵婷	政治学与公共管理学院	青年项目	200000
42	21CZZ004	新技术时代西方民主机制失调研究	杨春林	政治学与公共管理学院	青年项目	200000
43	21CFX010	唐宋时期律令法体系向律例法体系的转型研究	李云龙	法学院	青年项目	200000
44	21CSH024	礼治思想与中国乡村社会治理研究	李海云	儒学高等研究院	青年项目	200000
45	21CSH039	乡村振兴背景下农业转型的内生动力与路径优化研究	梁栋	哲学与社会发展学院	青年项目	200000
46	21CSH043	相对贫困农户主体性缺失的发生机制与治理策略研究	杨永伟	法学院（威海）	青年项目	200000

续表

序号	批准号	项目名称	负责人	工作单位	项目类别	立项经费
47	21CZS034	晚清英美在华领事裁判权体系中的华洋诉讼研究（1843—1912）	张晓宇	历史文化学院	青年项目	200000
48	21CZS054	抗战时期华北八路军士兵日常生活研究（1937—1945）	宋弘	历史文化学院	青年项目	200000
49	21CYY032	汉语抽象名词的叙实性与推理功能研究	寇鑫	文学院	青年项目	200000
50	21CGL016	党组织治理与国有企业并购决策的路径、效果与长效机制研究	邱金龙	管理学院	青年项目	200000
51	21VSZ035	新时代“大思政课”建设研究	郝书翠	马克思主义学院（威海）	高校思政课研究专项	200000
52	21BA018	艺术批评话语的跨学科比较研究	凌晨光	文学院	艺术学项目	200000
53	21WYYB006	语法讲义	高红姬	外国语学院	中华学术外译项目	200000
54	21WSHB001	中国社会变迁（1949～2019）	孙路平	外国语学院	中华学术外译项目	450000
55	21WSHB021	当前村落变迁与新型城镇化研究	李永梅	外国语学院	中华学术外译项目	350000
56	21WZWB005	陶渊明经纬	胡志军	外国语学院	中华学术外译项目	300000
57	21WZSA003	中国古代乡里制度研究	李克	翻译学院	中华学术外译项目	350000
58	21WZSB033	中国数学史	解兵	数学与统计学院	中华学术外译项目	350000
59	21FZXB069	马克思对浪漫派的超越：以破碎性整合与人的全面发展理论为核心	赵锦英	马克思主义学院	后期资助项目	250000
60	21FZXB072	儒家心学视角下的现代虚无主义问题研究	徐瑜霞	马克思主义学院	后期资助项目	250000
61	21FJLB021	传统增长模式的形成机制与高质量发展的实现路径研究	付强	经济学院	后期资助项目	250000

续表

序号	批准号	项目名称	负责人	工作单位	项目类别	立项经费
62	21FGJB008	探寻国家对外战略转型的观念驱动力	王鹏权	政治学与公共管理学院	后期资助项目	250000
63	21FSSB011	日本近世孔庙祭祀研究	李月珊	外国语学院	后期资助项目	250000
64	21FZWB043	多维视野下的南社研究	郭建鹏	文学院	后期资助项目	300000
65	21FZWB074	子集兴替：中古学术著述方式的转型	伏煦	文学院	后期资助项目	250000
66	21FZWB075	三国吴地文化与文学	徐昌盛	文学院	后期资助项目	250000
67	21FYYB052	跨学科学术语篇中的作者话语权构建多维度研究	董记华	外国语学院	后期资助项目	250000
68	21FYSB028	唐代山水画的空间表现研究	王进	艺术学院	后期资助项目	250000
69	21FKSB041	新辩证法学派对大纲的新阐释研究	付文忠	马克思主义学院（威海）	后期资助项目	250000
70	21FKSB045	公道民本：中华文明与21世纪中国社会主义	吴文新	马克思主义学院（威海）	后期资助项目	250000
71	21FZZB005	中国近代行政管理思想研究	贾乾初	艺术学院（威海）	后期资助项目	250000
72	21FYB013	带场景约束的自然语言自动形式化研究	徐超	哲学与社会发展学院	优秀博士论文出版项目	200000
73	21FYB043	《韩诗》研究	吕冠南	儒学高等研究院	优秀博士论文出版项目	200000
74	21FYB060	组织机构电子文件证据效力保障研究	许晓彤	历史文化学院	优秀博士论文出版项目	200000
75	21FYB016	“一带一路”价值链驱动机制与中国制造业转型升级研究	潘雨晨	东北亚学院	优秀博士论文出版项目	250000

附件 2

2021 年度山东大学教育部人文社科项目（单位：元）

序号	批准号	项目名称	负责人	工作单位	项目类别	立项经费
1	21JZD058	新时代推进新文科建设的理论与实践研究	樊丽明	经济学院	哲学社会科学研究重大课题攻关项目	800000
2	21JZD014	全面建成小康社会伟大历史性成就与经验研究	邢占军	政治学与公共管理学院	哲学社会科学研究重大课题攻关项目	800000
3	21JDSZKZ06	思政课教学中社会思潮辨析引导研究	张士海	马克思主义学院	高校思想政治理论课教师研究专项重大课题攻关项目	600000
4	21SZJS 37042230	全国高校思政课“手拉手”集体备课中心（山东大学—宁夏回族自治区）	张士海	马克思主义学院	高校思想政治理论课建设项目	900000
5	21SZJS 37010422	全国高校思政课名师工作室（山东大学）	徐艳玲	马克思主义学院	高校思想政治理论课建设项目	200000
6	21YJA710001	百年未有之大变局下国家意识形态安全风险辨识及其防范化解研究	蔡卫忠	马克思主义学院	人文社会科学研究规划基金项目	100000
7	21YJA740033	大数据驱动下汉语复杂致使句的构式化研究	邵春燕	外国语学院	人文社会科学研究规划基金项目	100000
8	21YJA751016	《资治通鉴》叙事艺术研究	刘占召	文学院	人文社会科学研究规划基金项目	100000

续表

序号	批准号	项目名称	负责人	工作单位	项目类别	立项经费
9	21YJA751021	诗歌叙述学的中国传统、西方资源与当代诗歌写作生态研究	孙基林	人文社会科学青岛研究院	人文社会科学研究规划基金项目	100000
10	21YJA751022	杜甫生平事迹新考	孙微	儒学高等研究院	人文社会科学研究规划基金项目	100000
11	21YJA760076	中国幻想类电影的文学资源开发、CG技术实现以及发展策略研究	许乐	文化传播学院	人文社会科学研究规划基金项目	100000
12	21YJA760088	古乐器筑在今之丝绸之路上的传播研究	张金娣	艺术学院（威海）	人文社会科学研究规划基金项目	100000
13	21YJA630001	组织反馈环境对员工创新行为的影响机制研究	蔡地	管理学院	人文社会科学研究规划基金项目	100000
14	21YJA630070	危机管理中符号和仪式的作用机制研究	马永驰	政治学与公共管理学院	人文社会科学研究规划基金项目	100000
15	21YJA630081	从“能人型”到“嵌入型”：乡村旅游治理精英角色转换及行动逻辑研究	孙平	管理学院	人文社会科学研究规划基金项目	100000
16	21YJA820023	“刑罚附随性制裁”规范化研究	王瑞君	法学院（威海）	人文社会科学研究规划基金项目	100000
17	21YJA880063	云虚拟在线学习环境下教师教学策略与大学生学习成效研究	王蓉	基础医学院	人文社会科学研究规划基金项目	80000

续表

序号	批准号	项目名称	负责人	工作单位	项目类别	立项经费
18	21YJC710014	以色列基布兹社会主义的实践与理论研究	陈艳艳	哲学与社会发展学院	人文社会科学研究青年基金项目	80000
19	21YJC710020	新时代中国共产党国际形象塑造研究	傅辰晨	马克思主义学院	人文社会科学研究青年基金项目	80000
20	21YJC760012	基于量化分析的新世纪中国电影叙述结构与产业互动研究	丁晋	文学院	人文社会科学研究青年基金项目	80000
21	21YJC770006	近代西人对中国边疆的史地书写与路径演变研究	崔华杰	历史文化学院	人文社会科学研究青年基金项目	80000
22	21YJC790120	基于性别规范的女性劳动供给增加机制：一项实验研究	王乙杰	政治学与公共管理学院	人文社会科学研究青年基金项目	80000
23	21YJC790156	深化金融供给侧结构性改革背景下金融二元体系的历史起源与经济效应研究	张博	经济学院	人文社会科学研究青年基金项目	80000
24	21YJC630028	青少年网络游戏成瘾和抑郁症状的共病模式及风险预警研究	高婷婷	公共卫生学院	人文社会科学研究青年基金项目	80000
25	21YJC630060	互联网医疗重塑城乡医疗健康不平等的效应、机制与助推策略研究	李佳佳	公共卫生学院	人文社会科学研究青年基金项目	80000
26	21YJC630076	供给侧结构性改革背景下僵尸企业的动态治理机制研究	刘锋	商学院	人文社会科学研究青年基金项目	80000

续表

序号	批准号	项目名称	负责人	工作单位	项目类别	立项经费
27	21YJC630084	考虑滞后效应的城市医联体资源配置时空演化规律研究	刘伟波	管理学院	人文社会科学研究青年基金项目	80000
28	21YJC630119	电商物流企业可循环快递包装的资源配置与运营优化研究	孙虹	商学院	人文社会科学研究青年基金项目	80000
29	21YJC890021	消费嵌入性视角下城市居民参与型体育消费的家庭约束与纾解路径研究	马培艳	管理学院	人文社会科学研究青年基金项目	80000

附件 3

新增非实体科研机构

序号	机构名称	负责人	依托单位
1	山东大学课程思政教学研究中心	樊丽明	本科生院
2	山东大学金融标准化研究中心	戚桂杰	商学院
3	山东大学癌症防控与政策研究中心	孙杰	公共卫生学院
4	山东大学交叉法学研究院	周长军	法学院
5	山东大学海洋考古研究中心	姜波	文化遗产研究院
6	山东大学全球治理与国际组织研究中心	秦亚青	政治学与公共管理学院
7	山东大学非物质文化遗产研究院	张士闪	儒学高等研究院
8	山东大学语言科学实验中心	马文	文学院

附件 4

山东大学人文社会科学创新团队（第一批）

序号	团队名称	依托单位	负责人
1	中华三千年文学传统创新团队	文学院	杜泽逊
2	中华文明的形成与发展创新团队	历史文化学院（文化遗产研究院）	方辉

续表

序号	团队名称	依托单位	负责人
3	儒学当代阐释与中国话语体系建构创新团队	儒学高等研究院	黄玉顺 王学典
4	政党政治比较研究创新团队	马克思主义学院	王韶兴
5	产权理论与制度经济学研究创新团队	经济研究院	黄少安
6	全面依法治国战略实施中的数据运用与数据治理创新团队	法学院	周长军

附件 5

“百廿山大·名家讲坛”系列学术活动

序号	会议名称	主办/承办单位	举办时间
1	研究中国问题 讲好中国故事	人文社科研究院、研究生院和党委研究生工作部、北京研究院	2021-04-22
2	中国创新发展的成就与难点	人文社科研究院	2021-05-14
3	作为方法论的“文学图像论”	人文社科研究院、文艺美学研究中心	2021-05-27
4	人口健康科学数据资源整合与共享	人文社科研究院、体育学院	2021-05-28
5	习近平关于科技创新的重要论述与新时代建设创新型国家的中国道路	人文社科研究院、哲学与社会发展学院	2021-06-08
6	什么是文科——现代知识的形塑与体系	人文社科研究院、威海校区科研处、文化传播学院	2021-06-29
7	新文科、高品质学术期刊与学者治学	人文社科研究院、研究生院和党委研究生工作部、《山东大学学报》（哲学社会科学版）编辑部、北京研究院	2021-07-02
8	历史阐释的基本理论问题	人文社科研究院、研究生院和党委研究生工作部、《山东大学学报》（哲学社会科学版）编辑部、北京研究院	2021-07-07
9	史前文明摇篮及其对周边地区的长久影响——今天一地之兴旺与四千多年前的关系	人文社科研究院、经济研究院	2021-07-22
10	建设新发展阶段的共同富裕社会	人文社科研究院、哲学与社会发展学院	2021-10-15
11	学习贯彻习近平法治思想	人文社科研究院	2021-10-15

附件 6

国家社会科学基金社科学术社团主题学术活动资助项目（单位：元）

序号	批准号	项目名称	负责人	工作单位	项目类别	立项经费
1	21STA037	义和团运动西文文献的翻译、整理与研究	胡卫清	山东大学历史文化学院、中国义和团研究会	课题研究类	200000
2	21STA038	墨学思想及其当代价值研究	姜宝昌	中国墨子学会	课题研究类	200000
3	21STB068	“鲁班文化与工匠精神”鲁班文化学术研讨会		中国墨子学会	学术会议类	100000
4	21STB075	“中国古代农村治理”学术研讨会暨中国农民战争史研究会年会		中国农民战争史研究会	学术会议类	100000
5	21STB033	“元代典籍与历史文化学术研讨”中国历史文献研究会年会		中国历史文献研究会	学术会议类	200000

国际合作（港澳台事务）

国际事务部（港澳台事务办公室）按照学校党委的总体部署，聚焦学校中心工作和重点任务，系统推进落实国际化战略规划，以百廿校庆为契机，多种形式开展全球交流合作，提升学校全球影响力，成效显著。

一、主要工作举措和成效

（一）党建先行，加强国际化工作系统谋划

以习近平新时代中国特色社会主义思想为指导，扎实开展党史学习教育，深入学习领会党的十九大和十九届二中、三中、四中、五中、六中全会精神及习近平总书记系列重要讲话精神，强化学习实效，注重观照现实。与教育部国际司（港澳台办）党总支、学校党委宣传部、数学学院、国际教育学院等开展联学联建活动，将党史教育学习同总结经验、推动工作有机结合。

坚持党建引领发展的思路，做好党建与业务融合，结合学校十四五规划和新一轮学科建设规划，升级国际化战略规划 2025，聚焦重点，凝练特色，为学校下一步国际化

发展做好谋划。

（二）内涵建设，提高学生培养国际化水平

创新组织形式，持续推进“国际学分”计划。年内开展线上线下海外经历项目200余个；暑期共开设海外师资课程204门，5398名学生累计选课8030门次，参与学生人数较去年增长88.97%；获批教育部高端国际人才培养计划——“亚洲校园”第三期项目；创新型人才国际合作培养项目2项、国别区域研究人才支持计划1项，累计项目数居全国前列。

落实趋同化管理，全力推进国际学生各项工作提质增效。国际学生趋同化管理工作取得阶段成效，学生联谊会及社团管理等相关制度逐步健全，工作机制基本完善；出台《山东大学提升国际学生招生质量工作方案》，严把国际学生招生质量；“荟萃导师”国际学生招生队伍力量进一步加强，新增报名导师92人，总量达248人；加强招生拓展，年内先后参与24场线上线下宣讲活动，本年共录取国际学生1067人。

（三）紧抓落实，外专引智助力学校中心工作

完善疫情防控常态化下的外专引智项目组织管理工作，发布山东大学引智项目工作指南；做好外籍专家引育保障工作，续聘多位海外名誉教授，4位外籍专家获省级荣誉称号；以“国际科研合作种子基金”为抓手，成功培育2021年1个科技部“学科创新引智基地”，种子基金孵化作用日益凸显。

（四）提升能力，加强外事队伍建设

与牛津大学、南洋理工大学等开展教师、管理岗位线上培训研修，组织哈佛燕京学社、韩国高等教育财团等高端访问学者项目；发布《山东大学国际交流专员聘用管理办法》，完善学院涵盖外事副院长、外事秘书、国际学生辅导员的外事工作队伍，为“强院兴校”赋能。

（五）规范管理，稳妥推进孔子学院工作

完善工作体制机制。在学校党委进一步加强孔子学院建设意见基础上，出台有关中方院长和教师队伍建设的系列文件，编制孔子学院专项经费管理办法，建立孔子学院多方协同工作机制，发挥“学校办孔院”的主体作用。

妥善推进转隶工作。坚持“一院一策”，已先后完成4所孔子学院转隶协议签署工作；加强孔子学院中方院长及储备干部、教师、志愿者等多支队伍建设，15人进入中方院长储备队伍。

（六）服务师生，优化国际化支撑保障体系

完善教职工因公出国（境）申报审批系统和学生境外交流项目管理系统，进一步落实“两不出”要求；改版部门网站和国际学生招生中英文网站，提供各项工作流程的图示化说明；根据疫情发展及政府防控政策变化情况，及时调整更新学校师生医务员工的出国（境）审批和外籍（及港澳台）师生的返校入校规程。

二、工作亮点

（一）圆满完成百廿校庆重点工作

高标准做好规划筹备。按照打造文化校庆、学术校庆、开放校庆总体要求，与学校

相关部门和学院主动对接，协同联动，形成以“全球大学校长论坛”为主线，文理工医各领域学术论坛以及全球友好学校交流周并行的“1＋N”国际交流系列活动工作方案。

高质量实施“1＋N”系列活动。依托学校全球合作伙伴网络，邀请耶鲁大学等17位全球知名大学校长参加“全球大学校长论坛”；联合齐鲁医学院、数学学院、软件学院、历史文化学院、人文社科研究院等学院和校内机构共同举办涉及文、理、工、医等领域的6个系列国际学术论坛；40余所境外友好高校参与“全球友好学校交流周”，有力拓展学生海外经历渠道。

高水准策划宣传报道。与国际著名学术期刊 *Science* 合作，协同推出山东大学校庆专题报道并出版校庆学科发展专题特刊，相关报道推文点击量突破10万次；联合学校宣传部在学校网站、新媒体平台、部门公众号等发布校庆国际交流系列活动的各类报道10余篇，以校长论坛为主线的国际交流系列活动得到中央电视台、新华社、学习强国、《中国教育报》、《中国日报》等20余家中英文主流媒体的持续关注报道，提高了校庆活动的国内外影响力。

（二）夯实扩大全球合作“朋友圈”

借百廿校庆之机，邀请全球110余所友好高校以各种形式参与学校系列国际交流活动，巩固与全球友好学校的关系。在全球疫情持续影响情况下，主动作为，创新形式，与境外高校及研究机构新签合作协议11份，主动拓展与南安普顿大学、诺丁汉大学等全球高水平大学的合作关系，其中与香港中文大学签署的战略发展与学术合作协议，是山东大学同香港高校开展实质性合作的新突破；参加2021年“一带一路”国际医学教育联盟、中德国际医学教育联盟，申请加入联合国可持续发展解决方案网络。

（三）优化港澳台学生管理服务

修订发布《山东大学关于招收和培养香港特别行政区、澳门特别行政区及台湾地区学生的办法》，进一步落实趋同化要求，优化各环节的教育管理服务；指导成立港澳台学生发展协会，组织开展就业创业、志愿服务、国情考察等各类活动，有效提升港澳台学生群体凝聚力，成为做好港澳台学生工作的有力抓手。

（阎啸）

财务管理

在学校党委领导和机关党委具体指导下，财务部紧紧围绕学校工作要点，扎实开展党史学习教育活动，一手抓事业发展，一手抓疫情防控，全力保障学校事业高质量发展。

一、狠抓预算执行，不断增强财务保障能力

稳妥发挥财政主渠道作用，主动对接各级政府部门，以服务换资源，争取各级各类政府拨款，强化预算分析，推动各单位落实收入执行责任，强化资源统筹，扩大学校可用财力，2021 年学校决算收入实现 128.72 亿元（含非财政拨款结余和上年结转结余 41.85 亿元），其中当年实现 86.87 亿元，较上年增加 12.19 亿元，增长 16.33%。持续优化支出结构，明确支出保障重点，科学处理运行与发展的关系，强化一流建设保障，兜牢民生底线，统筹考虑存量规模与新增预算需求，盘活“双一流”建设经费存量资金，学校决算支出 128.72 亿元（含结余分配与年末结转结余 42.08 亿元），其中当年支出 86.64 亿元，较上年增加 11.85 亿元，增长 15.85%。

2021 年学校财务预算执行较为圆满地实现了三个目标：一是学校事业收入实现连续增长；二是学校当年决算收入实现规模再上新台阶，首次迈入 80 亿元大关；三是全年预算执行率几近 100%，学校事业发展规划与财务预算方案科学合理并高度契合。

二、以巡促改，不断完善财务治理体系

扎实推进巡视整改工作，将中央巡视整改与教育部专项审计整改相结合，切实把巡视整改抓紧抓好。强化顶层设计，出台《山东大学关于新时期加强财经工作的若干意见》和《山东大学财务管理办法》，从学校发展大局出发，为新时期财务制度体系建设指明了方向，为统筹指导学校财务管理工作提供总体遵循。坚持问题导向，出台一系列重点领域的重要制度，为各领域财务管理工作提供了全面的指导。规范财务运行，起草多项具体制度，为提高财务管理规范化、科学化和精细化水平提供制度依据。创新一校三地财务管理体制，结合学校一校三地发展阶段和威海校区办学实际，出台“运行靠自筹，发展靠统筹”的实施意见。优化深化内部控制建设，坚守底线思维，制定《山东大学内部控制工作优化方案》，落实“八个同规划同部署”思路，分阶段、分步骤、积极稳妥推进学校内部控制建设，以内部控制的精准化管理防范风险。加强后勤财务管理，出台饮食、交通、幼教三个中心运行管理办法，规范后勤各中心经济活动。

三、以预算和预算绩效为突破口，提高财务治理能力

深化校院两级预算管理体制改革，构建校拨经费预算体系，加大学院预算统筹使用力度；按照“基础+重点+引导”的原则科学配置“双一流”资源体系，打包下拨至各学院统筹使用，推动综合预算改革落地实践。全面推进预算绩效管理，在修订的《山东大学预算管理办法》中加入预算绩效管理内容，将预算绩效全过程嵌入预算管理全链条，强化预算绩效与预算管理的一体化；起草《山东大学预算绩效管理办法》，明确职责分工与管理环节；制定《山东大学预算绩效管理指引手册》，提供实操指南；组建预算绩效管理专员队伍，加强工作统筹协调；开展教学业务费、电费使用专项绩效评价，为学校预算安排、政策完善和管理提升提供参考依据。

四、深化会计服务创新，提高财务运行能力

成功上线“山大财务通”，构建财务问答知识库，建立支持电脑、手机全平台的智能问答服务系统，实现全天24小时的财务自动应答服务，提升师生服务体验。持续推进会计凭证影像化，实现会计档案线上查阅。深化业财融合，完成财务系统与办公耗材系统的对接，升级其与资产管理、科研管理等业务系统的对接，实现财务工作向前端业务的延伸。完善财务数据安全管理措施，建立凭证影像档案、银行电子回单等财务数据的备份和灾后恢复机制，提高财务系统在数据传输、存储、使用中的安全性和可靠性。贯彻落实《国务院办公厅关于改革完善中央财政科研经费管理的若干意见》，赋予科研人员更大自主支配权。优化结余资金管理，盘活科研存量资金，切实提升结余资金使用效益。

五、完善采购制度体系，促进采购管理迈上新台阶

修订《山东大学采购管理实施办法》，明确学校采购管理层级，进一步完善“招标采购管理中心、归口部门、基层单位”三级采购管理运行机制。组织全校采购专项检查，查找招标采购工作中存在的薄弱环节，形成《招标采购工作重点抽查报告》。做好重点项目采购工作，开展一校三地校园物业信息摸排，首次完成一校三地校园物业招标等项目采购工作。持续推进采购信息化建设，推行电子开评标方式，采购全流程电子化实现阶段性目标。2021年完成采购项目608项，实际采购金额13.25亿元。

（管文卿）

审计工作

审计工作在教育部和学校党委的坚强领导下，以习近平新时代中国特色社会主义思想为指导，深入贯彻落实习近平总书记关于审计工作的重要讲话和指示批示精神，主动适应新形势，准确把握新职能定位，忠诚履行审计职责，着力构建以风险为导向、以控制为主线、以治理为目标、以增值为目的的内部审计模式，不断提升审计效能，在促进依法治校、完善内控、规范管理、防范风险、提高效益等方面发挥了重要作用。

全年共完成各类审计项目637项，审计资金194亿元，发现问题182项，提出审计建议并被采纳115条，为学校节约和挽回资金损失2996万元。

一、坚持政治引领，不断加强自身建设

（一）组织领导坚强有力，全面推进审计工作

1. 学校高度重视审计工作。召开审计委员会第二次全体会议，深入学习贯彻习近

平总书记关于审计工作的重要指示批示精神、全国审计工作会议精神和上级部门关于内部审计工作的新规定、新要求，研究部署审计工作，引领审计融入学校发展大局，将审计工作成效转化为学校治理效能。学校多次听取审计工作汇报，专题研究并推动解决审计发现的问题。

2. 持续打造“主题年”系列品牌。2021 年作为“提质增效年”，突出“落实·创新·突破”工作基调，在“细、深、实、严”上下功夫，以贯彻落实国家重大政策措施为主线，聚焦重点领域，紧盯重点事项，在审计方向确定、过程管控、查核分析问题和审计建议上更精准，审计管理更精细。注重体制机制层面揭示深层次问题，分析原因，提出建议，提高审计结果的可读性、可用性和有效性。

（二）抓实党史学习教育与工作推进“结合文章”

1. 加强政治建设。努力打造学习型、创新型、服务型基层党组织，以党的创新理论武装头脑、指导实践、推动审计工作。党建与业务深度融合、同频共振，围绕党史学习教育组织开展多种形式的集中学习、专题研讨和主题党日活动，开展“支部建在项目上”党建活动，充分发挥了党支部战斗堡垒作用和党员先锋模范作用。

2. 落实学校党委部署。把中央巡视和审计整改作为促进党和国家政策措施落地见效、抓实党史学习教育的重要举措，推动实现揭示问题和解决问题的有机统一，以扎实的整改成效彰显对党忠诚、对师生负责的政治担当。

3. 深入推进“我为群众办实事”。将党史学习教育同解决实际问题结合，持续巩固深化机关作风建设成效，开展审计整改“网上办”，让信息多跑路、师生少跑腿，提高质量和效率；为学校与审计署济南特派办合作牵线搭桥，促进双方建立审计学科教研与审计实践合作机制；落实“三全育人”工作要求，与毕业生开展就业教育座谈，服务学生成长成才。

（三）创新服务发展，推进审计制度化、协同化、信息化

1. 持续推进制度建设。认真学习贯彻党和国家有关审计工作一系列文件精神，全面梳理学校内部审计制度文件，构建层次清晰、简明适用的制度框架体系，起草了学校内部审计系列制度，为审计工作规范开展提供制度保障。

2. 构建一体协同、上下贯通、左右联动、执行有力的审计监督体系。实施《山东大学关于建立健全监督协同机制的工作方案》，与纪检监察、巡视、督查等部门建立工作联席会商、线索综合研判、信息互通共享、重要事项共同实施、整改跟踪共同推进等工作机制，充分体现了“政治体检＋经济体检”的叠加效应。紧扣学校一体化发展战略，落实《审计工作一校三地协同工作体制机制实施方案》，形成“统筹谋划、协同推进、各司其职、紧密合作”的审计工作格局。引入社会审计力量辅助开展审计，建立“购买服务＋管理”的模式，加强管控考核，确保审计质量。

3. 持续践行科技强审。深入推动数字化审计平台运用和信息化二期建设，2021 年建成了内控评价、审计整改模块。在谋划开展“深化审计整改，加强风险排查”专项行动时，充分利用信息化手段，在审计信息系统中开发审计整改模块，实施“一平台、一闭环”管理。多次在内审工作会议上交流经验，2021 年获评山东省委网络安全和信息化委员会办公室“全省信息化优秀案例”。

（四）打造高素质专业化队伍

自觉践行习近平总书记“以审计精神立身、以创新规范立业、以自身建设立信”的要求，弘扬“敬业、严谨、扎实、优质、高效、廉洁”的工作作风，形成了团结和谐、积极向上、干事创业的良好氛围。加强理论学习和实践锻炼，坚持“学中干、干中学、审中思、审中研”，定期组织业务研讨，参加上级部门组织的各类培训20余人次。2021年，审计处再获“山东省教育审计先进集体”，4人获评山东省内部审计和山东省教育审计先进个人，10多项课题和论文在中国教育审计学会、山东省内部审计师协会、山东省教育审计学会评比中获奖。

二、忠诚履职尽责，提升监督服务效能

（一）以钉钉子精神做实整改“后半篇”文章

高度重视巡视和审计发现问题的整改工作，从做到“两个维护”、践行“四个落实”的高度，推动巡视整改、专项审计整改和内部审计整改贯通融合，打好整改“组合拳”。

1. 深入落实教育部专项审计整改。针对教育部财政财务收支专项审计发现的问题，学校自现场审计结束后即组织立审立改。接到专项审计报告后，学校高度重视，成立审计整改领导小组、专项工作组和监督检查组，形成上下联动、合力整改的工作格局。通过立审立改和强化整改，专项审计发现问题，除1项因政策方面原因外全部完成整改。

2. 全力配合中央巡视工作，坚决扛起整改责任。牢固树立“一盘棋”思维，统筹一校三地和附属医院审计部门配合中央巡视、推进问题整改，推动各项工作有效衔接、有机融合、有序开展。针对中央巡视指出的“审计发现的一些问题未整改到位”问题，落实党委部署，促进贯通融合，一体推进巡视整改、上级审计和内部审计发现问题整改，推动解决了一批长期遗留的重点难点问题。

3. “深化审计整改，加强风险排查”专项行动成效显著。按照学校党委部署，以“强管理、防风险、促发展”为目标，全校总动员，组织开展了“深化审计整改，加强风险排查”专项行动。专项行动领导小组由书记、校长任组长，系统谋划，总体部署，设十四类工作专班，建立工作网络和责任体系。对学校5年来所有内外部审计问题进行整合，实行清单制、项目制和责任制管理，利用信息化平台动态跟踪，协调推动和督促检查，实行对账销号、闭环管理，确保件件事项有着落，条条措施有落实。通过铁腕整改，对所有内外部审计问题进行彻底清理，推动解决了一批难点堵点、长期未决问题，真正解决“顽瘴痼疾”。在落实审计整改的同时全面开展风险排查，形成主要风险提示清单，指导各单位深入剖析挖掘潜在问题和风险隐患，加强预警提醒，推动揭示问题和解决问题的有机统一，发挥审计“治已病、防未病”作用。

（二）锚定主责主业，不断提升监督服务效能

学校审计工作坚持全面审计，突出重点，根据审计工作新形势、新要求，合理配置审计资源，扎实服务学校改革发展，内部审计监督效能不断提升。

1. 加强审计项目和审计组织方式两统筹。探索融合式、嵌入式、“1＋N”等审计

模式，推进预算管理审计、综合管理审计、内部控制审计等与经济责任审计融合开展20个项目，有重点、有步骤推进周期内审计全覆盖，有助于审计综合效能的发挥。一是实现经济责任审计规范化、常态化，坚持党政同责同审，任中审计和离任审计相结合，开展17位领导人员经济责任审计。二是在对齐鲁医学院领导人员进行经济责任审计的同时，开展对医科方面的预算管理审计；在对护理学院领导人员开展经济责任审计的同时开展内部控制审计。三是在对校属企业教育服务公司领导人员开展经济责任审计的同时，对该企业成立以来开展综合管理审计。

2. 工程审计向造价控制和工程管理并重转型。以“促进完善内部控制、促进落实管理责任、促进提高资源绩效”为目标，对基本建设项目和重大修缮项目实施跟踪审计，加强内部控制、招标清单和控制价、施工合同、设计变更、现场签证、隐蔽工程、竣工结算等关键环节的审计监督，及时出具工程管理建议书，在传统造价审计的基础上逐步向管理审计转型发展。工程结算审计项目全部实施现场复核，抽查工程量，严把质量关，针对突出问题和苗头性、倾向性问题提出建议并限期整改，加强对工程审计发现问题的汇总分析和原因挖掘，做好提醒服务，提高单位责任意识和管理水平，发挥了及时性和建设性作用。

3. 全方位加强审计监督。一是关注重大专项开展审计，提供及时精准服务。如：对学校大型活动费财务收支及项目管理情况开展专项审计调查，开展学校工会经费预算执行和财务收支审计。青岛校区开展对重大项目的专项审计，威海校区开展校区2020年度财务收支和内部控制审计、合作办学项目专项审计、中央八项规定精神执行情况审计等。二是强化监督协同，配合纪检监察部门，对一些重点领域开展专项核查，关注重点业务和关键环节，加强监督指导，切实促进单位完善治理，防范重大风险，为学校提供决策依据。三是在合同会签、银行对账单审核、科研经费结题审签等方面，积极发挥审计监督服务作用，保障学校利益。

4. 强化责任担当，主动服务大局。积极配合完成上级部门和学校交办的各项工作。作为学校迎巡工作专班审计组，以高度的政治责任感，做好相关材料组织准备，并积极推进整改落实。受教育部委托组成审计组，圆满完成了对教育部某单位领导人员的经济责任审计。配合做好教育部开展的一些领域腐败风险专项清理整顿工作，派出骨干力量参加现场核查。派出骨干力量参加教育部党组的巡视等工作。各项工作都得到了上级部门和学校各方面的充分肯定，展现了审计人员良好的精神风貌和过硬的素质能力。

（于聪聪）

资产与实验室管理

一、基本情况

2021年学校资产总值为161.94亿元，较上年增长7.27%；负债35.29亿元，较上年增长33.71%；净资产126.41亿元，较上年增长1.66%。其中，流动资产50.97亿元，固定资产84.59亿元，长期投资10.25亿元，在建工程14.57亿元，无形资产2953万元。

二、重点工作

1. 扎实推进党史学习教育走深走实。深入学习贯彻习近平新时代中国特色社会主义思想、“七一”重要讲话、十九届五中及六中全会精神等，将学习成果转化为坚决听党指挥的政治忠诚。以师生满意度为标准，将“我为群众办实事”常态化，小切口解决大问题，深入开展实地调研，完成了实验技术人员职业能力提升、危险化学品管理提质增效、国有资产管理意识水平提升、山东大学电子显微中心建设、校园美育空间建设、千佛山单身教师公寓条件提升6项师生反映的“急难愁盼”问题。

2. 以巡促治完善制度体系建设。将巡视整改任务、党史学习教育检视自查、教育部专项审计、“四个领域”清理整顿、内部风险排查五项工作全面梳理、统筹推进，完成了牵头任务和查摆问题的集中整改，并明确了长效计划。2021年已修订及出台《山东大学国有资产管理办法》重要制度1项、《山东大学实验室技术安全管理办法》等具体制度13项，进一步明确了国有资产归口管理的体制机制，健全了实验室全过程管理的制度体系，加强对制度执行的常态化监督，切实将法治思维融入资产与实验室管理全过程。

3. 着力提升支撑能力和保障成效。一是充分发挥国资委监管决策职能和经资领导小组决策作用，召开一校三地国有资产管理工作培训会，开展全校固定资产及科技成果年度盘点，规范校庆期间实物资产捐赠管理。二是不断优化并落实新增空间申请审批、过程监管、考核评价等机制，先行释放新一代半导体研发楼、文史楼、实验动物中心楼约2万平方米空间，完成山大北路、华特广场等3万余平方米空间使用协议签署，积极推进美里湖及市中区科研空间使用建设。到一线了解师生诉求，摸清空间需求，现场办公解决难题，如冷冻电镜平台空间腾空、教师公寓环境整治、配置空间建设“春晖驿站”等。三是统筹一校三地大型设备资源配置并与财务预算相结合，2021年购置设备1.29万台套约2.28亿元，论证2022年大型设备5.35亿元。完成教育部和学校2020/2021学年大仪使用效益考核，深化与国家网络管理平台对接并在科技部大仪开放共享考评中连续四年保持优良成绩。建成并启用电子显微中心，加快推进冷冻电镜结构解析平台建设，完成设备及场地建设招标工作。四是持续推进实验室共用共享，建设智慧学习工场等 4 个高质量实验教学共享平台，5 门虚拟仿真课程获评省级一流课程，7 门参评国家级，校企联合共建 7 个校级合作实验室，实验室建设质量进一步提高。构建了“1＋2＋N”实验技术队伍培育体系，全年开展能力提升培训 8 次，培养实验技术人员全口径、多层次的知识体系和专业能力。

4. 安全治理筑牢事业发展根基。落实“1＋5＋N”三级安全教育培训和“三级三查”制度，开展教育部检查 1 次、校级检查 2 次、专项检查 4 次，协同政府相关部门检查 16 次，安全督导 160 次，安全隐患已全部完成整改销号，紧扎管理闭环。投入安全运行保障经费 1971 万元，新聘安全督导员 30 人，加强实验室安全基础设施保障和专业性指导。实现危险化学品“一瓶一码一人一账”动态管理，线上采购并通过二维码建立电子台账，精准把握危险源分布情况，做好风险防控。转运处置危废 235.22 吨、动物尸体 14.27 吨，涉辐实验室配备安全报警器，严把重点领域安全关。

三、突出亮点

1. 圆满完成校属企业体制改革任务，成为首家百分百校企改革完成的教育部直属高校，启动科技创新成果转化基金，鸥玛软件成功登陆深交所创业板，进一步擦亮“山大校企系”品牌。

2. 投入 8000 余万元，建成并启用电子显微中心，将学校显微成像技术推至原子水平，并启动冷冻电镜平台建设。

3. 拓展美里湖空间、山大北路空间，支撑学校创新创业和科研空间。

4. 实验室技术安全形成资料“两标准两严格”、整改“三明确两保障”、监督“三回头”的隐患整改闭环管理。

5. 成功召开 2020～2021 年实验室工作会，总结“十三五”以来工作成效经验，明确“十四五”时期实验室工作三大形势、五大重心、三大要求。

（包婵婵　陈美方）

基本建设

基建部在学校党委和行政的统一部署和领导下，扎实开展工作，努力克服疫情影响，高质量完成了 2021 年度基建工作任务。

一、加强党支部建设，筑牢坚强战斗堡垒

坚持党要管党、全面从严治党，认真抓好基层党建工作。以习近平新时代中国特色社会主义思想为指导，增强“四个意识”、坚定“四个自信”、做到“两个维护”。积极贯彻落实学校党委和机关党委决策部署，坚持党对一切工作的领导，以党的政治建设为统领，着力深化理论武装，统筹推进支部规范化建设。根据各级党委安排，高标准、高质量完成党史学习教育各项任务。通过视频会议、观看警示片、个人自学、开展主题党日活动等方式，不断提高管党治党水平，做到党建和业务两促进，提升工作效率。基建党支部完成换届，保证了战斗力持续更新。

二、坚决打赢疫情防控阻击战，狠抓建筑工地安全工作

统筹抓好疫情防控和安全生产工作，坚决做到疫情防控和安全生产两手抓、两不误。加强组织领导，坚决扛牢疫情防控政治责任，全面贯彻落实“零报告、日报告”制度，建立施工现场疫情防控长效机制。坚持“安全第一，预防为主，综合治理”的原则，成立在建工程安全生产检查巡视小组，组长由基建部部长担任，副组长由副部长担任，小组成员由基建部工程技术人员组成，强化责任落实，切实做好基本建设施工管理，杜绝各类安全事故发生，维护校园安全，各建设项目无任何安全事故发生。

三、精细管理提升治理水平，高质量推进校园基本建设

1. 有序推进各项工程建设。中心校区新一代半导体研发中心项目，建筑面积约11965平方米，计划总投资7500万元，于2020年5月开工建设，2021年6月竣工。中心校区文史楼改造项目，建筑面积约10022.61平方米，计划总投资3700万元，于2020年9月开工建设，2021年11月竣工。千佛山校区创新大厦一期报告厅装修项目，建筑面积约1569.91平方米，计划总投资910万元，于2020年9月开工建设，2021年10月竣工。趵突泉校区体育场改造项目，建筑面积约52920平方米，计划总投资28670万元，于2021年1月开工建设，2021年12月竣工。趵突泉校区动物实验中心项目，建筑面积约12813平方米，计划总投资15896万元，于2019年4月开工建设，2021年5月竣工。趵突泉校区小礼堂加固改造项目，维修改造建筑面积约546平方米，计划总投资267.9万元，于2021年9月开工建设，2022年1月竣工。

基建部严把工程质量，严控投资支出，加大“精品工程”培育力度，千佛山校区工学教学科研综合楼工程项目荣获济南市建筑工程“泉城杯”奖、山东省建筑质量“泰山杯”奖、华东地区优质工程奖、国家优质工程奖；趵突泉校区动物实验中心工程项目荣获济南市优质结构杯奖、山东省优质结构杯奖、济南市安全文明示范工程称号、济南市标准化现场管理工程称号。

2. 做好已竣工项目的结算审计、尾款支付，配合有关部门完成资产转固工作。

3. 切实做好百廿校庆筹备工作。克服施工困难，加快推进工程进度，于学校120周年校庆前完成趵突泉校区南大门的施工，保障师生出行安全顺畅。在文史楼加固改造工程设计、施工过程中，加强与使用管理部门的沟通，及时征求意见并进行调整，顺利

完成加固改造工作，积极推动校史馆、校友馆建设校庆前如期开馆，为校庆活动创造优美环境和良好条件。

4. 积极配合龙山校区（创新港）建设工作。协助完成龙山校区总体概念设计招标工作，为下一步项目加速开展打下基础。

5. 配合完成校园消防中控室整合规划。

6. 不断提升服务水平，及时安排维修服务及绿化工程养护，提升师生满意度。

7. 完善手续办理和资料归档。向学校档案馆归档移交基建部 2020 年度文件材料（含电子档案），向学校档案馆归档工程竣工档案，向市城建档案馆归档移交声像资料及电子档案。完成 2017 年以来竣工项目档案数字化加工招标，为完善学校档案馆电子文件及信息化平台提供支撑，荣获山东大学 2021 年度档案工作先进单位。

四、统筹一校三地基建工作，形成高效工作运转机制

1. 不断深入落实学校一体发展战略，制定基建部一校三地一体化发展实施方案，进一步完善一校三地管理体制和运行机制，加快推动强院兴校行动落地见效。

2. 认真落实学校现代大学制度体系建设工作部署，不断完善基本建设制度体系，于 2021 年 12 月 24 日完成学校基本建设管理办法的修订工作，印发《山东大学基本建设管理办法》。

3. 完成 2021 年基建投资计划、调整计划和下年建议计划的编制、汇总及 2022 年中央预算内投资申报工作。统筹完成威海校区、青岛校区的立项、投资等工作。

4. 顺利完成基建资金使用任务。2021 年度完成基本建设投资 55233 万元，其中教育部投资 7310 万元，自筹及其他投资基建经费 47813 万元，地方政府 110 万元。2021 年完成修缮改造投资约 4034 万元。

5. 完成基建工作信息化平台建设方案。结合学校一体化发展和规章制度建设的工作部署，已完成基建工作信息化平台建设，并对济南、威海和青岛基建管理人员完成培训。

（荆子婴）

后勤服务

在建设世界一流大学、加快推动学校实现“由大到强”历史性转变的进程中，后勤保障部以师生需求为导向，以支撑学校高质量发展为目标，推进服务保障工作提质增效。

一、巡视整改，见行见效

针对巡视反馈意见，聚焦6个方面，举一反三查摆33项问题，结合工作实际，厘清责任清单，分级落实，加强重点领域、关键环节的监督检查，推动巡视反馈意见全面整改、落实落细，巡视整改取得阶段性实效，其中，公租房房租收缴、修订《山东大学修缮工程管理办法》等12项已完成，完善内控体系建设等21项需长期坚持。

中心校区南院危房拆迁改造取得实质性突破。11月17日，历城区住房和城乡建设局发布并张贴山大南院危房地块房屋征收冻结公告，项目征收工作正式启动。

二、党建统领，学史力行

（一）扎实开展党史学习教育

后勤保障部党委制定《后勤保障部党委党史学习教育方案》，成立党史学习教育领导小组，明确目标要求、学习内容和工作安排。认真学习习近平总书记在党史学习教育动员大会上的重要讲话和《论中国共产党历史》等4本指定学习材料；组织全体党员群众集中学习习近平总书记“七一”重要讲话、给《文史哲》编辑部全体编辑人员重要回信和给全国高校黄大年式教师团队代表的回信精神，并交流心得体会。组织理论学习中心组学习11次，结合服务保障业务领域，开展“发挥物业监管效能 提高物业服务品质”“后勤保障部‘三全育人’模式构建与实施路径探讨”等9次“学史力行”系列学习研讨；党委书记、党委委员、党支部书记分别联系党支部讲党课29次；组织专题党务工作培训6次。15个基层党支部严格按照学校党委要求完成“党史学习教育专题组织生活会”。通过学习，后勤党员干部感悟伟大建党精神，增强责任担当，推动党的建设和思想政治工作与服务保障工作深度融合、同向共进。

（二）落实“我为群众办实事”

后勤保障部党委聚焦师生“急难愁盼”，以问题和需求为导向，建立《“我为群众办实事”重点项目推进清单》19项：完成改善公共教室空调舒适度、公共教室多媒体设备更新、改善教学科研条件、改善学生生活条件、社区物业招标等18项；动态调整移出1项。

（三）探索后勤育人路径

开展窗口一线工作人员“微笑服务行动”；与“权小益”建立微信群，增强服务互动性；与校学生会、研究生会联合开展济南各校区物业服务考评，在服务中发挥育人功能。开展扫雪除冰、落叶清扫等劳动实践活动；联合新闻传播学院党委共建“新心向荣”小农场；开设“美食工坊”“烘焙工坊”“咖啡工坊”等暑期学校精品课程，引领学生扎实开展劳动教育。因地制宜，试点建设“五人制”足球场及环形步道，推动体育育人。

三、治理能力，不断提升

（一）加强制度建设

制定以《关于推进后勤服务保障工作提质增效的实施意见》为统领的“1＋N”制

度体系。

（二）推进一体发展

推进“一校三地”服务保障工作协同发展，召开“一校三地”能源管理专题会议；统一“一校三地”物业服务标准、物业标识系统、物业考核评价。

（三）加快信息化建设

推进能源管理平台二期项目建设、修缮类项目管理平台和教职工房改信息管理系统搭建。

（四）落实能力提升方案

开展工程、能源、宣传等专题培训，参训人员1500余人次。

四、服务保障，跨越发展

（一）条件改善，提升师生幸福感

整体改造中心校区董明珠楼等6栋楼宇，更新79间学院自管教室多媒体，教学科研条件进一步提升；整体改造中心校区学生公寓2号楼等6栋老旧学生公寓，改造沟槽式卫生间150间，封装阳台12925平方米，粉刷新生宿舍15万平方米，学生生活条件进一步改善；完成中心校区大成广场、稷下广场、体育馆周边环境提升，改造道路及边角绿化2.8万平方米，校园环境品位进一步提升。

（二）品质提升，增进师生获得感

1. 餐饮服务解难题。采取增加保温柜等措施解决饭菜保温难题；开展“食堂菜谱我来定”活动，破解校区供餐不平衡难题；完成餐厨垃圾就地无公害化处理和明厨亮灶工程。

2. 交通快递强保障。全年安全行驶近85万公里，圆满完成各项大型活动交通保障任务；新建中心校区综合快递服务中心，智能快递柜扩容至4720格口。

3. 幼教服务优品牌。实施幼儿园延时服务；强化家园社协同育人；研发多元化精品园本课程；加大投入，改造园区场所设施。

4. 物业服务上台阶。完成新一轮物业招标及交接工作，各物业服务企业引入清扫车、高压冲洗车、洒水车等设备；完成校庆等各类大型活动服务保障。

5. 房改工作取得新进展。完成中心校区南院45号楼和趵突泉校区西村18号楼房大证办理；推进住宅专项维修资金开户和建账，完成全校214幢住宅楼建账工作。

五、节水管理，成效显著

一是签订节能目标责任书，二是改造沟槽式卫生间150间，三是安装绿地微喷喷头近600个，四是加强日常管网巡查。2021年济南校本部节水21%，年节水126万吨。

六、底线思维，确保安全

（一）常态化疫情防控不放松

1. 强化宣传，筑牢思想防线。开展多种形式的宣传教育、培训，印发“明白纸”，引导、鼓励职工“应接尽接”。

2. 强化监测，筑牢信息防线。加强服务保障人员管控，实行“日报告”“零报告”制度，严格请销假制度，做好重点人群排查。

3. 强化预防，筑牢保障防线。加强楼宇出入管控，科学规范消杀，开展疫情防控监督检查，组织十类服务保障人员核酸检测累计 31 次、共检测 10 万人次。

（二）筑牢安全生产防线

不断强化全员安全意识，组织开展人员培训；打造全链条全覆盖的网格化平台，落实安全网格化管理责任；开展安全隐患排查整治，组织全校安全生产大检查 7 次；制定防汛、大风、暴雪等突发事件应急处置预案，做好人员、物资储备，开展应急演练，加强值班值守，全力保障校园安全。

（刘明郡）

离退休工作

山东大学校本部截至 2021 年底有离退休职工近 4900 人，其中离休干部 126 人。离退休党委下设 3 个党总支 93 个党支部，拥有党员近 2200 人。2021 年，离退休工作处（离退休党委）在做好疫情防控基础上，围绕学校中心工作，全面完成离退休各项服务管理工作，为学校事业发展积聚正能量。

一、认真做好银龄教师选派，积极支援西部高校

根据教育部有关高校银龄教师支援西部计划的文件精神，配合学校有关部门于 10 月上旬完成派遣工作，遴选出 7 名优秀银龄教师，其中支援青海师范大学 3 人次，支援喀什大学 5 人次。

二、认真组织党史学习教育，扎实推进“我为群众办实事”实践活动

离退休党委成立了党史学习教育领导小组，制定了《离退休党委关于开展党史学习教育的实施方案》，以领导班子为重点，坚持多措并举、分类实施。紧盯老同志急难愁盼问题，扎实推进“我为群众办实事”重点项目。建设离退休职工管理信息系统，全面提高服务老同志能力。协调学校有关部门将重大节日慰问费由 2020 年的 1700 元/人，增加到 2300 元/人，人均慰问额度与在职人员相同。宿舍区加装电梯工作中，离退休党支部、老党员发挥了重要作用。与社区、社会养老服务中心建立联系，重点关注生活困难的老党员老干部。组织老年艺术团体参与社区活动，鼓励老党员深入社区开展党建工作和公益活动，为和谐社区建设作贡献。

三、提高政治站位，扎实做好中央巡视整改工作

一是加强学习，统一思想，提高抓好整改的思想自觉、政治自觉、行动自觉。二是加强领导，制定巡视整改方案，明确主体责任，压实工作责任，确保整改措施落地见效。三是针对中央巡视反馈的六大共性问题，坚持问题导向，深入剖析相关突出问题产生的根源，找准问题症结，明确整改方向。四是从严从实，推进集中整改，制定整改工作方案，形成整改清单，建立工作台账，逐项对账销号。五是巩固整改成果，形成长效机制。

四、不断加强离退休干部党的建设，发挥好战斗堡垒作用

1. 充分发挥离退休党委政治引领和支撑保障作用，充分发挥党总支和党支部桥梁纽带和战斗堡垒作用。不断加强党委班子建设，不断加强党支部建设和党员管理。修订《山东大学离退休党委会职责及议事规则》和《离退休工作处处长办公会议议事规则》等。坚持每月党支部书记例会制度，根据离退休党支部特点，落实支部“三会一课”、开展“主题党日”活动。

2. 加强党员学习教育。一是开展“我要讲党课”“我跟党旗合个影”等活动，引领老同志不忘初心使命。二是购买发放《中国共产党简史》等书籍，编印《“三会一课”和主题党日活动学习材料》3 期，编印《庆祝建党一百周年老同志文汇》2500 册。三是利用教育部、山东省委老干部局微信公众号，组织党员学习培训 9 场。四是挖掘党支部微信群学习功能，组织开展学习研讨，利用离退休处网站，及时发布老同志撰写的好的文章。

3. 加强思想政治和意识形态工作。一是层层压实思想和意识形态工作责任，加强老年学习活动场所、老年社团及微信群等阵地管理，严防宗教渗透。二是发挥离退休党支部和党员作用，及时了解党员心声、把握舆情动态。三是重视来电来信来访工作，努力做到“事事有回音、件件有落实”。四是积极配合主管部门做好涉老“热点焦点”问题的思想工作。

五、落实待遇，做好离退休干部服务管理工作

1. 生活上关心老同志。及时通报情况、征求意见，协调有关部门落实涉老政策；坚持亲情化服务，不断扩展礼遇尊重和送温暖活动，重点做好住院看望、走访慰问、查体保健、生日祝福、困难资助、诉求办理及后事处理等工作。看望生病住院 100 余人；组织 100 余名离休老干部查体保健；为老同志集体和家中祝寿 160 余人；慰问困难党员、全体老党员，慰问品金额共 30.8 万元；中秋节、国庆节集中慰问全体离退休职工，慰问品总金额 473 万元；重阳节期间为全校 4800 余名离退休老同志发放节日慰问金 14 余万元；制作寿星榜并为年满 90 岁及以上的 174 名离退休老人发放长寿慰问金 17.4 万元；协助二级单位，做好 116 名去世老同志后事处理等工作，上门慰问亲属，慰问品金额共 11.6 万元等。

2. 组织开展丰富多彩的各种活动。围绕庆祝建党 100 周年、百廿校庆、国庆节、重阳节等重要节日，举办书画摄影展、网上文艺汇演、联欢会、茶话会、座谈会、征文

等活动。积极组织“夕阳红”艺术团、柔力球队参加省直单位举办的各项比赛活动。

六、举办系列活动、发挥党员作用，引领增添正能量

1. 认真组织“光荣在党 50 年”纪念章颁发活动，增强了党员的荣誉感、归属感、使命感。今年学校有 617 位老党员获此殊荣。

2. 认真组织“我看建党百年新成就”专题调研活动。离退休党委采取召开座谈会、个别访谈等，动员老党员“回望奋斗路、眺望奋进路”，畅谈百年奋斗历程伟大成就。老同志反响强烈，收到来稿百余篇。

3. 认真组织学习习近平总书记两封重要回信。把学习贯彻给《文史哲》编辑部全体编辑人员回信与给上海市新四军历史研究会百岁老战士们的回信相结合，与党史学习教育、“三全育人”、“读懂中国”活动等相衔接，通过多种形式掀起了学习热潮。

4. 组织开展学党史联学联讲系列活动。以离退休第二党总支和齐鲁医学院党支部为基础，联合开展“学党史联学联讲”和“学党史、知院史”联学联讲活动。活动共举办 4 场，参加人数共 800 余人。

5. 做好辅助育人工作。发挥“五老”独特优势，积极参与“三全育人”工作，开展“读懂中国”活动，积极配合学校育人主渠道；推进实施“青蓝工程”，做好传帮带。刘佩成被评为“全国教育系统关工委工作先进个人”。

七、严要求提素质，不断加强离退休工作队伍建设

一是全面落实离退休党委的主体责任，层层压实责任。二是加强工作团队政治学习，强化岗位责任担当和首接负责制。三是加强制度化建设，修订和完善物品采购、财务报销、车辆管理、社团管理、参观考察等业务工作流程。四是建立离退休信息管理系统，及时采集和上报老干部工作信息，完善网站、微信公众号、离退休数据库等。五是认真落实党风廉政建设责任制，严格执行中央“八项规定”和财务报销规定。

（任杰）

国内合作（校友工作）

合作发展部坚持以习近平新时代中国特色社会主义思想和党的十九大及十九届六中全会精神为指导，立足新发展阶段，贯彻新发展理念，融入新发展格局，紧密围绕学校中心任务，不断强化自身建设，全面落实学校党委工作部署，牢牢抓住 120 周年校庆契机，夯基础、抓重点、克难点、创亮点，统筹整合资源，做实精准服务，筑牢宣传阵地，全面整体扎实推进，各项工作取得显著成效。

一、高度重视巡视整改工作，严格落实整改任务

把中央巡视工作作为重大政治任务，发挥党支部的政治核心作用，深入思考重视巡视反馈意见，重新审视以往历次整改成果的保持、使用和深化，认真发现工作中出现的新动向、新问题并进行深层次原因分析。针对六大整改任务的15个方面，梳理出5条问题，讨论研究形成11条整改措施。目前为止，立行立改的已基本完成，长期坚持的正深入推进并持续整改，整改工作取得了阶段性成果。

二、紧密围绕校庆，扎实做好校友相关工作

校庆校友活动和工作组工作扎实推进，凝聚校友磅礴力量，动员广大校友关心山大、奉献山大、支持山大成效显著，提升校庆影响力。第二届“山大校友泉城行”持续擦亮“山大校友系”品牌；新建“校友馆”成为校内“校友之家”和“校友工作中心”以及展示学校育人成就、举办校友活动、激发广大校友爱校荣校意识的重要载体；负责500余名校友的邀请、接待与服务工作获一致好评；“云”返校、发布校友祝福母校视频等多种线上传播活动浓厚了校庆氛围；克服疫情等困难，走访校友组织，做好动员工作。20余个校友组织开展文体比赛、座谈会等庆祝活动，11地校友“点亮”当地标志性建筑物为母校祝福，40余个校友组织参与“新百廿基金”捐赠。

三、持续涵养校友文化，不断提升“三服务”实效

邀请杰出校友作毕业典礼演讲，激励学子成长成才；制定并发布校友返校方案，并为返校校友提供免费徽章、免费集体合影等多种服务；开展系列毕业季活动，为毕业生提供暖心服务与祝福；校友班级理事聘任仪式首次成为毕业典礼正式环节，进一步提升毕业生校友身份认同感；编写《天南地北山大人》月度简报8期，传递母校最新发展成就。广泛汇聚校友资源，着力打造品牌活动。“2021高校校友经济发展论坛”促进名校名城融合发展；发动众多校友企业参与成立“山大系产业联盟”；助力郯城脱贫攻坚，修建“山大校友桥”。

四、紧抓校庆契机，社会筹资工作再上新台阶

学校社会筹资工作态势逐步趋好，校庆筹资任务高质量完成，重筹、众筹均有重大突破。校庆期间，40余家校友组织、近8000名校友、上百家企业慷慨捐赠，通过定制专属防疫物资、帮助完成校庆接待、直接支持学校发展等形式，以校友小额众筹乃至百万元、千万元、亿元捐赠项目献礼百廿校庆，基金会接收个人捐赠次数比2018年增长800倍。

完善全校筹资机制，持续优化捐赠生态。2021年落实全校筹资总额17002.95万元，同比增长110.74%；其中学院捐赠12202.76万元，校友捐赠7889.12万元，留本金额2032.14万元，新百廿基金捐赠金额462.19万元，参与人次与捐赠金额均为近两年高校校庆大众捐赠项目之最。此外，基金会2021年度理财收入527.39万，获得国家捐赠配比奖励1281万元。山东大学教育基金会再次荣获5A基金会认证，连续八年获评中基透明指数FTI满分，评级A+。

五、完善合作发展工作机制，推动融合发展实现强力蓄能

持续探索合作发展委员会框架下的工作新模式，初步实现社会参与平台、服务社会系统和发展支撑系统有效链接。研究出台《山东大学捐赠冠名办法》等，制作《山东大学捐赠项目手册》，开展筹资赋能培训，明确全校筹资目标任务，及时兑现筹资奖励，表彰筹资工作优秀单位，定期发送校友及社会筹资工作简报，为全校筹资工作增加新动能。

六、继续推进北京研究院“六个中心”建设

服务百廿校庆工作，配合学校校友走访及詹克团校友捐赠等重要活动；联合北京校友会，策划举办、承接各类在京校友活动；发挥“桥头堡”“信息源”“好帮手”的作用。参与和推动在京单位与学校开展合作，联合开展“百廿山大 名家讲坛”“稷下风—学术思维与科研创新系列论坛”及“沂蒙老战士后代讲党史”等活动。

（魏金平　周继强）

深圳研究院

一、党建引领，凝心聚力，以新成绩献礼党的百年华诞

7月1日，深圳研究院组织全体员工集中收听收看庆祝中国共产党成立100周年大会直播盛况，认真学习习近平总书记重要讲话精神。研究院党支部组织开展“重温入党誓词、重忆入党初心”主题党日活动，邀请深圳市委党史研究室讲授党史课程，前往深圳市科创委驻粤海街道疫情专项工作组驻地，看望慰问抗疫一线工作人员，并向工作组捐赠防疫物资，组织老师、在校学生、校友积极参加“学党史、悟思想、创佳绩”系列活动，以实际行动向建党百年献礼。

2021年，深圳研究院在学校党委的领导下，在全校教职医务员工、学生、校友和各界朋友大力支持下，以习近平新时代中国特色社会主义思想为指引，深入学习领会、全面贯彻党的十九大和十九届二中、三中、四中、五中、六中全会精神，认真学习习近平总书记深圳经济特区建立40周年重要讲话精神，增强“四个意识”、坚定“四个自信”、做到“两个维护”。加强党的领导，提高政治站位，聚焦学校实现“由大到强”历史性转变目标要求和新一轮“双一流”建设任务，落实“百廿山大强校兴国”行动方案，依托学校的优势学科、人才和校友资源，全力聚焦主责主业开展工作，在人才培

养、科学研究、文化交流、社会服务、创新创业和自身建设等方面取得了可喜的成绩。研究院事业从“闯”到“创”再到“窗”不断发展壮大，截至2021年底累计培养学生25670人，其中研究生408人，网络教育学生12091人，非学历教育和其他各类学员13171人，综合收入较去年增长10.56%，连续四年被深圳市评为虚拟大学园“优秀研究院”，取得了社会效益和经济效益双丰收，有力地提升了山东大学在粤港澳大湾区的影响力和美誉度。

二、共襄盛举，勇担使命，为山大百廿校庆做出大贡献

10月15日山东大学成立120周年校庆当天，深圳研究院在深圳湾春笋投放山东大学“百廿校庆”灯光秀，“为天下储人才，为国家图富强”办学宗旨闪亮深圳湾畔，研究院组织校友在人才公园观看灯光秀并拍摄祝福视频，在大湾区为母校送上祝福。

为迎接山东大学建校120周年校庆，研究院积极协助学校开展大湾区校友会走访工作，宣传百廿校庆工作部署。山东大学校长樊丽明到南方科技大学考察调研，邀请杰出校友南方科技大学校长薛其坤出席山东大学120周年校庆大会，并代表山大60万校友致辞。研究院协助大湾区校友会多次开展乒乓球赛、篮球赛、诗歌朗诵会等各类活动，动员员工、学生、广深校友会向基金会踊跃捐赠20余万元，增强了校友的凝聚力和向心力。邀请重要合作伙伴比亚迪集团代表和粤港澳校友代表参加校庆庆祝大会，在“泉城行”活动中进行典型发言，广东校友会、深圳校友会在校庆捐赠仪式上获得嘉奖，有力助推了学校“百廿校庆”系列活动。

三、聚势谋远，务求实效，开启“科技+文化”转型发展新征程

8月7日，山东大学校长樊丽明到研究院视察工作时指出，研究院要做好“科技+文化”转型发展，打造研究院特色发展模式，走出自己的发展之路，取得更大的发展成绩。

研究院以服务学校新一轮“双一流”建设为目标，积极融入国家和地方发展战略，认真学习贯彻学校“十四五”发展规划部署，多方走访调研，开展思想大解放、大讨论活动，形成深圳研究院转型发展方案，全体员工真抓实干、务求实效，实现了“十四五”良好开局，开启了转型发展新征程。研究院特此召开转型发展务虚会，围绕学校中心工作，深入分析当前面临形势，对研究院“科技+文化”转型发展进行再审视、再提升，定目标、定任务、定措施，形成《山东大学深圳研究院转型发展方案（征求意见稿）》，确保各项工作顺利推进。

四、产教融合，资源共享，强强联手打造校企合作新模板

8月6日，山东大学与比亚迪集团签订战略合作协议，山东大学校长樊丽明与比亚迪集团总裁王传福出席签约仪式，山东大学副校长芦延华与比亚迪集团副总裁刘卡丁签署战略合作协议，打造了名企与高校产教融合新模板。以此为模板研究院与震有科技等多家上市公司开展新一轮合作。

研究院贯彻落实学校第十四次党代会提出的“引进来”“走出去”工作要求，服务粤港澳大湾区国家发展战略，努力助推校地、校企、校际合作交流，为学校的学科建设和区域经济社会发展做出积极贡献。研究院深入挖掘企业在发展过程中人才、科技等方面的具体需求，积极对接学校多个部门学院，与比亚迪在人才培养、科学研究等方面开展多个合作项目，实现互利共赢，推动学校与比亚迪开展战略合作。

五、彰显特色，打造样板，扎实推进服务山东行动方案 2.0

4 月 24 日，研究院承办的山东省优秀中青年民营企业家第一期培训班开班仪式在比亚迪集团报告厅举行，山东省委组织部副部长龚文东出席仪式并致辞，比亚迪集团副总裁刘卡丁为学员讲授开班第一课。

研究院以学校“服务山东”战略为导向，不断提高服务质量、提升服务水平，深入贯彻落实《山东大学服务山东高质量发展行动方案（2.0）版》要求，做好政企培训、产业对接、成果转化、双招双引等工作。研究院每年服务山东政企领导和学校师生 1000 余人次到大湾区对接工作，赴济南、青岛、威海等山东 16 地市走访调研，全年共开展党政干部政德、企业家商德、师生美德系列精品培训 56 期，3109 人参加培训，其中山东省委组织部优秀民营企业家班、济南市委组织部人才工作干部班成为山东省政企培训样板，开创了服务山东新模式。

六、搭建载体，多方合作，科学研究呈现稳健发展良好态势

11 月 20 日，深圳研究院作为牵头单位申报的广东省重点领域研发计划项目年度研讨会在中国科学技术大学顺利举行，各子课题项目负责人就项目进展情况及遇到的问题进行深入探讨，研究院还多次对接东华集团等多家企业对下一步项目落地扎根大湾区进行谋划布局。

广东高校成果转化中心—山东大学工作站通过年度考核；研究院促成山东大学国家重大科研仪器设备在比亚迪子公司弗迪电池试用，开启牵手名企进行科技合作的新征程，为下一步搭建科研载体，强强联合奠定坚实基础。依托国家自然基金、省自然基金、深圳市科技项目平台，积极组织申报各级科技项目 329 项。截至 2021 年 12 月底，纵向科技项目累计获批 178 项，其中国家自然科学基金项目 2 项、广东省重点领域研发计划项目 1 项，顺利完成科技项目验收 60 项，培养博士 90 人，硕士 168 人，发表论文 267 篇，申请专利 144 件，本年度共服务 356 名教职医务员工进行项目申报和成果转化，获批项目公示 39 项，项目到账经费连年突破新高，为深圳的创新驱动发展和学校学科建设做出重要贡献。

七、立德树人，为国育才，在职研究生教育凸显社会责任

4 月 24 日，研究院承办的山东大学 2021 级机械工程/软件工程/设计学同等学力在职研究生（深圳班）开学典礼在比亚迪总部隆重举行，山东大学研究生院、机械工程学院、软件学院有关领导出席开学典礼。

研究院认真学习习近平新时代中国特色社会主义思想，以党的十九届全会精神为指引，深入学习贯彻习近平总书记给《文史哲》编辑部回信重要精神，坚持立德树人根本

任务，增强新时代为党育人、为国育才的志气，增强走中国特色社会主义办学道路的底气，整合学校优势资源，积极履行社会责任，赴比亚迪集团、震有科技等知名企业开展调研，根据企业自身特点和高端人才需求，引入金融学、投资经济学、中国哲学、社会学、机械工程、软件工程、设计学等多个优势学科专业，量身定制培养计划，深入开展党史教育社会实践，开创立德育才新局面，推动学校优势学科建设，为大湾区经济社会发展提供强力人才保障，为培养担当民族复兴大任的时代新人作出积极贡献。

八、控制规模，提升质量，网络教育荣获“2020中国高校继续教育优秀成果及特色案例奖”

10月15日，2021（第二十届）中国国际远程教育大会在北京召开，研究院荣获“2020中国高校继续教育优秀成果及特色案例奖”“2020中国高校继续教育优秀成果及特色案例优秀组织奖”，中国远程教育杂志社《在线学习》“院长在线”栏目刊登深圳研究院专访。

网络教育稳定招生规模，提升教学服务质量，“1个面，2个特色，3个党政工团”的体系特色彰显，2021年完成招生742人，组织71名学业顾问参加专题培训12次，服务在校学生4917人，连续第九年助推深圳市总工会的“圆梦计划”项目，帮扶学生499人，截至目前共帮扶学生3870人。积极组织学生参加学校举办的党史学习教育、知识竞赛、作品征集，120周年校庆校史知识竞赛，植绿爱绿护绿作品征集，学生风采征文等各类型活动15场，14名学生荣获学校“优秀毕业生”“优秀校友”等荣誉称号。

九、汇聚资源，服务校友，擦亮“新校友·心关爱”湾区品牌

8月7日，“新校友 心关爱”深圳研究院成立十周年暨2021新校友欢迎会活动在深圳市人才公园举行，山东大学校长樊丽明、副校长芦延华出席活动，介绍山东大学“十三五”发展成就，并邀请广大校友回校参加百廿校庆，杰出校友代表、南方科技大学校长薛其坤作专题讲座，150余位大湾区新老校友和政府企业合作伙伴代表参加此次活动。

研究院创立“新校友·心关爱”品牌并连续九年举办新校友欢迎会系列活动，共计服务3000余名新老校友，为校友与校友、校友与母校、校友与社会之间的相互交流搭建了桥梁，切实把关心校友成长进步落到实处，激发广大校友对母校的热爱之情，涌现出越疆科技CEO刘培超、点猫科技CEO李天驰、科思科技合伙人梁宏建等一批优秀校友代表。研究院努力助推校地、校企、校际合作交流，为学校的建设和区域经济社会发展做出积极贡献。

十、外树形象，内强素质，抓自身建设促健康可持续发展

12月26日，深圳虚拟大学园2021年联席会议暨校长论坛隆重召开。山东大学党委副书记张永兵代表学校出席会议，服务山东办公室主任井海明陪同参加活动。在深期间，张永兵看望慰问研究院全体员工，听取转型发展工作汇报，充分肯定了研究院九年来在服务学校“双一流”建设和深圳区域经济社会发展所做出的贡献，并为研究院转型发展工作做出新的指示。

研究院不断加强自身建设，确保健康可持续发展：集中开展党史学习教育和党建系列活动，加强了政治建设；充分发挥党支部和工会作用，加强了组织建设；以中华传统美德教育学院深圳分院为平台，举办山大齐鲁大讲堂16场，10000余人受益，其中邢占军教授专场在线观看人数突破3800人次，获得1.29万次点赞，引发了热烈反响和广泛好评，加强了文化建设；遴选优秀人才打造三支队伍，补充新鲜血液，加强了队伍建设；向政府申请新办公场地300平方米，加强了条件建设；持续增补修订《山东大学深圳研究院制度汇编》及《山东大学深圳研究院工作流程汇编》等36项制度和47项流程，加强了制度建设；扩充师资库、企业信息库、校友信息库、战略咨询委员会专家库，加强了智库建设。

研究院深入学习贯彻国家、学校和深圳市“十四五”规划，到学校、政府、兄弟院校、合作单位开展学习调研，广泛征求各方意见，形成《深圳研究院“十四五”事业发展规划（征求意见稿）》，强力推进研究院转型升级发展，建设人才培养与引进的重要基地、科学研究与文化交流的重要阵地，打造服务国家战略的重要平台。

（王飞虎）

服务山东工作

服务山东办公室在学校党委坚强领导下，深入推进服务山东战略实施，取得阶段性成果。

一、强化使命担当，进一步推动工作统筹协调

坚持“四个面向”，做好学校“十四五”社会服务规划。积极谋划服务山东“十四五”重点项目，2个重点项目获批。组织第二届中国城市与高校发展大会和部属高校服务山东闭门会议，成立服务山东联盟，发表服务山东高质量发展宣言。以百廿校庆为契机，举办服务山东高层论坛暨山东大学社会服务成就展开幕式，与省9个厅局和13个地市领导，就服务山东高质量发展的方向、机制、项目等开展研讨。举办山东大学服务山东高质量发展座谈会，听取省14个有关厅局和济南新旧动能转换起步区意见建议，制定《山东大学服务山东高质量发展行动方案（2021～2025年）》。

二、强化“三核引领”，进一步推动校地合作

强化“三核引领、多点突破”的服务布局，进一步扩大服务山东“山大系”品牌效应。在服务济南方面，举行“2021山大校友泉城行”活动，召开山大产业系赋能济南

高质量发展工作会议，与济南市政府谋划推进山东省实验室等建设。在服务青岛方面，与青岛啤酒共建的国重联合体在蓝谷落地，与青岛中级人民法院签署合作协议，深化与海尔、海信等企业合作，推动与中车四方合作，助推西海岸新区碳纤维复合材料、胶体国家工程中心青岛分中心等多项目落地发展。在服务威海方面，各合作项目有序推进，威海工研院获批山东省新型研发机构；威海发研院完成法人注册，智库影响力初步显现；威海高新区山大实验学校（小学段）投入使用，附属威海市立医院（筹）等合作项目持续推进。

深化与重庆市合作，与黑龙江省签署战略合作协议，商讨与云南省合作。与国家文物局、国家税务总局山东省税务局、审计署驻济南特派员办事处、山东省文化和旅游厅签署合作协议；推进新泰工研院事业单位法人注册；与东营市签署合作协议，支持山东石油化工学院建设。

三、强化产教融合，进一步推动校企合作

落实《推动产教融合、构建院企合作社会服务体系行动计划》，协助推动龙山校区（创新港）产教融合大平台建设。推动学校与京博集团、华熙生物、齐鲁制药、凤凰网山东、新安化工、歌尔股份、比亚迪、中铁十局、中铁十八局、中航济南特种结构研究所、泰山体育、保龄宝等签署合作协议。积极协调相关学院推进与中建八局、山东重工、中广核、中科院空天院齐鲁研究院等开展深入合作。围绕百廿校庆，与中行山东分行、工行山东分行、建行山东分行、农行山东分行、招商银行等围绕校庆系列活动和学校事业发展，签署合作协议。

四、强化转型升级，进一步推动驻外研究院发展

驻外研究院充分借助各自区位优势，创造性开展工作应对疫情影响，推动自身转型升级，服务学校“双一流”建设。苏州研究院获评江苏省新型研发机构、江苏省科技服务业“百强机构”、苏州市技术转移“先进集体”、苏州市创业孵化一类示范基地。深圳研究院连续四年被深圳市评为虚拟大学园“优秀研究院”，网络教育荣获“中国高校继续教育优秀成果及特色案例奖”“中国高校继续教育优秀成果及特色案例优秀组织奖”。

（魏金平　周继强）

学生就业创业

学生就业创业指导中心继续贯彻“早、新、勤、准”工作要求，以服务国家战略就业引导为核心，以实现充分高质量就业为目标，加强工作联动，强化责任落实，把学生就业创业各项工作做实、做细，助推毕业生充分高质量就业。

一、主要工作举措与成效

2021 届毕业生就业基本情况。2021 届毕业生共 16379 人，其中本科生 9857 人、硕士生 5799 人、博士生 723 人。截至 2021 年 11 月 27 日，总体就业率为 95.51%。

（一）以服务国家战略为导向，加强就业价值引领

发挥就业育人作用，引导毕业生到西部、基层和国家重点行业就业。隆重表彰服务国家战略就业毕业生 149 人并授予“励志先锋”荣誉称号。开展就业工作考评，表彰先进集体和个人。实施“春苗”“扬帆”“护航”计划，积极协助各省、市、自治区组织部做好选调生推荐、招录工作。举办 10 期“国际组织人才培养与推送”系列讲座。选拔推送 17 名优秀学生参加国际组织后备人才培养项目及国际组织实习，先后选拔 78 名优秀学生参加教育部第二期高层次国际化人才培养创新实践项目、联合国青年领袖寒暑期精英班。举办成才报国“启航讲堂”“名企行”等系列活动。

（二）以生涯教育指导为载体，提升择业竞争力

积极构建以“职业认知、生涯规划、职业体验、职前准备”为主线的全程化职业生涯教育体系，完善“大学生职业生涯规划与就业指导”课程体系；开展“就业促进周”活动 10 项，组织“就业指导月”活动 134 项；举办“首届职业生涯体验周”，线下线上参加学生 4500 余人；举办专题指导工作坊 31 场，开放“职业测评与生涯规划平台”“简历制作平台”“生涯发展咨询预约平台”；引入济南市专项政策资金，支持学生生涯教育与就业实训。

（三）以服务师生为宗旨，加强就业过程管理

探索就业管理模式改革，持续简化就业手续办理流程；实施就业进展“每周一报”动态预警监测机制；落实就业定点联系学院制度和毕业生就业状况联动反馈机制，努力实现招生、培养、就业、校友发展各环节联动；建立家庭困难、就业困难毕业生就业档案，持续进行“一对一”就业帮扶指导，为 2022 届 763 名困难学生发放求职补贴 50.9 万元；对离校未就业毕业生进行就业跟踪帮扶指导；评选 2021 届校优秀毕业生 2554 人，山东省优秀毕业生 920 人，激励先进典型，助力学生择业。

（四）以充分高质量就业为目标，搭建招聘服务平台

举办校园专场宣讲会 1529 场次；举办 41 场组团招聘会、5 场大型双选会，参会单位 2600 余家；举办线上专场宣讲会 180 场；举办空中双选会 11 场，参会单位 4329 家；网站发布招聘信息 5659 条，网站浏览量超过 110 万次；微信公众号推送 1623 篇，微信订阅人数突破 11 万人。参加航空工业集团、中国核电、字节跳动等数十家用人单位校企对接活动，参加南京、宁波等十余地市的校地企人才合作论坛。

（五）以创业平台建设为手段，助推学生创新创业

利用创业 TV 平台，为在孵团队提供了累计 60 余场直播活动；加强创新创业导师队伍建设，2021 年共招募来自新媒体、电子商务、人工智能、企业管理等各个领域的创业导师 20 人，为广大创业学生提供专业性、实践性的创业指导；完成两期“山东大学·青年领袖成长计划”创业训练营活动，助力 64 名济南市青年企业家和创业者成长。

（六）以提升服务水平为牵引，构建“互联网+就业”智慧服务体系

加强就业信息化系统建设，搭建高效能服务平台。按照学校服务师生两不出工作要求，完善就业信息服务手段，畅通“信息获取—宣讲洽谈—在线签约—自助打印”绿色通道，实现69项就业事项“一网通办”，就业系统全年累计用户登录超过36万次。

二、亮点工作

一是稳就业保就业取得积极成效，2021届毕业生就业率较2020届更早完成95%的目标。二是进一步完善制度建设，修订完善了《山东大学学生就业工作考评办法》《山东大学学生就业管理工作暂行规定》《山东大学优秀毕业生评选办法》。三是学校赴西部、基层和国家重点行业就业毕业生数量稳步增长；服务山东强省建设人才支持成效显著，留鲁就业比例再创新高。四是多项就业工作取得突破进展，获“教育部第二批高层次国际化人才培养创新实践项目”立项，获批“教育部首批国际组织青年人才培训项目”，入选“2021年全国高校职业生涯咨询特色工作室立项项目”；就业工作获得多项荣誉，获评“山东省就业创业工作先进集体”，学校就业创业工作典型经验获教育部网站宣传报道，入选教育部百个“全国高校就业工作典型案例”。

（韩世钧）

兴隆山校区和软件园校区管理工作

一、工作举措及主要成效

1. 坚持政治引领，提高党员理论水平。坚持以习近平新时代中国特色社会主义思想为指导，全面贯彻党的十九届五中、六中全会精神，把开展党史学习教育作为年度首要政治任务，践行“我为群众办实事”活动。

2. 提高政治站位，认真落实中央巡视整改。学习贯彻习近平总书记关于巡视工作的重要论述，统一思想认识，明确责任分工。梳理整改任务六个方面29个小项，已全部完成或基本完成整改，巡视整改取得扎实成效，不断推动整改工作常态化、制度化。

3. 加强支部建设，提升基层党组织战斗力。加强党员教育管理，严肃党内政治生活。严格落实“三会一课”制度，召开组织生活会、专题党课、专题学习、主题党日活动等30余次。普遍开展党员群众谈心谈话，党组织凝聚力、组织力显著增强。

4. 凝心聚力统筹，助力百廿校庆活动。圆满完成校庆长跑暨2021年毕业跑活动保障服务工作。距离百廿校庆120天，在欣园西广场举行校庆倒计时牌揭幕仪式。在教学楼增设山大特色文化长廊，营造校庆氛围。开展“点亮校园”行动。

5. 改善育人环境，推进“三全育人”改革。建成兴隆大讲堂，搭建通识教育和学习交流的新平台。组织学生参加植树造林、捡拾垃圾等劳动，引导学生树立正确的劳动价值观。建成美育文化馆，升级改造大学生活动中心，为学生文化艺术娱乐活动提供空间载体。

6. 优化办学条件，提升服务保障能力。实施部分教学楼、学生公寓、校园路面等改造，完成南山小区路灯升级改造等提升改造项目。完成成规模项目 16 项，总投资超过 5000 万元。召开各类座谈会 10 余场次，征集意见建议 50 余条，及时解决师生诉求 30 余项。进一步完善管理体制，深化各领域运行保障机制，物业服务、安全保卫、水电暖运行等社会化水平进一步提升。

7. 落实防疫措施，完善安全工作体系。严格落实疫情防控措施，织密织牢校园安全网。召开安全工作会议 8 次，组织安全隐患排查 9 次，组织防疫演练、防汛演练、防恐防暴应急演练、消防逃生演练等各类演练 7 次，组织消防安全教育、法制宣传和反诈骗宣传等安全宣传教育 6 次，为创建平安校园奠定了坚实的安全基础。

二、突出亮点

1. “三全育人”质量提升。建成兴隆大讲堂，搭建通识教育和学习交流新平台。推进劳育基地建设，扎实开展劳动育人。增设山大特色文化长廊，弘扬山大文化，以山大文化育人。

2. 开展“点亮校园”行动。解决部分区域照明不足、夜景灯光形式单一等问题，环境空间的立体感增强，校园整体夜间光环境得到显著提升。

3. 基础办学条件稳步提升。实施兴隆山校区、软件园校区部分教学楼、学生公寓、校园路面等改造。完成成规模项目 16 项，总投资超过 5000 万元。

三、存在的问题及不足

1. 理论水平有差距。在学习贯彻习近平新时代中国特色社会主义思想和习近平总书记关于教育工作的重要论述方面仍有不足，仍须加以学深悟透、学以致用。

2. 队伍建设有短板。对年轻干部理论水平和业务能力的提高重视不够。后备干部储备不足，干部队伍老龄化。对在工作中做出突出贡献的干部职工缺乏有效的激励方式，须进一步调动其积极性。

3. 事业发展有不足。党建与业务融合不充分。与学校职能部门、学院的协作沟通存在不足。服务地方的责任意识和能力不够强。破解校区发展难题不够有力。

（宋国强）

辅导员工作与思政培训

辅导员工作研究会与思政培训中心办公室坚持以习近平新时代中国特色社会主义思想为指导，深入贯彻落实党的十九届六中全会精神，服务教育部关于高校思想政治工作战略部署，全面落实学校第十四次党代会决策部署，围绕学校“双一流”建设和“由大到强”历史性转变，追求卓越、只争朝夕，圆满完成各项工作任务，不断开创工作新局面。

一、学党史，干实事，解决辅导员“急难愁盼”问题

开展党史学习教育活动，集中学习22次，支部书记以“中国共产党为什么能”为题为全体党员讲党课，全体党员开展集体学习和专题交流会，实地观看红色舞剧《乳娘》并到《文史哲》编辑部参观学习，举行党史学习教育专题论坛和党史学习教育专题组织生活会。在深入开展党史教育活动的过程中，着重解决辅导员工作和发展中的“急难愁盼”问题，引领高校辅导员积极开展党史学习教育活动和相关实践活动。面向全国，在“高校辅导员”微信公众号“学习园地”栏目中发表党史学习教育文章96篇，在《高校辅导员》期刊上发表党史学习教育相关文章18篇。面向山东省，与《大众日报》社联合开展“山东高校辅导员讲党史优秀短视频展示活动”，组织山东高校学工部长畅谈如何学党史，《大众日报》对此进行3次专门报道。面向山东大学，持续推进中央巡视整改，着力解决因辅导员育人能力不强而导致的作用发挥有限问题，坚持以辅导员育人能力提升为抓手，通过系统培养与培训，发挥辅导员在三全育人中的积极性、能动性。组织实施“学党史干实事——助力辅导员提升研究能力”系列活动，通过“辅导员研究问答”“编写学研体验”“团队互助促研究”，有针对性地解决辅导员在实际工作中遇到的热点和难点问题，活动获得学校基层党组织活动创新实践类立项。召开“你的需求 我来实现”辅导员专题座谈会。

二、凝心聚力，攻坚克难，各项工作不断取得新突破

（一）中国高等教育学会辅导员工作研究分会突破性继续留在山东大学

中国高等教育学会辅导员工作研究分会是唯一的全国性辅导员行业组织，自2008年成立以来秘书处已挂靠在山东大学13年。按照《中国高等教育学会分支机构管理办法》规定，分支机构秘书处不得超过2届（8年）挂靠同一高校，但是由于学校领导高度重视、研究会工作成绩突出、广受辅导员肯定与热爱，教育部和中国高等教育学会破例批准将研究会秘书处继续挂靠在山东大学，我们在教育部思政司、中国高等教育学会指导下，完成了研究会换届筹备工作，这使山东大学在全国高校辅导员队伍建设发展和高校思想政治工作领域继续居于引领地位。

（二）创设“全国高校辅导员信息化赋能中心”

教育部部署依托研究会建设全国高校辅导员信息化赋能中心，今年我们就建设全国高校辅导员信息化赋能中心进行了设计，拟定建设方案，得到教育部思政司主要领导的充分肯定。这是全国高校辅导员队伍建设进程中新的标杆性工程，将显著发挥以信息化手段推动全国高校辅导员队伍建设发展的作用。

（三）全国高校辅导员信息管理系统报告获得中央领导批示

“高校辅导员信息管理系统”是教育部思政司委托辅导员工作研究会建设和维护全国高校辅导员信息的重要平台。中央领导、教育部领导多次对系统建设提出具体指导意见。我们定期对系统数据进行统计分析，撰写工作报告，多次得到中央领导批示。今年我们启动全国高校辅导员信息管理系统二期建设，开展了面向全国 2670 所高校 23 万多名专兼职辅导员的信息更新维护。该系统成为全国高校队伍建设政策制定、资源分配的重要依托，充分发挥了智库作用。

（四）“高校辅导员”微信公众号作用发挥显著

2021 年“高校辅导员”微信公众号入选中宣部、中央网信办、教育部、共青团中央首批重点建设的高校思政类公众号，位列四个全国性思政工作平台之一。公众号 2021 年发文 196 篇，阅读量超过 93 万次，关注数超过 8 万人，作用更加凸显，影响力更大，成为全国高校辅导员的精神家园。

三、干事创业，担当作为，开展高校思政队伍培养锻炼各项品牌活动

组织开展 2021 年“最美高校辅导员”和第十三届“高校辅导员年度人物”推选展示活动，“最美高校辅导员”、“高校辅导员年度人物”和全国高校辅导员素质能力大赛获奖成为学科评估重要加分项。

实施高校思政队伍高水平培训研修，承办 2021 年全国高校安全稳定工作专题研讨班，举办山东高校万名辅导员心理健康教育线上培训班，开展山东高校保卫处长培训，指导山东高校领航工作室建设，开展山东高校辅导员优秀论文征集，举办山东高校辅导员工作论坛，做好思政骨干在职攻读博士生招生培养工作。

积极落实山东大学辅导员育人能力提升专项方案，将优质资源引入学校，通过专家授课、个别指导等方式，提升学校辅导员理论水平和工作能力，山东大学辅导员育人能力水平在点和面上不断取得新的突破。

《高校辅导员》办刊质量不断提升，本年度贯彻落实以习近平总书记给《文史哲》编辑部全体编辑人员的重要回信精神，做好重点选题策划。围绕党史学习教育、庆祝中国共产党成立一百周年、学习贯彻党的十九届六中全会精神、中央 31 号文件颁布实施五周年等进行专门组稿。2021 年共编辑出版 6 期 80 万字。期刊入选“2020 年度教育学最受欢迎期刊”，郭新立书记、樊丽明校长对此专门作出批示。

继续联合中国高教学会在全国设立“高校辅导员队伍建设与发展”专项课题。开展 2021 年度全国思想政治工作优秀案例征集活动。

（田丹丹）

档案校史工作

档案馆（校史办）在学校党委和直属单位党委领导下，按照学校党政工作要点，积极服务学校中心工作，积极推动各项工作开展。

一、坚持党的领导，加强政治学习，践行宗旨意识

1. 深刻把握习近平新时代中国特色社会主义思想，认真学习习近平总书记“七一”重要讲话、给《文史哲》编辑部全体编辑人员回信和对档案工作重要批示等文件精神，贯彻落实党的十九大和十九届三中、四中、五中、六中全会精神。

2. 加强党建和意识形态责任制，开展党史教育活动、支部党建工作，重温入党誓词，发挥好党支部战斗堡垒作用和党员先锋模范作用。

3. 践行宗旨意识，开展“温暖行动”。“实施‘温暖行动’践行宗旨意识——为群众办实事常态化机制的研究与探索”获 2021～2022 年工会工作研究课题立项。

4. 认真落实学校疫情防控相关要求，在坚持开展档案借阅利用时，绷紧防疫这根弦，严守安全底线。

二、加强事业规划，促进协同发展

1. 起草制定《关于认真学习贯彻习近平总书记对档案工作重要批示的工作方案》和《山东大学宣传贯彻〈档察法〉活动方案》，组织开展了一校三地师生《档案法》知识竞赛。

2. 制定《关于开展档案工作年度评优活动的方案》，完成首次一校三地档案工作评优活动。

3. 积极谋划“十四五”期间学校档案事业发展，制定档案馆“十四五”规划，为龙山校区档案馆、校史馆建设提出前瞻性规划。

4. 完成修订《山东大学归档文件整理办法》《山东大学重大活动和突发事件档案管理办法》，开展日常业务指导，促进一校三地档案工作协同发展。

三、完成校庆任务，建设新校史馆

1. 完成校庆重点项目新校史馆建设和《山东大学简史》编撰工作。成立了校史馆建设工作专班，共召开 32 次专班例会，编发《山东大学校史馆建设工作简报》32 期，选拔年轻骨干成立了青年突击队，保证了校史馆在 10 月 13 日按期开馆。

2. 新校史馆开馆以来，已成为山东大学党史学习教育、校史校情教育、德育美育的重要基地。截至 2021 年 11 月底，新校史馆已累计接待约 3000 余人次。

3. 在全校范围招募校史馆志愿者，组建了一支强有力的志愿者团队，并请专业老师对志愿者团队进行礼仪培训和校史校情教育培训，为做好校庆期间接待工作、完成日常接待任务提供了坚实的队伍保障。

四、加强档案资源建设，坚持应归尽归，推动档案数字化

1. 完成本年度全校各类档案数据接收及档案实体归档工作。截至2021年11月底，已归档实体案卷1.8万余卷册，文件5000余件，电子目录数据8.6万条。

2. 结合校史馆建设，完成声像类档案收集、整理，归档照片3000余张，完成山东医科大学、山东工业大学声像档案数字化近千张。

3. 提前完成档案数字化项目年度任务，150万页数字化档案通过验收，提前启动档案数字化项目第6期。

4. 启动山东大学档案管理信息系统二期建设和报纸系统的升级工作，重点解决电子文件规范化归档和系统安全问题，助力档案工作内涵提升。

5. 完成数字档案馆“十三五”总结和“十四五”规划，协调青岛、威海校区启动数字档案建设。

五、坚持服务至上，做好管理利用

1. 坚持“服务至上”理念，做好对外借阅利用工作。本年度接待各类档案查询18000余人次，调档35000余卷（件），完成学位、学历认证3000余份，财会档案查档800余人次，配合各部门、学院研究工作调阅档案万余卷。

2. 修订疫情防控常态化情况下档案利用服务工作办法，采取电话查询、集体查询、预约代办、网站指南、微信和电子邮箱传递、快递邮寄等灵活多样的方式满足校友需求。

六、开展校史编研，宣传红色基因

1. 开展档案校史编研工作，编辑《山东大学年鉴（2020）》100多万字，完成《山东大学纪事》编辑、校对、出版工作。

2. 深入挖掘校史红色资源，整理校史中的红色故事和先进人物，发掘蕴含革命精神、爱国传统等红色基因，印制15万余字的《继承光荣传统 赓续精神血脉》山东大学校史资料汇编。梳理了1955年以来第1～14次党代会的历史资料，编印出详细的资料汇编，并在学校《党史学习教育简报》中分期刊发。

3. 制作《华岗与〈共产党宣言〉》宣传片，入选国家档案局百部微视频展播。协助龙游县委党校编辑出版《华岗研究文集》。协助臧克家子女编辑出版《天伦父子情——我和爸爸臧克家》。

4. 为法学、国政、基础医学、艺术等学院编写院史提供校史资料参考并参与大纲审定。为《新闻周刊》《中国青年报》等媒体有关宣传文章及校庆大型歌舞晚会提供素材。

七、加强库房建设，确保档案安全

1. 加强安全制度建设，保证档案资源实体和信息安全，完成学校涉密档案的管理工作，全年无事故。

2. 配合文史楼改造，科学规划档案库房建设与搬迁，与基建、资产、后勤等部门密切合作，把库房建设与各类设备的拆装工作做细、做实，做到高效利用，避免资产浪费，按时组织完成文史楼 10 万余卷册财务档案有序搬迁上架工作。

3. 完成档案馆库房及办公区外围安防设施规划与建设。

（田雪华）

博物馆工作

山东大学博物馆在学校党委、历史文化学院党委领导和学校文化引领战略指引下，围绕新一轮“双一流”建设和“十四五”高质量发展，坚持履行在文化引领、科教兴国、传承弘扬中国优秀传统文化方面的职责，积极为广大师生和社会观众做好各项服务，在增强师生文化自信、提升学校文化软实力、助力学校“双一流”建设等方面发挥重要作用。

一、加强党建工作，提升政治素养

根据学院党委、党总支和支部部署，定期组织全馆进行政治学习。主要内容有，学习习近平总书记给《文史哲》编辑部全体编辑人员回信、习近平总书记“七一”重要讲话精神、习近平总书记致仰韶文化发现和中国现代考古学诞生100周年的贺信、党的十九届六中全会精神等。博物馆还专门制作了《伟大征程》中国共产党历史展览图鉴，把党史学习与博物馆实际工作结合起来，为学校各级基层组织和校外有关单位提供党史学习的平台。

加强组织建设，成立中国共产党山东大学历史文化学院博物馆（青岛）党支部，接收预备党员 1 名，发展入党积极分子 1 名。经历史文化学院党委推荐申报，2021 年博物馆荣获山东大学先进集体称号。

二、青岛校区博物馆开馆，博物馆开放被列为学校 2021 年度服务师生十大实事之一

5 月 15 日成功举办“山东省 2021 年 5・18 国际博物馆日主场宣传活动暨山东大学博物馆（青岛）开馆仪式”，15～18 日开馆活动期间举办了区域博物馆发展论坛、博物馆社会教育培训讲座、校地合作协议签署（涉及 20 余家相关文博单位）仪式等系列活动，先后有 90 余家单位，近 300 人参加。省内外 10 余家媒体对博物馆开馆活动进行了广泛的报道，取得较好的社会反响。

三、举办各类展览，丰富校园文化

2021 年中心校区博物馆举办展览 2 个，即“艺颜艺语”艺术学院国画作品展和“上庠大木、八马同槽”历史学八大教授主题展，后者是百廿校庆系列活动的重要组成部分。此外，在山东省美术馆举办的“山东大学 120 周年校庆美术大展”中，博物馆有 22 件书画文物参展。青岛校区博物馆全年布置展览 11 个，重点展览有“文韵齐鲁”文物展、“百年学府”校史展、“伟大征程”中国共产党历史展览图鉴、“遇见山大、拾忆青岛”青春校园展。

四、坚持文化育人，辅助教学实践

博物馆是学校考古团队的重要组成部分，参与历史文化学院和文化遗产研究院教学，5 月举办的“遇见山大、拾忆青岛”青春校园展是博物馆参与学校教学活动的经典案例。与两院合作申报的 2 项课题分别获山东大学研究生教学成果奖。设置文博专业学生教学实习岗位，依托学校“展翼计划”项目、“勤工助学”项目，组建讲解、后勤和宣传三个学生团队，使博物馆逐渐成为本校学生重要的实习场所。

五、落实文化引领战略，组织系列宣传教育活动

一校两地博物馆先后策划各类活动 30 余次，如举办第九届全校大学生博物馆讲解员大赛、第六届全校大学生博物馆衍生品设计大赛、“专家带你看博物馆”系列讲座、中小学生主题研学、“我在博物馆学拓印”，配合“艺颜艺语”展览推出的 6 期国画教学体验活动，结合八大教授展览，面向学校学生开展为期一个月的“八马荣光，历久弥新——志愿讲解员体验活动”等。以博物馆为平台进行广泛宣传，博物馆发稿 90 余篇，校外媒体报道 40 余篇。

六、加强文物保护，做好藏品管理

继续完善博物馆藏品账目，全面清查、核对、补录馆藏文物的各项信息。积极申请国家文物局 2021 年可移动文物保护项目，批复项目三项，合计申请国家财政专项资金预算 489 万元。

七、积极开展社会服务活动

利用高校博物馆优势资源，与地方开展多种形式合作。承担多项烟台、日照、胶州等地考古勘探的横向项目，多次参与地方博物馆新馆展陈设计方案评审、文物鉴定、博物馆运行评估以及博物馆预防性保护、数字化等专项评审工作。

八、不断完善基础设施，加强团队建设

将原属于青岛校区的文物保卫办公室（科级）整建制调整至青岛校区博物馆，负责本馆安全工作。青岛校区博物馆新增人员5名。不断完善后勤设备、设施，按照学校部署顺利完成本馆物业、安保招标和交接工作。

（沙晓红）

科技期刊社

科技期刊社深入学习贯彻习近平新时代中国特色社会主义思想，贯彻习近平总书记给《文史哲》编辑部重要回信精神，自觉运用“金钥匙”破解改革发展难题，全面落实学校第十四次党代会精神，锐意改革，不断创新，准确把握新发展阶段，全面贯彻新发展理念，服务构建新发展格局，努力打造世界一流科技期刊，助力世界一流大学建设，为学校实现内涵式高质量发展提供坚强保障和有力支撑。

一、努力加强党组织建设

认真履行全面从严治党责任，提高党的建设质量。严格执行中央八项规定，遵守关于加强党风廉政建设的有关规定，认真履行党风廉政建设责任制，不断增强廉洁自律和防腐拒变的能力。不断壮大党员队伍，充分发挥党支部的战斗堡垒作用和党员的模范带头作用。积极配合落实上级党组织的意识形态专项整治、巡察等工作，时刻关注全体人员的思想政治动态，严格对稿件、网站、微信等内容的审核。上半年和下半年分别组织参观孟良崮战役纪念馆、中共山东省工委旧址，重温入党誓词，一致表示不忘初心、牢记使命，坚决把习近平新时代中国特色社会主义思想落实到全心全意为人民服务、做好各项工作的具体实践中，为实现中华民族伟大复兴的中国梦而努力奋斗。

二、认真进行政治理论学习

严格执行学校和直属单位党委的要求，积极参加学校组织的政治理论学习和各项活动。深入结合党史学习教育，开展工作调研。科技期刊社专题学习习近平总书记给《文史哲》编辑部全体编辑人员重要回信精神。认真学习贯彻习近平总书记在庆祝中国共产党成立100周年大会上的重要讲话精神和党的十九届六中全会精神，丰富拓展党史学习教育的内涵，推动党史学习教育往深里走、往实里走。通过学习，提高了班子成员的思想觉悟和理论水平，完善了办刊体系，拓展了办刊视野，明确了办刊思路和发展方向，全局意识大局意识明显提高，期刊社全体人员的凝聚力大幅提高。依靠宏伟的发展蓝

图，班子的一身正气以及正确的团结带领和充分的交流沟通，进一步丰富了“团结和谐、高效进取”期刊社文化，科技期刊社的各项工作取得了明显成效。

三、扎实推进“强刊兴学”计划

随着“强刊兴学”计划的深入实施，科技期刊社由单一办刊职能向“管、办、创”一体化推进，构建完善了山东大学科技期刊工作新体系，探索形成了“学校引导，期刊社主导，学院协管，专家办刊”的办刊模式。

2021 年科技期刊社多次与药学院、齐鲁交通学院、能源与动力工程学院及晶体材料国家重点实验室领导、专家交流，共同谋划创办《药学科学前沿》《智慧公路科学与技术》《绿色能源与资源》《生物医学工程材料》4 本英文期刊，学校原则同意创办并纳入学校“强刊兴学”计划。目前，4 本期刊已与国际知名出版公司初步达成合作意向，编委会、编辑部已初步成立，邀约稿件等工作已陆续开展。

四、积极做好专题专刊建设

为克服学报特色不明显、优质稿源外流等问题，各期刊坚持走专刊、专栏、专辑的办刊之路，特别是各版出版了 120 周年校庆专刊。如《山东大学学报》（医学版）2021 年组织出版了 5 期重点号，共刊发稿件 69 篇，其中校庆、刊庆特刊发文 22 篇。本年度稿件选题均为各学科热点，收到了良好的成效。

五、努力提高服务质量

为了办好英文新刊，科技期刊社抽调内部精干力量成立了“强刊兴学”计划工作办公室，深入团队调研对他们科技期刊的需求，定期召开工作会议讨论工作中的问题，在编委会、编辑部建设，约稿、组稿等工作中给予指导，形成了有效的沟通机制。定期组织召开主编联席会，与学术团队签订了“强刊兴学”计划期刊发展目标任务书，提出近远期期刊发展目标，并明确各刊在编委会及编辑部建设、编辑人才培养、出版选题策划、国际出版合作、期刊出版发行宣传等方面的具体指标。

六、积极参加组织学术会议

通过线上线下相结合的方式组织参加各种学术会议，如由《概率、不确定性与定量风险（英文）》期刊支持举办的 International Seminar on SDEs and Related Topics 线上会议从 2021 年 10 月 29 号开始每两周举办一次，共计 14 场报告。会议邀请了多位有国际影响力的专家学者做出高水平报告，其中有多位教授曾在国际数学家大会作报告，报告者在领域内做出突出贡献，获得多种奖项，也有丰富的论文成果和专著。这对宣传期刊、做好组稿约稿等工作具有重要的和长远的影响。

（姜百健）

《山东大学学报（哲学社会科学版）》编辑部

《山东大学学报（哲学社会科学版）》（以下简称学报）编辑部全体同志深入学习贯彻习近平新时代中国特色社会主义思想，尤其是总书记给《文史哲》编辑部重要回信精神，全面落实学校第十四次党代会精神，扎实推进“双一流”建设、中央巡视整改落实和开展党史教育，坚持正确的政治方向和办刊导向，进一步明确发展定位，注重学术创新，学术质量和社会影响力有了新的提升。

一、紧紧围绕服务学校大局，学报工作成效斐然

（一）准确定位，特色发展，开创学报工作新局面

根据习近平总书记给《文史哲》编辑部的重要回信精神和“七一”重要讲话精神以及国家开启“第二个百年奋斗目标”新征程等方面的新要求，将学报发展定位进一步凝练为“探索中国式现代化新道路”，聚焦研究中国问题、中国道路、中国经验，从理论上、实践上探索“如何更好坚持中国道路、弘扬中国精神、凝聚中国力量”，从而使学报工作有了更加明确的目标指向。一年来，主要刊发“探索中国式现代化新道路”的社会科学方面的高质量研究成果，发挥学报综合性优势，注重对相关问题进行多学科、多视角的交叉融合性研究；注重特色化发展，形成一系列品牌栏目，在众多社科期刊和高校学报中形成鲜明个性。

（二）落实意识形态责任制，牢牢把握正确政治方向

重视提高政治站位，聚焦主题主线进行集中学习研讨，注重把政治学习与本职工作紧密结合起来，坚持正确的办刊导向，落实意识形态责任制，加强意识形态阵地管理。学报意识形态工作领导小组时刻保持高度警觉，对带有错误政治方向和倾向的稿件实行“一票否决”。持续组织编辑人员学习文字编校方面的意识形态用词要求，确保学报所发文稿在选题、立意、文字表述等各个方面都精准到位。

（三）积极参与并谋划校庆活动，取得系列学术和工作成果

围绕学校120年校庆这一重大事件，结合学报创刊70周年重要时间节点，积极谋划纪念活动，取得了良好效果。包括：经周密策划于2021年10月17日在北京成功举办“建党百年与社会主义现代化强国建设研究暨校庆120周年、刊庆70周年高端论坛”，取得良好反响和预期效果；将学报2021年第4期作为校庆纪念专刊，邀请国内学界知名校友结合自己学科研究撰写学术文章，向学校120年校庆献礼；编写《奋进七十载，守正再创新——〈山东大学学报（哲社版）〉创刊70周年纪念文集》，回顾学报历史，总结经验，凝聚力量，整装再出发；定制彩色展板墙报，回眸学报发展足迹，展现几代学报人的奉献与风采。

（四）横向合作进一步加强，形成更加紧密的学术共同体

围绕探索“中国式现代化新道路”的中心定位，近两年来学报确立了构建学术共同体的发展思路。2021年，学报以推动相关学科领域学术共同体的发展为己任，以共建特色栏目为切入点，与有关学术单位加强合作，如：通过“中国特色哲学社会科学构建”“文化与经济”“法律与政策实证研究”等栏目，加强了与北京大学、清华大学、四川大学等相关学术团队的密切合作，进一步推动了学报高质量发展。同时，强化期刊协作，推动“期刊共同体”建设，与《深圳大学学报》（人文社会科学版）、《福建论坛》（人文社会科学版）等期刊联合举办学术活动，凝聚力量共同发展。一年中，先后举办了“建党百年：文化强国与文旅融合高质量发展”、“第六届中国法律实证研究年会暨第七届数理—计量法学论坛”、“第三届新时代文化创新论坛”、“实证法学研究与法治中国建设”暨第五届“迈向数据法学”研讨会等学术会议，从而为学报高质量发展积聚了更丰富的学术资源。

（五）加强业务培训和人才引进，编辑部队伍建设再上新台阶

一方面高度重视编辑队伍业务培训。2021年6月，作为山东大学120年校庆的重要学术活动之一，邀请《北京大学学报》（哲学社会科学版）刘曙光主编来校作“新文科建设与人文社科期刊高质量发展”的学术报告，并结合学报实际，就栏目设置、稿件质量评价、期刊国际化发展等问题进行了深入交流。一年来，每位学科编辑通过线上线下的形式，至少参加了3次分工学科的学术会议。2021年7月，学报全体编辑参加了“山东省高校学报研究会年会”和“全国高校文科学报研究会年会暨培训会议”，为提高学报学术质量和编校质量打下了坚实的基础。针对编辑队伍以“60后”为主的现状，积极制定人才引进计划，顺利引进1名具有高级职称的“80后”编辑，在编辑队伍新老交替方面做出扎实成绩。

二、持续提高办刊质量，主要工作亮点纷呈

1. 贯彻落实总书记给《文史哲》重要回信精神，扎实开展党史教育，期刊发展取得以下成绩：

（1）入选“2021中国精品期刊展”。

（2）在人大复印报刊资料“经济学与经济管理类”文章转载数量排名中列全国综合性期刊第2名。

（3）入选北京大学法律信息网“高被引法学期刊”。

（4）在知网2021年10月发布的626种综合性期刊年度排名中列居第22位，上升两个位次。

2. 以创建高水平期刊为核心，策划举办“建党百年与社会主义现代化强国建设研究暨校庆120周年、刊庆70周年高端论坛”系列会议，出版70刊庆专刊，形成更加紧密的学术共同体。

3. 坚定以探索“中国式现代化新道路”为学术中心定位，稳定运行投审稿系统，引进优秀编辑1人，编辑部建设再上台阶。

三、扎实推进党风廉政和作风建设

严格落实党风廉政建设责任制，遵守党规党纪及学校各项规章制度，认真贯彻执行中央八项规定精神。注重加强廉政风险防控，积极排查廉政风险防控措施，坚持财务公开、党务公开。努力改进工作作风，积极为群众办实事，先后到管理学院、外国语学院等单位与学院领导和学者座谈，了解学院学科发展动向和发展趋势，交流学报选题与学科发展的契合点，努力为学科建设服务。

（丁培卫）

图书馆工作

山东大学图书馆坚持以习近平新时代中国特色社会主义思想为引领，立足新发展阶段，贯彻新发展理念，融入新发展格局，紧紧围绕“智慧化、研究型”图书馆建设目标，统筹推进疫情防控、事业发展和安全稳定各项工作，科学编制“十四五”发展规划，深入实施“强馆兴校”行动，确保图书馆高质量发展开好局、起好步。

一、重要成就

（一）坚持党的领导，扎实推进党的建设

扎实开展党史学习教育，深入推进“我为师生办实事”实践活动，实现文献资源选购直通读者、学科知产服务直达院系、信息素养服务融入科研、异校图书借阅无缝对接、智能图书借还触手可及；筑牢理论学习阵地，开展党委理论学习中心组学习 8 次，编发学习参考资料 31 期，指导支部开展好“三会一课”、主题党日等活动；坚持科学民主决策，召开党委会议 8 次、党政联席会议 26 次，研究破解事业发展难题；紧抓党风廉政建设，定期研究，专题部署，完善党委委员联系支部、支部委员联系党员、党员联系群众的“帮包联系”机制；夯实基层党建基础，培养新党员 8 名、入党积极分子 4 名，2 项党组织书记抓基层党建突破项目、3 项基层党组织活动获批立项，馆党委书记获评学校“优秀党务工作者”。

（二）聚势谋远，统筹推进事业发展

着眼顶层设计，高质量完成《山东大学“十四五”图书馆发展规划》和《龙山校区（创新港）图书馆建设概念性规划》；持续推进组织体系优化、岗位设置调整、馆员定岗定责；深化一体发展，制定《图书馆一校三地、一体发展业务整合推进方案》，全面推进济青威三地图书馆资源服务、信息服务、基础服务、技术服务和阅读推广服务等规则统一、融合发展；注重能力提升，举办惠及全体馆员的图情讲座、学术沙龙、暑期研修等36场，馆员获批省级课题1项、取得行业资格证书9项；聚焦一流学科，新增*Nature*子刊10种，新增AIMS（美国数学科学研究所）等9个数据库。完成全球汉籍合璧数据库建设设计方案招标、教参数据库版本升级、特藏数字化平台上线发布等。出版《山东大学图书馆藏稀见书目书志丛刊》并获国家资助，与国图出版社签署《图书馆特藏文献合作出版框架协议》。

二、主要工作

（一）推进特色文献资源建设

强化资源保障，新增图书12万余册，特色资源山大人书库新增著述4000余册；完成全球汉籍合璧数据库设计方案招标和验收。与国家图书馆出版社签署《特藏文献合作出版框架协议》，获资助出版《山东大学图书馆藏稀见书目书志丛刊》。接收退休教工捐赠珍贵经学、医学古籍《书经体注大全合参》《东医宝鉴》等31种149册。完成教参数据库升级，推进“山大文库”建设。

（二）促进基础服务转型升级

创新基础服务，深化与山东省图书馆的交流合作，与山师图书馆共建同城馆际互借平台，组建5大业务团队和专业讲者团队，读者年入馆量346万人次、座位预约177万人次、数据资源下载2536万次、图书借阅45万册次、一校三地通借通还图书13万册次，启用查收查引自动化管理平台、参考咨询智能问答平台，新建RFID智能书柜，自助式借阅服务延伸至校园内多个空间区域；深化知识服务，完成国内外查新报告134项、省社科成果重复率检测报告998项；坚持文化引领，以“建党百年”为主题组织开展全省“阅读红色经典·调研百年变迁”红色征文、“齐鲁学子心向党”演讲比赛等，以“百廿校庆”为契机创新开展《山大风华录》口述历史征集、“楮墨芸香·古韵犹存”传统文化体验、“百廿山大群星璀璨——画家王名实笔下的山大名人肖像展”等，读者参与4.1万人次，覆盖学院数十个；优化借阅环境，建成医学人文主题文化墙、名人书房、幻想空间、科艺赏析区等，在各校区图书馆打造特色空间“减压角”。

（三）强力蓄能推进内涵发展

山东大学高校国家知识产权信息服务中心成功加入高校知识产权联盟；完成2011年以来专利分析报告、1985年以来专利数据检索清洗以及与上交大微生物国家重点实验室的竞争力分析报告；发布《山东大学专利简报》，制作《智汇系列》科普微视频；开展好深层次学科服务，制作22份ESI、“新四科”建设等专题典型情报分析报告，获批通识核心课程、SPOC课程建设项目和研究生教改项目，为学校“中央高校建设世界一流大学（学科）和特色发展引导专项”绩效目标出具评估意见；启动山东大学学术数据服务平台建设，参与学校知识资产数据标准化规范化建设。

（四）强化图书馆教育职能

为加强信息素养教育、劳动教育和文化引领作用，开展面向1.5万名学生的信息素养教育，开展综合培训37场次；建成“信息检索与利用”通识核心课，完成1765名本科与研究生课程教学以及5999名师生参与的创新和学术信息能力成长微学堂，本科与研究生新生入馆教育全覆盖，完成“发现图书之美”劳动教育、“学术能力成长”科研素养等暑期精品项目，获得山东省高校“信息素养课程思政”微课教学比赛特等奖和一等奖；围绕建党百年及百廿校庆等重大时间节点，开展红色文化、科学文化、传统文化、校史文化教育活动，4.1万余人次参加，获得“齐鲁学子心向党”全省高校学子演讲比赛一等奖、最佳组织和最佳指导教师多个奖项。

（五）加强山东省图工委指导协调作用

发挥好省高校图工委指导作用，召开全省新时代图书馆特色资源建设与服务创新研讨会、山东省高校图书馆馆长工作会议、高校图书馆国外数字资源研讨会，举办高校图书馆馆员学科服务研修班、信息素养课程思政微课教学比赛、高职高专院校信息素养大赛等，推进全省文献资源建设共同发展、学术研究能力共同提升、文化育人氛围共同营造。

三、典型经验

（一）深层次知识服务取得新突破

完成《“新文科”研究进展和学术影响力2021年度报告》等专题情报分析报告24份，有力支撑了职能部门和学科发展决策；成功申报全国高校知识产权信息服务联盟，建设知识产权专题培训基地，完成学校全部专利的检索、清洗，为学校专利盘点提供了重要支撑。

（二）科研数据服务能力显著提高

完成机构知识库和山东大学学术数据服务平台（一期）建设，汇集学校各类学术成果513207条，有效支撑学校科研数据管理和学术评价，为实现学校知识资产集中管理、加强学术交流提供学术大数据基础建设和决策支撑保障。

（三）特藏数字化建设进一步深化

建成特藏数字化平台并发布高清书影42000余张，完成校史文献和山东地方文献数字化专题整理。平台集特藏文献数字资源管理、阅读推广、教研服务功能为一体，为学校人文社科、古典学术学科建设提供有力的学术支撑，是优秀传统文化传承创新的图书馆育人平台。

（范梦子）

工程训练

工程训练中心在学校党委的坚强领导下，党政一体凝心聚力，紧紧围绕立德树人根本任务，聚力做好疫情防控和实践教学创新等工作，扎实推进智慧学习工场建设，科学编制“十四五”事业发展规划，为加快实现学校“由大到强”的历史性转变，积极作为、勇担使命。

一、工作举措

1. 加强党的建设。共组织中心组学习 20 次，党政联席会 24 次。查摆 8 个方面的巡视整改台账，逐一整改落实。扎实开展党史学习教育活动。

2. 强化管理服务。严格落实疫情防控和安全隐患排查整改等工作，完善中心管理制度汇编，执行督导制度，对中心公房进行调整。

3. 深化教学改革。对接学院需求，扩大教学覆盖，增加实训人数。提升教学质量，优化 KAPIV 项目。

4. 丰富双创活动。推进课赛结合，突出协同育人。组织各类双创活动 20 余次。

5. 升级实训平台。争取建设资金 580 余万元，新建和优化了 9 个实训区域，建设了学生创新作品文化墙。

6. 加强培训调研。以“中心改革＋教学升级”为主线，以“外出调研＋内部培训”为方式，以“线上＋线下”为手段，组织开展职工能力培训 40 余次。

二、主要成效

1. 治理体系不断完善。修订各项规章制度 66 项。执行督导制度，形成反馈意见 220 条并落实整改。圆满完成了机械厂清撤工作。

2. 实践教学稳步提升。完成 10131 人次各类教学任务，共计 344624 人时，工程训练课程参训学院 13 个。开设理论课程共计 85 门次，选课人数 4966 人；教学覆盖扩大至研究生，开设双创荣誉学分在线课程 4 门，累计选课人数 1952 人。

3. 创新创业覆盖广泛。创新创业教育年受益 7700 人次。其中各类校内活动参与 5500 人次，与省科协等相关单位开设面向社会的各类双创讲座、能力提升论坛等，校外累计受益 2200 人次。

4. 智慧学习引领发展。在智慧学习工厂的框架下，中心搭建“实践实训＋创新创业”互相融合的平台体系。新建了智能产线、激光加工、机器人、加工中心等实训区域。

三、突出亮点

1. 持续深化 KAPIV 项目。推进 KAPIV 一体化教学项目改单，材料学院、能动学院全体合计 416 人参加学习，完成 11 个类别 96 个一体化项目设计制作。

2. 双创比赛成果丰硕。中心指导参赛人员共计获得国家级奖项 20 项、省级奖项 61 项。组织中国大学生工程实践与创新能力竞赛，获全国“优秀组织单位”。

3. 校企合作协同育人。与浪潮集团共建智能制造协同育人基地，与正天公司共建激光加工实验室，与越疆公司共建协作机器人实验室。中心获评“实验室工作先进集体”称号。

四、存在问题及不足

随着教学覆盖面扩大及KAPIV项目的深入实施，投课教师理论水平、操作能力、授课能力及年龄结构的问题日益凸显。课赛结合深化不足。

（洪新伟）

校医院工作

校医院领导班子紧紧围绕学校中心工作，以为学校“双一流”建设和“由大到强”历史性转变提供高质量医疗卫生服务保障为目标，认真落实学校及二院党委行政的任务要求，统筹推进疫情防控和卫生服务，带领干部职工较好地完成了年度工作目标。

一、全力做好疫情防控

今年我国新冠肺炎疫情形势逐渐向好，学校疫情防控工作也逐步转向常态化。校医院作为医护工作组牵头单位，严格贯彻落实学校疫情防控专班部署要求，对校园常态化防控提出技术建议、与校内外相关单位协同联动，在确保师生基本医疗服务的同时，全力完成了开学、校庆、大型考试等重要时间节点、重要活动、重点排查等的医学指导、核酸检测、应急保障、师生隔离留观、健康防疫宣教、新冠疫苗接种等工作。目前累计完成师生核酸检测28.7万余人次，疫苗接种6.9万剂次，次密接者处置8次，诊治留观师生800余人次，金苑宾馆管理居家隔离学生60余人次，各类保障派工600余人次。

在近期国内疫情散点发生的形势下，校医院（卫生与健康服务中心）密切关注并及时应对校园防控重点，对排查出的重点对象和人群，细致流调，果断处置，密切跟踪，规范管理，有力确保了校园疫情防控安全。

二、不断夯实党群工作

1. 组织开展党史学习教育。制定《校医院开展党史学习教育实施方案》，按照学党史、悟思想、办实事、开新局的要求，将党史学习教育与巡视整改、疫情防控、医疗服务保障提质增效相结合，精心组织，稳步推进，保质保量完成了各阶段的学习任务，实现了规定动作不走样、创新动作有特色的目标要求。

2. 继续开展“亮身份践承诺作表率”和“榜样在我身边”主题教育活动，进一步营造创先争优“新氛围”，确保干事创业激情不减退，发展劲头不松懈。

3. 继续实施文化引领战略，助推文化强院。启动校医院院史编撰工作，制定实施方案，发出倡议书征集院史资料；完成千佛山校区党员活动室建设工作，打造规范化、标准化文化传播阵地；实施送温暖工程，制定《校医院职工及亲属给付慰问金的规定》，做好离退休、困难职工、患病职工及家属的优抚慰问工作。

4. 规范完成党员发展工作，确定入党积极分子 7 名、接收预备党员 2 名、转正党员 3 名。

三、强抓公共卫生服务

（一）公共卫生

坚持“新冠肺炎疫情常态化防控为重点、人物共防、多病同防”思想，全力做好传染病防控工作，及时处置筛查各类传染病；完成新冠疫苗外其他疫苗接种 1 万余人次；学生、新职工入职等体检 1.2 万余人次。

（二）健康宣教

持续推进“健康山大”，通过选修课程、新生宣教、科普宣传等形式，举办新冠肺炎、艾滋病、结核病等传染病及校园常见疾病防治知识宣讲 30 余场次，大学生健康教育通识选修课授课 64 课时，覆盖师生 1 万余人，提高师生保健和疾病预防水平。

（三）健康保健

按期启动教职医务员工年度体检，搭配实用灵活的套餐，采取主动预约、送报告上门等贴心服务，更好地为学校教职医务员工提供疾病的早期诊断和治疗依据，全年累计完成体检 2000 余人。

四、细致做好基本医疗

始终坚持以患者为中心，强化制度落实和质量管理，全年无医疗差错事故发生。

（一）严抓制度落实和质量管理

持续推进制度建设，年内修订药事、院感、护理等多项管理制度，并认真组织学习，加强执行管理，提升执业规范，将制度执行、医疗质量和安全管理抓在日常、严在经常。

（二）夯实医疗服务水平

组织医护人员线上线下进行培训学习，提升业务水平。

（三）努力拓展巩固适宜技术

中心院区种植牙业务、趵突泉院区中医治疗特色服务项目不断优化巩固，受到师生欢迎。

（四）认真做好师生医保服务

为教职医务员工办理省直医保大病备案、异地备案和报销、外出带药和报销；大学生医保门诊及住院报销；离休人员报销。

（五）保质保量完成全科带教工作

持续与第二医院合作，实现全科住院医师规范化培训基地合同续签，完成 2018 级临床医学生全科医学基层实践见习带教。

（六）做好社区卫生服务

四个社区卫生服务机构共服务人口 65000 余人，保质保量完成老年人管理、慢性病管理、孕产妇保健、儿童保健等多项社区健康保健任务。

五、努力提升服务保障

（一）扎实推进“我为群众办实事”实践活动

持续改善就诊条件和提升服务能力，用心用情用力破解了一批制约医院发展的瓶颈和难题，年内基本完成医院信息化改造，并逐步在各院区上线运行，这将大大提高门诊工作效率，更加方便师生就诊。

（二）积极落实年度“十件实事”工作要求

完成千佛山院区整体修缮，师生就诊条件得到改善；基本完成洪家楼校区医务室增设筹备，各硬件项目设施配备到位并通过了业内验收，待人员解决到位后可投入运行。

（刘洪花）

出版工作

在学校党委的坚实领导下，出版社坚持把社会效益放在首位、实现社会效益和经济效益相统一。全年出版图书 475 种，发行图书 1320 万册，实现主营业务收入 5400 万元，利润总额 846.33 万元，资产总额 1.78 亿元。

一、强化党建引领，筑牢高质量发展支撑保障

不断加强党的领导，把党的政治建设摆在首位，充分发挥党总支在企业中“把方向、管大局、保落实”的重要作用，推动党建工作与业务工作深度融合。持续深化理论武装，不断提升运用党的创新理论指导出版工作实践的能力。认真做好问题整改，始终坚持问题导向，将问题整改与出版社“十四五”规划相结合，与推动出版社改革发展各项工作相结合，以问题整改促工作提升，以工作成效检验整改效果。

二、提升品牌影响，不断加强出版能力建设

出版社在国家社会效益考核中取得 94 分的优异成绩。5 种图书入选“十四五”国家重点图书出版规划项目。1 种图书获国家出版基金资助。3 种国家出版基金项目顺利结项。1 种图书获国家科学技术学术著作出版基金资助。1 种图书入选 2021 年教育部主题出版项目。3 种图书入选 2021 年山东省重点主题出版项目。承担 15 种国家社科基金后期资助项目出版。4 种图书入选国家农家书屋目录。28 种图书入选山东省农家书屋目录。

三、服务教学科研，助力学科建设和学术发展

以国家社科基金后期资助项目出版资质单位为抓手，持续开展“走进科研院所”行

动，同省内十余家高校及校内二十余家单位签署战略合作协议。加强重大项目建设。主动对接学科建设需求，打造了“智慧教学与研究系列”“智能建造与智慧工程系列”等一批“四新”教材，策划了“中华三千年文学通史”“马院‘五个一’工程”等一系列学术力作。助力学校百廿校庆，联合校内院系推出校史传承、学术研究、校园文化、院史院志、教材建设5个系列10个门类的65本校庆图书，合计约2300万字，投资近300万元，从不同角度展示了山东大学的发展历程、辉煌成就、名人巨匠、人文景观及教学科研成果。切实履行企业责任，主动向学校上缴利润5000万元，无偿、如期完成3000平方米的仓库搬迁工作，主动承担经济损失200余万元，返还事业编工资500万元，上缴资源占用费200万元；捐款、捐书、捐物总价超过20万元。

四、加快变革转型，提升企业现代化管理水平

推进出版机制改革，明确“四会一层”的决策权限与议事规则，构建定位清晰、权责对等、运转协调、制衡有效的法人治理结构。实行大部制改革，精简机构，提高管理效能。修订业务流程管理办法，完善ERP系统，推动业务流程运转顺畅。加强制度体系建设，建立“废改立释”责任清单，统筹推进制度建设，废止制度20项，拟修订或新建制度38项。加强企业文化建设，实施“文化引领”战略，软硬文化建设双向发力。加强图书营销推广，拓展销售渠道，扩大销售范围，开通山东大学出版社天猫旗舰店，建立我社第一个自有网上销售平台。扎实做好民生工程，坚持以职工为中心的发展理念，让职工共享企业发展红利。

五、严抓内容质量，不断加强图书质量保障措施

出版社始终强调质量底线原则，认真落实选题论证制度和质量管理办法，全年暂缓、退回选题11种。严格审校流程，加大图书的审读力度，邀请社内资深编辑和相关领域的专家学者把关重点出版项目，坚决杜绝内容导向错误。加强印前质检和成书抽检力度，全年印前质检图书110余种，其中退回责编再加工40余种。组织社内秋季专项成书质检，抽检样书18种。完成“质量管理2021”专项检查，组织自查图书14种。

六、推进队伍建设，持续促进人才结构合理发展

组织安排职称评定与编辑资格考试，4名编辑评为副编审，截至2021年，出版社共有22名编辑拥有高级职称，占全部编辑的45%；4名编辑通过编辑资格考试，截至2021年，出版社共有18名编辑取得中级资格，占全部编辑的37%。为壮大编辑人才队伍，2021年出版社先后招聘和引进新员工12名。加强新员工的代培和管理，凡新入职编辑先由编校中心统一管理，并实行导师、政委制度，“试用期+见习期”制度。先后组织开展全体编辑专题培训、新编辑专项培训多次，就编辑业务工作中常见的相关问题予以说明。组织编写编辑学习资料并发放，提高编辑业务学习能力。

（赵聪）

附属中学

附属中学领导班子以习近平新时代中国特色社会主义思想为指导，按照大学党委的工作部署和要求，落实立德树人的根本任务，扎实工作，创新发展，脚踏实地地落实集团和学校的各项工作任务。为加快实现山东大学“由大到强”历史性转变、建设中国特色世界一流大学的新征程做好服务和支持。

一、敢担当、讲奉献，夺取抗疫和事业双胜利

领导班子带领教职工对标中央和大学党委部署抓好疫情防控。全校师生闻令而动，同心抗疫，绷紧“责任链”，织密防控网格，取得了疫情防控和事业发展双胜利。

2021 年，学校顺利通过济南市教育局“领航学校”评估验收，成为济南市首批“领航学校”，证明了学校的领航地位；学校被评为济南市首批百所家长学校示范校，家校合作工作成为全市典范；学校被评为历下区国家义务教育质量监测实施优秀单位，是对学校扎实推进素质教育的肯定；连年被评为历下区教书育人先进单位、教师职业道德先进单位、未成年人思想道德建设先进单位等；连续第八年获得信息技术学奥林匹克竞赛金牌学校称号；山东山大基础教育集团管理的山东大学实验学校（威海）开始招收第一批学生，并按时开学；学校篮球队获得省联赛第一名。

二、抓督促、强检查，狠抓廉政建设

（一）强化师德师风建设，狠抓党风廉政建设

加强管理教职工队伍和党员队伍建设，加强和改进思想政治工作，积极探索学习型、学术型、服务型、创新型团队建设。在全体教职员工中开设党规党纪、师德教风、反腐倡廉等的专题教育，加强对党员的党性教育和全体教师的师德教风教育。坚决贯彻民主集中制，自觉接受群众监督，加强对财务状况、基础建设、职称评聘、评优评先等重点领域的监督检查。

（二）规范权力运行，健全制约监督机制

加强领导班子思想政治建设，推动学校完善内部治理结构，完善重大决策征求意见制度和科学民主决策机制，认真落实领导班子民主生活会制度、党政联席会、集团校长委员会例会制度、教代会、校务委员会制度，规范议事提案及议事程序。坚持民主科学决策，重大决策、重要人事任免、重大项目安排和大额度资金运作事项必须由党政工团联席会领导班子集体研究做出决定。

三、建体制、重创新，构建管理体系

（一）落实管控系统，实现科学管理

规范管理，深入强强联合。根据德勤咨询公司设计的集团管控体系，结集形成教育集团管理体系丛书，为集团规划出精细的实施策略和发展蓝图。

（二）深化机构合作，加强教育诊断

与北京数维原动教育科技有限公司合作建设教育教学诊断系统，推动学校向高层次纵深发展；与希伯来大学合作的“构建受欢迎的学校”项目运行良好，取得了预期成效；与《教育家》杂志社合作，着力提升集团文化体系建设。上述合作的目标为实现从经验到科学的转变、从管理到治理的转变和从评价到诊断的转变。

（三）建设人力资源系统，科学利用人力资源

依托浪潮集团的技术优势，构建集团人力资源的专业管理平台，为集团教职员工提供资源查询、信息申报、人力管理、成长规划、职涯培训等便捷高效的人力资源专业服务，助力集团发展。

（四）文化治校取得实效

学校在实施文化治校、有效发挥文化引领的作用方面取得了实效。一是凝练形成《教育集团文化理念》和《学校行动纲要》，固化文化内涵，形成长效机制。二是成立学校和集团标准化建设项目组，研制面向学校未来建设的规范和标准，推动教育管理走向教育治理。

（五）治理能力不断提升

一是创新学校管理机制，提高管理效能，形成科学化、民主化、人文化、网络化的学校管理系统；建立科学系统的现代学校管理制度，以制度引领学校、教师和学生的发展。二是学校进行了“去行政化”的改革探索，取消管理人员的行政级别，实行按需设岗，岗位与职责相符，实现了“行政去官化，运行规范化，做事项目化”。

四、凝思想、聚智慧，课程建设成果丰硕

（一）专家引领，推动课程建设升级

一是专家课题团队的力量显著增强，进一步促进了成果的提升、推广，带动了课程团队和教研团队科研意识和科研能力的提高，8部“学科科学”手册已陆续启动，进入出版流程。二是课题、项目研究有序开展，其中，中小学英语教学的行动研究“输出导向法”和小学数学“目标—任务—评价”一体化学案的设计与应用研究获得省级规划课题立项；“培养负责任的创造者——指向核心素养的十二年一贯制课程建设与实施行动研究”等三个课题已申报济南市教育教学改革项目。三是十二年一贯制及大中贯通课程体系建设取得重大突破。课程建设向纵深发展，构建了一整套具有学校特色、面向未来的十二年一贯制课程体系。课程组编写了100余部《教学指南》和《学习指南》，共研发项目式、项目化主题案例363个，课程建设取得突破性成果。

（二）聚集资源，形成在线学习案例

以“停课不停学”为目标，聚集集团资源，保障学生在线教与学的有效开展，通过

混合式学习，助力学生个性化学习，最终指向学生的深度学习。形成典型学习案例35个，并在联合国线上会议中与国内外的教师们分享经验。

（三）建设平台，开发云上培训课程

集团搭建起教师“云研修”平台，推送课程57节次，学习资源205篇，形成完备的在线课程体系，内容涵盖教育通识、专业情意、专业技能、人文素养等四大领域，助力教师开展在线学习。

五、深课改、建范式，革新课堂教学

（一）停课不停学，形成线上教学资源

疫情形势下，按照“停课不停学”的要求，探索创建了小学、初中、高中的完整的线上教学资源体系。通过“空中课堂”，教师线上授课，与学生互动交流，指导学习；学生线下复习、预习、完成学习任务。

（二）基于核心素养，深化课堂教学改革

各学科围绕学科核心素养与学科大观念，按照2.0版本课程规划出的成果，注重主题式、项目式课程的落地与实施，探索出科学清晰的课程实施范式。

六、凝聚力、用智慧，提升集团影响力

（一）深入合作办学，集团规模稳步提升

教育集团在确保教育品质稳步提升的基础上，办学规模进一步扩大，形成了“五地十校十六个校区”的办学格局，实现了教育质量、办学规模、辐射带动、社会影响力的同步提升。

（二）创新合作机制，打造教育共同体

与菏泽续签合作协议，继续管理山大附中实验学校。与天桥区教体育局签署办学品质提升协议，协助宝华中学、宝华小学、官扎营小学三所学校提升教学品质，辐射带动天桥区基础教育办学质量。与历下区签署协议，通过管理省实验初中，带动趵突泉小学、棋盘街小学和省实验小学同步发展。集团在东阿县、利津县、历城区、天桥区四个地方开展区域教育提升工作，取得了良好的社会声誉。

（三）落实精准扶贫，助力教育脱贫

学校和集团派出多批次骨干团队开展对确山县和西藏日喀则桑珠孜区第一中学等的教育扶贫工作，提高地方教育管理水平，全面提升教育质量，改变了地方教育生态，促进了区域教育的均衡发展。

七、服务大学，服务地方，助力大学发展

积极落实山东大学“服务山东”战略，为威海校区的教职员工做好基础教育服务，集团与威海高新区管委会签署合作办学协议，共建威海高新区山东大学实验学校（威海）；与青岛蓝谷管理局深入合作，做好中小学二期发展规划；与菏泽市定陶区人民政府继续合作办学；积极规划建设龙山校区（创新港）中小学校。

八、高中发展，日新月异，大中贯通取得进展

2021年高中生源质量大幅提升。高中采用“多元导师制”，保证“个性化指导、人性化管理、精细化教育”有效实施。在大学“大众贯通”的支持下，附中高中段2019级学生在2022年高考中发挥出色，取得骄人成绩。

九、强安全、重生命，共享生命成长

（一）完善安全制度，落实安全责任

学校落实安全工作岗位责任制。建立起了一整套完善的安全管理制度和突发事件应急预案，让安全管理工作常态化、规范化、制度化。组织人员编写《新冠肺炎疫情防控手册》系列、《学校安全教育与管理手册》系列，做到安全工作有依据，安全形势有预判，安全处置有流程，安全管理有责任，师生安全有保障。

（二）实施网格化管理，建立立体安全网络

以网格化管理模式为依托，按照“主线加条块”结合的工作方法，织密学校安全管理网络，实现精细化管理，有效促进校园安全工作的“五个转变”：由少数人负责、少数人监管向全员负责、全员管理转变；由注重事后处理向注重事前防范转变；由经验式、粗放式管理向科学化、精细化管理转变；由运动式、突击式管理向常态化、规范化管理转变；由被动式管理向主动建立完善的安全管理制度转变。

十、2021年度大事记

1. 2021年1月，山东山大基础教育集团与济南市历下区人民政府签署合作协议，由教育集团管理山东省实验初中。

2. 2021年1月，山东大学附属中学被评为济南市首批“领航学校”、济南市首批“百所家长学校示范校”、历下区国家义务教育质量监测实施优秀单位；获得济南市教育改革成果一等奖。

3. 2021年6月，济南市历下区人民政府与山东山大基础教育集团签署合作协议，委托教育集团管理“济南市历下区崇文学校”，协议自2021年7月1日起生效，至2027年6月30日止，合作期限为6年。

4. 2021年9月，山东山大基础教育集团管理的山东大学实验学校（威海）开始招收第一批学生，并按时开学。

5. 山大附中被历下区教育局评选为“教书育人先进单位”“教师道德建设先建单位”“师德教风建设先进单位”。

6. 连续十年获得山东省信息学奥林匹克竞赛金牌学校。

7. 学校篮球队获得省联赛第一名。

（朱子炎）

资本运营工作

山东山大资本运营有限公司以习近平新时代中国特色社会主义思想为指导，全面贯彻党的十九大和十九届历次全会精神，牢树“四个意识”，坚持“四个自信”，做到“两个维护”，牢记“国之大者”，坚持和加强党对校属企业的全面领导，聚焦高质量发展新内涵，呈现出经营效益提高、创新能力增强、国有资本价值提升、治理能力增效等亮点，圆满完成各项目标任务，交出了“十四五”开局之年的满意答卷。

一、2021 年度目标完成情况

2021 年，受新冠肺炎疫情的持续冲击，国内外经济发展环境仍然复杂严峻，从国际看，世纪疫情冲击下，百年变局加速演进，外部环境不稳定不确定性因素仍然较多。资本运营公司积极贯彻落实新发展理念，坚持创新驱动发展战略，不断推进治理体系和治理能力现代化建设，统筹做好疫情防控、安全稳定和企业高质量发展，持续推进服务学校、服务山东工作，在“十四五”开局之年交出了比较满意的答卷。2021 年，资本运营公司实现净利润 2 亿 4300 万元，经济增加值 2 亿 4058 万元；保值增值率 107.13％，超出目标值 2.73 个百分点；利润费用率 1.71％，低于目标值 0.21 个百分点。

二、2021 年重点工作

（一）坚持和加强党对所属企业的领导

坚持把提高企业效益、增强企业竞争力、实现国有资产保值增值作为国有企业党组织工作的出发点和落脚点，不断推动党的领导和现代企业高质量发展深度融合，党的领导优势正在转化为公司治理效能。公司党委组织全体党员干部群众深入学习习近平新时代中国特色社会主义思想、习近平总书记“七一”重要讲话、给《文史哲》编辑部全体编辑人员重要回信等精神，全面落实贯彻“第一议题”制度。深入开展党史学习教育百余次，组织全体党员干部线上集中培训，推进“我为群众办实事”实践活动近 70 项。其中，山大地纬党总支医保卡省内“一卡通行”及国家统一医疗保障信息平台建设，覆盖服务人群超过 3 亿人；山大鸥玛云考试服务平台为学校一校三地各个院系提供免费的一站式考试测评服务，服务各类考生 5000 万人次；山大电力落实国家“碳中和”“碳达峰”战略，研发充电桩系列产品为全国多地提供快速充电服务；学府酒店全力服务保障学校 120 周年校庆活动；教服公司引入社会优质资源，完成学校校园超市社会化改革，以实际行动推进学校内涵式发展。紧抓意识形态不放松，修订完善相关制度，定期分析研判意识形态领域风险，强化阵地管理，规范新媒体管理。贯彻落实《中国共产党国有企业基层组织工作条例（试行）》，顺利召开资本运营公司第一次党代会，完成第一届资本运营公司党委委员选举工作，全面实现所属企业将党建工作要求写入公司章程。夯实基层组织建设，深入推进基层党组织规范化建设，基层组织凝聚力进一步增强，所属企业申请入党人数大幅增加。深入推进全面从严治党，完善制度建设，强化廉政教育，以高度政治自觉抓好巡视整改，坚持问题导向、目标导向、结果导向，以巡促改、以巡促建、以巡促治，完成“未巡先改、自查自纠”、高校一些领域腐败风险专项清理整顿等各项工作，整改问题近50项，巩固整改成果，建立长效机制，治企兴企能力进一步提升。

（二）深入贯彻创新驱动战略，全面推动企业高质量发展

坚持创新引领，引导企业加大研发投入，所属企业获得发明专利、著作软件权、科技成果等138项。山大地纬智慧医保解决方案实现全国推广，山大电力获国家重点支持的专精特新“小巨人”企业等称号，鸥玛软件成功登陆创业板，山大出版社深挖发展潜力，实现转型升级，企业资产规模和经营业绩保持持续稳定增长。

（三）不断加强企业监管，进一步推动企业治理体系和治理能力现代化

充分发挥公司章程统领作用，完成8家所属二级企业公司章程修订；深入推进全面预算管理、工资总额管理等；优化完善派出董事监事管理考核机制，全面开展日常管理与年度考核；强化“三重一大”管理，研究重大事项近百项；全面开展所属企业内部控制审计工作，进一步强化审计监督；推进企业风险管理，排查重点事项169项，优化完善管理制度及业务流程111项。

（四）积极贯彻服务学校、服务山东战略，“山大校企系”品牌影响力进一步提升

成功举办山大产业系赋能济南高质量发展工作会议，主导设立山东大学科技创新成果转化基金，服务学校科技成果转化，推动地方经济发展；公司及所属企业为学校建校120周年捐赠及合作共建资金1.15亿元；所属企业围绕主营业务，分别在新一代信息技术、高端制造、文化出版等领域，以及推动企业上市等方面，为服务地方经济做出应有贡献。2021年上缴学校利润5973.4万元，上缴国有资本收益685.45万元。

（五）上下团结一心，全力保障企业疫情防控和安全稳定

逐级签订《安全稳定工作目标责任书》，定期研判分析企业安全稳定和疫情防控工作风险隐患，实施网格化管理，强化所属企业流动人员监督管理，开展近30次安全稳定和疫情防控专项检查；着重加强学府酒店、校园超市等企业人员疫苗接种、核酸检测，及对冷链食品等的日常监管，确保校园服务保障队伍安全稳定。

（王华雄）

学院建设

哲学与社会发展学院

学院全体教职工以习近平新时代中国特色社会主义思想为指导，按照党史学习教育“学党史、悟思想、办实事、开新局”的要求，紧紧围绕立德树人根本任务和高质量发展主题，统筹推进疫情防控、安全稳定和事业发展，科学编制“十四五”事业发展规划，各项工作稳步推进，事业发展成效显著。

一、学院概况

2021 年，哲社学院现有教职工 98 人，含专职教师 81 人（包含 9 名外籍及港台教师）；行政人员 17 人，含非事业编 1 人。其中，教授 35 人，副教授 31 人，讲师 15 人；国家万人计划领军人才 1 人，长江学者特聘教授 2 人，新世纪优秀人才 1 人，青年拔尖人才 1 人，泰山学者特聘教授 2 人，泰山学者青年专家 2 人，享受国务院政府特殊津贴 5 人。

二、抓好党建工作落实，重点优化组织建设

认真学习十九届历次全会精神、习近平总书记给《文史哲》编辑部全体编辑人员重要回信精神和“七一”重要讲话精神等重点内容，扎实推进党史学习教育活动，推动完成巡视整改工作，认真组织 120 周年校庆工作。学院 7 个教工党支部按期换届，“双带头人”全面落实；8 个学生党支部重建为 9 个党支部。党组织书记抓基层党建突破项目获学校优秀成果，1 名党员被评为山东大学优秀共产党员。

三、做好疫情常态管控，强化目标任务完成

一是全方位，有重点，做好疫情管控。严格落实学校常态化疫情防控部署要求，做好疫苗接种工作，管好人员请销假；重点地区和人员来校，要求必须持核酸证明和健康绿码，对教职工管理坚持非必要不外出，切实守护师生健康和安全。

二是强基础，抓特色，强化培根育魂。2021 年，学院招收本科生 164 人，毕业 108 人，招收硕士研究生 101 人，毕业 106 人，招收博士研究生 30 人，毕业 23 人。截至 12 月底，学院现有学生总人数 1013 人，其中，本科生 524 人，硕士生 316 人，博士生 173 人。

哲学学科入选教育部基础学科拔尖计划 2.0 基地。完成社会工作、宗教学国家一流专业申报。完成第二批哲学“强基计划”招生和新文科 PPE 基地班选拔，社会学专业入选国家级一流本科专业建设点。林聚任获山东大学本科教学优秀奖 1 项和山东省普通高等教育一流教材 1 项；傅永军获 2021 山东大学优秀研究生指导老师；付立华获校教

学成果二等奖；解玉喜、孙艳艳获首届山东大学教师教学创新大赛二等奖。王强伟获2021年青年教师讲课比赛三等奖；冯波、梁飞、彭馨妍、解玉喜4位老师所主持项目进入2021年校级教育教学改革研究一般项目；3名本科生论文被评为山东大学2021届优秀论文。第三届少数民族预科班顺利结业。

组织研究生、本科生200余人开展“问道孔孟”“文化齐鲁·红色山东”游学活动。

三是抓队伍，重梯队，突出引育并重。积极主动开展人才引育，人事人才工作卓有成效。2021年，引进的山东大学特聘教授（王文方，中国台湾）、山东大学杰出中青年学者（王向贤）、山东大学齐鲁青年学者（程三银）入职报到；招聘优秀科研教师3名，其中研究员1名（王玉彬5月入职），副研究员1名（王丁9月入职），助理研究员1名（陈超8月入职）。3名老师校内调动至学院工作（胡孝忠副教授于7月份从历史学院调入，辅导员班梦姣从公共卫生学院调入，辅导员冯守刚从服务山东办公室调入）。

2021年，4位教师正常退休，分别为刘新利教授4月退休、谢文郁教授5月退休、苗润田教授8月退休、刘杰教授10月退休。1名教师（董修元）校内调动至青岛人文社科研究院。保资辅导员史艺姝于7月份升学。

2021年，1名学者入选山东大学荣聘教授（刘新利），1名学者入选山东大学特聘教授（林聚任），1名学者入选山东大学杰出中青年学者（王新春），5名学者（毛林林、李晓冬、姜振帅、胡孝忠、王昕）入选“山大青年学者未来计划”。

四是定目标，出实招，优化学科布局。完成了第五轮学科评估、“十四五”事业发展规划、社会工作专业学科评估等大项任务。成立哲学学科、社会学学科专业咨询委员会并召开第一次会议，为学科建设和发展规划提供有力支撑。“GDI大学一流学科排行榜（2021）”哲学学科排名第7，2021软科排名哲学学科位列第11、社会学排名21位、社会工作排名20位。

五是抓优势，强组织，科研成果丰硕。2021年在《中国社会科学》发表论文2篇；《哲学研究》发表论文6篇；在SSCI、AHCI论文（一区）发表论文7篇，CSSCI论文数96篇，出版专著7部、译著2部、主编编著6部。国家社科基金重大项目2项，国家社科基金项目5项，青年项目1项。省部级一等奖2项，二等奖2项，三等奖2项。出版教材4册。举办各类学术会议、讲座86场次。承办山东省社会学学会第八次全员代表大会、2021东亚人类学年会等高水平学术会议10余次。

六是促交流，谋合作，提升国际声誉。学院举办国际暑期学校，开设海外师资课程2门，聘请2位学者作为海外师资授课；建设国际化专业，执行种子基金项目2项，聘请海外学者4人为短期专家授课，聘请14名海外专家学者进行学术讲座和交流活动。培养国际留学生5人，交流生2人；输送国际交流生2人。

开设海外专家学者授课16学时以上课程3门，短期引进海外专家开展线上线下授课、学术讲座等活动共17次。与以色列希伯来大学、瑞典于默奥大学、加拿大哥伦比亚大学继续保持合作关系，通过线上线下举办国际会议2场。

七是谋创新，求拓展，紧贴社会需求。在《光明日报》等发表理论文章2篇，承接各地残疾人、养老服务体系等“十四五”事业发展规划编制工作近10项，参与山东省社会工作协会、联合国儿基会和民政部“护童成长”山东省项目督导工作等10余次。

社会捐赠金额达260余万元。

八是夯基础，提素质，学生成绩斐然。获山东省2020年度省级优秀班集体，山东大学学生社会实践工作、志愿服务工作、社团工作先进集体，研究生导学思政合唱比赛特等奖，山东大学第十七届体育文化节五人制足球联赛冠军，2021年山大杯辩论赛亚军，第十七届“挑战杯”山东省大学生课外学术科技作品竞赛特等奖。

四、加大监督检查力度，注重廉洁自律建设

一是经常性地监督检查党建工作落实情况，教育全体教职工严守政治纪律、政治规矩，严格按照制度规定办事，严肃落实每一项工作。二是认真抓好巡视整改落实工作。要求做到“当下改”和“长久立”相结合，完善了各项制度建设。三是严格执行中央八项规定和贯彻落实学校关于廉政建设的指示精神，强化请示报告制度，严肃“六项纪律”，落实“两个责任”，确保风清气正、团结和谐的政治环境。

（何立光　李广力）

经济学院

一、学院概况

山东大学经济学科历史悠久，1901年山东大学堂成立之初，即设有理财科目。百余年间，踔厉奋发、薪火相传，薛暮桥、孙冶方、马家驹等一大批知名经济学家在此执掌教鞭，四万余名学子在此蒙沐教泽，成长为国家和社会发展的中坚力量。在教育部第四轮学科评估中应用经济学科排名A-。

山东大学经济学院是在山东大学原经济学系的基础上，于1988年组建而成。学院下设经济学系、财政学系、金融学系、国际经济与贸易系、风险管理与保险学系等5个系，以及消费与发展研究所、泰岳经济研究中心、国际经济与产业组织研究所等研究机构；拥有理论经济学、应用经济学两个一级学科博士学位授予权和应用经济学博士后流动站。目前设有10个博士专业、14个硕士专业（含3个专业硕士专业）和4个本科专业，本科专业全部为国家级一流专业建设点。“经济学拔尖学生培养基地”入选“国家基础学科拔尖培养基地2.0计划”，财政学本科专业为国家级特色专业，2003年与数学学院共建金融数学与金融工程基地班（彭实戈班），2020年同哲学与社会发展学院、政治学与公共管理学院共建新文科PPE基地班。

学院产业经济学为国家重点学科，政治经济学、财政学、金融学、产业经济学为山东省重点学科。学院有公共经济与公共政策研究基地、反垄断与规制经济学重点研究基地、应用金融理论与政策研究基地三个山东省社会科学规划重点研究基地，以及山东省金融风险控制工程技术研究中心、山东省金融风险控制方法与政策软科学研究基地、山东省数字经济发展与治理软科学研究基地、山东省区域金融改革与发展研究中心（山东省重点新型智库）和山东省科学管理理论与方法及案例软科学研究基地（与管理学院共建）。

学院拥有一支学术造诣深、梯队合理的教学科研队伍。现有教职工 152 人，专职教师 119 人，教师中拥有正高级职称 50 人，副高级职称 45 人；博士生导师 42 人，硕士生导师 79 人；现有国家级教学名师 1 人，国家“万人计划”领军人才 1 人，国家社科基金学科规划评审组专家 1 人，教育部新文科建设工作组组长 1 人，教育部教指委主任、委员等共 4 人，“泰山学者”特聘教授 2 人，“泰山学者”青年专家 3 人，马克思主义理论研究和建设工程重点教材首席专家 1 人，山东省有突出贡献的中青年专家 4 人，享受国务院特殊津贴专家 5 人，教育部“新世纪优秀人才支持计划”专家 4 人，1 人被评为应用经济学科“最具全球影响力的中国学者”。

近 5 年来，学院教师在 *Journal of Financial Economics*、*Journal of Econometrics*、*Journal of Monetary Economics*、*European Economic Review*、*Journal of Comparative Economics*、*Journal of Development Economics*、《经济研究》等国内外学术刊物发表论文 500 余篇，出版学术专著 60 余部，主持国家社科基金、国家自然科学基金和省部级课题 100 余项，其中国家社科基金重大招标项目 8 项、国家自然科学基金重点项目 1 项、教育部哲学社会科学研究重大课题攻关项目 1 项。学院教师荣获“孙冶方经济科学奖（著作奖）”“孙冶方金融创新奖”“全国优秀博士学位论文”各 1 项。学院目前拥有国家级教学团队 2 个，国家精品课程 5 门，国家精品资源共享课 3 门，国家精品在线开放课程 1 门，国家混合式一流课 1 门，国家线上一流课 1 门，国家规划教材 9 部和马工程教材 1 部。

学院始终坚持立德树人根本任务，以建设一流经济学科为目标，持续深化“人才强院”“学术兴院”和“国际化”战略，各项事业取得跨越式发展。“十四五”期间，学院将围绕中国特色经济学理论体系构建，面向新发展阶段中国经济实现高质量发展的重大战略需求，大力推进“中国特色经济学与高质量发展”学科领域建设，重点建设“中国财政金融理论与现代财税金融制度”“中国产业经济学与高标准市场体系建设”优势特色方向，培育形成数字经济交叉学科新增长点，在构建中国特色经济学的学科体系、学术体系、话语体系上作出原创性贡献，为推动实现中国经济高质量发展提供理论支撑和智力支持。

二、党政工作

1. 加强政治建设，筑牢思想根基。围绕习近平总书记给《文史哲》编辑部回信精神、“七一”讲话精神等开展理论学习活动，把党史学习教育作为首要政治任务，围绕师生发展所需、民心所向问题部署推进“我为群众办实事”实践活动，统一思想，明确目标，站在“两个维护”的政治高度，切实发挥党的领导的最大优势。

2. 完善制度机制，提升组织功能。深入贯彻《中国共产党普通高等学校基层组织工作条例》，修订学院党委会会议和党政联席会会议议事规则、党务公开制度，健全和完善议事决策制度机制，发布《党支部书记工作例会制度》《党支部“三会一课”制度》《党支部议事决策制度》，夯实基层党支部制度建设，进一步提升学院治理水平和治理效能。

3. 落实全面从严治党，扎实推进巡视整改。落实全面从严治党主体责任，认真对照检查，深刻剖析原因，研究细化整改措施，共梳理了六大类 21 项整改问题，其中有 8 项问题已完成，5 项问题正在进行整改，8 项问题属长期坚持整改。

4. 师德师风强化把关，意识形态筑牢防线。加强师德师风建设，严明底线，树立高线，坚持师德师风一票否决，多人获得优秀教师、先进教育工作者等校级最高表彰。对 94 场学术报告一一审批把关，严把意识形态政治关。

三、师资与人才队伍建设

1. 人才队伍建设。共引进 8 位教师。反垄断与竞争政策团队逐渐形成；新增“泰山学者”青年专家 1 人、山东大学杰出中青年专家 1 人、山东大学青年学者未来计划 5 人。

2. 师资队伍建设。科学谋划人才发展布局，突出重点，拓展渠道，引育高层次人才、培养中青年骨干，搭建青年人才成长平台。共引进 35 名教师，33 人次获得各级人才称号，28 人次入选学校人才体系。全职引进著名经济学家、香港岭南大学终身教授、香港经济学会会长林平教授就任“山东大学讲席教授”，搭建引领反垄断经济学理论与实践发展的研究团队。

四、教学工作

（一）本科教育

经济学、国际经济与贸易专业获评国家级一流专业建设点，经济学拔尖学生培养基地正式招生，获评教育部首批新文科建设项目 2 项；1 门课程获评省级一流课程，4 门课程推荐参评国家级一流课程。

（二）研究生培养

获评省研究生教育优质课程 1 门、省研究生教学改革项目 1 项、省优秀博士学位论文 1 篇、省优秀硕士学位论文 1 篇、省优秀导师 1 人，2 人入选省专硕教指委委员。获省研究生教学改革立项 2 项，税务、国际商务分别入选校专业学位人才培养专项改革项目。与国家税务总局山东省税务局共建研究生联合培养基地。

五、科研与学科建设

主办了第七届中国财政学论坛等数十场重要国际、国内学术研讨会。在国家自然科学基金重大项目的申报中有望取得重大突破，获批国家社科基金项目 5 项，到账科研经费 642.61 万元，在 *Games and Economic Behavior*、*Journal of Monetary Economics*、*Journal of Futures Markets* 等顶级期刊发表论文 3 篇。

六、国际化合作

正式上线学院英文网站国际化课程版块，与美国宾夕法尼亚大学签订学生项目备忘录，与卢森堡大学续签交流合作协议。47 名本科毕业生被海外高校录取，9 名学生获山东大学“国际学分”项目立项资助。

七、学生工作

扎实推进“三全育人”到岗、到位、到家。通过“导学思政”下午茶、本科生“首单实习培育计划”、“攀研”学术进阶计划探索产教、科教协同育人新模式，1 个班级获评山东省优秀班集体、1 人获评山东省优秀学生、1 支队伍获评省级社会实践优秀团队。统筹推进疫情防控、安全稳定和学生教育发展工作，实现 2021 届毕业生充分高质量就业，获批成立学校二级心理辅导站。

八、疫情防控相关工作

1. 顺利完成学生各批次返校任务，扎实做好学生疫情防控日常管理工作，保障学院安全稳定。

2. 严格落实学校关于疫情防控的各项任务，在人员信息排查、核酸检测组织、政策传达、预案制定、大型活动管理等方面做好各项工作。

3. 在全院范围内组织推行在线模式授课和考试，如期完成年度教学计划。暑期传统双学位项目与海外师资集中授课项目均以在线形式顺利完成。

4. 加强疫情防控常态化下的保障监督与应急预案，保障师生生命安全。

九、服务地方及校友工作

以“强校兴国”为主题，围绕山大文化、学科文化、校友文化开展了七类 18 项学院庆“百廿山大”系列活动。承担国家市场监督管理总局、省政府、省市场监督管理局等多项省部级委托研究项目。持续做好美英澳国际教育项目，打造学院短期培训品牌。

（李莹莹）

文学院

截至 2021 年 12 月 31 日，文学院教职工总数 104 人，其中专任教师 84 人，在岗教授 36 人，副教授 33 人，讲师 15 人。在校学生 1070 人，其中博士生 199 人，硕士生 304 人，本科生 567 人。文学院现任领导班子成员：党委书记张帅，院长、党委副书记杜泽逊，常务副院长黄发有，副院长程相占、马兵、杨建刚、樊庆彦，党委副书记王萌，组织员沈文。

文学院在党的十九大精神和习近平新时代中国特色社会主义思想的指引下，科学谋划、整体推进、重点突破，在落实疫情防控常态化的要求下，推动学院各项事业蓬勃发展。

一、党的建设

1. 持续在学懂弄通做实上下功夫。先后召开党委会 14 次、党政联席会议 20 次，统筹推进疫情防控常态化、事业改革发展和党建重点工作。制定学院“十四五”事业发展规划和“中国语言文学与中国古典学术”一流学科建设方案。修订党委会、党政联席会议事规则，开展议事决策规范提升行动，健全完善一级抓一级、层层抓落实的党建工作责任体系。结合“我为群众办实事”实践活动，集中力量解决群众关心关注的突出问题，“10 大实事”项目推进有力、态势良好。

2. 改革创新思政宣传工作。开展多层次、全覆盖的党史学习教育活动，开展党委理论学习中心组学习 17 次、全体教职工政治理论学习 7 次，编发学习资料汇编 12 期，打造“文研先锋”、党史读书会等多个师生理论学习品牌。依托“山大中文之声”、《山大中文学科动态》等平台，建成“三微一报一网”的融合媒体矩阵，传播中文学科正能量。

3. 基层党组织建设成效显著。一是全面推进党建“双创”，以党支部规范化提升为抓手，抓实“三会一课”和党内组织生活制度，依托 20 余个支部立项及国家级科研课题，开展师生党支部联学共建。二是举办党史学习读书会活动，“长江学者”等学科带头人开展“四史”讲座 10 余场，在教学科研中发挥党支部育人示范作用。硕士研究生第三党支部入选山东大学党建工作样板支部培育创建单位。顺利完成 5 个教工党支部换届工作，基层党支部战斗堡垒作用进一步增强。

二、学科建设

中国语言文学学科入选第二轮“双一流”建设学科、第四轮学科评估 A 类学科、山东省高峰学科，软科排名逐年上升。中国语言文学博士后流动入选全国优秀博士后流动站（全校人文社科唯一）。汉语言文学专业为国家一流专业，入选首批国家文科基地、首批国家“拔尖计划 2.0”基地、首批国家强基计划。教育部重点研究基地文艺美学研究中心以“生态美学”“马克思主义文艺思想”为重点，取得了重要成果，产生了较大影响，在学界赢得较大声誉。成立了中国作家协会网络文学研究基地、国家语言文字推广基地、语言科学实验中心 3 个高水平科研平台，培植新的学科增长点。

三、师资队伍建设

以习近平总书记在中央人才工作会议上的讲话精神为指导，围绕加强顶尖人才的培养、顶尖项目的培植，从在岗教师到退休教师，再到老一辈学术名家，都制定了相应的培养、扶持、激励措施。构建出“顶尖人才—领军人才—青年骨干—年轻后辈”四个层次、梯次衔接有序的人才体系。三年蝉联“山东大学人才工作先进单位”。2021年顶尖和领军人才实现突破，新增兼职讲席教授2人、特聘教授1人、齐鲁青年学者3人、未来计划青年学者4人、副研究员2人、青年教师1人。胡友峰教授入选长江学者青年专家，并入选“万人计划”领军人才。韩清玉教授入选青年拔尖人才支持计划。

四、人才培养

强化课程改革，夯实学科基础。“汉语言文学专业拔尖人才培养中的原典课程体系构建”，获2021年度基础学科拔尖学生培养计划2.0研究课题重点课题立项。“经典阅读与创意写作”微专业顺利招生、开课。“面向国家重大战略，创新文学理论课程体系的改革与实践”项目，获学校教学成果奖一等奖。瞄准学术前沿，强化创新培养。设立第二批学生立项118项，资助金额20余万元。举办第三届学年论文报告会，编印《2021研究生优秀论文集》3册。继续办好2004年始办的“新杏坛”前沿学术讲座，目前共举办299期。语言实验中心建成并投入使用，提升了学科和专业教学的质量。2021年，“文献学”“现代汉语”2门课程入选教育部课程思政示范课程、教学团队入选名师团队，获全国普通高等学校优秀教材一等奖2项、二等奖1项，山东省优秀教材奖3项，袁世硕获评全国教材建设先进个人。6位教师在各类讲课比赛中获奖，其中省级一等奖2项、二等奖1项。文学院研究生获省级优秀博士学位论文奖2项、优秀成果奖1项，校级学术成果奖8项。2021年，学院在顶层设计、任务分工、组织保障等方面再发力，确保2021届毕业生就业率达到96%以上，有效促进学生就业工作水平不断提升。

五、科研成果

坚持内涵式发展，聚焦核心竞争力和学术制高点，整合一校三地中文学科研究力量，组建“中华三千年文学传统”创新团队。建立了在职教师立项、引进人才专项、国际化专项相结合的培育体系，着力培植国家项目。2021年新增国家社科立项7项、省部级科研项目7项、学院科研立项3项，承担国家“十四五”规划重大文化工程“《永乐大典》存卷综合整理与研究”。审批签订教师出版合同及学院专刊10余件。成功举办全国语言学第二十一届年会，山东省古典文学学会年会暨陆侃如、冯沅君学术研讨会，“中国文学研究新动向”学术会议等高端学术会议，大大提升了山大中文在全国学术界的话语权和影响力。

六、文化建设

编纂《山东大学文学院历史图鉴》《2019山东大学文学院同人录》，打造高品位历史文化长廊，立体展示山大中文学科的发展历程。推出《窝头会馆》话剧公演、“洪闻”戏剧节等精品活动，讲好百年党史故事、传承百廿山大精神。推进学院图书资料室建设，调整空间结构，开辟阅览室和自修空间，增设学术沙龙服务。

（田玉洁）

外国语学院

截至2021年底，外国语学院下设9个系，1个教学部和14个研究所（中心）。学院共有教职工264人，其中专任教师222人。王俊菊教授任院党委书记、院长，薛佩军副教授任常务副书记。另外，学院设副院长4人，副书记2人，正处级辅导员1人，副处级组织员1人。

一、党建工作

学院党委扎实推进党的建设，落实主体责任，全面做到“五个到位”，召开党委会19次、党政联席会22次，组织党委理论学习中心组学习6场、党史专题学习4场。

强化组织建设，成立教学团队第二党支部青岛教研室党小组，增选双带头支部书记1人，发挥党支部在科研团队上的优势，政治学习、“三会一课”和主题党日与业务充分融合，学术研究和教书育人成果显著。

外国语言文学团队获评“山东大学黄大年式教师团队”，语言学与应用语言学团队党支部入选“山东大学党建工作样板支部”。

学院党组织书记抓基层党建突破项目“高校基层党支部吸收培养高知群体入党”取得实效，2021年发展师生党员140人。其中，高知群体党员3人，1名青年泰山学者确定为入党积极分子。

二、人才培养

截至2021年底，学院在校本科生1382人，硕士研究生366人，博士研究生70人，博士后3人，留学生5人。

（一）本科生培养

2021年，外国语学院以十九届六中全会、全国教育大会、新时代全国高等学校本科教育工作会议和学校第十四次党代会等会议精神为导向，继续落实立德树人根本任务，扎实推进本科教学各项工作并取得良好成效。

2021年，外国语学院继续实施大类招生，高考志愿率和分数进一步提高。本科生共招收323人，其中外语保送生27人，综合评价30人，本科生源质量和结构进一步提高和优化。

教学秩序总体良好，无教学事故，新一轮本科审核评估筹备工作开始启动。积极探索和着力推进各类人才培养改革，加强专业内涵建设和现代化建设。日语和朝鲜语入选国家一流专业建设点，法英双语国际组织实验班获批校级新文科实验班。新开设“英法双语与全球胜任力”和“国学外译与传播”2个微专业。扎实推进课程建设，“日本历史与文化”和“商务翻译”入选省级一流课程，获批校级通识核心课程 9 门，校级课程思政培育项目 2 门。教改立项实现新的突破，获批 2 项教育部新文科项目，3 项省级本科教改面上项目，16 项校级教改立项，3 项教学成果获得校级教学成果奖，教研论文增幅显著。继续做好教材审核和整改工作，全年共出版 14 部教材。

教师在国内多个教学比赛中获奖，应用英语系获评校级优秀基层教学组织。成立外语应用与全球胜任力校级双创平台，多名学生在国内各类专业性比赛中获奖，学生实践能力进一步提升。

（二）研究生培养

2021 年共录取硕士研究生 103 人，博士研究生 12 人。毕业硕士生 136 人，毕业博士生 9 人。

2021 年学院各项工作平稳推进，研究生教育招生、培养、毕业各环节工作顺利有序进行。加快课程体系现代化建设，顺利完成外国语言文学一级学科和翻译专业的培养方案修订工作；新建智慧译百、山东浩歌、甲骨易等研究生联合培养实践基地；第三届外语菁英夏令营效果良好，最终成功录取 21 人，占录取推免总人数的 40%；首次承办暑期学校，反响良好，为全国 195 位学员提供了交流和学习的舞台。

2021 年学院研究生教育管理工作硕果累累。2 名研究生毕业生获评 2021 年山东省优秀硕士学位论文，2 名研究生导师获省优秀论文指导教师，1 名博士生获 2021 年山东省研究生优秀成果一等奖，1 名导师获 2021 年山东省优秀研究生指导教师，2 门课程获 2021 年山东省研究生教育优质课程立项，1 项案例库获 2021 年山东省专业学位研究生教学案例库立项，1 项教改项目获 2021 年山东省研究生教育教学改革研究项目立项，多门课程或者项目获“校级研究生数字能力公共课程体系”“思政课程示范”“精品课程”“习近平思想进课堂”等立项。

因教学管理及综合管理能力突出，学院研究生教学管理工作连续两年学校年终考核等级为 A，2021 年获评校先进培养单位称号。

（三）学生工作

培养家国情怀，提升全球责任。积极引导同学们砥砺家国情怀，争做时代新人，坚定文化自信，提升全球胜任力。新火宣讲团围绕“四史”学习开展 10 余场宣讲。主办了山东大学首届模拟 APEC 大会，来自全校各学院近 70 名代表通过高度模拟 APEC 相关会议，扮演不同 APEC 成员经济体的外交官，就“教育数字化转型”“中小企业数字化转型”及“商业女性数字化转型”等议题展开讨论。举办外交部遴选经验分享会，今年推选出 4 人成功遴选进入外交部。

提高思想引领实效，用好新媒体平台。结合学生特点，推出系列短视频类思政教育品牌。《家乡党史我来讲》让同学们从自己的家乡党史入手开展党史学习，《多语思政》结合了语言学习和理论学习，《辅导员帮你问》解答同学们的困惑，八语版《我的山大我的家》唱出了对山大的热爱。思政教育短视频成为同学们喜闻乐见的形式，受到广泛关注和赞誉。

推进五育并举，促进学生全面发展。打造提升冠名“中行杯”的外文节活动品牌，组织外文之夜送毕业生晚会及外文之夜闭幕式晚会等精彩演出。关注学生心理健康，打造学院心理健康活动室“心灵氧吧”。关注学生体育运动，开展“体育大课堂”系列活动、活力之冬运动会、体育测试训练、研究生羽毛球比赛等。加强美育工作，开展针织编织活动，举行摄影、书法比赛等。推进劳动教养，开展班级劳动育人立项活动、劳模进校园宣讲活动等。

2021 年学生工作和学生活动成绩斐然。获评山东大学红旗团委、志愿服务工作先进集体、学生社团工作先进集体、十佳共青团员。学生获得国家级、省级荣誉百余项，涌现出一个省先进班集体、一位山东省优秀学生干部、四位山东省优秀学生。

（四）大学外语教学

2021 年，面对新冠肺炎疫情，大外部按照研究生院和本科生院的教学安排，以线下十线上的方式进行授课，顺利完成了教学任务。教师积极申报教研和科研项目，获批国家社科项目 4 项、教育部项目 3 项、省社科项目 6 项、校级研究生教学改革项目 3 项、校级本科生教学改革项目 7 项，横向项目 3 项。发表 SCI/SSCI 论文 6 篇、CSSCI 论文 10 篇。出版专（译）著 2 部、教材 8 部。曲丽洁教学团队获得外研社“教学之星”大赛全国复赛特等奖和全国总决赛三等奖，卢攀老师获山东省第八届“超星杯”高校青年教师教学比赛一等奖。此外，大力开展丰富的第二课堂教学活动，组织学生参加首届“外教社·词达人杯”全国大学生英语词汇能力大赛，获得全国决赛特等奖 4 项，一等奖 9 项。

三、师资队伍建设

2021 年，学院继续加强师德师风建设，师资队伍整体水平不断提高。专任教师 222 人，其中高级职称教师 137 人，占 61.7%。专业外语教师现有 103 人，79.6%拥有博士学位，海外博士率 38.8%，高级职称教师占 69.9%，92%以上的教师都有海外访学、进修经历，是一支学历、学缘、职称、年龄等结构合理，具有创新精神和发展潜力的学术队伍。

2021 年，晋升教授 2 人，副教授 3 人。学院人才引进 3 人，新增行政人员 2 人，退休调离 6 人。引进山东大学杰出中青年学者 1 人，引进山东大学兼职特聘教授 1 人。

四、科学研究

学科建设扎实推进。制定学院“十四五”事业发展规划，成立学院发展战略咨询委员会。启动山东省孤独症康复师标准化培训基地建设，成立“山东大学国学外译与传播研究中心”。“山东大学中日韩合作研究中心”成功入选“山东省外事研究与发展智库”。SSCI/SCI 双检索期刊 *Journal of Palliative Care* 编辑部落户山东大学。

学术水平显著提升。国家社科基金项目立项及国际期刊发表创历年新高。全年立项各类科研项目 27 项，其中国家社科基金项目 10 项，教育部人文社科研究项目 1 项，省级项目 6 项，横向项目 10 项，到账科研经费 344.8 万；出版著作及教材 34 部，其中专著 7 部，译著 8 部，编著 3 部，教材 16 部；发表学术论文 90 余篇，包括 SSCI 论文 23 篇、A&HCI 论文 5 篇、CSSCI 论文 23 篇，6 篇咨询报告被国家和省级相关部门采纳。1 人入选爱思唯尔“中国高被引学者”。

学术交流影响广泛。学院邀请国内外专家通过线上、线下方式做客学院九大学术论坛，成功举办110余场校庆系列学术报告。此外，主办第22届中国韩国学国际学术研讨会、第二届山东大学多元文化研究与跨学科教育国际研讨会、全国安宁疗护学术论坛等11场国际会议及高端论坛，引起学界广泛关注。

五、国际交流合作

探索海外线上、线下双通道培养模式。派出42名学生赴境（国）外交流学习，另外有48名学生通过线上授课的方式参加海外经历项目。邀请来自美国、德国、日本等国的知名专家学者，开设15门暑期学校海外师资课程。成功举办研究生国际暑期学校"比较文学与跨文化研究高端学术论坛"，举办16场专题讲座，吸引195名学员参加。

服务国家战略，培养全球胜任力人才。学院牵头申报的"山东大学与法语区高校国际组织后备人才联合培养项目"获得国家留学基金管理委员会"2021年国际组织后备人才培养项目"立项资助；"山东大学与法国里尔政治学院硕士研究生联合培养项目"获批国家留学基金管理委员会"2021年国别区域研究人才支持计划"立项资助。

推动师资队伍国际化。新引进5名外籍教师，共聘任全职外籍教师及外籍人才17人，全面、动态追踪外籍教师情况，保障外籍教师线上、线下正常教学。

国际科研合作深化推进。依托"山大—哈佛失语症研究国际实验室建设""探寻东亚文化的共同基因"国际科研合作种子基金项目，继续推进与国外高校科研机构的实质性合作。成功举办"第22届中国韩国学国际学术研讨会""第二届山东大学多元文化研究与跨学科教育国际研讨会"，有效提升学科国际声誉。

六、服务地方

为践行"一带一路"倡议和"服务山东"战略，学院在做好新冠疫情常态化防控工作的前提下，于2021年陆续举办了北语—山大公派出国留学英语培训班（第十三期）、韩国国立大学本科项目（第十二期）、俄语语言培训班（第四期）、潍柴动力高端人才英语培训班、学校教职工英语能力提升班（第三期）等多个非学历继续教育培训项目，为学校和社会的人才培养、能力提升做出了应有的贡献。

（周圣添）

艺术学院

2021年，艺术学院有教职工73人，专任教师61人，教授11人（含外籍教授1人）、副教授25人，高级职称占比59%；博士生导师6人、硕士生导师32人，导师占比 62.3%；专任教师中拥有博士学位的 26 人，拥有硕博学历的占比为 97%，35～45 岁年龄段的教师 35 人，占比 57.4%。学院毕业本科生 123 人，硕士生 41 人，博士生 2 人，招收本科生 149 人，硕士生 39 人，博士生 4 人。

2021 年 3 月经艺术学院党委会议研究决定并报学校批准，教工党支部根据专业进行重新设置，由 2 个党支部划分为 4 个，其中专任教师党支部 3 个，行政党支部 1 个，专任教师支部书记均为"双带头人"。2021 年 8 月，学校任命孔南同志为学院副院长。2021 年 9 月，学院党委扩大会议研究决定，任命赵根根为艺术学院团委书记。

2021 年，在学校党委和行政的正确领导下，在部门院系的支持协作下，艺术学院领导班子带领全院教工改革创新、攻坚克难，各项事业取得新进步。

1. 坚持固本培元，党建工作提质增效。修订完善党委会和党政联席会议事规则，提升议事决策规范。积极打造学习型组织，认真开展理论学习中心组学习。利用交流讨论、外出参观、观影等机会开展形式多样、内容丰富的职工学习活动。顺利完成教工党支部调整、学院中层干部换届。积极申报并获批 2021 年党组织书记抓基层党建突破项目 1 项。新发展学生党员 32 名。全力做好中央巡视及审计专项整改。推进党史学习教育走深走实，开展"我为群众办实事"实践活动，组织师生前往河南省老臧庄乡村小学开展美育课程志愿服务，举办党史学习音乐会。

2. 坚持传承创新，百廿校庆亮点迭出。艺术学院结合百廿校庆主动承担、精心策划，牵头承办百廿校庆标识设计、校庆美术大展和音乐舞蹈晚会《为国育贤》三大重点活动，讴歌山大历史、弘扬山大文化、振奋师生校友、服务学科建设，获得广泛赞誉与高度评价。

3. 坚持学术兴院，学科建设扎实推进。一是师资队伍建设不断加强。引进著名艺术史家阮荣春教授为讲席教授，另引进荣聘教授 2 位、教授 1 位，引进博士 2 人，许永福老师入选"山东大学青年学者未来计划"。二是新文科建设实现巨大突破。2 个项目获得首批新文科研究与改革实践项目立项，立项比例居全校首位。与山东省精神卫生中心校医合作共建"研究生联合培养基地"，实现了国内首家院校联合培养艺术治疗人才合作模式的探索。三是科研研究稳中有升。2021 年度发表论文 11 篇，其中 CSSCI 6 篇，出版著作 2 部。引进 CSSCI 集刊《中国美术研究》，主办方为山东大学。四是人才培养不断优化。新增 10 门"艺术汇"课程，累计线上建设课程共 29 门，创全国之最。音乐学专业获批国家级一流本科专业建设点，组织视觉传达设计、美术学专业申报山东省及国家一流专业，6 门课程入选山东省一流本科课程，圆满完成教育部 2021 年艺术硕士授权点专项巡查。学院获评校级"实验室工作先进集体"。五是深化国际合作。邀请国际知名学者开展 3 场国际学术云讲座，2 位教师获得国外访学资格。六是服务社会继续深化。发挥文化和旅游部全国基层文化队伍培训基地作用，举办"传统文化传承人暨未来经济人才研修班"。发挥学科优势，助力文化扶贫与乡村振兴。

4. 坚持三全育人，人才培养效果显著。一是探索思政新路。全面推进艺术学科课程思政建设，构建导师与思政工作者协同育人平台，开展"导学思政下午茶"活动。拓展"互联网＋教育"实施路径，本年度山大新闻网发布艺术学院相关新闻 90 余篇，学院官网、微信公众号"山大艺小约"共发布 756 期。多举措破解"最难就业季"，2021

届毕业生就业率达96.3%。二是打造美育品牌。主持起草《中共山东大学委员会全面加强和改进新时代学生美育工作的行动方案（2021～2025）》，切实推进学生美育工作。结合建院20周年，策划开展系列文化、学术、创作、展演活动，出版画册《回眸无声——山东大学艺术学院庆祝建院20周年美术设计专业师生作品集》和《嘤鸣满枝——山东大学艺术学院庆祝建院20周年学术理论研究文集》。三是丰富艺术实践。学院围绕重大事件、重要节点开展内容多样、形式丰富的艺术实践及创作活动119项，学生参加艺术实践获奖84项，其中省级以上一等奖40余项。成功举办大学生艺术节，承担学校“添翼工程”艺术素质拓展培养任务，年开课程8门，参训学生达300余人。

（张擎）

历史文化学院、文化遗产研究院

历史文化学院、文化遗产研究院以习近平新时代中国特色社会主义思想为指导，深入学习贯彻党的十九大和十九届历次全会精神，全面贯彻落实学校第十四次党代会精神，扎实推进中央巡视整改落实各项工作，深入推进党史学习教育，围绕立德树人根本任务，全面落实学校党政工作部署，推动“两院一馆”内涵式发展，助力“双一流”建设持续推进。

截至2021年12月31日，历史文化学院共有教职工183人（含文研院39人），其中教授（研究员）46人，副教授（副研究员）50人，讲师（助理研究员）23人；学生1015人，其中本科生468人，硕士研究生359人（含文化遗产研究院88人），博士研究生188人（含文化遗产研究院33人）。

一、党的建设全面加强

强化政治功能。召开党委会会议15次、党政联席会议23次，坚持民主集中制原则，严格落实“三重一大”等制度，修订党委会会议和党政联席会议议事规则。强化理论武装。坚持“五个一”学习模式，深入学习习近平新时代中国特色社会主义思想和总书记关于教育的重要论述，专题学习习近平总书记给《文史哲》编辑部重要回信精神、致仰韶文化发现和中国现代考古学诞生100周年贺信精神。认真抓好教职工政治理论学习和党风廉政建设。强化党史学习教育。组织专题学习研讨6次，组建“初心如炬”青年党史宣讲团开展党史宣讲活动，持续开展“我为群众办实事”实践活动。强化组织建设。学院党委获评“山东省教育系统先进基层党组织”“山东大学先进基层党组织”，硕士生第二党支部推荐参评“全国党建工作样板支部”。发展党员114名，其中教职工党员3名。

二、"三全育人"取得实效

坚持"党建统领"。加强师生党支部建设，实施"党建＋"育人质量提升工程。推进"成长引领"。持续深化"学党史明理增信·树理想崇德力行"党史学习教育，与国家文物局筹建"革命文物与高校思政工作协同研究中心"；结合学科特色开展专业实践探索，斩获挑战杯省赛特等奖2项、红色赛道一等奖1项。坚持"发展带领"。选树优秀学生典型，发挥榜样示范作用。2021年学院优秀学子获评全国志愿服务优秀个人、获推全国"大学生年度人物"，获山东大学校长奖学金、十佳学生会、十佳研究生会、十佳优秀团员、五四红旗团委等荣誉；围绕百廿校庆，深挖校史资源，推出"山高水长""百廿拾光""校友访谈"等主题活动。

三、人才培养质量提升

历史学入选国家级一流本科专业建设点，"考古＋"拔尖学生培养基地入选教育部第三批基础学科拔尖学生培养计划2.0基地。获评教育部新文科建设项目1项，省级一流课程2项，校级教改项目、"课程思政"示范建设项目等21项。开设海洋考古微专业。积极推进档案学申报国家级及省级一流专业。1篇博士学位论文获山东省和山东大学优秀论文奖。1人获评山东省优秀指导教师。

四、学科科研成果丰硕

软科2021中国最好学科排名中考古学科位列全国第3。获批国家社科基金项目7项，国家自然科学基金项目1项，中国历史研究院重大委托项目2项，教育部人文社会科学研究项目1项，省社科规划项目6项。发表SSCI/A&HCI/CSCD论文18篇，CSSCI论文数52篇，在*NATURE*、*CELL*等顶级刊物发文，科研经费到账5191.59万元。在《人民日报》《光明日报》等重要报刊发表理论文章12篇。

五、队伍建设取得突破

坚持党对人才工作的全面领导，学院获评山东大学2020年度人才引进工作先进单位，考古教师团队获评"山东省高校黄大年式教师团队""山东大学黄大年式教师团队"。引进讲席教授1人，招聘研究员、副研究员等青年教师14人，全职博士后8人，其中2人获特别资助。1人入选山东大学齐鲁青年学者，6人入选山东大学青年学者未来计划。

六、社会服务开创新局

与国家文物局、国家文物局考古研究中心、山东省文化和旅游厅、济南市档案局、济南市档案馆、山东省科学院情报研究所等签署合作协议，在平台建设、人才培养、项目合作、科学研究等方面开展合作，发挥多学科交叉优势，对接国家重大需求，服务国家重大战略。

七、国际合作实现跨越

经法国文化部批准，联合波尔多大学在法国开展旧石器时代岩厦遗址考古发掘，标志着我国首次在欧洲合作开展的考古发掘项目进入实施阶段。举办“19～20 世纪之交的中国与世界：义和团运动 120 周年国际学术讨论会”、“中德关系语境下的历史文物与历史记忆”国际学术研讨会、“华南地区现代人起源与演化”国际学术研讨会。姜波教授出席世界遗产大会、亚洲文化遗产保护对话会、国际古迹遗址理事会会议，主持“中英文化遗产交流对话高级论坛”，做客中央电视台第一套《开讲啦》节目。《人民日报》报道李占扬教授参与国际考古合作事宜。

八、百廿校庆再谱新篇

承办“全国革命文物与新时代高校思想政治工作融合发展论坛”，教育部副部长翁铁慧、国家文物局局长李群、山东省副省长王心富等出席并讲话。举办多场全国性高层次学术会议，举办山东省 2021 年“5·18 国际博物馆日”主场宣传活动暨山东大学博物馆（青岛）开馆仪式、“上庠大木　八马同槽——山东大学历史学八大教授主题展”。聚焦校庆主题，全力做好学术活动、文化活动、学生活动、宣传工作、校友工作，圆满完成校庆各项任务。

（赵娅）

数学学院

一、全面加强党的建设和引领作用

1. 全面加强政治建设。深入贯彻第二十七次全国高校党建工作会议精神，大力推动党史学习教育和“为群众办实事”工作，落实全面从严治党“一办法三清单”，确保班子形成全面从严治党整体合力。召开专题工作会落实修订党委会和党政联席会议事规则，坚持民主集中制，推动构建上下贯通、权责明晰、运转高效的议事决策工作体系。本年度召开党委会 13 次、党政联席会 14 次，统筹谋划学科建设和学院各项事业发展。

2. 强化理论武装。学院把深入学习贯彻党的十九届六中全会精神、习近平总书记“七一”重要讲话精神和给《文史哲》编辑部全体编辑人员重要回信精神作为基本要求，深入学习习近平给全国高校黄大年式教师团队代表的回信和习近平在中央人才工作会议上的讲话等精神。本年度理论中心组学习 8 次（包括 12 月计划 1 次），每月编订教职工政治理论学习汇编，提升理论学习质量和效果。

3. 全面落实中央巡视工作。制定《数学学院党委关于中央巡视反馈意见的整改落实工作方案》，确保巡视组指出的问题和提出的意见建议全部整改落实到位，及时进行情况报告，对学院和班子存在的问题压实责任，落实整改，建立党的全面领导长效机制。

4. 夯实组织基础。严格落实“三会一课”制度，发挥全国样板支部示范作用，释放支部活力，在支部层面实现党建与教学科研等业务工作有机融合，基层党建工作效能突显。落实党风廉政建设责任制，开展廉政教育，大力改进机关作风。完善学院“丹心养师德，韶华育桃李—师德工作坊”品牌，党委书记给青年教师上“教师十项职业行为准则”思政课，切实加强师德师风建设。2021 年秦静获评山东省教育系统先进党员，张天德获评山东大学优秀教师。成立陈增敬劳模和工匠人才创新工作室。

二、各项事业全面发展

1. 把牢疫情防控和安全稳定工作。落实学校各项决策部署，认真完成学校疫情防控各项排查和核验任务。

2. 全方位提升学科实力。数学一流学科首轮建设获教育部评价为第一档（建设成效显著），成功入选“双一流”二期建设，并获准进入教育部“首批学科培优计划”申请行列；顺利完成第五轮学科评估工作；再次被软科排名为数学前 2%，成为山东大学唯一进入顶尖学科的学科。

3. 打造一流学科平台。2021 年，教育部非线性期望前沿科学中心在青岛揭牌。山东国家应用数学中心蓬勃发展，中心现已入驻人工智能、生物医学、金融科技等交叉学科项目 17 个；中俄数学中心青岛基地成为全国首批 6 个 A 类合作基地之一，全方面加速与俄罗斯数学界和欧洲高水平科学家的交流与合作。高层次学科平台共同构成了人才培养、前沿理论研究、应用成果转化和国际合作共建紧密结合的学科立体发展格局。

4. 培养一流学生，引育一流师资。教材建设方面，刘建亚、吴臻主编《大学数学教程微积分（1）（2）》获评国家级优秀教材二等奖。持续提高教研教学活动，谭蕾获山东省青年教师教学比赛一等奖，学院被评为山东大学 2021 年暑期学校优秀组织单位。本年度研究生生源持续提升，创下了接收推免生最好水平。胡龙获国家优秀青年科学基金，3 人入围青年拔尖人才答辩阶段。新聘齐鲁青年学者 4 人（包括 1 名非华裔外籍教授），青年教师 6 人，博士后 10 人。学院获得人才工作先进单位和齐鲁青年论坛优秀组织单位。

5. 开展高质量科研。2021 年度学院获省部级以上科研项目立项共 23 项，其中国家自然科学基金 13 项、山东省自然科学基金 10 项，横向项目合同 3 项，立项总金额超过 2000 万元。刘建亚获国家重点研发项目计划，芮洪兴获国家重点项目，蒋晓芸教授获国合重点项目，为学院首次获得此项资助。陈增敬、蒋晓芸分获两项国家重大研发项目计划子课题资助。

6. 积极开展社会服务，助力乡村振兴。陈增敬提出全国政协进案，推广保险＋期货，提高农民收入。结对帮扶河南省确山县马坡村，筹资支持共建马坡村党员活动室，为党支部建设提供智力支持。服务山大基础教育。在辅仁学校举办科普讲座，与山大实验高中开展创新人才培养座谈。

（姜杨）

物理学院

物理学院坚持以习近平新时代中国特色社会主义思想为指导，深入贯彻落实学校各项工作部署和要求，坚持疫情防控常态化管理，团结带领学院全体师生员工，狠抓落实、尽职担当，较好地完成了年度工作目标。

一、学院概况

截至2021年底，物理学院在职教职工151人（含非事业编16人），离退休教职工138人。在职教职工中有教育部新世纪优秀人才7人，长江特聘教授1人，国家杰出青年基金获得者3人，入选国家百千万人才工程3人，国家高层次青年人才6人，山东省“泰山学者”攀登计划专家1人、特聘专家4人、青年专家7人，山东省有突出贡献中青年专家4人，山东省杰出基金获得者9人。此外，还有享受国务院政府特殊津贴7人。有6人入选山东大学特聘教授，6人入选山东大学杰出中青年学者，26人入选齐鲁青年学者，11人入选青年学者未来计划。

2021年学院招收本科生195人，毕业131人，招收硕士研究生64人，毕业32人，招收博士研究生34人，毕业36人。截至12月底在校本科生671人，硕士研究生165人，博士研究生123人，外籍博士研究生5人。

二、党建工作

推进落实全面从严治党“一办法三清单”；开展议事决策规范提升工作，健全党支部书记议事决策机制；落实党风廉政建设责任制，开展谈心谈话和警示教育；严格落实意识形态工作责任制，做好师生宗教信仰自查自纠台账及报告工作，完善中青年党外人才储备库；定期召开党委会、党政联席会、暑期务虚会，组织中心组、党史学习教育读书班和教职工集体学习，组织全面深入学习习近平总书记“七一”重要讲话精神和给《文史哲》编辑部全体编辑人员的重要回信精神；扎实开展党史学习教育，制定实施师生学习教育方案，组织完成党史学习教育专题组织生活会，积极落实“我为群众办实事”重点项目清单；重视师生思政教育，书记、院长每学期上形势政策课、思政课和党课；推进课程思政，开展“传承教育特色，打造物理‘金课’”活动；开展师德师风教育，陈峰获评学校优秀教师，戴瑛获评学校优秀共产党员，学院评选年度优秀党员和党务工作者12人、优秀支部1个；6个师生支部新建、换届和增补，开展支部书记培训和党员轮训；开展以党史学习教育为主线的系列“三会一课”和主题党日活动，一校三地联合开展活动2次，用好“灯塔—党建在线”平台；发展师生党员26名，高层次人才2名、少数民族学生1名；严格党员关系材料管理，按时足额收缴党费；新增1处“六有”党员活动室；组织制定整改工作方案和整改工作台账，扎实推进中央巡视整改落实工作。

三、科研、学科与教师队伍建设

年度到账科研经费超过2000万元，立项经费1354万元。其中国家自然科学基金14项，总经费849万元；省自然科学基金5项，总经费260万元。获得专利授权9项。戴瑛再次入选2021年全球高被引科学家；陈峰、赵明文、戴瑛、马衍东入选2020年度中国高被引学者榜单；发表SCI论文160余篇，其中包括 *Phys. Rev. Lett.*、*Adv. Funct. Mater.*、*Nat. Commun.* 等权威期刊论文16篇，国际合作论文30余篇。

完成制定“十四五”事业发展规划，修订完成学院中长期发展规划；协同制定“化学与物质科学”“双一流”二期建设与发展规划；完成教育部第五轮学科评估“物理学”参评工作。

荣获国家自然科学基金优秀青年基金1人，3人进入国家级青年人才答辩环节，入选山东省“泰山学者”攀登计划专家1人、青年专家2人，引进兼职特聘教授1人，引育山东大学杰出中青年学者2人、齐鲁青年学者4人、博士后8人；陈峰荣获“山东大学优秀教师”称号；陈峰当选美国光学学会会士；获年度人才工作先进单位。

四、本科教育教学工作

加强物理学一流本科专业建设，获批拔尖计划2.0，完善强基计划学生培养机制；1人获2021年度山东大学教学终身成就奖，2人获第三届全国高校混合教学设计创新大赛二、三等奖，“大学物理”获评学校黄大年式教师团队，入选2021年山东省一流本科课程。

获评学校学生创新创业工作先进集体、学生校园文化活动先进集体、学生社团工作先进集体，“一路心语”心理辅导站获批学校首批试点建设的二级心理辅导站；本科2018级基地班获评省级先进班集体，1支团队获评第十二届中国大学生物理学术竞赛二等奖，1支团队获评第十七届“挑战杯”山东省大学生课外学术科技作品竞赛省级一等奖，获评暑期“三下乡”学生社会实践省级优秀团队1支；800余人次学生获各类奖学金，150人次学生获各类国家级、省级表彰。

五、研究生教育教学工作

克服疫情带来的困难，利用线上直播、优秀生源夏令营等多种渠道拓展优秀生源基地，提高生源质量；顺利完成了2021级研究生线上复试和录取工作，优秀生源占比超过67%，其中推免生比例为50%，是本年度KPI目标指标（25%）的2倍；2022级硕士录取推免生32人，推免生比例超过2022年度招生计划的50%，连续三年圆满完成了学校制定的推免生招生任务。

1 人获评省优秀研究生指导教师。2021 年博士学位论文的盲审通过率 100%，优秀率超过 2/3。三篇学位论文被评为山东省优秀学位论文，研究生在 *Advanced Materials* 等国际顶级期刊上发表多篇高水平学术论文，多名研究生获山东省高等学校优秀学生、山东省研究生优秀科研成果一等奖和山东大学校长奖学金等荣誉，10 余名研究生多次赴国外学术交流或通过线上方式参加国际学术会议。

制定《物理学院研究生导师团队建设方案》，成立了 14 个研究生导师团队，实行导师团队领导人负责制以及差异化的学术评价机制；积极响应“破四唯”的精神，探索建立研究生分类评价体制，实行代表作制度。

六、实验室工作

仪器设备公共平台 2021 年内完成价值约 1200 万元 4 套新增大型仪器设备的到货安装、调试、验收、入账工作。2018 年至今，学院公共平台新增充分开放运行的大型仪器设备达到 18 台，总值约 4600 万元。其中，学院经费累计投入 400 余万元，依托学校公共技术平台争取的投入约 4100 万元。

完成了对基础物理实验室、应用物理实验室、信息物理实验室等实验室条件的整体改善，涉及更新新增各类实验家具、教学仪器设备 500 余台（件），总体建设投入 200 余万元。

公共平台为校内 10 余个单位、70 余个课题组，校外 10 余个单位提供了测试分析服务，为本科生新开设“现代物理实验技术原理及应用”课程。仪器设备实现开放共享总收入 80 余万元，其中对院外开放共享服务收入超 30 万元。

七、国际交流与合作

举办学术报告 31 次；1 位外籍教师担任本科生和研究生课程，新入站外籍博士后 1 名；举办国际暑期学校，6 门海外师资课程共有 276 人次学生选课；研究生参加国际学术会议并作口头报告 8 人。1 人当选美国光学学会会士（陈峰）。任期目标任务在国际化方面的完成情况包括，国际学术组织会士（人次），比 2018 年的人次有显著增加，达到 5 人次，完成度 250%；国际学术期刊编委（人次）也超过预定目标；中国高被引科学家（人）由 1 人变为 4 人，完成度 400%。

八、工会校友工作

开展系列特色校庆活动，成功举办物理发展论坛；加强学院公共服务体系建设保障，强化机关人员作风建设；完善教代会制度建设，丰富教职工校园文化活动。

九、安全稳定

严格落实学校各项安全工作措施和制度，积极开展安全教育，定期开展安全检查，查找存在的安全隐患并及时进行整改。本年度开展安全检查 12 次，查找出并完成整改各类安全隐患 60 余处，改造隐患线路 3 处，购置气体防爆柜 8 个，完成实验室消防安全隐患改造 150 平方米；坚持积极防疫策略，制定突发事件应急处置方案，严格执行学校和属地管理规定，及时准确把握人员出行特别是离退休人员的出行情况并及时上报，使防控工作落细落实。

（侯志涛）

化学与化工学院

学院坚持以习近平新时代中国特色社会主义思想为指导，全面贯彻党的十九大和十九届二中、三中、四中、五中、六中全会精神，深入学习贯彻习近平总书记“七一”重要讲话精神、给《文史哲》编辑部全体编辑人员重要回信精神，立足新发展阶段，贯彻新发展理念，服务构建新发展格局，全面落实学校各项决策部署，围绕立德树人根本任务，各项工作取得长足进步，化学“双一流”学科建设迈出坚实步伐。郝京诚任院长、侯兴合任院党委书记。学院目前拥有在岗教职工（含国家胶体材料工程技术研究中心）214 人，其中专业教师 141 人，行政管理、教辅、政治思想教育人员 73 人；统招博士后 30 人；非事业编人员 73 人；离退休人员 160 人。全日制在校学生 1467 人，其中本科生 699 人，研究生 768 人；继续教育学生 1100 人。

一、学院党的建设呈现昂扬向上新局面

加强学院党的政治建设。完成 18 项学院党的政治建设具体任务，落实学院党委会议事规则、党政联席会议事规则，建立党员联系研究生宿舍制度，实施“五方融合春风化雨育新人”思想政治精品工程，把思政工作延伸到“饭桌”和“实验台”。

深化党史学习教育成果。深入开展“我为群众办实事”实践活动，解决群众“急难愁盼”具体问题和影响学科长远发展瓶颈问题 14 项。举办青年教师学党史研讨班，9 名青年教师经过学习向组织递交入党申请书。

扎实落实中央巡视整改工作。切实履行巡视整改主体责任，扎实做好巡视“后半篇文章”。标本兼治全面完成 6 个方面 21 项整改任务，整改成效成为学院建设的强大推动力。

夯实基层党建基础。2021 年 3 门课程思政获学校立项。高分子有机中心党支部成立党员科技攻关小组，面向国防急需的“卡脖子”技术集中发力，基层党建取得显著成效，被学校立项建设样板党支部，并被推荐参评全国样板党支部，与浙江新安集团创建“党建助力创新”联盟，获 100 万元经费支持。

二、学院工作多点突破进入新阶段

学科建设进入新阶段。经过第一轮建设，化学学科主要指标进入国际一流行列。新一轮一流学科建设中，主动对接国家发展战略，瞄准“出尖出峰”，提出建设具有重要

国际影响的化学与物质科学基础研究顶尖基地、重大科学技术问题的创新策源地和卓越人才培养基地的目标，学科定位准确，建设目标明确，顺利通过专家论证。

关键技术领域取得新突破。耐高温系列纤维制备技术达到世界先进水平。新型氧化铝纤维实现工业化量产，多型纤维打破美国技术封锁，性能达到世界先进水平，产品已用于多项重大国防项目。2021 年，冯圣玉团队拓宽有机硅材料在医学领域的应用，获得国家科技进步二等奖。孙頔团队金属团簇研究获山东省自然科学二等奖。高被引论文作者 1 人，新增国家自然科学基金重点联合基金 2 项，国家军工重大项目 1 项，总经费突破 9900 万元。

人才队伍建设取得新成效。引进国家杰出青年基金获得者 1 人、国家优秀青年基金获得者 1 人，到岗海外高水平专家（青年）1 人，新入选青年拔尖人才 1 人。引进顶尖人才工作获得重要突破。

人才培养取得新突破。化学基础学科拔尖学生培养计划 2.0 基地获得立项。化学工程与工艺获评国家一流专业。1 名教师被评为山东省教书育人楷模。2 人被评为山东省优秀研究生论文指导教师。三全育人机制进一步完善，学工团队获评 2020 年度山东大学三八红旗集体、红旗团委。

学科平台建设取得新突破。投资 6000 万元建成的电镜中心投入使用。成立国际倍半硅氧烷跨学科研究与创新中心。新增山东省先进有机硅材料与技术重点实验室，支撑学科服务山东。与航天三院联合共建国家重点实验室取得重要进展，服务国家重大战略。中国科技期刊卓越行动计划高起点期刊 *Chem. Phys. Chem.* 正式刊出，为学科建设提供国际化窗口。

校企合作取得新突破。与京博集团、新安集团、圣泉集团等世界 500 强企业签署战略合作协议，建设京博高端化工与新材料研究院、新安硅基高端新材料研究院和圣泉新材料与碳中和产业技术研究院。校企合作协议总额 1.7 亿元，接受社会捐赠 1800 万元，创历史新高。

（田宝冲　季书豫）

材料科学与工程学院

学院党委坚持以习近平新时代中国特色社会主义思想为指导，深入推进党史学习教育，全面加强党的建设，落实立德树人根本任务和巡视整改各项工作，不断推进“三全育人”综合改革，着力提高人才培养和学术研究水平，持续推动学科建设与规划、强院兴校行动与综合预算改革，各项事业取得明显成效。

一、加强党的建设，夯实党建基础，引领推动一流学科建设

学院党委不断推动世界一流学科建设，在“强院兴校”中充分彰显党的领导优势，有效发挥党建引领作用。

（一）着力加强党的建设，持续在政治建设上聚焦发力

深学笃行习近平总书记给《文史哲》编辑部全体编辑人员重要回信精神和习近平总书记“七一”重要讲话精神，深入学习宣传贯彻党的十九届六中全会精神等，牢固树立“四个意识”，坚定“四个自信”，做到“两个维护”，营造风清气正政治生态。2021年共开展党委理论学习中心组学习11次，专题明确，效果明显。制定实施《政治理论学习暂行规定》和《坚持完善“三会一课”制度的规定》，确保支部学习“六落实”，推动党史学习教育常态化、制度化。学院党委坚持“融入中心抓党建，凝心聚力促发展”原则，党建特色做法先后在《光明日报》和“学校要闻”刊发。2021年制定了《材料科学与工程学院发展党员工作规范》资料汇编，实施党员发展材料标准化管理，全年共计发展党员170名，1名青年教师列为入党积极分子。

（二）扎实开展党史学习教育

按照《材料学院党史学习教育方案》，团结带领全院564名师生党员，以深入学习宣传贯彻习近平总书记“七一”重要讲话精神、习近平总书记给《文史哲》编辑部全体编辑人员重要回信精神等为重点，与深入推进“四史”学习教育相结合、与推动学院“十四五”高质量发展相贯通，精心组织开展党史学习、知识竞赛、共建联学、红色遗迹寻访、专题组织生活会等各类活动630余次。坚持将党史学习教育贯穿人才培养全过程，组织学生支部共计354次集中学习和主题党日活动，模具所教工支部与模具所博士支部联合举办党史知识竞赛，使党史内容入心入脑。聚焦师生急难愁盼问题，梳理与整改落实了10项“我为群众办实事”重点项目，在促进改革发展稳定、增进民生福祉中检验党史学习教育成效。坚持把党史学习教育与学院事业发展紧密结合，焊接党支部邀请原山东工业大学校长邹增大教授开展“专业史”“院史”教育，激励教师勇担时代重任、勇于攀登科技高峰，将爱党真情和爱国热情融入教学和科研工作中。

（三）严格落实意识形态工作责任制，不断加强党风廉政建设

制订实施《意识形态工作责任制实施方案》和《宣传工作管理条例》，强化意识形态责任和“一岗双责”机制。加强意识形态阵地建设管理，开展网站改版和英文网站建设，规范完善新闻审核制度，实现自媒体监管全覆盖。

不断完善学院《关于实行党风廉政建设责任制的规定》和《“三重一大”制度实施办法》等制度，院党委书记带头宣讲学习《深化作风建设、弘扬新风正气的十项要求》。召开4次党委会，结合纪委通报案例，组织学习《关于实行党风廉政建设责任制的规定》《党纪处分条例》等纪律要求和纪委通报案例，组织学院党政主要负责同志、支部书记及学院机关党员参加廉政教育培训3次，组织参观廉政教育基地、观看党风廉政纪录片4次。学院未发生党员违法违纪现象。

（四）持续强化基层党支部组织建设与管理

学院党委持续推进基层党支部建设规范化提升工作，推动支部建设“六个规范”

“四项创新”。模具所教工党支部全国“双带头人”工作室项目及焊接所教工党支部校“双带头人培育”进展顺利。模具所教工党支部书记张存生受邀参加教育部“双带头人”线上高级研修班并作经验交流。制定《材料科学与工程学院党支部选举工作实施细则》，材料表征教工支部和材化所教工支部选优配强支部书记和支部班子，顺利完成支部换届，5个学生党支部顺利完成支部调整工作。严格执行学院领导班子成员联系教工基层党支部制度，积极组织政治学习和有关活动。为各基层党支部购买党的十九届六中全会辅导读物、基层党建研究丛书、庆祝建党百年研究丛书等共计3万余元的学习材料。

（五）积极开展党组织立项工作

结合党史学习教育，学院党委积极总结经验做法，创新方式方法，着力解决基层党建工作中的重难点问题。2021年学院党委“发挥党的领导优势，推动党建工作与中心工作深度融合的实践探索”项目和无机非金属材料教工党支部“发挥教师党支部在全面落实立德树人根本任务中的有效方式探索”项目获评学校2021年度党组织书记抓基层党建突破项目。焊接研究所教工党支部、20级学硕二班党支部“加强师德师风建设，提高教师队伍素质，引领‘三全育人’”项目/课题，模具研究所博士党支部、材料物理化学研究所博士党支部、研19级学硕二班党支部、研19级专硕一班党支部的“融贯学、赛、讲，探索党史学习教育新模式”项目/课题获评学校2021年度基层党组织活动立项。学院党委切实履行主体责任，及时跟进指导，推动党组织活动立项取得实效，探索形成可复制、可推广、有特色的基层党建工作体制机制和经验做法。无机非金属材料教工党支部获评校级“党建工作样板支部”。

（六）从严抓好常态化疫情防控，认真落实巡视整改工作

学院党委把疫情防控摆在突出位置，认真细致做好新生报到、学生返校和教学科研相关工作，严格落实师生请假报备制度，按照学校要求，认真组织全院全体学生、在职及退休教职工完成多次核酸检测及新冠疫苗接种。持续开展防控知识宣传教育和政策讲解，不断增强师生教职员工疫情防控意识。

学院党委全力落实中央巡视整改任务。学院第18次党委会制定了材料学院巡视整改工作方案，成立了学院巡视整改工作领导小组和工作专班，认真对照巡视反馈意见，明确了十项整改任务、具体责任人及整改时限。此后，每半月一次在党委会上调度与督促各责任人按时保质完成整改任务，层层压紧压实责任，确保巡视反馈问题及时改、全面改、彻底改，坚持以巡促改、以巡促建、以巡促治，全面提升学院党建工作和事业发展的能力和水平。

（七）加强学生思政，推进“三全育人”落实落地

积极开展党史学习教育活动，融合网络资源搭建信息交互平台，积极探索运用讲授式、研讨式、案例式等灵活多样的方式开展党建活动。扎实做好学生日常教育管理及服务工作，营造学院科创氛围，培养学生创新意识。秉持“导学思政”理念，通过组织体系建设、支部共建、师生文体活动等方面工作，构建创新多元的导学互动场景，提升研究生思想塑造、行为引导和价值引领效果，切实提高学生思想政治教育质量。学院教改课题“‘三全育人’工作中本科生全员导师制的育人机制探究”获得校级立项。2项课题获山东大学2021年研究生思政教育研究课题“导学思政”专题立项。1个班级获评

山东省高校先进班集体，1人获第七届山东省“互联网+”大学生创新创业大赛金奖。

二、突出学科建设和事业发展重点任务，推进学院学科内涵发展

（一）聚焦提升学术核心竞争力，凝练方向，做强学科

本年度按照学校、学院统一部署，牵头组织材料科学与工程学科参加第五轮学科评估具体工作，联合相关学科领域共建单位，突出凝练方向和交叉融合，制订“材料及加工制造”学科领域“双一流”二期建设方案。坚持“四个面向”，突出重点方向，落实具体任务，组织制定了学院“十四五”事业发展规划。围绕学科和学院重点任务和关键指标，统筹财力布局，组织制定2021年度综合预算。通盘考虑综合预算、学科规划等多方面任务目标，制订学院综合建设目标和任务清单，推进重点任务完成和经费执行。

（二）围绕重点方向凝聚人才队伍，加大引育力度

进一步强化落实“人才强校”战略，以教师队伍规模和创新竞争力提升为工作目标，结合学院学科实际，加大高层次人才和青年人才的引育力度。通过线上方式成功举办第六届齐鲁青年论坛分论坛。充分发挥博士后在科研队伍中的生力军作用、在人才队伍建设中的后备军和蓄水池作用，招收7名优秀博士入站工作，在站规模居学校前列，学院流动站、优秀合作导师和博士后受到学校表彰。本年度科研教师、管理人员等16人进院工作，高层次人才和青年人才发展势头良好，科技奖励成果培育初显成效。1人入选科技部中青年创新领军人才，5人进入国家级青年人才项目会评，新增山东省杰青1人、省优青1人，校评齐鲁青年学者1人。海外引进齐鲁青年学者2人，全职和兼职特聘教授3人，善于带团队的领军人才、青年人才队伍和青年教师梯队呈现良好发展态势。

（三）强化专业建设和产教融合，系统提升教育教学质量

一是新增山东省线上线下混合式一流课程1门、省优秀教材2部，申报省级教学成果奖3项，1名教师获评山东省教学名师，新增实习教学基地5家，获评校级“2020年度实习教学工作先进单位”，材料成型及控制工程教研室获评山东大学优秀基层教学组织，完成材料科学与工程国家一流专业建设点的申报。二是持续开展研究生生源拓展工作，推免生招生比例突破50%，聘请俄罗斯科学院院士1人、长江学者1人为学院兼职博士研究生导师。坚持“稳定规模，优化结构，宁缺毋滥”的原则，严格筛选个人素质好、学术潜力强、教育经历佳的国际学生，提升国际学生生源质量。2021年国家建设高水平大学公派研究生人数5人，招收国际留学生4人。

（四）做强重点团队，科研组织成效明显

一是完成驻鲁部属高校“十四五”服务山东重点建设项目的申报工作，学院牵头申报的4项国家重点研发计划进入第二轮评审，预期到账经费1.6亿元。二是发表SCI论文300余篇，其中ESI高被引论文11篇，1人获2021年度美国焊接学会“国际功勋证书奖”，1人获TOP期刊ESI顶尖论文奖。三是积极推进先进材料测试与制造公共平台和学院材料加工平台的建设，为学院“双一流”建设提供有力支撑和保障。

（五）积极开展校庆活动及校友工作，助力学院发展

成立“关廷栋教授研究生奖学金”“李永胜教授磁悬浮技术创新竞赛基金”。热处理

81 级于英涛等校友积极向学校捐赠相关设备物资，捐资捐物合计 1300 余万元。

（六）工会、离退休工作扎实推进，积极发挥和谐校园建设作用

2021 年度组织召开以“团结奋进，聚势蓄能，开启‘十四五’发展新篇章”为主题的五届四次教代会，扎实推动了学院改革发展。积极参与学校文体活动，参加学校 2021 年田径运动会，获得了全校团体总分第九名的成绩。参加山东大学教职医务员工第二届诗词大赛，获评优秀组织单位。参加“一校三地”首届教职医务员工气排球比赛，荣获济南赛区第四名，同时获评优秀组织单位。组织参加“永远跟党走，建功新时代”一校三地合唱比赛，积极参加学校“百廿山大云接力跑”活动。2020 年度学院工会 1 人获得山东大学妇女工作先进个人，2 人获得山东大学最美家庭。学院申报的“加强校院两级教代会建设，发挥教代会在‘强院兴校’中的作用研究”获得校级立项研究课题。认真组织学院离退休职工完成多次疫情期间行程统计、核酸检测及新冠疫苗接种工作，不断增强离退休职工的疫情防控意识。关心离退休职工，认真组织开展重大节日期间送温暖活动，2021 年为 1 名退休职工申请了困难补助，为 111 名离退休职工发放节日慰问品。春节期间单独走访慰问生活困难党员和老干部活动 6 人次，发放生老病故慰问金 4 人次，学院帮助办理有关事宜。

2021 年，学院党委顺利通过教育部首批全国党建工作标杆院系验收工作，赵国群获“全国优秀党务工作者”称号。学院获评山东大学实习教学工作先进单位、山东大学实验室工作先进集体、山东大学红旗团委、2021 届毕业生服务国家战略就业优秀组织单位、山东大学党史知识竞赛活动优秀组织单位等荣誉称号。

（张力勇　郑杭）

机械工程学院

机械工程学院坚持以习近平新时代中国特色社会主义思想为指导，深入学习贯彻党的十九大和十九届二中、三中、四中、五中全会精神，全面落实学校第十四次党代会决策部署，贯彻执行《山东大学 2021 年工作要点》以及其他各项要求，深入推进“强院兴校”行动，圆满完成各项工作任务。

一、扎实推进党的建设新的伟大工程

1. 落实推进全面从严治党。落实党建主体责任，明确“一岗双责”。全年召开 21 次党委会、34 次党政联席会，形成全面从严治党合力。落实意识形态工作责任制，修订完善报告会及学术讲座管理办法，严格网络媒体内容发布审核机制。

2. 扎实推进学院党建工作。硕机制第一党支部获评首批“山东省高校研究生样板

党支部”（全校唯一），张晓获评“山东省研究生党员标兵”，机制所党支部推荐申报“全国党建工作样板支部”。如期开展6个支部换届工作，集中力量做好发展党员工作，超额完成110名党员发展指标。

3. 加强纪律作风建设。高质量完成审计整改、中央巡视反馈意见整改。坚持“严”的主基调，压紧压实党组织管党治党政治责任和书记第一责任人责任；健全廉政风险防控机制，突出经常性教育、经常性提醒、经常性监督。

4. 深入开展政治理论和党史学习教育。制定实施党史学习教育实施方案，聚焦关键问题，梳理14个“我为群众办实事”重点项目清单并全部完成。统筹推进“两学一做”，召开理论中心组学习8次，制作“党史学习教育资料汇编”（6期）。

5. 精心组织校庆、院庆系列重大庆祝活动。开展“两优一先”七一表彰活动，举办学术高峰论坛和95周年院庆庆典，修订院史，凝练学院精神，汇聚社会和校友力量。

二、统筹疫情防控、安全稳定和改革发展工作

严格落实常态化疫情防控各项举措要求，抓好关键时期的疫情防控工作。强化全员安全意识，推动实验室6S标准化和智慧实验室建设，严格落实各项安全制度。启动学院新一轮改革，高质量完成学校“十四五”事业发展规划编制任务，凝聚学科方向、主动适应学校融合发展战略。

三、落实立德树人根本任务，全面提升人才培养质量

加强和改进学生思想政治工作。面向全体学生，实现本科生班主任、学业导师、研究生支部党建导师全覆盖；成功召开第一届学生代表大会；建立研究生党团支部联动机制，2个团支部获评山东大学先进团支部；获批学校首批二级心理工作站示范建设单位；获2021届毕业生服务国家战略就业优秀组织单位等10多项荣誉。

促进人才培养质量内涵发展。（1）推进课程思政建设全覆盖，2门课程获校级思政建设示范项目。（2）积极组织教学改革，获省部级教改荣誉14项目、各类校级教改立项44项，校级教学成果奖2项。（3）教师教学能力持续提升，校青教赛成绩工科组第一，王震亚老师获“山东省高等学校教学名师”称号。（4）成立专业学位研究生教指委，修订培养方案，增设创新创业课程，加强案例教课程改革。（5）搭建企业实习实践平台，加强联合培养，建设多个研究生产教融合基地。（6）人才培养质量持续提高，学生成果获国家、省级荣誉19项，校级荣誉21项；48名本科生分获校优秀毕业生和优秀毕业论文奖，研究生获省级、校级优博、优硕论文10篇。（7）优质生源比例持续提高，2022年度硕士推免生占总数56.3%，达到历史新高。

四、深化体制机制改革，加快高素质师资队伍建设

加强师德师风建设，严格师德考察和监督制度，做好“两优一先”典型选树。推动人事人才体制机制改革，加强高层次人才引育，连续举办齐鲁青年论坛分论坛，引进齐鲁学者（第一层次）1人，预聘制助理研究员4人，统招博士后10人。继续实施青年教师人才培育工程。

五、布局“十四五”，增强学术核心竞争力

1. 落实融合发展战略，推进学科现代化建设。多次组织论证学科建设发展方向，深入参与材料与先进制造、智能建造与智慧工程一流学科相关建设。加强平台建设布局，持续建设日照、淄博研究院的成果工程化与产业化合作平台，联合申报成功山东省高档数控机床技术创新中心。举办第十六届切削与先进制造技术国际学术会议等高端学术会议，组织教育部重点实验室学术年会和中期评估。

2. 坚持需求导向，加快提升科技创新能力。加强与科技部等国务院各部委司局以及山东省市科技合作，对接国家、地方科技战略，承担科研项目，申报人才计划，学院到账经费 9000 余万元，ESI 高被引论文 33 篇。获国家级、省部级奖励 6 项，国家基金立项数 16 项，相比去年增加 45%。

六、创新产学研融合模式，大力提升服务社会成效

构建教育链、人才链、创新链、产业链“四链”循环融通新模式，与重汽等 10 余家企事业单位开展产学研合作。共建章鼓、歌尔研究院等 8 个合作平台，横向课题立项经费突破 6000 万元，其中成果转化经费超过 2000 万元。与企业合作举办同力硕士和网络在职教育，收入近 500 万元。凝聚校友力量发展“校友经济”，2021 年获得社会现金和实物捐赠约 2500 万元，按期完成年度工作目标。

（袁凯）

控制科学与工程学院

控制科学与工程学院管服团队带领全院师生，深入学习贯彻习近平新时代中国特色社会主义思想，自觉运用“金钥匙”破解学院改革发展难题，全面落实学校第十四次党代会精神，夯实产教融合强院兴校之路，加快推进学院治理体系和治理能力现代化，顺利完成 2018～2021 年任期各项任务指标，业绩突出、成果丰硕。

学院院长为张承慧，党委书记为高瑞。

一、党建工作

控制科学与工程学院坚持以“立德树人”为根本任务，凝聚带领师生夯实基础、攻坚克难、深化改革，以党的建设全面引领和保障学院事业快速发展。

制度体系建设迈出新步伐。先后制定、修订《控制科学与工程学院党委会、党政联席会议议事规则》《控制科学与工程学院基层党支部工作考核评价办法》《控制科学与工

程学院学院党委委员联系支部制度》等制度10余项，进一步完善了党建工作长效机制，积极构建“大党建”工作格局，有力推动了学院党建工作的全面进步。

基层党组织“对标争先”开创新局面。学院党委入选“山东大学先进基层党组织”“山东大学党建工作标杆学院”，智能感知与电子新技术研究所党支部书记入选“山东大学双带头人教师党支部书记工作室”，学院团委获评“山东省红旗团委”。

教师队伍党的建设取得新突破。学院注重品牌带动、典型示范，以高质量党建引领教师队伍发展。新能源系统控制团队入选“全国高校黄大年式教师团队”，陈阿莲教授获评山东省教育系统优秀共产党员、山东大学优秀共产党员。

二、立德树人

学院积极应对国家重大科技战略需求和国民经济主战场战略需求，探索建设突破性、引领性的新工科专业设置和建设思路，2021年学院国家战略新兴工科专业“机器人工程”成功获批，圆满完成专业升级改造。学院着力构建课程体系“大思政”格局，张承慧主讲的“自动化专业前沿讲座”及其教学团队获评2021年度教育部课程思政示范项目示范课程和教学名师团队，“自动控制原理”课程入选山东省普通本科教育课程思政示范课程。学院坚持以立德树人为根本任务，人才培养质量持续提升。2021年研究生优秀生源率上升至85.2%，应届研究生毕业生实现100%就业，获评“山东大学研究生工作先进单位”；应届本科生就业率近95%，深造率达53.5%，其中92.69%前往国内外知名学府。学院以“特色班”为载体，在专业课程体系和工程类通识教育上锐意改革。2021年获第九届山东省教学成果奖一等奖3项，另有3项成果获推申报中国自动化学会教学成果奖。学院优化教学管理，充分调动专业系所组织教学的积极性，不断完善教师教学发展机制。2021年自动化专业教研室被推荐申报国家级优秀基层教学组织建设案例（全校1/2），自动化专业虚拟教研室成为全校首批虚拟教研室建设试点单位（全校1/10）。学院以职称评聘改革为抓手，引导教师回归教育初心。2021年学院获教育部高等学校自动化专业教指委青年教师教学比赛一等奖1项、第二届全国高校教师教学创新大赛三等奖1项，获山东省首届教师教学创新大赛一等奖1项、二等奖1项。

三、学科建设

学院深入挖潜，昼夜奋战，高质量完成教育部第五轮学科评估材料，有望冲击A级学科。作为主干学科，牵头高质量完成山东大学“控制科学与信息技术”学科领域第二轮“双一流”培育学科建设规划并通过论证。科学编制学院“十四五”事业发展规划，进一步推动产学研融合、医工融合、军民融合，特别是与新一代人工智能技术、新一代信息技术深度融合，积极培育智能感知与智慧物联、生物医学与智能医学工程等新的学科增长点，为学院绘就发展蓝图，奋力开启学院高质量内涵式发展新征程。

四、队伍建设

2021年控制学院人才队伍建设取得重大突破，创历史新高。新增教育部长江学者特聘/特岗教授2人（张海霞、宋锐）、四青人才4人。其中青年长江学者1名（段彬）、国家优青 2 名（王炳昌、商云龙）、青年拔尖人才 1 名（杨荣妮）。还有 1 人成为中国工程院院士第二轮候选人，4 人通过国家海外优青会评，9 人进入山东省海外优青会评。自 2017 年至今，学院实现国家级人才数量翻两番，累计长江、杰青 10 人次（8 人），国家四青人才 10 人次（9 人），队伍规模和增速居全校首位。

五、科学研究

学院遵循“提前规划、提早介入、全面撒网、重点发动、借船出海”的科研组织原则，科研工作亮点频现。2021 年度共获国家自然科学基金各类项目资助立项 21 项，包括国家基金重点项目 2 项（全校 2/5）、重大项目课题 1 项（全校立项经费 310 万元），国家优秀青年基金项目 2 项（全校 1/6）；获山东省自然科学基金杰出青年基金项目 2 项；作为牵头单位获得山东省重大创新工程项目 1 项（立项经费 1600 万）。截至 2021 年 11 月，学院各类科研项目到账经费近 9300 万元。

科研奖励再创新高。张承慧教授主持完成的“高比例新能源电力系统电能净化关键控制技术及应用”获国家科技进步二等奖，并获 2021 年度何梁何利基金科学与技术进步奖（成为该奖设立 35 年来，学校的第 6 位获奖人）；张伟教授的成果“任务场景驱动的视觉特征提取与增强理论及方法”获得山东省自然科学二等奖。张承慧团队研究成果“动力电池智能测试与模拟仪器研制”入选“十三五”期间国家自然科学基金资助项目优秀成果（全校 5 年共 2 项）。

六、服务社会与服务山东

学院深入贯彻产教融合战略，强化产学研合作和产教融合平台建设，构建院企合作社会服务体系。2021 年，学院和中车青岛四方机车车辆股份有限公司开展深度合作，联合申请立项国家重点研发计划项目 2 项、山东省重大科技创新工程 3 项以及横向合作项目 6 项，立项总经费 3500 万元；近期双方党委签署党建共建联建合作协议。学院不断完善合作发展工作体系，积极延揽社会资源，服务社会成效不断显现。百廿校庆前夕，校友企业兰剑智能科技股份有限公司捐赠奖学金，并出资共建“山东大学—兰剑智能机器人研究院”（捐赠总额 1500 万元），支持学校发展，在智慧物流领域实现研产教深度融合。

七、国际化建设

为进一步推进实施国际化战略，开阔学生国际视野，培养具有国际竞争力的高素质人才，2021 年暑期，学院组织开设海外师资课程 13 门，邀请来自德国慕尼黑工业大学、加拿大英属哥伦比亚大学、香港中文大学等国际知名高校的教师线上授课，累计完成 224 个授课学时，受益学生近千人。克服疫情影响，推动“国际学分”计划，2021 年赴国（境）外知名学府深造 13 人。国际学生招生工作顺利开展，2021 年录取国家留学基金委奖学金国际学生 10 人，学院留学生总数稳中有升，生源素质明显提高。

（汤庆新）

能源与动力工程学院

一、党建工作

1. 整改落实工作扎实推进。坚持中央巡视整改和校内巡察整改贯通融合、一体推进要求，认真梳理学院层面需整改落实的6类32个方面的主要问题，积极推进整改落实工作。

2. 夯实基层组织特色建设。落实“三会一课”制度，完成党支部换届工作，实施党支部书记“双带头人”工程。坚持“党建+”工作理念，积极与企业、地方政府、学校职能部门开展共建活动，形成党建特色。

3. 师德师风建设持续加强。通过入职师资培训、师德专题学习教育和课程思政建设，不断增强广大教师育人职责意识。

4. 意识形态安全稳定工作得到夯实。召开多次意识形态工作专题会议，坚持“3D”工作方针，落实网格化管理举措。

5. 党群及离退休工作向心同力。举办学院教职工代表暨工会代表大会、校友座谈会，聚力强院兴校行动计划。

二、本科教学

1. 积极推进专业建设，能源与环境系统工程专业获批国家一流建设专业。新增国家紧缺专业“储能科学与工程”专业开始招生。

2. 组织承办第十四届全国大学生节能减排大赛，刷新多项赛事纪录并获突出贡献奖。

3. 拓展本科教学实习基地4个，“工程热力学”入选省一流课程。

4. 开展了多场线上宣讲活动和线下拓展活动，本科招生一志愿率明显提升。

三、研究生培养

1. 研究生生源结构持续优化，推免生人数由2018年的16人提高到2021年的66人，“985”生源占比持续增加。

2. 研究生培养方面，机制模式日趋多元，成果成绩斐然显著。

3. 学位授予方面，授予工作平稳有序开展，授予质量得到保障。

4. 导师队伍建设方面，校内导师规模稳步扩大，校外导师聘任提上日程。

四、学科建设与科研工作

1. 积极参与学校新一轮“双一流”学科群“低碳能源与环境”规划，强化储能学科建设，推进学科融合和内涵发展。

2. 围绕优势特色学科方向积极组织申报山东重大科技创新工程。

3. 本年度到位经费 6000 万元，较去年增长 20%。2021 年度获得 5 项（2 项面上＋3 项青年）国家自然科学基金项目资助，获得山东省自然科学基金项目 10 项。

4. 发表 SCI 收录期刊论文 157 篇，同比增长 29%。2 篇论文入选 ESI 高被引论文。获得授权发明专利 70 余项，专利转化合同交易额约 6500 万元。

5. 深入推进山东大学新泰工业技术研究院建设、龙山校区产教融合大平台建设，共建研究中心、实验室多项。

五、队伍建设

1. 引进省级产业领军人才 1 人，引进兼职“卓青”人才 1 人，引进齐鲁青年学者 3 人，5 人次入选青年学者未来计划，推荐申报“万人计划”领军人才 1 人，5 人次申报海外优青项目。

2. 获评齐鲁青年论坛优秀组织单位。组织第六届齐鲁青年论坛动力工程及工程热物理分论坛，吸引海内外知名高校的青年学者 10 余人参加。

3. 深化推进课程思政改革。举行课程思政示范项目研讨会，选树课程思政优秀教师 8 人；“趣味传热学”参选国家一流线上课程。

六、交流合作

1. 全面深化与诺丁汉大学等知名高校的交流合作。合作发表高水平论文 10 余篇。

2. 扎实推进人才培养国际化。获批国际暑期学校海外师资课程 9 门，积极推进“国际学分”计划。

3. 多方位推进学院国际化工作。邀请了昆士兰大学、诺丁汉大学等海外知名教授举办线上学术报告；承办第二届世界内燃机大会。

七、学生工作

1. 构建全员育人机制，将“三全育人”落实落细。

2. 强化体美劳教育，全面提升学生综合素质；突出学科特色，提升学生创新和实践能力。

3. 聚焦精准服务，推进高质量就业。实施学生就业启航工程，2021 届本科生就业率达 95%。

4. 研究生思政教育取得新的成效。加强研究生基层支部规范化建设；全覆盖做好“五个一”安全教育及管理落实工作。

5. 加强管理服务育人，重视心理健康教育。通过一生一策、建立台账、定期谈话、开展心理委员培训等方式做好重点关心学生群体的心理帮扶工作。

（罗峰）

电气工程学院

电气工程学院下设电力工程、电机工程、电力经济3个系，设电力系统研究所、继电保护研究所、电机与电器研究所、电力电子研究所、电工理论与新技术研究所、高电压与绝缘技术研究所、电气工程实验中心和可再生能源与智能电网研究所（校级）。拥有“电网智能化调度与控制”教育部重点实验室、“电动汽车接入电网技术”国家地方联合重点实验室、“特高压输变电技术与装备”山东省重点实验室、全球能源互联网山东省协同创新中心、山东大学全球能源互联网战略技术研究院以及四个省级工程中心。

学院现有全职教职工159人，专任教师112人，其中博士研究生导师38人，硕士研究生导师84人（含博导），教授（研究员）43人，副教授（副研究员）52人。现有国家特聘专家4人；“泰山学者”特聘教授2人，山东省杰青1人，山东大学齐鲁青年学者5人；国务院政府特殊津贴专家4人，国家百千万人才工程人选2人，省级有突出贡献的中青年专家3人，教育部“新世纪优秀人才”2人。学院党委设书记1人，副书记2人，刘相宜研究员任书记；学院设常务副院长1人，副院长4人，张恒旭教授任常务副院长。

学院现有在校博士、硕士研究生687人（外籍18人），本科生1163人。

一、主要举措

1. 政治建设为统领，全面推进从严治党。一年来，学院领导班子认真贯彻落实中央和学校各项决策部署，认真学习习近平总书记“七一”重要讲话精神和习近平总书记给《文史哲》编辑部全体编辑人员回信精神；紧密围绕“学党史、悟思想、办实事、开新局”主题，结合开展党史学习教育，积极推进“我为群众办实事”活动23项，理论学习中心组结合学院改革发展工作专题开展学习研讨会9次，班子成员面向教师学生讲党课11次，确保上级和学院党委决策部署得到有效落实。认真落实中央巡视整改任务，加强制度建设，2021年修订或新制定学院各项工作制度21项。认真开展议事决策规范提升工作，落实党风廉政建设责任制，落实意识形态责任制，严格执行“一岗双责”，坚持民主集中制。学院党委结合庆祝中国共产党建党100周年、学校120周年校庆和学院建院75周年等契机，积极开展思想政治工作，积极拓展合作共建，全面营造团结奋进、凝聚一心的良好氛围。

2. 抓住百廿校庆契机，广泛吸引社会支持，为学院发展注入新活力。按照学校整体工作部署，组织“百廿山大，强校兴国”电气学科发展校友座谈会，邀请近百名校友返校共祝学校120周年华诞，畅谈师生情谊，共谋学科发展；建设制作“百廿山大栉风沐雨，七五电气薪火相传”校友文化长廊及宣传视频，凝聚校友力量，助力人才培养；

举办各类庆祝活动、学术活动、人才招聘专场等50余场，进一步提升学院知名度；以各种形式筹措社会捐资、捐赠，包括捐建实验室、捐赠软硬件设备、捐资设立奖助学金等，各类捐资捐赠折合人民币总金额超过1000万元，有效保障学院办学条件改善。

3. 筑牢“疫情”和安全防线，协调推进治理能力提升和治理体系完善。按照学校要求，统筹做好学院疫情防控常态化工作，动态调整各项工作方案和应急预案；组织师生进行分类型多批次核酸检测和疫苗注射，把疫情防控工作做实做细；认真落实安全工作责任制，开展安全知识培训，制定实验室安全事故应急预案，建立安全隐患整改台账，完善安全措施和规章制度，添置消防、用电、保管设施，确保各项安全措施落实做细；加强信息化建设，对学院会议室和科研实验室实行门禁和预约制管理，建立研究生工位信息化管理系统，提高工作效率和管理服务水平；加强制度建设，废改立制度23项，建立起规范完善、覆盖面广、可行性强的制度体系，形成以制度管人、靠制度办事的良好局面。

二、工作成效和亮点

1. 加快推进人才培养体系改革。教学成果显著提升，提名山东省重点教研项目1项；获批国家一流虚拟仿真课程和山东省一流课程各1项；教材建设提速，4部教材获得山东省一流教材，新出版教材2部，13部教材正在加紧编写；本科教学实验条件持续改善，与ABB联合建立创新实验室，实现课程教学、创新实验、社会培训等功能，成功召开“新工科”人才培养研讨会暨固纬电力电子开发设计与实训系统（PTS）师资培训会；积极开拓电气工程类全国性大赛，以赛促教、以赛促学，首届“高校电气电子工程创新大赛”华东赛区选拔赛将由学院承办。

2. 科研改革与平台建设推向深入。推进团队深度融合，不断提升团队管理水平，组织团队编写五年发展规划和学术年报；重点推进科研实验室建设和管理，完成一键启动、同步机机组改造等实验室升级改造，空间利用率、设备利用率、对科研支撑度显著提高；积极做好科研组织工作，获批国家自然科学基金联合基金1项、面上项目6项、青年基金2项；获国家重点研发计划子课题8项；截至12月20日，到账科研经费近7000万元，同比增长超过30%，全年到账经费有望超过8000万；刊出SCI论文120余篇；联合4家单位申报国家能源数字化技术与系统研发中心；完成电网智能化调度与控制教育部重点实验室中期自评估。

3. 人才引育实现双提升。继续推进实施青年教师提升计划，着力帮助新入职教师过教学关，尽快适应角色转变，取得良好效果；举办“齐鲁青年论坛”电气工程分论坛，积极宣传人才政策，广开渠道吸引优秀人才；全职引进“千人计划”创新人才李惠民博士；吕天光、张岳两位教授入选“中国科协青年人才托举工程”；新增齐鲁青年学者1人；申报国家青年拔尖人才1人；全职引进青年教师5人；博士后的师资队伍蓄水池功能进一步增强，2021年新入站师资博士后3人，在站博士后人数创历史新高。

4. 服务地方与产教融合多点开花。与泰开集团、烟台威思顿等企业联合共建实验室；与国网山东省电力公司、唐正能源等企业签署产教融合校企合作协议，为下一步开启全面战略合作奠定基础；推进龙山校区（创新港）低碳能源技术与装备产教融合大平台建设；参加首届能源互联网产业峰会，成为山东能源互联网产业联盟单位；深入拓展继续教育，2021 年网络学历教育招生 340 余人，实现学费收入 230 万，位列全校第 2；在做好疫情防控工作的前提下，开展非学历教育培训项目 2 项，实现培训费收入 36 万余元；扎实做好网络教育试点总结性评估工作，重新修订电气工程及其自动化专业（专升本）培养方案，在完善继续教育体系的同时创造良好的经济效益和社会效益。

5. 多举措加强国际学术交流。积极应对新冠疫情带来的不利影响，多措并举，采用线上线下同步进行的方式，成功举办学院自主品牌第四届智能电网方法、工具和技术国际研讨会，第六届电力电子与电力驱动模型预测控制国际会议，第三届直流微电网关键技术研讨会，新型电力系统安全稳定技术论坛，未来能源与创新人才培养国际论坛以及国际高校博士系列学术论坛等活动。作为主席单位和秘书处单位成立 IEEE PES 电力系统动态技术委员会（中国）、IEEE PES 直流电力系统技术委员会（中国）低压直流技术分委会；组织 IEEE PES 济南分会多场学术交流会和云论坛。

6. 学生教育管理工作成效显著。扎实推进“三全育人”培养体系建设，成立本科生党建工作室，构建学生党建云平台，在疫情防控常态化背景下，将“互联网＋”与工作开展相结合，创新开展网络思想政治教育；持续实施“学风塑造”工程，推动实践育人能力提升；不断创新研究生思想政治工作，设立研究生党建工作中心，发起成立研究生党员志愿服务先锋队，“五育并举”的思政教育体系进一步完善，研究生红色研学实践活动获评山东大学一等奖，新生教育项目入选山东大学精品项目；大学生科技创新成绩突出，获得全国大学生智能汽车竞赛等校省级及以上科技创新奖励 100 多项，学院获评山东大学第七届“互联网＋”大学生创新创业大赛优秀组织单位；共青团工作突出，学院团委荣获山东大学红旗团委荣誉称号；毕业生就业率和就业质量持续提升，2021 年度研究生就业率 100%，本科生一次就业率达到 94%，学院荣获就业工作优秀组织单位。

（王晓龙）

土建与水利学院

土建与水利学院始建于 1947 年，现有 4 个本科教学系、1 个省部级重点实验室、4 个省部级工程研究中心、9 个研究中心、1 个实验中心。拥有土木工程和力学 2 个博士后流动站、土木工程一级学科博士学位授权点和工程力学二级学科博士学位授权点、4 个一级学科硕士学位授权点、9 个二级学科硕士学位授权点，4 个本科专业。全日制在校本科生 663 人，研究生 421 人。

学院现有教工 170 人，其中教授 40 人，副教授 47 人。中国工程院院士 1 人，教育部长江学者特聘教授 2 人，国家杰出青年基金获得者 1 人，国家 973 项目首席科学家 1

人，新世纪百千万人才工程国家级人选 1 人，科技创新领军人才 2 人，教育部“新世纪优秀人才支持计划”入选者 4 人，二级教授 4 人，国家级青年人才 8 人，中青年科技创新领军人才 1 人；泰山学者攀登计划人选 1 人，泰山学者特聘专家 2 人，泰山学者青年专家 4 人，山东省杰出青年基金获得者 3 人；教育部长江学者创新团队 1 个，科技部重点领域创新团队 1 个，山东省泰山学者攀登计划团队 1 个。学院近五年来承担各类科学研究项目 400 余项，获得国家科技进步二等奖 5 项，国家技术发明奖二等奖 1 项，山东省科学技术最高奖 1 项，省部级一等奖 10 余项。

2021 年，土建与水利学院在学校党委领导下，认真学习贯彻落实十九届六中全会精神及山东大学第十四次党代会精神，认真贯彻落实《中共山东大学委员会 2021 年工作要点》和《山东大学 2021 年行政工作要点》，以党建为引领，以做好疫情防控工作为底线，以“百廿山大”为契机，围绕年度任务和任期目标，扎实开展教学、科研、学科发展等工作，取得较好成绩。

一、党建和文化建设

1. 扎实开展党史学习教育，取得“学党史、悟思想、办实事、开新局”的实效。深入推进“我为群众办实事”实践活动，梳理了改革、发展、安全和民生等 10 条“我为群众办实事”台账清单，并逐一落实，有效提升师生的幸福感和获得感。

2. 岩土中心党支部获评山东省先进基层党组织，学院党委获评山东大学党建工作标杆学院，水工党支部获评山东大学党建工作样板支部，岩土中心党支部被评为山东大学先进集体。

3. 持续做好新冠肺炎疫情防控工作，确保疫情防控和事业发展两不误。

4. 重视巡视整改工作，梳理明确了五个方面 12 项整改任务，细化整改措施，把巡视反馈问题整改到位。

5. 选优配强师生党支部书记，实施“支部书记能力提升计划”。完成了党支部换届工作，按照“双带头人”的标准要求对教师党支部书记进行了调整补充。

6. 坚持做好在高知群体中发展党员工作。2021 年发展教工党员 2 人，目前，教工党员比例达到 70%以上。

7. 加强党支部建设，促成 5 对院地支部共建、8 对校内支部共建，推动产学研成果转化。

8. 进一步加强学生党建工作，2021 年新发展学生党员 125 人，党员质量不断提高。

9. 加强师德师风教育，学院党委和各教工党支部多次开展师德师风典型案例警示教育，取得较好效果。

10. 继续发挥学院工会作用，建设“职工之家”，关心在职职工，组织大家喜闻乐见的工会活动，增强教工的凝聚力；做好离退休老教师工作，逢年过节登门拜访看望，为年龄逢五逢十的离退休教师过生日；为生病和生活困难的教师送温暖。

二、行政工作

学院党政领导班子带领师生员工，凝心聚力，攻坚克难，抓住机遇，学院工作取得新突破。

（一）学科建设及人才培养

1. 加强研究规划，制定学院“十四五”事业发展规划。

2. 组织开展第五轮学科评估申报，土木工程学科有望迈上新台阶。

3. 培育、引进青年长江学者1人，山东省海外科技人才计划入选者2人，齐鲁青年学者2人，青年学者未来计划4人。

（二）本科、研究生教学、培养工作

1. 建立新工科实践基地15个，获校级创新创业平台持续资助。

2. 加强教育教学改革，建设慕课9门，获教育部产学合作协同育人项目1项、山东省教改重点项目1项、山东大学教改重点项目1项、一般项目7项。

3. 获山东省课程思政示范课程1门，山东省一流课程1门；获山东省高等教育一流教材1部、教学名师1人，山东大学教学成果奖一等奖1项、本科教学荣誉奖1人。

4. 成功举办全国大学生暑期夏令营，研究生推免比例达57％，“双一流”生源率达到75％。

5. 建设研究生案例课程5门。获山东省研究生优秀成果奖一等奖1项、二等奖1项，优秀博士学位论文1篇、优秀硕士学位论文2篇。获山东大学优秀博士学位论文1篇、优秀硕士学位论文2篇。

6. 获山东大学研究生优秀教材1项、山东大学研究生精品课程接续培育项目2项、山东大学研究生教育教学改革研究项目5项，山东大学第十三届“我心目中的好导师”1人、山东大学优秀研究生指导教师1人。获批国家建设高水平大学公派联合培养博士5人，接收外国留学生入学博士1人、硕士2人、交换生1人。

（三）科研工作

1. 主办“中心城市深基坑工程理论和技术研讨会暨第三届山东省基坑工程创新论坛”等活动，先后邀请30余位国内外知名专家学者作学术报告。

2. 推进建设“地下工程灾害防控与安全建造”国家重点实验室。获批国家重点研发计划项目1项、科技部国际合作项目2项、山东省重大创新工程项目1项。

3. 总科研经费8270.23万元，其中纵向经费2795.94万元，横向经费5474.29万元。

4. 获国家技术发明奖二等奖1项，科技进步二等奖1项，参与湖北省科技进步奖一等奖1项、山西省科技进步三等奖1项、社会力量奖10项；授权发明专利137项，编写标准10项，发表SCI论文81篇。

（四）国际化办学情况

1. 联合日本长崎大学、韩国成均馆大学、新加坡南洋理工大学成功获批亚洲校园第三期建设项目。

2. 与英国利兹大学签订2＋2本科双学位协议，修订与蒙纳士大学的3＋2本硕衔接项目。

3. 获批国家重点研发计划政府间国际科技创新合作项目2项、国家自然科学基金国际（地区）交流合作项目1项。

4. 举办暑期海外师资课程5门，获批山东大学优秀暑期课程1项。

5. 引进海外流动岗教授、短期岗教授2位。

（五）学生思政及培养

1. 组织“大学生讲堂”“历山论坛”“育英讲坛”“职涯讲座”“青春茶座”等品牌活动，加强思想教育价值引领。

2. 举办硕士研究生学术报告竞赛、“稷下风”学术报告和博士生高端论坛10余期。

3. 获山东省“挑战杯”特等奖，省优秀学生干部1人；山东大学校长奖学金2人、学生五四青年科学奖研究团队1支，研究生“温征途·学四史·践初心”红色研学实践活动优秀宣传团队和优秀实践团队二等奖。

（六）实验室工作

1. 新设“振动与噪声测试”等5个实验项目120余学时，面向全校开放科研试验1500余机时，承接生产实习、毕业实习等教学任务10余项，充分开发了仪器设备的效能。

2. 组织开展安全检查30余次，实现实验室全年安全无事故。

3. 更新改造专业力学实验室、测量实验室、道路结构实验室设备，自主开发了“大型引水隧洞调压系统虚拟仿真实验”软件，成功申报“省级虚拟仿真一流课程”。

（七）其他工作

1. 以“百廿山大”校庆为契机，以“承百廿校庆风云，谋新时代学院发展”为主题举办学院发展交流会。

2. 成立刘先志教育基金理事会、育英教育基金理事会和“筑梦”教育基金理事会。

（辛帅）

管理学院

管理学院在学校党委的坚强领导下，坚持以习近平新时代中国特色社会主义思想为指导，深入学习贯彻党的十九大和十九届历次全会精神，全面落实学校第十四次党代会精神，充分发挥党的领导最大优势，改革创新，攻坚克难，以高度的政治自觉、行动自觉、文化自觉、整改自觉奋力推动高质量发展，关键核心指标实现跨越式增长，学院建设取得实质性突破。

管理学院拥有工商管理和管理科学与工程两个一级学科，设有战略与创新创业、领导力与组织管理、市场营销学、公司金融、会计学、文化和旅游学、项目管理与工业工程、信息系统与供应链管理8个学系。武常岐任管理学院院长、吉小青任管理学院党委书记。学院拥有一支以高水平学者为核心、中青年教师为骨干、国内外学者紧密合作的学术梯队。截至2021年底，管理学院共有在职教职工221人，其中专职教师153人，教授39人，副教授84人，国家级教学名师1人、国家“万人计划”领军人才1人，教育部教学指导委员会委员6人，山东省泰山学者特聘专家2人，山东省泰山学者青年专家1人，山东大学讲席教授1人，山东大学特聘教授3人，山东大学杰出中青年学者2人，齐鲁青年学者6人。

一、着力加强党的领导，党建工作质量全面提升

持续学懂弄通做实“金钥匙”，践行“五个一”学习模式，将抓牢抓好党委理论学习中心组学习和政治理论学习作为筑基工程，突出价值引领。高质量推进党史学习教育，打造“三问三化三办”的管院模式，将“我为群众办实事”实践活动贯穿学习教育全过程，完成涵盖改革、发展、民生三大类13个专项行动。首批样板支部和7个“双带头人”教师党支部书记工作室建设成效显著，11个“党支部书记工作室支部共建示范点”党建共建网络支点效应充分发挥，有效破解“两张皮”难题。推出“百年故事”专题，精心组织庆祝建党100周年系列活动。全力迎接和配合中央巡视工作，做好巡视巡察“后半篇文章”，优质高效完成各项任务。

二、深化推进综合改革，谋划学院发展大局

聚焦“十四五”高质量发展，立足强院兴校，坚持学术创新和制度创新双轮驱动、协调运转。落实“第一议题”制度，2次修订学院党政议事规则，学院议事决策水平不断提升。认真总结办学经验，启动新发展阶段使命愿景大讨论，召开发展研讨会，做好改革发展战略谋划，高标准完成“十四五”事业发展规划编制任务。

三、立德树人底蕴彰显，教育教学成果突出

秉持“培养具备家国情怀、全球视野，引领未来的管理精英”的学院使命，将“三全育人”“五育并举”有机融合，开展以阳光就业为导向的育人实践。扎实推进一流专业建设，会计学和信息管理与信息系统2个专业获评国家级一流专业建设点，获批增设供应链运营管理、商业领导力2个微专业。获评省级一流课程3门，获批首届教育部新文科研究与改革实践项目1项、教育部产学合作协同育人项目7项。加大教材建设力度，召开教材编写研讨会，打造具有管理学科特色的优质教材，获评省级优秀教材2部，5门研究生课程获得“山东大学‘研·课程思政’建设工程习近平新时代中国特色社会主义思想进课程教材专项”立项，项目入选数量居全校首位。提高研究生培养质量，推进学术硕博贯通培养综合改革，实行导师团队培养指导机制，进一步加强研究生教育质量监控。打造MBA教育的儒商特色，扩大教育项目品牌影响力，持续优化MBA招生及培养方案。

四、加速人才发展布局，人才引育成果丰硕

用好“齐鲁青年论坛”引才品牌，建好英文网站引才窗口，全职引进10名高水平优秀学者，1人入选杰出中青年学者，1人入选齐鲁青年学者。人才成长保障有力，落实青年教师学术沙龙制度，开展“青椒学术成长的苦与乐”等活动。完善师德师风“制度、荣誉、服务”三大体系建设，制定《管理学院关于建立健全师德师风建设长效机制的实施办法》《管理学院师德师风建设谈心谈话制度》《管理学院教职工荣休荣聘制度》等，开展“优秀教师、先进教育工作者和先进集体”表彰，用心讲好管院师德故事。开展“暖心工程”，书记、院长为新进教职工讲授“第一堂课”，组织开展新教工欢迎仪式、退休教师荣休仪式，关心关爱教职工发展诉求和价值愿望。

五、学科生态欣欣向荣，科学研究连续突破

承办中国管理学者交流营、中国决策科学学术年会、中国技术创新与创业学术年会等高端学术会议，2 项案例入选“全国百篇优秀管理案例”，学科影响力不断增强。全力做好科研保障和支撑工作，国家自科科学基金获批立项 10 项（其中重点项目 1 项），平均资助率达 40%，远超全国平均水平。国家社科基金获批 2 项，2 篇论文在 *UTD*24 发表，优秀科研成果不断涌现。

六、深耕服务山东工作，打造社会服务“管院方案”

深化与中电科十四所等行业领军企业合作，加速山东省人才发展战略研究院建设，举办人才大讲堂、新时代人才发展战略研讨会等，推动山东人才事业发展。推进与确山县留庄镇的对口帮扶工作，聚焦巩固脱贫攻坚成果与乡村振兴有效衔接，开展“党史学习教育”联学会等，通过人才帮扶、产业扶持和党建共建打造对口支援新样板。

七、多措并举助力校庆，巩固百廿校庆成果

全年通过主办“6＋N”国际国内高端学术会议，为校庆提供“管理学术盛宴”。以中国高校校友经济发展论坛、第四届管理学院校友回归日、“百廿山大·管院风采”120 名校友风采展三大校友活动为核心，绘就“校庆·校友”同心圆。成立山东大学 EMBA 校友生命健康专业委员会，新增 2 处校友之家，加速校友组织体系建设。以“育才·敬贤·发展”为核心设立管理学院·新百廿育贤教育基金。诚信行物业管理集团董事长王鸿杰校友支持创建产学研三位一体的国际资产管理学院，推动学校发展。

八、不断强化支撑保障，坚决守牢安全底线

统筹推进疫情防控常态化、安全稳定常态化和事业改革发展，坚决维护师生生命安全和身体健康。实施办公环境提升工程，建设中小型学术研讨室集群，各系配齐视频会议系统，满足教师学术研讨急需。启用“教工之家”，打造“关爱教工、争创一流、协同共生”的学院文化。开展机关“服务质量提升年”活动，为机关教工制作工作标志牌，亮身份、提效能、做表率。

（王栋华）

体育学院

在学校党委的坚强领导下，体育学院坚持以习近平新时代中国特色社会主义思想为指导，深入学习贯彻党的十九大和十九届二中、三中、四中、五中全会精神，全面落实学校第十四次党代会决策部署，深入推进“强院兴校”“强校兴国”行动，以优异成绩向中国共产党建党100周年、山大建校120周年献礼。

一、学院党建工作

扎实开展党史学习教育和庆祝建党100周年系列活动，“我为群众办实事”11项重点项目清单已基本完成结项。落实中央巡视整改工作，在群众体育工作、师资队伍建设、基层党建等重点整改领域进行专项推进，取得一定实效。获批学校2021年度党组织书记抓基层党建突破项目。有序完成党支部换届调整工作。进一步修订完善学院党委会议、党政联席会议议事规则，规范学院议事决策程序，提升决策能力和效力。

为切实推进体育学院党史学习教育，邀请中共山东省委党校（山东行政学院）马克思主义学院副院长骆乾副教授为学院师生开展“历史和人民为什么选择了中国共产党”的专题报告。

组织教工党员赴中共山东省工委旧址党性教育基地开展红色主题党日活动；青岛校区体育工作部党支部赴即墨区鳌角石村开展主题党日活动；本科生党员、学生入党积极分子赴鲁中抗日战争纪念展览馆和莱芜战役展览馆，开展“鉴往知来，不忘初心”主题党日活动。

二、学科建设

体育学一级学科博士授权点实现历史性突破，已由山东省人民政府学位委员会公示。获批“国家智能社区体育健康治理实验基地”，是唯一入选首批国家智能社会治理实验基地体育特色基地的高校。1人入选山东省学科评议组，实现突破。

三、科学研究

获批立项国家社科基金一般项目2项，省社科基金重点项目1项，一般（青年）项目4项，横向课题10余项，累计经费558万元。发表CSSCI/SSCI等国内外核心期刊论文29篇，其中SSCI一区2篇、SCI二区1篇。开展院级课题申报工作，教师立项10项，研究生立项40项。

四、人才培养工作

2021 届毕业生实现高质量就业，总体就业率为 95.74%。“体育健康专业建设探索与实践”入选教育部首批新文科项目。基层教学组织完成改革，新成立 8 个项目教研室。虚拟教研室申报获国家健康教育教学指导委员会推荐。研究生招生实现新突破，优秀生源占比 70%。1 人获学校研究生优秀学术成果一等奖。首门研究生体育公开课“运动与健康”在一校三地上线。

筹备成立体育学院“悦体育·心成长”山东大学二级心理辅导站。啦啦操队获得山东大学第七届研究生啦啦操大赛二等奖；篮球队获山东大学第十八届研究生篮球赛冠军。在山东大学第二届思政短视频大赛中，本科生作品《百年风雨征程，百廿风华正茂》荣获一等奖。

五、学校体育工作

（一）群众体育工作

打造“百廿山大，强校兴国”校庆系列体育活动，组织完成“百廿山大，强校兴国　薪火相传，奔向未来”全球师生校友 120 万公里“云”接力跑、“百廿续华章，青春不散场”山东大学校友跑暨 2021 年毕业跑活动、“聚势谋远，强校兴国　追求卓越，只争朝夕”山东大学第二届全民运动会、山东大学“校庆杯”教职医务员工足球比赛、学生三地三大球（篮球、排球、足球）联赛、“安踏·轻狂之旅”进校园篮球赛事活动、学生羽毛球单项比赛、学生乒乓球团体比赛、“舞动青春”体育舞蹈比赛、学生健康活力大赛、教工气排球比赛、教工羽毛球比赛、研究生师生羽毛球比赛等 23 项体育赛事。成功举办第十七届体育文化节，“兴隆山杯”“思壮杯”等体育活动品牌效应日益彰显。承办第十六届山东省大学生运动会。5 名国际级裁判教师担任全运会裁判工作。

为全校师生医务员工提供体育相关方面的指导，包括“健康山大 你知我知”健康知识讲座，“为国育贤”运动技能培训，早操培训课，科学健身指导课，高水平运动训练公开课，裁判员培训课，“健康山大　你我同行”学院、体育社团健身月活动，教工午间课堂，教工篮球约赛。

起草《中共山东大学委员会关于全面加强和改进新时代学生体育工作的实施意见》并由学校出台，学生体育工作文件上升到学校党委层面。

（二）运动队建设

1. 高水平运动队方面。获得第十四届全国学生运动会“校长杯”。男子足球队获 2021 年全国青少年校园足球联赛亚军。田径队获省大学生运动会田径比赛金牌、奖牌、总分第一，共斩获 18 枚金牌、13 枚银牌、6 枚铜牌；第二十届中国大学生田径锦标赛，斩获 1 枚金牌、4 枚银牌、3 枚铜牌，团体总分位列全国第 6 名。游泳队在第 20 届中国大学生游泳锦标赛暨第三十届世界大学生夏季运动会游泳项目选拔赛中，获得 4 枚金牌、2 枚银牌、1 枚铜牌；山东省第十六届大学生运动会，获得 11 枚金牌、9 枚银牌、7 枚铜牌。高水平运动员季新杰代表国家游泳队参加东京奥运会项目，并在第十四届全国运动会获得 2 枚金牌、1 枚银牌、1 枚铜牌。

2. 普通生运动队方面。山东省第十六届大学生运动会中，羽毛球比赛，丙组获得团体第2，女团亚军，男团季军，女双第2、第3，男双第3，甲组获得团体第3、女团冠军、女双第3；网球比赛夺得1金1银2铜，获得女子丙组团体总分第3名；乒乓球比赛取得甲组团体总分第3名、女子甲组团体总分第3名，获得1枚金牌、2枚铜牌，荣获体育道德风尚奖；游泳比赛甲组（普通学生组）获得5枚金牌、4枚银牌、6枚铜牌；田径比赛获2枚金牌、2枚银牌、1枚铜牌；篮球比赛阳光组男子篮球队最终夺得亚军。

青岛市高校田径运动会山东大学（青岛）田径队获5项冠军、7项亚军、5项季军，同时获得体育道德风尚奖。

在第二届全国象棋大学生网络赛中，山大代表队荣获一等奖。

（三）服务山东工作

承接《山东省体育产业发展报告（2021）》编制工作、山东省体育用品制造业专项深度调研工作、“健康山东”全民健身行动监测评估工作，连续13年组织山东省全民健身宣讲活动，承接《山东省体育用品制造业智能化转型升级意见》编制工作等。

成功促成山东大学与泰山体育产业集团签订战略合作协议，学校获捐资1000万元。这是山东大学加快建设“山大系”品牌、全力打造服务山东2.0升级版的重要内容，是校企双方携手推动经济社会发展和首位度提升的生动实践。

（四）场馆管理服务工作

制定了校庆安全保障方案、设备设施保障应急抢险方案、防疫应急方案、消杀流程、分组分片负责人配制等，成功保障120周年校庆大会、120周年校庆音乐舞蹈晚会、第二届全民运动会、2021年开学典礼、迎新晚会、毕业生双选会等重大活动60余场次。

在服务学院活动和体育锻炼方面，体育场馆承办各二级单位组织各种体育类、文艺类活动490余场次；举办院级及以上赛事活动3500场次，参与赛事活动人数达到55670人；各校区为师生提供电话预约及现场登记预约服务6.5万余人次；服务学生体育组织及学生体育社团、各培养单位教职员工及学生体育锻炼达到81.5万余人次。

（袁淑娟）

马克思主义学院

马克思主义学院在学校党政领导下，深入学习贯彻习近平总书记“七一”重要讲话精神、给《文史哲》编辑部全体编辑人员重要回信精神、党的十九届六中全会精神，统筹推进疫情防控、安全稳定和学院事业发展各项工作，在党建与思想政治、教育教学、人才培养、学科建设、师资队伍、社会服务等工作中取得一系列新成绩。

一、强化党建引领，凝聚发展合力

1. 加强政治建设，不断夯实学院党委政治核心作用。强化习近平新时代中国特色社会主义思想的学习宣传教育，3 月制定《马克思主义学院党委理论学习中心组学习计划》《马克思主义学院教工政治理论学习安排》。

2. 聚焦“四个回归”，扎实有力开展党史学习教育。3 月制定《马克思主义学院党史学习教育实施方案》，构建“打造一个平台，实现两个带动，产生三个辐射，推出四个一百，建设五个样板”的活动体系。顺利完成了百篇党史学习体会撰写、百场党史教育宣讲、百篇研究论著发表、百篇党史经典文献诵读等相关工作。

3. 落实巡视整改要求，坚持“当下改”与“长久立”相统一，压实“一岗双责”责任落实。思想政治理论课“中班额比例不达标”等问题已完成整改或正部署实施，制定“两对照双提升”工程行动方案，以整改促提升。

4. 加强宣传思想工作。制定《马克思主义学院宣传工作管理办法》，保证宣传工作安全、高效、稳定运行。学院网站被评为“优秀网站”。

5. 加强基层组织建设。3 月成立“中国近现代史教研室党支部”，支委由张路园、杜恩义、马明冲等 3 名委员组成，张路园任党支部书记；成立“本科生党支部”，支委由陈晓、郁有凯、李慧萱等 3 名委员组成，陈晓任党支部书记。9 月成立 2021 级硕士研究生党支部，由刘智泉、孙魁旭、陈丛浩、徐林芳、冯潇霄等 5 位委员组成，刘智泉任党支部书记、孙魁旭任副书记。成立 2021 级博士研究生党支部，由孔玺铭、安瑞荣、陈艺璇等 3 位委员组成，孔玺铭任党支部书记。

6. 从严做好党员发展工作。加强对入党积极分子和发展对象培养培训，年内组织两期入党积极分子培训共 86 人，组织发展对象培训 72 人。做好党员发展、预备党员教育、考察和转正等工作，2021 年发展预备党员 72 名（其中博士后 1 名），预备党员转为正式党员 22 名。筑好党员发展“蓄水池”，年内确定入党积极分子 81 名。

7. 发挥工会作用，建设和谐学院。思想道德修养与法律基础教研室荣获“山东省教育系统女职工建功立业标兵岗”称号。在学校举行的“永远跟党走，建功新时代”庆祝中国共产党成立 100 周年暨建校 120 周年教职医务员工合唱比赛中荣获佳绩。

二、改革创新步稳，教学质量提升

1. 深化教学改革。5 月在中宣部、教育部指导下，成功举办“四史”教育与“大思政课”学习交流会；11 月设立“研究生思想政治理论课教研室”，细化“全员听课、全课被听”方案等制度化举措，进一步深化思政课改革创新。组织录制“四史”教育专题课程，全国高校思想政治理论课教师“周末理论大讲堂”在山东大学的开讲，对于“四史”课的开展和党史教育非常有意义。打造虚拟仿真课堂。虚拟仿真实验“重温马克思主义在山东早期传播”课浏览量超过 7 万人次。

2. 教学教研成果丰硕。张士海负责的“习近平新时代中国特色社会主义思想概论”、张路园负责的“中国近现代史纲要”、史婷婷负责的“思想道德与法治”、闵琪负责的“马克思主义基本原理”等4门课程获山东省本科一流课程；段立国、常辉、程英等讲授的本科课程视频入选教育部学习贯彻习近平总书记“七一”重要讲话联学联讲联研活动思政课示范“金课”；闵琪等主讲的“马克思主义基本原理概论”获山东省教育厅继续教育数字化共享课程优质课程；张士海获中共中央组织部干部教育局“学习贯彻习近平新时代中国特色社会主义思想全国好课程提名奖”；张路园获教育部“第二届全国高校思想政治理论课教学展示暨优秀课程观摩活动”一等奖；韩萌获山东省教育厅组织的“山东高校教师教学创新大赛”二等奖；程英获2021年度山东大学本科教学优秀奖。获教育部思政专项重大课题公关1项；获高校思想政治理论课“手拉手”集体备课中心1个，获全国高校思政课名师工作室1个。

三、加强人才培养，提升综合素质

1. 构建学院“三全育人”体系。进一步规范学生活动开展，制定《马克思主义学院学生活动管理办法》；充分发挥第二课堂育人功能，制定《马克思主义学院学生社团管理办法》。

2. 夯实人才培养质量工程。从生源质量、培养环节、育人责任等方面进一步完善培养体系，成效显著。1人获全国高校马克思主义理论学科优秀博士学位论文；2人获山东省优秀研究生学位论文；9名学生获国家奖学金，1名学生获校长奖学金；1名学生被评为省级优秀学生，1名学生被评为省级优秀学生干部。学生以第一作者且第一单位为山东大学发表CSSCI论文21篇。本科生推免率为38.5%，毕业生就业率达100%。

2021年招收本科生30名，硕士研究生79名，博士研究生45名。截至2021年底共有学生599名，其中本科生124名，硕士研究生229名，博士研究生246名。

四、攻坚学科高地，赓续学术创造

1. 学科建设取得新突破。“马克思主义理论与国家治理”学科（领域）进入山东大学一流学科建设行列。以王韶兴教授为首席专家的“政党政治比较研究创新团队”获得山东大学人文社会科学创新团队（第一批）资助建设。

2. 学术成果丰硕。6月顺利完成“迎接建党百年学术研究‘五个一’工程”成果发布，以实际行动献礼建党百年、建校120周年。围绕建党百年、党的十九届六中全会等开展主题策划，在《中国社会科学》《马克思主义研究》《人民日报》《光明日报》等报刊发表论文240余篇。年内获批各类项目30余项，其中含教育部重大攻关项目1项，国家社科基金项目3项，教育部人文社科项目3项，山东省社科项目6项。获山东大学人文社会科学重大科研成果奖2项。

3. 学术交流深入开展。围绕建党百年契机，制定《马克思主义学院“七一讲话”精神学术研究行动方案》，打造“‘理’论百年之大家谈”学术活动品牌，持续开展“仿吾讲堂”“名刊名编面对面”等学术讲座7场，邀请含长江学者、马工程首席专家等在内的12位顶尖专家作学术讲座。6月“第十届中国政党研究论坛暨中国共产党百年建设的理论与实践学术研讨会”、10月“中国式现代化新道路”学术研讨会暨《中国高校社会科学》读者作者座谈会成功举办。王韶兴教授受邀参加“庆祝中国共产党成立100周年理论研讨会”并作大会发言，并接受了《人民日报》的采访，在学界产生极大影响。

五、夯实人才基础，厚植强院根基

1. 加强人事人才制度建设。11月制定《马克思主义学院基本科研业务费资助项目管理暂行办法（人才引进与培养专项）》，以项目化方式不断提升教师自主创新能力和高层次人才培养能力。根据《马克思主义学院人才孵育计划实施办法》，遴选郑敬斌、韩升为仿吾青年英才，马明冲、董沐夕为仿吾未来学者。

2. 搭建学术平台，助力青年教师成长。不断优化学术团队、“青年学术论坛”等平台，为青年教师创造条件。张士海入选山东大学青年杰出人才。年内引进青年教师4人，统招博士后2人。

3. 教师潜能充分展现。徐艳玲入选山东省高等学校教学名师，郑敬斌入选山东学校思政课教师年度人物，张士海荣获山东省优秀研究生指导教师。周向军获聘高等学校思想政治理论课教学指导咨询委员会委员，王韶兴获聘“研究生思想政治理论课”分教学指导委员会副主任委员，张士海获聘“习近平新时代中国特色社会主义思想概论”分教学指导委员会委员。

截至2021年12月，思政课专任教师144人（含思政中心51人），其中教授32人，副教授69人。

六、拓展服务渠道，更显社会担当

1. 充分发挥山东省、教育部思政教师培训基地作用。完成教育部委托两期培训、首届山东学校思政课教师教学设计比赛、第二批山东高校思政课教学名师工作室管理等工作。

2. 智库资政工作有序开展。组织智库资政培训，组建智库资政核心团队，启动全国农村基层党建第二轮调研工作、全国高校研究生思政课教学重难点第三轮调研工作，完成2018、2019、2020年《政党政治研究年鉴》的编辑、印刷工作，组织相关教师参加学校组织的智库成果研究、申报工作。学院骨干教师在《人民日报》等重要报刊发表理论宣传文章12篇，积极承接山东省委、济南市委等各级单位的宣讲任务。

3. 单位共建、援建中积极作为。新增共建马克思主义学院3家，援（共）建马克思主义学院达12家；启动与滨州、济南中小学协同工作，启动与西藏日喀则市中小学协同共建工作。圆满完成与河南省确山县李新店镇的对口援建任务。

（齐子萍）

软件学院

2021年是山东大学软件学科创办50周年、山东大学国家示范性软件学院成立20周年、国家特色化示范性软件学院建设的起步之年，又恰逢山东大学建校120周年。学院领导班子认真贯彻落实中央和学校党委的决策部署，坚持以习近平新时代中国特色社会主义思想为指导，切实加强党的建设与思想政治工作，系统推进学院改革发展，各项工作取得了突破性进展。2021年，全院不断落实《软件学院“兴学强院”行动计划（2020～2024）》，为实现学院新一轮高质量发展，实施强院兴校，加快实现学校“由大到强”历史性转变做出了应有的贡献。

一、加强党的建设，推进党建与学院中心工作深度融合

抓严理论武装，每学期都制定3个层面的理论学习计划，推进贯彻落实党的十九届五中、六中全会精神，深入学习习近平新时代中国特色社会主义思想和给《文史哲》编辑部全体编辑人员回信精神；抓牢主体责任，共召开9次党委会、16次党政联席会、6次党支部书记例会，推进党建重点工作，落实全面从严治党主体责任；抓紧规范提升，培育支持建设3个党支部书记工作室，2个党支部被评为全校样板支部，5个党支部按期完成换届，6个教工党支部与6个研究生党支部开展师生互动支部联学活动，学院党委与人事部党支部开展联学活动，共发展党员100人，2名教师确定为入党积极分子；抓实巡视整改，制定《软件学院巡视整改工作台账》，将巡视整改任务细化为17大类39个问题，逐项推动了整改落实；抓细内部治理，进一步厘清学院党委会、党政联席会议职责边界，梳理了96项制度，完善学院制度体系，建立了疫情防控工作网格化管理体系，推进师生思想政治工作、师德师风和课程思政建设；抓好改革发展，深入推进《软件学院“兴学强院”行动计划》，落实育人立院、人才强院、学术兴院、服务活院4项工程，完善了青年教师培养、研究中心考核、团队建设等10余个改革举措。

二、坚持五育并举，推动人才培育再谱新篇

立足国家战略，落实特色化软件人才培养要求，强化学生思政教育，深化全过程就业工作体系，深度推进“产教融合”，构建了特色化软件人才发展支持矩阵。完成8个师生双促党支部建设，开展主题教育120场次，发展预备党员100人；创设“山软思想佳”思政新阵地，开展活动20场；落实“六个一”工作要求，深化“七彩+”育人平台，完成软件学院学生实践能力提升计划，成功承办第十一届山东省大学生程序设计竞赛，完成程序设计竞赛精英挑战赛，实现100%学生参加一次竞赛育人目标；组织社会实践团队139支，获评山东省优秀团队1支，实现全国并行计算挑战赛三连冠，荣获世

界大学生超级计算机竞赛 ASC20—21 总决赛一等奖等优异成绩，1 名本科生在国际顶会发表文章；引入中国工程物理研究院等 30 家单位，成立山东大学产教融合特色化软件人才发展联盟，召开首届软件人才发展论坛，举办首届软材对接会，新增学生实践基地 14 个，聘请行业专家 48 人做学院生涯导师；全年推送就业信息超 1000 条，开展职业规划活动 60 余场，研究生就业率达 100%，本科生就业率 96.86%，较去年增长 2.62%，实现中国工程物理研究院国家战略单位就业零突破。

三、坚持引育并举，推进人才队伍持续壮大

围绕学科建设，深入推进人才强校战略，加大学院人才培育支持力度，以考核评价为重点，完善人事人才工作体系，提高管理服务专业化水平。2021 年共引育长江学者 1 人，山大特聘教授 1 人，齐鲁青年学者 6 人，预聘制研究员 1 人，预聘制副研究员 7 人，助理研究员 4 人，博士后 3 人，获批未来学者计划 4 人，6 位教师获得济南科技局海外人才 C 类认定，学院师资队伍结构和质量实现跨越式提升。

四、坚持立德树人，探索特色化高质量人才培养

认真贯彻党的教育方针，制定《软件学院课程思政建设方案》，加强课程思政育人作用，组织申报校级、院级课程思政示范项目。围绕特色化软件人才培养，成功申报国家特色化示范性软件学院，获批数字媒体技术国家一流专业、教育部新文科研究与改革实践项目 1 项、教育部产学研协同育人项目 4 项、山东省一流本科课程 1 项、山东省优秀教材奖 3 项、申报数据科学与大数据技术专业国家一流专业。获批校级优秀基层教学组织 1 个，联合申报教育部虚拟教研室。制定《软件学院优秀教学团队建设与管理方案》，组织申报软件学院优秀教学团队，积极推动优秀教学团队建设工作。以课程思政建设为契机，进一步推动研究生课程体系建设，多措并举保障课程质量。通过立项，推动多门课程的思政建设，同时对教材进行审核把关，从源头保障课程内容质量。建立了研究生课程听课审查制度，从过程保障授课质量。2021 年获得山东大学优秀研究生教学 2 项；获得教育部拓金计划课程 1 门；进一步提高研究生生源质量；通过加强宣传、制定激励措施等手段，全面提高了推免生源比例和推免生的优秀生源比例；2022 年推免生数量再创新高，共计录取 89 人，推免生比例达到 70.6%，其中推免生中学硕优秀生源比例达到 85.7%，所有类型推免生中优秀生源比例达到 75.3%；推动产教融合人才培养平台建设，申请校级产教融合研究生联合培养基地 3 个；落实实施研究生导师团队制，实现博士生团队制招生、管理和培养。

五、坚持科研初心，推进科研立项指标翻番

通过学院及时动员、有效组织和追踪管理，确保了科研项目申请立项成效，国家重点研发计划获批项目 1 项，课题 3 项；国家自然科学基金申报数量达到 27 项，同比增长 37%，获批立项 10 项，同比增长 150%；山东省重大科技创新工程项目获批 1 项，山东省自然科学基金重大基础项目获批 1 项、联合基金 1 项、青年基金 6 项，均比 2020 年有了大幅提高，纵向科研项目立项经费实现了翻番。参与建设山东省技术创新

中心和国家市场监督局技术创新中心获批，使学院省部级科研平台总数达到 11 个。新建山东大学金现代工业软件研究院、山东大学天元数字产业研究院、山东大学融瓴智能产业研究院、山东工研院人工智能与高端软件协同创新中心、山东大学山信软件智能制造实验室等新型院企联合研发机构，实现了横向课题立项经费翻番。获得山东省科技进步二等奖 1 项，高水平学术论文和学生科技竞赛也取得许多好成绩。

六、坚持机制创新，推进国际合作持续发展

加强与新加坡南洋理工大学、德国美因茨大学、德国萨尔大学、澳大利亚昆士兰大学等国际顶尖大学深入而广泛的跨学科交叉研究。选派优秀的博士生实现联合培养。学院申报的王宽诚教育基金资助项目成功获批并获得资助。继续与阿尔伯塔大学、南洋理工大学等多所海外高校举行线上会议及交流，就学生联合培养、国际会议承办等多方面问题进行研讨。积极吸纳来自美、加、澳、新等地高水平高校的知名专家学者，促进全院师生的国际化交流，树立世界眼光，开展广泛合作。

七、回顾发展历程，成功举办院庆系列活动

2021 年是学院建院 20 周年，全年共开展“强院兴校、特软启航”系列学术活动 12 场、建院 20 年十大科研成果评选及科技学术周活动；历时一年，正式出版了《山东大学软件学科 50 周年史——国家示范性软件学院 20 周年》一书，对 50 年学科发展史和 20 年学院发展史进行了客观梳理和总结。10 月 15～17 日，成功举办建院 20 周年庆祝大会暨国家示范性软件学院特色化发展高峰论坛、工业软件强国论坛、国家示范性软件学院院长论坛、2021 中新高等教育论坛、山东大学联合西部高校计算机通识教育创新发展论坛等一系列活动，成立了学院校友会和教育基金理事会，全年共实现捐赠（含实物）突破 2000 万元，充分彰显了学院和学科影响力，得到了校内外领导和广大校友的一致好评。

八、紧抓发展机遇，特色化示范性软件学院建设获批

自 2020 年初开始，学院向《国家软件发展战略及行动纲要（机要）》看齐，积极解读国家政策，谋划学院学科布局，不断加强汇报和校内资源的争取与整合。参与申报了教育部“以软件高端人才培养为导向的特色化示范性软件学院建设探索与实践”新工科研究与实践项目；与浪潮集团、山大地纬、华为等国内知名企业展开深度合作，积极谋划特色化示范性软件学院的申报和建设。2021 年经教育部和工信部联合评审，学院申报的特色化示范性软件学院获批，成为我国首批 33 所国家特色化示范性软件学院之一。

九、紧抓安全稳定，凝心聚力营造良好发展环境

2021 年，学院疫情防控和安全稳定工作进入常态化，学院进一步提高政治站位，克服厌战情绪和松劲心态，把各项工作做得更细致、更扎实、更有效，抓牢疫情防控，确保师生安全；建立安全稳定长效机制，完成全院安全工作责任书签订的组织工作、完

成学院网格体系更新与梳理及日常安全检查与管理等工作。严格落实学校关于安全稳定各项政策。加强对网络、自媒体的管理，建立信息推送审查、承诺和责任追究制度；定期开展意识形态工作排查，建立舆情风险和宗教信仰工作台账，严格意识形态工作责任制。持续加强对学院机关工作人员政治立场、风险意识、意识形态安全隐患和舆情风险意识教育和要求；建立“教工之家”，落实教代会制度，实施“送温暖”活动，落实党史学习教育成果，积极为教职工谋利益、办实事、做好事；2021 年积极总结工会工作，荣获 2020 年度全校工会系统先进集体。组织参加山东大学“永远跟党走，建功新时代”庆祝中国共产党成立 100 周年暨建校 120 周年教职医务员工合唱比赛并荣获二等奖、全校第 6 名；教职医务员工气排球总决赛荣获全校第 4 名。组织教职工参加瑜伽培训、师生羽毛球比赛、篮球“三对三”对抗赛、庆祝“三八”国际劳动妇女节“魅力巾帼，桃李芬芳”花艺活动等系列活动。学院教职工呈现出团结一心、齐谋发展的良好态势。

十、落实创收倍增，拓展继续教育办学领域

2021 年，学院与多家企业开展行业班，初步实现了面向企业集团等行业需求定向培养行业技术人才态势/格局。重新修订了软件工程同等学力在职研究生培养方案，创立在职研究生导师指导团队。完善网络学历教育工作，实施任课教师线上实时授课和辅导。统一协调出国留学项目，避免生源冲突，实现“一体化”的招生宣传、教学管理及学生管理。完善各项目宣传平台，尝试探索多元化宣传，严格招生内容审核及报批。2021 年在职教育总收入 2388 万元。

（曲毅）

微电子学院

一、学科建设工作

1. 工作举措

动员、组织教师积极参与开展学科建设工作。

2. 主要成效

（1）完成学院“十四五”事业发展规划编制工作和“集成电路科学与工程”一级学科博士点申报工作。

（2）完成微电子学院龙山校区产教融合大平台规划工作、新一轮“双一流”重点学科“高性能微纳器件和芯片”方向建设方案制定和规划工作。

（3）投入近 100 万元加强了集成电路设计和生物微电子科研平台建设。

二、本科教学工作

1. 工作举措

（1）完善教学组织，增设课组，实行老中青传帮带，多种形式提高教学质量。

（2）落实本科生导师制，导师对本科生学习和科研进行全面指导。

（3）建设创新实验室，支持本科生全员参与创新训练计划。

2. 主要成效

（1）学生反馈满意度显著提升，课堂评教成绩全部高于 92 分，平均分 97 分。

（2）本科生在较好地完成课业学习的同时，在科研、创新竞赛等方面均有突出表现。

3. 突出亮点

（1）本科生发表 SCI 论文 3 篇，授权国家发明专利 1 项。

（2）获全国 A 类大赛一等奖 1 项，二等奖 3 项。

4. 存在的问题和不足

集成电路设计专任教师不足，微电子科学与工程专业工艺实践机会不足。

三、国际合作交流

1. 工作举措

邀请国际合作部领导来学院指导，成立专门工作组群，积极落实学校国际化战略，推进国际化师资培养和引进、科学研究国际化以及人才培养国际化。

2. 主要成效

国际化师资（含兼职教授）5 人；国际化课程 7 项，指导在校国际博士生 4 人；发表国际合作论文 23 篇，其中影响因子超过 10 的论文 4 篇，获批国家科技部“一带一路”创新人才交流外国专家项目和国家留学基金委青年骨干教师项目。

四、研究生工作

1. 工作举措和主要成效

（1）以多元化形式举办夏令营招生拓展，拟接收 2022 年推免研究生 21 名，比 2021 年推免研究生人数多 10 名。

（2）组织新引进高水平青年教师开设研究生国际课程 4 门。

（3）积极探索校企融合协同育人工作。济南概伦电子公司出资 500 万元与学院合作培养 EDA 方向研究生，成立校内和企业导师团队，共同培养 39 名专业硕士研究生。

（4）与济南概伦电子公司共同完成 3 门研究生课程录制，另有 3 门课程正在录制中。

（5）2021 年研究生先后获得校级及校级以上奖励 68 项，包括山东省优秀博士学位论文 1 项，中国电子学会优秀硕士学位论文 1 项，3 名研究生获得第六届中国国际“互联网＋”大学生创新创业大赛金奖，2020 世界机器人大赛二等奖、三等奖各 1 项等。

2. 存在的不足

（1）研究生整体招生计划数不足，无法支撑国家亟须大力建设与快速发展集成电路科学的要求。

（2）专业学位课程案例库建设工作需要加强。

五、科研与实验室安全工作

1. 工作举措

（1）动员、组织教师申报各类科技项目。

（2）完善实验室管理规章制度，规范实验室运行，定期检查，责任到人。

（3）投入10余万元进行实验室安全改造和购置安全防护装置。

2. 主要成效

（1）2021年新立项国家级、军工、省部级、横向等项目18项，总经费约800万元，作为首席参加1项国家重点研发计划答辩。

（2）实验室安全零事故。

3. 存在的问题和不足

（1）国家级科研项目立项数较少。

（2）科研平台建设投入不足。

（苏伟）

新闻传播学院

学院发挥党建引领作用，聚焦问题整改。深化理论学习，认真开展党史学习教育；制定了8个方面共24条“为群众办实事”重点项目推进清单，挂图作战，逐项完成。扎实推进中央巡视整改工作，严格落实党组织主要负责人履行整改第一责任人责任，班子成员履行“一岗双责”的要求，从6个方面确定了32条整改措施。

继续推进党建工作项目制管理，完善丰富基层党支部品牌建设。机关广播电视台“百微山大”全年推出近70期；新闻所党支部举办了10多场红色文化经典讲座。本科生党支部的“同心圆管理模式”获《高校辅导员》典型案例活动推介，基层党委书记抓党建突破项目获得优秀。

落实立德树人根本任务，加强师生思想政治教育工作。举办了“天使进山大·聆听光影”学党史送温暖活动和《沂蒙红嫂俺的娘》红色电影展演。新华社对“聆听光影”的系列报道得到了超52万人次的浏览量。获得“互联网＋”大学生创新创业大赛省级铜奖，在第十七届“挑战杯”大学生课外学术科技作品竞赛中获2项一等奖；学院学生会和研究生会分别获得校十佳。

学科整体水平和实力大幅提升。以“软科中国最好学科排名（新闻传播学）”为例，2020年56所大学上榜，山东大学新闻传播学科排名第24，列20%～30%段第1位；2021年62所大学上榜，山东大学新闻传播学科排17位。

全面推进新文科建设。制定实施《新闻传播学院新文科三年行动计划》，加强学科交叉融合，提升专业建设水平，做强做优专业。推进课程体系、教学体系和培养模式的创新，力争走在全国新闻学新文科建设的前列。

编制完成学院的“十四五”事业发展规划。获得2项国家重大社科基金、1项重点项目、2项一般项目，4项省社科规划项目；学院到账科研经费近900万元，较2020年度有较大增长。发表论文24篇（CSSCI及权威期刊21篇、SSCI 3篇），出版著作4篇，举办各类学术交流28场。

成立学院智库发展中心，谋划建设“全球传播与文明互鉴研究院”“全国基层舆论生态治理协同研究中心”“数字媒介与传播研究院”等智库平台。

社会服务能力显著增强，为山东省制定宣传舆论一体化建设方案、县级融媒体中心建设考核评价体系、全省新闻发布会效果评估体系，均得到省委常委、宣传部部长的肯定性批示。完成省部级以上咨政报告4篇。

在国际交流方面，在暑假期间开设了多门海外师资课程加强国际学分，师资来自美国特拉华大学、佐治亚州立大学、雪城大学、中国澳门科技大学等知名高校；针对境外学生继续开办“齐鲁文化与品牌传播培训课程”；同时暑期开办了多项“五育并举”的课程，学院获得“2021年度暑期学校优秀组织单位”奖。

在国际学生招生和培养方面，招收2名来自韩国和澳门的交换生；2名学生参加山东大学“国际学分—学生海外经历”项目；54名学生参加线上国际交流项目。

新闻传播学院成立新闻系、传播系、新媒体系三个系所，强化学院本科建设基层教学组织，激发新的活力；产教融合取得较大进展，与凤凰网签订了5年的战略合作协议，加强学院教学基地的建设；一流人才培养逐步形成特色。以“卓越2.0计划”为导向，创新课程体系、教材体系、培育方式，实施“卓越六力”培养计划；强化打造“红色教育塑情怀、人文深厚筑底蕴、实验体系强素质、协同实践育能力”的育人特色。

充分发挥学科优势，弘扬红色精神，开展红色文化等活动，扩展“第二课堂”；将课程与“课程思政”结合起来，对马工程教材做到应用尽用，形成教学团队，鼓励、引导教师共同挖掘每门课的思政内涵，创新教育教学方式方法，加强学院对本科课堂的督导。

以新文科建设为指引，加强学院学科交叉融合，提升专业建设水平，不断完善本科生的培养方案，推进课程体系、教学体系和培养模式的创新；强化价值引领，培育家国情怀，培养学生“讲好中国故事”，培养具有山大特色的新闻传播人才。

认真贯彻落实“强院兴校”行动计划，不断拓宽生源渠道，提升生源质量。一是继续开展“卓越新闻传播人才”暑期夏令营活动，报名人数创新高，达到400余人，从中选出100名优秀营员作为优秀生源后备人选。二是充分发挥自媒体时代信息传播快速迅捷的特点，利用互联网平台开展线上宣传与咨询，以视频直播互动方式向考生和家长介绍招生学院概况、师资队伍、学科发展及研究生培养国际化、学术化、实践化的导向和培养过程，扩大了学科的影响力。进一步提高研究生培养质量，提升办学层次和国际化水平，2021 年新增加全英文授课专业课程 2 门、中文授课专业课程 4 门。课程思政100％全面覆盖。马克思主义新闻观课程，每周邀请一名一线记者讲述“我采访过的英雄故事”。新闻传播学学生“脚力、眼力、脑力、笔力”不断提升，家国情怀、担当精神、崇实品格和创新素养日益增强。

五育并举，协同育人。参与研究生院组织的“把论文写在祖国的大地上”主题活动，完成新疆、四川建设工地及校内七个教学点的采访报道工作。自建“欣欣尚荣”小农场，形成特色劳育课程，被高校辅导员网站作为特色案例宣推。

（高菲菲）

齐鲁交通学院

2021 年是学院“十四五规划”的开局之年，也是班子任期考核的收官之年。在学校党委的坚强领导下，学院深入学习贯彻习近平新时代中国特色社会主义思想，坚决贯彻落实学校决策部署，自觉运用“金钥匙”破解改革发展难题，扎实推进一流学院、一流学科建设。

一、坚持举旗铸魂，党的建设工作更加有力

一是持续加强党的创新理论武装。认真落实“第一议题”制度，不断深化“五个”学习模式，严格落实党委理论中心组学习制度，扎实抓好党的十九届五中、六中全会精神、习近平总书记关于教育的重要论述、“七一”重要讲话精神和给《文史哲》编辑部全体编辑人员重要回信精神等系列讲话、指示精神的学习贯彻，切实用习近平新时代中国特色社会主义思想“金钥匙”武装头脑、指导实践、推动工作。二是扎实开展党史学习教育。研究制定学院“身学力行，明理敬业”党史学习教育实施方案，深入开展“一十百千”系列活动。依托学院虚拟仿真实验室组织开展“VR 学党建”。组织师生党员赴济南章丘三涧溪村、莱芜“小三线”纪念馆和山东省工委旧址展览馆开展主题党日活动。党支部书记以普通党员身份参加学院教工机关党支部党史学习教育专题组织生活会。学院党史学习教育有关经验做法被学校《党史学习教育简报（第 14 期）》单篇专报。三是充分激发基层党组织生机活力。修订完成《学院基层党支部工作考核评价办法（试行）》，依托《党建一灯塔在线》定期检查抽查支部学习落实情况，作为党支部书记述职评议考核重要内容。顺利完成 5 支部换届选举工作，选优配强支委班子，调整优化支部设置。四是深化作风建设、严守纪律底线。研究制定中央巡视整改落实工作方案和台账清单，全力以赴推进整改任务落实落地。组织领导班子成员和机关支部党员干部到

山东省廉政教育馆进行党性和廉政教育。胜利召开学院一届一次教代会，全面修订《学院专业技术岗位绩效实施办法》。深入开展领导班子成员一线调研工作和领导班子成员、机关党员“一对一”结对帮扶困难学生工作。

二、肩负立德树人，人才培养工作卓有成效

紧紧围绕立德树人根本任务，充分发挥“三全育人”“五育并举”体系优势，不断提升人才培养能力。推进思政课程与课程思政同向同行、协同育人，申报山东大学2021年课程思政示范项目1个，获批山东大学“研·课程思政”建设工程立项2个。持续打造“书香齐鲁”思政教育精品系列活动，注重发挥“黄大年式教师团队”示范引领作用，结合党史学习教育、建党百年、百廿山大重大时机，联动师生、家校和共建企业，广泛开展读书、观影、征文、演讲、竞赛等系列活动。注重产教融合育人，先后与中铁十八局、浩珂科技、中建铁投轨道交通、上海市政总院等单位共建研究生联合培养基地，组织“走进川藏”“走进边疆”等“五育并举”系列活动。成功举办首届山东大学“山东高速杯”智能建造与智慧交通创新创业大赛。2021年度学生获省部级以上创新创业比赛奖励18项，其中国家级6项；学院获得2021年度山东大学“互联网+”大学生创新创业大赛优秀组织奖。落实就业推进任务，毕业生一次就业率达到95.12%。“地下工程灾害防控与安全建造团队”入选2021年度山东省优秀研究生导学团队（全校共5项）。刘斌教授获评“山东大学优秀教师”。许振浩教授获评“山东省优秀研究生指导教师”，王汉鹏教获评“山东大学优秀研究生指导教师”。

三、推动交叉融合，学科建设水平持续提升

城市地下空间工程专业获批国家级一流本科专业建设点；联合土建、数学、控制、软件和机械学院共同申报“智能建造与智慧交通”新专业；完成“智能建造与智慧交通”微专业首届学生培养。获批教育部产学研协同育人项目3项。获山东大学教学成果奖一等奖1项、二等奖1项，申报山东省教学成果奖2项。获国家科学技术学术著作出版基金资助项目1项。申报国家虚拟仿真实验教学一流课程1项，在建虚拟仿真实验教学2项；获批山东大学实验室建设与管理重点项目1项、一般项目1项，新增山东大学教学实践基地4个。顺利完成智能建造与智慧交通虚拟仿真实验室二期硬软件建设，并申报虚拟仿真实验室三期建设。

四、着力储才育才，队伍建设质量稳步提高

国家优秀青年科学基金（海外）项目进入会评阶段2人、山东省杰出青年科学基金1人，进入山东省海外优青答辩环节3人，引育齐鲁青年学者1人，入选青年学者未来计划3人。成功举办第六届齐鲁青年论坛智慧交通与智能建造分论坛，共11人参会并作学术报告，达成引进意向1人。强化交叉学科方向人才培养力度，组织学院青年教师与机械、软件等学科青年教师交流座谈。成立学院师德专题教育领导小组，研究制定师德专题教育工作方案，加强师德师风教育宣传和激励，积极开展“我心目中的好导师”优秀本研导师、优秀教师、先进教育工作者等先进典型选树宣传工作。重视加强年轻教

师培养锻炼，指导新入职博士后开课教学。持续做好专聘科技人员队伍建设，人员规模增至28人，积极开展新聘专聘科技人员入职培训，为学院科研工作提供有力的新生力量。

五、紧抓提质增效，科研创新能力不断加强

一是优化学科布局。立足川藏铁路、渤海海峡跨海通道、滇中引水等重大工程难题，牵头开拓“一体两翼”多学科相生共长、协同发展的智能建造与智慧工程学科领域，以革新工程技术、实现工程装备智能化、突破工程软件为总体目标，技术、装备和软件三者相辅相成，为土木交通工程实现再次飞跃奠定坚实基础。二是提升学科影响力，先后举办“第十届道路与机场工程研究青年论坛”和“新旧动能转换—轨道交通引领都市圈城市群高质量发展峰会”。二是深化组织科研。围绕国家重大战略，汇聚学院与山东高速科研力量，申报或参与国家重点研发计划10余项，1项已获批；获批国家自然科学基金5项、山东省自然科学基金11项；获中国岩石力学与工程学会一等奖1项、省部级二等奖4项；完成2131.8万元设备采购招标工作，科研经费已到账5428.6065万元。三是拓展合作交流。与山东高速集团共建交通基础设施智能建造与智慧交通研究中心（3亿元），与中铁十局投共建“中铁十局—山东大学创新研究院”（1.25亿元），与徐州工程、济南轨道交通等开展合作。获批高等学校学科创新引智计划（111计划）1项、国家基金委创新型人才国际合作培养项目1项，获批1项国际暑期学校特色项目，开设11门海外师资课程，海内外390余名学生参加。学院获2021年暑期学校优秀组织单位。制定实施《校庆筹备工作实施方案》，对接邀请中国中铁、山东高速、中国中铁、山东铁投、济南轨道交通等重点合作企业14位重要嘉宾和近40位杰出校友来校参加大会。浩珂科技、中科智岩（山东）等企业捐赠300万元，校友自发捐赠4万余元。积极筹建学院校友会，联络校友近700人。

（张承昱）

儒学高等研究院

儒学高等研究院（以下简称儒学院）领导班子以习近平新时代中国特色社会主义思想为指导，全面贯彻落实学校第十四次党代会精神，扎实推进“双一流”建设和中央巡视整改落实工作。

1. 基层党建扎实开展，全面加强。深入学习贯彻习近平新时代中国特色社会主义思想，扎实开展党史学习教育，党委理论中心组专题学习9次，支部理论学习百余次，开展“我为群众办实事”重点项目5项。全面落实中央巡视整改工作要求。统筹推进疫情防控常态化工作。建立人员网格体系和空间网格体系，确保师生生命安全和身体健康，维护安全稳定大局。

2. 深化综合改革，完善队伍建设。先后制定“强院兴校”行动方案、文化引领实施方案、推动学术研究高质量发展的实施意见、培养高质量研究生系列举措、国际化战略规划（2019～2025）、“十四五”事业发展规划，全面深入推进综合改革。引进特聘教授1名，海外学者1名；招聘教师2名；招收博士后5名。入选“未来计划”1人。

3. 增强学术竞争力，注重高质量发展。组建“儒学当代阐释与中国话语体系建构”创新团队。全年在研项目70余项，其中重大项目8项；新立项10项，其中国社科项目3项。发表论文100余篇，其中CSSCI论文约80篇，出版著作30余部。2项成果获高等学校科学研究优秀成果奖，1项成果获第23届华东地区古籍优秀图书奖一等奖；获山东省社科优秀成果特等奖并一等奖1项、一等奖2项、二等奖4项、三等奖3项。举办高水平学术会议10余次。

4. 以立德树人为本，学生工作取得新成效。新增博士生导师3名、硕士生导师2名。举办研究生“儒林”学年论文报告会、“历下论学”研究生学术论坛；1名博士生获省研究生优秀成果奖，7名博士生获校优秀成果奖；1名博士生获省优秀博士学位论文，2名硕士生获省优秀硕士学位论文。6人获国家奖学金，2人获山东大学校长奖学金。获首届全国教材建设奖二等奖1项、山东省高等教育优秀教材奖2项，获山东省高校青年教师教学比赛一等奖1项，获山东省优秀研究生导学团队1项。

5. 国际化建设稳步提升，学术影响力迈上新台阶。国际儒学联合会山东大学研究基地正式揭牌，深度参与组织第六届尼山世界文明论坛、儒学全球论坛、“中奥儒学对话论坛”等国际学术研讨会，增强了中国学术话语体系构建力和国际学术影响力。5名研究生获赴国（境）外交流学习项目资助。

6. 社会服务取得新突破，开启新篇章。中华美德教育学院与章丘区联合举办“儒学讲堂”，打造“传统节日与中华美德”系列品牌；与济南市历城区人大共建“文史哲阅读馆”，共同举办了一系列丰富多彩的文化活动；成立中华美德教育基金，举办“中华美德大讲堂”3期；与东阿阿胶集团联手推广中华优秀传统文化。2021年4月，山东大学与国际儒学联合会签署战略合作框架协议，依托儒学院建立国际儒学联合会山东大学研究基地。儒学院的学术优势将在更加广阔的舞台上得以施展，全院将在文化传承创新、文明交流互鉴方面作出更大努力。

7. 学术期刊取得新突破，影响深远。《文史哲》举办创刊70周年纪念会暨“共和国人文学术历程的回顾与展望”学术研讨会，发布2019～2020年度“人文学术十大热点”。5月9日，习近平总书记给《文史哲》编辑部全体编辑人员回信，对《文史哲》70年来的办刊成绩予以肯定，对办好高品质的哲学社会科学期刊提出殷切期望。《汉籍与汉学》入选“中文社会科学引文索引（CSSCI）”来源集刊。

8. 深化正风肃纪，严格落实党风廉政建设责任制。定期召开党委会、党政联席会，将党风廉政建设列入工作重点，严格落实民主集中制和“三重一大”决策制度，严格执行党风廉政建设责任制，落实中央八项规定精神，对教师引进、职称评定、项目评审、奖助评定、招生推免等工作实行全程监督。

（李鹏程　温磊）

《文史哲》编辑部

2021年5月9日习近平总书记在给《文史哲》编辑部全体编辑人员的回信中，给人文社科学术期刊界提出了更高的工作要求和努力目标："深入理解中华文明，从历史与现实、理论与实践相结合的角度，深入阐释如何更好坚持中国道路、弘扬中国精神、凝聚中国力量"，"坚守初心、引领创新，展示高水平研究成果，支持优秀学术人才成长，促进中外学术交流"。依据回信精神，《文史哲》编辑部2021年度的工作与成效如下。

2021年工作概况

（一）主要举措

1. 举办《文史哲》创刊70周年纪念会暨第九次人文高端论坛。2021年4月23～25日，《文史哲》创刊70周年纪念会隆重举行。山东省委书记、省人大常委会主任刘家义，教育部社会科学司司长徐青森，中宣部理论局副局长何成，山东大学校长樊丽明等领导及负责同志出席开幕式并致辞。山东省委宣传部部长于杰主持仪式。纪念会期间，举办了以"共和国人文学术历程回顾与展望"为题的第九次《文史哲》人文高端论坛。与会专家学者围绕共和国人文学术历程的时段划分及其特征、共和国人文学术的范式转换、共和国人文学术成就与话语体系建构、全球视野下的中国人文学术等话题展开热烈讨论。论坛回顾与总结了共和国人文学术研究历程的大转型及其时代因由，并对未来一个时期共和国人文学术研究的前景作出展望。

2. 认真学习与领会习近平总书记给《文史哲》编辑部全体编辑人员的回信及其精神实质。2021年5月9日，习近平总书记在给《文史哲》编辑部全体编辑人员的回信中，对人文社会科学学术期刊提出更高的期望，那就是："高品质的学术期刊就是要坚守初心、引领创新，展示高水平研究成果，支持优秀学术人才成长，促进中外学术交流。希望你们再接再厉，把刊物办得更好。"这无疑给《文史哲》编辑部下一步的办刊工作设定了更加严格的标准，提出了更高的目标要求。编辑部全体工作人员通过座谈会等不同形式，认真学习回信精神，领会其精神实质。

3. 制定落实"回信精神"的具体方案。编辑部在反复讨论的基础之上，制定了落实回信精神的具体方案。要而统之，就是加强编辑队伍建设，涵育编研互长的专门人才；完善激励约束机制，保障期刊出版质量；接续"扶植小人物"传统，加快学术新人培育步伐；开掘优秀传统文化“两创”资源，推动儒学研究“社会科学化”；凝练与打造高端品牌，繁荣人文学术研究；借船出海，促进中外学术交流。

4. 评选产生了2019～2020年度“中国人文学术十大热点”。近年来，国内人文学术研究日益繁荣，并正在发生深刻变迁。为及时总结人文学术领域的新进展、新现象、新问题，推动人文学术研究的繁荣与进步，提升公众对人文学术的认知度和关注度，自2015年始，《文史哲》杂志与《中华读书报》联袂开展“中国人文学术十大热点”评选活动，对上一年度人文学术研究中出现的重要事件、成果、问题、动向等予以观察和再现。受新冠肺炎疫情影响，2020年活动未能正常开展，故此次将上两年度合并盘点，最终评出“探寻民族文化基因，论证中华文明独特性成为时代课题”等2019～2020年度“中国人文学术十大热点”。

5. 举办第二期“文史哲青年学者工作坊”，发扬本刊培育青年学人成长的优良传统。随着近四十年来古典学研究的深入展开，作为其中主干的儒学，不再仅仅是“中国哲学”研究的组成部分，人文社会科学的各门学科，都在不约而同地从各自的角度向儒学聚焦，从而形成了“九科治儒”的新局面。儒学视角的介入，为人文社科各个研究领域注入了活力，同时在文学、史学、政治学、社会学、经济学、管理学、法学等不同学科交汇聚合的视野中，儒学乃至古典学研究，向着更为广阔的空间展开。有鉴于此，《文史哲》杂志以儒学的多学科研究与中国古典学的未来为主题，于2021年12月举办了第二期“文史哲青年学者工作坊”，目的在于弘扬本刊培育青年学人成长的优良传统。

（二）办刊成效

1. 2021年，入选国家哲学社会科学文献中心“2016～2020年最受欢迎期刊”。国家哲学社会科学文献中心于2021年5月，评选产生“2016～2020年最受欢迎期刊”。国家哲学社会科学文献中心从纳入统计的1908种学术期刊中汇总各期刊2016～2020年近五年的关注度指数，包括期刊关注度、学科关注度、检索热度、关注度地域分布、机构用户使用情况等方面的数据，评选出2016～2020年关注度最高的200种期刊，本刊忝列其中。

2. 进入CSSCI来源期刊社科综合类公众号传播力十强。据南京大学人文社科评价中心消息，凭借公众号的多样态推送和因此形成的持续性影响力，在2020～2021年度的季度排名中，《文史哲》微信公众号传播力时常位居CSSCI来源期刊社科综合类公众号传播力十强。

3. 入选“2021中国精品期刊展”。2021年9月，《文史哲》入选第二十八届北京国际图书博览会（BIBF）“2021中国精品期刊展”。

4.《文史哲》编辑部获“山东大学先进集体”荣誉称号。2021年8月8日，《文史哲》编辑部获“山东大学先进集体”荣誉称号。在中国共产党建党百年之际，王学典主编获得“山东省教育系统优秀共产党员”“山东大学优秀共产党员”荣誉表彰，主编的《史学引论》获山东省高等教育优秀教材奖；7月29日，刘京希副主编获第五届中国出版政府优秀出版人物奖。编辑部党员所在的儒学高等研究院教工第三党支部被评为山东大学2021年度五星级党支部。

5.《文史哲》英文版实现线上公开出版。《文史哲》英文版实现线上公开出版，读者访问下载数由之前的1700人次攀升至12000人次，逐步扩大了杂志在国际学界的知名度和影响力。

6.《文史哲》公众号订户突破五万大关。《文史哲》充分利用新媒体手段加强宣传，官方网站、微信公众号定期推送展示杂志目录、摘要、重点文章、杂志新闻、学界动态等相关信息，通过对我刊重大活动、热点评选等跟进报道，紧密了杂志与读者、作者的联系。2021年微信公众号共推送125篇，主要由每周固定推送两篇及各类特辑推送组成。2021年度公众号推送文章总阅读量为466723次，单篇平均阅读量3734次，单篇最高阅读次数55246次。单篇阅读次数2000及以上的推送共81篇，占比64.8%。《文史哲》公众号目前用户数5.6万余人，一年来共增加2.5万多新用户。作为《文史哲》重要内容发布平台，多次引发学术热点讨论，总体数据和成绩在同类学术期刊数字化平台中居于前列。

7.多次被中央电视台、《光明日报》、《大众日报》等主流媒体宣传报道。《文史哲》杂志创刊70周年纪念会举办前后、习近平总书记给《文史哲》编辑部全体编辑人员回信后，中央电视台、《光明日报》、《大众日报》、中新社、人民网、《齐鲁晚报》、《文汇报》、山东卫视等主流媒体对《文史哲》进行了持续报道，主流新闻报道达50多篇。其中，中央电视台文艺频道策划专题报道“《文史哲》编辑部的故事（上）（下）”；《光明日报》刊发文章《以期刊为窗，展现中国哲学社会科学蓬勃风貌》《与〈文史哲〉相遇，是机缘更是滋养》《和〈文史哲〉共努力 让世界更好认识中国》《肩负起新时代哲学社会科学工作者的新使命》《开拓中国特色哲学社会科学新境界》；《大众日报》刊发文章《传播中华文明 繁荣学术研究——〈文史哲〉杂志创刊70周年回顾》《坚定文化自信，为弘扬中华文明贡献“山东力量”》《坚守初心、引领创新，不断提升哲学社会科学建设水平》；《齐鲁晚报》刊发文章《〈文史哲〉编辑部：回答好总书记提出的重大课题》；《光明日报》客户端播出视频《山东大学〈文史哲〉杂志：薪火相传七十载》；中国新闻网刊发文章《〈文史哲〉杂志编辑部热议总书记回信：为哲学社会科学界指明新方向》等，社会美誉度进一步提高。

8.所刊文章被专业学术期刊转摘70余篇。《文史哲》2021年第1～6期，共刊发文章92篇。根据中南财经政法大学图书馆期刊信息检索中心出具的检索报告，《文史哲》2021年被人大复印资料报刊资料、《高等学校文科学术文摘》、《新华文摘》、《中国社会科学文摘》等专业学术期刊转摘文章共计73篇。其中人大复印资料报刊资料转摘34篇，《高等学校文科学术文摘》转摘13篇，《新华文摘》转摘5篇，《中国社会科学文摘》转摘8篇，《教育科学文摘》转摘1篇，《历史与社会（文摘）》转摘2篇，《社会科学文摘》转摘2篇，《教育文摘周报》转摘2篇，《社会科学报》转摘4篇，《文摘报》转摘1篇，《光明日报》转摘1篇。

9.2021年继续获得国家社科基金资助且年度考核结果为“优秀”。在国家哲学社会科学工作办公室的指导下，《文史哲》编辑部坚持以马克思主义为导向的办刊方针，依据人文学科复兴发展的本土化趋势和期刊自身风格，走特色办刊之路，所编辑中英文版，进一步加强对于优秀传统文化成果的刊发与传播力度，以之凝练人文学科重大话题，凸显期刊的国学特色。

（刘丽丽）

经济研究院

一、科研工作

1. 专著与论文

出版著作8部；发表论文100篇，其中顶尖期刊发表论文15篇，SCI/SSCI来源期刊发表论文42篇，CSSCI来源期刊发表论文50篇。2篇论文入选全球ESI高被引论文。

2. 课题

2021年共立项课题27项，课题立项总经费为594万元，到账总经费为696万元。获山东大学人文社科创新团队1项、国家社科基金和国家自然科学基金4项（含国家社科基金重点项目1项，国家自科基金面上项目1项）、省部级课题7项（含山东省自科基金项目4项，中国博士后科学基金特别资助1项，山东省社科规划基金2项）。

3. 科研成果获奖

2021年，姜树广获得国际经济学会（IEA）首次设立的以诺贝尔经济学奖得主阿玛蒂亚森命名的Amartya Sen Prizes，并受邀参加了国际经济学会全球大会特别举办的颁奖仪式。获得省部级以上奖励3项，其中，山东省社科优秀成果一等奖2项，山东省人民政府决策咨询奖突出贡献奖1项。5项成果入选山东大学人文社会科学重大科研成果奖。

4. 交流合作

（1）积极组织召开各类学术会议。作为理事长单位主办第四届中国制度经济学论坛、第十九届中国法经济学论坛、第十三届中国语言经济学论坛等全国性学术会议，形成品牌，在国内具有重要影响力和号召力。拓展和创新会议形式，线上线下相结合，组织召开信息视角下的市场与经济学术论坛等国际学术会议。组织召开中国农业经济学会2021年学术年会、经济结构研讨会、制度经济学教学与教材研讨论证会等全国性大型会议。

（2）师生积极参加国内外学术交流。被邀参会或讲学70余人次，参加国内外重要学术会议50余人次，其中大会主题演讲20余人次。

（3）举办山大经济学讲坛、山东大学行为实验经济学公开分享荟以及经济研究院桃李论坛共25期。

二、队伍建设

全职引进山东大学讲席教授 1 位（何佳），黄凯南教授入选山东大学特聘教授，韦倩教授参加了国家“万人计划”哲社领军人才的最后答辩，引进国际著名经济学家 Marie Claire Villeval，聘为山东大学兼职讲席教授，李少星入选山东大学青年学者未来计划。积极拓展海外人才招聘工作，招聘研究员 1 人、助理研究员 3 人、重点资助类博士后 1 人。梁超被评为 2021 年度“山东大学优秀博士后”，黄少安教授被评为“山东大学优秀博士后合作导师”。

三、学科建设

建设理论经济学和应用经济学，以理论经济学为主。根据 2021 年度泰晤士高等教育中国学科评级排名，山东大学理论经济学排名全国第 12，评级为 A-。根据高等教育评价专业机构软科正式发布的“2021 软科中国最好学科排名”，山东大学理论经济学在参评的 116 所高校中位于第 14，较 2020 年上升 4 个位次。在应用经济学的区域经济学、金融学、数量经济学领域几个二级学科领域取得了长足发展，特别是在为地方经济发展服务方面成果丰硕。上次学科评估为 A－。

四、研究生培养

创新教学模式，推进教学改革，组织研究生论文比赛、就业经验交流会以及各项文体活动。黄少安教授荣获首批全国“教育世家”称号，并参加教育部在北京举行的全国优秀教师代表表彰会议，受到中共中央政治局委员、国务院副总理孙春兰同志的会见。黄少安教授获得山东省研究生优秀成果指导教师奖。金融经济学入选 2021 年山东省研究生教育优质课程。谭博文荣获 2021 年山东省优秀研究生学位论文（指导教师刘运）。韦倩教授被评为 2021 年山东大学优秀研究生指导教师。10 余名学生荣获山东大学校长奖学金、国家奖学金等各类奖学金，其中，博士研究生易行获得山东大学校长奖学金。本年招生硕士生 98 人（推免生 50 人；学术型硕士 43 人，全日制专硕 55 人；男生 35 人，女生 63 人）；招收博士生 17 人（其中硕博连读 9 人）；招收留学生报到 7 人，其中包括 20 级复学 1 人。截止到 2021 年 11 月，共毕业 136 人。博士毕业生 21 人（含留学生 3 人；3 月份博士毕业 1 人，6 月份博士毕业 8 人，9 月份毕业 3 人）；硕士毕业生 115 人（含留学生 3 人；3 月份毕业硕士 3 人；6 月份毕业 108 人，其中普通硕士 42 人，专业硕士 63 人，同等学力硕士 3 人；9 月份毕业 4 人，普通硕士 3 人，同等学力硕士 1 人）。优秀毕业生 27 人。研究生就业率 100％。

五、服务山东

2021 年，经济研究院与山东发展研究院较好地发挥了省委省政府智库的作用，黄少安教授较好地发挥了省政府特聘咨询专家的作用，共提交对策建议报告 30 余份。有 8 篇研究报告获得刘家义书记、李干杰省长、周乃翔省长等山东省委、省政府主要领导批示。承担山东省政府决策咨询重大项目、重点项目以及专项等各类横向课题 20 余项。

举办各类培训班38个，培训人数2400人次。

（田川）

晶体材料研究院（晶体材料国家重点实验室）

一、研究水平与贡献

2021年度晶体材料国家重点实验室以“四个面向”为指导，在国家战略科技力量建设方面取得系列突破，攻克了8英寸碳化硅单晶生长难题，主动“揭榜挂帅”获批战略科技任务，总经费5亿元；实现大口径DKDP晶体的稳定制备，技术成熟度率先达到7级；通过了国家重点实验室整改验收，重回“良好”序列；通过了教育部重组评审，获得评审专家的积极反馈。

共发表SCI收录学术论文699篇；授权发明专利64项、国际专利1项；实到经费12444.34万元；1名教授入选“教育部长江学者”特岗专家，2名教授获国家优秀青年基金支持，1名教授获海外高层次青年人才项目支持；获国家科技进步二等奖1项、山东省自然科学二等奖2项；4位教授入选2021年科睿唯安“全球高被引科学家”。

二、队伍建设和人才培养

（一）实验室队伍总体情况

实验室科研人员共131人，其中教授（研究员）112人，副教授（副研究员）19人；技术人员3人，专职管理人员1人，在读研究生538人，博士生206人，硕士生332人，在站博士后30人。

（二）人才培养

2021年度实验室陈秀芳教授入选“教育部长江学者”特岗专家，桑元华和谭杨教授获得国家自然科学基金优秀青年基金项目，何涛教授获得“海外高层次青年人才”项目支持，黄柏标、刘宏、戴瑛、张进涛4位教授入选科睿唯安“全球高被引科学家”。

研究生中获得国家奖学金9项、山东大学校长奖学金1项、山东大学学术之星奖学金1项、山东省优秀博士学位论文2项、山东省优秀硕士学位论文1项、山东大学优秀博士学位论文2项、山东大学优秀硕士学位论文1项。

三、开放与合作交流

（一）学术交流与合作情况

2021年度邀请了国内外知名专家学者进行了30多场学术讨论和交流，并多次联合指导研究生，在 *Adv. Mater.*、*JACS*、*Angew. Chem. Int. Ed.* 等材料类国际知名期刊联合发表 SCI 论文 27 篇。

2021 年 5 月 6 日，实验室组织召开了晶体材料与器件学术研讨会暨蒋民华先生逝世十周年纪念会，邀请国内外具有重要影响力的专家来山东大学讲学和指导，并为晶体国重献计献策。中国工程院院士、天津理工大学吴以成教授，中国科学院院士、南京大学祝世宁教授，中国科学院院士、西北工业大学魏炳波教授，中国科学院院士、中科院兰州化学物理所刘维民研究员，中国科学院院士、南京大学邹志刚教授，中国科学院院士、浙江大学杨德仁教授，中国科学院院士、浙江大学叶志镇教授等晶体学界、企业界专家学者出席活动，魏炳波院士、杨德仁院士、刘向阳教授、施路平教授等作了精彩的学术报告。

（二）公众开放情况

2021 年度，实验室结合网络直播、线上会议等多种形式，开展了“未来晶体之星”夏令营、晶体材料国家重点实验室网络宣讲等活动，进一步加强了晶体材料国家重点实验室公众开放活动。

（三）科学传播情况

2021 年 4 月，《人工晶体学报》策划并组织了“纪念蒋民华先生逝世十周年”专刊，旨在“弘扬科学家精神，传承科学文化”。专刊分“散忆”和“传承”两部分，简要介绍了我国著名科学家蒋民华院士为满足国家重大需求所做出的重大贡献，展示了先生创建和领导的晶体材料研究所、晶体材料国家重点实验室的发展历程和标志性研究成果。

（四）大型仪器开放共享情况

实验室大型仪器共 177 台套，总值 14743 万，为实验室研究提供了实验资源条件保障，取得了良好的开放共享效果。常用仪器如双微焦斑 X 射线单晶衍射仪，年度开放机时 920 小时，测试样品 260 个以上，支撑在研项目 6 项，发表文章 10 余篇；扫描电镜，开放机时 1010 小时，测试样品 700 个以上，支撑发表文章 4 篇，在研项目 2 项；半导体特性分析系统，开放机时 1600 小时，测试样品 1000 个以上，支撑在研项目 6 项，共计发表论文 30 余篇。

四、大事记

1 月 10 日，实验室副主任陈峰教授当选国际光学工程学会（SPIE）会士（Fellow）。

1 月 20 日，召开集成攻关大平台产业委员会。

2 月 22 日，徐现刚教授获第十届“山东省优秀科技工作者”荣誉称号。

3 月 12 日，“肿瘤十二项标记物检测技术”项目在济南磐升生物技术有限公司实现技术转让（转让金额 1000 万）。

3 月 26 日，成立山东大学晶体材料研究院（国家重点实验室）。

4 月 19 日，完成教育部组织的国家重点实验室重组汇报，得到教育部及专家的积极反馈。

5 月 6 日，举行晶体材料与器件学术研讨会暨蒋民华先生逝世十周年纪念会。晶体学界、企业界专家学者，蒋民华先生家人代表、蒋先生的夫人汪复宁教授出席活动。山东大学校长樊丽明出席会议并致辞。

8 月 8 日，完成与中物院激光聚变中心合作共建晶体国重的签约工作。

9 月 8 日，华为制造部首席技术官 YUHENG LEE 一行到访国家重点实验室、集成攻关大平台围绕合作事宜调研座谈。

9 月 14 日，*Light：Science & Applications* 期刊联手实验室发布山东大学 120 周年校庆专刊。

9 月 20 日，半导体研发大楼（1.2 万平方米）投入使用。

9 月 28 日，举办晶体材料与新一代半导体材料分论坛。

11 月，陈峰教授当选美国光学学会会士（OPTICA Fellow）。

11 月 16 日，黄柏标、刘宏、戴瑛、张进涛 4 位教授入选科睿唯安发布 2021 年“全球高被引科学家”名单。

12 月 6 日，实验室完成了整改验收工作，顺利通过整改核查，重新进入良好序列。

（蒋宛莉）

威海校区

威海校区2021年概况

2021年，威海校区在学校党委的坚强领导下，以习近平新时代中国特色社会主义思想为指导，坚决落实学校党委决策部署，以一体发展为引领，全面推进“新亮点”建设，调结构、促改革、提质量、抓安全、强保障，各项事业取得明显成绩。

一、坚持党委统一领导，校区党的建设取得新成效

1. 强化党的创新理论武装。深入学习贯彻习近平新时代中国特色社会主义思想，认真学习宣传贯彻党的十九届六中全会精神，深入领会习近平总书记“七一”重要讲话和给《文史哲》编辑部全体编辑人员重要回信精神，精心组织“庆建党百年”党员宣誓等主题活动，建立2个党性教育基地，开展党工委集中学习研讨7次，组织学习重要回信精神专题会议20余场。

2. 扎实开展党史学习教育。构建“1＋5＋N”工作体系，上好示范引领“专题党课”、能力提升“培训课”、思想碰撞“研讨课”、主题教育“体验课”、现场办公“实践课”。开展学习宣讲50余场，3次被中央党史学习教育官网关注报道。扎实推进“我为群众办实事”实践活动，中管高校党史学习教育第八指导组调研期间评价“工作扎实，颇具特色，富有成效”。

3. 深入落实一体发展战略。认真列席党委会、校长办公会，第一时间传达学校主要领导指示批示精神，定期召开对口部门工作联席会。以120周年校庆为契机，筑牢“同一个山大”的思想根基。强化一校三地安全稳定工作体系，加快人事、资产信息一体化部署，实施一体化招标采购。开展制度文件专项清理，计划废止规章制度58项、撤销议事协调机构9个。

4. 认真做好意识形态工作。严格落实意识形态工作责任制，出台《党工委理论学习中心组学习安排意见》《基层党委书记学习例会制度》等文件，组织开展“解放思想、追求卓越、凝心聚力、转型发展”大讨论，扎实做好师德师风建设，进行2次信教情况排查、3次校园网站和新媒体信息排查。先后在《人民日报》、中央电视台等媒体平台发布稿件60多篇。

5. 不断提升基层党建质量。出台《党建引领高质量发展实施意见》，推进党建与中心工作深度融合，创新党建工作载体。协助做好中层领导干部选拔任用工作，选派5名干部教师到政府机关挂职，接收4名威海青年企业家到校区挂职。教师党支部实现“双带头人”全覆盖，获评学校标杆学院1个、样板支部3个、“双带头人”工作室3个，5人次获学校和上级表彰。

6. 纵深推进全面从严治党。严格落实全面从严治党“一办法三清单”，落实主体责

任和监督责任，深化正风肃纪反腐，开展执行中央八项规定情况专项审计、办公用房使用监督检查和违规发放津补贴自查。开展与二级单位主要负责人谈心谈话 30 余人次，出具廉政意见函 11 份，回复党风廉政意见 193 人。

二、抓好整改任务落实，以整改带动工作有了新提升

1. 做好中央巡视有关工作。将迎接巡视为一项重大政治任务，确保师生思想稳定、教学秩序正常。巡视反馈后，第一时间动员部署，严格落实“四个融入”要求，按照动员部署、集中整改、总结验收、深化整改四个阶段，深化落实推进整改措施。校区党工委巡视整改报告获评优秀，17 个二级单位党组织有 16 个被评为优秀或良好。

2. 系统推进党委巡视整改。成立领导小组及 8 个专项工作组，建立定期调度工作机制，将每周五确定为督导整改专题工作日，构建“全员参与、上下联动、纵深推进”的工作机制。编发《巡视整改工作简报》，出台《专题会议制度与议事规则》等 24 个制度性文件。

3. 扎实做好各类专项整改。深入开展聚焦“四个落实”自查自纠、未巡先改专项行动，全面梳理已存在问题的整改落实情况，深挖细查当下存在的新问题。扎实做好“深化审计整改，加强风险排查”专项行动，开展 13 次下沉督导调研，排查各类问题 154 项。全面强化疫情防控和安全隐患排查整改，精准科学防控，切实保障师生员工的生命安全和身体健康。

三、树牢安全底线思维，民生保障得到新改善

1. 持续筑牢校园安全防线。建立学校领导班子包片分工制度，构建安全检查、督导、整改的管理闭环。年内召开安全工作专题会 9 次，疫情防控专题会 22 次，开展各类专项检查 20 余次，疫情防控演练 5 次；严格实行 24 小时专人在岗政务值班制度，落实“日报告”“零报告”制度和重大突发信息报送制度。动态完善疫情防控工作方案，压实疫情防控责任，科学精准规范做好校门管控、人员管理、核酸检测、疫苗接种、环境消杀、物资储备和后勤保障等疫情防控各项工作。

2. 着力改善综合办学条件。落实综合预算改革，在 10 个学院进行全面试点。开展实验室 6S 管理试点，实施海洋学院实验室通风、上下水改造。收回 2754 平方米的出租出借房屋，用于教学科研和师生活动。启用一校三地涉密机房和保密会议室，推进智慧教室平台优化升级。材料与空间科学科研楼项目顺利竣工，东门专家公寓正式启用，新工科与交叉学科科研楼建设有序推进，为校区带来了新空间、提供了新动能。

3. 不断巩固深化作风建设。将 2021 年作为“作风建设深化年”，制定校区班子“联系帮包学院”“现场办公”“学院直通车”等制度。开展“服务师生机关作风大改进”行动，制定《机关作风监督员制度》，首批设立 30 名机关“党员先锋岗”。出台《落实强院兴校行动计划　强化特色增值服务实施意见》，实施为学院发展“汇智”“减负”“蓄能”“强基”4 大行动，完善以面向学院发展为核心的特色增值服务体系。

4. 扎实推进各类民生工程。高标准、高质量推进师生十件实事。全面升级改造校医院，争取地方支持资金 1600 余万元对家属一区进行改造，与威海共建高新区山大实

验学校。从源头把控饮食安全，大幅增加自营食堂比例，雀园餐厅成为“网红餐厅”。实施学生宿舍网络升级改造，新增宿舍楼内浴位262个，实施校前区景观改造，新建校园快递综合服务中心，广大师生的获得感和幸福感不断提升。

四、持续深化改革攻坚，事业发展再上新台阶

1. 立德树人成效显著。坚持“五育并举”，深化“三全育人”综合改革，扎实推进教学资源共建共享，出台新文科、新工科建设方案。新增7个专业（含辅修）和11个微专业，9个国家级和2个省级一流专业建设点、6门省级一流课程、2门省级思政“金课”、16个研究生联合培养基地，获评省级教学比赛奖2项、省研究生教育创新计划7项。学生获评创新竞赛国家级奖项52个、省部级奖项437个。1项作品获“挑战杯”红色专项全国特等奖，是学校历史上首次获奖。

2. 学科建设亮点频现。组织开展学科建设调研，启动实施学科交叉团队培育项目，强化威海前沿交叉科学研究院建设，着力推进学科交叉汇聚融合发展。“推动黄河流域生态保护和高质量发展研究”课题获批国家社科基金重大项目立项，深度参与“子午工程II期”建设，嫦娥五号“采样区撞击历史”研究取得突破成果，“极光亚暴”研究成果登上权威期刊封面，有关韩国研究、高句丽渤海研究成果引起教育部的高度重视和肯定。

3. 科研能力显著增强。2021年度获批自然科学类国家级项目31项，其中重大项目2项、重点类项目4项、优青项目1项，载人航天重大专项、国家重大科研仪器研制项目、“问海计划”课题等3个项目经费均超1000万元。获批人文社科类国家级项目17项，其中社科基金重大项目2项、教育部人文社科研究项目5项，在学校首次获批社科基金冷门绝学研究专项。年度科研立项经费共计1.38亿元。

4. 人才引育实现突破。新增全职入选杰出人才体系16人，其中特聘教授3人、杰出中青年学者5人、齐鲁青年学者8人，柔性引进兼职类杰出人才9人。获评国家级人才3人，其中长江学者特聘教授、长江学者青年专家、国家优青各1人，新增8人通过校内杰出人才体系遴选。新增入选威海市“高层次人才库”21人，选派参加各类教职工能力提升培训212人次，顺利完成事业编制人员省直社保转接工作。

5. 国际合作不断拓展。与德国慕尼黑工业大学（亚洲）等签署或续签合作协议16项，合作院校增至15个国家和地区的120所高校，484人参加海外经历项目、290人继续海外深造，申报新加坡国立大学、加州大学伯克利分校等优质线上课程62门，举办“2021年磁场重联国际研讨会”等高端国际学术会议8场次。获批科技部外国专家项目6项，1名讲席教授当选欧洲科学院院士（外籍），1名专家获评“山东省人民友好使者”。

6. 校地合作成果显现。山东大学威海工业技术研究院获批山东省新型研发机构，成立工程中心10个、孵化企业12家。威海发展研究院与清华大学共同举办“城市治理现代化高层论坛”，威海高新区山大实验学校（小学段）正式启用，挂牌成立山东大学健康医疗大数据研究院（威海），举办“韩国留学人才云上对接会”。编制《服务胶东经济圈县域经济社会高质量发展行动方案》，深化“一区一案”合作。与文登区联合开发的“信用码上见”平台投入使用，成为全省首个信用惠民数字化工程。

7. 校庆工作推进顺利。围绕文化校庆、学术校庆、开放校庆、平安校庆，研究确定了7个方面、24项重点工作，组织策划72项校庆重点活动，先后举办高水平学术活动近400场、校庆主题文体活动10余场。充分发挥校区艺术学科优势，助力建校120周年音乐舞蹈晚会、“百廿山大”重大历史题材美术创作工程等顺利进行。

（李松　何峰）

威海校区2021年大事记

1月

4日　根据山东大学文件（山大党任字〔2021〕1号），经2021年1月4日第十四届党委第77次常委会研究决定：

韩建新同志任青岛校区党工委委员、常务副校长，免去其威海校区党工委委员、常务副校长职务；

郭培良同志任青岛校区党工委副书记、纪工委书记，免去其威海校区党工委副书记、党工委委员、纪工委书记、体育教学部直属党支部书记职务；

杜言敏同志任威海校区党工委副书记、纪工委书记，免去其青岛校区党工委副书记、党工委委员、纪工委书记、法学院党委书记职务；

李振奎同志任威海校区党工委副书记，免去其青岛校区党工委委员、副校长职务；

赵玉璞同志任威海校区副校长，免去其威海校区党工委副书记职务；

徐健同志任威海校区后勤管理处副处长。

免去陈广奕同志的威海校区后勤管理处处长职务，另行安排。

5日　校区召开领导班子调整会议。山东大学常务副校长王琪珑，党委副书记陈宏伟，副校长、威海校区校长刘建亚出席会议。校区党工委书记尹作升主持会议，并宣读了学校党委关于威海校区领导班子成员的任免决定。

12日　校区党工委副书记李振奎带队对校园安全工作进行督导检查。校区安委会各专项工作组牵头单位负责人参加活动。

13 日　校区首届“新文科”学科建设与学术发展研讨会在闻天楼报告厅举行。副校长黄凯南出席会议并讲话。各教学科研单位从事交叉科学研究的专家学者就“新文科”背景下如何开展学科交叉研究等问题进行深入交流。

17 日　校区机关党委 2020 年度党支部书记履行全面从严治党责任和抓基层党建述职评议会在知行楼 304 会议室举行。党工委副书记李振奎出席会议并讲话。

18 日　校区机关干部政治能力提升班开班。党工委书记尹作升出席开班仪式并作开班报告。党工委副书记李振奎主持开班仪式。党工委副书记、纪工委书记杜言敏，副校长刘海出席开班仪式。

22 日　2020 年度校区领导班子和机关及直属单位中层领导班子汇报评议会举行。山东大学副校长、威海校区校长刘建亚主持会议。党工委书记尹作升代表校区领导班子述职并作个人述职述廉。校区领导班子成员、全体副处级以上领导干部和部分教代会、党代会代表参加会议。

27 日　根据山东大学文件（山大党任字〔2021〕8 号），经第十四届党委第 70 次常委会研究决定：韩延伟同志任商学院正处级组织员，免去其威海校区后勤管理处党总支书记职务。

28 日　校区领导班子召开 2020 年度民主生活会。学校第十六督导组组长、纪委副书记、监察处处长张桂珍到会指导。校区党工委书记尹作升主持会议并作总结讲话。

本月　威海市政府致信感谢学校对威海科技创新工作的大力支持。

本月　李波教授团队联合国际科研团队在国际期刊 *Space Science Reviews* 上发表关于日冕快腊肠波的综述文章“Magnetohydrodynamic Fast Sausage Waves in the Solar Corona”。

本月　山东大学“太阳爆发及其对行星空间环境的影响”攀登团队、空间科学研究院磁层与太阳风相互作用课题组和行星科学课题组，联合国内外多个单位科研人员，通过多学科交叉研究（空间物理、天体化学和行星光谱学），提出并证实“地球风”可在月球表面生成水。相关研究成果发表于业内权威杂志 *Astrophysical Journal Letters*，并被《自然》（*NATURE*）杂志和美国天文学会收录为研究亮点（research highlight），美国宇航局 ARTEMIS 卫星主页和空间天气信息网（spaceweather. com）等分别以“地球磁层产生月表水的首次证据”“空间天气的一种新形态：地球风”等为题进行了深入推荐，并指出其可为整个太阳系的行星与其天然卫星的物质交换提供新的思路。

2 月

4 日　根据山东大学文件（山大党任字〔2021〕9 号），经 2021 年 1 月 27 日第十四届党委第 79 次常委会研究决定：徐健同志任威海校区后勤管理处处长（试用期一年）、党总支书记。

同日　山东大学威海工业技术研究院牵头成立威海市复合材料学会，并在临港区举行成立大会暨第一次全体会员大会。

同日　学校召开聚焦“四个落实”自查自纠、未巡先改专项行动工作推进会，部署贯彻落实教育部中管高校巡视整改巩固深化调研座谈会精神。学校党委书记郭新立主持会议并作总结讲话。威海校区党工委汇报了深化中央巡视整改以及围绕“四个落实”自查整改相关情况。

5 日　校区获评 2020 年度促进威海市高新区经济发展先进单位。

18 日　校区党工委书记尹作升带队督导检查疫情防控和安全工作，党工委副书记李振奎一同检查。

22 日　《自然・通讯》（*Nature Communications*）在线发表了山东大学“太阳爆发及其对行星空间环境的影响”攀登计划创新团队、空间科学研究院电离层—磁层耦合课题组组长张清和教授领导的国际团队最新研究成果，并被《自然》（*Nature*）选为研究亮点。该项研究成果首次在地球极区电离层与磁层发现了类似台风或飓风的现象，将其命名为“太空台风（Space hurricane）”并揭示了其形成机制。

27 日　山东大学副校长、威海校区校长刘建亚，威海校区党工委书记尹作升带队督导检查疫情防控和校区春季学期学生返校各项工作。校区党工委副书记李振奎、副校长刘海陪同督导。督导组一行按照学生返校流程，实地察看了校区南门、各学院报到点、核酸检测点、宿舍、食堂、教室等关键环节和重点区域的工作开展情况，并对食堂改造、食品安全管理和教室开学准备情况进行了检查指导。

同日　山东大学“太阳爆发及其对行星空间环境的影响”攀登计划创新团队夏利东教授课题组，携手中国科学院云南天文台利用我国自主研制的 50mm 白光日冕仪首次成功观测到太阳白光日冕图像。该进展受到中国政府网站、新华网、《科技日报》、《光明日报》等国内重要媒体的关注。

28 日　校区党工委召开专题会议，传达学习学校有关会议精神，研讨改革发展和安全稳定工作，就进一步推进校区“十四五”期间和 2021 年重点工作任务进行安排部署。山东大学副校长、威海校区校长刘建亚出席会议并作总结讲话，校区党工委书记尹作升主持会议。

3 月

2 日　校区设视频分会场参加山东大学党史学习教育动员部署大会。

同日　校区设视频分会场参加山东大学 2021 年全面从严治党工作会议。

同日　根据山东大学文件（山大人字〔2021〕19 号），威海校区苗威、肖金明、夏利东教授入选山东大学特聘教授，于艳妮、孙光宁、杨林教授入选山东大学杰出中青年学者，聘任起始时间为 2021 年 1 月。

3 日　山东大学副校长、威海校区校长刘建亚，威海校区党工委书记尹作升带队调研部分重点项目推进情况，就专家公寓使用、山大门诊部改造、幼儿园项目推进、科研楼内部布局使用进行现场办公，要求机关单位深化工作作风，提高工作效能，优化资源配置，做好增值服务，并提出了“最大限度激发人才活力、最大限度服务学科建设、最大限度满足师生需求”的工作要求，以做精、做优重点项目激发起打造新亮点的内生动力。

同日　校区机关干部政治能力提升班举行党的十九届五中全会精神专题辅导报告会，山东大学杰出中青年学者、法学院（威海）副院长门中敬教授作题为《贯彻五中全会精神　加快事业发展步伐》的专题报告。校区党工委副书记李振奎主持报告会。党工委副书记周慧如出席报告会。

4 日　校区召开新学期基层党委书记学习例会。校区党工委书记尹作升出席会议并讲话。会议传达学习了中共山东大学第十四次委员会第七次全体会议、学校全面从严治党会议精神以及意识形态工作有关要求，并对校区 2021 年工作要点和 2021 年党建工作要点进行了安排部署。

12 日　校区副校长赵玉璞，山东山大基础教育集团总校长、山东大学附属中学校长赵勇与威海火炬高技术产业开发区管委会副主任侯成阳在高区火炬大厦洽谈实验学校建设工作。

15 日　根据山东大学文件（山大编字〔2021〕1 号），经中共山东大学委员会第 43 次常务委员会会议研究，决定成立山东大学威海发展研究院。该研究院为学校直属独立建制的科研机构，不单列人员编制。

17 日　学校党委巡察组巡察威海校区党工委工作动员会在知行楼召开。党委巡察组组长周谷平作动员讲话，党委副书记、纪委书记、巡察工作领导小组副组长陈向阳就即将开展的巡察工作提出具体要求。山东大学副校长、威海校区校长刘建亚主持会议，校区党工委书记尹作升作表态发言。

18 日　共青团山东省委副书记尚胜波一行来校区调研，校区党工委书记尹作升会见尚胜波一行，双方就校区共青团建设及学生创新创业工作座谈交流。校区副校长刘海主持座谈会。共青团威海市委书记申万兵，校区副校长黄凯南出席活动。

19日　山东大学威海发展研究院智库团队启动会议在校区召开。校区副校长、山东大学威海发展研究院院长黄凯南出席会议并致辞。威海市政府副秘书长杨华卫、威海市发改委副主任于习文、威海市国资委副主任董家成参加会议并作专题报告。

23日　根据山东大学文件（山大党任字〔2021〕13号），经2021年3月22日第十四届党委第82次常委会研究决定：周慧如同志兼任体育教学部直属党支部书记；刘会刚同志任威海校区后勤管理处副处长，免去其威海校区学生工作部（处）副部（处）长职务。免去：宋云龙同志的威海校区后勤管理处副处长职务，另行安排。

同日　《光明日报》（理论版）刊登了商学院罗润东教授、马克思主义学院（威海）韩巧霞老师的署名文章《人工智能的要素属性及其对就业的挑战》。

24日　校区党工委副书记、纪工委书记杜言敏在知行楼六楼多功能会议室为党员干部作题为《从自身做起，为推进全面从严治党贡献力量》的专题报告。

25日　校区党工委书记尹作升主持召开党工委（扩大）会议，深入学习领会中央及学校有关会议精神，推动落实“深化审计整改　加强风险排查”专项行动，促进校区治理体系和治理能力现代化。学校党委巡察组副组长袁魁昌到会指导。会议审议通过了《威海校区落实“深化审计整改　加强风险排查”专项行动的工作方案》，听取了校区“抓好内控机制建设，提高风险防控水平”整改情况汇报，安排部署下一步专项行动开展工作。

同日　香港特别行政区政府驻上海经济贸易办事处（驻沪办）入境事务组主任翁志强及驻山东联络处一行4人访问威海校区，校区副校长夏利东会见来访客人。

26日　校区与威海市文登区校地合作对接座谈会在知行楼304会议室举行。山东大学副校长、威海校区校长刘建亚，文登区委书记张宏璞出席会议并讲话。文登区委常委、组织部部长刘军出席会议，校区副校长夏利东主持会议。

本月　校区党工委理论学习中心组召开专题会议，深入学习习近平总书记在党史学习教育动员大会上重要讲话精神以及学校党史学习教育动员部署大会精神，各位中心组成员交流了学习体会。山东大学副校长、威海校区校长刘建亚出席会议。威海校区党工委书记尹作升主持会议。

本月　山东大学“太阳爆发及其对行星空间环境的影响”攀登团队极区电离层—磁层耦合课题组刘晶教授与美国国家大气研究中心王文斌研究员，中科院地质地球所刘立波研究员，美国达特茅斯学院William Lotko教授等所组成的国际团队在著名学术期刊*Nature Physics*（5年影响因子21.797）发表关于太阳耀斑的地球空间效应研究的最新成果。论文题为“Solar flare effects in the Earth’s magnetosphere”，山东大学为论文第一和通讯作者单位，刘晶教授为第一通讯作者。

4 月

1 日　校区党史学习教育宣讲团副团长、马克思主义学院（威海）院长吴文新教授为师生党员作《坚守初心克百年苦难　勇担使命创世纪辉煌——学习中国共产党百年辉煌史（导读）》专题报告。校区党工委副书记周慧如主持报告会。各学院党委书记、副书记，全体教师、学生党支部书记，机关干部政治能力提升班学员参加会议。

2 日　《文艺报》“党的领导与百年文艺”栏目刊发文化传播学院院长张红军教授党史理论文章《中国共产党与最早的两个现代文学社团》。

5 日　山东卫视《新闻联播》节目以“祭英烈　学党史　初心不忘永向前”为题报道校区师生“缅怀英烈学党史”活动。

6 日　2021 届山东大学（威海）毕业生就业双选会（春季）在校区体育中心羽毛球馆和篮排球馆举行。校区副校长刘海到现场指导工作。本次双选会共有 233 家用人单位参会，提供就业岗位 20600 余个。

8 日　根据山东大学文件（山大党任字〔2021〕17 号），经 2021 年 4 月 7 日第十四届党委第 83 次常委会研究决定：聘任

黄凯南为山东大学威海发展研究院院长；

戚桂杰为山东大学威海发展研究院执行院长；

曹廷求为山东大学威海发展研究院副院长；

武常岐为山东大学威海发展研究院副院长；

肖金明为山东大学威海发展研究院副院长；

张红军为山东大学威海发展研究院副院长；

李晓峰为山东大学威海发展研究院副院长；

刘昌明为山东大学威海发展研究院副院长；

张景全为山东大学威海发展研究院副院长。

8～9 日　校区连续召开三次工作推进会，督促指导“深化审计整改　加强风险排查”专项行动专项走深走细走实。校区党工委书记尹作升主持会议。

9 日　山东大学威海前沿交叉科学研究院张宁教授作为首席专家申报的课题“推动黄河流域生态保护和高质量发展研究”获全国哲学社会科学工作办公室研究阐释党的十九届五中全会精神重大项目立项。

10～11 日　《全国学校健康教育指导纲要》研讨会在校区举行。校区党工委书记尹作升、教育部体卫艺司副处长樊泽民出席开幕式。教育部长江学者、全国高校健康教育教学指导委员会主任委员、华东师范大学季浏教授作主旨发言。山东省教育厅体卫艺处副处长杨文、校区党工委副书记周慧如、全国高校健康教育教学指导委员会委员参加会议。

15 日　党史学习教育官网登载《山东大学（威海）在党史学习教育宣讲中感悟

思想伟力》，充分肯定校区党史学习教育宣讲活动。

17～18日　校区组织2020级学生赴刘公岛开展“不忘青春初心，牢记历史使命”爱国主义教育活动。2020级本科生、研究生和部分研究生导师共4200余人齐聚刘公岛，通过参观学习厚植爱党爱国爱社会主义情感。

21日　校区组织召开人事人才工作交流会。山东大学副校长、山东大学（威海）校长刘建亚，校区副校长黄凯南出席会议并讲话。

24～25日　第一届全国党内法规学博士研究生论坛在威海举行。本次论坛由山东大学法学院（威海）、山东大学党内法治研究中心承办，与会专家学者和博士研究生围绕论坛主题“百年党内法规制度建设与理论创新”展开深入探讨。

27日　山东大学副校长、威海校区校长刘建亚，威海校区党工委书记尹作升带队调研校园文化建设、实验室安全改造、学生宿舍躲迁改造、快递驿站建设等项目，聚焦“我为师生办实事”进行现场办公。校区领导赵玉璞、李振奎、杜言敏、刘海参加现场办公活动。

同日　校区在知行楼举行高端智库“十四五”规划建设专题研讨会。与会人员围绕“十四五”期间校区高端智库的发展方向和重点建设内容进行了交流研讨。

28日　中国前驻韩国大使、现任中国民间智库察哈尔学会东北亚事务首席研究员邱国洪做客第三十八期“大使讲坛”，在闻天楼报告厅为校区师生作题为《“萨德”问题背后的大国博弈》的报告。校区副校长赵玉璞主持报告会。

29日　校区召开新文科建设工作调研座谈会。全国新文科教育研究中心执行主任仝兴华出席会议并讲话。校区副校长刘海主持会议。

30日　山东大学党委巡察组向威海校区党工委反馈巡察情况。学校党委副书记、纪委书记、巡察工作领导小组副组长陈向阳传达了学校党委关于巡察工作的指示精神，对巡察整改工作提出明确要求。校党委巡察组副组长袁魁昌代表巡察组向大会反馈了巡察情况。副校长、威海校区校长刘建亚主持会议。威海校区党工委书记尹作升代表校区领导班子作表态发言。

同日　校区召开贯彻落实学校党委巡察反馈意见整改动员部署会。山东大学副校长、威海校区校长刘建亚主持会议，校区党工委书记尹作升作巡察整改动员讲话。会上，刘建亚传达了郭新立书记关于做好威海校区巡察整改工作的重要讲话精神。刘建亚强调，做好巡察反馈整改工作是当前一段时期威海校区的重要政治任务，各单位要以对党负责、对学校负责、对校区事业负责的态度，主动担当的精神、从严从实的作风、驰而不息的韧劲，认真抓好整改工作，为落实全面从严治党责任、打造“双一流”建设新亮点提供坚强政治保障。尹作升在动员讲话中就威海校区贯彻落实学校党委巡察整改工作要求，做好整改落实工作提出三点要求。

一是统一思想认识，提高政治站位，深刻把握巡察整改重要意义。二是严肃工作要求，明确整改时限，建立整改落实的全过程、全链条督查机制，集中精力有序推进整改工作。三是强化组织领导，压实工作责任，坚决确保整改工作取得实效。

5 月

7 日　山东省政协常委、教科卫体委员会主任郭建磊，副主任林建宁、高勇、蒋永涛一行来校区考察调研。校区党工委书记尹作升、副校长刘海，威海市政协副主席李淑芳陪同调研。

8 日　校区第十届“唱响主旋律，传扬正能量”歌咏比赛暨庆祝建党 100 周年歌咏晚会隆重举行。校区师生、有关高校院所代表等 3000 余人现场参与了活动。活动同时通过山东电视台闪电新闻组织了现场直播，累计受众达 10 万余人次。

11 日　山东大学与威海市在中心校区明德楼一楼会议室交流对接“山东大学校友威海行活动”有关事宜。山东大学常务副校长王琪珑、威海校区副校长赵玉璞，威海市委统战部分管日常工作的副部长周兵出席活动并讲话。

14～15 日　山东大学第二届全民运动会暨威海校区第三十二届田径运动会在田径运动场举行。

14～16 日　校区参赛作品获第十七届“挑战杯”全国大学生学术科技作品竞赛红色专项国家特等奖，这是校区在该赛事中获得的最高奖项，刷新了参赛纪录。

18 日　威海军分区司令员姚玉辉一行 3 人来校区调研国防教育相关工作。校区党工委书记尹作升会见姚玉辉一行并座谈交流。副校长刘海陪同调研。

19 日　校区与威海高新区、经开区先后举办校企“双进”活动。会上，东北亚学院与高新控股集团签署了共建大学生实践教学基地协议，威海市委组织部副部长徐力和校区副校长赵玉璞共同为“山东大学实践教学基地”揭牌。

21 日　校区第五届“诵红色经典，做时代新人”大学生中华经典诵读大赛决赛在玲珑学堂举行。

26 日　校区举行新工科与交叉学科科研楼封顶仪式。新工科与交叉学科科研楼项目于 2019 年 12 月启动建设，占地面积 13153 平方米（19.73 亩），总建筑面积 68861.79 平方米，其中塔楼地上 25 层，建筑高度 99.70 米，建筑面积 27410 平方米；连楼 8 层，建筑高度 31.7 米，建筑面积 16070 平方米；地下 2 层，地下部分建筑面积 17126 平方米（500 个停车位），项目总投资 39945 万元。

27 日　校区“传承红色基因，践行初心使命”五四青年科学报告分享会在玲珑学堂举行。

29～30 日　“中国共产党百年文化足迹：政党文化与世界多样化文明互鉴”第三届世界文化论坛暨第二届中国文化分论坛在校区举行。本次论坛由山东大学马克思主义学院（威海）承办。校区党工委书记尹作升出席论坛开幕式并致辞，副校长黄凯南主持开幕式。来自 10 多个国家的 100 余位专家学者参加会议。

6 月

1 日　威海市委副书记、市长闫剑波来校区开展党史学习教育主题宣讲，与师生代表交流党史学习心得体会，勉励师生紧密结合开展党史学习教育，脚踏实地做好工作、完成学业，在新征程中展现新作为。校区党工委书记尹作升主持宣讲会。

2 日　威海市教育系统消防安全管理工作会议在校区召开。会前，山东大学副校长、威海校区校长刘建亚会见了威海市消防救援支队支队长孙进春、市教育局总督学吴大明一行。校区党工委副书记李振奎出席有关活动。

9 日　校区党工委书记尹作升带领校区领导班子成员赴威海胶东育儿所纪念馆、马石山十勇士纪念馆开展党史学习教育，并在马石山十勇士纪念馆揭牌成立山东大学党性教育基地。

10 日　党史学习教育校区领导班子“学史增信”集中学习研讨在知行楼 417 会议室举行。校区党工委书记尹作升主持会议并讲话。

15 日　校区党工委副书记李振奎带队开展校园安全检查工作，并主持召开专题会议研究部署校园安全稳定工作。

同日　校区与意大利米兰比可卡大学召开视频会议，探讨两校合作事宜。意大利米兰比可卡大学国际事务副校长 Gabriella Pasi，校区副校长夏利东，山东大学讲席教授、国际问题研究院院长张蕴岭出席会议。

17 日　校区隆重举行“庆建党百年”党员宣誓暨“光荣在党 50 年”纪念章颁发仪式。山东大学副校长、威海校区校长刘建亚，威海校区党工委书记尹作升，校区领导赵玉璞、杜言敏、刘海、夏利东、黄凯南出席仪式。党工委副书记周慧如主持仪式。

18 日　庆祝中国共产党成立 100 周年暨山东大学建校 120 周年教职医务员工合唱赛威海校区分赛在艺术学院音乐厅举行。

同日　山东大学学生全球治理与国际组织发展协会（威海）揭牌仪式暨国际组织专场讲座在校区举行。中国联合国协会常务理事王纪元、校区副校长刘海出席活动并为协会揭牌。活动中，刘海为王纪元颁发“山东大学学生职业发展导师”和“山东大学国际组织人才培养推送工作顾问”聘书。

19 日　山东大学副校长吴臻来校区调研，就本科教育教学工作举行座谈。校区副校长刘海出席座谈会。

同日　由山东大学威海前沿交叉科学研究院主办的首届“新文科与数字人文高峰论坛”在校区召开。80余位高校专家学者及研究生参加了论坛。校区副校长黄凯南出席论坛并致开幕词。

23～24日　山东大学党委副书记张永兵来校区调研指导工作，深入一线开展校园安全检查，与有关负责人座谈交流安全稳定、意识形态和师德师风建设等工作。校区党工委书记尹作升，党工委副书记李振奎、周慧如出席活动。

24日　校区党工委副书记、纪工委书记杜言敏带领“政治能力提升班”学员赴威海“清廉之路”乳山教学点——冯德英“三花”文博馆接受廉洁和作风建设教育。

25日　校区2021年毕业典礼暨学位授予仪式在图书馆广场举行。山东大学副校长、威海校区校长刘建亚出席典礼并讲话，校区党工委书记尹作升主持典礼。校区领导班子全体成员出席活动。

28日　校区在知行楼六楼多功能会议室召开信息化建设工作会议。山东大学副校长、威海校区校长刘建亚出席会议并讲话。山东大学信息化工作办公室常务副主任葛连升、校区各职能部门及直属单位主要负责人、各教学院部及直属科研单位主要负责人、各单位信息员、信息化工作办公室全体骨干人员参加会议。校区副校长黄凯南主持会议。

29日　校区在知行楼六楼多功能会议室举行机关干部政治能力提升班结业仪式。山东大学副校长、威海校区校长刘建亚，校区党工委书记尹作升出席仪式并讲话。

同日　根据山东大学文件（山大党字〔2021〕38号），威海校区田晓琼、吴文新获评“山东大学优秀共产党员”称号，赵昆获评“山东大学优秀党务工作者”称号。

7月

1日　校区在图书馆广场隆重举行“庆祝建党百年，谱写青春华章”升国旗活动。山东大学副校长、威海校区校长刘建亚，校区党工委书记尹作升带领全体领导班子成员出席活动。校区有关职能部门负责人、各学院党委书记、全体学生工作人员、师生党员及青年学生代表等近1000人参加活动。

同日　校区师生集中收听收看庆祝中国共产党成立100周年大会，认真聆听、学习习近平总书记重要讲话。

同日　根据山东大学文件（山大党任字〔2021〕33号），免去刘玮同志的艺术学院（威海）正处级组织员职务。

6日　由山东省留学人员协会、威海校区共同主办，校区国际合作与交流处、威海人才协会对韩联络处（金桥联盟）共同承办的“韩国留学人才云上对接会”成功举行。威海市委常委、组织部部长刘升勤、前中国驻韩大使邱国洪、威海市人力资源与社会保障局局长王子明、威海市外事办公室党组书记焦华等出席会议。校区副校长夏利东出席活动并致辞。

9 日　根据山东大学文件（山大研字〔2021〕61 号），威海校区教师付文忠获评山东大学第十三届“我心目中的好导师”。

10～18 日　校区 2020 级本科生进行军训。

13 日　根据山东大学文件（山大党任字〔2021〕36 号），经 2021 年 7 月 12 日第十四届党委第 91 次常委会研究决定：黄凯南同志任人文社科研究院院长，免去其威海校区党工委委员、副校长职务。

15 日　校区围绕“学史崇德”“学史力行”组织开展党史学习教育集中学习研讨活动。山东大学副校长、山东大学（威海）校长刘建亚出席活动，校区党工委书记尹作升主持会议并作总结讲话。

21 日　山东大学副校长、山东大学（威海）校长刘建亚主持召开校区发展战略咨询座谈会。中国科学院院士、北京大学张继平教授，中国科学院院士、中国科学技术大学叶向东教授出席座谈会。校区党工委书记尹作升出席会议并讲话。

22 日　东北大学党委副书记兼秦皇岛分校党委书记孙正林一行访问威海校区，校区党工委书记尹作升会见来访客人并座谈。副校长赵玉璞出席座谈会。

28 日　山东大学健康医疗大数据研究院（威海）揭牌仪式在威海市立医院举行。山东大学副校长、威海校区校长刘建亚，山东健康医疗大数据管理中心副主任秦凯世，威海市政府副秘书长王伟，山东大学齐鲁医学院常务副院长曲波，威海市立医院党委书记林治军、院长李振光等参加揭牌仪式。

28～29 日　威海市企业家进校园及校友企业活动举行。40 余名威海市属以及荣成、文登的企业高管先后来校区及威高集团、天力电源等校友企业座谈交流。校区副校长赵玉璞、威海市工业和信息化发展中心主任唐文强等出席相关活动。

29 日　威海市中级人民法院副院长梁伟和执行二庭厅长郭庆文到校区走访调研在建科研楼项目。校区副校长赵玉璞会见梁伟一行。

31 日　中国科学院院士、中科院国家数学与交叉科学中心主任郭雷做客校区稷下讲坛，在知行楼六楼多功能会议室作题为《智能系统的数学理论—控制论的某些贡献与启示》的学术报告。山东大学副校长、威海校区校长刘建亚主持报告会。

本月　山东大学讲席教授、加拿大皇家学会院士、翻译学院 Jonathan Locke Hart 教授当选欧洲科学院院士（外籍）。

8 月

5 日　　空间科学攀登团队胡绍明课题组合作在国际科学期刊《自然·通讯》(*Nature Communications*，IF＝14.919) 发文揭示红超巨星参宿四的致暗之谜，该成果由中国科学院国家天文台主导，山东大学和美国密苏里大学等单位合作完成。

8 日　　校区党工委书记尹作升带队检查校区疫情防控工作，召开疫情防控专题会议，分析研判疫情防控形势，安排部署下一步防控工作。党工委副书记李振奎，党工委副书记、纪工委书记杜言敏一同检查。

10 日　　山东大学副校长、威海校区校长刘建亚带队深入疫情防控重点场所和有关学院，推动疫情防控工作再细化再落实。副校长赵玉璞、党工委副书记李振奎、副校长刘海一同督导。

11 日　　根据山东大学文件（山大人字〔2021〕53 号），威海校区徐天河被评为 2021 年“山东大学优秀教师”，夏利东被评为 2021 年“山东大学先进教育工作者”。

24 日　　第十六届全国大学生智能汽车竞赛落下帷幕，山东大学代表队获得国家一等奖 7 项（其中威海校区 6 项）、二等奖 9 项（其中威海校区 6 项）、三等奖 2 项，总成绩继 2020 年之后蝉联全国第一。此外，单项竞赛取得历史性突破，校区参赛团队电磁越野组、智能视觉组参赛组分别获得全国第 1 名，讯飞智慧餐厅组别位列全国第 3。

同日　　江西财经大学副校长刘小丽一行访问威海校区。校区副校长夏利东会见来访客人，并就国际化办学相关工作进行座谈交流。

25 日　　山东玲珑轮胎股份有限公司捐赠仪式在知行楼 304 会议室举行。山东大学原党委常务副书记李建军，威海校区党工委书记尹作升、副校长赵玉璞，山东玲珑轮胎股份有限公司董事长、总裁，机电与信息工程学院 1993 届校友王锋，玲珑集团党委副书记张琦，玲珑轮胎股份有限公司副总经理李建星出席仪式。校区副校长刘海主持仪式。

27～28 日　校区参赛团队在第十四届全国大学生节能减排社会实践与科技竞赛决赛中获国家级一等奖 4 项，国家级二等奖 1 项和国家级三等奖 3 项，其中社会实践类作品首次获得国家一等奖，校区同时获得优秀组织奖。

31 日　　山东大学副校长、威海校区校长刘建亚带队对校园重点场所进行疫情防控督导检查和开学前准备情况检查。校区党工委副书记李振奎、副校长刘海陪同检查。

同日　　校区与国网威海供电公司签署校企合作共建框架协议。山东大学副校长、威海校区校长刘建亚，国网山东省电力公司党委副书记、副总经理钱平，共同为“山东大学教师实践基地”揭牌。校区副校长赵玉璞、国网威海供电公司总经理陈志勇共同签署《山东大学—国网威海供电公司校企合作共建框架协议》。

9 月

1 日　威海市副市长孙付春来威海校区调研。山东大学副校长、威海校区校长刘建亚会见孙付春一行。副校长赵玉璞、夏利东一同参加活动。

同日　威海高新区山大实验学校举行启动仪式暨 2021 级开学典礼。山东大学副校长、威海校区校长刘建亚，威海市高新区管委会主任刘伟，威海校区副校长赵玉璞，山东山大基础教育集团总校长、山东大学附属中学校长赵勇，山东山大基础教育集团秘书长、山东大学附属中学常务副校长庄晓迎，威海高新区管委会副主任侯成阳出席仪式。威海高新区山大实验学校是由山东大学（威海）、威海高新区管委会、山东山大基础教育集团三方合作共建的一所九年一贯制公办学校，占地约合 137 亩，建筑面积约为 8.2 万平方米，办学规模约为 4100 名学生。

2 日　根据山东大学文件（山大党任字〔2021〕44 号），经 2021 年 8 月 25 日第十四届党委第 95 次常委会研究决定：孔雷同志任威海校区党工委学生工作部（学生工作处、武装部）副部长、副处长，免去其商学院党委副书记职务；韩鲁青同志任商学院党委副书记。

12 日　校区党工委书记尹作升主持召开 2021 年秋季学期工作推进会议，传达学校疫情防控工作领导小组专题会议精神，安排部署校区秋季学期各项工作。校区领导赵玉璞、李振奎、杜言敏、刘海、周慧如、夏利东出席会议。尹作升对秋季学期重点工作作了全面部署，要求重点从做好巡视整改工作，全面加强党的建设，统筹改革发展稳定，全面提升发展质量，做好百廿校庆工作，改善综合办学条件等六个方面推进新学期工作。

15 日　校区党工委副书记李振奎带队开展校园安全检查工作，实地察看了湖西门出入口、学生餐厅、学生宿舍、科学实验楼、幼儿园、安全监控室等重点场所的安全管理和运营情况。

同日　校区召开 2021 年下半年应征入伍学生欢送会，7 名应征入伍学生及退役学生代表等参加了座谈会。

17 日　山东大学威海校友会环翠联络处启动暨士平公益基金捐赠仪式举行。校区党工委书记尹作升、威海市环翠区委书记徐明出席仪式并讲话，共同为山东大学威海校友会环翠联络处揭牌。校区副校长赵玉璞，环翠区委常委、组织部部长张元波、宣传部部长沈燕萍、副区长尹振山出席仪式。仪式上，校友张元波代表山东大学威海校友会、威海魏桥科技工业园有限公司董事长张艳红代表士平公益基金会向学校捐款。沈燕萍、尹振山为校友代表颁发“青鸟计划”引才大使聘书。在校地合作签约仪式上，校区宣传统战部部长姜强、环翠区民政局局长杨华清共同签订《山东大学（威海）青年教师社会实践基地协议书》，校区团工委书记李彤彤、环翠区团区委书记李鑫共同签订青年志愿者团队及校地联谊合作协议。

19 日　校区党工委书记尹作升带队现场检查、现场办公，听取疫情防控工作汇报，全面督导检查防控措施落实情况。校区领导李振奎、杜言敏、刘海、周慧如一同检查。

24 日　校区与澳大利亚西澳大学召开 2021 年度金融学专业中外合作办学项目联合管理委员会会议。山东大学副校长、威海校区校长刘建亚，校区副校长夏利东，西澳大学常务副校长 Tayyeb Shah 出席会议。

25 日　校区 2021 级新生开学典礼暨迎新晚会举行。山东大学校长樊丽明出席典礼并讲话。山东大学副校长、威海校区校长刘建亚主持典礼。校区党工委书记尹作升、校区领导班子全体成员出席活动。

26 日　庆祝山东大学建校 120 周年书画作品捐赠展举行。校区党工委书记尹作升出席活动并致辞。威海市文学艺术界联合会主席张建岭，威海市委宣传部三级调研员姜伟，威海高区管委会副主任侯成阳，校区校领导赵玉璞、杜言敏、周慧如出席活动。

28 日　山东大学第六届齐鲁青年论坛开幕。校区邀请来自德国图宾根大学、英国南安普顿大学、美国密西根大学、日本京都大学、韩国成均馆大学、奥地利国际应用系统分析研究所、香港城市大学、澳门城市大学、武汉大学等国内外知名高校的青年人才，分别参加了校区举办的多场分论坛活动。

30 日　校区举行 2021 级学生军训总结表彰大会。

本月　空间科学攀登团队“太阳与地磁活动对极盖区冷/热等离子体云块发生率和空间尺度的影响研究”取得新进展，研究成果在 *Geophysical Research Letters* 在线发表（Zhang Duan，et al.，2021，JCR 和中科院地学 1 区，IF＝4.72）。该工作主要由山东大学空间科学研究院、挪威 Bergen University、美国 UCLA 及美国 JHUAPL 等单位研究人员合作完成。

10 月

11 日　山东大学澳国立联合理学院战略规划委员会成立大会暨第一次会议在威海召开。中国民主同盟第十二届中央委员会副主席、中国数学会理事长田刚院士，北京师范大学—香港浸会大学联合国际学院校长汤涛院士现场出席会议。西安电子科技大学原校长、党委书记郑晓静院士，南方科技大学第二任校长陈十一院士，北京大学副校长张平文院士，中国科学院数学与系统科学研究院陈志明院士，中国科学技术大学陆夕云院士通过视频方式出席会议。山东大学副校长、威海校区校长、山东大学澳国立联合理学院院长刘建亚出席活动，校区党工委书记尹作升主持活动。

同日　根据山东大学文件（山大人字〔2021〕78号），经学校研究，决定聘任威海校区张宁（自2021年6月起聘）为教授三级岗；聘任毕颖达（自2021年8月起聘）、吴贾（自2021年8月起聘）、李新（自2021年7月起聘）、庄会彬（自2021年3月起聘）、郭瑞龙（自2021年3月起聘）、李远（自2020年12月起聘）、王勇（自2020年12月起聘）为教授四级岗；聘任于晓龙（自2021年8月起聘）、王帅（自2021年5月起聘）为研究员四级岗；聘任牛晓茹（自2021年7月起聘）、卢俊婷（自2021年6月起聘）、穆大鹏（自2021年6月起聘）、初智勇（自2021年6月起聘）、王冬冬（自2021年1月起聘）、张淑娟（自2020年12月起聘）、牟利成（自2020年12月起聘）、徐海娜（自2020年12月起聘）为副研究员三级岗；聘任康元环（自2021年8月起聘）、刘玲（自2021年8月起聘）、潘盼盼（自2021年7月起聘）、来永玲（自2021年7月起聘）、张值豪（自2021年7月起聘）、冯争（自2021年7月起聘）、蒋鹏（自2021年7月起聘）、黄漓江（自2021年6月起聘）、赵志勇（自2021年6月起聘）、武晓玮（自2021年4月起聘）、孙志强（自2021年3月起聘）、布乃鹏（自2021年1月起聘）、龚亚（自2021年1月起聘）、李国辉（自2021年1月起聘）为助理研究员三级岗；聘任陈丹（自2021年9月起聘）、李璐（自2021年8月起聘）、于艳艳（自2021年8月起聘）为助理馆员二级岗；聘任尹帅（自2019年12月起聘）为助教二级岗；聘任巩志（自2021年3月起聘）、冷芳（自2021年1月起聘）为助理实验师二级岗；聘任苏美玲（自2021年7月起聘）为助理审计师二级岗。

12日　山东大学附属威海市立医院（校医院）揭牌仪式在威海校区举行。校区党工委书记尹作升，齐鲁医学院党工委书记刘洪渭，威海市卫健委党组书记、主任王文，校区党工委副书记李振奎，山东大学附属威海市立医院党委书记林治军、院长李振光出席仪式。齐鲁医学院常务副院长曲波主持仪式。山东大学附属威海市立医院（校医院）扩建后面积达1400余平方米，由山东大学附属威海市立医院全科医学科统筹运行，与医院实行一体化管理同质化服务。

14日　校区召开党史学习教育“我为群众办实事”专题推进会议，总结“我为群众办实事”实践活动推进情况，研究部署下一步党史学习教育工作。

同日　山东大学玛珈山教育基金启动仪式暨机电与信息工程学院第一届本科生创新创业项目答辩会在知行楼六楼多功能会议室举行。校区党工委书记尹作升、副校长赵玉璞，玛珈山教育基金捐赠代表等出席活动。仪式上，尹作升为玛珈山教育基金捐赠者代表、威海校区原副校长、教授云昌钦，1994届电子学与信息系统专业校友、威海天罡仪表有限公司董事长付涛，威海魏桥科技工业园有限公司办公室主任张晶及山东交通学院威海校区教师崔文超颁发捐赠证书。

15 日　校区在图书馆广场隆重举行“百廿山大，强校兴国”——山东大学 120 周年校庆升国旗主题团日活动。校区全体领导班子成员出席活动。校区有关职能部门负责人、各学院党委书记、全体学生工作人员及 1500 余名学生代表参加活动。

15～23 日　山东大学百廿校庆暨法学院（威海）二十五周年院庆系列高端论坛在威海校区召开。本次系列高端论坛共包括“人民代表大会制度与新公法体系”高端论坛、“建党百年：体育政策与法治的发展”体育法学高端论坛、“法律方法与治理现代化”高端论坛、“国家治理现代化与老龄化治理”老年法学高端论坛四部分，来自全国各地的百余位专家学者齐聚玛珈山下，共享学术盛宴、共商法律发展。

17 日　城市治理现代化高层论坛暨第十六届清华大学公共管理高层论坛以北京、威海双会场形式举办，该论坛为山东大学 120 周年校庆系列活动之一。威海市委书记张海波，威海市委副书记、市长闫剑波，威海市委常委、秘书长侯世超，威海市委党组成员、副市长孙付春，威海校区党工委书记尹作升，青岛校区副校长曹现强等在威海会场参会。本次论坛由清华大学公共管理学院、山东大学威海发展研究院、山东大学政治学与公共管理学院联合主办，商学院具体承办。

22 日　2021 人工智能背景下的健康、旅游、人才发展国际会议（AIHTT）在威海校区举行。山东大学副校长、威海校区校长刘建亚出席开幕式并致辞。本次会议由威海校区主办，邀请了英国社科院院士、教育部长江学者、国际著名 SSCI 期刊主编、海内外知名大学教授等做主旨演讲。来自 12 个国家和地区的专家学者通过线上方式参加了会议。

23 日　山东大学国际问题研究院、东北亚学院与上海研究院国际战略研究中心合作举办第六届“中华复兴论坛：世界变局与中国”。

23～24 日　校区组织 2021 级学生赴刘公岛开展“弘扬伟大建党精神 赓续革命精神谱系”爱国主义教育活动。来自各学院的 2021 级本科生、硕士研究生和博士研究生共 4500 余人齐聚刘公岛，在参观学习中推进党史学习教育，厚植爱国情怀，坚定理想信念，争做新时代青年。

28 日　根据山东大学文件（山大党任字〔2021〕50 号），经 2021 年 10 月 18 日第十四届党委第 103 次常委会研究决定：肖金明同志任威海校区党工委委员、副校长，试用期一年。

29 日　校区举行 2020 年度校内双向挂职教师、干部交流座谈会。党工委副书记李振奎出席会议并讲话。党工委组织部部长张文玺主持会议。

本月　校区共有 485 名学生被成功推荐到北京大学、清华大学、浙江大学、复旦大学、上海交通大学、山东大学等高校和科研机构免试攻读研究生，推免生数量和比例均创历史新高。在推免学生中，攻读硕士学位学生 426 名、直博生 59 名。

本月　空间科学攀登团队“受极盖区冷等离子体驱动的极光亚暴西行浪涌形成与演化过程研究”取得新进展，研究成果发表在 *Journal of Geophysical Research：Space Physics*（马羽璋等），并被遴选为 8 月该期刊的封面文章。该工作主要由山东大学空间科学研究院、美国加州大学洛杉矶分校、美国阿拉斯加大学、美国波士顿大学等单位的研究人员合作完成。

11 月

2 日　校区召开安全和疫情防控工作推进会。党工委书记尹作升出席会议并讲话，党工委副书记、纪工委书记杜言敏，副校长刘海，党工委副书记周慧如出席会议。党工委副书记李振奎主持会议。

9 日　校区开展秋季学期疫情防控专项处置应急演练活动，校区党工委副书记李振奎、副校长刘海、党工委副书记周慧如现场观摩演练。

11 日　校区与乳山市政府校地合作对接座谈会在闻天楼会议室举行。校区副校长赵玉璞、乳山市副市长刘海霞等参加座谈交流。

12 日　山东省委外办副主任孙业宝一行来校区调研。校区副校长赵玉璞、夏利东出席调研座谈会。威海市外办党组书记焦华等人陪同调研。

同日　习近平法治思想宣传月暨山东大学（威海）第四届法治文化节开幕仪式在玲珑学堂举行。威海市委全面依法治市委员会办公室副主任、守法普法协调小组副组长、司法局党组书记、局长刘士侠，校区党工委副书记周慧如，副校长、法学院院长肖金明出席开幕仪式并致辞。

16 日　校区党工委副书记李振奎带队赴乳山市育黎镇宅子夼村开展联系村帮扶工作对接活动。

同日　党史学习教育官网以《山东大学（威海）：紧盯“急难愁盼”求实效，切实提升师生获得感幸福感》为题，报道校区“我为群众办实事”实践活动开展情况。

19 日　校区召开党工委会议专题学习党的十九届六中全会精神，部署贯彻落实工作。山东大学副校长、威海校区校长刘建亚出席会议并讲话，校区党工委书记尹作升主持会议。

23 日　山东省教育厅（省委教育工委）新闻中心主任、一级调研员宋全政应邀在知行楼六楼多功能会议室为校区全体副处级以上干部作《高校领导干部媒介素养提升》专题辅导报告，校区副校长刘海出席报告会，党工委副书记周慧如主持报告会。

30 日　校区举行材料与空间科学科研楼竣工仪式。山东大学校长樊丽明，威海市委副书记、市长闫剑波，山东大学副校长芦延华，山东大学副校长、威海校区校长刘建亚，山东大学（威海）党工委书记尹作升，威海高区管委会副主任侯成阳出席仪式。校区副校长赵玉璞主持仪式。材料与空间科学科研楼为校区“十三五”基本建设规划实施项目，属于山东大学重点建设项目，使用教育部“双一流”国拨资金建设。项目于2019年6月启动建设，占地面积约1351.9平方米，总建筑面积约3.6万平方米，建筑高度91.9米，其中地上23层，地下2层。

本月　“太阳爆发及其对行星空间环境的影响”攀登计划创新团队申报的星载太阳耀斑毫米波辐射探测谱仪（简称SoFar）项目获国家重大科研仪器研制项目支持，直接经费866.4万元，项目研制周期为5年。

12月

2日　党史学习教育官网以《山东大学马克思主义学院（威海）扎实开展党的十九届六中全会精神宣传宣讲工作》为题，报道校区开展党的十九届六中全会精神学习贯彻情况。

3日　校区与韩国仁川广域市教育厅通过视频方式举行合作协议签署仪式。山东大学副校长、威海校区校长刘建亚，校区副校长夏利东，仁川广域市教育监都成勋，威海市教育局副局长邵海东，仁川广域市教育厅东亚国际教育院院长刘忠烈出席仪式。

10日　校区党工委书记尹作升在知行楼六楼多功能会议室为党员干部宣讲党的十九届六中全会精神。校区领导李振奎、杜言敏、周慧如出席报告会。校区副处级以上领导干部以及机关科级干部代表300多人聆听了报告。

同日　山东大学特聘教授、人文社会科学青岛研究院院长、政治学与公共管理学院和马克思主义学院博士生导师方雷教授应邀作题为《中国共产党的政治品行——党的十九届六中全会精神解读》的主题报告。校区党工委书记尹作升主持会议并讲话。校区领导李振奎、杜言敏、周慧如出席会议。

14日　文化传播学院院长、威海市作家协会主席张红军教授作为山东作家代表团代表，在北京人民大会堂参加中国文联第十一次全国代表大会、中国作协第十次全国代表大会，现场聆听了习近平总书记在开幕式上的重要讲话。

16日　山东省第十六届大学生运动会落下帷幕。校区学生代表队在所参加的篮球、游泳、武术、足球、乒乓球、羽毛球、田径、网球等八个项目比赛中，共获得团体及单项冠军18项（次）、亚军21项（次）、季军15（次）。其中，威海校区武术代表队以各单项比赛6金7银5铜以及包揽了男子团体、女子团体、团体总分三项冠军，取得历史最好成绩；游泳代表队以7金8银6铜和团体总分、男子团体冠军、女子团体亚军再创辉煌；男篮甲组第三名，羽毛球女子团体第三名，网球女子团体第二名，均实现了历史性突破。

同日　济南市委办公厅与校区合作共建党内法规教学研究实践基地成立仪式在

校区知行楼举行。仪式上，双方共同签署了合作协议，校区党工委书记尹作升与济南市委办公厅副主任亓国庆共同为党内法规教学研究实践基地揭牌。揭牌仪式结束后，与会相关人员举行了“党内法规人才培养理论与实践”座谈会。

31 日　山东大学（威海）校企合作座谈会暨捐赠仪式在知行楼举行。捐赠仪式上，副校长赵玉璞代表校区接受各企业方代表捐赠支票，其中中国建筑第五工程局有限公司捐赠资金 30 万元；威海三立建设工程有限公司捐赠款物 50.68 万元（其中资金 23 万元、空调设备及安装工程价值 27.68 万元）；山东富尔工程咨询管理有限公司捐资 12 万元；山东伟鑫工程咨询有限公司捐资 12 万元；威海市建筑设计院有限公司捐资 12 万元。赵玉璞分别为各企业代表颁发捐赠证书。

本月　校区 28 个项目获批 2021 年度国家自然科学基金项目立项资助。其中，国家重大科研仪器研制项目 1 项、优秀青年科学基金项目 1 项、重点国际（地区）合作研究项目 1 项、核技术创新联合基金项目（重点支持）1 项、重大项目课题 1 项、面上项目 12 项、青年科学基金项目 11 项。

校区建筑面积：535541.72 平方米。

在校全日制本科生 14073 人，博、硕士研究生 2208 人，留学生 406 人，成人教育及网络教育学生 285 人。

在职教职工 1285 人，其中专任教师 844 人，专任教师中副高及以上职称 449 人。

2021 年招收本科生 3265 人，本科毕业生 3699 人。

（赵林林）

威海前沿交叉科学研究院

山东大学威海前沿交叉科学研究院（以下简称前沿院）在学校党委和校区党工委的正确领导下，深入贯彻落实习近平新时代中国特色社会主义思想和党的十九大，十九届四中、五中、六中全会精神，坚决落实一体化发展要求，以党的政治建设为统领，致力于促进前沿科学的探索研究与学科发展的交叉融合，着力打造新亮点，各项工作取得新的进展。

一、学生工作

前沿院在“一体化战略”下开展招生宣传工作，利用山东大学的资源拓展前沿院招生工作，在优秀大学生夏令营选拔工作中，通过严格把握考核程序，精心组织导师考核小组，选拔出真正优秀的学生。加快结构优化步伐，持续改善学生的学科结构，会计学专硕开始招生。强化专业课程教材建设，立项建设“十四五”规划教材 1 部。创新人才培养成绩斐然，研究生有 1 人获得国家奖学金，发表 SCI/SSCI 论文 10 篇，CSSCI 论文 1 篇。

二、科学研究

2021 年，前沿院共发表论文 42 篇，其中 *cell* 子刊 1 篇，*Nature* 子刊 2 篇。张宁教授入选科睿唯安 2021 年“全球高被引科学家”名单、2021 全球前 2%顶尖科学家“年度科学影响力”和“终身科学影响力”榜单，李佳硕研究员入选全球前 2%顶尖科学家“年度科学影响力”榜单和昆仑英才拔尖人才项目。此外，张宁教授获山东省第三十五届社会科学优秀成果奖二等奖，赵旭教授获得 IOP 出版社“中国高被引文章奖”。

2021 年，获批国家自然科学基金面上项目 1 项、山东省自然科学基金项目 5 项，其中山东省优青项目 1 项、面上项目 1 项、青年项目 2 项。张宁教授获批研究阐释党的十九届五中全会精神重大项目 1 项（山东省唯一入选项目，经费 80 万元）。全年获批直接经费 225 万元。

科学研究多方位服务国家战略。《多措并举建设低碳乡村实现乡村振兴与碳中和兼容互促》为我省实现乡村振兴和碳中和两大战略目标提供了有价值的参考，获山东省人民政府省委书记批示。“推动黄河流域生态保护和高质量发展研究”课题围绕如何在生态保护的前提下推动黄河流域高质量发展这一核心问题，展开系统性分析。

三、学术活动

2021 年，前沿院以“蓝绿大讲堂”为平台共举办高端学术讲座 19 次，邀请包括著名经济学家 Andrew Foster 教授、Roger von Haefen 教授，国际系统与控制科学院院士余乐安教授，山东大学讲席教授傅有德等知名专家学者作学术报告；主办、协办“黄河流域碳达峰与碳中和路径高峰论坛”“新文科与数字人文高峰论坛”“齐鲁青年论坛资源环境经济与管理分论坛”“工业清洁生产与绿色一带一路研讨会”“国家自然科学基金重点项目开题启动会”“国家社科基金重大项目开题启动会”“国际产业生态学会专场会议”等高端学术会议、论坛；运营“蓝绿发展研究院”微信公众号，不断扩大前沿院影响力。

四、服务地方工作

2021 年，郭亮教授团队完成威海市文登区社会信用“码上见”系统的研发。该系统为全国首创，着力搭建个人信用展示、党建信用管理、志愿服务、信用兑换等功能体系，得到了包括新华社、《大众日报》在内的多家媒体高度赞扬，山东省发改委发文全省推广。前沿院还与文登区大水泊镇人民政府签订合作合同，运用人工智能技术赋能乡村振兴建设，该项目受到国家乡村振兴局主要领导的高度关注。

（薛峰　丛菱）

东北亚学院

东北亚学院坚持强化政治引领，扎实推进党史学习教育走深走实，把握好“十四五”规划开局之年，以巡视整改为契机，不断推动学院各项工作向前发展。

一、党建工作

2021年，东北亚学院党委以习近平新时代中国特色社会主义思想为指导，深入贯彻落实党的十九大和十九届历次全会精神，坚持和加强党对学院工作的全面领导，以庆祝中国共产党建党100周年为契机，立足新发展阶段，贯彻新发展理念，融入新发展格局，深入开展党史学习教育。

按照新时代党的建设总要求和学校部署，在学校建校120周年和巡视整改之际，扎实推进“强院兴校”行动，全面落实“我为群众办实事”清单，不断推动学院思想政治工作守正创新，以提升师生幸福感为目标，实现党建与事业发展深度融合。

学院制定了《东北亚学院党委委员联系党支部工作制度》和《东北亚学院基层党支部“三会一课”制度实施方案》，从制度上和组织上切实保障和加强基层党组织建设，提升基层党建水平。学院出台了《东北亚学院党务公开制度实施办法》和《东北亚学院院务公开制度实施办法》，这两项制度，一方面健全了院务、党务公开工作机制，提高了院务、党务公开意识，加强了党风和院风建设，密切了党群、干群关系，增强了全院凝聚力；另一方面树立了学院党员领导干部和各部门廉洁、公正、高效地为全院师生服务的良好形象，营造了依法决策、依法管理的良好氛围。同时为更好地贯彻落实党的十九大精神，切实执行民主集中制，推动党政班子民主、规范决策，提高科学决策水平，充分发挥党委的集体领导作用，学院结合院情，重新修订了《东北亚学院“三重一大”议事规则》，进一步规范了决策程序。

2021年学院共发展党员63名，其中教工党员1名，研究生党员15名，本科生党员47名，顺利完成了预计发展计划目标。截至2021年12月31日，学院共有党支部4个，正式党员80名。

二、学科建设与科研工作

（一）师资队伍建设

开拓性展开人才招聘与考核工作，每年坚持筹办山东大学齐鲁青年论坛，坚持对人才的全过程服务与培养。2021年，学院已建立起包括讲席教授、特聘教授、荣聘教授、山大杰青、三级教授在内的人才体系。2021年海外博士比例达到57.6％，完成任期目标137％；高被引科学家1人。

（二）科研工作

东北亚学院以新文科建设为导向，以区域国别学科建设为基本定位，持续推进多学科交叉融合。全年发表学术论文 61 篇（含 CSSCI 14 篇、SSCI 3 篇、KCI 3 篇、《人民日报》文章 1 篇），刊发《东亚评论》2 辑，出版专著 2 册，译著 3 册，23 份咨政报告被采纳。组织举办国内会议 14 场，学术讲座 33 场。

11 个科研项目获批立项，其中国家社科基金冷门绝学研究专项 1 项、国家社科基金一般项目 2 项、国家社科基金专项子课题 1 项、省级项目 3 项、地厅级项目 4 项。获省级社会科学优秀成果奖三等奖 1 项，地市级社会科学优秀成果奖 7 项（一等奖 1 项、二等奖 4 项、三等奖 2 项），大韩民国学术院优秀学术图书奖 1 项。

（三）平台建设

2021 年，学院在 1＋5 平台建设的基础上，强化推进五个中心的发展，31 份智库报告获得批示或采纳。

2018 年以来，经过四年的建设，东北亚新兴交叉学科建设取得初步成就，为冲击国内一流学科奠定了良好基础。学科方向明确，特色和优势进一步凸显。成功培育出区域理论与实践、海洋战略与发展、东北亚语言文学、东北亚历史文化四个特色学术团队与方向，新增国家级区域国别学一级学科论证报告已进入学科评议组研究讨论阶段。

（四）国际交流

在夯实对日韩合作基础上，开拓性建立与欧美、东南亚合作关系。与英国伯明翰大学、越南建设证券股份公司、俄罗斯科学院远东分院达成合作意向，并建成 3 门国际化课程。

三、人才培养

（一）本科生培养

在校区教务处的总体规划和引领下，积极推动大学外语教育教学改革，东北亚学院与翻译学院一起，制定了《山东大学（威海）大学外语综合改革方案》，丰富了大学外语教学的内涵，构建了适应社会经济发展需求的大学外语教学体系和课程体系，为培养多语种复合型人才奠定了制度基础。

2021 年，东北亚学院着力推动信息技术与教育教学深度融合，鼓励和支持教师开展教学方式改革创新，探索新的课程教学模式，提高在线开放课程建设水平和课堂教学质量，完成 2 门在线开放课程建设，已在智慧树平台上运行。同时，建设适应新时代要求的一流课程思政示范课程，在全院范围内开展课程思政示范课程建设活动，共立项 6 门本科生课程和 3 门研究生课程。

积极推进教学改革与创新。获批山东省教改项目 1 项、校级重点教改项目 1 项、一般项目 2 项。注重实践教学，与地方机构和企业签订合作协议，为学生提供良好的教学实践基地。积极组织学生参加各级各类专业竞赛，共获得省级一等奖 3 项、二等奖 2 项、三等奖 2 项。

学生海外培养工作受疫情影响，完成情况不理想，赴国（境）外本科生人数和研究生人数只完成计划的 62.2％和 87.5％。

（二）研究生培养

在研究生培养方面，继续扩大招生规模，2021 年招收研究生 55 人，创历年新高，其中，推免生接收 24 人，“双一流”高校生毕业生 20 人。年内，学院研究生在各类比赛中获得国家级奖项 7 项、省级奖项 9 项，是学院自建院以来研究生取得的最好名次。

（三）学生工作

2021 年，紧扣立德树人根本任务和高质量发展主题，以全员班主任制推进“三全育人”纵深发展，开展师生德育类、体育类、实践类等共建项目，加强师生互动交流，制定学院《五育并举工作方案》。持续开展三年的“青苗班”学生骨干训练营工作案例获得山东省辅导员工作案例大赛一等奖。2018 级国际政治班获评省级优秀班集体。学生参赛项目获评“挑战杯”省级一等奖 2 项，“互联网＋”比赛省级银奖 1 项，均为历史最好成绩。同时引导学生服务国家战略，1 名研究生参与服务西部计划，2 名本科生参与国际组织实习。

贯彻落实就业工作“一把手工程”，院长、书记作为毕业生就业工作第一责任人，坚持全员育人理念，形成全员抓就业、促就业的工作格局。通过领导班子成员联系班级制度、一生一策台账跟踪管理服务等措施，持续推进 3A 帮扶工作机制，拓宽多领域就业渠道，搭建优质高端就业平台。

（张琳琳）

商学院

商学院 2021 年发展进入“高质量发展”攻坚阶段，围绕立德树人，聚焦“双一流建设”目标，遵循守正创新、价值引领、分类推进的“三个基本原则”，将贯彻执行学校党委的部署要求和倾听教职工意愿、诉求有机结合，追求卓越、只争朝夕，开启特色一流商学院建设新征程。

一、党政工作

2021 年，商学院党委强化党建引领，落实意识形态责任制要求，深化党史学习教育，切实发挥党建举旗定向作用，统筹推进防疫、发展和安全稳定工作。

建设党支部品牌项目 21 项，新发展党员 121 名；开展商院特色文化校庆、学术校庆、开放校庆、平安校庆系列活动；扎实推进“我为群众办实事”，落实 8 个重点项目。党建质量进一步提升，1 项党支部党建突破项目获学校优秀成果，2 项分获学校优秀基层党支部活动一等奖和三等奖；新立项书记抓党建突破项目 1 项、基层党组织活动项目 4 项及院级思想政治工作精品（培育）项目 14 项。

二、师资队伍情况

2021年，商学院共有全职教职工145人（含外籍教师1人），其中教师岗106人，非教师岗39人；在编人员132人，编外人员13人；年内新入职、校内调入9人，离职、校内调离4人；教授24人，副教授、副研究员48人，讲师、助理研究员34人。另有兼职人才5人（教授4人，副教授1人）。

引育并举，提高人才队伍建设。年内培育山东大学杰出中青年学者1名。引进齐鲁青年学者1名、兼职讲席教授1名、外籍教师1名。入选校区青年学者未来计划2名。

三、学科科研与服务地方

（一）科研与学科建设

1. 加强科研团队建设，夯实科研平台建设基础，优化建设创新型社科智库平台，成立了“山东大学自贸区研究院”“山东大学威海发展研究院”“山东大学金融标准化研究中心”“商学院科研创新团队”。创新发展，构建“人才—专业—平台—项目—成果”创新链，推进“学科、学位点、专业”一体化建设。主办承办国际国内学术论坛及举办“百廿山大，学术报国”系列报告共28场。获批国家级项目5项、教育部项目2项、省级项目5项；在SSCI、CSSCI期刊发表论文57篇。

2. 立足强院兴校，利用新文科建设契机，主动识变应变，推进学科交叉、融合，探索新时代新商科新发展路径。本科方面，增设2个文理融合“新文科”微专业；新增2个国家一流专业。获省级一流课程1门、省级课程思政示范课1门；上线5门慕课；立项23门海外师资课程、17门暑期精品课程、15个院级课程思政专项；建设2个虚拟仿真实验软件平台；开展课程思政培训和ISW培训；新增省级课程思政教学名师1人，获全国及校级教学奖项8项；立项校级教改项目12项（含2项重点）。研究生方面，入选“山东省研究生教育优质课程”1门，获“2021研究生导学思政”项目2个；生源质量大幅度提升，推免率达69.6%；课程改革取得新成效；举办研究生教育20周年专题陈列展。

（二）服务地方

面向国家重大战略需要，对接区域社会和经济发展，建立科研于服务地方协调发展机制，构建“智库支撑、人才培养、教育培训、三位一体”的社会服务体系。疫情期间攻坚克难，承担中贸促商事服务有限公司等单位委托课题，承接山东省税务系统等单位管理培训，不断提升服务社会能力和水平。

四、人才培养

（一）本科生教育

2021级本科招生11个专业共630人，年内转入学生12人，2021届毕业学生900人。2021年，本科生42人次获得国家奖学金，升学率为37.46%。

（二）研究生教育

2021年，商学院有博士学位授权点2个，硕士学位授权点7个，其中专业学位硕士授权点 4 个。博士研究生导师 11 人，硕士研究生导师 35 人。录取硕士研究生 191 人，博士研究生 5 人。年内共有 139 名硕士研究生毕业，其中全日制硕士研究生 78 人。2021 年，研究生 4 人次获国家奖学金。

五、对外交流合作

多位推进，提高国际学术声誉。新增 SSCI 国际学术期刊编委 3 人。合作办学平稳运行，组织“海外学子献礼百廿山大”和“商学院国际化建设成就展”等校庆活动。

六、学生工作

五育并举，学团工作再展新篇。科研育才，承办省“三创”赛，科创及学科竞赛获国奖 11 项，省奖 28 项，其中 1 项获第十七届“挑战杯”红色专项国家特等奖，创校区历史新高。劳动实践育人，235 个团队 1868 人次参与寒暑期社会实践，6096 人次参与支教、海洋保护和关怀残障人群等志愿服务，社会实践获得国家级奖励 7 项。学院蝉联校区运动会六连冠，“跃动商研”等体育活动覆盖全院。商学院团委荣获山东大学 2021 年度红旗团委等 5 项集体荣誉，学生组织获评山东大学“十佳学生会”“十佳研究生会”，两个班级分别获评山东省五四红旗团支部、山东省优秀班集体。

（张晨　荆晓文）

法学院（威海）

办学 25 年来的山东大学法学教育威海板块，深植文史底蕴，凸显法政底色，不断推进学科建设特色发展和一流人才培养事业。学院共有教职工 65 人，教授 16 人，副教授 18 人，其中，山东大学特聘教授 2 人，山东大学杰出中青年学者 2 人。拥有法学、政治学和社会学三个一级学科，学院坚持以本为本，培养一流本科生的理念，开设了计算法学、“法学＋英语”双学位班、党内法规和监察法学、日语背景法学班、新闻法学、法学与行政管理、司法社会工作等特色实验班。

一、党建工作

1. 坚持党建引领作用。学院党委深入学习贯彻习近平新时代中国特色社会主义思想，全面落实中央巡视工作要求，认真抓好巡视反馈意见的整改落实。统筹推进疫情防控和常规工作，按时完成党支部换届选举工作，圆满完成校庆各项工作。在不断深化一校三地一体化建设，实施“强院兴校”发展战略的宏大背景中，在加快推动山东大学“双一流”建设，实现“由大到强”历史转变的强劲进程中，遵循“党的建设引领事业发展，学科建设统领全面工作”的基本方针，积极谋划和整体推进山东大学法学学科一体化建设、高质量发展，做大做强山大法科，努力打造具有自身风范和气质的山大法学。

2. 推进学习教育常态化制度化。开展党史学习教育，组织理论中心组学习 10 次，开展院领导接待日活动 20 次，推进完成“我为群众办实事”重点项目 5 项，组织党史知识竞赛，观看红色电影，党性教育培训基地观摩培训，以丰富党史学习形式，加强党员的党性修养，增强党组织的活力。

3. 成立学生党建服务中心。推进党员“双报到”制度落地，设置党员先锋岗，开展党员联系宿舍活动；成立 3 支学生党史宣讲团，开展进班级、进宿舍的党史学习活动。全年新发展预备党员 147 人，转正党员 60 人，新培养积极分子 227 人（其中教师 1 人）。

二、学科建设

在新一轮一流学科建设“马克思主义理论与国家治理”领域，开展科学阐释习近平法治思想的合作科研，共建山东大学习近平法治思想研究特色和优势，推动习近平法治思想进教材、进课堂、进头脑。以“马克思主义理论与国家治理”学科板块为依托，着眼于新公法—人大制度、法律方法—立法学、党内法规—监察法学、体育法学—老年法学等学科维度，构建新公法学全国高地，进一步形成法学学科错位建设和发展格局。2021 年度引育特聘教授 2 人，山大杰青 1 人，人才队伍建设有了实质性进展。

三、教学工作

1. 计算法学特色班升级为校级实验班，日语背景法学教育特色班首次组建招生；推进计算法学、应急法学和党规监察法学等领域试点专业复合和法律硕士教育改革，以本科生特色教育和研究生优势培养，造就“就业竞争最强实力、学业深造最大潜力、思想和实践最具创造力”的一流法科生。计算法学、党内法规监察法学人才培养实现本硕博连线，渐近“横向连通、纵向贯通”。2021 年 4 月 24～25 日，以“百年党内法规制度建设与理论创新”为主题，组织了第一届全国党内法规学博士论坛。

2. 加强教育教学人才队伍的建设。2021 年立项本科校级教改项目 8 项、研究生校级教改项目 7 项（其中重点 2 项），资助 3 位老师开展线上线下混合课程建设；出台《法学院教学业绩绩效量化考核办法》；组织编写《计算法学概论》《党规学》《地方立法学》等新法科教材。

3. 济南市委办公厅与山东大学（威海）合作共建党内法规教学研究实践基地，助力学院进一步提升党内法规教育教学、科学研究水平以及高素质党内法规人才培养。

四、科研工作

1. 组织开展高水平学术活动。主办 15 场全国性学术会议，举办 35 场“名家讲坛”学术报告，4 期“论文工作坊”，校庆期间组织了 6 场高端学术论坛；获批国家社科基金项目 1 项，教育部项目 1 项，山东省社科项目 4 项，累计到账经费 178.8 万元（其中纵向经费 78.7 万元）。

2. 产出更多高水平学术成果。发表学术论文 46 篇，其中 CSSCI 论文 27 篇（含权威 1 篇，CLSCI 10 篇），SSCI 论文 1 篇，智库认定成果 5 项，出版著作 1 部。

五、社会服务和校友工作

1. 深入推进社会服务工作。举办合作办学班次 25 期，学院承接班次 3 期，共计 28 期，培训人数达 2153 人次，培训费 391 万余元；收到捐赠款项 40 万元，合计年收入 117.4 万余元。

2. 加快推进校友会工作。相继成立上海校友分会、济南校友分会，筹备北京、河南、临沂校友分会，发挥校友在支持学院建设和育人体系中的作用。

3. 2021 年 12 月 17 日，成立威海市法学会市域社会治理研究会，并举办“市域社会治理理论与实践”论坛，致力于打造市域社会治理的高水平智库，努力为市域治理现代化和法治建设作出贡献。

六、学生工作

1. 强化“五育并举”，完善思政教育体系。制订《法学院班主任工作实施细则》，首聘 8 名青年教师、3 名博士生担任本科生班主任。推进学风建设月活动，继续打造“法治文化节”“习近平法治思想宣传月”等品牌活动；2021 年新开拓就业市场 9 处，建立就业创业实践基地 6 所，荣获“2021 届毕业生服务国家战略就业优秀组织单位”称号。2019 级党内法规与监察法学班获得山东省先进班集体，1 名学生获评山东省优秀学生干部，2 名学生获评山东省优秀学生。

2. 实践教学成果丰硕。荣获第十二届“挑战杯”全国大学生创业计划大赛省级铜奖，“第十九届 Jessup 国际法模拟法庭比赛”中国赛区三等奖，“第十五届中国大陆地区红十字国际人道法模拟法庭竞赛”全国一等奖、“辩方最佳书状”第一名、“初赛最佳检察官”，第二届“开炫盾杯”全国高校法庭模拟辩论赛全国二等奖、优胜奖等多项赛事的奖项。

（时珊　黎海鹰）

文化传播学院

一、党务工作

充分发挥学院党委的政治引领和支撑保障作用。健全党委会和党政联席会会议制度，通过推进“我为群众办实事”实践活动，确保党史学习教育成效。

落实中央巡视整改工作，推进全面从严治党。坚持问题导向，制定51条整改措施，确保整改到位；持续加强党风廉政建设。

贯彻立德树人根本任务。通过基层党组织立项活动，推进党建工作与中心工作相融合，教工党支部有2项课题被列为党组织书记抓基层党建突破项目。

注重加强党支部组织力建设。完成7个基层党支部换届工作，选优配强党支部书记；推进党建“双创”工作，做好党员发展和培训工作，严把发展党员质量关。

二、学科建设与科研工作

专业建设方面，2021年设立“语言产业”和“新媒体创意写作”两个微专业建设项目，并于当年开始招生培养。

课程建设方面，“出镜记者与现场报道”“国学基础”获批第二批省级一流课程。

“思政课外围课程”建设方面，与马克思主义学院（威海）联合，开发“人学与人生”等8门同类课程，以此架设“思政课程”与“课程思政”的创新性桥梁。

交叉融合特色课程建设方面，开设开发“新闻法学”等交叉融合特色班；尝试在新闻学专业开设“高等数学”“Python编程”等课程。

2021年度，学院教师发表学术论文43篇，其中CSSCI来源期刊及被人大复印资料转载论文共23篇，SSCI来源期刊2篇，SCI来源期刊1篇；出版学术专著11部，其中2部著作由Routledge出版社出版；立项国家级课题1项，教育部课题1项，省部级课题4项；1位教师的著作获“首届詹伯慧语言学奖”提名奖。

三、师资队伍建设

引进兼职讲席教授1人，副研究员1人，副教授1人，助理研究员1人，统招博士后入站1人。现有教师队伍中，1人晋升教授职务，1人晋升副教授职务。

四、教学工作

落实常态化疫情防控措施，创新教学方式方法，加强教材建设和管理，实现“马工程”教材全覆盖。

教学创新、教改研究和教学成果培育成效显著。张毅获首届山东大学教师教学创新大赛二等奖；朱新林、张毅获威海校区优秀教案评选二、三等奖；郑薇获评山东大学青年教师教学比赛一等奖。“国学基础”课程获评省级一流课程，新增7门全校通识核心课程。9位教师获批威海校区教改研究项目立项资助，其中张超、朱新林和张毅3位老师获批重点资助。5位教师申报省级教改研究项目。

组织开展11场“百廿山大　学术报国”百场学术报告活动，促进师生与国内外学术界的交流沟通。

人才培养质量稳步提升。2021届本科毕业生升学深造率达37.0%，2022届本科毕业生推免数量和质量较去年有显著提高。

完成新闻实验教学中心VR实验室、融媒体实验室建设工作并投入使用。

五、国际化建设与留学生工作

论证并提交“山东省华文教育基地”申报书，与临沂职业学院国际教育学院合作建立教学实习基地。

与台湾世新大学共建 4 门线上本科课程，完成与国际教育学院语言生的分类管理与培养，完成留学生本科培养方案的趋同化修订。

2 位教师获国际研究生导师项目立项，2 位教师获研究生国际化双语课程立项，与韩国庆北大学建立合作关系，与泰国格乐大学洽谈汉语国际教育、联合培养等方面的合作。

六、学生工作

围绕立德树人根本任务，打造具有学院特色的“五育平台”。在山东大学 120 周年校庆活动期间，组织“山大与党共成长”山大故事宣传赛等 4 项学生文艺活动。

2021 年度，1 人获评第十七届“挑战杯”全国大学生课外学术科技作品竞赛红色专项活动国家三等奖，实现学院该奖项零的突破；获批山东大学 2021 年度大学生创新创业训练计划国家级立项 1 项；获评山东省大学生创业计划大赛三等奖 1 项；3 支团队获评全国“千校千项”团队风采和青春影像奖项；2 支团队入围省级推优答辩；学院研究生会获评威海校区“优秀研究生会”。1 人入围本科生校长奖学金，2 人入围山东大学“自强之星”答辩。

严守安全稳定责任底线，做好学生服务管理工作。举办 4 期网格长培训工作，制定辅导员每天进宿舍值班制度；开通学院“书记直通车”；举办 3 期“校友讲坛”，为学生提供公考、就业规划、礼仪、摄影及图片后期处理等专业指导。

七、服务地方

与昌乐县人民政府签署产学研战略合作协议；参与主创的非遗保护微电影《绝唱——乳山琴书》荣获“第十四届中国·山东青年微电影大赛”社会单元纪录片银奖。

开展威海方言研究，已获批为国家社科基金项目；开展“古典与现代”旗袍文化研究。

发挥学院师资和技术优势，为政府相关部门提供 VR 直播；与威海广播电视台海洋频道达成战略合作，为《海这边　海那边》电视栏目提供创意服务。

张超教授的 4 篇智库成果被山东省委宣传部采用，其中 1 篇解读类报告被报送至中宣部，2 篇智库成果被中央广播电视总台外语频道采用。

（刘琼）

翻译学院

一、学院概况

翻译学院在山东大学外国语言文学学科一体化发展的大背景下，坚持以观念更新为先导，以制度创新为动力，以师资和学科建设为核心，以培养符合社会发展需要的复合型国际化人才为目标，深化师资等资源共享，全面强化素质教育，形成了以本科教育教学为主体，大力发展研究生教育以及博士后培养工作的完整育人体系，以翻译学教学为优势，以“英语＋X语种”和国际化为特色的办学体系。

翻译学院拥有外国语言文学一级学科博士学位授权点，下设英语语言文学、外国语言学及应用语言学2个二级学科博士学位授权点；拥有外国语言文学一级学科硕士学位授权点，下设英语语言文学的二级学科硕士学位授权点；拥有翻译硕士专业学位授权点，下设英语笔译1个专业。

截至2021年底，翻译学院共有专职教师87人，其中教授7人、副教授19人；博士生导师5人，兼职博士生导师3人，硕士生导师16人，获得博士学位及在读博士共53人，欧洲科学院外籍院士1人，加拿大皇家学会院士1人，获国务院政府特殊津贴1人，教育部新世纪优秀人才1人，山东省教学名师1人，“山东省优秀研究生导师”1人，山东大学兼职特聘教授2人，杰出中青年学者2人（含兼职1人），齐鲁青年学者1人，青年学者未来计划3人，近2/3的教师有国外著名大学留学、访学经历。多名教授在全国和省级学会中担任会长、副会长等职务，并有多名国内外知名学者、专家被聘请为翻译学院的兼职或客座教授。

二、党建工作

翻译学院党委以政治建设为统领，坚定不移地贯彻落实党中央和学校党委决策部署，切实发挥党委政治核心和领导核心作用，政治上加强推动全面从严治党向纵深发展，引领带动翻译学院事业发展全面提高。

扎实开展党史学习教育，认真抓好中央巡视和校内巡视整改落实工作。用好线上线下教育平台，组织开展“学‘七一’讲话，做合格党员”党史学习教育竞赛等线上活动，全年开展翻译学院党委主要领导专题思政大课2次，党委委员主题党课10次，组织沈秀芹纪念馆、天福山起义纪念馆、胶东育儿所参观学习活动和《长津湖》观影等全院性主题党日活动10余次。

切实加强组织建设，严把发展党员“入口关”。组织开展入党积极分子、重点发展对象培训班各2次，全年发展师生党员3批共88人；优化支部架构，调整、拆分成立

4 个本科生党支部，成立学生党建服务中心，构建横纵向结合的基层党建工作网格。

完善党建制度体系，2021 年新制定发布《翻译学院党委会议事规则》《翻译学院党政联席会议事规则》《翻译学院党务院务公开制度》等制度文件。提升党建服务群团工作的能力，组织参加“教职工羽毛球赛”“建党百年合唱比赛”“教职工广播操比赛”等工会活动。

三、师资队伍与学科建设

大力做好人才引育工作，1 人被评为欧洲科学院外籍院士，1 人入选山东大学齐鲁青年学者，进一步完善了翻译学院的人才梯队。翻译学院承办“中国外国文学学会英语文学研究分会第七届年会”；组织数字人文高峰论坛、青苗论坛、博雅论坛讲座 20 余场。

四、科学研究

2021 年度翻译学院教师共发表学术论文 40 余篇，其中 SSCI、A&HCI 论文 12 篇，CSSCI 检索论文 12 篇，出版专著译著 7 部；国家社科基金中华学术外译项目立项 1 项，省部级项目 4 项，到账经费 39 万元。“挑战杯”全国大学生课外学术科技作品竞赛获国家三等奖 1 项、省级特等奖 1 项、省级二等奖 2 项、省级三等奖 1 项。

翻译学院专著资助计划资助 1 部专著。

五、教学工作

（一）研究生教育

1 人获评山东省优秀研究生导师，1 人获评山东大学优秀研究生导师。举办第九届全国大学生“英语菁英”夏令营与第三届研究生学术论坛；设立研究生项目资助计划，开展第一届翻译硕士翻译大赛。研究生发表发表 CSSCI 论文 3 篇，北大核心论文 1 篇。

（二）本科生教育

翻译学院积极推动一流课程建设。“英语国家文化”荣获 2021 年秋冬学期智慧树网“一流高校精品课程（专业课）”。

积极开展专业改造升级，努力将大数据及人工智能等新科技融入翻译专业的课程建设当中，开设“译后编辑”课程，提升专业内涵。

建设微专业课程 3 门，分别为“国际沟通、谈判与领导力提升”“俄语与中俄跨文化交际”“德语语言与德国研究”，为学生的国际化人才培养及专业的多元发展提供便利。

资助教材项目 6 项，课程项目 2 项，一般教研项目 5 项；制定了《山东大学（威海）大学外语教育教学综合改革方案》。

举办翻译学院教师讲课比赛，提升教师的教学水平。在校区组织的 2021 年度青年教师教学比赛中，翻译学院推荐的 2 名教师分获校区文科组第一名和第六名。

六、学生工作

切实提高政治站位，强化思想引领，深入扎实做好学生思想政治工作。按照党中央及山东大学党委要求，结合翻译学院学科特点，有创造性地组织开展学生党史学习教育活动。

以党建带团建。先后举办“百年峥嵘燃燎原星火，时代激昂做奔涌后浪”“使命铸魂请党放心，青年有为强国有我”“劳动的青春最出彩”主题团日活动。翻译学院团委蝉联“山东大学红旗团委”荣誉称号。

坚持实践育人。在2021年上半年落幕的全国第十七届“挑战杯”大学生课外科技作品竞赛红色专项活动和山东省第十七届“挑战杯”大学生课外科技作品竞赛活动中，翻译学院学生负责的4项课题荣获国家三等奖1项、省级特等奖1项、省级二等奖2项、省级三等奖1项，实现了自第十六届“挑战杯”首次获得国赛三等奖以来的又一次大的突破。

加强心理疏导，护航健康成长。翻译学院设立“心畅坊”翻译学院学生二级心理辅导站。1篇心理工作案例在山东大学优秀心理辅导案例评选活动中荣获三等奖。继续开展“绿动”青春活动，完善疫情期间的心理危机联络机制，继续依托学院“树洞邮箱”平台，收集学生来信，关注疫情期间学生心理现状，积极进行疏导。继续注重完善危机干预体系，定期组织进行案例研讨。

经过周密筹备，翻译学院校友会成立大会于2021年7月24日在山东大学威海校区内隆重召开，共有来自全国各地的160余名校友参会，效果良好。

七、国际交流与合作

在海内外疫情依然形势严峻的情况下，翻译学院转换思路，开拓国际交流和人才培养的新方式和新策略。在培养国际化方面，共组织66名学生参加世界名校线上线下访学项目，共计27位本科毕业生申请出国（境）读研，共开设面向一校三地的7门海外师资课程。在师资培养方面，翻译学院共计派出5位教师赴海外攻读博士学位、访学或借调至驻外使馆工作。在科研国际化方面，与海外专家联合申报2项外译项目、合作发表国际期刊论文6篇。在国际影响力方面，翻译学院讲席教授Jonathan Locke Hart当选欧洲科学院外籍院士，彰显了山东大学外国语言文学学科的国际影响力和蓬勃生命力；由翻译学院主编的国际期刊《国际翻译与应用语言学》出版发行2期，扩大了期刊的国际影响。

八、社会服务

翻译学院教师加入威海发展研究院语言文化服务团队，2021年度共计100余人次承担各类活动、会议及论坛的翻译工作。完成与威海市外办合作的“威海市公示语翻译项目”第二期翻译及校订工作。承办威海市翻译协会2021年年会，促进翻译研究学科的交叉融合，加强威海市翻译行业从业人员的相互交流。与山东英格利国际教育交流有限公司合作，提供语言培训服务。

（丛海燕　刘肖君）

艺术学院（威海）

一、党建工作

1. 艺术学院党委围绕以高质量党建引领学院高质量发展的目标要求，强化领导班子政治建设，发挥好关键少数引领带动作用。进一步修订完善了学院党委会会议议事规则和党政联席会议议事规则，有效落实民主集中制和“一岗双责”，提升议事决策能力和水平。强化顶层设计，编制了“十四五”事业发展规划。全年共召开党委会 36 次、党政联席会 31 次，推出《信息周报》30 期 470 条信息，进一步做好党务和政务公开。

2. 着力于学懂弄通做实习近平新时代中国特色社会主义思想，注重用党的创新理论武装头脑、指导实践、推进工作，强化理论武装和思想引领。扎实推进党史学习教育，认真学习贯彻习近平总书记“七一”重要讲话精神，党的十九届五中、六中全会精神，习近平总书记给《文史哲》编辑部全体编辑人员重要回信精神及关于教育工作的系列重要讲话批示指示精神，夯实思想根基。正向引导与警示提醒相结合，扎实开展师德师风专题教育。进一步改进完善学习制度，组织理论学习中心组学习 12 次、教职工集体学习 8 次。

3. 扎实推进落实中央巡视整改任务、“深化审计整改 加强风险排查”专项行动和校内巡视整改任务，学院政治生态持续改善。

4. 树立“安全第一”理念，坚持把纪律和规矩挺在前面，守住底线，维护学院安全稳定大局。持续深入落实党风廉政建设责任制，坚定落实中央八项规定及其实施细则和学校的有关规定要求，驰而不息纠治“四风”。落实网格化管理制度，严谨细致落实常态化疫情防控各项措施，确保万无一失；经常性开展安全风险隐患排查和整改，做到人人有责、事事提醒、层层把关。

5. 围绕庆祝中国共产党成立 100 周年、山东大学百廿校庆和艺术学科恢复办学 20 周年，积极承担校庆重点项目，推进学院“文化建设年”工作。两地艺术学院共同承担了《为国育贤》大型音乐舞蹈晚会、“百廿山大”重大历史题材美术创作工程和庆祝山东大学建校 120 周年暨迎新晚会等校庆重点项目。学院编创推出了“信仰就是力量”——庆祝中国共产党百年华诞红色经典舞蹈晚会、“歌声中的百年”音乐会和“艺”心向党系列活动。扎实开展文体活动，做好工会工作，学院凝聚力和向心力进一步增加。

6. 深入抓好基层党建。突出抓党支部政治功能建设，彰显带头引领作用。健全完善组织管理体系，强化责任担当，每个系级班子中至少有 1 名党员成员，将原本科生党支部分成了本科生第一党支部和本科生第二党支部，强化专业特色和工作联动。年度发展党员 82 人，其中教工党员 2 人。

二、一体化建设

贯彻执行《山东大学艺术学科一体化发展规划纲要》和《山东大学艺术学院、山东大学（威海）艺术学院“强院兴校”行动方案》，健全完善制度体系和运行机制，落实落细一体谋划、优势互补、资源共享、平台共建、师生交流的各项措施。

共同承办 2021 年山东大学艺术节。共享资源，成功申报音乐学国家级一流专业建设点，积极申报美术学、视觉传达设计等一流专业。

三、人才培养

（一）人才培养亮点频现

新增音乐学国家一流本科专业建设点，获批省级本科一流课程 2 门、校级重点教改项目 4 项，完成线上精品课程建设项目 1 项；国家级比赛获奖 8 项，省部级获奖 44 项，其中获第十二届中国舞蹈“荷花奖”现代舞入围奖 1 项，获教育部全国大学生艺术展演优秀案例评选一等奖 1 项、大学生艺术实践工作坊二等奖 1 项。新增研究生实践教学基地 1 个，聘任行业导师 4 人；获评山东省优秀硕士学位论文 1 篇；获山东省专业学位研究生教学案例库立项 1 项。修订了《艺术学院本科生导师制工作实施办法》，聘任了新一批本科生导师。

（二）积极发挥美育育人功能

学院打造美育思政教学团队，推进民族乐团、管弦乐团、舞蹈团和合唱团建设，成立美术馆，以音乐厅和美术馆为平台，面向校内外推出系列展演活动，共举办演出 37 场、展览 18 场。举办了四期“美育课堂”系列活动，分 8 个课堂，受众超过 700 人。学院美育成果获得肯定，“学习强国”平台推送了 3 期学院作品。

（三）做好学生管理与服务

加强学生工作队伍的思想建设、能力建设，全年参加线上线下培训 36 人次，获得各级奖励 34 项。强化运用新媒体，学院微信公众平台“山威艺苑”共发布 234 次，总计 428 篇推文，平台阅读量达 20.2 万，山威抖音号＃艺术瞬间＃单条最高浏览量 1.9 万。坚持开展“灯塔引航”学生骨干培训、举办“星火讲堂”等专题培训 25 场。坚持“3＋2”心理辅导模式，学院作品作为校区唯一代表参加一校三地心理情景剧大赛；承办一校三地“画解心情”心理健康主题绘画设计大赛。学院被评为山东大学心理活动月“优秀组织单位”。

（四）加强社会实践与创新创业教育

暑期社会实践活动以“艺”心向党、庆祝建党百年、助力乡村振兴为主题，参与团队共 15 支、成员 177 人。在第十七届“挑战杯”竞赛中，获得省级三等奖 1 项。“菁莪工作室”通过校区首批大学生创新创业基金资助项目立项支持。持续扎实推动就业工作，实现了学校提出的学生高质量充分就业目标。

四、人才队伍建设

年度晋升副教授 4 人，到岗齐鲁青年学者 1 人、外籍专家 1 人，入选青年学者未来计划 1 人；新增海外博士 1 人，海外博士比例达到 11.7%。做好人才服务工作，为高层次人才配备服务专员。

五、学科建设

按照《艺术学院科研创新团队支持计划实施办法》，根据学科特点进行分类支持，继续加强团队建设，打造新型团队。2021 年，学院获批国家社科基金后期资助项目 1 项、教育部人文社科规划项目 1 项、山东省社科规划项目 2 项、立项横向科研项目 13 项，实到科研经费 170 余万元；共发表论文 20 篇，其中 CSSCI、SSCI 论文 8 篇，国际检索论文数量有所提升；共出版学术专著、编著 11 部。

六、国际交流与合作

求真务实，为师生提供国际化办学平台。依托暑期学校，开展线上国际化特色课程，2021 年度共引入海外课程 3 门，涉及音乐、舞蹈和环境设计 3 个专业，为师生国际化视野提升提供了平台。全职引进 1 名外籍专家教授。

（刘洁文）

海洋学院

海洋学院坚持以习近平新时代中国特色社会主义思想为指导，全面落实学校第十四次党代会决策部署，深入推进“强校兴国”“强院兴校”行动，全力确保“十四五”高质量发展开好局、起好步。

一、扎实推进党的建设伟大工程

海洋学院始终把加强党的政治建设摆在首位，把不忘初心、牢记使命作为加强党的建设的永恒课题。充分发挥党委在把方向、管大局、保落实上的领导作用，先后召开 16 次党委会、15 次党政联席会，严格落实民主集中制，班子合力进一步巩固增强。

结合党史学习教育，开展“我为群众办实事”活动，严格整改落实中央巡视和学校党委巡视反馈意见。截至 2021 年底，巡视反馈的所有问题全部整改到位。

二、加快建设高素质人才队伍

在 2020 年引进宋微波院士的基础上，继续加大招才引智的力度，积极对接吸引院士及国内外高层次人才打造学院高层次人才体系。

积极鼓励本院青年教师申报高水平人才项目，针对学院具有较大发展潜力和较强创新意识的青年教师，加速培养能够进入国内外科技前沿的优秀学者，制定并实施《山东大学海洋学院青年教师卓越计划实施办法（试行）》，资助青年教师4人次。

组建博士后人才储备队伍，入职学科博士后4人，其中获山东大学特别资助学科博士后2人。

三、认真落实立德树人根本任务

着重提高教学研究水平。瞄准一流专业申报和工程专业认证，出台《海洋学院提升本科教学水平若干措施》等激励措施，充分调动教职工开展教学研究积极性。2021年度获评省级一流课程建设项目1项，实现海洋学院省级课程建设项目零的突破。获校区教改立项18项，其中重点项目4项，为历年立项数最高。获2021年度山东大学青年教师教学比赛威海校区比赛理工科组一等奖1项、获山东大学（威海）2021年教学成果二等奖1项。

学生就业质量稳步提升。学院积极拓展就业市场，实施一生一策，充分发挥专业老师的作用，对就业困难学生进行重点帮扶。

四、切实增强学术核心竞争力

整合科研力量，打造高水平科研团队，通过基金申报经验交流、学科经费激励考核机制，推进学院科研项目申报。2021年度，获批国家自然科学基金面上项目2项，青年项目3项，年度到账科研总经费1000余万元。获山东省海洋科技创新奖二等奖1项。10月16日，与山东微生物学会海洋微生物学专业委员会等共同承办第一届山东省海洋微生物学学术研讨会。

五、持续提升国际合作交流能力

与澳大利亚塔斯马尼亚大学就山东大学—塔斯马尼亚大学3+2项目进行线上对接，对两校合作交换意见。在2021级本科生培养方案中增设4门外教课程。

9月28日，与美国弗吉尼亚理工大学共同举办“海洋牧场生态系统动力学”国际合作种子基金成果汇报会；11月2～3日，与中国水产学会海洋牧场专委会、山东水产学会等共同主办“现代海洋牧场科学与技术”国际学术研讨会。

六、大力提升服务社会能力

积极走访考察企业，结合导师团队建设，研究生专业学位培养模式改革，推进科教融合、产教融合。与多家企事业单位签订横向课题合同，到账金额近400万元。与山东名流集团签订“山东大学—山东名流环保技术研究院”共建协议，合同金额1000万元，2021年度到账200万元。与威海润泽食品有限公司共建海洋牧场装备与技术研究实验室，吸纳投资180万元。山东大学（威海）海洋科技创新中心获得威海市环翠区科技局招院引所扶持资金300万元。构建完成科创中心组织体系，破解中心发展瓶颈。

七、隆重庆祝学校百廿华诞

在保障“平安校庆”的基础上，顺利完成3项校庆重点活动。组织7场百廿山大学术报告活动及多项校庆系列活动。1月9日，海洋学院校友会成立大会暨产学研融合人才培养研讨会隆重召开，海洋学院校友会成立。9月12日，海洋学院校友会医药行业分会成立大会成功举行；9月25日，海洋学院校友会青岛分会成立大会顺利召开。截至2021年底，接收校友、合作企业等捐赠资金近50万元。

八、强化支撑保障

严格落实常态化疫情防控各项举措要求，按照3D工作思路，确保安全稳定发展局面和师生医务员工生命健康。依托学校督办项目“学院楼通风、上下水改造工程”按工程工作方案有序实施，于12月完成全部实验室改造及搬迁工作，有效提升学院实验条件和安全水平。

（孙艳）

机电与信息工程学院

在学校党委和校区党工委的正确领导下，机电与信息工程学院聚焦中央巡视、学校巡视反馈意见整改，抓实抓细抓紧工作落实，营造风清气正的政治生态和良好育人环境。探索建立新工科发展的长效机制，深入落实立德树人根本任务，进一步激发科技创新活力，干实事、谋实效、增实力，凝心聚力推动学院事业高质量发展。

一、党建工作

开展“七一”评优表彰，学院党委、控制系教工党支部在山东大学2020年度党组织书记抓基层党建突破项目和基层党组织立项活动中获得表彰、机械系教工党支部被评为“山东大学党建样板党支部”，不断推动基层党建工作提质增效。始终绷紧疫情防控和安全工作这根弦，统筹推进疫情防控、安全稳定和事业发展。将师德专题教育与教师思想政治工作有机结合，编发《师德手册》。进一步健全学院完善议事规则，切实增强学院的谋事能力、统筹能力、发展能力。开展党风廉政警示教育，引导党员干部强化自我监督，筑牢拒腐防变思想防线。开展“深化审计整改，加强风险排查”专项行动，推动风险隐患的早预防、早化解、早处置。深入开展“我为群众办实事”实践活动，共9项重点推进项目。

二、科学研究

凝练学科方向，优化学科队伍，承接大项目的能力逐渐增强。2021 年，获批国家重点研发计划 2 项，国家自然科学基金项目 6 项，参与国家重大科研仪器研制项目 1 项，军工项目 1 项。总立项经费 5321 万元，总到账经费 3021 万元。年内共发表 SCI、EI 和 CPCI-S 索引学术论文 92 篇，发明专利授权 48 项。

三、学生培养

继续加强新工科建设与学科交叉融合发展，新建智能制造工程和机器人工程两个新工科专业，并建设了计算机科学与技术、机器人工程、电子科学与技术辅修专业及先进制造微专业。进一步推进教学改革和课程建设，获山东省教改立项 2 项、山东大学教学成果一等奖 1 项，本科生课程思政示范项目 2 项、立项校级教改项目 18 项，完成慕课上线 3 门。完善教学信息化管理系统，增加辅修专业招生系统。

本科学生实践创新成果丰富，在各类竞赛中共获国家级奖项 68 人次、省级奖项 87 人次。摘得第七届中国“互联网＋”大学生创新创业大赛银奖；第十六届全国大学生智能汽车竞赛总成绩继续蝉联全国第一名；第七届全国大学生工程实践与创新能力竞赛中获得零的突破，获得国家金奖。ICPC 国际大学生程序设计竞赛亚洲区域中取得了 2 金的好成绩；中国虚拟现实大赛中获得国家一等奖 1 项、国家二等奖 2 项，创历史最好成绩。2021 届本科毕业生总体就业率达到 95.06％，在 2022 届毕业生推免工作成绩突出，138 名本科生 100％被保送至“双一流”建设高校，其中 54 人为奖励计划保研。

研究生生源质量不断提高，2021 年学院共录取硕士研究生 160 人，其中推免生 28 人，比 2020 年增加 40％。成功申请 2 项山东省研究生教育质量提升计划和研究生教育创新计划项目，以及 6 项山东大学研究生教育教学改革研究项目。30 名研究生在省级以上科技竞赛中获奖，2 支团队获暑期社会实践校级立项，邀请国内外专家作学术报告共 16 场次，举办研究生暑期学校。组织研究生导师培训会 2 场，参与研究生导师 100 人次。加强就业指导，做好职业生涯教育和就业实习实践，2021 届研究生毕业生就业率为 100％。

四、实验室建设与管理

定期对网格化管理运转情况实行实时督查，确保学院实验室防疫安全。2021 年，重点建设了电子系量子信息工程方向的本科实验室，建设了 4 个 6S 管理实验室试点标杆实验室，受到学校和教职工的好评。实验室建设和管理工作获得山东大学 2020 年度实验室工作先进集体，2 名实验员获得山东大学实验室工作先进个人称号，1 名实验员获得山东大学实验室大型设备管理工作先进个人称号；获批实验室建设与管理研究项目重大项目 1 项、重点项目 1 项和一般项目 1 项。

五、师资队伍建设

继续加强教师队伍的引进和培养。学院引进教师 5 人，新聘教授 1 人，副教授 1

人；晋升教授 2 人，副教授 9 人。2021 年，获得未来学者计划支持 1 人，齐鲁学者计划支持 1 人。

六、国际交流与合作

继续推进国际合作办学项目，与澳方合作院校召开 2 次联合管理委员会会议，进一步探讨深化合作领域。依托山东大学—斯威本科技大学先进制造业联合研究中心，与斯威本科技大学共同招收博士生，共有联培博士 30 余名。年内共派出 33 名在校生参加澳、加、英、美等国的短期海外经历项目与联合培养项目。82 人获得出国留学深造机会，其中 64 人进入 QS 前 100 位世界名校。

七、学生工作

学院以“院长茶座”精品活动、班主任工作制为抓手，稳健推进三全育人、五育并举工作落实落地，巩固提升学风建设工作成效。

加强学生政治教育思想引领工作，2021 年共发展学生党员 235 人，学院团委连续第七年获评“红旗团委”，同时获评“创新创业”等 3 个单项先进集体称号。2021 年 6 月，2018 级自动化 1 班被团中央授予“全国高校活力团支部”荣誉称号；2018 级机械合 1 班、2018 级自动化 1 班获评省级“先进班集体”，机器人与电子设计协会入围“全国高校百强学生社团”候选名单。在 2020～2021 学年山东大学五四表彰中，9 个团支部获评“优秀团支部”，274 人获评山东大学“优秀团员”，101 人次获评单项“先进个人”。

以“分类建册、一人一策”为遵循，精准推进学生就业工作，年内组织学生参加 35 场院内宣讲，推送 567 条就业信息，为毕业生实现更加充分、更高质量就业提供了更多机会。

巩固网络思政阵地，强化互联网育人功能，“青春机信”公众号发送推送 372 篇，粉丝数达 6122 人，全年累计增长 1960 人。开设“活力团支部”等特色专题，凸显学院特色，反响良好。

在 2021 年寒暑假社会实践活动中，学院参与人次超 1300 人，145 支团队立项，最终产生 1 支省级优秀团队、11 支校级优秀队伍、18 名校级优秀个人，酷乐科技调研团获南风窗全国百强团队的称号。

八、校友工作

在山东大学 120 周年校庆期间，学院组织开发校友通 App，通过信息化手段凝聚校友，为校庆和校友捐款工作作出了贡献。成立山东大学玛珈山校友基金会，发起金额 1000 万元，学院共获得捐赠金额 1260 万元。

（牛森森）

空间科学与物理学院　空间科学研究院

一、党建与思想政治工作

空间科学与物理学院充分发挥学院领导班子集体智慧，严格履行党政联席会议和党委会制度，严格执行“三重一大”事项集体决策，能够做到公开、公正、公平。持续发挥“全院一盘棋”的优势，在疫情防控、意识形态工作专项巡察整改、审计整改、中央巡视、第五轮学科评估、安全稳定、120周年校庆等工作中群策群力，圆满完成了各项工作，探索形成了“党建＋人才工作”“党建＋服务地方”“党建＋科研项目”“党建＋暖心服务”四种党建促发展的模式，并且形成了“关键时刻能冲得上、能打硬仗”的学院氛围。学院党委入选山东大学党建工作标杆学院培育创建单位，教工第二党支部入选山东大学党建工作样板支部培育创建单位。

二、教学与人才培养

空间科学与物理学院认真落实立德树人根本任务，坚持为国育才，为党育人，不断创新拔尖人才培养体系，培养富有“山大基因”、具备全球胜任力、堪当民族复兴重任的时代新人。“天文与空间科学特色人才培养体系建设”课程建设获山东省高等教育教学成果二等奖。获国家级教改项目1项；获山东大学（威海）教学成果奖一、二等奖各1项；获山东大学（威海）优秀教案比赛一、二等奖各1项；获山东大学教师教学创新大赛一等奖1项；出版教材1部。在第十六届校级科研立项中48个项目获得立项支持，其中省级创新创业项目1项，山大重点项目1项；2021年，由本科生导师指导本科学生发表高水平论文13篇，其中被SCI收录论文11篇，EI收录1篇；指导本科生参加数学和物理类竞赛，累计46人次获得省级奖励，其中在第十七届“挑战杯”建设银行山东省大学生课外学术科技作品竞赛获特等奖2项，在全国决赛中获一等奖1项、二等奖1项。

2021年，录取研究生中211高校生源超过60%，整体生源数量和质量大幅提高。研究生教研和课程思政均取得多项突破，获山东省研究生教育教学改革研究项目立项1项，山东大学（威海）“国际生导师”项目立项1项，山东大学（威海）研究生国际化课程建设项目立项2项。2021年，获山东省优秀硕士学位论文1篇，山东大学优秀博士论文1篇，山东大学研究生优秀学术成果奖2项，山东大学研究生国家奖学金2项。史全岐教授获评山东省优秀研究生指导教师。

三、师资队伍建设

学院牢固树立“人才是第一资源”的理念，坚持党管人才，聚天下英才而用之，2021年学院人才队伍建设取得质的突破。陈耀入选教育部长江学者特聘教授，夏利东入选山东大学杰出人才体系特聘教授（第二层次），郭瑞龙入选山东大学杰出人才体系杰出中青年学者（第二层次），李凯入选齐鲁青年学者（校内）。在青年队伍建设方面，新聘预聘制副教授1人，副研究员2人，学科博士后4人（其中特别资助1人，重点资助3人）。同时，全面加强师德师风建设取得显著成效，夏利东获评山东大学先进教育工作者，徐天河获评山东大学优秀教师、2021年度宝钢优秀教师，张清和获评2020～2021年度赵九章优秀中青年科学奖。史全岐和许艳获山东省鼓励社会力量引进高层次人才奖励。石米杰获2021年度山东大学优秀博士后二等奖。

四、科学研究及学科建设

2021年，新立项国家自然科学基金11项（包括国家重大科研仪器研制项目1项、重点项目2项、优秀青年基金1项），新立项国家重大项目1项，新立项山东省重大科技创新工程1项，山东省自然科学基金3项。年度新立项纵向科研经费6133.2万元，实际到账科研经费6380.1283万元。发表科研论文（SCI收录）118篇，国家发明专利授权16项。

高水平研究成果不断涌现，亮点频出。张清和联合国际研究团队在地球极区电离层上空发现“太空台风”，成果发表在《自然·通讯》，并被《自然》选为研究亮点；刘晶联合国际研究团队揭示太阳耀斑辐射扰动磁层空间，成果发表在*Nature Physics*；李波和史全岐研究团队分别在领域内权威期刊*Space Science Reviews*发表综述文章；多学科交叉的研究成果“地球风可在月球表面生成水”发表在领域内权威期刊，并被《自然》杂志和美国天文学会收录为研究亮点；还有多项研究成果被选为期刊封面文章、仪器亮点、美国地球物理学会亮点工作。收“嫦娥五号”月壤样品开展分析工作；自主研制的日冕仪首次获得白光日冕图像；提供气象信息预报有效支撑天问一号着陆过程。正在实施的国家重大科技基础设施—子午工程二期、国家重点研发计划等顺利执行；荣成站、文登站、丽江站三个野外台站建设按计划推进；新建喀什台站完成方案设计、合同签订。

五、服务地方

天文台接待参观来访、举办线下科普活动近40次，发表原创科普图文近50篇，科普视频14部，线上直播5次，志愿服务活动时长约800小时，受众近3万人次。

与威海市一中签订《大学先修协议》，为威海市一中学生提供大学物理先修课程。

参加威海高新区妇联组织的高新区儿童友好科创联盟，学院作为第一批的16家合作单位之一，将利用科普教育平台为威海市中小学生提供科普服务。

六、国际合作与交流

主办子午工程高端用户国际研讨会、磁场重联国际研讨会，卫星导航与遥感研究中心与波尔图大学开展 2021 年卫星导航与遥感线上国际学术研讨会。

七、特色工作

为庆祝山东大学建校 120 周年，空间科学与物理学院将山东大学威海天文台发现的两颗小行星分别命名为“济南”星与“青岛”星，该命名提案已获国际小行星命名委员会审批通过；获山东大学淄博校友会捐赠价值 25.8 万元天球仪。

牵头成立山东天文学会。学会挂靠山东大学空间科学研究院，其成立对于推动山东省内天文和空间科学领域的科学研究、教育及科学普及等工作具有重要意义。

“月球行星天象直播与科普活动”获评 2021 年全国科普日优秀活动。

八、集体荣誉

空间科学与物理学院党委获评 2021 年度山东大学先进基层党组织，学院获评山东大学 2021 年度人才工作先进单位、山东大学（威海）2021 年度本科教学管理先进单位等，在 2021 年度山东大学中层领导班子考核中被评为优秀。

（夏雪莲）

数学与统计学院

一、发挥党建引领作用，不断加强党的领导和党的建设

坚持以习近平新时代中国特色社会主义思想为指导，高质量推进党史学习教育，完成“我为群众办实事”重点任务 6 项，报送党史学习教育专题组织生活会案例 1 项。全力做好中央巡视和学校巡视整改工作，强化标本兼治，修订完善制度文件 17 项，以巡视整改的实际成效提升办学治院水平。严格贯彻民主集中制，健全党风廉政建设工作机制，扎实推进议事决策规范提升工作，全年累计召开党委会 18 次。

规范基层党组织设置，优化按照专业纵向设置学生党支部，增设研究生第二党支部，规范完成党支部换届选举工作。强化“一支部一品牌”建设，持续开展学院“先锋行”“四心引领”工程等品牌实践活动，建立师生党支部共建联动机制。2021 年，学院获基层党组织突破项目优秀成果 1 项，基层党组织活动立项优秀成果三等奖 1 项，山东大学“双带头人”教师党支部书记工作室立项 1 项。

着力推动新时代思政工作守正创新，完善理论学习中心组学习规则、教职工政治理论学习制度，制定方案扎实开展师德专题教育，精心组织120周年校庆文化活动。严格规范党员发展工作，全年发展党员80人、入党积极分子140人。

二、深入教育教学改革，全面提升人才培养质量

重视课堂教学，注重校区间课程共建共享，开设3门国际暑期课程，学院三个专业均为国家级一流本科专业建设点。

强化课程思政建设，邀请专家就一流课程和课程思政建设与学院教师交流，“概率论与数理统计”课程获山东省课程思政示范项目，5人获课程思政教学名师。提升教研水平，发表教研论文4篇，立项校级教育教学改革研究项目10项。

不断提升人才培养成效，2021年全国大学生数学建模竞赛获一等奖1项、二等奖9项；学院研究生获得人工智能发明专利授权2项，发表学术论文10篇。数据科学与人工智能实验班近40%学生到国内外知名大学继续深造。

三、重视师资队伍建设，着力提升学术创新能力

加强高素质师资队伍建设，2021年度晋升教授1名，副教授3名；3人晋升为教授三级岗。引进1名教师。

增强学术核心竞争力，邀请30余位国内外知名专家、学者开展学术交流。2021年获国家自然科学基金立项3项（其中面上项目2项，专项项目1项），获山东省自然科学基金立项3项（其中青年基金1项，面上项目2项）。参加国家重点研发计划课题1项、国家自然科学基金/重点国际（地区）合作研究项目1项，获得横向项目1项。2021年实际到账经费总计339.34万元。2021年全院发表SCI论文55篇，以第一作者或通讯作者发表的52篇，其中与国外合作完成5篇。

四、深入推进“三全育人”，助力学生成长成才

全员参与强化思想引领，健全制度实行“全员导师制”。坚持开展“先锋行”打卡活动，助力学生养成良好行为习惯。开展“学生干部成长营”系列活动共计7场，参与成长营人次达420人次。注重先锋引领，举办“励志周末”在校学生经验分享会，树立示范作用。持续开展“积分筑梦”学业帮扶活动，200余人参与受益。

统筹推进“五育并举”，开展学科特色体育美育劳育活动。学院开展“运动达人计划”活动，举办“趣味周末”体育活动，成立“COMS”合唱团，组织开展魅力数学游园会、多米诺创意展示、数独大赛等特色活动。学院制定实施劳育方案及劳育清单，1个项目获2021年劳动实践项目立项。

强化实践育人，2021年暑期社会实践荣获校区优秀团队1支，校区专项优秀团队3支，优秀指导教师1位，社会实践先进个人3位。第十二届“挑战杯”全国大学生课外学术科技作品竞赛获得省级三等奖2项。

五、拓展校企合作，提升服务地方水平

推动校企合作与共建。联合数据科学研究院与青岛海尔海纳云科技控股有限公司、百度集团、中科曙光国际信息产业有限公司签订合作协议，百度捐赠价值550万元计算资源，中科曙光向学院数据科学专业师生免费开放智能计算云平台。

深入开展校地合作，完成文登区社会信用“码上见”系统的研发。与文登区大水泊镇人民政府签订合作合同。

六、搭建平台促发展，强化国际交流与合作

拓宽学生国际视野，2名博士生赴国外联合培养，1名本科生赴国外进行学年交流项目，1门国际化课程获校区立项支持。

丰富国际学术交流，与国外高校及科研机构组织了随机微分方程及其相关主题系列国际研讨会，每2周定期举办1次。

（刘东霞　王祎璠）

马克思主义学院（威海）

一、党务工作与思政教育

（一）聚焦主题教育，提高学习效果

学院党委坚持以习近平新时代中国特色社会主义思想为指导，深入学习贯彻党的十九大和十九届历次全会精神，聚焦“学党史、办实事”主题，结合学院实际，完成“我为群众办实事”重点项目6项。2021年共组织党委中心组理论学习12次、教职工政治理论学习20次，各支部开展主题党日活动17次。认真抓好中央巡视、校内巡视以及审计中发现和反馈问题的整改落实，建立问题台账和清单，压实主体责任，制定完善整改方案和措施并建立长效机制。不断增强师生的获得感和幸福感，为打造新亮点、实现高质量发展汇聚广大师生磅礴力量，为实现“由大到强”历史性转变做出新的更大贡献，以优异成绩庆祝中国共产党成立100周年。

（二）紧抓样板支部建设，强化引领示范作用

2019年11月、2020年11月学院教工第一支部分别入选“山东大学（威海）党建工作样板支部”和“‘双带头人’教师党支部书记工作室”培育创建单位。2021年11月，教工第二党支部入选“山东大学党建工作样板支部”和“‘双带头人’教师党支部书记工作室”培育创建单位。学院2个支部的入选，进一步推动了学院党建工作迈上新台阶，为强院兴校提供强有力的组织保障。

（三）努力服务于中心工作，始终把政治领引放在首位

2021年，学院教学改革及各项事业发展在中央电视台、学习强国、山东新闻联播等媒体报道5次，光明网发表学院党史学习专题文章3篇。

二、教学工作与学生培养

（一）紧抓教学竞赛活动，切实提高思政课教学质量

2021年，共设立4项教学改革项目，举办4次大型思想政治类比赛活动，上线5门思政慕课，召开12次思政课集体备课会，组织2021级新生赴刘公岛进行爱国主义教育主题活动，并举办刘公岛主题征文活动。

（二）适应新形势发展，创新开展课程建设

2021年，各教研室召开集体备课会，对教学大纲、教学进度、统一课件、线上讨论、考核方式等进一步规范要求，以雨课堂、桌面云等教学工具为依托，将线下专题教学和线上热点问题讨论相结合，并上线多门混合式课程。

（三）注重过程培养，提升培养质量

扎实开展好学院“厚博系列”品牌活动，每周开展1次前沿论坛、每两周开展1次厚博读书会活动。充分利用夏令营、研究生招生拓展等方式，不断提高生源质量。2021年共接收推免研究生共8人，其中威海校区7人，夏令营录取1人。建立导师定期谈话制度，完善心理辅导制度，规范前沿论坛管理制度，针对学生在学习和生活中出现的各种问题，导师团队进行精准指导。高度重视校友作用，积极开拓就业渠道，邀请优秀毕业校友举办有针对性线上指导3次，连续13年实现高质量百分百就业。

三、学科建设与科学研究

（一）加大人才引育力度，提高队伍水平

2021年共引进青年教师5人，建立青年教师“手拉手”制度，利用学院厚博论坛学术活动的平台和资源，从集体备课、学术研究、论文写作等方面着手，由学院学术团队负责人组织进行分类专题指导，大力提升青年教师的教学、学术水平能力。

（二）完善“厚博论坛”品牌活动，进一步营造学院学术氛围

为了提高厚博论坛的效果和质量，在每学期开学初由教师向学院提交2021年参加厚博论坛论文写作提升计划，学院根据教师提交的论文题目和在研的课题情况，邀请国内马学科知名专家进行专题指导。

（三）依托学院四个学术团队，推动学科建设内涵式发展

2021年发表各类论文34篇，其中CSSCI及以上论文14篇。出版学术著作3部，1名青年教师的博士论文被评为全国优秀。

（四）举办多层次学术会议，加强学术交流与提升

2021年，举办国际国内学术会议3次，名家讲坛、厚博论坛、学术报告22场次，邀请省内外专家42人次。

（五）积极申报各类各级项目，增加科研经费

2021年获批国家级项目3项，省社科规划项目2项，山东大学威海发研院服务地

方团队项目1项，威海市项目2项，科研合同经费86万元。

四、国际合作与服务地方

1.2021年成功举办“第三届世界文化论坛”国际性学术会议，进一步开拓国际学术交流与合作渠道，推动学院科研合作国际化迈上新台阶。

2.依托现有思政实践基地资源，在企业党建、地方红色资源整理、非遗文化传承、社会治理能力提升等方面开展横向科研合作，学院1个科研服务团队和项目入驻“威海发展研究院”，拓展科研服务地方空间。

3.依托学院马学科理论优势开展各级各类党政干部和党员及企事业单位员工的形势与政策，特别是习近平新时代中国特色社会主义思想的教育培训，在服务地方发展的同时开辟学院创收渠道，提高学院财务自主能力。

（王晓宏）

体育教学部

体育教学部在学校党委和行政、校区党工委和行政的正确领导下，以习近平新时代中国特色社会主义思想为指导，认真学习党的十九大和十九届历次全会精神以及学校第十四次党代会精神，落实强院兴校发展战略，在做好疫情防控工作的同时，充分发挥体育育人功能，各项工作均取得新进展。

一、全面加强和改进党的建设

认真学习贯彻习近平新时代中国特色社会主义思想，增强“四个意识”，坚定“四个自信”，做到“两个维护”。集体组织学习习近平总书记“七一”重要讲话精神和给《文史哲》编辑部全体编辑人员重要回信精神，努力增强政治能力、纪律意识和规矩意识。

坚持问题导向，强化政治担当。结合中央巡视和学校巡视工作，针对发现的问题，重点对合同管理、场馆管理等明确整改任务，层层落实责任，认真组织整改，逐项落实，确保各项整改措施落地见效。政治生态和育人环境不断改善，党风、政风、教风持续好转。

积极开展党史学习教育活动，通过理论中心组学习和教职工理论学习，努力增强理论学习的实效，切实提高广大党员的理论素养，涵养良好的政治生态。

发挥党支部在改革发展中的引领作用。明确了教学部体育育人、群体工作和学科科研三大工作重点。

持之以恒抓好党的纪律建设。始终把严肃政治纪律和政治规矩放在首位。加强警示教育，通过学习党内法规和观看警示教育片等形式，提升党员干部廉洁从政的自觉性，营造不敢腐、不能腐、不想腐的氛围。

2021 年度转正党员 1 名，确定 2 名教师为培养对象。

二、认真落实疫情防控责任

成立疫情防控工作领导小组。通过线上线下会议、微信群、现场检查等方式传达落实上级疫情防控精神和要求。修订完善《教师上课过程中异常情况处理方案》《室内场馆入馆过程中异常情况处置方案》《体质健康达标测试过程中异常情况处置方案》等制度方案并认真落实，确保教学、群体等工作的顺利进行。

三、加强课堂教学工作

根据学校校历改变的情况，在全面征集汇总教师的意见和建议的基础上，修订与完善了各项目课程的教学大纲、教学计划、教学进度，研究改进了考试方法和标准，使教学工作顺利进行，圆满地完成了教学任务。

组织青年教师参加教学观摩活动，促进青年教师的授课质量与教学水平快速提高。

课程建设方面，“大学生健康教育与自卫防身”在中国大学慕课上线。提高大学生自我管理健康的能力，收到了非常好的教学效果。

四、积极开展群众性体育活动

在做好疫情的前提下，举办校区运动会，组织开展篮球赛、足球赛、羽毛球赛、乒乓球赛等竞赛项目，参与学生数千人次。

开展了学生体育协会换届选举工作，落实了指导老师以及社团新媒体注册等工作，督导各体育社团开展丰富多彩的体育活动。组织学生体育协会参加“玛珈山风景线”和“体育嘉年华”项目立项活动。8 个体育社团获评三星级以上社团，指导教师获“优秀指导教师”荣誉称号。其中竞技武术、舞灵舞蹈社团获校级“十佳社团”称号。

组队参加山东省第十六届大学生运动会，取得男子篮球队、女子羽毛球队两个团体第 3 名和羽毛球女子单打、女子双打第 2 名的优异成绩。

五、积极开展科研工作

积极鼓励广大教师参与开展科研活动，支持教师参加学术交流，注重教师参加科研能力提升培训。给予配套经费支持教学改革立项，其中重点教改项目 1 项，一般项目 2 项。

六、加强体测工作

制定体测工作计划，对校区 4 个年级体测工作有序开展，大一、大二学生采取随堂测试的方法，大三、大四学生采取以班级为单位的预约制测试。全体教师利用周末和课余时间，历时 2 个多月，顺利完成了体能测试工作。

七、增强体育场馆服务功能

制定并完善各场馆的管理制度。为满足师生锻炼需求，在做好疫情防控的前提下，全面开放所有场馆，严格控制同时进馆人数，安装使用了场馆线上预约系统，提高了场馆使用效率。认真排查体育场馆内外安全隐患，对存在安全问题的地方，及时进行整改。更换泰苑餐厅东侧篮球场篮球架，优化教学锻炼环境。

（沈胜领）

山东大学澳国立联合理学院

山东大学澳国立联合理学院坚持以习近平新时代中国特色社会主义思想为指导，深入学习贯彻习近平总书记“七一”重要讲话精神、给《文史哲》编辑部全体编辑人员重要回信精神和党的十九届六中全会精神，紧紧围绕立德树人根本任务和高质量发展主题，坚定不移落实各项重点工作，统筹推进疫情防控常态化、安全稳定常态化和事业改革发展，全力确保“十四五”开好局、起好步。

一、发挥党建优势，提升党建工作质量

规范提升学院议事决策程序，完善了学院党委会会议与党政联席会议制度和议事规则，实行分工协作、集体领导、民主管理、科学决策的领导机制。

严格落实党委理论学习中心组学习制度、党支部“三会一课”制度、教职工理论学习制度，做到党史学习教育全覆盖并结合庆祝建党100周年、建校120周年开展系列活动。

学院党委把党史学习教育作为本年度重大政治任务，成立了学院党史学习教育领导小组，并根据学院实际设计和细化各群体党史学习教育的内容与安排，明确学习目标要求，营造浓厚氛围，开展特色活动，将学习教育贯穿全年。

认真开展“我为群众办实事”实践活动，聚焦民生、改革、发展和安全四个方面，共确定10个重点项目，由学院独自承担的重点项目均已顺利完成。

严格落实中央巡视、校内巡视整改要求，结合学院实际，认真梳理存在的问题，明确整改目标措施，详细制定责任清单，并积极落实整改，确保中央巡视组和学校党委指出的问题和提出的意见建议全部整改落实到位。

深入落实学校“一体发展”战略，以党建联动推动中心工作联动，深入开展支部“1+1+1”联动共建，推进资源共建共享，开创全面合作、彼此联动、相互促进的发展模式。

切实做好疫情防控与安全稳定工作，压紧压实各级安全责任，提升风险防范意识，加强安全日常督查，强化舆情处置应对，统筹推进疫情防控常态化、安全稳定常态化和事业改革发展。

根据学院党委安排和党员实际，于9月将原有学生党支部调整设置为学生第一党支部、学生第二党支部。

2021年度学院党委发展预备党员43名，新确定入党积极分子171名，均为学生。

二、全力推进学院事业改革发展

为进一步推进学院治理体系和治理能力建设，健全管理体制和保障机制，激发学院办学活力和内生动力，针对学院制度建设和执行中所遇到的问题与困难，专门组织召开了联合理学院综合改革专题会议及多次协调会，研讨人事管理制度、师资队伍建设、人才引进方案、薪酬制度改革等涉及学院改革发展的重大问题。

10月11日，组织召开了联合理学院战略规划委员会成立暨第一次会议，会议听取了学院建设情况的汇报，审议了《山东大学澳国立联合理学院教师聘用管理办法》，并围绕管理体制机制、人才引进、人才培养、国际合作等方面的问题展开讨论，为学院的发展提出了战略性意见与建议。学院认真研究落实委员会对学院发展的指导意见，深入推进同各职能部门间的联动，努力在人才培养、队伍建设、资源拓展等方面进一步深化人事体制机制改革，推动学院高质量发展。

三、高质量完成联合教学工作

1. 培养质量体系建设。9月1日，与澳方召开联合教学管理委员会，研讨教学质量增强框架协议与“3＋1＋1培养方案”，以进一步保证联合培养质量。增聘学院教学指导委员会委员4位，并组织开展每学期内不少于2次听课活动。全面深化本科教育教学综合改革，制定院内教学改革与研究项目相关管理办法，组织评审并通过校级教改项目8项，其中重点项目2项。

2. 日常教学稳步开展。2021年度学院共计开课164门，其中专业理论课131门，专业实践课程30门，暑期野外实习课程3门；另引进校本部师资开设复变函数、运筹学2门，联合校本部师资开设全校通选创新创业类课程2门。举办“明思讲堂”“格物讲堂”系列讲座，联合数学学院、数学与统计学院，举办数学及其交叉学科学术报告会累计20场，另邀请澳方开展学术技能提升讲座3场。根据学校转专业相关政策成立学院转专业工作领导小组，并制定学院内转专业管理规定和实施细则，并于5月顺利完成了学院2020级学生转专业工作。

3. 澳方授课组织实施。澳方授课共计35门，涉及3个年级、24个班次。因疫情原因，澳方无法来华授课，学院积极沟通、协调完成线上授课，同时密切关注培养方案中澳方授课课程的内容与难度情况，根据学生学习状态对授课内容与方式进行适当调整。

4. 品牌活动成功举办。7月3日，学院举办了2021年开放日活动，山东大学和澳大利亚国立大学双方校领导、联合理学院和澳大利亚国立大学理学部相关领导与教授专家、2021级考生及家长等通过线下与线上方式共同参加了活动。活动进行了全程现场直播，活动视频累计观看量近 8000 次。

四、立体化构建人才培养体系

（一）加强班团建设，做好组织育人

以党员发展和学生骨干培养为抓手，以班风建设为重点，打造优秀班级和团支部建设。通过会议、讲座、座谈、走访等多形式多渠道教育活动，扎实做好学生思想教育工作，强化学生骨干梯队培养；通过评选，树立先进典型，用榜样带动班级，形成良好班风院风。

（二）加强学风建设，做好专业育人

完善学风制度，以学业促进和科研提升为重点，围绕素养培育，制定工作计划，有效利用线上线下双线教学模式，引入澳国立教学资源，全面服务学生的学习和发展需要。成立学业助推辅导团，梳理学业困难学生，开展学习帮扶和答疑活动。

（三）加强竞赛指导，做好科研育人

以“三全育人”为统领，做好第二课堂、专业竞赛工作，增强学生专业素养和实践能力。鼓励学生主动参与各类科研竞赛和实践活动，全年学院学生在各类竞赛活动中获得校级以上奖项 20 余项，含国家级 2 项、省级 5 项。

（四）加强纪律建设，做好管理育人

推动日常管理制度化、系统化、规范化，完善网格化管理体系，提升管理育人服务职能。坚持常态化考勤打卡，严格请销假制度和日常归寝查寝制度，并对违纪学生及时处理，做好学生安全管理无缝隙。

（五）关注特殊学生，做好心理育人

对各类特殊群体学生做到精准帮扶，关注心理问题学生，做好心理疏导；对于疑似心理问题学生，逐一谈话了解并予以甄别；对于潜在问题做到及时发现、及时汇报，并做好家校沟通合作。

（六）开展学生活动，做好文化育人

秉承“多方面个性化培养、人人成才”理念，遵循“品牌性、可行性、广泛性、娱乐性、教育性”活动方针，从学生实际发展需要出发，结合建党 100 周年和百廿校庆，开展丰富多彩的学生活动，营造良好的校园文化氛围。

五、加快推进国际人才引进与合作交流

1. 大力引进海外人才。学院面向海外长期招聘高水平专任教师，2021 年度引进 1 名山东大学齐鲁青年学者、3 名助理研究员，并相继推荐 7 人次申报国家自然科学基金优秀青年科学基金项目（海外）、教育部长江青年学者、山东大学齐鲁青年学者等人才项目。

2. 加强澳方合作交流。通过搭建交流平台，不断深化与澳国立的合作交流，加强跨文化沟通，增进互学互鉴。澳方高度重视且深度参与学院开放日、新生开学典礼、家长见面会、Coffee time 学术与文化交流等学院开展的一系列活动。在学校 120 周年校庆之际，澳大利亚国立大学通过多种方式积极参与百廿校庆系列活动。10 月 11 日至 13

日，山东大学 2021 年全球友好学校交流周在中心校区以线上线下方式举行，澳国立中国办事处主任 Nancy Yu 来校参加线下活动，探讨交流合作机会。10 月 14 日，全球大学校长论坛在中心校区举行，澳国立校长、诺贝尔物理学奖得主 Brian P. Schmidt 教授线上参加论坛并发言。同时，澳国立理学部通过录制视频的方式向山东大学建校 120 周年送上了祝贺与祝福，理学部部长 Kiaran Krik 教授向山东大学建校 120 周年表示热烈祝贺。

3. 积极开展国际化相关工作。2021 年度学院 5 位专业课教师以线上方式参加海外培训项目，10 名学生参加线上海外经历项目。认真完成教育部中外合作办学机构年度报告、学生注册等国际化相关工作。

（王路）

青岛校区

青岛校区 2021 年概况

一、学党史、抓整改，聚力强化政治建设与思想引领双提升

一是坚持不懈加强思想武装。严格落实“第一议题”要求，组织党工委理论学习中心组集体学习 23 次，深入学习贯彻习近平新时代中国特色社会主义思想，深刻理解“两个确立”的决定性意义，政治站位和理论素养有了明显提升，党性修养和政治能力得到进一步提高。

二是坚定不移强化党建引领。督促指导分管部门、校区及联系学院贯彻新时代党建总要求，规范开好党委会、党政联席会，全面抓好班子建设、落实意识形态工作责任、抓好疫情防控和安全风险排查，全力贯彻落实学校党委决策部署。

三是坚守初心落实立德树人。探索构建具有校区特点的大学生课外思政教育工作体系，“社区书院制”改革取得阶段性成果，启用大学生实验农场，计算机学科入选教育部基础学科拔尖学生培养计划 2.0 基地，“公共管理＋网络信息”文工融合专业建设等 3 项目入选教育部首批新文科研究与改革实践项目，5 门课程获国家级一流课程推荐名单，教育教学改革举措在校区落实落地。

四是坚决落实全面从严治党。推动牵头的中央巡视反馈问题整改，检查督促压实领导干部“一岗双责”，指导开展警示教育和纪律教育，积极营造风清气正的政治生态。

二、稳优势、开新局，聚力谋划学科交叉与融合创新共发展

一是优化学科布局。坚持四个面向，谋划形成校区“资源创新利用与绿色发展”学科交叉融合计划学科融合创新计划，“生命科学与技术”“网络空间安全与智能计算”2 个“双一流”重点建设特色学科领域以及“生命—环境—海洋”“计算机—光电信息—网络安全”“政治学—法学—公共管理”3 个集成发展学科群的学科交叉融合模式，以优势学科带动学科群集成发展，年内环境科学与生态学、分子生物学与遗传学、植物与动物 ESI 全球排名分别上升 90、57、53 位，环境科学与生态学上升名次位列全校第 1，生物工程学科上海软科世界一流学科国际排名第 40，位居全校世界一流学科排名之首。

二是精准引才育才。对接学科需要，充分利用省市人才资助经费总计 3787.4 万元及其他各类资源，开展全球精准引才育才。本年度全职引进比利时皇家学院外籍院士秦亚青、IEEE 会士宣东等各类高层次人才 52 人，客座教授 Marlon R. Lewis 当选中国科学院外籍院士，凌沛学教授当选国际欧亚科学院院士，崔兆杰教授当选乌克兰国家工程院外籍院士，聂礼强教授入选长江学者特岗教授，武大雷教授入选青年长江学者，高翔、王海龙、于东晓入选优秀青年科学基金获得者，一流人才引育再创新成效。

三是构筑优势平台。对标战略需求，持续巩固微生物国重实验室建设成效，与法国国家农业、食品与环境研究院共建中法生态环保产业技术研究院，渤海生态预警与保护重点实验室、滨海城市地下空间地质环境适宜性评价重点实验室获准立项自然资源部首批重点实验室。获批国家重点研发计划1项、国家社科重大委托项目1项、教育部哲学社会科学研究重大课题攻关项目1项以及百余项国家和省部级科研项目，实现经费到账3.1867亿元，多个学科团队研究成果在《细胞》《自然·通讯》等顶尖期刊发表，岳钦艳教授入选全球高被引科学者、9位教授入选中国高被引学者，专利申请、授权较同期分别增长11.35%、14.20%，19项智库成果被上级部门采纳，成功举办山东论坛、城市与高校发展论坛等高层次学术会议，学术科研影响力不断增强。

三、深调研、汇资源，聚力助推服务青岛高质量发展见成效

一是聚焦推动成果转化。全面运行校区对外合作服务中心，组建服务青岛工作团队，启动筹建山东大学（青岛）国际创新园和产业技术研究院，正式揭牌山东大学（青岛）蓝谷成果转化基地，微生物国重实验室相关专利转化带动新增投资1.3亿元，环境学院相关转化成果实现日产100吨的中试生产线建成投产。

二是咨政增进民生福祉。办好国家治理研究院，启动公共安全研究院建设。19份智库成果被上级部门采纳，助力优化政策实践。齐鲁蓝谷医院计划春节前主体竣工，实验中学计划明年秋季投入使用，协调完善校区“三馆”地方共管共享机制。

四、保基础、促增值，聚力打造“服务主导型”校区再加速

一是推进机制转型。按照学校部署，坚持“立足保值、力争增值”的工作思路，整合优化部门职能，正式成立人才（学者）服务中心、财务管理服务中心、对外合作服务中心，实施服务专员制，启动11项改革探索，有力推动校区治理体系与治理能力建设。

二是落实“强院兴校”。推进校区职能部门由“管理服务型”向“服务型”转变，落实财务、人事、资产、后勤、基建等服务专员制，树立主动服务学院理念，构建“线上+线下”全方位服务格局，实现资产与实验室管理“五上门”服务。提升智慧校园赋能成效，优化安全管理机制，协调各方加快二期校园及民生工程建设，妥善解决学生公寓紧张、乐水居冬季按期供暖及“双电源”改造等问题，增强师生的获得感与幸福感。

（褚雷）

前沿交叉科学青岛研究院

前沿交叉科学青岛研究院（以下简称研究院）坚持全面贯彻习近平新时代中国特色

社会主义思想，紧扣立德树人根本任务和高质量发展主题，深度把握学校“五期叠加”特殊阶段历史机遇，立足强院兴校，扎实推进“十四五”开局之年行稳致远。

一、把握“五个关键”，树牢高质量发展正确方向

全面加强政治建设。修订完善议事决策规则，切实加强党对研究院各项工作的全面领导。

深入开展党史学习教育。认真做好庆祝中国共产党成立100周年各项工作，深入学习贯彻习近平总书记“七一”重要讲话精神、党的十九届六中全会精神和给《文史哲》编辑部全体编辑人员重要回信精神，推进“我为群众办实事”重点项目落地见效。

牢固树立“抓好党建就是最大政绩”的思想认识。持续提升基层党建质量，推进党支部标准化规范化建设。统筹发展与安全，全面做好建党百年、建校百廿等重要节点安全稳定工作，深化疫情防控常态化、安全稳定常态化各项举措。

办好办实百廿校庆各项工作。扎实做好百廿校庆工作，以山大精神、山大文化凝聚全体师生共谋高质量发展的思想共识。

二、培养“第一资源”，锚定高质量发展根本任务

坚持以德为先。贯彻落实立德树人根本任务，研究制定“三全育人”“五育并举”工作方案。2021级学生入学教育入选学校精品项目。

完善培养体系。物理学专业前沿交叉创新实验班获批开办，交叉人才一贯制培养体系初步建立。

强化培养质量。完善招生、培养、就业全过程机制建设。2022级硕士研究生推免数量同比增长100％。成立研究生教育教学督导委员会、本科教学指导委员会、本科生教学工作组。学生就业率有望再次实现100％。在挑战杯、“互联网＋”大赛等专业比赛中斩获佳绩。

三、扭住“两个重点”，引领高质量发展突破方向

坚持“四个面向”，牢牢把握基础性、方向性问题，推进学科建设“出尖出峰”。

聚焦筑峰理科。积极参与新一轮“双一流”建设“化学与物质科学”优势学科申报工作，承担5个学科方向中“粒子与原子核科学”“能源化学与材料物理”等2个学科方向的建设。

聚焦推进交叉。积极推进“基础科学理论＋软件”学科方向建设，推进依托粒子物理与粒子辐照教育部重点实验室联合申报国家重点实验室。

四、实施“三个计划”，强化高质量发展师资保障

坚持党对人才工作的绝对领导。贯彻落实中央人才工作会议精神，深入实施人才强校战略，获评山东大学人才工作先进单位。

顶尖人才突破计划实现历史性突破。梁作堂教授入围2021年中国科学院院士增选初步候选人。

领军人才倍增计划迈出坚实步伐。1 人入选科技部中青年科技创新人才，2 人参加“万人计划”青年拔尖人才答辩，2 人作为项目负责人参加国家重点研发计划青年科学家项目答辩。

青年人才托举计划奠定坚实基础。23 人申报国家海外优青项目，新增齐鲁青年学者 9 人，8 人获得特别类、重点类博士后资助。

五、坚持“四个面向”，提升高质量发展贡献能力

坚持面向世界科技前沿。在高能物理实验、材料辐照损伤研究、数智化设计电催化剂材料研究等领域取得标志性进展。

坚持面向经济主战场。助力山东汉诺宝嘉新材料科技有限公司申报山东省科技型中小企业创新能力提升工程项目。

坚持面向国家重大需求。相关科研团队成果助力中国空间站、“神舟十二号”宇航员两次开展舱外活动。“星载太阳耀斑毫米波辐射探测谱仪”获批国家重大科研仪器研制项目。

坚持面向人民生命健康。深入实施国家自然科学基金委原创探索项目“血管内捕获并同步杀死循环肿瘤细胞”。

学术交流持续深化。先后举办中国物理学会高能物理分会第十三届全国粒子物理学术会议、第五届全国超快光谱研讨会等高水平学术会议，参加年度全国前沿交叉研究院院长联席会年会。

科研贡献不断攀升。在年内国家自然科学基金委项目集中立项工作中，获批立项 27 项，居青岛校区首位，占校区立项数近四分之一，立项数、立项率、获批直接经费均创历史新高。年内在研项目 104 项，实到科研经费 2500 余万元。

六、实现“三个突破”，拓展高质量发展成长空间

服务地方经济社会发展实现新突破。与鸿之微科技（上海）股份有限公司签署合作协议（合作金额 1000 万元），推进与海尔国际细胞库、青岛国轩电池有限公司、中核集团核动力研究设计院等单位开展交流合作。

贯彻落实国际化战略实现新突破。1 人获得山东省“外专双百计划”个人项目资助，1 人申报的外国青年学者研究基金项目已通过学校初审，拟引进的 1 名兼职教授已提交学校评审。

凝聚社会资源实现新突破。克服建院时间短、校友较少等不利因素，以横向项目为依托，实现社会捐赠工作实质性进步。

（李明睿）

环境研究院

一、基层党建

环境研究院基层党组织定期组织开展“三会一课”、主题党日、组织生活会等党员活动，扎实开展密切联系群众、批评与自我批评工作，认真学习、全面贯彻习近平总书记全国“两会”、中国共产党成立100周年大会等重要讲话精神。党员队伍继续发展壮大，其中教工党支部新增3人，研究生党支部新发展党员4名。根据上级党委的部署和安排，教工、研究生3个党支部顺利完成支部委员会换届，扎实推进中央巡视组整改落实，认真践行“我为群众办实事”理念。

二、学科建设

多次召开专题会议，讨论、论证学科建设目标、任务与举措，组织编制山东大学环境研究院“十四五”事业发展规划。积极推动学科汇聚融合交叉创新，进一步加强与能源、计算机、信息、电气等学科的交叉融合，牵头申报环保部“国家环境保护大数据技术与应用重点实验室”，联合申报山东大学“低碳能源与环境”重点建设领域。与环境学院联合组织召开了山东大学环境科学与工程学科战略咨询委员会第三次会议，邀请20余位院士、专家对学校环境学科发展出谋划策。目前山东大学环境与生态学位列全球ESI前3‰，环境科学与工程在2021年软科中国最好学科中排名前10%。

三、人才培养与队伍建设

积极组织人才队伍建设，持续引育并举，聘任北京师范大学王国强教授（国家杰青）为学院兼职特聘教授，引进山大齐鲁青年学者2人，申报海外优青2人，培养山大特聘教授1人、青岛市政府特殊津贴专家1人、济南市优秀科技工作者1人，招收科研教师和博士后4人。

四、科学研究

新立项科研项目47项，总立项经费2090万元（人均70万元），总到账经费1321万元（人均44万元）。其中新立项纵向项目18项，包含国家基金7项，纵向项目总立项经费660万元。发表SCI文章98篇（人均3.3篇），其中环境科学相关领域顶级期刊论文20篇，二区以上论文73篇；发表国际合作论文10篇，其中在国际顶级刊物 *Sci. Adv.* 和 *Angew* 上联合发表论文2篇。学院杜林教授获得中国产学研合作创新奖和济南市优秀科技工作者称号，新增国际SCI与中文期刊编辑、编委4人次。依托生态环境大数据创新研究中心，联合计算机、信息学科，牵头申报了环保部“国家环境保护大数据技术与应用重点实验室”。

五、研究生教育

招收硕士推免生 20 人，占招生名额的 57%，优秀生源录取比例再创新高。联合举办第三届环境大气科学暑期学校，邀请 20 余位海内外知名学者开展讲座交流与授课，3 名博士研究生分别奔赴德国、香港等地进行联合培养。制定颁布了《环境研究院研究生班主任工作实施办法》，组织举办了“迎校庆健身跑”“环研杯羽毛球赛”等活动，参加学校各类活动并斩获山东大学（青岛）心理趣味运动会一等奖等。毕业研究生 27 人，1 人获评山东大学优秀博士学位论文，1 人获评山东省优秀硕士学位论文，3 人获得研究生国家奖学金。建立环境研究院校友组织、联络、宣传机制，积极开展校友捐赠、回馈校友、校庆纪念等活动。

六、国际合作与学术交流

学院教师作为召集人参与组织亚洲大洋洲地球科学学会（AOGS）大会、第 27 届中国大气环境科学与技术大会、第七届青年地学论坛等 7 个专题分会场。在国际全球大气化学计划（IGAC）年会、美国生态学年会等交流 7 人次。

七、社会服务

组织专家团队，协助山东省委组织部完成了“黄河流域山东段生态保护与绿色生态大廊道建设”监督与调研工作，为山东省多地市 PM2.5 与 O_3 污染协同防控“一市一策”、土壤污染综合防治提供了广泛的专业技术支撑服务（淄博市博山区农业农村局来信特别感谢），助力山东省钢铁与化工行业建设项目开展了碳排放环境影响评价试点工作，为山东省的生态环境的高效监管和持续向好做出重要贡献。

（杨哲）

国家糖工程技术研究中心

国家糖工程技术研究中心（以下简称糖中心）2021 年工作如下。

一、党支部活动

糖中心在微生物党委领导下，积极组织糖中心教职工进行政治理论学习和党史学习，认真做好“三会一课”活动，提高教职工们的政治觉悟和理论水平；积极组织教职工和学生一起开展党建活动，加强师生良好互动，立足学科特色为糖中心的健康发展贡献力量。

二、科学研究

糖中心 2021 年度共承担各类纵向科研项目 49 项，横向科研项目 51 项，累计到位经费 4300 余万元，新获批国家重点研发计划项目及课题各 1 项，国家自然科学基金面上项目 2 项。申请国家发明专利 14 项，授权国家发明专利 11 项，获得国家计算机软件著作权 1 项；发表糖中心署名单位 SCI 论文 54 篇。依托山东大学糖中心等的国家药品监督管理局糖药物质量研究与评价重点实验室于 2021 年度获批建设，与行业优势企业合作共建了“山东大学—福瑞达生物医药研究中心”“山东大学—梅晔生物医药研究中心”“山东大学—赛克赛斯生物材料联合实验室”3 个校内研究机构，联合澳门大学中药国家重点实验室及山东省药学科学院共同启动了“中药糖工程与检测技术联合实验室”建设。

三、师资队伍建设

2021 年度，凌沛学主任荣获国际欧亚科学院院士、上海“东方美谷”首席科学家；海外引进山东大学“齐鲁青年学者”1 位（入职手续办理中），新进科研教师 2 位；单位推荐 2 位教师评审教授和 1 位教师评审副教授；3 位教师获得山东大学“青年学者未来计划”人才项目称号。

四、实验平台建设及对外服务

截至 2021 年 12 月 13 日，糖中心 2021 年已入库仪器设备 64 台件，总值 228.1 万元；完成单位 20 万元以上设备信息统计和 2021 年设备家具类固定资产及图书资料的盘点工作。糖中心核磁、质谱等大型仪器设备对外开放服务，收入测试费约 33.1 万元，实现了糖中心在实验设备和实验技术方面服务社会的经济效益和社会效益。

五、研究生教育

重视研究生教育培养、评奖评优、心理健康、就业等工作。糖中心在读研究生 131 人，下设 4 个专业。2021 年招收硕士、博士研究生 44 人；毕业硕士、博士研究生 34 人。邀请国内外知名糖研究学者开展博士生高端学术论坛；1 名硕士研究生获“国家建设高水平大学公派研究生项目”资助出国攻读博士学位；2 名研究生获得国家奖学金，1 名学生获得校长奖学金。1 人入围山东大学学术之星奖候选人。

六、科研实验室安全管理工作

开展新生实验室安全培训工作，实行实验室安全培训准入原则；邀请实验室安全相关专业老师对学院师生进行安全培训以及消防器材的使用并现场演练；成立实验室安全督导组，定期开展实验室安全检查；完成 6S 实验室管理试点工作并验收合格。

七、新冠疫情防控工作

认真贯彻执行各级新冠疫情防控工作文件精神，认真落实预防监管工作，严格执行外出返回审批流程，确保校园及师生的健康。2021 年糖中心全体师生顺利完成新冠疫苗全程接种工作。

八、百廿校庆工作

糖中心以百廿校庆为契机，提升了糖中心的知名度，展现了中心糖科学和糖工程研究推动产业发展的雄厚实力，获捐赠 20 万元，为山大百廿校庆增光添彩。

九、存在的主要问题及建议

体量小、优秀人才缺乏。中心将围绕生物与医药大方向，强化产研结合工作，建议学校提供更多非人才类进人名额，用于引进工程化人才；增加职称晋升名额；增加教师外专业技术人员名额，增加博士与硕士研究生名额；并给予学科专项经费支持。

（曲敏）

微生物技术研究院

一、夯实各级责任，扎实抓好疫情防控

（一）强化组织领导，压紧压实责任体系

坚决守住疫情防控红线底线，及时转发或制定疫情防控工作通知 10 余份，制定各项活动类疫情防控工作方案 5 份。筑牢疫情防控责任体系，充分发挥网格化管理体系精准高效的联动机制，确保各项通知要求能够第一时间传达到每一位师生。

（二）实时监测疫情，从严落实防疫措施

密切关注国内防疫形势变化，根据学校要求及时细致全面做好中高风险及重点地区旅居史人员摸排，落实“一人一档”台账管理。严格执行师生外出审批和请销假制度，做好外来人员入校报备审批。认真落实核酸检测组织工作，3 次开展全员核酸检测，持续开展核酸检测抽检工作，确保 20 轮全覆盖。

（三）推进疫苗接种，做好防疫常态化工作

持续推进新冠疫苗接种工作，目前学院教职工疫苗接种率达到 92.9%，21 人已接种加强针。及时汇总上报疫情信息，做好教职工每日应对疫情信息统计，实行零报告、日报告制度。遇到重要情况立即启动应急程序，及时研究上报，确保信息掌握全面准

确、协调调度高效有力。

二、加强党的建设，发挥党建引领作用

（一）坚持理论武装，推动党史学习教育落地见效

研究院党委严格执行《微生物技术研究院党委理论学习中心组学习制度》，规范理论学习的内容及形式，采取“领学＋集中讨论”方式，坚持每月开展1次集中学习研讨。扎实推进“我为群众办实事”实践活动，主持完成7项“我为群众办实事”重点项目，推出暖心“微”十条，推动党史学习教育走深走实。

（二）深化务实创新，推进基层党建工作全面进步

为理顺党支部与学术团队的设置关系，结合研究院实际情况，对现有教工、研究生党支部进行了调整，推动设立9个师生联合党支部，并完成2个党支部委员会换届工作。发展党员51名，其中教师3名，研究生48名；确定入党积极分子75名，其中教师2名，研究生73名。

（三）强化党建引领，推动党建与中心工作深度融合

研究院党委把党建工作与中心工作一体谋划、一体推动，成立了安全工作委员会、师德师风建设委员会、本科教学指导委员会和研究生教学指导委员会，制定了相关工作职责，进一步推动研究院各项工作规范开展。

（四）全面从严治党，发挥党组织战斗堡垒作用

研究院党委深入推进全面从严治党，调整党委委员责任分工，明确工作责任，并着手成立纪检工作小组，强化纪检监督责任落实，加强重点领域的风险防控。积极推动各党支部的争先创优工作，研究院行政党支部成功申报山东大学党建工作“样板支部”，创建了“忠诚担当，服务先锋”党建品牌。

三、坚持引育并举，打造高水平人才队伍

（一）大力加强人才培育

张友明院士获得“山东省荣誉公民”称号，3人获批国家级人才，包括国家优秀青年基金获得者高翔、王海龙和长江学者青年专家武大雷。秦启龙被评为山东大学齐鲁青年学者，杜磊、姚婷婷、张兴旺、李小菊入选山东大学青年学者未来计划。截至目前，研究院国家级人才已达18人，省部级人才17人。

（二）持续做好人才引进

连续成功举办4届齐鲁青年论坛，将齐鲁青年论坛微生物技术分论坛作为研究院引才的重要品牌活动，本年度成功引进齐鲁青年学者研究员2名，另外3名正在洽谈中，强化了研究院的梯队建设。通过对高端人才的倾斜供给与基本条件保障，实施重点人才引进一事一议、特事特议，提升引进人才的获得感。

（三）着力打造博士后科研后备军

本年度吸引23名博士后加入研究院生物学和生态学流动站开展科研工作，3人被评为2021年度山东大学重点资助类博士后，1人被评为2021年度山东大学优秀博士后，2021年度山东大学优秀博士后目前在站博士后已达96人。

四、聚焦技术核心，提升科研能力和科技成果

（一）持续取得科研成果新突破

2021年度，研究院在研项目258项，实际到账经费共计5808万元，其中横向到账经费1280万元。2021年新立项项目89项，立项数较去年增加37%，总批准经费8197万元，其中国家级项目36项。包括国家重点研发计划绿色生物制造重大专项1项，国家重点研发计划课题2项，国家自然科学基金22项（国家优青2项，国家基金山东省联合基金1项）。2021年新立项横向项目36项，立项数较去年增长两倍多，合同总经费2825万元，合同总经费超出去年的7倍多。共发表论文321篇，其中SCI收录292篇，影响因子大于10的论文41篇，比2020年增长了51.85%。本年度，获得国家科技进步奖二等奖1项，山东省自然科学二等奖1项，山东省科技进步二等奖1项。

（二）优化学术团队，组建创新群体

为适应新形势下的学术团队建设，充分发挥学术带头人在学科建设和队伍建设中的核心作用，研究院针对实验室三个主要研究方向优化整合学术团队，组建了21个学术团队。以国家目标为牵引，开启以创新群体为主要内容的第二期综合改革，进一步创新科研模式，提高学术创新水平。2021年度首批5个创新群体已正式获批立项。

（三）发挥学科引领作用，提升国际影响力

山东大学第一本微生物领域期刊*Engineering Microbiology*正式创刊。研究院所属二级学科如微生物学、生物学与生物化学、分子生物学与遗传学进入或稳定在前1%。在软科“世界一流学科排名”中，生物工程学方向常年位居全世界前50。主办、承办2021年首届堆肥微生物学术研讨会、第六届齐鲁青年论坛微生物技术分论坛、肠道微生物未来发展研讨会等国内外重要学术会议、学术交流讲座36场。持续推进开放合作，资助国家重点实验室开放课题19项，总经费达150万元。

五、推进产研融合，成果转化取得硕果

举办校企合作交流活动20余次，完成与青岛啤酒集团、华熙生物集团以及齐鲁制药集团重大战略合作协议的签署3项。6项重要技术成果实现落地转化，转化金额预估1453万元。新立项横向项目36项，立项数较去年增长两倍多，合同总经费2825万元，合同总经费超出去年的7倍多，其中与华熙生物科技股份有限公司签订共建“山大—华熙合成生物学创新中心”协议，协议总经费达1000万元。张友明院士团队盐碱地“根际微域改良”土壤修复菌剂开发应用项目经过两年多在东营的实践，取得重大进展，助力乡村振兴和地方发展。王禄山教授团队通过引入整合宏组学技术，形成高温好氧固态发酵工艺，延长抗生素绿色产业链，减少碳排放，实现鲁抗集团邹城工业园增收5000万元/年。林建强教授的“一种生产D-阿洛酮糖的方法，一种用于去除D-阿洛酮糖中的D-果糖的装置”完成合同额为1200万元的成果转化。

六、坚持立德树人，培养一流拔尖人才

（一）做好研究生培养和招生工作

截至2021年底，研究院在校研究生556人，博导54人，硕导23人，学生培养方向

包括微生物学、生物化学与分子生物学，同时为生物与医药方向培养专业学位研究生与工程博士。研究院坚持立德树人，五育并举，通过全面总结经验、广泛征求意见、细化培养流程，多举措并行切实保障研究生培养质量。积极组织研究生参与学术奖项、出国交流等项目申报，探索完善研究生专业实践机制，取得初步成效。本年度输送公派留学生 2 人，获得山东省优秀硕士学位论文 1 人，获得山东省优秀博士学位论文 1 人，获得研究生优秀学术成果奖一等奖 1 项、二等奖 1 项、三等奖 9 项。精准拓展国内各高校优质生源，开展 2021 年优秀大学生暑期夏令营及硕士研究生推免工作，拟录取推免生 67 人。

（二）推进本科教学单位建设

研究院正式获批成为本科教学单位，并于 7 月初和 8 月下旬召开 2 次本科通识教育课程（校通选课）申报动员会，做好各项通识课程申报动员及组织工作。已完成研究院 21 门通识课程的平移开设申请，并在智慧教育管理服务系统完成 21 门课程的课程库维护，确保 2022 年春季学期教学工作的顺利开展。

七、加强宣传报道，增强文化辐射

（一）丰富宣传阵地，推动影响力提升

研究院新版网页于今年 7 月正式上线，在整体设计、栏目分类、功能使用等方面均做了全面提升，截至目前，本年度总访问量已达 370147 人次，总发布量为 1730 次。通过微信公众号推出“百廿校庆”系列活动、“党史上的今天”、“国重要闻”、“学术动态”、“玩转平台”、“微悦读”等专题栏目板块，推送宣传内容 299 篇，总阅读次数超 2 万次。微信公众号用户总数达 2672 人，较去年增长 41%。

（二）创新开展科普宣传工作

2021 年共开展 5 次公众开放活动，1400 余名大中小学生和社会公众通过线上线下方式走进国重室，感受科技创新魅力。国重科普团开展各类科普讲座报告 15 次，受众数达 10 万人。

八、坚持服务理念，提升师生幸福感

（一）建立健全教职工代表大会制度

召开首届教职工代表大会，广泛征集讨论了涉及招生、科研、后勤、安全等方面建议 38 条，引导教职工以主人翁的姿态参与研究院管理，充分保障民主权利。

（二）完善基础设施，增强教职工幸福感

在现有文化长廊的基础上，开展建家工作达标升级活动，打造 400 余平方米的“职工之家”，内建“四区一室”，即乒乓区、健身区、阅读区、交流区和一个多功能活动室。设立“微光驿站”便民设施，配备多种类的便民用品，并放置意见箱，方便师生提出意见和建议。

（侯煜）

海洋研究院

一、2021 年度工作举措和成效

（一）坚持党的全面领导，加强党建工作和中心工作深度融合

海洋研究院坚持党的全面领导，以党史学习教育和中央巡视整改为重点，把党的建设与改革发展同谋划，同部署，共推进，系统推进 28 项巡视整改任务，落实为师生办的 8 项实事，重视师德师风建设，不断完善“三全育人，五育并举”体系，研究生就业率达到 99%，积极组织“山大情，海洋梦”迎校庆主题系列活动，以高质量党建引领高质量发展的局面初步形成。

（二）聚势谋远，推进“十四五”海洋学科规划

系统规划“气候变化与海洋碳汇科学技术”“海洋资源开发与海洋地质环境”“物理海洋与海洋智能装备信息技术”3 个研究主线，“微生物海洋学科方向”列入学校“双一流”重点学科“生命科学与技术”的重点建设方向；筹备建设“山东省海洋碳汇过程与负排放技术重点实室”，与青岛地质工程勘察院联合申报的“滨海城市地下空间地质安全自然资源部重点实验室”正式获批建设，在“2021 软科中国最好学科排名”中，山东大学海洋学科位列全国第 9。

（三）加强教师队伍建设，推进科技创新服务国家战略和海洋山东发展的能力不断提升

引进山东省海外优青 1 人，山大齐鲁青年学者 1 人、兼职特聘教授 1 人、副研究员 3 人、助理研究员 2 人、博士后 3 人，培养山大杰青 1 人、青年学者未来计划 3 人。一年来，海洋研究院获批科研项目 40 余项，总到位 3100 万元，其中获批国家自然科学基金—山东省联合基金项目 1 项（全校仅 4 项）、面上项目 5 项等。完成科研成果转化 1 项（1000 万元），2 项成果入选学校“十大高价值应用科技成果”。

二、2021 年度亮点和特色工作

（一）深化党的全面领导，促进中国特色社会主义先锋实践区建设

海洋研究院党委贯彻落实习近平总书记关于教育的重要论述精神和全国教育大会精神，积极开展庆祝建党 100 周年系列活动、建校 120 周年系列活动，推进“网格管理，党建先锋”，不断完善健全基层党建组织体系，促进中国特色社会主义先锋实践区建设。

（二）服务“碳中和”国家战略，推动大项目、大平台建设，科研工作实现高质量发展

海洋研究院始终担当发展海洋负排放科学与技术的排头兵，积极参与“碳中和创新

研究中心”海洋负排放国际学术研讨会、双清论坛“面向国家碳中和的重大基础科学问题与对策”等；获批中科院“一带一路”创新发展重大咨询项目，组织“海上丝绸之路科技创新”专题研讨会，10余位院士发言并针对项目的开展提出了意见建议；积极推进服务海洋山东战略，与威海市蓝色经济研究院、中国海洋石油集团有限公司、中国海洋工程研究院等多家单位开展合作等。

（三）统筹安全与发展，夯实研究院事业根基，安全教育常抓不懈，安全意识深入人心

统筹安全、疫情防控和事业发展，完善团队安全体系，夯实人人安全责任。开展以实验室专项整治为主题的“实验室安全活动月”，全面推进实验室6S管理制度，落实安全工作网格化，夯实了安全根基，研究院被评为山东大学实验室管理先进集体。

（李鸥）

数学与交叉科学研究中心

数学与交叉科学研究中心认真贯彻十九届五中、六中全会精神，全面落实学校第十四次党代会精神，认真开展党史学习教育活动，以建校120周年为契机，着重做好“十四五”事业发展规划，扎实推进教育部非线性期望前沿科学中心和“双一流”建设。

一、全面加强党的建设和引领作用

1. 全面加强政治建设。深入贯彻第二十七次全国高校党建工作会议精神，大力推动党史学习教育和“为群众办实事”工作，坚持民主集中制，推动构建上下贯通、权责明晰、运转高效的议事决策工作体系，统筹谋划学科建设和中心各项事业发展。

2. 加强理论学习，注重师德师风建设。提高政治站位和大局意识，组织好学习党史教育活动，陆续组织了“学史崇德，矢志践行”主题教育活动，参观青岛市党史馆，《悬崖之上》《长津湖》观影，一校三地数学学科党史学习教育等，使党的建设和人才培养、学科建设、科研管理等中心工作紧密融合。

3. 做好党员发展及教育管理工作。加强对入党积极分子的培养和考察，组织了系列专题教育活动，严格把好党员入口关。2021年，中心有党员30名，确定教工入党积极分子1名、学生入党积极分子10名、重点培养对象5人。

二、各项事业全面发展

1. 把牢疫情防控和安全稳定工作。落实学校各项决策部署，认真完成学校疫情防控各项排查和核验任务。

2. 完善管理模式和运行机制。成立了财务工作领导小组、保密工作小组、宣传工作小组、统战工作小组、安全工作小组，规范领导工作机制和各项事务的审批办理流程，不断完善细化各项制度措施，按规定做好信息公开。完善教师职称评定、研究生招生、各种奖励评选等方面的监督检查，所涉及重大问题和事项均通过主任办公会进行集体决策。全力推进中心的管理模式，提升中心管理工作的高效性和满意度；在人才引进、教师聘用、课程建设、教材选用、学术活动等重大问题上严把政治关。

3. 打造一流学科平台。2021 年 5 月，教育部非线性期望前沿科学中心在青岛揭牌；中俄数学中心青岛基地成为全国首批 6 个 A 类合作基地之一，全方面加速与俄罗斯数学界和欧洲高水平科学家的交流与合作。高层次学科平台共同构成了人才培养、前沿理论研究、应用成果转化和国际合作共建紧密结合的学科立体发展格局。举办了金融数学与金融工程研究生暑期学校，组织金融数学七校联盟课程设置研讨会，举办数苑午间学术沙龙；中心全年举办了 10 余场交叉领域会议及 50 余场学术报告，累计邀请国内外知名学者 200 余人次。

4. 引育一流师资。2021 年，中心积极响应学校政策，注重人才引育，师资队伍建设卓有成效。1 人获得国家海外优青资助（上官冲），引进 1 名国家级青年人才（杨建益），2 名齐鲁青年学者（翟帅、李邯武），引进兼职特聘教授 2 名（吴奖伦、蒋继明）。1 人获山东省海外优青资助（翟帅），2 名学者入选“山大青年学者未来计划”（张钊、张人仁）。招聘优秀科研教师 5 名，其中有 3 名研究员（张会林、彭珍玲、李加宁），1 名副研究员（纪晓君），1 名重点资助类博士后（张国明）。

5. 打造高质量人才培养摇篮。中心现有在校生 75 名研究生，其中硕士生 59 人、博士生 16 人，涵盖了硕士生、博士生所有年级。2021 级新生 26 人，其中 22 名硕士研究生、4 名博士研究生。中心制定研究生奖励政策，举办“大师讲堂”“研究生学术沙龙”“数学有新人”等活动。去年的本科生科创项目今年顺利结题，为培养优秀本科生搭建科研平台，将中心的研究生招生拓展工作前置化。2021 年中心继续承担了青岛校区本科生“高等数学”“线性代数”“概率论与数理统计”和研究生公共数学课“工程数学”等课程的教学工作，为公共课教学提供了大量支持。

6. 开展高质量科研。2021 年获国家自然科学基金资助 3 项，获科技部国家重点研发计划青年科学家项目资助 2 项（郭常予、韩仁敏），获国家博士后基金面上资助 2 项，获山东省自然科学基金资助 8 项；另外，3 人申报国家自然科学基金委海外优青项目上会参评，2 人申报山东省海外优青项目上会参评。2021 年中心立项总经费达 1000 多万元，到账总经费 906 万元。

7. 积极开展校庆活动。按照学术校庆、文化校庆、开放校庆要求，举行了适合中心特点的系列校庆活动，组织了迎校庆数学与交叉科学系列学术报告会，开展了“山大数学人在青岛”校友联络活动，组织师生党员开展“学党史、知校史”学习活动。中心共联络 20 余名校友举办学术报告，与青岛山青钲创科技有限公司签署合作协议并捐赠 100 万元用于中心发展，校友个人捐款 1.7 万元。

（杨媛）

生态环境损害鉴定研究院

山东大学生态环境损害鉴定研究院（以下简称“研究院”）成立于2019年7月；同年10月，成立司法部生态环境损害司法鉴定理论研究与实践基地（以下简称基地），两者实行两块牌子、一组人员的机制和体制。在学校和司法部的正确领导和大力支持下，研究院（基地）立足山东，服务全国，锐意进取，大胆开拓，2021年各项工作实现了较大突破，取得了显著成效。

一、稳步推进组织机制建设，夯实工作基础

调整领导班子，领导班子成员为：院长高振会，副院长占金华、郭卫华、张式军和黄理辉，加强领导班子的战斗力。

编制完成研究院“十四五”事业发展规划，制定研究院相关制度规定17项，建章立制，为研究院工作有法有规可循。严格落实常态化疫情防控各项举措要求，安全工作逢会必讲，定期或不定期进行安全检查，确保师生安全。

二、学科设立开创首位

依托化学、环境科学与工程、生态学和法学4个一级学科，1月，山东大学率先在国内设立环境法医学交叉学科和博士、硕士学位点。这是国内首个专门进行生态环境损害鉴定研究的学科，是文、理、工、医大交叉的新兴学科，探索开展学科建设和研究生培养的新模式。学科设置生态环境损害鉴定与评估技术研究、生态环境损害鉴定标准理论与法制研究两大研究方向。编制完成国内首套生态环境损害鉴定评估系列教材12本，即将于2022年陆续进行出版。

三、科研工作成效显著

全年科研项目人均实到经费排名第4（47个单位排名）；科研实到总经费996.18万元，排名第36（52个单位排名）。成功申报山东省自然科学基金面上项目2项，扎实推进科学研究工作。发表论文5篇，其中SCI论文4篇，提高行业影响力。初步形成生态环境损害鉴定评估、生态修复与生态优化、碳达峰碳中和、生态环境损害法律法规修编等特色研究工作。

四、人才培养稳步推进

引进讲席教授1人（丁德文院士），荣聘教授1人（舒俭民），特聘教授2人（胡振琪、张元勋），科研教师1人（张依然）和博士后2人（巩玉玲、孙婷）。培育研究院高振会、

程永强、林佳宁等老师为最高人民检察院、生态环境部海河流域北海海域生态环境监督管理局、山东省高级人民法院、济南市铁路运输中级法院、青岛市发改委等专家库专家。

在河北中旭生态环境损害司法鉴定中心设立国内首家生态环境损害司法鉴定教学实践基地。正在培养博士生和硕士生 14 人，其中，有 1 人获得学业一等奖学金，另有 10 人获三等奖学金。

五、服务部委，支持地方，社会服务扎实推进

受司法部委托，编制完成首部《环境损害司法鉴定白皮书》，具有阐释环境损害司法鉴定行业现状、指导行业发展的重要意义；并编制"环境损害司法鉴定指导案例"，综合考虑了地域、行业分类、典型性和代表性等因素，对行业发展也具有重要的指导作用。均于 6 月 5 日世界环境日由司法部对外发布。

受司法部委托，于 2020 年 12 月举办了全国最大规模的环境损害司法鉴定线上培训，参训人员达 2217 人，获评"中国教育在线优秀案例奖"。2021 年，持续推进培训工作，并举办 4 次培训班。

高振会院长作为专家组长，研究院作为特邀技术团队，全过程参与建国以来特大溢油事故青岛"4·27"船舶污染事故应急处置工作，包括溢油事故处置—应急预案制定—消油剂使用—溢油扩散范围预测—应急结束决定等，全过程进行技术支撑工作，为事故应急处置做出重要贡献。

研究院作为技术支撑单位，为山东省及济南市、青岛市和德州市发展与改革委员会碳达峰碳中和工作提供技术咨询服务，全程参与省和各市碳排放数据测算、峰值预测、碳达峰路径研究、碳达峰实施意见和行动方案编制等工作，相关成果均被采纳，得到政府的充分肯定。

六、学术交流和合作不断加强

组织黄河流域高质量发展与生态环境损害司法鉴定理论技术交流研讨会等全国性学术会议 4 次，来自国内外超过 600 余人参加会议，受到新华社、人民网、中国自然资源报、《法制日报》等多家权威媒体关注，引起巨大反响。

受邀参加全国司法鉴定管理工作座谈会、第一届环境学科建设与研究生教育研讨会等会议，并作发言、报告，提高研究院（基地）的知名度。

与公检法司、生态环境、自然资源、发改委等政府机关，行业学会，环境损害司法鉴定机构等单位进行互访交流，在人才培训、科研项目申请、仪器设备研发等方面达成合作意向。

七、平台建设取得突破进展

策划并成功申报自然资源部"渤海生态预警与保护修复重点实验室"，于 2021 年 7 月 23 日正式对外发布。

（高蒙）

网络空间安全学院

网络空间安全学院2021年始终坚持以习近平新时代中国特色社会主义思想为指导，坚决落实习近平总书记关于“培养网信人才，要下大功夫、下大本钱，请优秀的教师，编优秀的教材，招优秀的学生，建一流的网络空间安全学院”的重要指示精神，以探索网络安全人才培养新思路、新体制、新机制为根本任务，认真践行“明德踔厉、日新致远”的建院理念，不断推进“一流网络安全示范学院”高质量跨越式发展。

一、深化党建引领，凝聚发展动力

学院坚持用“金钥匙”破解改革发展难题，围绕新一轮“双一流”建设和“十四五”高质量发展主题，紧贴一流网络安全学院建设要求，坚定社会主义办学方向，推动形成了教书育人、科研育人、实践育人、文化育人、组织育人长效机制，坚持不懈破解“两张皮”，不断做强学科、做强学院，提升学术核心竞争力。

二、优化学科布局，提升发展质量

2021年，网络空间安全学院接受中央网信办、教育部一流网络安全示范学院绩效评估，取得了所有11所高校第4名，第2批次高校第1名的优异成绩。学校领导在评估成绩通报中批示，“要举全校之力建设网安学院”，在经费投入、硬件支撑、政策保障等方面给予大力支持，将发展网络空间安全学科作为“十四五”事业发展规划的重点工作。作为山东大学新一轮“双一流”建设的8个重点学科领域之一，网络空间安全学院牵头布局网络空间安全与智能计算一流学科建设，推动网络空间安全、计算机、软件等学科融合创新，打造山东大学一流学科新增长点。

三、重视科学研究，建设一流平台

学院发挥密码理论研究国际一流的特色优势，重点开展密码学、网络空间安全基础理论、网络与系统安全的关键科学难题研究。今年，学院教师牵头承担重大重点项目20余项，新增山东省自然科学基金、山东省优秀青年基金等纵向项目7项，国防专项任务、重大横向合作等项目8项，中央网信办委托任务2项。

2021年，王小云院士和王美琴教授的研究成果获得国家科技进步奖一等奖。学院教师先后获得国际密码学最具时间价值奖、真实世界密码学奖、ACMSIGSAC CHINA人才奖、中国密码学会人才奖等多个奖项。

近年来，在*CRYPTO*、*EUROCRYPT*、*AISACRYPT*、*IEEE S&P*等国际顶级密码会议、系统安全会议及学术期刊上发表论文百余篇。2021年学院教师在国际五大顶级密码会议发表论文8篇，在国际密码学会（IACR）公布的40年来五大顶级密码会议发表论文数量排名中，学院教师排名国内学者第1、第2、第5。在山东大学2021年度科研绩效考核中，网络空间安全学院科研教师人均科研工作量排名学校各学院第1，人均科研业绩绩效奖励名列前茅。

学院目前拥有教育部重点实验室1个、密码科研实验环境平台1个、网络空间安全技术协同创新中心1个，与山东省政府联合建设泉城实验室，共同支撑一流网络安全学院发展。与华为建立的密码学与硬件可信联合创新中心已在后量子密码工程技术、低时延对称加密技术、同态加密基础理论及工程化关键技术等方面开展深入合作。与国家互联网应急中心山东分中心、山东省工研院、奇安信等共建联合实验室12个。

四、优化学科设置，培养一流人才

学院拥有“信息安全”“网络空间安全”2个国家级一流专业，“密码科学与技术”1个战略新兴专业，首批获批建设网络空间安全学科博士后流动站，与法学院共同建设“法律与网络安全”微专业，联合政治学与公共管理学院、信息科学与工程学院、计算机科学与技术学院建设“公共管理＋网络信息”文工融合专业。依托数学强基计划班，招收密码数学方向“3＋1＋X”的本硕博学生，录取分数在学校所有强基班里最高；探索设立的网络空间安全新工科实验班首届毕业生推免比例41％，读研比例59％，远高于学校平均水平。

学院坚决落实立德树人根本任务，坚持以培养一流网络安全人才为核心。进一步推进“学训赛研”一体化培养模式，连续两年获得“互联网＋”创新创业大赛国赛银奖，获得全国大学生信息安全竞赛一等奖4项。

学院高度重视教材建设，集中教学骨干力量，打造高水平教材，获批教育部新兴领域教材研究与实践项目，王小云院士编写的《公钥密码学数学基础》获得全国首届优秀教材奖二等奖。

五、重视人才引育，打造一流团队

学校在人才引进、教师聘用、职称晋升、薪酬分配等方面对学院赋权，结合网络空间安全学科特点，出台了针对学院的职称评定激励办法，支持学院以更开放、更包容的政策措施引育人才，努力打造国家级创新研究团队。

学院已形成以中科院院士为院长，长江学者特聘教授为常务副院长的高水平师资团队，现有院士3人（含兼职），长江学者特聘教授4人，国家杰青4人，“四青人才”3人，“万人计划”教学名师2人，泰山攀登计划团队2个以及省级人才10余人，为学院的高质量快速发展奠定人才基础。

六、用心关爱学生，助力学生成才

2021年，学院“三全育人”工作取得实在成效。制定了《网络空间安全学院班主任工作实施办法》，学院全体教师担任本科学业发展导师。不断提升学生工作温度，对“重点关心学生”实行台账管理、追踪帮扶。强化仪式教育，举办毕业典礼和新生见面会等系列活动。坚持五育并举，不断提升学生综合素质和能力。

组织召开第一次学代会、研代会，第一次团员代表大会，进一步坚定了广大团员青年听党话，跟党走的决心，营造了和谐校园氛围、有效促进了同学们参与学院建设发展的积极性。

始终秉持“就业就是最大的民生”理念，积极开展就业指导与生涯规划，提升学生就业能力。2021 年度学院率先在校内实现就业率 100%。

七、瞄准国家需求，服务地方建设

学院结合网络空间安全学科服务于国家安全、国防建设、产业发展的定位，在服务社会发展新需求，应对数字经济产业安全重大挑战等方面作出贡献。研发的密码算法自动化检测平台被国家密码管理局和军队重要密码部门使用，并入选军队某行动；研发的物联网安全检测平台被中国信息安全测评中心使用。挖掘移动应用系统多个安全漏洞被谷歌评为高危级漏洞。参加《区块链技术安全框架》国家标准制定工作，推动我国区块链技术应用与产业发展；设计 3 套密码算法，为新一代国家标准密码算法设计提供重要基础支撑。多名学院教师担任中央网信办和山东省网信办专家委员，承担网信办专项任务，参与山东省“十四五”网络安全发展规划的编制等工作。

学院还联合承办了 2021 年中国密码学会密码数学理论专委会会议，成功申办国际顶级密码会 FSE 2023、重要国际密码会议 Inscrypt 2021 和 2022 年中国密码学会年会，承办 2021 年第十四届全国大学生信息安全大赛，并承接了网络安全研究国际学术论坛 Inforsec 夏令营的主办任务。

（魏英凯）

政治学与公共管理学院

2021 年是学院平稳而又快速发展的一年，在学校党委和校区党工委领导下，学院全体教职工落实学校立德树人根本任务和高质量发展主题，统筹推进疫情防控常态化、安全稳定常态化和事业改革发展，深入贯彻落实强院兴校等战略部署，锐意进取，各项工作均取得可喜成绩。

2021 年，学院在职人员 120 人，其中教学人员 96 人（含外籍教师 5 人），教授 39 人（含外籍教授 1 人）。学院毕业本科生 116 人（其中留学生 6 人），毕业硕士生 458 人（其中学术型硕士 106 人，留学生 11 人，公共管理硕士 341 人），博士生 24 人（其中留学生 5 人）。招收本科生 126 人，学术型硕士生 116 人（其中留学生 8 人），博士生 36 人（其中留学生 3 人），公共管理硕士 474 人。

一、坚持党建领航，以高质量党建引领学院事业发展

持续深化党的创新理论武装。深入学习贯彻习近平总书记“七一”重要讲话精神及十九届五中、六中全会精神，深学笃行习近平总书记给《文史哲》编辑部全体编辑人员重要回信精神，深入开展党史学习教育，扎实做好“我为群众办实事”实践活动等重点任务。

全力落实中央巡视整改任务。认真查摆存在的问题，确定22项整改措施，以坚决的态度和扎实的作风，完成好巡视整改的重大政治任务，推动巡视整改取得明显进展和成效。加强领导班子自身建设，加强支部标准化、规范化建设。

政治学系教工党支部获批“山东省教育系统先进基层党组织”。政治学系教工党支部书记刘琳入选2021年度“双带头人”教师党支部书记培育工程，公共管理教工党支部入选2021年度“山东大学党建工作样板党支部”。

二、实施人才强院战略，人才引育成效显著

学院人才引育工作取得新突破。引进了前外交学院院长秦亚青教授、中国人民大学郭春生教授等一批专兼职讲席教授、特聘教授、杰出中青年学者和齐鲁青年学者共计8人。在人才培育中，1人受聘特聘教授，1人入选齐鲁青年学者，5名青年教师入选青年学者未来计划培养项目。除此之外，2021年度，新增青年教师骨干（含外籍和港澳台籍教师）11人。人才引育的显著成效为建设一流学院打下了更坚实的基础。

三、着力提升学科水平，学术研究成果丰硕

精心谋划编制学院“十四五”事业发展规划与学院一件大事，为学院“十四五”时期的发展奠定了良好基础。做好第五轮学科评估材料系统填报提交、材料核查等工作。政治学、公共管理学入选山东省高等学校高水平学科建设行列。获得各类项目25项，国社科5项，教育部项目3项，横向项目17项，合同经费500余万元。各类智库采纳报告20余项，获得刘鹤副总理等领导人批示。国内外高水平论文发表有较大增长。

四、深化专业建设与学位点建设，系统推动人才培养

以一流专业建设为抓手，落实新文科建设要求，积极推动本科教学。围绕学位点优化、课程思政、教材建设、教学改革等方面出台系统方案，大力提升人才培养质量。曹现强教授“公共管理＋网络信息”文工融合专业建设获批2021年国家教育部首批新文科研究与改革实践项目；学院有4本本科教材入选省级优秀教材；方雷教授获评卓越教学奖，滕玉成教授获评优秀教学奖；7项获学校教改立项。组织国际政治专业申报学院第四个国家级一流专业建设点。

推进专业学位点优化工程，加大研究生教学改革力度，规范研究生培养过程，实施研究生创新能力提升计划，着力提升研究生创新能力。推进研究生分类培养改革，健全学位论文质量控制体系。1项成果获山东省优秀学术成果奖，1人获校长奖，1人获“五四青年科学奖”，2篇山东省优秀博硕士学位论文，1项作品获“挑战杯”全国二

等奖。

构建“大思政”格局，推动“三全育人”落实落细，形成学生培养的“三师制”模式。强化组织育人，创新方式做好体育美育和劳动教育，全面提升学生综合素质。获评“五四红旗团委”“十佳学生会”“十佳研究生会”“十佳团支部”等荣誉，2 名学生分获山东省优秀学生、优秀学生干部。出台系统方案，设立专项资金提升学生就业能力，就业率年底可超 95%，获评“学生服务国家战略就业优秀组织单位”。

五、集聚国际化新动能，推动国际交流与合作继续深化

克服疫情带来的不利影响，采取各种措施通过线上形式开展国际交流与合作，为后疫情时代国际合作打下坚实基础。组织国外专家线上进行授课和讲座，国际暑期学校也在线上顺利进行，选修学生达到 200 多人，保障了国际学分计划的实施。与韩国、日本等东亚合作伙伴共商申报人才培养和科研合作，组织教师参加线上国际学术研讨会。积极鼓励和支持学生参与线上的海外经历项目，同时积极与外方合作伙伴共建线上项目。选派学生前往国外进行联合培养，共计派出学生进行国际交流 20 余人次。通过与国际学生招生办公室密切合作，提高国际学生生源质量，本年度各专业新增留学生 16 人。

六、着力凝聚发展合力，各项重点任务落实到位

围绕百廿校庆，举办系列高层次学术会议，举办学院发展成就展，编写学院发展大事记，组织编撰《赵明义教授纪念文集》，联络校友，开展社会合作。持续优化和提升学院文化环境，创建学院“职工之家”。

统筹推进疫情防控、安全稳定和改革发展。严格落实常态化疫情防控各项举措要求，落细落实安全稳定举措，切实筑牢校园安全屏障。

精心编制“十四五”事业发展规划，谋划学院未来发展蓝图。

（盖玉强　石莹　董丹丹）

法学院

法学院下设 8 个研究所（系），设有法学一个本科专业，拥有法学一级学科博士学位授予权、一级学科硕士学位授予权和法律硕士专业学位点，设有法学博士后流动站。首批入选国家卓越法律人才教育培养双基地、国家级一流本科专业建设点、山东省“高峰学科”建设名单。建有中宣部与教育部“国家人权教育与培训基地”、最高人民检察院检察基础理论研究基地、中国法学会“中日韩法律研究中心暨中日韩高端法律人才培养基地”等国家级和省部级平台。

截至2021年12月，学院共有教职工100人，其中专任教师77人，教授29人，副教授33人；享受国务院特殊津贴专家4人，教育部新世纪优秀人才2人，山东省有突出贡献的中青年专家2人；山东大学荣聘教授1人，特聘教授1人，山东大学杰出中青年学者2人，齐鲁青年学者4人，未来计划学者5人。共有全日制在校生1523人，其中本科生656人，硕士研究生780人，博士研究生87人；非全日制法律硕士学生98人。

2021年1月，山东大学第十四届党委第78次常委会任命于向明同志担任法学院党委书记。

一、党政管理

强化理论武装，深入开展党史学习教育。学院党委以“学史明理、学史增信、学史崇德、学史力行”为目标，坚持把学深悟透、用好用活习近平新时代中国特色社会主义思想，把集中学习、交流研讨和“四个清单”落实贯穿党史学习教育全过程。院党委理论中心组每两周进行一次集中学习，本年度结合习近平总书记给《文史哲》编辑部全体编辑人员重要回信精神开展了专题学习研讨。

强化党的领导，发挥党委政治核心作用。学院党委高度重视意识形态工作，密切关注师生思想动态，着重解决师生关心的重大问题，落实意识形态责任制，在新进教职工、人才引进、各类研讨会报告会、讲座论坛等方面强化政治把关。加强党风廉政建设，制定落实全面从严治党主体责任清单。认真落实学校整改部署，结合巡视反馈意见及学院实际情况，制定了22个方面问题的整改措施，学院三次召开专题会议研讨工作推动落实，各分管领导各负其责，突出重点、举一反三，确保巡视整改取得扎实成效。

推进“三会一课”规范化制度化，加强基层党支部建设。发挥党支部战斗堡垒作用，实施教师党支部书记“双带头人”培育工程，学院各党支部通过“三会一课”、主题党日等形式，引导师生关心关注学科发展、学院和学校建设。做好高质量发展党员工作，全年发展党员113人。

突出典型激励，强化师德师风宣传教育。利用教职工大会、教师节等契机进行学习宣传，利用“我最喜欢的老师”“我心目中的好导师”“京鲁奖教金”评选等正面引导，提升师德师风修养。

完成学院网站改版工作，整体风格简洁明快，信息丰富。学院建立了新媒体中心，建立了文化工作室和四支宣传团队负责学院网站，学院官微、山小法、法研等公众号的宣传运营。学院宣传团队在山大新闻网投稿量、用稿量居全校105个学院、部门中第2位。

扎实做好疫情防控。组织好常态化疫情防控背景下的线上线下教学；坚持全员核酸检测全覆盖，坚持外出审批制度，加强对重点人群健康情况监控，精准掌握师生身体健康状况；落实“日报告”“零报告”制度，指定专人负责疫情防控有关信息的报送，及时根据学校要求完成各类信息报送工作；对需要居家隔离的人员，学院安排专人对接服务，切实保障隔离人员的工作生活。

切实筑牢校园安全屏障。从“细”推进网格化管理服务体系建设，坚持人物同防，织密织牢校园安全管理最小网格。建立健全安全工作责任制，夯实“党政同责、一岗双责、齐抓共管、失职追责”的安全工作责任。完善安全工作机制，将安全工作纳入谋划年度工作任务、进行年度工作总结的重要内容。建立安全隐患排查整改工作机制，不定期开展综合风险及专题风险研判，查找隐患并及时整改，认真落实学校部署的检查排查任务。制定和完善各项安全管理制度，不断提升安全治理能力和水平。

二、人才培养

（一）本科教学

落实立德树人根本任务，积极推进习近平法治思想进校园进课堂。组建“习近平法治思想概论”教学团队，拨付专项经费支持课程建设。

坚定“以本为本”的核心理念，提升本科教学的竞争力。2 个项目获批山东大学教育教学改革一般项目，2 个海外师资项目获暑期学校优秀项目。葛明珍副教授参编的教材《思想道德修养与法律基础（2018 年版）》获得全国优秀教材特等奖，徐显明教授参编的教材《法理学（第二版）》获得全国优秀教材一等奖。2 位教师获山东大学青年教师讲课比赛二等奖。

积极参与推进新法科建设，全面推进法学学科的转型和升级。“法律与网络安全”微专业获批山东大学 2021 年度本科微专业 A 类资助立项。

强化实践教学环节，提升法学本科学生实践创新能力。获批校级本科生研究创新项目 12 项，4 个项目获批国家级大学生创新创业训练计划立项，6 个项目获批校级科技创新基金立项。

（二）研究生教育

多途径改善硕士研究生生源质量。举办法律硕士优秀大学生暑期夏令营活动，来自全国近 30 所知名高校的近 60 名同学参加活动。完成 2022 年接收推荐免试硕士研究生工作，共录取来自中国政法大学等 10 余所高校的推免生 145 人，占学院 2022 年全日制硕士招生总计划的 60.92％。

注重法律硕士的交叉融合培养。涉外法治人才特色班获学校批准立项；举办“山大法学高端论坛：涉外法治人才特色化培养漫谈”“山东大学百廿校庆学术活动：涉外法治人才培养特色化会议”“山东大学法学院涉外法治人才培养系列高端讲座——中国与联合国：50 年的回眸与展望”等一系列活动。

鼓励教师积极探索研究生教学新思路。张海燕教授主持的“习近平法治思想视角下高校涉外法治人才培养模式研究”、柴瑞娟副教授主持的“经济法专业研究生教学案例库建设研究”分别获得山东省研究生教育教学改革研究项目、专业学位研究生教学案例库的立项支持。

强化研究生的过程性培养和动态化管理。制定并实施《山东大学法学院全日制硕士专业学位研究生专业实践管理与考核办法》，制定《山东大学木青法学博士生论坛实施方案》，积极打造博士生论坛这一学术品牌，并于 11 月 23 日举行第一期论坛报告。

教书育人成果显著，学生科研创新能力持续提升。学院代表队荣获第十届“中国 WTO 模拟法庭竞赛”季军、“第十五届国际人道法模拟法庭比赛”三等奖、第十九届

“贸仲杯”国际商事仲裁辩论赛全国三等奖、第十九届“理律杯”全国高校模拟法庭竞赛亚军。周长军教授获评2021年山东省优秀研究生指导教师、王德志教授获得山东大学第十三届“我心目中的好导师”荣誉称号，徐显明教授、胡常龙教授分获山东省优秀博士学位论文、优秀硕士学位论文指导教师奖。本年度获学校研究生优秀学术成果二等奖1项、三等奖1项。入选1篇山东省优秀博士学位论文和1篇优秀硕士学位论文。

（三）学生工作

强化思想政治教育。本科生党支部2项党建课题分别获评山东大学2021年度党组织书记抓基层党建突破项目和山东大学2021年度基层党组织活动立项。组织“温征途·学四史·践初心”红色研学实践活动立项10项，开展“乡村振兴法治同行”主题普法活动，“缘法而行，爱暖人心”服务项目获山东大学青年志愿服务项目大赛成熟项目组金奖。参加山东大学第三届“大学生讲思政课”公开课比赛，有2支队伍获奖。在山东大学“逐梦新时代　学习正当时——寻找青年‘政治佳’”（第六季）活动中，有3件作品获十佳表彰。

系统谋划学生就业。开展实务部门实习、参访等活动26期，组织经验交流会、宣讲会22期，开展法官进校园、法庭旁听等活动，有效增进学生的就业认知。举办法律文书竞赛、职业生涯规划大赛以及求职技能类培训等，提高学生的就业竞争力。学院获评2021届毕业生服务国家战略就业优秀组织单位。

扎实推进三全育人、五育并举。组织“校友工作坊”13场，开展“法律近距离”活动到实务部门走访13次，新建法律实务实训基地8个，聘请法律实务导师17名，构建党政管理干部、法律实务专家与专业教师构成的双核育人机制。学生在各级文体比赛中获得佳绩，在省大运会中获冠军1项、亚军2项，在青岛高校田径运动会中获冠军4项、亚军2项、季军1项。在山东大学第二届全民运动会（青岛）中获研究生组女子团体第一名、男子团体第一名、男女团体总分第一名，本科生组女子团体第一名、男子团体第三名、男女团体总分第二名。研究生获山东大学第二届全民运动会（青岛）团体操比赛冠军，女子排球队获“山大杯”排球联赛青岛赛区冠军；羽毛球队获山东大学（青岛）“思壮杯”师生羽毛球团体赛冠军。在学校开展的“跃动山大·百廿启航”跑团活动中，学院获评优秀组织单位，是青岛校区唯一获表彰单位。学院获山东大学研究生“导学思政”合唱比赛一等奖。

获批山东大学首批二级心理辅导站“心语驿站”。

三、学科建设与科学研究

坚定实施“强院兴校”战略，精心编制法学院“十四五”事业发展规划，成立法学院发展战略咨询委员会，提高法学学科的顶层设计能力。

积极参与学校“双一流”学科群“马克思主义理论与国家治理”的建设，承担其中的“马克思主义人权理论与中国特色社会主义法治”方向任务。

积极推进新法科建设，与信息学院、网络安全学院等联合，牵头申报的“全面依法治国战略实施中的数据运用与数据治理”获批山东大学人文社科首批创新团队。

科研创新能力不断增强。全院发表CSSCI期刊论文50篇（包括三大刊论文2篇），

SSCI 论文 3 篇；获山东大学智库成果认定 6 项，其中 2 项获山东省委主要领导批示；获山东大学人文社科重大科研成果奖 4 项；获批国家社科基金项目 2 项、山东省社科规划项目 4 项，到账科研经费 102 万元；5 项成果入围山东省第三十五届社会科学优秀成果奖，其中一等奖 1 项、二等奖 2 项、三等奖 2 项。

举办百廿校庆系列学术讲座、法学学科高端论坛、法学学科青年论坛、卓越法治人才培养系列讲座等各类学术活动 90 余场；成功举办“全过程人民民主与中国特色社会主义人权保障”学术研讨会，《光明日报》、新华社、《大众日报》、央视网、CGTN 等多家媒体进行了报道；主办“山东社科论坛——习近平法治思想学术研讨会”、“山东论坛”之分论坛“东亚法制合作”、“实证法学研究与法治中国建设”暨第五届“迈向数据法学”研讨会、山东省法学会监察法学研究会年会、山东省法学会民商法学研究会年会等重要学术会议 20 余场，取得很好的反响。

2021 年 3 月发布的 QS 世界大学学科排名中，山大法学学科排名第 251～300，位列中国内地高校法学学科第 14；10 月发布的软科学科排名中，山大法学学科排名前 10％。

四、师资队伍

坚持把师德师风作为第一标准，严把师德关。本年度引进人才取得新突破，全职引进国家海外特聘专家 1 人、山东大学荣聘教授 1 人，聘任兼职讲席教授 2 人，聘任王利明教授、黄进教授为山东大学法学院发展战略咨询委员会委员，在学界引起极大反响。

加大人才培育力度，培育山东大学特聘教授 1 人、齐鲁青年学者 1 人、青年学者未来计划 1 人、青岛市行业拔尖人才 1 人，2 人晋升副教授。

五、服务社会

实施服务山东战略，成立山东大学交叉法学研究院，与山东省高院、济南新旧动能转换先行区管委会、齐鲁公证处等单位签署战略合作协议，省高院在法学院设立“山东司法研究基地”。在鲁商集团等设立 4 所实习教学基地，与地方企事业单位共同成立“企业刑事合规研究基地”“巡回审判法庭”等，拓展服务社会的行业和领域。新增山东司法研究基地、山东省教育立法咨询服务基地等 5 个研究平台，省部级平台达到 12 个。

举办 120 周年校庆系列活动，开展校友寻访，本年度寻访 11 位优秀校友，并在“校友风采”专栏同步宣传推广；成功举办 13 期校友工作坊，邀请优秀校友回校做系列报告；积极推动捐资助学，新签订 5 项捐赠协议，总额近百万元。

周长军院长获第二届“山东省十大法治人物”。

六、国际交流与合作

推动国际化课程建设，积极实施“全球讲席云课堂”计划，邀请奥地利维也纳大学 Arthur Wolff 教授、美国巴尔的摩大学 Eric Easton 教授、瑞典斯德哥尔摩大学 Patricia Shaughnessy 教授、德国科隆大学 Björn Ahl 教授等国际学者在线上讲授流动岗课程。克服疫情影响，23 名同学分赴芝加哥肯特法学院、挪威卑尔根大学、韩国成均馆大学、英国阿伯丁大学、邓迪大学、牛津大学等名校参加长期和短期国际交流项目或深造。

（江小荃　董雪梅　郑智航　张海燕　邹永厚　满洪杰）

信息科学与工程学院

2021年度是学院扎实推进党史学习教育、认真完成中央巡视整改落实、高质量完成校庆工作关键之年。学院党政班子团结协作，在学校党委和行政坚强领导下，按照学校统一工作部署，深入落实立德树人根本任务，加快“双一流”建设步伐，科学谋划、狠抓落实，调动全院教职工积极性，除完成日常教学科研工作外，还在基层党建、学科建设发展、人才引育培养和三全育人等方面开展了一系列富有成效的工作，取得显著成绩。

一、深入学习贯彻习近平新时代中国特色社会主义思想，全面加强党的建设

1. 提高政治站位，加强政治理论学习，用好“金钥匙”。深入学习习近平新时代中国特色社会主义思想、党的十九届六中全会精神等重要思想，坚持用“金钥匙”推进工作谋划，破解“两张皮”问题；理论中心组学习10次，做好“结合”文章，与“十四五”事业发展规划编制、党史学习教育推进、“我为群众办实事”实践活动开展、中央巡视整改工作任务落实结合起来，开展主题研讨式学习，成效显著。

2. 扎实推进党史学习教育走实走深。成立党史学习教育领导小组，制订实施方案和基层党支部工作台账；深入挖掘红色资源，创新学习形式，打造党史学习教育“实境”课堂；开展“我为群众办实事”实践活动，解决部分教职工配偶工作落实等重点民生问题，建成“党员之家”和“工会之家”。

3. 党委成员带头履行全面从严治党主体责任。制定实施全面从严治党“三清单”；落实“一岗双责”要求，建立党委委员下沉支部工作机制，落实党委委员党的双生活制度；不断提升基层党组织组织力，选优配强支部书记，实现教师党支部书记“双带头人”全覆盖。

4. 常抓不懈抓好疫情防控常态化管理工作。师生疫情防控网全面覆盖，贯彻横向到边、纵向到底的防控制度体系，实现闭环管理；完善疫情防控工作方案和疫情防控应急预案；对于日常防疫做到双向措施保障，保证了防疫和工作开展两不误；加强防控教育，牢牢守住防控底线，坚决打赢疫情防控阻击战。

5. 坚决全面推进中央巡视整改落实。成立整改工作领导小组，下设整改工作办公室，构成上下联动、左右协同，横向到边、纵向到底的整改落实体系；制定《信息学院关于中央巡视反馈意见的整改落实工作方案》，并强化责任分工，明确整改时间节点编

制整改工作台账，通过整改健全完善各类规章制度，不断巩固整改成果，形成长效工作机制。

6. 完善“三重一大”决策制度。修订完善信息学院党委会议事规则、信息学院党政联席会议议事规则，提高决策质量和效率。

7. 加强意识形态工作，筑牢思想防线。定期召开意识形态工作专题会议；开展学院网站和各类新媒体平台的内容风险排查，完善工作机制，组建专兼职宣传工作队伍，守好意识形态主阵地；持续做好统战工作和宗教工作。

8. 推进党风廉政建设和师德师风建设，筑牢安全底线。成立党风廉政建设责任制工作领导小组，制定落实党风廉政建设责任制考核和责任追究措施，定期开展警示教育，全年未发生党员违纪违规案例；成立师德师风建设领导小组，全面加强师德师风建设。

二、全面落实人才强校战略和学术兴校战略，推进学科建设发展和科研工作取得新突破

1. 引育并举，稳步推进人才人事工作。新引进剑桥大学讲席教授、IEEE 院士 Arokia Nathan 团队，推进山东省高层次专家工作站建设；引进山大特聘教授武篌林，齐鲁青年学者武继璇；重视青年人才培养，研究制定学院引进和培育人才政策草案；鼓励人才申报，今年入选山东大学校内齐鲁青年学者 1 名、山东大学未来计划学者 3 名；召开学院青年人才职业发展座谈会，听取中青年教师职业发展的意见和需求，制定青年教师成长成才计划；制定《信息学院博士后研究人员考核管理规定》以及《信息学院博士后研究人员经费管理规定》；与中国电子科技集团公司第四十一研究所联合培养了多名博士后；成功举行第六届齐鲁青年论坛信息科学与工程学院分论坛。

2. 抢抓机遇推进学科内涵式发展。学院三个一级学科首次被纳入山东大学“双一流”重点建设学科领域之控制科学与信息技术学科领域，凝练了“光电子信息与通信”“光量子精密测量与器件”两个重点建设方向，围绕“卡脖子”技术研究制定了建设方案。

3. 学科汇聚交叉融合，着力打造国家级科研平台。与海信国重实验室共同重组宽带多媒体国家重点实验室取得重要进展，已就五个重点建设方向中的三个方向——新型显示、智能芯片（光电）、隐私保护初步达成合作共建意向；创新科研组织模式，强化学科交叉和融合，谋划先进光电芯片研发中心（国家级大平台内设研究机构），作为光电子/微电子国家战略平台和项目的重要组成部分，将与新一代半导体材料集成攻关大平台一体化建设，聚焦微纳光电子和微电子的仿真设计和封装测试，着重应用在连接、传感和显示等三个垂直领域。

4. 科研立项工作成绩显著。2021 年实现到账总经费 4749.4613 万元（科学基金类 245.72 万元、高新技术类 2671.1072 万元、技术转化类 601.5341 万元、国防军工类 1231.1 万元）。

本年度获批 1 项国家重点研发计划，经费 1700 万元；获批国家自然科学基金项目 7 项，立项总经费 352 万元；国防军工项目新增立项 9 项，包括 1 项国家重大项目（经

费 1210 万元），立项总经费 1604.9 万元，到账经费 1231.1 万元；申报军工领域国家级人才项目 1 项；获批省自然科学基金项目（第一批）6 项，包括面上基金 4 项、青年基金 2 项；获授权发明专利 66 项。

5. 强化产学研合作，扎实做好校地校企合作。深度参与山东大学青岛产业技术研究院论证等前期筹备工作，院内有 6 个团队将首批入驻；与上海曼光共建“EPDA 研究院”，企业计划投入 1000 万元研究经费，借助 EPDA 研究院平台申请到光电子领域首个点研发计划。与华为技术有限公司计算开发部深度产学研合作交流，参加华为“昇腾平台”科研合作和“智能基座”产教融合协同育人计划；与华为无线网络和光通信专家深度开展科研合作，获批科研经费 30 余万元；与海洋科技国家试点实验室、深海基地管理中心、海大、山科院海仪所等紧密联系，联合开展社会服务和申报科技转化项目；与金榜苑集团商讨深化合作，与海尔衣联网接洽探讨合作方向；与中科院上海技物所青岛研究院签署战略合作协议。

6. 提前谋划，校庆工作取得显著成绩。增设南京校友会，召开了 2 个校友学术论坛，出版了 1 本校庆学术专刊，获得了 3 个单位或者个人的捐赠。其中，97 级电子系詹克团校友捐赠了 5000 万元超算设备并签约 2 亿元共建经费建设超算研究院。

三、改革创新人才培养模式，落实立德树人根本任务

1. 努力构建课程思政的育人大格局。思政元素融入课程内容不断深入；开展研究生课程思政示范课程建设，制定研究生课程思政政策，获评山东省普通本科教育课程思政示范课程 1 门，获评山东省普通本科教育“课程思政教学名师”1 名。

2. 持续提升专业内涵和建设水平。推进通信工程、电子科学与技术 2 个专业国家一流建设点申报工作；强化崇新学堂和微纳新工科实验班建设，探索推进光电科创未来精英班建设；修订完善专业培养方案；新编写 4 门新工科系列教材。

3. 教学改革取得丰硕成果。获山东省首届高校教师教学创新大赛二等奖 1 项；获批山东省一流本科课程 1 门，获批校级重点项目 1 项。

4. 全面加强学生管理，确保安全稳定工作落实到位。健全完善学生管理制度体系，修订完善本科生信息通报制度、应急预案和研究生离校管理制度，坚决做到学生工作底数清、情况明。

5. 坚持立德树人，落实“五育并举”。荣获“山东大学红旗团委”，1 名学生入选“青岛市百名优秀大学生”，在“互联网+”、“挑战杯”、全国大学生数学建模竞赛、全国大学生电子设计大赛等赛事中，斩获国家级奖项 12 项，省级奖项 33 项。

6. “守望”品牌项目取得新突破。2021 年，守望行动在河南确山新增帮扶留守儿童 55 人，全年开展线上课程超 4000 课时，入选教育部教育扶贫典型案例和第一批教育部直属高校服务乡村振兴创新试验培育项目。

四、不断强化办学条件保障支撑，着力提升服务科研服务师生水平

提升财务管理水平，修订完善《信息科学与工程学院财务管理制度》；科学编制财务预算，加强财务收支管理，专设学院财务内审岗位，全面提升内控质效；制定学院绩

效固定考核实施方案；完成学院办公环境美化和功能区调整完善；工会开展丰富多彩的文体活动，成绩显著，进一步提升凝聚力和向心力；加强人才队伍建设，招聘研究员、副研究员、其他专业技术岗位、管理岗位各1名，院办非事业编行政人员4名，兼职辅导员2名；完成了岗位和职称申报工作，完成齐鲁青年期中考核、海外青年高层次人才期中考核和预聘制人员聘期考核；完成学院公共服务岗位的改革和实验教学岗位的改革，推进绩效工资分配制度改革，建立科学长效的分配激励机制；完成行政改革，健全行政岗位，选优配强队伍。

（赵萍）

计算机科学与技术学院

2021年是山东大学计算机学科创办50周年、计算机学院创建40周年，学院“十四五”事业发展规划和新一轮“双一流”建设开启新局。一年来，学院深耕教育事业沃土，取得了长足发展。

一、党建工作

充分发挥党委举旗定向的政治核心作用。结合党史学习教育，加强师德师风建设，筑牢师生意识形态思想根基；提升治理能力和水平，党委会讨论议题52项，党政联席会讨论议题115项；回应师生关切，“我为群众办实事”11个重点项目扎实推进，以办实事的成效凝聚师生、以解难题的成果汇聚力量；发挥学科特色，利用数据库技术建成独具学科特色的网格管理体系；抓好巡视整改，党的建设和全面从严治党不断走实走深；拓展党建新思路，依托虚拟现实技术，建成建党100周年纪念版智慧党建工作站；深化党建与教育融合发展，“基于虚拟现实技术的党史教育教学模式研究与实践”入选教育部首批新文科研究与改革实践项目。

二、学科建设及科学研究

学科建设方面。学科发展增速，以理论算法与智能计算、数链融合可信计算、人机融合智能系统为学科重点发展方向，形成了基础与应用并重、交叉特色鲜明的学科布局，2021年国内国际专业排名和ESI排名稳步上升，目前ESI排名位列全球第118，居前0.3％；学科作为“冲一流”重点学科，“十四五”期间纳入“网络空间安全与智能计算”学科领域进行重点建设，成功入选国家区块链创新应用特色领域“区块链＋教育”试点单位。

科学研究方面。积极组织科研奖励的申报，学院2021年成功获省科技进步一等奖

1 项，省自然科学二等奖 1 项；筹划布局，集中力量，结合学科优势申报科研平台，学院 2021 年成功获批 1 项山东省数链融合技术创新中心，申报 1 项教育部工程研究中心；2021 年在研项目 120 余项，其中新增项目 46 项，年度到账经费近 3000 万元；积极促进成果转化，2021 年实现成果转化 6 项。

三、人才队伍建设

着力深化学院人事人才体制机制改革。统筹规划、创新机制，打通学院预聘制教师、科研岗教师和长聘序列教师的晋升通道，以学科发展要求为导向，按照岗位类别完善年度考核制度，修订科学合理的奖惩措施。拓宽人才引进渠道，引进学科带头人和青年学术骨干，处理求职简历 50 余份，组织面试 10 人次，组织申报国家级人才项目 18 人次。成功引进山东大学讲席教授 1 人，齐鲁青年学者 1 人，预聘制助理教授 4 人。加强培育力度，积极探索以重点学科、创新平台、重点科研基地为依托，以学科带头人为核心，围绕重大项目凝聚学术队伍的人才培养模式，学院人才培育工作实现新突破，培育国家级特聘教授 1 人，国家级青年人才 1 人。

四、研究生教育教学

面向信息时代国家战略和未来需求，立德树人科学设置交叉融合的课程体系与培养环节，不断加强课程思政建设，完善质量督导机制，形成以“厚基础、促交叉、重创新”为特色的科研教学创新模式。在研究生招生方面，2021 年做好线上线下宣传，举办了在全国具有较大影响力的暑期学校，有效提升了招生质量。在研究生培养方面，严格执行研究生培养方案，进一步规范研究生开题、中期考核、预答辩和答辩等环节，2 位学生分别获山东省优秀硕士学位论文奖和专业学位研究生优秀成果奖，5 位学生获研究生优秀学术成果奖。在研究生课程方面，学院通过深化教师教学管理、细化教师教学培训，提升教育教学质量，获评山东省优秀论文指导奖 1 次、山东省研究生教育教学改革研究项目 1 项、山东大学研究生精品课程接续培育项目 2 项、研究生数字能力公共课程体系项目 1 项。

五、本科教育教学

建设一流专业，入选教育部拔尖 2.0 基地，计算机专业通过工程认证，人工智能获批国家级一流专业，开设区块链微专业，招生质量居信息和工程学科首位。深化教学研究，获省级教学成果一、二等奖各 1 项，3 门专业课入选省一流课程，获省部级教改项目 3 项、校级项目 8 项、课程思政示范项目 2 项。推进师资发展，获高校计算机专业优秀教师奖励计划 1 项，省级教学比赛二等奖 1 项，校教学优秀奖 1 项、教学获奖 2 项。加强实践创新，学生在 ACM 世界总决赛获全球第 15 名，取得山东省高校历史最好成绩，软件能力认证获全国第 4 名，软件创新大赛获国家级一等奖，数学建模获国家和省级奖 100 余人次，以第一作者发表 CCF A 论文多篇。

六、实验室建设与资产管理

实验室建设稳步推进，顺利完成中央财政专项 2021 年度教学实验室建设项目，构建了学院教学科研云平台。信息化管理扎实有序，圆满完成学院门禁系统管理和维护、网络和信息安全管理、固定资产管理工作。安全防疫恪守标准，确保日常安全检查和疫情防控期间教学实验室消毒监督管理有序进行，启动 6S 实验室标准化建设并产生显著成效。教学支撑作用凸显，圆满完成 CCF CSP、数学建模竞赛、ACM 竞赛、研究生招生网上复试、本科生机试、计算机菁英班管理、本科招生拓展等学院交办的各项重要任务。队伍建设取得实效，2 位教师获批实验教改项目，1 位教师获得山东大学实验室工作先进个人称号。

七、学生思想教育与管理

全面推进“三全育人”建设。以建党百年、建校百廿、计算机学科建立 50 周年、学院成立 40 周年为契机，利用书院学院协同育人机制，发挥多方育人合力，打造“学长茶座”、学生优秀创新实践项目评选、院长奖学金评选等品牌活动和制度，不断提升思想政治教育实效性，学生综合素质稳步提升。

坚持德智体美劳“五育并举”。以“战役”教育和学生党建为龙头推进德育工作。以兴趣开放实验室和 ICPC 实验室为平台，推进“双创”教育，50 余人次获国家级奖项。通过学院乐团、球队以点带面，开展院运动会、文艺晚会等文体活动，在各类文体竞赛中成绩优异。出台《劳育工作方案》，通过划片承包、全员劳动的形式引导同学们开展户外劳动，培养劳动意识。

八、国际交流

2021 年学院国际化工作全方位开展并取得了丰硕成果。学术科研方面，学院依托留学基金委的中德创新人才合作培养项目继续派出学生赴德国攻读博士学位、联合培养或交流访问。学院在研校国际科研合作种子基金项目 3 项。国际化人才引进方面，学院引进 IEEE 会士、美国俄亥俄州立大学终身教授宣东老师担任全职讲席教授，聘请了 IEEE 会士、美国俄亥俄州立大学张晓东教授，IEEE 会士、美国罗格斯—新泽西州立大学熊辉教授等著名学者担任兼职讲席或特聘教授。国际学生培养方面，学院 6 月份组织了“丝绸之路”留学生奖学金面试，录取学生 5 名。目前有 16 名国际生就读，包括 14 名本科生，2 名硕士生。此外，学院创办的 *High-Confidence Computing* 国际期刊出版 2 期，被 DOAJ 数据库收录，在国际上获得了巨大的影响力。

九、对外合作和服务山东

2021 年学院本着服务国家战略、服务地方发展的宗旨，紧密对接政府、校友会和青岛驻地企业的优势资源，积极推动学院与地方、企业和校友之间的合作交流，在山东大学计算机学科创办 50 周年暨计算机学院创建 40 周年庆祝大会上举行首届校友企业联盟授牌仪式。不断完善校友企业家和校友企业为主体的紧密型合作互助平台。按照预期计划完成了校庆期间捐赠筹资任务。

新成立了山东大学—北京人大金仓信息技术联合实验室、山大白山云联合实验室，产学研合作内容进一步深化。举办第十届自然语言处理和中文计算国际会议（NLPCC2021）、第六届中国计算机学会生物信息学会议等技术交流活动，进一步推动了产学研和服务山东工作，提升了学院服务社会的综合影响力。

（徐慧）

生命科学学院

截至 2021 年底，生命科学学院有教职工 174 人，其中教授 42 人，副教授及副研究员 33 人。学院拥有植物发育与环境适应生物学教育部重点实验室、动物细胞与发育生物学山东省重点实验室和山东省植被生态工程技术研究中心，自然资源部渤海生态预警与保护修复重点实验室。拥有生物学和生态学 2 个一级学科博士点、生物学和生态学 2 个一级学科博士后流动站。动物学和植物学、生物学与生物化学、分子生物学与遗传学、免疫学、环境工程与生态学、农业科学一直保持在国际 ESI 排名前 1%。拥有“生物科学强基计划”“基础学科拔尖人才培养计划”“生物科学国家理科基础科学研究和教学人才培养基地”“国家生命科学与技术人才培养基地”，实现国家级拔尖人才培养体系全覆盖，设有 4 个本科专业和 8 个研究生专业。拥有青岛校区第周苑 B 区和第周苑 F 区两栋现代化科研大楼，以及位于会文北楼的本科教学实验中心，总面积约 2.4 万平方米。拥有仪器设备总值达 1 亿多元。

一、党政管理

全面加强党的建设，推进学院事业发展。学院党委坚持以习近平新时代中国特色社会主义思想为指导，高质量引领学院事业发展。严格贯彻落实中央巡视整改主体责任，强化政治担当意识，充分发挥党委关键主体作用，扎实推进学院巡视整改工作，顺利完成中央巡视整改任务。本年度召开党委会议 21 次，党政联席会议 21 次，党委理论中心组学习 9 次，教职工政治理论学习 32 次。发展党员 55 人，确定入党积极分子 124 人，按期转正正式党员 58 人。转出组织关系 104 人，转入组织关系 55 人。深入推进党史学习教育，举办“学党史，忆院史”中国克隆之父——童第周先生纪念活动；扎实推进“我为群众办实事”实践活动，深入了解师生实际需求，提升师生的获得感和幸福感。本科生党支部被确定为 2021 年山东大学党建工作样板支部，1 名教师被评选为学校优秀共产党员。党组织书记抓基层党建突破项目和党组织活动立项与评优项目创新高。

二、人才培养

扎实推进教学工作，加强课程思政建设。“生物科学强基计划”“基础学科拔尖人才培养计划”“生物科学国家理科基础科学研究和教学人才培养基地”“国家生命科学与技术人才培养基地”4个人才培养基地良性运转；“生物科学”“生态学”获批国家级一流专业，“生物技术”“生物工程”推荐进入国家级一流专业评审；建成3门国家级金课。研究生生源质量稳步提升，夏令营报名人数达到571人，录取硕士推免生48人。确立“大思政”格局，不断深化课程思政建设。打造“思想引领·铸魂育人”工程思政特色品牌，搭建“生韵·师说”等网络思政阵地。

立德树人全面覆盖，“三全育人”成效凸显。新聘书院导师24人、朋辈导师51人。体育美育劳育纳入培养方案，落实“一把手”工程，做好分类指导与就业跟踪帮扶，推进毕业生充分高质量就业。学生科创方面取得突破，获批大学生国家级创新创业立项4项、省级创新创业立项2项、校级创新创业立项5项；第五届全国大学生生命科学竞赛全国二等奖1项、三等奖2项；省一等奖2项、二等奖3项、三等奖10项；第四届省生物科技创新创业大赛一等奖2项；全国大学生数学建模竞赛获国家一等奖1项；第七届山东省“互联网＋”创新创业大赛获金奖1项、铜奖1项；第十七届“挑战杯”全国大学生课外学术科技作品竞赛“黑科技”专项赛获省级一等奖1项；获评省级优秀学生2人、国家奖学金14人。

三、师资队伍

加大人才引育力度，优化人才队伍布局。2021年学院引进齐鲁青年学者2人，1人入选海外优青，1人获山东省杰出青年基金，1人入选青岛市行业拔尖人才，1人入选山东大学齐鲁青年学者，1人入选山东大学未来计划学者，2人进入山东省海外优青会评环节。目前，学院已形成一支优势突出、结构合理的高层次人才队伍，其中国家四青人才8人，山东省泰山学者专家2人，山东省杰青3人，山东省优青1人，教育部新世纪优秀人才5人。山东大学荣聘教授4人，山东大学特聘教授5人，山东大学杰出中青年学者9人，山东大学齐鲁青年学者16人，山东大学未来计划学者7人。

四、学科建设

优势合作齐发展，打造学科高峰态势。“生命科学与技术”学科作为高峰学科入选山东省“高水平学科”建设名单，并入选山东大学新一轮“双一流”建设名单；与山东农业大学共建国家重点实验室工作稳步推进；生态学学科与国家海洋局北海局联合申报获批自然资源部渤海生态预警与保护修复重点实验室；积极推进筹建山东大学农业科技生态园。

五、科学研究

深耕细作谋科研，成果呈现显著增长。2021年学院新获批项目40项，其中国家自然科学基金22项，包括国家基金委重大研究计划项目1项，面上项目13项、青年基金项目8项，山东省基金杰青1项，山东省海外优青1项，山东省基金重大基础研究项目

1项。发表 SCI 文章 78 篇，包括 *Plant Cell*、*Molecular Plant*、*Autophagy*、*New Phytologist* 等 ESI-TOP 高水平论文 13 篇，授权专利 6 项。

六、国际交流

本年度，博士后 1 人获国家留学基金委资助，3 名本科生出国留学交流，学院 1 门研究生国际化课程立项。本科生暑期课程 3 门，执行山东大学国际科研合作种子基金计划 1 项。

七、安全稳定与疫情防控

落实常态化疫情防控，守好安全稳定底线。严格落实学校疫情防控政策。全年完成教职工省内外出行审批 641 人次；严格外来人员入校管理，与课题组签订健康承诺书；做好重点地区返回人员的一对一联系台账；落实全院师生核酸抽检工作；积极推进疫苗接种工作，基本实现应接尽接。全面推进实验室安全建设。对存在用电安全隐患较大的实验室进行改造；申请专项经费，对部分实验室通风系统密闭性差等问题进行集中改造；加强对危险化学品（易制毒、易制爆、放射性等）的储存管理，严格落实“双人双锁”管理制度，做好危险化学品使用双人登记台账。

（王薇）

环境科学与工程学院

学院立足青岛校区资源和区位优势，在学科建设、人才培养、科学研究、三全育人、社会服务、国际合作等方面取得了系列突破。

坚持多措并举，加强常态化精准化防控。严格落实党中央、教育部、各级政府和学校有关工作部署，统一思想和行动，明确职责，细化任务，保障疫情防控工作有序开展。

坚持党的全面领导，加强思想政治引领。坚持党管干部，党管人才，加强党性锤炼，巩固队伍建设。以学习贯彻习近平新时代中国特色社会主义思想为主线，以党史学习教育为抓手，强化组织建设。以“我为群众办实事”为载体，激发党建工作新活力。以巡视整改为契机，破除障弊，培育发展新动力。

科学谋划坚定目标，凝心聚力学科发展。瞄准学科国际前沿，科学编制“十四五”事业发展规划。举办环境学科战略咨询委员会第三次会议，就学院发展规划征求宝贵意见。参与校“生物、环境与海洋学科融合创新计划”、“双一流”二期“低碳能源与环境”方向的建设方案，环境学科成功进入“双一流”二期重点培育的 8 个学科之一。

ESI“环境与生态学”学科排名从2021年1月的全球446位上升至2021年11月的356位，居世界前3.8‰。软科2021中国最好学科排名第15，稳居10%行列。持续提升学科内涵。以“双一流”二期建设为契机，推进“环境与健康”“区域可持续发展”2个新兴交叉学科的发展，建成国内一流、国际先进的优势方向，总体带动“环境科学与工程”一级学科进入A类学科。

创新人才引育新模式，汇聚发展新动能。引进齐鲁青年学者张清哲研究员，培育省优秀青年基金获得者吴海明教授，省优秀青年基金（海外）获得者夏鹏飞教授、张清哲研究员、李鑫博士（拟引进）。崔兆杰教授当选乌克兰工程院外籍院士，高宝玉、洪静兰、张建、刘汝涛教授入选爱思唯尔年度中国高被引学者，王曙光、高宝玉、岳钦艳、洪静兰教授入选全球学者库，岳钦艳教授入选科睿唯安全球高被引科学家（全校仅7名）。与Hartmut Herrmann教授正在沟通“千人计划”高层次外国专家合同细节。邀请德国亥姆霍兹慕尼黑环境与健康研究中心、德国马克思—普朗克化学研究所、宾州州立大学、密歇根大学等国际名校青年人才参加齐鲁青年论坛环境分论坛。

发挥科创支撑引领，重大重点项目提速提效。截至12月20日，年度实到科研经费3843.0459万元，其中纵向到账2281.2600万元，横向到账1561.7859万元。山东省重大科技创新工程合同经费达723.93万元。年度发表（收录）SCI论文113篇，出版著作3部，获授权发明专利39项，实用新型专利3项。袁宪正教授“微纳塑料的生物效应”获山东大学重大科技成果奖（自然科学类）。王睿教授《固定源多种气体污染物治理新技术》获中国石油和化学工业联合会科学技术奖三等奖。崔兆杰教授《农业植物性废物高值化利用关键技术及装备产业化应用》获省环境科学学会环境保护科学技术二等奖。规划高水平平台建设，以山东省环境过程与健康危害重点实验室为契机，积极申报山东省实验室、联合国家重点实验室等。

深化教育教学改革，提升人才培养质量。做好一课一策安排，高质量完成既定教学任务。强化实习实践类课程管理，制定并实施《山东大学环境科学与工程学院本科学生实习实训安全管理规定》。顺利通过工程教育专业认证自评估报告审核，推进两套评价机制的落实。熟悉工程教育专业认证理念和指标体系，把“学生中心、产出导向、持续改进”理念贯彻认证工作的始终，对照认证二级指标认真修改和完善自评报告及相关材料，全力以赴工程教育专业认证专家组进校考核，助推本科专业建设持续升级。实施“环境学院实验室文化建设项目”，不断提升实验教学条件。努力推动课程质量升级，新增校级教学改革项目5项，实验室管理研究项目1项。学院荣获山东大学实验室工作先进集体，青年教师祝凡平、张旻荣获山东大学实验室工作先进个人。

依托地域优势，加快服务山东步伐。与山东圣士达机械科技有限公司组建“山东大学圣士达智能装备研究中心”，对现有无醛胶试制装备进行智能化、模块化整备开发。与青岛高新技术产业开发区管理委员会等地方政府合作，编制“青岛高新区绿色发展五年行动方案”“薛城区农村生活污水治理实施方案”等，为地方环境政策制定提供有力技术支撑。

拓展国际交流，服务学科快速发展。樊丽明校长与法国国家农业、食品与环境研究院Lucas院长签署合作共建山东大学中法生态环保产业技术研究院。在日本长崎大学、韩国成均馆大学共同完成“亚洲校园”第二期项目建设基础上，新增新加坡南洋理工大学和老挝国立大学，成功入选“亚洲校园”第三期。国际研究生新增6人，其中博士研究生达5人。探索“不求所有，但求所用”的人才工作新方法，充分发挥“种子基金”“教学流动岗”“海外师资”等项目作用，吸引海外知名学者开展线上学术报告、专题讲座和授课。邀请世界银行资深投资专员LU Weifeng暑期开设市政环境工程类项目投融资课程。获批“国际学分—学生海外经历”项目2项。强化国际交流合作，以中法生态环保产业技术研究院建设为契机，强化中欧国际合作，建设国际联合实验室。

推进“三全育人”，特色工作助力学生发展。完善学生党员（骨干）联系同学制度，制定《环境学院研究生校外科研活动申请表》《环境学院关于学生违反住宿管理规定的处理办法》，维护学生安全。加强队伍建设，李紫薇、王靖鸥获年度优秀辅导员，宋超获优秀班主任，王斌、李紫薇、侯强获军训优秀政工干部。科创团队获山东省“挑战杯”省级特等奖1项，节能减排科技竞赛校级一等奖2项。积极开展就业服务，目前2021届毕业生就业率95.6%，获创新创业计划训练项目国家级立项1项。冯立娟获省优秀博士学位论文，高旭艳获省优秀硕士学位论文。于沛涵获省优秀学生干部，尚亚男、张一帆获省优秀学生，潘静文、彭丽静获研究生校长奖，尚亚男、孙晓东、赵树南、蒋蕴涵获校“五四”青年科学奖，康爱林获校区十佳共青团员，李培华获校区最美团支书，蒋蕴涵获青岛市百名优秀大学生称号。“初光”支教与环保宣讲团获“山东大学十佳志愿服务组织”，朱姜昊获校级十佳志愿者。校区全民运动会本科生组与研究生组分别获团体第3名，本科生活力团体操比赛获二等奖，研究生“导学思政”合唱比赛获二等奖，王晨获“山大杯”乒乓球赛混双第1名，李培华获校区“十大歌手”。

宣传团队运转良好。山大新闻网发稿430余篇，获评校共青团宣传调研与网络建设工作先进集体。以建院20周年庆为契机，积极营造以人为本、和谐有序、充满活力的学院文化。

（王英）

国际创新转化学院

在学校党委、青岛校区党工委的正确领导和指导下，学院领导班子以习近平新时代中国特色社会主义思想为指导，深入学习贯彻党的十九大精神和学校第十四次党代会精神，以“追求卓越、只争朝夕”的奋进精神，深入推进“强院兴校”行动方案。通过加强政治建设，提高学院治理能力，聚焦学科建设和人才培养等关键环节和重点领域，持续激发全院教职工的内生动力与创新潜力，凝心聚力促进学院发展。

一、发挥基层党建政治核心作用

加强政治建设，夯实支部堡垒作用。党支部现有正式党员 17 人，增选 2 名科研教师成为党支部委员，预备党员即将转正 1 人，确定发展党员 2 人，发展海外博士科研教师入党 1 人。

党支部围绕机关党委要求，制定“三会一课”和主题党日学习活动计划。其中组织党员大会 2 次、党支部委员会 10 次、支部书记讲党课 4 次，组织主题党日活动 7 次。同时开展“为群众办实事”活动，举办行政人员“技能一小时”活动。坚持党建与学院中心工作相结合，深入企业，与中建八局开展“校企党建联建、助力企业高品质发展”。

二、构建交叉学科师资队伍

承办学校第六届齐鲁青年论坛创新转化分论坛，全职引进青年学者 3 人（副研 2 人、助研 1 人）。入选学校青年学者未来计划 1 人。

三、推进学科与专业建设

课程建设。继续加大本科开课力度，着力打造高水平本科教育课程。开设 10 门通选课，1 门暑期学校课程，“知识管理学概论”获评山东大学 2021 年暑期学校优秀项目，开设 3 门创新创业荣誉课程，新增 1 门通识核心认定课程，“战略管理”“宏观和微观经济学”等国际化课程已开始教学工作。

专业设置。目前“创新转化管理”和“知识产权管理”微专业共有两届学生，培养工作有序开展；学院继续推进申报学术型硕士研究生学位点工作。

四、人才培养水平提升

扎实推进 MBA 招生工作，严格研究生入学审核，举办 2 场线下招生宣讲会，报考人数再创新高。目前 MBA 共有 237 人（2019 级 53 人，2020 级 87 人，2021 级 97 人，同比增长 12%）。2022 年 MBA 招生已完成三批次共计 320 人的提前面试，同比增长 60%。赴国（境）外研究生培养 1 人。积极开展 MBA 学生团体活动，通过 MBA 年度分享会、创业大咖分享等大型活动，逐步打造高质量山东大学（青岛）MBA 特色品牌。在与管理学院学科协同发展的情况下，2021 年招收企业管理学术研究生 4 人，并将在 2022 年继续招收企业管理学术研究生 6 人。

2021 年，学院加大国际 MBA 的招生宣传力度，报名人数 64 人，录取 5 人，实现自费生招生的突破。顺利完成 2 名阿德莱德大学本科交换生的培养和日常管理工作。

进一步推进微专业招生和人才培养工作，两届微专业共招收 33 人。针对微专业学科特点，组织学生到科技成果转化成绩显著的橡胶谷集团参访，增强学生理论和实践相结合的能力。

五、科学研究

科研课题。纵向项目 4 项，其中 3 项山东省自然科学基金项目、1 项山东省人民政府决策咨询研究重点项目；横向课题 3 项，其中 2 项中国科学技术信息研究所项目、1 项中国海洋发展研究会科研项目。

学术成果。发表 1 项省部级以上政府咨询报告，12 篇 SSCI 论文，17 篇 CSSCI 论文，获第十二届“全国百篇优秀管理案例”1 项。与国外合作伙伴合作发表论文 2 篇。

学术会议。主办“创新转化的国际经验与中国实践”论坛，主办“人工智能应用与企业数字化转型”新儒商论坛，联合主办 2021 年中国技术创新与创业学术年会，举办校庆系列专家讲堂 3 次，举办“学术午餐会”9 期。

六、推进山东大学（青岛）创新生态系统建设和国际创新园建设

双创建设。组织春季和秋季学期创客训练营，有 90 余名学生参加，春季学期创客训练营结营时提交项目路演方案得到社会评审专家的高度评价。组织“创客有你”创业实践活动，有 4 项策划方案最终胜出。组织 2021 年青岛“创业城市合伙人”巡回宣讲山东大学（青岛）站活动，有 100 余名学生参加。宣传青岛国际菁英创新创业大赛，积极组织青岛校区师生参赛，共有 6 个创业创新团队参赛。在校区初步营造了创新创业氛围。

完成山东大学（青岛）国际创新园氛围营造和 7 个科创团队入驻工作，积极对接团队需求，做好青岛校区创新生态系统建设工作。

国际创新转化示范基地建设。积极服务入驻企业需求，助力企业发展并以此促进社会发展。协助学院做好学科建设、MBA 教学等工作。

七、提高社会影响

与山东省国家技术转移人才培养基地、山东省人才集团、山东产业技术研究院共同举办公益培训“2021 年山东省技术经纪人（初级）示范班”和“2021 年山东省首期技术经纪人（中级）示范班”，有 100 余人参加学习并获得结业证书。与即墨工信局合作，举办企业家大讲堂公益讲座，有 200 人参加学习。

社会培训。2021 年承办政府、企事业单位培训 7 项，参训人员超 630 人次。成功举办第五届中国—挪威精神动力学心理治疗师连续培训项目（初级组）培训，并开启第六届中挪初级组项目的招生工作；

社会合作。顺利完成山东省人社厅“创业齐鲁训练营”项目培训任务。与临沂组织部、济南历城区组织部、即墨工信局、即墨商务局等政府部门，以及中建八局、即墨电力、普生控股等企业对接，达成合作意向。

（郑海涛）

齐鲁医学院

齐鲁医学院 2021 年概况

2021 年，齐鲁医学院坚持以习近平新时代中国特色社会主义思想为指引，深入学习党的十九大和十九届历次全会精神，特别是学习贯彻党的十九届六中全会精神、习近平总书记“七一”讲话精神和给《文史哲》编辑部全体编辑人员重要回信精神，以党史学习教育为契机，以迎接中央巡视和落实巡视整改为抓手，始终坚持“四个面向”，紧紧围绕健康中国、健康山东建设，以“正风、固基、融合、突破”为主线，全面深化医学教育管理体制改革，全力加快推进医学教育创新发展，为促进学校“双一流”建设和“由大到强”历史性转变做出积极贡献。

一、全面从严治党，一流党建引领事业发展

（一）进一步强化理论武装

坚持用习近平新时代中国特色社会主义思想武装头脑，加强政治学习，通过集中学习研讨、讲授党课、听取辅导报告、参观学习、线上线下自学等多途径深入学习贯彻党的十九届六中全会精神和习近平总书记关于教育的重要论述、“七一”讲话精神和给《文史哲》编辑部全体编辑人员回信精神等，进一步提高政治判断力、政治领悟力、政治执行力。

（二）持续提升基层党建工作质量

党工委组织召开党建工作专题会，调度、督导学院党建工作。进一步加强机关党总支、党支部标准化、规范化建设，落实“三会一课”制度，推进党建和业务深度融合。积极履行全面从严治党主体责任，通过学习法律法规、案例警示等形式，聚焦机关作风建设、科研经费管理、学术风气建设等重点领域，加强党风廉政教育和作风建设。

（三）深入实施文化引领战略

不断优化文化平台建设，推出新版门户网站广获好评，推进齐鲁医学微电影宣传片拍摄和侯宝璋老舍先生雕塑设立工作，完善学生活动中心建设、梦迪音乐厅及齐鲁医学史馆等场馆，营造良好校园文化氛围。2021 年，微信公众号关注人数年度增长 2500 余人，阅读量近 13 万人次，齐鲁医学品牌影响力进一步扩大。

（四）积极维护生命健康与校园安全稳定

落实“3D”工作法，扎实做好常态化疫情防控，推动落实人员排查、疫苗接种、核酸抽检等工作。扛责任保平安，重点维护好庆祝建党 100 周年、建校 120 周年等重大活动期间各项安全。加强医学各单位协同联动，每周滚动销号管理校园安全隐患，共整改完成 207 个隐患，切实维护趵突泉校区安全稳定。

二、做好牵头抓总，年度重点工作扎实推进

（一）扎实开展党史学习教育

组织中心组学习12次，集中学习研讨4次，采取“党建＋医学”主题党日模式，与离退休党支部开展党史学习联学联讲等，举办形式新颖的教育实践活动近20场次，做到分散与集中结合、理论与实践结合、学史与育人结合，取得良好成效。积极开展“我为群众办实事”实践活动，处级领导干部主持、参与36项办实事项目，推动解决了校区电动自行车充电设施安装、学生活动中心完善启用等一批师生医务员工急难愁盼问题。

（二）切实做好迎接中央巡视和巡视整改

认真做好迎接和配合中央巡视工作，开展直属附属医院延伸调研、教育部附属医院腐败风险自查整顿，形成相关报告。认真制定实施整改方案，围绕5方面整改任务，梳理29个问题，制定105项措施，扎实做好巡视“后半篇文章”，以巡促改、以巡促教、以巡促变。

（三）圆满完成百廿校庆等重大活动组织

协同学校组织好百廿校庆大会，统筹召开医学发展战略咨询委员会第二次全体会议暨临床医学学科建设方案专家论证会、徐荣祥再生医学研究中心揭牌仪式、全球大学校长论坛之全球大学医学校（院）长论坛、医学高端学术论坛等重大校庆系列活动，统筹指导药学院50年院庆等20余项院级校庆系列活动组织。首次组织齐鲁医学院国际护士节庆祝与表彰大会、创新形式开展医学2021届学生毕业庆典及毕业晚会。

三、加强战略谋划，医学事业改革全面深化

（一）系统谋划医学改革发展

牢固树立全校办医学、医教研协同发展的理念，充分发挥医学发展战略咨询委员会、医学发展委员会、附属医院体系建设专班等作用，不断完善医学管理体制和保障机制。6月和11月，召开2次医学发展委员会、1次医学发展战略咨询委员会，统筹一流学科建设、附属医院体系建设等，指导国家临床医学研究中心申报，从学校层面对医学事业进行顶层设计、前瞻布局和系统谋划。推动成立山东大学第一、第二临床学院。

（二）统筹推进医学事业顶层设计

谋划编制齐鲁医学院“十四五”事业发展规划，为“十四五”开好局凝聚共识。制定完成《山东大学临床医学一流学科建设方案》，确定了临床医学一流学科5大重点建设学科方向和17个重点研究领域。

（三）主动谋划附属医院体系建设

在学校专班指导下，前瞻性谋划附属医院体系建设，以附属医院专项治理整顿为契机，优化附属医院体系结构。不断推动各医院新院区建设，积极与山东省公共卫生临床中心、山东省精神卫生中心、济南市儿童医院等医院建立委校、校地共建的新型直属附属医院，积极打造校院共同体，助力医学学科建设。

（四）全力推进医学空间内调外拓

充分调研学院空间需求，积极推进趵突泉校区现有空间优化调整与外部新增空间的建设。统筹校区新老楼宇，制定空间调整方案，深度挖潜，优化布局。推动新动物实验中心交付，进一步优化医学共享实验平台。积极推进美里湖转化医学研究中心、市中区大学科技园建设。招标引进第三方咨询公司，扎实推进山东大学国际医学中心建设运营规划。

四、紧紧围绕中心，医学各项事业取得突破进展

（一）教书育人质量不断提高

“三全育人”成效明显。1人入选全国“最美辅导员”，成立“医学人文素养培育”辅导员工作室，开展“一院一品”学生思政精品活动立项。“药理学”入选教育部本科教育课程思政示范课程。1人获得宝钢教育特等奖。

专业建设获得突破。临床药学专业获批国家级一流专业建设点，增设生物医药数据科学本科专业。

课程、教材建设持续深化。2021年3门课程入选教育部2021“拓金计划”首批课程，位居全校第1。基础医学院获评全国教材建设先进集体，《人体解剖学》（第四版）获评全国优秀教材。

教育质量获得提升。3支队伍进入第十届中国大学生医学技术技能大赛决赛并荣获2银1铜佳绩。举办全国高等院校医学教育研究联盟2021年年会，提升齐鲁医学影响力。

生源质量大幅提升。招收推免生人数同比增加22.7%。

评价改革积极推进。落实“破五唯”要求，构建研究生指导教师多元评价体系。

诚信教育走深走实。开展科研诚信与学风作风建设专项整治活动，“零容忍”狠抓学风建设，对前期博导论文认领与博士论文自查中发现的103篇存疑论文建立“一文一册”档案并追踪落实处理，全面提升医学博士学位授予质量。

（二）人才队伍数量质量实现双提升

国家级人才数量创历史新高。获评杰青3人，优青3人，长江特聘1人，青年长江1人，青年拔尖3人，海外优青2人。新增1名万人计划领军人才。

专任教师年龄和结构得到优化。全职引进山大杰出中青年学者及齐鲁青年学者21人，引进预聘制教师20人，专任教师数量比2020年同期相比增长11%。

博士后数量增长迅速。各类博士后增加168人，总在站人数位列全校第1。

建立规范化临床教授体系。以改革后新评价机制遴选临床教授、副教授415人。在此过程中，全面启动负面清单，对有学术不端等师德失范行为零容忍，实行一票否决。对已聘任415位临床教授/副教授启动学术自查，共排查学术论文7000余篇。

（三）学科建设水平获得新提升

学科实力进一步提升。临床医学学科进入国家一流学科建设范围，ESI全球排名前0.72‰，同比提升16.92%，药理学与毒理学已进入全球前0.66‰，同比提升15.67%。软科中国国内大学首届本科专业排名中生物医学科学专业列全国第2，临床

药学列全国第 4，临床医学列全国第 7，药学专业列全国第 8。

学科建设考核体系不断完善，初步建设完成“齐鲁医学学科绩效评价考核系统”。

（四）科学研究获得新成果

国家级科研项目取得长足进步。国家自然科学基金获批 196 项，占全校 38.9%。人才类项目创历史最好成绩，获批杰青项目 3 项、优青项目 3 项、海外青年 1 项。获批国家重点研发计划项目 2 项。

重大科研平台建设获得突破。获批 3 个国家药监局重点实验室，3 个教育部重点实验室评估进入优秀现场评估阶段，获历史最好成绩。统筹组织齐鲁医院及第二医院申报急危重症及出生缺陷国家临床医学研究中心，努力实现山东省零的突破。

科研成果丰硕。目前实到科研经费 2.9 亿元，其中纵向科研经费 20857 万元，横向科研经费 8163 万元。获得山东省科学技术奖 10 项。易凡教授团队研究成果入选“十三五”国家自然科学基金资助项目优秀成果。陈子江院士、孙金鹏教授、于晓教授、陈丽教授等在 *New England Journal of Medicine*、*Nature*、*Cell* 等世界顶尖杂志发表一系列高水平文章。

（五）对外合作获得新拓展

校地合作硕果累累。成立徐荣祥再生医学研究中心，与齐鲁制药公司签署战略合作协议，公共卫生学院与中国 CDC 及济南、青岛、淄博等地 CDC 共建教研基地。积极推进科研成果转化，药学领域签署横向课题 24 项，转化经费 1.8 亿余元，其中一种新药成果转化经费达 7000 万元。

服务山东深入推进。综合类、专科类国家区域医疗中心建设不断推进。齐鲁医院 2020 年度复旦医院排行榜位列全国第 24，附属医院体系内医院 10 个专科进入排行榜前 10。口腔医院在中国医院科技量值排名保持第 9。齐鲁医院、第二医院获批服务山东重大项目——疑难急危重症及重大疾病精准防诊治康中心建设。

国际合作持续开展。创新国际交流模式，成功举办山东大学全球大学校长论坛之全球大学医学校（院）长论坛、山东大学—多伦多大学公共卫生研讨会、山东大学—和歌山县立医科大学医学研讨会等高级别学术研讨会，积极推动师生国际交流。与俄罗斯人民友谊大学医学院签署合作协议并为该校教师进行师资培训。

（张灵慧）

基础医学院

基础医学院以习近平新时代中国特色社会主义思想为指导，紧紧围绕建党 100 周年和建校 120 周年纪念活动，统筹规划、系统布局，在抓疫情、保安全的前提下，较为圆满地完成了各项工作，在多个方面取得了重大进展。

一、加强党建和思想政治工作，党的引领和保障作用充分彰显

扎实开展党史学习主题教育，组织“学党史、践初心、担使命”党史学习专题研修班赴沂蒙开展党史教育。加强班子建设，完成中央巡视整改任务。召开庆祝中国共产党成立100周年表彰大会，评选表彰学院先进党支部2个、优秀党务工作者2人、优秀共产党员5人。加强党支部“三会一课”建设，评选学院样板支部2个、支部书记工作室2个，其中1个被评为山东大学“双带头人”教师党支部书记工作室重点培育单位，加强党员日常管理，发展新党员50人。落实意识形态工作责任制，加强学院网站、微信公众号等舆论阵地建设，在学校新闻网发布新闻稿件220余篇。2021年，1名党员被评为山东省教育系统和山东大学优秀共产党员，1名党员被评为山东大学优秀党务工作者。医学免疫学系被评为山东大学“黄大年式”教学团队，同时获得“山东大学先进集体”的荣誉。

二、引育并重，人才工作成绩斐然

成功培育国家杰青1人、国家优青2人、省杰青1人、省优青2人。引进、培育山东大学齐鲁青年学者9人、未来计划学者3人。基础医学博士后流动站在全国综合评估中被评为优秀等级。学院获评山东大学2020年人才工作先进单位和齐鲁青年论坛优秀组织单位。

三、教育教学工作质量全面提升

在本科教育教学方面，出台系列管理办法，建立了系统的教学质量监督与管理制度。生物医学科学专业获批“国家强基计划”。学院获评首届“全国教材建设先进集体”，作为副主编的2部教材获评全国优秀教材二等奖。3门课程获评山东省一流本科课程，11门课程被推荐参评国家级一流课程；教研项目获校级教学成果奖3项，4项成果被推荐参评山东省教学成果奖；获批校级教研项目14项、齐鲁医学院教研项目9项，2个项目被推荐参评省级教改项目。课程思政建设成效显著，获省级课程思政示范课程2项，省高等医学院校课程思政示范案例4项。生理学课程组获评山东大学优秀基层教学组织。获“大学生科技创新基金暨国家大学生创新创业训练计划项目”57项。

在研究生教育方面，接收推免生数量38人，较上一年提升30%。获批省级优质课程、课程思政示范课程、教育教学改革研究项目、教育部在线教育研究中心2021“拓金计划”首批示范课程各1项，校级精品课程5项、课程思政项目3项。继续发挥导师团队育人优势，研究生培养质量持续提升。36名博士毕业生发表SCI文章51篇，获省级优秀论文4篇、优秀成果1项，校级优秀成果12项。

在留学生教育方面，修订了MBBS培养方案；分类指导24名MBBS学生毕业；完成录取新生35人，报到11人；举办英文授课比赛和师资培训；申请开展教育部MBBS质量认证；启动斯里兰卡、泰国医学委员会国外院校认证；承办中国教育国际交流协会国际医学教育分会理事会、学术年会、第三届MBBS项目英语授课比赛等3场会议；

创设并完善 MBBS 在籍及毕业生数据库。

四、坚持五育并举，完善三全育人机制，培养全面发展的医学人才

全面落实习近平总书记关于教育的重要论述，坚持立德树人，坚持五育并举、三全育人，建立医学生心理健康与人文素质教育中心，为全院 33 个班级配备班主任，为生物医学科学专业学生配备生活导师和学业导师。加强学院文化建设，开展医学人文教育系列活动，成功举办“鹊华风”研究生学术文化月、“名师有约”讲坛、学术墙报展、研究生创新论坛、研究生国际学术研讨会、研究生实验技能大赛和各种文体比赛等活动。赓续红色血脉，传承山大基因，通过主题教育活动将伟大建党精神、建校百廿情怀与学生发展同向同行。获省级荣誉 3 项，山东省高校辅导员 2020 年度优秀工作案例二等奖 1 项，校级集体荣誉 6 项，2 人获校长奖。

五、学科建设水平持续提升，发展势头强劲

基础医学学科在 2020 软科中国最好学科排名中位列前 10%，入选山东省高峰学科和山东省首批基础科学研究中心。

六、重大科研项目持续获批，优秀科研成果不断涌现

全年获批国家基金项目 27 项，包括国家杰青 1 项、国家优青 2 项，资助经费 1700 余万元；立项省级项目 24 项，包括 1 项重大基础项目、1 项省杰青项目、2 项省优青项目，资助经费 665 万元。共发表中外论文 188 篇，其中一区文章 57 篇，包括 1 篇 *Nature*、1 篇 *Cell*。4 篇文章入选 ESI 高被引论文，1 个团队研究成果入选“十三五”国家自然科学基金资助项目优秀成果。

七、加强资产与设备管理，加强校企合作

获 2020 年度实验室工作先进集体（大型设备类）；拟与青岛赛尔斯公司合作成立“山东大学—赛尔斯生命科学研究中心”，协议金额 1000 万元，开展转化医学研究；与山东数字人公司合作，公司捐赠价值 322.8 万元的软硬件设备。

八、持续不断推进国际化

派出、资助 10 名学生参加香港中文大学、牛津大学等海外经历项目；举办第一届研究生国际学术研讨会。

（刘海华）

公共卫生学院

学院以习近平新时代中国特色社会主义思想为指导，紧紧围绕立德树人根本任务，牢牢把握“三高一新”发展要求，团结奋进，开拓进取，攻坚克难，圆满完成各项工作任务。

一、党建工作

（一）发挥党委领导政治核心作用

一是加强领导班子自身建设，扎实开展议事规范提升工作。进一步修订完善了公共卫生学院党委会议事规则、公共卫生学院党政联席会议事规则，厘清党委会和党政联席会职责边界，严格议事决策程序，强化执行监督等措施，进一步建立上下贯通、权责明晰、运转高效的党政议事决策工作体系。认真落实全面从严治党主体责任，做到党建工作与中心工作一起谋划、一起部署、一起落实，班子凝聚力战斗力进一步提升。二是强化理论武装，扎实开展党史学习教育活动。制定《关于在全院开展党史学习教育的实施方案》，为党员购置印发党史学习资料，围绕“三个阶段”“七个专题”接续推进党史学习教育活动走深走实。党委理论学习中心组严格落实学习计划，围绕习近平总书记关于教育的重要论述、“七一”重要讲话精神、给《文史哲》编辑部全体编辑人员重要回信精神等内容先后开展了 11 次集中学习，5 次专题研讨。各支部依托灯塔党建在线、学习强国等平台开展形式多样、各具特色的党史学习教育活动，知识竞赛、观红色影片、“我来讲党课”等活动压茬进行。上报 2 个庆祝建党百年“六个 100”全媒体主题展播视频被学校推荐到山东省参展，一部“我来讲党课”视频获评山东省优秀微党课。三是扎实推进“我为群众办实事”活动。学院党委聚焦“十四五”事业发展规划、学科平台建设、学生就业等方面，研究制定《“我为群众办实事”实践活动的工作方案》，建立了重点项目清单，领导班子每人牵头负责一个项目，出实招办实事，师生关注的工作得到有力推进。四是巡视整改落实到位。学院党委扛起巡视整改责任，对照问题，认真履行“一岗双责”，举一反三，着力推动各项整改工作有序有质落实，确保巡视整改取得扎实成效，对照查摆的 5 大方面 22 个具体问题已全部整改完成。

（二）推进党支部规范化建设

不断完善党支部各项制度，修订《党委委员联系督导基层党支部制度》，建立党支部书记例会制度，调整完善支部组织设置。严格按照规程完成 7 个学生支部成立和换届选举工作。持续加强样板支部和“双带头人”工作室培育。教工一支部成为山东大学样板支部。院党委书记、教工一支部书记抓基层党建突破项目，教工二支部、博学二支部党建活动项目立项。

（三）意识形态工作主体责任进一步压实

印发《公共卫生学院意识形态工作责任落实方案》，与班子成员、支部书记逐人签订意识形态责任书，按照“一岗双责”要求，抓好分管领域的意识形态工作。开展网站、自媒体自查工作，制定了《网站和新媒体管理规定》，加强网站、微信等新媒体的建设和管理。

二、行政工作

（一）统筹疫情防控与安全稳定

严格落实学校疫情防控与安全稳定要求，及时更新《公共卫生学院新冠疫情防控应急预案》，细致做好师生新冠疫苗接种、核酸检测和出入校园管理；以师生安全为基础，以实验室安全为重点，开展安全教育、安全检查等，与重点关注学生谈话 8 人次，发布“安全周报”8 期，开展安全隐患排查 10 余次。加强安防设施建设，配合公安处更换安全窗、非国标安全插排、超期冰箱、空调和通风橱等。

（二）校庆工作圆满完成

成立校庆筹备工作小组，以“百廿山大、强院兴校”为主题，邀请知名校友开展学术讲座，举办“医学数据学”大会、“山东大学—多伦多大学公共卫生研讨会”等。完成社会筹资 560.8 万元。

（三）学科平台显著提升

多次组织学科建设工作会议，进一步修订完善和推进“十四五”事业发展规划。持续推进山东省高峰特色学科建设。积极拓展与国家、省、市 CDC 交流合作，与中国 CDC 环境所和传染病所签署协议共建教学科研基地，与青岛市、淄博市 CDC 共建教研室签约落地，与济南市 CDC 筹建公共卫生实训基地工作取得显著进展。对接国家战略发展需求，成立生物安全与卫生应急、媒介生物控制 2 个学系。申报 2 项济南市市校融合揭榜制项目，山东大学健康医疗大数据产业学院筹建和军民融合共建生态健康研究院建设正稳步推进。

（四）人才队伍不断壮大

持续加强人才引进，新进齐鲁青年学者 5 人、副研究员 5 人，招收高层次博士后研究人员 4 名；积极培育现有师资队伍，新增校内特聘教授 1 人、兼职特聘教授 2 人、杰出中青年学者 1 人、齐鲁青年学者 1 人，获“青年学者未来计划”资助 5 人。

（五）科学研究持续加强

科研立项 62 项，立项总经费 1500 余万元。其中国家重点研发项目课题 1 项（已公示），国家自然科学基金面上/青年项目立项 14 项，创历史新高。省自然科学基金项目 10 项、国防创新项目 6 项，1 人申报山东省优青项目进入答辩环节，获批山东大学 2021 年度重点研发计划拟培育项目 1 项。发表 SCI 收录论文 140 余篇。获发明专利授权 4 项。

（六）教学与学生培养再获佳绩

成功申报医学数据学本科专业，“生物安全与卫生应急”获山东大学微专业 A 类立项，3 门课程获国家级一流课程申报资格，新增山东大学通识教育核心课程（自然科学类）2门，“妇幼保健学”在中国大学慕课上线。获山东大学教学成果一等奖1项，教研项目8项。荣获2021年山东省高等医学院校大学生预防医学专业技能竞赛团体一等奖，单项奖金奖3人次、银奖5人次；第十届中国大学生医学技术技能大赛预防医学赛道华东赛区一等奖、全国总决赛银奖，获批大学生创新项目国家级6项。获山东大学教师教学创新大赛三等奖2项，齐鲁医学院全英文授课比赛一等奖、二等奖各1项。获评山东大学暑期学校优秀组织单位，4个项目被评为暑期学校优秀项目。本科生论文抽查合格率100％。研究生教学稳中有进，3名教师入选研究生规划教材主编；获得山东省研究生优秀成果奖1项、山东省优秀硕士学位论文1篇、山东大学研究生教育教学改革立项5项。学院团委荣获山东大学宣传调研与网络建设工作先进集体、社会实践工作先进集体，研究生会荣获山东大学十佳研究生会，1个班级获评山东省先进班集体。获第十七届“挑战杯”省赛特等奖1项、校赛奖项10项。本硕合唱团获山东大学第八届合唱文化艺术节二等奖，研究生合唱团获“导学思政”合唱比赛一等奖与最佳人气奖。

（七）国际合作不断深入

与谢菲尔德大学签订“1＋1＋1”卫生经济与决策模型研究生联合培养项目合作协议。继续加强山东大学—卡罗林斯卡全球健康联合实验室建设工作。成功举办山东大学—多伦多大学公共卫生研讨会，促进了公共卫生领域的国际学术交流。

（八）服务社会担当作为

继续充分发挥山东省重点新型智库作用，承担了10项国家和省级政府委托调研项目，提交11份政策简报，其中1份获得山东省委书记批示，1份提案获得中办认可。发挥山东大学健康医疗大数据研究院优势，持续助力河南确山县乡村振兴建设，投入资金累计200万元建设健康数据平台。扎实推进“中央抗疫国债基层疫情防控能力提升项目”，非学历教育培训项目“创新疫情防控专业技术人才培养模式，服务国家公共卫生理论—山东大学基层疾控机构实验室检测能力提升培训实践”获2021中国高校远程与继续教育优秀案例奖，入选中国高校远程与继续教育优秀案例库。

三、存在的突出问题

1. 高层次人才匮乏。

2. 标志性成果不足，国家级科研平台、大项目，省级以上科研奖项、教学成果奖未能有效突破。

（王庆）

口腔医学院（口腔医院）

口腔医学院（口腔医院）深入学习贯彻习近平新时代中国特色社会主义思想，始终坚持“党建业务融合互促”理念，团结带领全院师生医务员工求真务实、开拓创新，扎实推动学院（医院）各项事业稳步发展，朝着一流口腔医学院（口腔医院）建设目标稳步前进。

一、基本概况

2021 年，口腔医学院（口腔医院）共有在职员工 489 人，专任教师 99 人，正高级专业技术职务人员 33 人，副高级专业技术职务人员 49 人，博士生导师 30 人，硕士生导师 62 人。学院（医院）共有在校学生 704 人，其中博士研究生 30 人，硕士研究生 226 人，本科生 448 人。

二、党建思政工作方面

强化党的领导，党政同心共谋发展。学院（医院）创新形式扎实开展党史学习教育，举行庆祝建党百年系列活动，完成包括 16 项重点项目的“我为群众办实事”清单，组织机关干部到一线挂职锻炼，召开医患沟通座谈会，组织校内外义诊活动，“学党史、悟思想、办实事、开新局”成效明显。认真完成中央巡视整改、“深化审计整改　加强风险排查”专项行动、“四个领域”腐败风险专项清理整顿等重要政治任务。推进行政职能部门改革，完成调整设置及干部配备，稳妥推进党支部换届调整。面向全体党员组织“过政治生日”活动，组织师德师风知识竞赛，表彰医德医风先进。组织全体干部到廉政基地开展警示教育，扎实开展“三合理一规范”活动。制定医院章程，编制“十四五”事业发展规划，顺利通过省直精神文明单位评审，机关第一党支部成为学校样板支部。

三、学术科研方面

突出学科建设，科研氛围持续浓厚。学院（医院）成立发展战略咨询委员会、工程实验室学术委员会，成功举办黄河流域第一届种植大会、齐鲁青年论坛口腔医学分论坛及博士后沙龙等活动。完善学术激励办法，出台项目延期、成果备案等制度。配合学校推进美里湖转化医学中心建设，启动院本部实验室建设。召开合作发展座谈会、科研转化辅导报告会，推进院企合作、科研转化。2021 年获批各级各类项目近 30 项，预计立项经费 1600 余万元，发表 SCI 论文 70 余篇（其中 ESI 高被引论文 1 篇、大于 10 分 8 篇、大于 5 分 31 篇），中国医院科技量值排名保持第 9 位。

四、人才队伍方面

坚持引育并举，人才队伍充实壮大。2021年，学院（医院）举办300余人次参与、包括5场专题讲座的管理人员综合素质提升培训项目。出台职工进修、低职高聘等管理办法，实施人才“伯乐奖”。完成19人次低职高聘工作。全职引进校级齐鲁青年第二层次人才1人，新增兼职国家级人才3人、山大荣聘教授1人、齐鲁青年学者1人，新入选青年学者未来计划5人、副研究员3人、入站博士后7人。

五、人才培养方面

深化教学改革，人才培养质量进一步提升。学院（医院）不断夯实教研组织建设，完善课程体系，提升讲课能力，强化过程培养，拓宽国际视野。举行椅旁带教教案比赛，开设“周五培训日”，住培工作进一步规范。获得山东省优质课程及山东省优秀研究生案例库、学校青年教师教学比赛优秀组织奖，开设首个微专业“口腔健康大数据学”，“牙体牙髓病学”获省一流本科课程，出版自编临床实践指导教材《牙体缺损修复备牙过程图解》和《口腔实习医师门诊诊疗操作医院感染控制学》。获批口腔颌面外科专业住培基地，举行椅旁带教教案比赛，开设“周五培训日”。生源质量历史最好，省内本科录取排名全校第1，推免生数量实现新突破。在省高等医学院校大学生专业技能竞赛中获得团体一等奖、在五省一市研究生病例大赛中斩获佳绩。“微齿博爱”志愿服务队获校拓展培养工作先进团体。

六、医疗服务方面

攻坚医疗重点，服务社会成效显著。学院（医院）加强应急演练，组织定期检查，严格奖惩举措，常态化疫情防控工作常抓不懈。实施儿牙全麻诊疗项目，启动消毒中心、检验科、病理科及血库建设，完成电子病历四级建设，国家口腔区域医疗中心建设扎实推进。建立依法执业自查制度，出台医保管理办法。签署两家省外专科联盟单位，“菜单式”帮扶新疆疏勒县人民医院。四手操作率提高至70%，获得中华口腔医学会口腔护理交流活动“创意之星”等荣誉，质控中心数据上报工作名列全国前列。

七、行政管理方面

加强内涵管理，推进治理体系和治理能力现代化。学院（医院）开通财务网上报销，实施办公用品定额管理，推进资源共享。完成工会、妇委会调整换届工作，召开新一届“双代会”。组织校庆系列活动，凝聚校友力量，拓展发展资源，获各类捐赠80余万元。出台供应商资质审核、物品验收等管理制度，开展物资供应信息化调研。上线诊间结算、电子发票、医保结算等系统，启动B座五层装修改造，完成了AB座装修改造工程准备工作。

（王欣茹）

护理与康复学院

学院始终坚持以习近平新时代中国特色社会主义思想为指导，坚持协同融合发展，秉承“全健康、促融合、聚人文、强实践”的发展理念，坚持医教协同、产教协同、多学科交叉融合，学科水平逐年提升，各项事业得到发展。

一、全面加强党的建设

（一）全面深入推进党史学习教育

制定学院党史学习教育实施方案，建立领导小组，坚持联动立体、分层实施、生动学用的学习机制。着力推进“我为群众办实事”实践活动，着力解决制约学院改革发展、关乎师生切身利益的突出问题，达到了“学党史、悟思想、办实事、开新局”的实效。

（二）坚定不移抓好巡视整改

高度重视巡视整改重大政治任务，切实扛起主体责任，成立整改工作小组，建立统一谋划、责任到人、协同高效的工作机制。在六大整改任务的15个方面中梳理出28条问题，形成44条整改措施。立行立改的全部完成，持续深化整改的正深入推进并坚持完成。整改工作取得了明显的、阶段性成效。

（三）毫不松懈维护安全稳定

全覆盖签订各层级安全职责任务书，将责任落实到人。针对实验室等重点领域重要环节，建立健全管理制度，定期组织检查。加强对师生思想动态的了解和关注，定期对学生进行安全教育。统筹抓好常态化疫情防控、安全稳定与学院各项事业发展工作。

二、推进治理能力和治理体系现代化

科学编制学院“十四五”事业发展规划，举办“十四五”事业发展规划及山东省高峰学科专家评议会、发展战略咨询委员会第二次会议，深入开展前瞻性、针对性、储备性战略研究，推动护理与康复学科深度融合。

开展议事决策规范提升工作，进一步修订完善党政联席会、党委会会议议事规则，对照规则，梳理排查不规范、不符合程序的工作漏洞，开展制度废改立释工作，摸排查找制度漏洞，建立健全制度体系。

三、深入落实立德树人

（一）实施铸魂育人工程

开展铸魂明礼系列活动；推进“护畔花开”美育精品项目，组织学生美育活动30

余次；重视社会实践服务，1 支团队获评山东省暑期“三下乡”大学生社会实践优秀团队，2 人获评先进个人，1 人获评优秀指导教师，学院获评山东大学志愿服务先进集体。实现充分高质量就业，2021 届毕业生就业率 100％。

（二）加强教育教学改革

在本科人才培养方面，护理＋管理本科双学位顺利实施，新立项 2 个微专业；1 门课程被评为山东省课程思政案例一等奖、省级课程思政示范课程，1 门课程获批省级一流课程，2 门课程推荐申报国家级一流课程。教材建设上，学院教师 12 人次参与人民卫生出版社第七轮规划教材和北京大学医学出版社第三轮规划教材编写。在第十届中国大学生医学技术技能大赛护理学赛道中获得山东省团体一等奖、华东分区赛团体一等奖、全国总决赛银奖。

在研究生教育方面，深入推进研究生学术学位和专业学位分类培养；加强专业学位案例库建设及临床实践教学改革；加强研究生精品课程，导师队伍建设成效显著，新遴选 12 位博导；获得山东省优秀硕士学位论文和山东省研究生优秀成果奖三等奖各 1 项。硕士研究生推免比例继续保持在 80％以上，博士招生数量较上年增长 80％。

四、重点建强师资队伍

为改善教职工队伍结构，继续加大人才引育力度，形成学院全员引才育才的氛围，新进教师和博士后 4 人，境外特聘兼职教授 1 人，新增美国护理科学院院士 1 人，获宝钢优秀教师奖 1 人，国际 Top 期刊编委 1 人，入选山东大学青年学者未来计划 4 人。学院教师年龄结构呈现年轻化趋势，35 岁以下教师占比超过 30％，海外博士学位教师达到 20％以上。此外，学院教师获山东大学教学卓越奖、山东大学优秀教师、山东大学优秀共产党员等多项荣誉称号，并在第八届“超星杯”高校青年教师教学比赛、第三届全国高校混合式教学设计创新大赛等各类大赛中获优异成绩。

五、持续提升科研创新能力

结合教育部第五轮学科评估材料梳理工作，明确了“十四五”期间重点发展的 4 个学科方向，并推动学科团队；持续加强科研组织管理，获批国家自然科学基金 2 项、山东省自然基金 2 项、山东省社会科学规划项目 1 项以及山东省社会科学规划专项 1 项。入账经费持续增长，本年度为 299.53 万元。共发表文章 53 篇，其中 SCI/SSCI 40 篇（1 区文章 20 篇）。获得 2 项发明专利，1 项转化，实现了学院在此方面零的突破。

六、稳步推进国际事务工作

开展关于国际学生趋同化管理工作推进情况自查，成立国际学生招生工作委员会，完善国际生招生程序。成功举办 2 期“齐鲁护理（国际）青年学者论坛”。邀请境（海）外人才，开展了 6 期国际交流学习经验分享会。出台疫情下引智项目工作方案，拓展学生境海外经历，开展教学流动岗项目 1 项、短期境外专家项目 1 项。40 余名研究生在线参与海外专家授课，3 名本科生参加牛津大学展望计划线上暑期课程，1 名博士研究生赴国外联合培养。

七、提升社会服务能力

成立“大手拉小手”支教调研团，赴确山新安店镇中心小学开展“护新苗圃”孵育活动。获批山东省体医融合试点项目，探索城乡社区老年人“体医康护”一体化服务新模式。依托山东大学第二医院南部院区（济南善德养老院）开展周边社区义诊活动10余次，宣传康养理念和康养服务内容，探索集学院—医养机构—社区—居家养老为一体的服务模式和科研平台。推进校企合作，为国欣颐养集团开展授课培训及学术报告，与苏州舒华体育培训有限公司达成战略合作框架协议。

八、开展百廿校庆活动

制定学院120周年校庆工作实施方案，开展7大类16项校庆活动，开展“山大在京六万校友—百名校友在京护理校友”大家庭、“优秀校友”、“杰出校友”表彰大会等活动，推进校友联络与服务工作。凝练四项社会筹资项目加入学校筹资计划，企业捐赠实现零的突破，捐赠到款39.8万元。

九、规划学院楼宇空间布局

为适应学院新的发展目标，在学院内部多次研讨，对整个楼宇重新布局，形成了系统的设计方案。扩大优化健康与衰老生物实验室面积与布局；重新布局本科教学实验室，新增设内外科综合实验室、儿科实验室、产科实验室、老年护理实验室，进一步优化基础护理实验室、护理心理实验室。

（徐良瑜）

药学院

截至2021年底，学院共有在职教工161人，其中专任教师82人。专任教师中，教授49人、副教授26人、讲师7人。现有博士生导师51人（含兼职博导2人）、硕士生导师88人。具有博士学位者占专任教师总数的97.6%。

截至2021年底，学院共有在校生1245人，其中本科生550人、硕士生530人、博士生165人。2021年入学本科生139人、硕士研究生193人（含非全日制药学硕士12人）、博士研究生40人（含生物与医药工程博士10人，外籍博士1人）、同等学力申请硕士13人。2021年共毕业学生271人，其中本科生123人、硕士研究生125人（含外籍2人）、博士研究生23人（含外籍1人）。本科就业率97.56%，硕士就业率96%，博士就业率95.65%。

一、党建引领内涵式发展

党建引领作用提升。全年召开党政联席会 53 次、党委会 23 次、书记办公会 9 次、党支部书记例会 4 次，多次召开药物创新研究院建设、实验室搬迁整改等专题推进会议，制订党委文件 33 份，行政文件 42 份，制度体系汇编 1 本；落实中共中央、国务院《深化新时代教育评价改革总体方案》，结合药学学科特点，突出质量、贡献、特色导向，制定了《药学院岗位绩效考核实施办法》；制定《药学院“深化审计整改 加强风险排查”专项行动实施方案》，顺利完成审计整改工作；构建完成学院“十四五”事业发展规划。

党的先锋作用彰显。定期开展党委书记、优秀党员教师、党支部书记上党课，获全省高校优秀党课 1 部；实施团支部活力提升工程，形成多项“办实事”品牌活动，推进解决安全、空间、条件保障等实际困难 40 余项。

组织建设日益规范化。优化支部设置，制定支部考核评价办法，规范样板建设，新增校级样板双带头人工作室、样板党支部各 1 个，党员干部定点定期联系师生党支部，建设党员活动室，发展党员 61 人（教工 1 人）。

文化引领作用发挥。规范网站新媒体建设与管理，发布校级新闻 109 篇、学院网站新闻 231 篇、企业推送 224 篇，全年公开各类纪要、文件百余条，师生查阅上千次。

校友凝聚力增强。9 月 16 日成立学院校友会，10 月 16 日举办药学院复建 50 周年暨药学学科创建 101 周年庆典活动，续编药学院院志，凝聚了校友力量，校企、校友捐赠近 500 万元。

二、立德树人成效显著

人才培养上新台阶。研究生培养方面，共招收硕博研究生 220 人（博士 39 人，推免硕士 66 人），全日制硕士优秀生源占比 56%，专硕推免人数再创新高；改革研究生招生指标分配，促进效能建设；举办全国夏令营、研究生暑期学校（高端论坛）等；成立研究生教育教学督导委员会。本科生培养方面，培养健全班主任选聘、考核及评优制度体系和有机联动的育人体系，充分发挥思政育人合力；积极培育优良学风，开展 56 期“齐都”药学讲坛；夯实劳动教育，组建 84 支社会实践团队深入基层调研。

教学成果展新气象。新增全国及部级课程思政示范课程、名师、团队及改革试验项目 5 个，省级示范课程、名师、团队、设计案例等各类奖项 12 个，校级课程相关荣誉及立项 33 项；申报国家一流本科课程 5 门，入选省一流本科课程 2 门，获批校级创新创业教育平台，建设 3 门创新创业课，上线慕课课程 3 门；主编 7 门全国规划教材，1 门省一流教材；获山东省教学成果奖 1 项；举办全国一流本科专业建设研讨会、省药学教育论坛、山东大学青年教师教学比赛，开设全英文课程 1 门。

荣誉奖项获新成绩。获全国大学生药苑论坛创新成果奖 4 项，创新创业训练计划立项 43 项，校级优秀毕业论文、优秀论文指导奖各 3 项；获五四青年科学奖 2 个，杰出青年奖 1 个，学院获红旗团委、社团工作先进集体、济南市出彩型青年志愿服务集体、十佳院级学生会等荣誉。

三、队伍建设突破瓶颈

引进杰青 1 人、齐鲁 9 人；培育青长 1 人、青拔 2 人，校内杰出中青年学者 1 人、齐鲁 1 人、未来学者 2 人，入选“青创人才引育计划”建设团队 1 支；进站博士后 23 人，引进各级各类教师、实验员 12 人；博士后获创新创业成果大赛、学术论坛创新论文等国家级奖项 4 个，2 位博士后入围全国博士后创获新创业大赛总决赛；获先进教育工作者、齐鲁医学优秀教师各 1 人；举办 4 期青年人才托举沙龙。

四、学科影响力稳步提升

科研攻关取得新进展。科研项目总合同经费 10827.2 万元，实到科研经费 4811 万元，获批国家自然科学基金 20 项，总合同经费 1250.9 万元，实到经费 628.9 万元，项目及经费数量实现连续增长；申报各类省基金项目 33 项，已立项省自然科学基金、省重点研发计划、新旧动能转换重大项目 13 项，经费 425 万元。发表 SCI 收录论文 208 篇，授权专利 56 项。

学科与平台建设实现新突破。最新软科排名药学专业全国第 8，临床药学全国第 4，药理学与毒理学 ESI 排名由 2020 年的第 76 位上升至第 70 位，进入前 0.7‰，药物化学位列世界大学排名中心（CWUR）全球第 9；教育部重点实验室评估初评进入前 20%；召开教育部重点实验室年会；成立创新药物研究院；获批国家药监局重点实验室；成立则正医药研发中心、德升生物联合实验室等合作平台，共建经费达 800 万元。

服务社会呈现新局面。签署横向课题 43 项，合同经费 9141 万元，其中抗痛风Ⅰ类新药与时森海生物制药签署 7000 万元合作协议；举办产学研高端论坛、校友励志讲坛、国际期刊编委会会议等系列活动，走访调研合作单位 10 余家；开展执业药师培训（人数 1 万余人），建设执业药师培训课程 9 门、考前辅导课程 7 门。

学术水平得到新提升。开展 PI 改革，组建 18 个学术团队（包括 1 个代管团队），根据学术团队建设需要制定《山东大学药学院学术团队考核办法》。

国际化迈向新高度。创办国际英文期刊；专项资金资助 9 名学生参加北卡罗来纳大学、牛津大学暑期学校；组织师生参加线上国际学术会议 5 次，邀请国外专家线上学术报告 15 次；成立留学生招生委员会，规范国际学生招生流程，初步实现国际学生趋同化管理。

五、实验条件逐步改善

成立药学院安全稳定工作领导小组，健全学院安全稳定管理责任体系，维护实验室安全稳定；设置实验室技术安全专项经费，启动教学七楼实验室装修、校外实验室回迁安置；修缮药厂楼、动物房通风系统，解决废气直排问题；极力克服困难，盘活存量，争取增量，改善部分师生办公学习条件；推进智慧平安实验室建设，落实三级管理责任，制定 6 项实验室安全制度，调整优化安全信息化平台建设；开展实验室安全大赛、组织人员参加各类培训；获批实验室建设重大专项（20 万元）1 项，完成 6S 终审工作。

（李慧慧）

药学院（补录 2019）

一、学院基本情况

截至 2019 年底，学院共有在职教工 111 人（含统招博士后 9 人），其中专任教师 69 人。专任教师中，教授 37 人、副教授 25 人、讲师 7 人。现有博士生导师 36 人（含兼职博导 1 人）、硕士生导师 62 人。具有博士学位者占专任教师总数的 97.1%。

截至 2019 年底，学院共有在校生 1063 人，其中本科生 546 人、硕士生 389 人、博士生 128 人。2019 年入学本科生 132 人、硕士研究生 145 人（含非全日制药学硕士 4 人，外籍硕士 2 人）、博士研究生 33 人（含生物与医药工程博士 7 人，外籍博士 1 人）、同等学力申请硕士 9 人、同等学力申请博士 2 人。2019 年共毕业学生 239 人，毕业本科生 103 人，硕士研究生 108 人、博士研究生 28 人。本科就业率 89.52%，硕士就业率 94.74%，博士就业率 95.45%。

二、坚持全面从严治党，发挥党委政治核心作用

坚持把党的政治建设摆在首位，落实管党治党的政治责任和主体责任，充分发挥党委政治核心作用，不断提高党建工作质量。坚持民主集中制，落实“三重一大”制度，修订完善《党委会议议事规则》《党政联席会议制度》，全年召开党委会 12 次、党政联席会 27 次。扎实推进“不忘初心、牢记使命”主题教育，结合学院实际，围绕基层党建、学科建设、实验室建设管理等 11 个问题组织集中学习研讨 6 次，形成调研成果 7 个，检视问题 8 项，专项整治问题 5 个，重点整改任务 5 个，切实解决阻碍学院发展以及师生真正关心的问题。成立药学院发展战略咨询委员会，聘请包括 5 名院士在内的 15 名专家担任战略委员会委员，为推动药学学科发展提供战略性意见与建议。切实加强安全稳定工作，制定《实验室安全责任事故认定和处罚细则》《实验室安全督导管理办法》等文件，建立院领导定期巡查实验室制度，举办实验室安全微视频大赛，成立研究生安全自管会，全力以赴保稳定、促发展。

三、师资队伍建设

人才队伍结构更趋合理。截至 2019 年底，药学院共有国家杰出青年基金获得者 2 名、海外特聘专家 2 名、海外青年专家 1 名、泰山学者特聘专家 2 名、泰山学者青年专家 8 名、教育部新世纪优秀人才 3 名、山东省杰出青年基金获得者 3 人、山东大学特聘教授 4 人、山东大学杰出中青年学者 2 名、齐鲁青年学者 13 名、青年学者未来计划 11 名、山东大学兼职特聘教授 16 名，6 人享受国务院特殊津贴。现有教育部天然产物化

学生物学创新团队和山东大学攀登计划创新团队各 1 支。

教师队伍质量明显提升。2019 年，1 人获得“泰山学者特聘专家”称号，3 人获得“泰山学者青年专家”称号。7 人获批齐鲁青年学者，入职 4 人。6 人入选山东大学人才体系，其中山东大学杰出中青年学者 2 名、齐鲁青年学者 1 名、青年学者未来计划 3 名。引进副研究员 5 人，入职 3 人。引进外籍教师 1 人。聘请 1 位国内外知名学者为山东大学兼职特聘教授。

博士后招收质量不断提高。2019 年招收博士后 5 人，其中特别资助博士后项目 4 人，外籍博士后 1 人。

全年学院教师获得“齐鲁医学优秀教师”荣誉称号 1 人。

四、提升科研创新能力，打造一流药学学科

聚焦大项目、大平台、大团队建设，着力提升科研创新能力，全面提升学科水平。完成药学学科中期自评，围绕建设目标，逐条对照分析目标的完成度和符合度，总结经验、寻找差距、查摆问题，提出下一步的努力方向和思路举措。药学学科在 2019 年软科世界大学学术排名（ARWU）中排第 101～150 位，国内排名第 10。药理学与毒理学学科在 ESI 的排名由 2018 年的第 100 位上升至目前的第 99 位，进入前 1.12‰；在 U. S. News 的排名上升至第 106 位。药物化学学科在世界大学排名中心（CWUR）中名列全球第 9。本年度科研项目总合同经费 7358 万元，到账经费 4470 万元。发表 SCI 论文 156 篇。申报专利 36 项。获批国家重点研发计划 1 项（已公示）、国家科技重大专项 2 项；国家自然基金 14 项、省重大创新工程项目 2 项、省自然基金 7 项。签署横向课题 31 项，其中抗痛风 I 类新药项目合同 2000 万元（到位经费 1000 万元）。获山东省科技进步二等奖 1 项（第 2 位）。召开教育部重点实验室学术会议、暑期学科建设会议和天然产物化学生物学高端学术论坛。

作为主要力量参与并成功申报了国家药品监督管理局药品监管科学研究基地，将围绕药品医疗器械监管工作急需，发挥药学学科专业与人才优势，紧密结合药品医疗器械新技术、新产品、新业态的发展趋势，加快推进药品监管新制度、新工具、新标准、新方法研究，助力药品治理体系和治理能力现代化，更好地保护和促进公众健康。获批山东省工业技术研究院新药创制协同创新中心。

五、推进教育教学改革，培养高素质药学人才

（一）研究生培养

完善学位点建设。2019 年，药学院作为牵头单位申报的生物与医药工程博士学位授权点获批，制药工程领域工程硕士学位授权点调整为生物与医药领域工程硕士学位授权点。

设立研究生学术活动月。举办“药物领域前沿发展与关键技术”研究生暑期学校，进行了 17 场学术讲座、1 项“齐鲁制药”企业拓展活动，邀请到校内外专家学者共计 14 人；举办“山东大学博士研究生高端学术讲坛”，进行了 10 场次的专题讲座；举办齐鲁医学院研究生求真学术论坛（药学学科）；成功组织“药学院 2019 年研究生学术论

坛”，共有43项成果参评，对优秀论文报告进行奖励。

着力提高硕士研究生生源质量。启动“药学学科优秀大学生暑期夏令营”活动，充分利用网络平台进行招生宣传。组织宣讲队伍前往重点院校进行招生宣传。2020年接收推免生40人。

研究生培养成果显著。获第二届全国药学专业学位研究生优秀学位论文1项、山东省优秀博士学位论文2项、山东省优秀硕士学位论文2项，山东省研究生优秀研究成果奖2项；山东大学优秀博士学位论文2项，山东大学优秀硕士学位论文3项。获得2019年山东大学“学术之星”荣誉称号1人；获山东大学优秀学术成果奖11项，其中一等奖2项，二等奖3项，三等奖6项。

积极开展研究生教改项目申报工作。2019年，学院有1项目获得2019年山东大学研究生教育教学改革研究立项及推荐申报省级项目；2019年山东大学研究生优质课程立项建设与推荐申报省级项目1项；有2门课程获得齐鲁医学院2019年研究生在线开放课程立项。

扎实推进国际化办学工作。2019年，药学院公派攻读博士学位研究生5人，联合培养博士1人；学院资助23名博士、43名硕士、56名导师参加国际国内学术会议，资助金额达40余万元。

（二）本科生培养

切实加强课程建设，提升教学质量。积极开展慕课建设，推出“工业药物分析”等5门慕课。开启青年教师教学能力持续提升系列化培训，在2019年山东大学优秀“课程思政”教学设计案例评选中获佳绩。3门课程获一等奖，4门课程获得二等奖；1门课程获得三等奖。王海钠副教授在“全国高等学校药学类专业青年教师微课教学大赛”中获特等奖，张颖杰副教授、韩秋菊副教授、刘永军副教授获一等奖，林贵梅副教授获二等奖。王海钠副教授、张颖杰副教授、刘永军副教授在“2019全国药学院校教学学术研讨会暨高等学校药学专业青年教师教学能力大赛决赛”中获特等奖，韩秋菊副教授获一等奖。韩秀珍等4位教师分别获山东大学教育教学改革研究项目各1项；1人获得齐鲁医学院教育教学综合改革立项1项。

召开专业分流动员会议，完成2018级专业分流工作，药学专业分流学生115名，临床药学专业分流学生24名。举办第一届教学学术周系列活动，教学学术周期间进行了优秀教学研究论文的评选，学院教师获山东大学优秀教学研究论文一等奖1篇、二等奖2篇、三等奖5篇。3位老师在2019年度山东大学青年教师教学比赛中获一等奖，同时被授予“山东大学青年教学能手”称号。

召开本科教学指导委员会议，会议通过了《山东大学临床药学专业毕业实习大纲》《山东大学临床药学专业本科毕业论文（设计）大纲》。药学专业获山东大学2019年优秀专业。

召开2019年本科学生生产实习座谈会。刘新泳院长获聘山东省药学类专业教学指导委员会主任委员，方浩教授获2019年度本科教学优秀奖。臧恒昌教授和聂磊副教授指导的2019级博士生田伟路团队的参赛项目“基于NIR技术的制药过程智能管理云平台建设”获第五届山东省“互联网+”大学生创新创业大赛金奖。学院甘肃省教育拓展工作组获山东大学“本科教育拓展奖”，聂磊副教授获山东大学 2019 年教育拓展“十年贡献奖”，焦波、王姝麒获“山东大学教育拓展优秀个人”。

承办教育部高等学校药学类专业教学指导委员会（大）药学专业教学指导分委员会第二次会议。承办第十二届全国大学药苑论坛，来自全国 110 余所院校的近 600 名师生参加论坛。学院 2019 级临床药学专业研究生聂爱清、2015 级临床药学（五年制）专业本科生张薇获创新成果一等奖、优秀论文奖、优秀壁报奖；2016 级药学专业本科生张诗迎、2016 级制药工程专业本科生邓建群获创新成果二等奖、优秀壁报奖。药学专业获批国家级一流专业建设点。

（三）学生参与各类评选竞赛成绩优异

顺利完成各项评奖评优工作。2019 年研究生 448 人获各类奖学金共计 2213840 元。2019 年本科生获评各类奖学金 248 人次，共计 433500 元，各类助学金 232 人次，共计 636100 元。4 人获 2019 年度山东大学校长奖，18 人获国家奖学金。1 名留学生获得教育部优秀来华留学生奖学金。

学生获“互联网＋”全国铜奖和全省金奖 1 项，获评山东省优秀学生 2 人，山东省优秀学生干部 1 人，省社会实践优秀团队 1 支，省社会实践优秀个人 1 人，山东大学 2019 年度“榜样的力量”学生年度人物 1 人，山东大学第十届学生五四青年科学奖 6 人、杰出青年奖 1 人，优良学风班 1 个，山东大学十佳团支部 1 个，山东大学十佳共青团员 1 人。宋丹同学成为济南市第 77 例、山东大学济南校区第 5 例、通过“髓缘”志愿服务项目成功捐献的第 3 例。

2018～2019 年度，学院学生工作获山东大学红旗团委、山东大学“学社衔接”工作先进组织单位、学生社会实践工作先进集体、学生就业创业工作先进单位。学生工作团队成员作为负责人先后承担 5 项课题的研究工作，并先后获得山东大学优秀青年工作者、学生就业创业工作先进个人、学生学术文化活动组织工作先进个人等荣誉称号。

六、深化国内外合作交流，推动服务地方战略实施

坚持“全球视野、国际标准、药学特色”，加大力度开展人才培养、学术研究等方面的国际交流与活动；利用产学研优势，深化院企合作，搭建服务平台。全年师生出国访问交流 30 多人次，接待国外高校来访 5 次，邀请国外专家来校报告 21 次。接收 2019 级博士留学生 3 人，安排南澳大学本科实习生 7 人来校实习，公派攻读博士学位研究生有 5 人、联合培养博士 1 人。聘请教学流动岗教授 2 人、科研流动岗教授 1 人，短期专家 1 人。主办第六届中澳健康科学研究中心研讨会；与鲁商集团合作共建山东大学药学科学院，与益康药业签订全面合作协议。牵头与山东省药学科学院、齐都药业合作共建山东省工研院新药创制协同创新中心。设立达因优秀生源奖学金、则正研究生奖学金、诚创奖（助）学金等。就“服务山东、助推特色农业转型升级”开展考察调研，推动特色农业与生物医药产业深度融合。

（周洪）

药学院（补录2020）

一、学院基本情况

截至2020年底，学院共有在职教工111人，其中专任教师74人。专任教师中，教授41人、副教授26人、讲师7人。现有博士生导师41人（含兼职博导1人）、硕士生导师77人。具有博士学位者占专任教师总数的97.3%。

截至2020年底，学院共有在校生1167人，其中本科生546人、硕士生471人、博士生150人。2020年入学本科生135人、硕士研究生196人（含非全日制药学硕士12人）、博士研究生37人（含生物与医药工程博士9人，外籍博士1人）、同等学力申请硕士14人。2020年共毕业学生260人，其中本科生131人，硕士研究生109人（含外籍2人）、博士研究生20人（含外籍2人）。本科就业率94.67%，硕士就业率97.20%，博士就业率100%。

二、提高政治站位，发挥党委核心作用

落实疫情防控，维护安全稳定。成立疫情防控工作领导小组和工作小组，制定《药学院疫情防控工作方案》，建立工作网络，确保疫情防控无疏漏。制定《药学院信息公开制度》，加强宣传思想工作。制定《实验室安全责任事故认定和处罚细则》《实验室安全督导管理办法》等文件，切实加强安全稳定工作。

履行主体责任，加强思想引领。落实党务公开与院务公开制度。坚持民主集中制，落实“三重一大”制度，坚持并完善党委会、党政联席会会议制度，全年召开党委会12次、党政联席会29次。落实党委理论中心学习组学习制度、“三会一课”、“主题党日”制度、教职工理论学习制度，制定各层面理论学习计划，坚持问题导向和“专题研讨”，围绕基层党建、文化引领战略、意识形态工作、实验室建设管理等问题组织集中学习研讨4次。

加强思想政治教育，构建育人大格局。推进党建育人双向融合。强化第二课堂育人作用，组织“我与博导面对面”、“齐都”药学讲坛等品牌活动。重视实践育人相结合。组建27支大学生社会实践团队深入基层、走入社区进行调研，其中获评省级优秀社会实践团队2支、校级优秀社会实践团队9支、校级优秀社会实践报告4篇、省级优秀社会实践个人1名、校级优秀社会实践个人16名，实现药学院十年连续获评省级优秀团队。精准开展就业指导服务。学生受教育长才干，先后获得国家奖学金18人、国家励志奖学金22人、校长奖1人、省级优秀学生1人、省级优秀学生干部1人、山东省大学生优秀科技社团干部1人、省级优秀毕业生23人、“挑战杯”省级银奖1项等荣誉。学院获山东大学红

旗团委、山东大学十佳志愿服务组织、济南市“出彩型”志愿服务项目。

加强组织建设，发挥战斗堡垒作用。顺利召开党员大会，按期进行党委换届。完善党员领导干部联系教工和学生党支部制度，加强对支部工作的指导推动；按期完成支部换届，教师党支部全面落实“双带头人”党支部书记配备，培育了3个“双带头人”教师党支部书记工作室。推动支部立项全覆盖，加强样板支部建设，研究生五支部被评为学校研究生样板党支部。重视党员发展和党员教育监督管理工作，严把党员发展质量关，2020年共发展党员45人，转正47人。

三、实施引育并举，队伍建设持续发力

队伍结构更加合理。截至2020年底，药学院共有国家杰出青年基金获得者2名、海外特聘专家2名、海外青年专家1名、泰山学者特聘专家3名、泰山产业领军人才1名、泰山学者青年专家8名、教育部新世纪优秀人才3名、山东省杰出青年基金获得者4人、山东省优秀青年科学基金获得者2人、山东大学特聘教授4人、山东大学杰出中青年学者3名、齐鲁青年学者16名、青年学者未来计划18名、山东大学兼职特聘教授7名、山东大学兼职杰出中青年学者1名、6人享受国务院特殊津贴。现有教育部天然产物化学生物学创新团队和山东大学攀登计划创新团队各1支。

人才引育成果突显。2020年学院有4人通过齐鲁青年学者评审，其中齐鲁青年学者第一层次2人、齐鲁青年学者第二层次2人。引进兼职山东大学杰出中青年学者1人。引进研究员1人，博士后转聘研究员1人，引进副研究员2人。博士后入站17人，其中重点类博士后2人，项目类博士后1人，外籍博士后1人。招聘实验师1人，非事业编制人员5人。本年度学院获得“泰山学者青年专家”荣誉称号1人。入选学校人才体系齐鲁青年学者1人、青年学者未来计划7人。

四、强化科研攻关，学科建设成效显著

科研水平持续提高。2020年药学院新上科研项目总合同经费7099.92万元，其中纵向2444.57万元，横向4655.35万元。当年实到总科研经费4432.4万元，其中纵向3139.71万元，横向1292.69万元。获批准立项国家自然科学基金项目14项，总合同经费685万元，当年国家基金项目实到经费共计941.88万元。获立项省自然基金13项。签署横向课题26项，当年横向经费到账1292.69万元。获国家级课题19项、国家重点研发计划课题2项、国家自然科学基金14项、科研项目总合同经费7099.92万元，发表SCI收录论文217篇，获授权国家发明专利71项。

学科发展和平台建设迎来新契机。药学学科在软科世界大学学术排名（ARWU）中排名151～200位，国内排名第9～15。药理学与毒理学学科在ESI排名第76，进入前0.78‰；U. S. News排名第91。药物化学学科在世界大学排名中心（CWUR）中名列全球第9。药学学科入选山东省“高峰学科”。成立了山东大学医学发展委员会药学专班，制定了《山东大学药学学科发展改革工作方案》，建设了山东大学药物创新研究中心。牵头申报了国家药品监督管理局缓控释药品监管科学研究重点实验室。参与申报了山东省抗冠状病毒药物重点实验室。山东省新药创制协同创新中心获省示范协同创

新中心。举办了2020年第三届全国药学院院长高峰论坛。

五、落实立德树人，本科教学质量全面提升

疫情期间顺利完成教学任务。本科理论课程疫情期间确保“停课不停学”，546人次学生在线上课，22门课程在线直播授课，3门实验课程依托线上方式展开教学。61名毕业论文指导教师对3个专业130名学生利用信息技术开展远程指导工作。546名本科生顺利完成补退选。12位教学督导累计听课57门次课程。2020年本科毕业论文共计130份，全部进行文献检索（查重），合格率100%。在山东大学“同屏在线、共振育人”在线直播教学比赛中，展鹏老师获一等奖、臧恒昌老师获二等奖、姜悦老师获三等奖。学院获优秀组织奖。

一流专业建设稳步推进。“药理学”和“天然药物化学”2门课程入选首批国家一流本科课程。

大学生创新创业教育再创佳绩。获批山东大学药学创新创业教育平台，建设3门创新创业课程。获国家级大学生创新创业训练计划立项9项、省级立项5项、校级立项47项，其中校重点4项，共计61项。

荣誉和奖励不胜枚举。郝国祥、刘永军2位教师获2020年度青年教师教学比赛一等奖，同时被授予“山东大学青年教学能手”称号。刘后梅、侯旭奔、张涛3位教师获三等奖。推选郝国祥和韩秋菊2位教师参加省青教赛遴选赛。学院在2020年山东大学优秀“课程思政”教学设计案例评选中获一等奖3项、二等奖1项。学院荣获优秀组织奖。张颖杰副教授获山东省第七届“超星杯”高校青年教师教学比赛一等奖。沈月毛教授、张颖杰副教授、李研医师3人获山东大学优秀本科毕业论文（设计）指导奖，3名毕业生获山东大学优秀论文，5名2020届毕业生获荣誉学士学位称号；展鹏教授的《增加药学专业无机化学“药味”的思考与探索》获2019年度医学教育和医学教育管理百篇优秀论文二等奖。

承办国家级、省级教学相关会议。承办中国药学会药学教育专业委员会2020年全体委员会议暨新时期临床药学教育和创新药物人才培养研讨会，山东省药学会高等药学教育专业委员会成立预备会议、成立大会暨学术会议，2019～2022年山东省药学类专业教学指导委员会第一次全体委员会议。

六、构建三全育人体系，研究生培养扎实推进

招生授位工作稳步进行。2020年共招收硕博研究生234人，其中学术博士27人，学术硕士62人（含保资辅导员2人），专业博士9人，全日制药学专硕98人，非全日制药学专硕12人，全日制生物与医药工程专硕25人，外籍博士1人。同等学力申请硕士14人。招收2021级推免硕士生61名，其中学硕31人（含保资专项1人，支教专项1人），药学专硕28人，生物与医药专硕2人。共招收2020级硕士研究生197人（含非全日制12人）中，来自“985”“211”高水平院校的学生共69人，优秀生源比为35%。专业硕士推免人数由13人增加至30人，实现较大突破。通过腾讯会议举办“全国优秀大学生暑期夏令营”，来自全国68所高校160余名营员参加，评选出49名优秀营员。2020年度研究生四个批次授位工作，共授予统招研究生19人医学博士学位，

1 人生物与医药博士学位，119 人硕士学位。完成 2021 年招收博士生、硕士生人员的认定工作。2020 年，新增专硕校外合作导师 9 人。

学术活动和学术成果成绩斐然。举办研究生“药物领域前沿发展与关键技术”研究生暑期学校和“齐鲁医学院研究生求真学术论坛（药学学科）”“药学院博士研究生高端学术讲坛”学术活动。9 篇学术成果荣获山东大学优秀学术成果奖；2 人荣获山东大学优秀博士学位论文，3 人荣获山东大学优秀硕士学位论文；1 名博士、3 名硕士获得 2020 年山东省优秀博士/硕士学位论文。

有序推进项目申报。4 项成果获山东省研究生优秀成果奖；有 1 项案例库课程获山东省专业学位研究生教学案例库；2 项目获山东省研究生优质课程立项建设。1 门课程获得山东大学“研究生课程思政”立项，1 门课程获得齐鲁医学院 2020 年研究生在线开放课程立项，3 个项目获得齐鲁医学院研究生教育创新计划项目。药学硕士专业学位研究生项目获得专项经费立项建设。齐都药业、山东省食品药品检验研究院入选“第二批全国药学专业学位研究生培养示范基地”。《行业企业与高校研究生联合培养实践基地的建设与实践》教学成果第一位完成人刘新泳教授、第二位完成人张建教授获评全国药学硕士第一届教学成果奖二等奖。

承办了全国药学专业学位改革创新发展暨中国药学硕士专业学位教育 10 周年交流研讨会。

七、加强国际交流合作，提高国际化办学水平

2020 年 7 月，获批山东大学“国际学分—学生海外经历”院级项目立项，资助 16 名本科生、6 名研究生参加美国北卡罗来纳大学的暑期学校项目。邀请美国西英格兰大学药学院孙树森副教授，以线上授课的方式，讲授暑期学校海外师资课程“药学科学进展”。组织师生参加第七届中澳健康科学研究中心线上研讨会，本年度新增 2 项双边联合科研项目。配备具有海外学习背景的专业教师作为兼职辅导员。

八、改造基础设施，实验室建设平稳推进

2020 年对实验室安装网络远程监控系统，建立实验室楼宇门禁人脸识别测温系统。完成小礼堂药剂学教学实验室的装修及搬迁。完成实验室安全责任书签订工作。完成实验室软件项目结题 2 项，2020 年度获批实验室建设与管理研究重点 1 项，组织 2021 年度实验室建设与管理 1 项重大项目、1 项重点项目申报。组织进行 6S 实验室规范化管理实施工作，完成 6S 启动工作，并有序推进。

九、总体成绩

2020 年度 KPI 八项考核中，药学院在人才培养（研究生）、队伍建设、社会服务、国际合作、学生工作获得 5 个 A ，在人才培养（本科）、学科建设、科学研究获得 3 个 B 的历史最好成绩。

2020 年度被学校评为优秀单位。

（韩杰）

临床医学院

2021年是学校“十四五”规划的开局之年，是“双一流”二期的展望之年，是建校120周年的校庆之年，也是临床医学教育管理体制改革持续深入的一年。在学校党委的正确领导下，学院坚持将学院事业发展放到新的历史方位中去分析，励精图治，踔厉奋发，较好地完成了年度工作任务及任期责任目标。

一、一如既往，保质保量完成年度工作任务

在临床医学教育管理体制改革持续深入的背景下，2021年全年，学院一直处于建制随时取消、人员即时分流的待改革状态，这给领导班子推进年度工作、完成任期目标提出了更大的挑战。一年来，学院领导班子坚持从服务于学校“双一流”建设和齐鲁医学发展的大局出发，秉持着一如既往的工作态度和继往开来的工作理念，保质保量完成年度工作任务。

（一）切实落实中央巡视整改各项任务

坚持把巡视整改作为一项重大而严肃的政治任务来抓，成立工作组摸排学院工作，建立问题清单15项，制定整改举措46条。坚持“集中力量办大事”原则，切实落实党委书记“第一责任人”、领导干部“一岗双责”制度，形成党委总揽大局、各办公室合力推进的分工明确、运行高效体系。组织2次整改调度，对整改进度和成效进行总结督促。现各项整改工作均已取得阶段性成效，长期整改措施正在有力推进。

（二）“两张清单”稳步推进党史学习教育

坚持问题导向，攻坚克难，“五个一”学习模式认真落实，基层党建切实加强，三全育人、五育并举模式屡创成效，机关作风愈加良好。丰富教育形式，注重学用结合，逐个击破发展重难点，实行学生党支部“三阶段七专题”计划，共开展5期教工党支部专题讲座，开拓平台每两周开展一次学生党员骨干培训，“党支部书记讲党课、党员讲党课”全覆盖，同步推进“三会一课”常态化，学院党史学习蔚然成风，由点到面形成“党史学习联络网”。

（三）全面从严治党横到边纵到底

夯实政治建设，认真传达学习贯彻党中央最新决策精神，组织开展习近平总书记给《文史哲》编辑部全体编辑人员重要回信精神、“七一”讲话精神、十九届六中全会精神专题讲读，补足精神之钙。加强思想建设，严格落实《关于加强教职工政治理论学习的实施意见》，将学习情况作为年度考核的重要指标，以理论学习、教学规范、课程思政“三大平台”的教育实效推动师德师风建设，以强美育、抓骨干、强队伍（辅导员队伍）为重点加强学生思政，干事创业氛围持续向好。巩固组织建设，保障党委委员基层组织

生活参与度，实行“党委委员联系党支部”制度，组织生活有序开展。紧盯纪律建设，依托党政联席会、党委会、教职工政治理论学习会宣传防范“四大危险”，持续打击“四风”，以重要节日及上级通报的案例为契机开展警示教育。推动作风建设，持续开展医院走访，班子进班级、进课堂、进支部，1500余名任课教师签署《新时代高校教师执业行为十项准则》知情书及承诺书，从上到下正风肃纪。

（四）从严从实抓好安全稳定

学院现有师生近4000人，大部分都分散在校外。尤其本年度，因校内宿舍整修，学生分散在3个校区及12家教学医院的23个住宿点，给安全稳定工作提出了更高的要求。结合疫情防控常态化要求，学院以“两不”原则加大工作力度，即织密织细工作网络，不留死角；全面摸排安全风险，不留隐患。

坚持“四层面”深入推进，按疫情防控常态化要求，建立党政联席会议每周固定研究安全稳定工作，实行辅导员“每日一报送，每周一总结”模式，每月组织1次教职工专题研讨，主动联动组建8个教学医院联络组加大督导，共同维护校园安全稳定。坚持“三方面”摸排，以学生安全、教师安全、实验室安全为重点对象，打造信息化公共平台，克服基数大、分布广、流动强、层级杂等多重困难，实现跨区域学生管理，严格落实学校、教学医院网格化教师管理，实验室坚持每日自查和每周巡检，学院“基于钉钉软件的学生管理服务应用”项目被评为山东省“疫情防控环境下信息化应用优秀案例”（全校2例）。

（五）学院各项工作实绩凸显

1. 提升学术影响力为导向的“人才强院”战略成效显著。紧紧围绕“人才强院”战略，以提升学术影响力为导向，推动高层次人才队伍建设，充分发挥高层次人才的引领和辐射作用。2021年度新增“国家万人计划”青年拔尖人才1人，齐鲁青年学者2人；大力推动博士后队伍规范化建设，持续推动“博言”论坛博士后学术品牌活动，邀请加拿大健康科学院院士刘芳教授等海内外知名学者进行学术交流；全年新增博士后79人，在站博士后人数位居全校第1，博士后先后获批国家自然基金3项、山东省自然基金3项、博后基金13项，共获批科研经费500余万元。

2. 建设学院—医院学科共同体，推动医教协同发展。加强和附属医院的学科调整和整合，围绕“临床医学与重大疾病”这一山东大学世界一流学科建设领域，重点建设4个高峰学科，通过筑高峰、补短板、促融合，聚焦学科建设，聚力学科创新，发展学科交叉，打造学科特色，加强同医院的学科共建，推进“医教协同”，创建医院—学院学科共同体，临床医学学科排名进入ESI前0.69‰。

3. 推进教育教学改革，提升人才培养质量。制定《山东大学临床医学专业人才培养模式改革方案》，落实附属医院的临床教学主体责任，增设“生命与健康”等6个微专业，13门课程获得第二批国家级一流本科课程推荐资格，急诊医学教研室获评山东大学优秀基层教学组织，2021年软科中国大学临床医学专业排名位列全国第7。

4. 狠抓在职研究生培养全过程质量管理，切实提高学风建设。以“招生面向直属医院需求，紧缩规模”“培养围绕质量，强化监督监管”相结合的方式，控制在职研究生整体规模的持续扩张，进一步保障学位授予水平。从入院教育、导师培训、“互联网十课程”建设、整合创新“科研基本训练”与“论文写作与学术规范”、答辩资格审核原始数据审查常态化等多维度出发，严肃学风、严守规范。全年审核博士原始资料340篇次，对学术不端行为释放零容忍信号。全年招生300人，已授位197人。

5. 打造具有临床医学学科特色的“1+3”“三全育人”工作体系。以人才培养目标为导向，注重学生德智体美劳全面发展，构建出科学完善的学生评价体系，成为引领学生发展的有力“指挥棒”。对新生、毕业生和学生榜样3个重点群体进行分类施策：精心策划新生入学教育，通过“强队伍、聚合力、细分类、早入手”促进毕业生就业，依托6个拓展培养品牌选树优秀学生典型。在“1+3”工作体系的引导下，学生工作取得显著成效：新生入学教育被评为“山东大学研究生入学教育精品项目”；毕业生就业率在上年度就业率大幅提升的基础上保持稳定，实现学生高质量充分就业目标；学生在美育、体育和科技创新等方面，均涌现出大量优秀个人和团队。

6. 鼓励科研创新，改善科研生态。通过政策激励、挖掘潜力，学院学术生态和科研活力明显改善，初步形成“三级管理，全员参与”的科研工作模式。全年申报国家自然科学基金16项，获批5项；申报山东省自然科学基金24项，获批7项；学院大项目、大成果培育也初见成效，本年度共申报优青（海外）1项、省优青2项。本年度立项的纵横向项目总经费857.5万元。

7. 推进实验室建设，助力提升人才培养质量。年度共投入250万元，加大对学院重点软硬件建设项目支持力度，全面完成实验室信息化技术升级，建成诊断学教学实验室模型定位系统和预约开放系统，增设虚拟仿真穿刺训练系统和移动录播系统，实现线上学习、模拟练习、线下巩固训练“三位一体”的临床技能训练新模式。组建教学实验室智能教学辅助中心，辅助完成临床医学数字化智能教学内容。创新实验教学手段，搭建线上手术室，设置视频直播实验课，组织线上出科考试1600余人次。

8. 拓展国际合作与交流。持续推进学院国际化战略、提升学院国际化办学水平，完成18门本科专业国际化课程建设专项验收工作；推动国际学生趋同化培养，促进中外学生融合，以趋同化管理为目标，完善学院国际学生管理体系；全面落实“国家领导人承诺中坦医学专项奖学金项目”，各项工作突破性进展；擦亮齐鲁医学国际品牌，服务海内外校友，完成临床医学专业海外学历认证300余人次。

二、砥砺前行，凝心聚力达成任期责任目标

2018年签订中层领导班子任期目标责任书以来，在学校及齐鲁医学院的正确领导和大力支持下，临床医学院领导班子坚持以习近平新时代中国特色社会主义思想为指导，深入学习贯彻落实党的十九大及历次全会精神，全面贯彻落实党的教育方针，紧密围绕学校发展战略及学院中长期发展规划，团结带领全院师生员工，持续推动学院各项事业发展。

（一）党的建设方面

不断加强自身建设，领导和运行机制到位。严格贯彻落实党委会及党政联席会议事规则，党政分工明确、协调运行，对学院中长期发展规划、中央巡视整改、综合预算改革等重大事项逐条推进，逐项落实，将党的领导融入各环节。

不断强化政治引领，政治把关作用到位。结合“不忘初心、牢记使命”主题教育和巡视整改各项工作，持续开展党风党纪教育。完善了履责纪实制度，成功开展机关作风建设专题调研及专项整治。制定《重大问题政治把关工作办法》，全国高校思想政治工作会议精神落地见效。

持续做好思想引领，思想政治工作到位。以制度为基，严格执行党委中心组学习制度，出台《关于加强教职工政治理论学习的实施意见》，落实“支部月报”制度，构建自上而下“大学习”体系，常态化学习氛围持续向好。

持续创新工作体系，组织制度执行到位。从实际出发把支部建在各临床科室，完善了组织架构。开展规范党建档案管理专项、党员党性提升行动，实施骨干培训计划，建立支部督查机制，推进服务型党组织建设工程，规范化标准化建设颇具成效。

深度融入中心工作，推动改革发展到位。以三全育人为本，推进落实“三全育人”工作规划；以师德师风建设为基，规范言行推动课堂思政；以人才引进工作为计，坚持党管人才把好政治关；以安全稳定工作为障，维护师生基本权益，为学院事业发展保驾护航。

（二）师资建设方面

高层次人才取得历史性突破。2018～2021 年，共入选中国科学院院士 1 人、青年长江 1 人、国家海外高层次青年人才 1 人，2021 年 1 人进入青年拔尖二轮答辩环节，2 人申报海外优青，目前在评审待公布环节；聘任加拿大健康科学院士刘芳等多名国家级高层次人才为兼职特聘教授；新增泰山攀登 1 人、泰山特聘 1 人、泰山青年 3 人；入选校内杰出人才体系 11 人。

扩规模、调结构、增质量，师资队伍结构持续优化。2021 年，全院教职工数量达到 143 人，比 2018 年同期相比增长 53%。全职引进齐鲁青年学者 4 人，引进新进教师 17 人，其中主任医师 5 人、副主任医师 1 人、研究员 5 人、副教授 2 人、副研究员 4 人，引进师资年龄和层次结构更加合理，实现医学师资体量的快速回升，专任教师数量达到 77 人，海外博士比例增长至 10%，为学院师资队伍的可持续、健康发展注入新鲜血液。

临床医学流动站博士后体量为全校最大。2018～2021 年，临床医学流动站各类博士后增加 158 人，其中统招博士后增加 16 人，总在站人数达 277 人，位列全校第 1。博士后队伍累计获批各类基金项目 100 余项，获批金额 1000 余万元，2020 年临床医学博士后流动站入选全国优秀博士后科研流动站，连续两次获得该殊荣。

（三）本科教学方面

专业建设水平不断提升。2017 年顺利通过教育部临床医学专业认证，2019 年获评首批国家级一流本科专业建设点，2020 年实现“整合课程＋早期接触临床”教改成果全覆盖，2021 年软科中国大学临床医学专业排名位列全国第 7。

课程建设水平引领全国。连续三年建设 40 门在线开放课程，目前已上线 36 门，5 门课程获评第一批国家级一流本科课程，2 门课程获评省级一流本科课程，课程数量与选课人数均位居全国高校同类课程前列。

条件建设不断强化。2017 年建设医学模拟中心，2018 年获评 2 个国家级临床教学培训示范中心，2019 年成立智能教学辅助中心。4 位教师入选教育部 2018～2022 年本科教学指导委员会，1位教师获评山东大学本科教学优秀奖，1个团队获山东省教学成果一等奖，急诊医学教研室获评山东大学优秀基层教学组织。

培养质量不断提高。2017年起，全面实施“五个统一”的同质化教学管理和“以学生发展为中心”的考试制度改革，人才培养质量不断提升，近年来学校临床医学专业应届毕业生的国家医师资格考试通过率始终名列前茅，2017年位列全国第1。

（四）研究生培养方面

坚持“立德树人”根本任务，传承“博施济众、广智求真”的齐鲁医学精神，涵育家国情怀，增强社会责任感。通过入院教育、课程体系建设、导师培训、医学科研诚信与学风建设全方位引领，落实德育教育、涵养医者情怀，将思政教育贯穿在职研究生培养全过程。

建成适应在职研究生培养的“互联网＋课程”体系。聚焦在职研究生群体特点与在职申请学位的“急难愁盼”，科学设计课程体系构建与改革。注重创新性、应用性、信息化、学科交叉，构建“互联网＋医学课程”平台，建立临床医学优秀数字化课程案例库，借助互联网和数字技术推动在职研究生培养质量提升。

厘清研究生指导教师责任，落实导师培训工作。强化“导师第一责任人”意识，落实医院主体责任，形成导师岗前培训与日常培训相结合，线上线下培训多形式的参训机制，将导师培训作为上岗必备条件，用育人成效衡量导师队伍建设水平。

全面提升在职研究生培养质量，构建在职研究生培养质量监督体系。围绕医疗机构学风建设与学术道德规范的树立，以“临床科研原始数据”串联培养全过程。开题、预答辩、答辩及答辩后，反复、多次进行原始数据审查，塑造风清气正的学术氛围，持续提升研究生培养质量。

多措并举扎实推进国际研究生培养的广度与深度。以临床医学“双一流”建设为导向，积极推进国际研究生趋同化管理。以培养方案为主线，以课程设置、培养医院国际化教育水平为考量，逐步打造同质化培养体系，提高国际研究生培养水平。

（五）学生工作方面

以学生成长和发展为中心，尊重医学教育和医学生成长规律，将思想政治工作和价值引领贯穿人才培养全过程，打造出十大工作品牌，凝练出全员、全过程、全方位育人的临床医学生培养路径。

“临床学工”思政队伍品牌开创辅导员绩效考核先河；“青橘工程”骨干培育品牌助力学生骨干培养；“医路初心”入院教育品牌把握新生入学关键节点，指导新生守初心、立规矩；“齐鲁医学史”文化育人品牌开展齐鲁医学史教育提升医学人文素养；“Dr. cats”合唱美育品牌探索了一条以美育提升医学生人文素养的独特路径；“杏林榜样”朋辈示范品牌发挥榜样的示范引领作用；“齐鲁NEW医声”网络育人品牌成为学院云端育人的重要途径；“医路西行”社会实践品牌带领学生走进偏远地区基层医疗单位，学以致用培养社会责任感和家国情怀；“医海领航”就业工作品牌，促进学生高质量就业；“医室芳华”宿舍文化建设品牌，充分发挥宿舍育人功能。

在十大工作品牌引领下，学生思政教育取得显著成效，斩获了“挑战杯”国赛一等奖、宝钢奖学金等多项国家级荣誉，省校级重磅荣誉实现每年“大满贯”，辅导员队伍也涌现出“全国最美高校辅导员”等优秀典型。

（六）科学研究方面

学院克服教师归属、成果归属等种种困难，通过举办科研政策宣讲会、开展科研专题培训、加强年终业绩考核等方式，推进科研工作逐步深入。近年国家自然科学基金等项目申报数稳定在20项左右，立项数屡创新高。2021年申报国基金优青（海外）1项、省优青2项，实现学院建院以来零的突破。

（七）国际合作方面

制定《临床医学院国际化战略规划》，派出师生160余人次到海（境）外交流学习，面向全体学生开展双语教学，将中文授课国际学生临床课程纳入学校教务系统管理。开设4门国际暑期学校精品课程，建设18门校级国际化课程，完善MBBS英文授课国际学生临床教学及实习管理体制；克服疫情影响，开展线上线下相结合的教学工作。服务海内外校友，完成临床医学专业海外学历认证年均300余人次。

三、革故鼎新，为学校“双一流”及齐鲁医学发展持续助力

过去的一年，学院工作取得了一定成绩，年度工作任务及任期责任目标已基本完成。但领导班子还需要进一步加强学习、解放思想、努力创新，以更好地适应医学教育改革和发展的需要；医学教育管理体制仍待进一步理顺，高层次人才仍然不足，教职工科研潜力仍需挖掘，教育教学的国际化水平仍待提高。

（曲珊娜）

附属医院

齐鲁医院

2021 年是中国共产党成立 100 周年，也是“十四五”开局之年。这一年，山东大学齐鲁医院坚持以习近平新时代中国特色社会主义思想为指导，深入贯彻落实党的十九大和十九届二中、三中、四中、五中、六中全会精神，在国家卫生健康委、山东省委省政府和山东大学的坚强领导下，按照“健康中国”、“健康山东”、学校“双一流”建设要求，进一步明确了建设国内一流、国际知名高水平研究型医院的发展目标。医院以“追求卓越、只争朝夕”的奋斗精神，全面推进“医疗立院、学科强院、人才兴院、依法治院、党建领院”五大发展战略落地落实，医教研防管各项事业取得了长足的进步。

一、主要业务工作

2021 年，医院门急诊量 466.1 万人次，出院病人 26.5 万人次，手术量 13.2 万台次（济南院区上述指标分别为 327.4 万人次、20.6 万人次、10.2 万台次），与 2019 年相比分别提高 14.19%、15.40%、14.96%；平均住院日 7.04 天，比 2019 年缩短 1.18 天；四级手术占比 40.99%，CMI 值 1.45，RW≥2 占比 16.77%，与 2019 年相比分别提高 5.44%、18.85%、5.72%。

二、医疗工作

加强临床专科建设，获批肾内科、眼科 2 个国家临床重点专科建设项目，获批成立青岛市疑难罕见病诊治中心。组织疑难危重病例求真大讨论、医疗业务知识广智大讲堂、中青年医师青云联盟会议，线上线下参与人数近 25 万人次。进一步强化医疗核心技术体系，开展新技术、新项目 45 项，其中国家级、国际级项目比例达到 77.77%。第四代达芬奇手术机器人全面应用，自开机以来手术量达 1336 台次，创造“齐鲁速度”。全面提升传染病防控能力，进一步健全“9 个工作小组+10 个责任片区”的全方位、立体化联防联控体系，打造疫情防控的“齐鲁标准”“齐鲁模式”。牵头完成血流感染国家医疗质量安全改进目标，完善感控兼职人员资质及授权管理制度，持续提高医院感染管理水平。

加快医疗服务模式创新，大力推广加速康复、日间诊疗等新模式。加强门诊全预约诊疗服务，预约率达 84.21%。建立“专科专家首诊—团队秘书审核—专家会诊组织”的体系化、流程化、信息化管理模式，开设专病门诊 63 个，MDT 门诊 55 个，显著提升服务能力和患者就医体验。开展住院患者多学科会诊 447 场，提高诊治水平和救治效率。坚持以患者为中心，开展核酸检测、新冠病毒疫苗接种便民服务行动，开展志愿者服务 2766 人次，服务时长逾 1 万小时，志愿服务队荣获全国模范单位等多项殊荣。

强化保健工作全院统筹理念，高质量完成各类医疗保障任务58项。不断拓展保健服务范围，与省内12地市建立工作联系。

积极推进分级诊疗战略落实，与省内139家医疗机构建立分级诊疗技术协作关系，实现山东省16地市全覆盖。不断完善专科联盟工作机制，在省内外牵头成立22个专科联盟，有效形成区域专科协同发展体系。与德州市人民政府签署战略合作协议，对德州市人民医院实施托管，与青岛、威海、枣庄等多家地级市医院深化技术合作关系。对口帮扶支援陕西清涧、河南确山等地的8家医院，赴甘肃临夏开展国家巡回医疗工作。选派青年业务骨干到济南市市中区医院挂职，助力提升受援地区医疗服务水平。

创新优质护理服务模式，推进无陪护成人病区全覆盖。全面推进护理品管圈工作，实行"一科一品"，推动护理品质提升，获各类质量改进奖20项，其中第六届亚洲质量改进与创新案例大赛一等奖1项、国家级一等奖5项。实施护士能力提升工程，推广"院校融合"培训模式，开展多层次护士培训；持续打造精品护理云课堂，开展多学科护理疑难危重病例讨论。护理学科和人才队伍建设取得新成效，获批国家发明及实用新型专利29项，实现成果转化新突破；获批中华护理学会团体标准项目1项；新增山东省护理学会专委会主委3名、山东大学博导1名、美国护理科学院资深会员1名。

积极参与医疗服务价格专家论证，获批新增医疗服务项目57项，居山东省医疗机构首位。持续优化医保服务流程，全面开展异地门诊联网结算，率先完成医保卡省内"一卡通行"，持续完善高值药品"双通道"审核备案等流程。完善智慧医保质控体系，省内首创门诊慢病智能审核，被评为医保基金宣传先进单位。完成15项编码贯标（贯彻执行医疗保障信息业务编码标准）工作，扎实推进DRG付费工作有序开展。

以临床需求为导向，持续提升药学内涵建设。2021年开展药学服务9000余次，累计服务患者1.6万人次；点评处方20万张、病历医嘱4万份，处方不合理率由2.97%下降至0.84%；合理用药案例获中国医院管理奖质量管理单元优秀奖。大力发展院内制剂，恢复临床6个急需制剂品种供应。优化药品院内外物流管理，实施"院外分拣、院前分发"的配送模式。持续提升药学学科影响力，牵头开展全省处方点评、临床合理用药检查和抗菌药物合理使用督导工作。

三、人才学科建设工作

充分发挥依托综合性大学优势，双聘校内高层次人才14名；健全博士后工作站制度，引进25名博士后在站全职开展工作，完成第二批17名全职博士后进站审核评议工作；创新选拔优秀临床青年人才兼任职能部门项目主管，首批选聘17人。医院人才工作取得新突破，聘任兼职讲席教授、兼职特聘教授9人，全职引进国家级人才3人、校级人才4人、高水平临床技术人才3人，入选校级以上人才7人。医院获评山东省和山东大学人才工作先进单位。

四、科研工作

加强临床研究管理，构建I-IV期临床试验、研究者发起的临床研究（IIT）协同发展新格局。全面提升临床研究能力，进一步加强科研伦理和学术诚信建设。建成超过

20 万例患者的全国性大型心脏骤停队列，是目前国内最大的心脏骤停专病队列。科研服务体系不断健全，基础医学研究中心、实验动物中心、临床流行病学研究室等服务效能显著提升，新图书馆投入使用。加强科技期刊工作，《急危重症医学（英文）》创刊号正式上线。科技创新成果丰硕，科技实力稳步提升，发表首篇 *Nature* 正刊，荣获省部级奖励 7 项，其中作为牵头单位获一等奖 2 项。获授权发明专利 60 项，同比增长 60％。

五、教学工作

以山东大学第一临床学院成立为契机，创新教育教学管理机制。强化本科教育，全年完成本科授课 4916 学时。主编“智能医学工程”医学系列教材 10 部，获批山东大学本科微专业 4 门并完成首批招生。获评山东省高等医学院校课程思政示范案例优秀奖；荣获山东大学 2021 年大学生医学技术技能大赛团体赛一等奖，单项优胜奖 4 项。提高研究生教育水平，接收推免研究生 96 人，同比增长 47％。在岗博士生导师 166 名，硕士生导师 474 名。加强教风学风建设，集中开展 4 次论文自查自纠工作，提高授位质量。加强课程与教材建设，主编出版研究生国家级规划教材 1 部，入选教育部 2021 “拓金计划”示范课程。获山东省研究生优秀成果奖 3 项、山东大学教学成果奖 3 项，囊括临床医学全部奖项。完成国家级继续医学教育项目 87 项、省级 81 项。

六、医师规范化培训工作

加强基地建设，急诊科入选第二批国家级住培重点专业基地，是山东省急诊医学领域唯一入选单位。坚持以考代练、以考促培，承接各类考核总人数居山东省首位。夯实人才培养主阵地，招录住院医师和专科医师 530 余人，完成 1093 名师资的培训和考核工作。深化培训内涵建设，组织病历书写大赛、科普大讲堂等教学活动；完成教学查房视频和 80 余项技能操作视频录制，推广“齐鲁住培标准”。全年完成各类培训 1.5 万人次，不断提升齐鲁住培影响力。

七、国际合作与交流工作

首次举办“广智杯”医学英文系列大赛，积极与加拿大白求恩医学发展协会、阿尔伯塔大学等开展交流合作。根据疫情形势，提升“在地国际化”水平，优化医院流动岗位特聘境外专家项目执行方式。聚焦国际化医疗需求，打造国际高端会诊平台。积极开展海外引智工作，成功获批省级高层次外国人才工程个人及团队项目各 1 项。

八、医院管理工作

以高质量完成中央巡视、教育部四个领域腐败风险专项清理整顿等重大任务为契机，持续优化医院治理体系。以章程为统领，进一步完善医院制度体系。修订党委会和院长办公会议事规则，提高议事决策水平。持续完善医疗管理、学科建设和运营管理“三大协同”机制，提升管理规范化水平。建立合作办医管理工作机制，成立合作办医管理办公室，规范开展对外合作办医。

在“整体规划、错位布局，学科统筹、一体发展，资源共享、互联互通”的方针指引下，打造多院区一体化高质量发展体系，构建形成医教研防管有效辐射全省全国的发展格局。制定“十四五”多院区学科和人员配置规划，为多院区一体化发展提供有力支撑。稳步推进各院区规划建设，青岛院区二期建设进展顺利，东院区加挂“山东大学齐鲁医院康复医院”牌子，蓝谷院区主体结构顺利封顶，龙山院区选址等筹建前期工作顺利推进。

全面开展“公立医疗机构经济管理年”活动，持续推进“政府采购管理三年专项行动”。优化运营管理协同机制，发挥绩效导向作用，推进 HRP（运营精细化综合管理系统）和 BI（运营辅助决策管理系统）建设，强化运营分析应用，提高运营管理水平。实施全面预算管理，定期进行预算分析，完成年度预算目标。通过加强成本核算、推进 DRG 支付方式改革等措施，收支结构更加科学合理，医疗服务收入占比提高至 24.31%，人员经费支出占比达到 31.31%，经济运行更加安全平稳。进一步优化审计工作体系，提升审计工作效能。组织开展深化审计整改、加强风险排查、中层领导干部经济责任审计等工作。完成妇儿综合楼工程结算审计，开展急诊综合楼全过程跟踪审计，审核工程项目、科研项目、招标控制价等 158 项。

加强国有资产管理工作，组织开展资产清查，荣获国家卫生健康委国有资产决算管理工作一等奖，齐鲁医疗投资管理有限公司财务信息管理工作第 7 次荣获国家卫生健康委一等奖。加强物资供应管理工作，代表山东省申报国家医疗器械唯一标识示范单位。医用高值耗材实行院内中心库房、科室二级库和临床使用消耗三级管理模式，提升精细化管理水平。加强信息化建设，推进医院数据集成平台建设，上线视频会议系统，开展行政综合管理提质增效行动，实现用印、合同联审等工作流程的线上审批。

加强业务用房修缮和建设工作，完成院士实验室、临时连廊、健康楼等项目 67 项；加强业务用房腾挪周转，提高业务用房使用效能。实施办公用房清理核查和调配工作，优化办公空间布局。贯彻落实健康中国行动计划要求，加强爱国卫生工作。提供全天候一站式维修服务，提升后勤服务效能。加大节能减排工作力度，取得明显成效。

九、平安医院建设

进一步完善法制工作体系，修订《医疗纠纷评估界定制度》等，提高医疗纠纷处理效率。推进“八五”普法宣教工作，培训职工 6000 人次。牵头起草《山东省医疗卫生机构法治建设规范》，全面提升行业影响力。加强安全保卫综合治理，建立安消一体化集成平台，实现技防系统升级改造。在华美楼出入口试行安检，提升医护人员从业安全感。对一级库危化品进行处置，消除危化品安全隐患。开展防火安全教育及应急疏散演练 4000 余人次，提高应急处置能力。开展院区秩序综合治理提升行动，优化院区交通流线，改善院区交通秩序。

十、党建工作

持续在学懂弄通做实习近平新时代中国特色社会主义思想上下功夫，着力提升党委理论学习中心组和职工政治理论学习质量，把学习成果转化为推动改革发展的思想武器和实招硬招。坚持党委领导下的院长负责制，不断完善务虚会谋划、党委会和院长办公会部署、专题会落实的领导工作机制，建立书记院长定期沟通机制，出台加强落实工作的实施办法，推动党建与业务工作融合发展。坚持全面从严治党，一体推进不敢腐、不能腐、不想腐。深入开展廉政警示教育，准确把握监督执纪“四种形态”，持之以恒正风肃纪。

贯彻落实新时代党的组织路线，调整优化党支部设置，新成立或调整党支部 24 个，党支部总数达 80 个。选优配强党支部书记，科室“双带头人”书记占比达到 98%。加强干部队伍建设，完成科级干部调整工作，调整补充 123 人；启动业务科室亚专业、病区负责人、主任助理调整补充工作，新提任 152 人；开展试用期满考核 141 人，干部队伍结构进一步优化、干事创业活力进一步激发。党员队伍建设质量不断提高，发展党员 126 人，数量高于前五年之和，党员总数达 2325 人。支部标准化规范化建设持续深化，制定实施党支部建设规范提升考核办法、党建工作经费管理办法、党委委员联系党支部工作办法、科务会议事规则等，加快推动基层党建创新发展。

十一、文化建设工作

健全以医院网站、报纸、微信、抖音等平台为主体的立体宣传矩阵，形成上下联动、左右互动、协调高效、信息互补的宣传体系。出版院报 35 期，网站刊发新闻稿件 2270 余篇，策划完成《百年齐鲁　丹心守望》四季系列视频等各类视频 140 余部。狠抓意识形态工作，修订意识形态工作责任制实施细则及责任清单。着力构建大统战格局，组织各民主党派、无党派人士开展理论学习、义诊讲座、基层帮扶等活动 20 余次。加强文化内涵建设，编纂完成《山东大学齐鲁医院志（2011～2020）》，上线网上院史馆。开展“我爱齐鲁·做卓越齐鲁人”大讨论等活动，激发医务员工干事创业热情。

加强民主管理，不断完善职代会制度和工代会制度，加快建设全员共治共建共享机制。加强共青团建设，召开医院第一次团代会，选举产生院团委领导班子，完成 8 个团总支、58 个团支部换届调整工作。加强离退休职工服务工作，用心用情做好服务保障。打造离退休党支部与社区共建新模式，持续推进文化养老工作，使离退休职工在政治上有荣誉感、组织上有归属感、生活上有幸福感。

（张啸）

第二医院

山东大学第二医院是国家卫生健康委员会委属（管）医院，也是百年老校山东大学的附属医院，还是集医疗、科研、教学、预防、保健为一体的大型综合性三级甲等医院。

2021年是“十四五”开局之年，第二医院坚持以习近平新时代中国特色社会主义思想为指导，在学校党委的坚强领导下，全力推进医教研各项工作，“一院三区”事业格局取得实质进展，跻身全国百强，实现历史跨越迈出有力步伐。

一、党建工作

1. 旗帜鲜明讲政治。一是认真贯彻中央和学校党委决策部署，抓好中央巡视反馈意见整改工作，组织开展学习宣传习近平总书记给《文史哲》编辑部全体编辑人员重要回信精神的活动，保证全覆盖。二是着力打造讲政治、讲团结、讲担当、讲奉献、讲规矩“五讲”领导班子。三是组织党史学习教育和庆祝建党100周年活动，深入贯彻习近平总书记“七一”重要讲话精神，在“我为群众办实事”活动中，提出了具有医院特点的“四个聚焦、四个着力”的工作思路。四是坚决实行党委领导下的院长负责制，坚持重大问题党委集体决定，修订党政会议议事规则，保证科学决策、民主决策、依法决策和决策的贯彻执行。五是常态化落实“第一议题”制度，统一班子思想，凝聚发展共识。

2. 融合业务抓党建。一是紧密结合实际抓理论武装，延续“五个一”学习思路，聚焦医院建设发展中的问题组织学习研讨，中心组学习12次。二是坚持政治标准、事业为上，为事业发展选拔干部，以事业要求培训干部，以事业成绩评价干部。修订医院《干部管理办法》，补充调整中层干部和临床科室负责人15人次。三是突出政治功能，培育打造“样板党支部”，以点带面、示范引领，推动党支部全面进步全面过硬。加强支部考核，发挥“政治评价＋业务评价”的导向作用。落实将业务骨干培养成党员、党员培养成业务骨干“双培养”机制。

3. 持之以恒正风肃纪。一是坚决扛起全面从严治党责任，制定“一办法三清单”并持续推动落实落地。二是多种形式开展党风廉政教育。三是结合制度“废改立释”，树牢全院“先立规矩后做事”理念。四是组织开展“机关作风建设”活动。五是坚持院内巡察常态化。

二、医疗服务

1. 诊疗规范“底线”进一步夯实。推行住院总医师制度，实行24小时在岗值班。

合理用药专项整治成效显著，药品比例降至25%左右，抗菌药物使用强度降至40DDD以下。深化临床路径管理，加强对51个单病种质量控制，推进DRG付费改革过渡。试点病区护理质量自主管理，完善护理质控敏感指标200余项，扎实开展每日巡查、每月质控、“零容忍”项目督导等。新增8名专职院感人员，夯实全院院感监测体系，问题督导整改2600例次。积极使用质量管理工具，跟踪处理不良事件750例次。开展依法执业自查，完成省卫健委执法监察局36项反馈问题整改。

2. 诊疗技术“高线”进一步提升。准入开展医疗新技术项目36项、护理新技术项目38项，开展了省内首例腹腔镜下胰十二指肠切除联合直肠癌根治术、双开窗胸主动脉腔内覆膜支架置入术等多项创新性技术，开展了省内最小年龄患儿骨肉瘤3D打印膝关节置换，成功救治450g新生儿刷新省内存活最小体重纪录。举办外科手术直播周活动，肝胆外科等7个科室直播演示30余台微创手术，在线收看人数达10万人次。规范多学科联合诊疗定时、定址、定人“三定”模式，组建多学科联合诊疗中心，开展最佳护理案例讨论分享会，着力塑造MDT品牌，不断提升疑难危重症救治能力。顺利通过“试管婴儿”辅助生殖项目筹建评审，完成高级卒中中心和心脏康复中心现场认证，获评“国家标准化高血压中心卓越中心”和山东省首批国家眼部疾病临床医学研究中心“光明中心”。减重代谢、神经重症、主动脉外科、神经外科伽玛刀治疗等规模和水平均居于省内龙头地位。

3. 诊疗服务“主线”进一步改善。完成门诊布局调整，拓展自助服务功能，优化诊间结算服务，简化核酸检测流程，实现门诊无卡就诊，提升“掌上”就医体验。开展分时段精准预约，提供无缝隙一站式导航，预约诊疗率达80%，预约后平均等候时间缩短至15分钟。增设儿科夜间门诊，实行门诊收款、检验采血及超声分诊岗位弹性排班，延长心脏彩超和磁共振检查服务时间，切实缓解患者就诊等候问题。继续推行周末及节假日手术奖励制度，大力开展日间手术，同比增长55%，大幅节省患者住院费用和天数。持续深化优质护理服务，打造“静馨病房”，擦亮“匠心暖护”服务品牌。

三、科研与教学

1. 科研业绩高位突破。科研组织力度持续加大，申报各级各类课题760项，中标课题130项，到账经费8844万元，再次实现蓄势飞跃；立项国家自然科学基金26项，实现国自然重点项目和优秀青年项目零的突破；获批山东省重点研发计划（重大科技创新工程）2项，驻鲁部属高校“十四五”服务山东重点项目落地实施。树立高水平科研成果导向，获批国家专利40项，发表SCI论文251篇，平均影响因子4.69，论文质量再创新高。荣获山东省科技进步一等奖2项、二等奖5项，高居全省医疗机构榜首。

2. 教育主体尽职履责。挂牌成立山东大学第二临床学院，实行医院与临床学院“院院合一”，承担医学教育主体责任。代表学校组织参加第十届中国大学生医学技术技能大赛，斩获省赛一等奖、华东分区赛二等奖和全国总决赛铜奖。圆满完成24门医学课程理论授课和见习教学，承担各专业650余名学生实习带教和320余名研究生培养任务，荣获学校青年临床教师教学比赛一等奖和齐鲁医学院青年教师全英文授课比赛特等奖，获评2篇山东省优秀学位论文，“医学美容与皮肤护理”入选全校核心通识课程。

顺利通过住培基地评估，完成580余名住培医师年度培训任务，国家医师资格考试首次通过率和结业考核首次合格率均在90%以上，基地年度业务水平测试居全国第66位，培训质量稳步提升。积极申办国家级和省级继续医学教育项目69项，线上线下培训医护人员上万人次。

四、人才队伍建设

谋划学科振兴工程，探索大学科中心化发展，引入陈子江院士团队，组建妇儿中心，争创国家临床医学研究中心。神经内科和检验医学入选国家临床重点专科，总量居于省内前3。耳鼻咽喉科等12个学科跻身全国百强，检验医学位列全国第8，入围主流排行榜的数量和位次逐年提升。遵循新时代人才工作“八个坚持”，谋划人事人才体制机制“1+N”改革方案，建立A—F类高层次人才体系。入选国家优青1人、海外优青2人，年度入选“四青”人才总数居于全省医疗机构首位，“国字号”人才取得历史性突破，山东大学杰出中青年人才、齐鲁青年学者均有斩获。引进眼科、心外科、重症医学科和生殖医学科学科带头人，引入技术骨干4人，中坚力量持续壮大。遴选医院第二批杰出青年人才和优秀青年人才18人，选派30余位杰出医师赴国内外顶尖机构研修，招聘24位优秀博士毕业生，力推统招博士后队伍建设，后备人才不断充实。

五、医院管理

聚焦高质量发展主题，坚持用好“改革”关键一招，深化现代医院管理，内涵建设成效明显，外部资源协同有力，“一院三区”格局快速推进，安全稳定形势持续向好，三甲医院复审高效通过，治理体系和治理能力现代化水平不断提升。

1. 内部治理有亮点。制定医院第一部章程，系统开展700余项制度“废、改、立、释”，完善现代医院管理制度体系。聚焦体制机制障碍，聘任综合改革首席专家，系统谋划13项综合改革专项任务，最大限度激发创新活力，释放发展动力。编制医院“十四五”总体事业发展规划，谋划制定“1237”行动计划，明确医院当前及未来一段时间发展路径。谋划“一院三区”发展定位和功能布局，确定北院区“大专科、小综合、院中院”建设思路，布局“省内第一、国内顶尖”高峰学科群。完善运营和内控管理，严格招标采购，加强审计监督，落实预算决算、成本管控、绩效激励、价格行为规范管理，获评国家卫健委部门预算工作先进单位一等奖，在全国107家参评预算单位中位列第8。

2. 条件支撑有突破。基础建设有力推进，公共卫生应急能力提升工程、呼吸重症病房改造等10余个学科支撑项目基本完成；办公楼完成搬迁，教学科研楼工程开工建设；东侧片区用地征迁“硬骨头”势在必得，完成土地勘测定界，委托院士团队整体规划设计，计划打造世界一流的第五代智慧化医院；北院区楼宇功能细化，感染性疾病防治单体工程竣工，主楼群桩基完成，一期项目预计2023年底交付使用。信息化建设整体布局，上线急诊预检分诊、AI辅助诊疗、合理用药、医保审核等10余套各类业务系统，持续推进集成平台建设，获得国家互联互通四级甲等医院授牌，评为国家卫健委和工信部“5G+医疗健康”示范试点单位，取得网络安全技能大赛全省第1、全国第2的优异成绩。设备和药耗供给保障有力，完成数字化复合手术室、重大疫情防控等项目库设备购置，全面落实药品和耗材带量采购，改进完善SPD精细化管理。后勤保障和服务能力不断提升，水电气暖基础动力平稳运行，大物业管理改革深化，诊疗环境改造项目获得中央财政支持。

3. 协同发展有活力。合作发展谋篇布局，成立合作发展委员会，完善医联体管理体系，规范委托技术服务，拓展合作医院2家，成立山东足踝外科专科联盟，辐射省内60余家地市级医院。医养结合特色彰显，编写人卫版医养培训教材，成立山东省疼痛医学会医养健康专委会，获评首批山东省中医药特色医养结合示范基地创建单位，南部院区（善德养老院）年收入突破亿元。“健康山大”保障有力，全力做好学校疫情防控，提供师生基本医疗和公共卫生服务，完成校医院千佛山院区整体改造和洪家楼医务室增设筹备。善德公司加速壮大，院内耗材、陪护、餐饮、超市等服务保障有力，齐鲁医院陪护业务等院外市场有序拓展，多元社区综合服务模式基本形成，年度实现销售额5.9亿元，同比增长28%。

4. 安全稳定有保障。意识形态警钟长鸣，多次开展意识形态安全隐患排查和风险研判，严密舆情监测，严格意识形态阵地管理。疫情防控常抓不懈，夯实入口管控、预检分诊、发热门诊、住院管理、院感督导防控网络，完成核酸检测60余万人次、疫苗接种超过14万剂次。安全生产防患于未然，开展安全隐患拉网式大排查专项行动，获评中国安全教育网“共建平安山东先进单位”。治安环境大幅改善，全面完成医院监控与公安系统对接，妥善处置医疗纠纷，扎实开展“平安医院”创建活动。

六、文化建设

拓展融媒体矩阵，全院专家直播近千场，全网短视频浏览量超过14亿人次，“科普最强音”深入人心。坚持公益属性，圆满完成援疆等省内外帮扶任务，积极开展肢残儿童手术矫治康复救助项目，连续8年举办“光明行”活动，成立全国首家“英雄能量站”，志愿服务和医务社工工作有声有色。选树先进典型，“中国好医生”“山东好医生”“医师楷模”“省级最美健康守护者”等10余项殊荣交相辉映。产科成功创建全国青年文明号，乳腺外科顺利晋升省级青年文明号，医院获评省级文明单位，精神文明建设成果丰硕。

（侯雯　袁玉起）

附属生殖医院

山东大学生殖医学研究中心结合国家发展战略需求，围绕生殖健康领域关键技术、临床问题，明确生殖内分泌疾病关键基因，深化队列平台建设，在技术研发、人才培养、成果产出等方面均取得重大建树。

规范项目周期管理，立项数量再创新高。2021 年度共获得各类项目 31 项，总立项经费 1.16 亿元。作为首席科学家牵头承担国家重点研发计划“生育健康及妇女儿童健康保障”重点专项 2 项，作为课题负责人承担课题 2 项，参与 8 项；国自然立项实现历史重大突破，获批国家自然科学基金各类项目 12 项，包含国家杰青项目 1 项、重大项目子课题 1 项、面上项目 6 项、青年项目 4 项；立项省基金重大基础类项目数量 1 项、杰青项目 1 项、青年项目 2 项；获批立项省重大科技创新工程项目 2 项；获得企业委托横向研究课题 1 项。

人才培养成效凸显，团队综合影响力持续提升。陈子江院士入选发展中国家科学院院士，赵涵教授入选长江学者奖励计划特聘教授，秦莹莹教授获国家杰青，魏代敏教授入选国家特支计划青年拔尖人才，刘洪彬教授获山东省杰青并入选泰山学者青年专家；秦莹莹教授获树兰医学青年奖，赵涵教授获吴孟超医学青年基金奖，颜军昊教授获山东省医学科技创新成果一等奖，获得妇幼健康科学技术奖一等奖 2 项。

聚焦生殖医学研究，成果产出量突飞猛进。2021 年度以第一或通讯作者共发表 SCI 论文 76 篇，其中中科院一区文章 15 篇，包括 *NEJM*、*Cell Res*、*Nucleic Acids Res.*、*Sci. Adv.*、*Trends Endocrinol Metab*、*Clin Transl Med* 等高水平文章，另发表中文核心期刊论文 38 篇；获得授权发明专利 2 项；出版著作 3 部。针对胚胎植入前非整倍体筛查（PGT-A）在辅助生殖临床应用是否可改善 IVF 结局这一国际上长期想解决而又没能解决的难题，陈子江团队牵头国内外 16 家单位，历时 5 年完成 PGT-A 适应证和安全性临床研究，首次明确了 PGT-A 的适用范围，为其临床规范应用和指南制定提供了 I 类证据（NEJM，2021）。

（王建峰）

表彰和奖励

师　生

国家级优秀党务工作者

赵国群　材料科学与工程学院

省级优秀共产党员、优秀党务工作者、先进基层党组织

奖项评选部门	奖项名称	获奖个人/集体名单
山东省委	优秀党务工作者	赵国群
山东省委	先进基层党组织	土建与水利学院党委岩土中心党支部
山东省委高校工委	优秀共产党员	王学典
山东省委高校工委	优秀共产党员	孙金鹏
山东省委高校工委	优秀共产党员	陈阿莲
山东省委高校工委	优秀共产党员	秦静
山东省委高校工委	优秀党务工作者	张帅
山东省委高校工委	优秀党务工作者	赵昆
山东省委高校工委	先进基层党组织	历史文化学院党委
山东省委高校工委	先进基层党组织	经济学院海归教师党支部
山东省委高校工委	先进基层党组织	政治学与公共管理学院政治学系党支部
山东省委高校工委	先进基层党组织	学生工作部、武装部党支部

2021 年山东大学优秀共产党员

丁兆军　生命科学学院党委
马春红　齐鲁医学院机关党总支
王学典　儒学高等研究院党委
田晓琼　威海校区机关党委
孙金鹏　基础医学院党委
吴文新　马克思主义学院（威海）党委
何中华　哲学与社会发展学院党委
辛公明　能源与动力工程学院党委
张木子　历史文化学院党委
陈阿莲　控制科学与工程学院党委
陈诗鸿　第二医院党委
岳寿伟　齐鲁医院党委
周长军　法学院党委
郝京诚　化学与化工学院党委
胡　昭　齐鲁医院党委
姜海涛　计算机科学与技术学院党委
秦　静　数学学院党委
郭春晓　机关党委
谢锡文　新闻传播学院党委
戴　瑛　物理学院党委

2021 年山东大学优秀党务工作者

马晓琳　马克思主义学院党委书记
吉小青　管理学院党委书记
刘　健　齐鲁交通学院党委书记，人事部部长、人才工作办公室主任
刘相金　图书馆党委书记
张　帅　文学院党委书记
张海波　青岛校区组织宣传统战部部长、机关党委书记
赵　昆　威海校区党工委组织部科长
赵福昌　基础医学院党委书记

梅　强　政策研究室主任兼党委办公室、校长办公室副主任，综合改革工作办公室副主任

2021 年山东大学先进基层党组织

经济学院海归教师党支部
历史文化学院党委
控制科学与工程学院党委
管理学院党委
学生工作部、武装部党支部
空间科学与物理学院党委
政治学与公共管理学院政治学系党支部
口腔医学院（口腔医院）口腔正畸党支部
齐鲁医院外科党总支手术麻醉科党支部
第二医院神经内科党支部

2021 年山东大学优秀教师

王克芳　护理与康复学院
王德刚　管理学院
马晓乐　国际教育学院
刘树伟　基础医学院
刘　斌　齐鲁交通学院
李玉香　微电子学院
张天德　数学学院
张庆竹　环境研究院
陈　峰　物理学院
孟祥旭　软件学院
郝京诚　化学与化工学院
徐天河　空间科学与物理学院（威海）
崔桂田　政治学与公共管理学院
程玉峰　齐鲁医院
颜炳罡　儒学高等研究院

2021年山东大学先进教育工作者

王　浩	党委办公室、校长办公室
仇道滨	软件学院
刘国亮	研究生院、党委研究生工作部
辛公明	能源与动力工程学院
宋作标	青岛校区党工委（校长）办公室
张　慧	药学院
林　竹	经济学院
林建群	微生物技术研究院
姜　楠	艺术学院
夏利东	空间科学与物理学院（威海）

2021年山东大学先进集体

党委办公室、校长办公室

《文史哲》编辑部

文学院

网络空间安全学院（研究院）

习近平新时代中国特色社会主义思想概论教研室

基础医学院医学免疫学系

山东大学岩土工程中心

山东大学博物馆

饮食管理服务中心

山东大学第二医院神经内科

2021年山东大学优秀临床教师

魏福兰	口腔医学院
徐广润　岳韦名　杨向东	齐鲁医院
王　伟　洪凡真	第二医院

赵　涵　　　　　　　　生殖医院
霍　然　孙书珍　　　　省立医院
王红美　　　　　　　　千佛山医院

2021年山东大学先进医务工作者

赵兴波　　　　　　　　　　　　临床医学院
纪春岩　程　雷　张　义　崔保霞　　齐鲁医院
亓玉忠　朱　琳　　　　　　　　第二医院
王　青　佟冬冬　　　　　　　　口腔医院
颜　磊　　　　　　　　　　　　生殖医院

山东大学第十三届“我心目中的好导师”

王　芬　　历史文化学院
王美琴　　网络空间安全学院
王德志　　法学院
付文忠　　马克思主义学院（威海）
陈玉国　　临床医学院
林聚任　　哲学与社会发展学院
栾晓嵘　　护理与康复学院
黄性涛　　前沿交叉科学青岛研究院
曹廷求　　经济学院
薛翊国　　土建与水利学院

山东大学120周年校庆工作先进集体

党委办公室、校长办公室（政策研究室、安全委员会办公室），党委宣传部（教师工作部），党委学生工作部，工会，团委，科学技术研究院，人文社科研究院，国际事务部，财务部，公安处，基建部，后勤保障部，合作发展部（校友工作办公室），服务山东办公室（深圳研究院、苏州研究院），档案馆（校史办），校医院（卫生与健康服务中心），出版社，威海校区党工委（校长）办公室，青岛校区党工委（校长）办公室，齐鲁医学院综合办公室，《文史哲》编辑部，历史文化学院，数学学院，化学与化工学院，管理学院，国际教育学院，新闻传播学院，艺术学院，口腔医学院，药学院，机械工程学院，控制科学与工程学院，电气工程学院，体育学院，软件学院，空间科学与物理学院，艺术学院（威海），机电与信息工程学院，政治学与公共管理学院，法学院，信息科学与工程学院

山东大学120周年校庆工作先进个人

何立光　阚　铮　封　莹　王永军　周丽芳　田　地　张婷婷　沈　文　王　萌
赵加朋　周圣添　康　明　魏鲁鸿　孔　南　姜　楠　牛　健　卓　品　张　伟
李一楠　李　婧　王苗雨　路云生　郑柔澄　吴盼玉　张　倩　侯志涛　郁　鹏
陈代荣　吕永胜　邹桂征　张进涛　卢洪明　曲　毅　闫中敏　赵国群　毕见强
孙　跃　吕　伟　贾存栋　谢宗法　常发亮　吴晓晴　高　瑞　滕玉军　李　垚
罗　峰　宋思利　刘　浩　薛　辉　宋济平　张　军　赵志强　田　利　王　庆
信　鸽　刘尚明　李振铭　孙怡鑫　黄　涛　赵　爽　孔祥楠　兰　晶　石海英
刘佳宁　鲍　红　刘新泳　魏　宏　李慧慧　鹿　昊　王自然　谢　姝　袁淑娟
井立强　白瑞广　王先亮　王璐璐　王彦伟　李依江　齐子萍　周金龙　苏　伟
王卿璞　方　方　郅　兵　孟　丽　张明金　王　超　张宏博　石　莹　李鹏程
张　扬　孙　齐　吕　健　李　伟　丛衍萍　张　进　杨　林　韩鲁青　吕淑华
时华忠　黎海鹰　门潇洪　周玉宏　许广义　张枫林　常伟东　周守玉　贾文峰
赵　鸿　徐　驰　李　静　孙文范　肖　玲　孙　艳　姜　斌　姜元先　胡绍明
孙　磊　郝书翠　王　路　贾宏福　曲爱宁　张海英　曲美洁　何莉萍　薛　璇
江小荃　于永宁　刘英明　宫相栋　张东升　杨文松　张四化　申兆岩　王　君
徐　慧　李　娟　巩　晶　刘　楠　常景彩　王靖鸥　王　英　徐亚楠　潘增彩
郭　磊　张振山　李　鸥　张伶俐　王禄山　李盛英　刘文剑　赵　罡　鲍守山
李凤轩　孟　阳　何鲁燕　杨　媛　赵永新　张　钊　张庆竹　孙士美　张丽萍
徐文亚　胡新晶　马　勇　麻梦然　左然征　唐晓曼　于树增　陈　盟　张晓冉
赵　海　车慧卿　李艳萍　王　彬　金兆阳　张　锦　贵　明　马毓轩　刘健文
曹　源　李　薇　郭　迪　孙艳洁　郑　彬　韩笑晨　徐洪民　张　莹　朱桂英
程翠玉　马海波　李　齐　朱云龙　秦丽媛　许德涛　边莘茹　李晶晶　常海峰
王　超　李发科　徐延宝　于喜娜　任立英　王　超　孙大永　吕明新　房　瑞
迟建伟　王　涛　胡玉翠　梁　健　姚晓娟　盖中有　赵娇娇　孙　栋　史　炎
王　群　刘　进　张　琦　乔明芳　腾　琪　傅柏栋　李　凯　李雅琪　杜春兴
孙卫民　罗　勇　刘永水　王　军　董　华　李长峰　刘　浩　张新达　李学禄
张　灵　王　震　魏金平　李湘军　陈　诚　王明星　范晓晗　李　抗　尉　龙
韩世钧　王明山　窦志强　马　岩　王海宁　耿德良　李彦英　苏红燕　肖贵田

李慧竹　王昭力　张嘉宁　郑致静　谭海燕　胡蔓　尹凤桐　张韶明　刘旭东
潘奕轩　孙桂青　刘薇　肖文良　牛光辉　赵林林　王松　陈楷丰　宋艳霞
高绍山　耿菁璐　张家豪　刘田恬　郭亦辉　吕明军　马泽中　陈姣姣　王晶
边婧　刘立山　方利平　李传先　左峰　姜玉晶　师晓青　刘晓军　段兴立
裴水　傅振国　王伟莉　张正武　董凯　杨浩志　刘波　戚伟良　滕丹丹
陶扉　谈殷　王彦涛　王志辉　肖艳楠　张剑　李菁　楚艳娜　周晓楠
杜亮　赵玉洁　丁璇　李海燕　张如懿　陈姿良　周辉　李相廷　苏畅
张亚楠　史福田　邹胜利　韩凯　张玉峰　李木子　曲波　曹枫林　王言法
孙钰　房超　李泉　刘奇迹　汤煜春　王立莉　周成超　朱强　许冠林
张嵩迎　冯元　苗立群　刘婷婷　张穆楠　郑春光　林军　姜宏敏　张清
张丹丹　蒋晓涵　方华　刘政　贾彦楠　刘雅琼　傅晓静　李庆恩　隋佳桐
王桂林　陈楷丰　张莹心　李瑞　朱伟　宋文雅　王奉和　周岩　刘相美
傅艺娜　高岑　朱继磊　连雪洪　孙永国　赵增科　孟彦　马颖颖　林萍
宋玉浩　武伟　王琛　王成龙　黄健　王波　张权　郭超　林竹
周琳　石岩　孙玉玲　宋敏　李岩　高弟　范蕊　林飞　李舒锐
王彬　刘维强　罗建军　葛忠明　姚鹏　冯洪彩　郭春晓　耿婕　穆亮雷
耿振兴　徐志全　周烁　李会静　蔡清香　张泰松　贾曼　徐希锋　李冉
许本旭　时京京　陈菡　魏晓珂　申树欣　徐先蓬　郑彬　刘昌　张潇月
张斌　苏立利　朱广阔　夏晓宇　刘德宝　刘继刚　张纪芝　孙海磊　方珺
赵元东　赵龙　田文宝　许岩　游勇　孙文章　丁昌　高峰　张勇
刘永凯　马玉泉　石忠义　任文宁　梁亚茜　张兰春　孟夏　刘馨　苗露
朱梦琦　冯东阳　周继强　冯守刚　朱颜锐　张鹏　孟珊珊　类淑毅　孙长俊
崔华杰　徐畅　王静　胡孝忠　宋春玲　张荣林　曹锐　朱紫瑛　初桐
田雪华　樊树娟　张鹏　张立华　杨洁　张佳琦　孟真　吴健　孙萩辰
张立恒　翁祥栋　范金林　徐杰　郝立群　刘琳　李啸闻　陈诺　赵晓璐
黎婷　于树增　张擎　张洋洋　赖晓宇　姜睿涵　赵彬杉　韩璐　吕小凤
夏春雨　董乐晨　吕方格　钟云海　姚榕华　邢小震　谷新春　王文灏　唐绍钧
宋玉玉　马永军　任向荣

第十三届中国青年志愿者优秀个人

宋浦文　山东大学历史文化学院 2020 级硕士研究生

2021 年度全国大中专学生志愿者暑期“三下乡”社会实践活动优秀团队

山东大学（威海）红色引擎寻访团

山东省高等学校先进班集体名单

高校名称	年级	班级
山东大学	2019	金融数学班
山东大学	2019	文化产业管理班
山东大学	2018	数据科学与大数据技术班
山东大学	2019	机械设计制造及自动化卓越工程师班
山东大学	2019	临床医学（齐鲁医学堂）
山东大学	2020	汉语国际教育班
山东大学	2019	泰山学堂
山东大学	2019	计算机科学与技术班
山东大学	2019	党内法规与监察法学班
山东大学	2019	金融学（证券、银行方向）3 班
山东大学	2019	海洋科学（海洋生物学）1 班
山东大学	2018	法学与英语双学位班
山东大学	2018	政治学与行政学、科学社会主义班

山东省高等学校优秀学生名单

姓名	学生类型	年级	专业
曲玉晴	本科生	2019	社会学
商晨	本科生	2018	经济学
范益宁	本科生	2019	中国语言文学类
孙一昊	本科生	2019	英语（英语与国际政治双学位班）
田思祺	本科生	2018	音乐学
胡晓烨	本科生	2019	档案学
盛楠	本科生	2018	数学类（金融数学与金融工程）
张明轩	本科生	2019	物理学
刘婷玮	本科生	2019	化学
封雨婷	本科生	2019	软件工程
李藩	本科生	2019	软件工程
孔晓冰	本科生	2018	材料物理
董志超	本科生	2019	机械设计制造及其自动化
杨智豪	本科生	2019	自动化科学
杜若飞	本科生	2019	能源与动力工程
杨梓轩	本科生	2019	电气工程及其自动化
李熠	本科生	2018	工程力学
季芝强	本科生	2018	公共卫生与预防医学类
史佳乐	本科生	2019	临床医学（双语班）
席开颜	本科生	2017	临床医学（5＋3）
关斌	本科生	2017	临床医学（5＋3）
蒋语辰	本科生	2018	临床医学（双语班）
赖悦	本科生	2018	口腔医学（五年制）

续表

姓名	学生类型	年级	专业
陈思烨	本科生	2019	护理学
吕冬雪	本科生	2018	药学
徐颖	本科生	2019	工程管理
徐佳鑫	本科生	2018	会计学
鄢浩然	本科生	2019	经济学类（体育特招）
王涵	本科生	2019	马克思主义理论
王雨心	本科生	2019	汉语国际教育
林丽珊	本科生	2020	微电子科学与工程（工学）
曲亚宁	本科生	2019	新闻传播学类
田润卿	本科生	2020	城市地下空间工程
陈潇萌	本科生	2018	物理学类（泰山学堂、王淦昌班）
陈一娇	本科生	2018	汉语言文学
齐浩男	本科生	2019	中国语言文学类
赵亚男	本科生	2018	英语
赖志超	本科生	2019	机械设计制造及其自动化（机制）
姜伊凡	本科生	2019	社会体育指导与管理
巩浩宇	本科生	2019	国际政治与国际经济双学位实验班
罗淑宁	本科生	2018	法学
于波洋	本科生	2019	法学
顾佳乐	本科生	2019	英语（英西双语）
刘雨菲	本科生	2019	数学与应用数学（中外合作）
张雨涵	本科生	2019	金融学（证券、银行方向）
刘峻瑜	本科生	2019	会计学
兰姝涵	本科生	2019	国际经济与贸易
郝浩宇	本科生	2019	金融学（证券、银行方向）
张庭铨	本科生	2018	环境设计（景观设计）

续表

姓名	学生类型	年级	专业
施钧瀚	本科生	2019	统计学（数据科学与人工智能）
刘润泽	本科生	2019	统计学（数据科学与人工智能）
栗文哲	本科生	2019	通信工程
李迎欣	本科生	2019	电子信息工程
周梓博	本科生	2019	机械设计制造及其自动化（中澳合作办学）
邓旭尧	本科生	2019	软件工程
田鑫	本科生	2019	机械设计制造及其自动化
张熙	本科生	2019	海洋资源开发技术（海洋药物工程）
高树坤	本科生	2019	海洋资源开发技术（海洋药物工程）
王一磊	本科生	2019	人工智能
王辰熙	本科生	2019	新闻学
王雪纯	本科生	2018	应用物理学
华远铭	本科生	2019	科学社会主义
刘涛	本科生	2019	法学
周健平	本科生	2018	电子信息类（崇新学堂）
尹祥琨	本科生	2018	泰山学堂（计算机）
盛扬	本科生	2019	生物科学（生物基地）
张可心	本科生	2019	环境工程
张雨欣	本科生	2019	信息安全
程晓朋	本科生	2019	信息安全
安永灵	研究生	2019	材料科学与工程
张玉霖	研究生	2018	外科学（神经外科）
张云	研究生	2018	企业管理
韩晗	研究生	2019	诉讼法学
杜明足	研究生	2019	生物工程
张烜	研究生	2019	护理学

续表

姓名	学生类型	年级	专业
苏艳敏	研究生	2019	无机化学
潘静文	研究生	2019	环境工程
傅宇	研究生	2019	先进制造
秦菲	研究生	2020	免疫学
刘泽翰	研究生	2020	电子科学与技术
姜恋姿	研究生	2019 级硕博连读	概率论与数理统计
张翠燕	研究生	2018	金融学
周磊	研究生	2019	数量经济学
郝敏	研究生	2020	无机化学
秦倩怡	研究生	2019	口腔医学
范寅峻	研究生	2020	考古学
郭超	研究生	2019	党的建设
袁化强	研究生	2020	桥梁与隧道工程
朱鹏程	研究生	2019	植物学
迟晓庆	研究生	2019	应用数学
袁玉卓	研究生	2018	微电子学与固体电子学
朱延平	研究生	2018	微生物学
周琦玥	研究生	2019	中国古代文学
陈志豪	研究生	2019	凝聚态物理
魏廷义	研究生	2019	新闻传播
陈晨	研究生	2018	药剂学
吴敏	研究生	2019	肿瘤学
杨舒雅	研究生	2020	艺术学理论
杨秀勇	研究生	2018	行政管理
李含丰	研究生	2018	控制理论与控制工程
牛自群	研究生	2019	光学工程

续表

姓名	学生类型	年级	专业
孔凡猛	研究生	2018	桥梁与隧道工程
李智贤	研究生	2019	社会医学与卫生事业管理
王斌	研究生	2019	动力工程及工程热物理
李兵	研究生	2018	中国古典文献学
司志远	研究生	2019	电气工程
王琮瑜	研究生	2020	能源动力
谭长峰	研究生	2019	马克思主义基本原理
冯圆媛	研究生	2019	计算机技术
陈翔宇	研究生	2020	电子信息

省级优秀学生干部名单

姓名	学生类型	年级	专业
常张杰	本科生	2019	社会学
周冠辰	本科生	2019	金融工程（金融数学与金融工程）
钟炜焘	本科生	2019	中国语言文学类
王雅祺	本科生	2019	统计学
马赫贤	本科生	2018	材料物理
兰琦	本科生	2019	生物医学工程（4＋3 制）
孙瑞	本科生	2020	预防医学（五年制）
陈允隆	本科生	2020	临床医学（双语班）
李琦曌	本科生	2017	临床医学（齐鲁医学堂）
崔金雨	本科生	2019	临床药学（五年制）
张硕	本科生	2019	人力资源管理
张嘉瑶	本科生	2019	马克思主义理论

续表

姓名	学生类型	年级	专业
万钊廷	本科生	2018	新闻传播学类
孙树喆	本科生	2019	化学类（泰山学堂、邓从豪班）
白宇龙	本科生	2018	汉语言文学
臧婕妤	本科生	2019	国际政治与国际经济双学位实验班
潘震林	本科生	2019	法学（党内法规与监察法学）
张聪	本科生	2019	国际经济与贸易＋英语双学位专业（翻译学院）
魏冰洋	本科生	2019	数字媒体技术
刘晓奇	本科生	2020	软件工程
傅吉凯	本科生	2019	应用化学（中外合作）
贾贺栋	本科生	2019	会计学
林子震	本科生	2019	视觉传达设计
张雅齐	本科生	2019	统计学
张诗晗	本科生	2019	海洋科学（海洋生物学）
高雨桐	本科生	2019	汉语言文学
宋怡娴	本科生	2019	应用物理学
周文萱	本科生	2019	电子信息工程
张彬	本科生	2019	行政管理
乔颖	本科生	2018	生物技术（生命基地）
何懿蓓	本科生	2019	行政管理
王武强	研究生	2020	诉讼法学
张昊天	研究生	2020	会计
鲍喆	研究生	2020	电子信息
吴俊杰	研究生	2019	机械工程
朱泽萌	研究生	2019	医学心理学
刘书宏	研究生	2019	国际贸易学

续表

姓名	学生类型	年级	专业
贺鹏志	研究生	2020	地球物理学
王鹏辉	研究生	2020	文化产业管理
包蓓蓓	研究生	2019	国外马克思主义研究
白灵	研究生	2021 级硕博连读	物理化学
吕鹏飞	研究生	2020	英语语言文学
赵伶俐	研究生	2020	马克思主义理论（威海）
王宇超	研究生	2020	中国现当代文学
范清涵	研究生	2020	岩土工程
于宸	研究生	2020	微生物与生化药学
张文哲	研究生	2017	临床医学（妇产科学）
纪君婷	研究生	2020	社会保障
蔡皓	研究生	2020	动力工程及工程热物理
杨晓露	研究生	2019	新闻与传播
郭宗续	研究生	2019	体育学
郭嘉琦	研究生	2020	诉讼法学
刘奇	研究生	2019	审计
周胜龙	研究生	2020	新闻传播专业
郭梦泽	研究生	2020	英语笔译

山东大学 2021 年度校长奖获得者

一、本科生（42 人）

综合类

学院	姓名	年级
哲学与社会发展学院	王力勐	2018

续表

学院	姓名	年级
经济学院	徐诺	2018
文学院	林孜	2018
外国语学院	任珏辰	2018
数学学院	尹昊	2018
物理学院	孔德龙	2018
化学与化工学院	蔡欣懿	2018
软件学院	张泽宇	2018
材料科学与工程学院	孔晓冰	2018
机械工程学院	林劲松	2018
控制科学与工程学院	李志强	2018
能源与动力工程学院	刘洪栋	2018
电气工程学院	倪树森	2018
基础医学院	史佳乐	2019
临床医学院	逯明慧	2017
口腔医学院	应巧慧	2017
管理学院	赵昭	2018
马克思主义学院	焉祯	2018
微电子学院	刘宁	2018
新闻传播学院	刘鲁倩	2019
东北亚学院	吕紫烟	2018
商学院	邢力元	2018
法学院（威海）	潘震林	2019
文化传播学院	宋子薤	2018
翻译学院	董艺蕾	2018
艺术学院（威海）	张庭铨	2018
海洋学院	颜晓钰	2018

续表

学院	姓名	年级
机电与信息工程学院	任瑞龙	2018
空间科学与物理学院	郑书玥	2018
数学与统计学院	都一凡	2018
法学院	王懋祺	2018
信息科学与工程学院	周健平	2018
计算机科学与技术学院	田明慧	2018
生命科学学院	于艺丹	2018
网络空间安全学院	尉远炬	2018

单项类

学院	姓名	年级
外国语学院	张潇文	2018
物理学院	刘毅博	2018
控制科学与工程学院	姜万里	2018
土建与水利学院	李浩隆	2018
临床医学院	席开颜	2017
机电与信息工程学院	李华杰	2018
机电与信息工程学院	栗文哲	2019

二、硕士生（21 人）

学院	姓名	年级
法学院	朱翔宇	2019
马克思主义学院	郭超	2019
文学院	周琦玥	2019
数学学院	冯洁茹	2019
化学与化工学院	张峥春雨	2019

续表

学院	姓名	年级
信息科学与工程学院	胡钰涛	2019
晶体材料研究院	邓乐全	2019
环境科学与工程学院	彭丽静	2019
管理学院	周晓晗	2019
儒学高等研究院	吴雪菡	2019
能源与动力工程学院	王斌	2019
电气工程学院	司志远	2019
控制科学与工程学院	顾潘龙	2019
土建与水利学院	张伯勋	2019
口腔医学院	秦倩怡	2019
护理与康复学院	伊默	2019
药学院	张梦竹	2019
临床医学院	徐建业	2019
临床医学院	吴昊	2019
前沿交叉科学青岛研究院	刘雨涵	2019
海洋学院	杜明足	2019

三、博士生（21人）

学院	姓名	年级
经济研究院	易行	2019
政治学与公共管理学院	杨秀勇	2018
历史文化学院	他维宏	2018
物理学院	陈志豪	2019
化学与化工学院	苏艳敏	2019
晶体材料研究院	郝敏	2020
国家糖工程技术研究中心	高亚楠	2020

续表

学院	姓名	年级
环境科学与工程学院	潘静文	2019
管理学院	张云	2018
儒学高等研究院	胡骄键	2018
材料科学与工程学院	安永灵	2019
热科学与工程研究中心	蔺海洋	2017
电气工程学院	张烁	2019
控制科学与工程学院	李含丰	2018
土建与水利学院	孔凡猛	2018
公共卫生学院 卫生管理与政策研究中心	王奕	2019
药学院	陈晨	2018
基础医学院	秦菲	2018
临床医学院	孙璐	2018
网络空间安全学院	樊燕红	2018
机电与信息工程学院	傅宇	2019

山东大学2021年“榜样的力量”学生年度人物

王鹏辉	历史文化学院
张泽宇	软件学院
安永灵	材料科学与工程学院
赵达旺	临床医学院
李华杰	机电与信息工程学院
学生玩家剧社	文学院
曾庆恺、张木子	药学院、文化遗产研究院
栗文哲、程晓朋	机电与信息工程学院、网络空间安全学院
120周年校庆青年志愿服务队	共青团山东大学委员会

教学科研

全国优秀教材（高等教育类）获奖名单

序号	获奖级别	获奖教材	使用对象	主要编者	国内主要编者所在单位	出版单位
1	一等奖	中国文学史（第三版）第一卷、第二卷、第三卷、第四卷	本科生	总主编：袁行霈 卷一主编：聂石樵、李炳海 卷二主编：袁行霈、罗宗强 卷三主编：莫砺锋、黄天骥 卷四主编：黄霖、袁世硕、孙静	北京大学、中国人民大学、南开大学、南京大学、中山大学、复旦大学、山东大学	高等教育出版社
2	一等奖	文献学概要（修订本）	研究生	杜泽逊	山东大学	中华书局
3	二等奖	中国古代文学史（第二版）上册、中册、下册	本科生	主编：袁世硕 副主编：陈文新	山东大学、武汉大学	高等教育出版社
4	二等奖	大学数学教程 微积分 1、2（第三版）	本科生	册 1 主编：刘建亚、吴臻 册 2 主编：刘建亚、吴臻	山东大学	高等教育出版社
5	二等奖	公钥密码学的数学基础	本科生	王小云、王明强、孟宪萌	山东大学、山东财经大学	科学出版社

续表

序号	获奖级别	获奖教材	使用对象	主要编者	国内主要编者所在单位	出版单位
6	二等奖	人体解剖学（第四版）	本科生	主编：顾晓松 副主编：周国民、刘树伟、张卫光、丁炯、丁文龙、夏春林、吕广明	南通大学、复旦大学、山东大学、北京大学、南京医科大学、上海交通大学、苏州大学	科学出版社
7	二等奖	系统解剖学（第9版）	本科生	主编：丁文龙、刘学政 副主编：孙晋浩、李洪鹏、欧阳宏伟、阿地力江·伊明	上海交通大学、锦州医科大学、山东大学、中国医科大学、浙江大学	人民卫生出版社
8	二等奖	管理学	本科生	主编：陈传明 副主编：徐向艺、赵丽芬	南京大学、山东大学、中央财经大学	高等教育出版社
9	二等奖	中国艺术民俗学	研究生	张士闪、耿波	山东大学、中国传媒大学	山东人民出版社

首届全国教材建设先进个人

袁世硕

首届全国教材建设先进集体

山东大学基础医学院

2021年度山东省“教书育人楷模”

陈代荣　　化学与化工学院

山东大学2021年度本科教学终身成就奖

王仁卿　　生命科学学院
刘克哲　　物理学院

山东大学2021年度本科教学卓越奖

王克芳　　护理与康复学院
方　雷　　政治学与公共管理学院
张景德　　材料科学与工程学院
戚桂杰　　管理学院

山东大学2021年度本科教学优秀奖

王向东　　基础医学院
王旭霞　　口腔医学院
王彦明　　土建与水利学院
王震亚　　机械工程学院
刘延俊　　机械工程学院
李德春　　信息科学与工程学院
辛公明　　能源与动力工程学院
张　伟　　生命科学学院
张　颖　　体育教学部
张华忠　　计算机科学与技术学院
陈志军　　管理学院

陈阿莲　　控制科学与工程学院
陈茂爱　　材料科学与工程学院
苑世领　　化学与化工学院
林聚任　　哲学与社会发展学院
胡发胜　　数学学院
郭秀丽　　药学院
程　英　　马克思主义学院
滕玉成　　政治学与公共管理学院

2021 年度中国专利奖获奖名单

获奖成果名称	奖励名称	所有完成人	所有完成单位
隧道掘进机破岩震源三维地震超前探测装置及方法	中国专利奖金奖	刘斌、许新骥、李术才、宋杰、聂利超、陈磊、任玉晓	山东大学
面向全生命周期应用的模块化分布式电池管理系统及方法	中国专利奖优秀奖	张承慧、商云龙、张奇、崔纳新、段彬	山东大学

2021 年度山东省专利奖获奖名单

获奖成果名称	奖励类型	奖励等级	所有完成人	所有完成单位
桥式吊车系统增强耦合非线性 PD 型滑模控制器及方法	成果奖	一等奖	马昕、张梦华、宋锐、荣学文、田新诚、田国会、李贻斌	山东大学
基于岩性与不良地质前兆特征识别的 TBM 搭载式超前地质预报系统及方法	成果奖	一等奖	许振浩、谢辉辉、余腾飞、石恒、王文杨、潘冬冬、林鹏	山东大学

续表

获奖成果名称	奖励类型	奖励等级	所有完成人	所有完成单位
一种用环氧树脂层胶粘玻璃纤维用于碳钢阳极板表面改性的制备方法	成果奖	三等奖	常景彩、马春元、徐纯燕、王鹏、崔琳、陈守燕、王翔、张静	山东大学

2021 年度山东优秀发明家奖获奖名单

奖励名称	奖励类型	所有完成人	所有完成单位
山东优秀发明家奖	人物奖	李利平	山东大学

2021 年度山东省科学技术奖获奖名单

获奖成果名称	奖励类别	奖励类型	奖励等级	所有完成人	所有完成单位
抗噪声量子操作的基础研究	自然科学	成果奖	一等奖	仝殿民、许国富、于晓东、冯冠儒、张大剑	/
基于干细胞的肾脏结构与功能重建	科技进步	成果奖	一等奖	赵升田、孔峰、夏梅、管勇、刘中民、田川、郭艳霞、张登禄、李开霖、韩啸、薛爱兵、孙超	山东大学、山东省立医院、山东省药物研究院、山东中医药大学附属医院、上海市东方医院（同济大学附属东方医院）
恶性肿瘤进展分子机制及检测关键技术研发与应用	科技进步	成果奖	一等奖	王传新、杨其峰、杜鲁涛、王允山、张成鹏、李娟、梁怡然、李培龙、渠海、张宁、赵文静	山东大学、郑州安图生物工程股份有限公司
基于多模态感知的输电线路安全监测关键技术与应用	科技进步	成果奖	一等奖	聂礼强、赵振兵、张万征、翟永杰、战新刚、许克、高赞、宋雪萌、甘甜、尹建华、吴建龙	山东大学、智洋创新科技股份有限公司、华北电力大学（保定）

续表

获奖成果名称	奖励类别	奖励类型	奖励等级	所有完成人	所有完成单位
白血病精准诊疗关键技术研发和推广应用	科技进步	成果奖	一等奖	纪春岩、马道新、卢菲、孙涛、叶静静、纪敏、章静茹、臧绍蕾、李鹏、刘娜	山东大学齐鲁医院
逻辑网络的分析、控制及其应用	自然科学	成果奖	二等奖	冯俊娥、孟敏、程代展	/
双重随机系统和倒向随机积分系统理论及相关应用	自然科学	成果奖	二等奖	石玉峰、朱庆峰、王天啸、张良泉	/
金属团簇的合成及组装机理研究	自然科学	成果奖	二等奖	孙頔、王芝、苏海峰、邓永恺	/
飞秒激光直写光波导结构及波导激光研究	自然科学	成果奖	二等奖	陈峰、谭杨、贾曰辰、刘洪亮、李子琦	/
黏细菌合成抗肿瘤化合物埃博霉素的应用基础研究	自然科学	成果奖	二等奖	李越中、岳新晶、黎志凤	/
子宫内膜异位症相关疼痛机制的研究	自然科学	成果奖	二等奖	王国云、袁明、李栋、张露、李秋菊	/
任务场景驱动的视觉特征提取与增强理论及方法	自然科学	成果奖	二等奖	张伟、刘侃、黄锐、张友梅、贺玄煜	/
能源微藻在污水中的代谢规律及其调控机制	自然科学	成果奖	二等奖	裴海燕、蒋丽群、侯庆杰、于泽	/
糖尿病神经病变的发病机制及临床应用	科技进步	成果奖	二等奖	陈诗鸿、庄向华、孙爱丽、姜冬青、潘喆、唐东起、于书彦、李晓博、吴菲	山东大学
鼻部慢性炎性疾病的免疫机制及治疗策略	科技进步	成果奖	二等奖	史丽、赵莉、金鹏、张珂珂、段晨、于学民、赵雪柠	山东大学

续表

获奖成果名称	奖励类别	奖励类型	奖励等级	所有完成人	所有完成单位
手术治疗男性不育的技术创新与临床应用推广	科技进步	成果奖	二等奖	袁明振、郭立强、张浩波、王学胜、马振、邵光峰、解孝帅	山东大学
乳酸菌高密度发酵技术及产业化应用	科技进步	成果奖	二等奖	孔健、张柏林、郭婷婷、王婷、赵宏飞、杨鹏、徐振上	山东大学、北京林业大学、济南森康三峰生物工程有限公司
大规模时滞电力系统振荡分析与控制关键技术及应用	科技进步	成果奖	二等奖	叶华、刘玉田、高磊、牟倩颖、宋新立、李常刚、杨冬、马欢	山东大学、国网山东省电力公司电力科学研究院、中国电力科学研究院有限公司
工业大数据融合与智能分析平台关键技术及应用	科技进步	成果奖	二等奖	刘士军、杨良、李林光、潘丽、王腾江、尹春雷、国文峰、姜文峰、尉秀梅	山东大学、浪潮通用软件有限公司、歌尔股份有限公司、齐鲁工业大学
北方季冻区海绵城市透水路面建养成套技术与工程示范	科技进步	成果奖	二等奖	张炯、李晋、金青、黄金梅、崔新壮、田庆斌、聂爱华、袁大庆、焦玉传	山东大学、山东交通学院、中交一公局海威工程建设有限公司、济南市市政工程设计研究院（集团）有限责任公司、济南城建集团有限公司、济南金曰公路工程有限公司、山东鲁中公路建设有限公司
北方平原水库围坝水损病害立体化感知与诊断关键技术	科技进步	成果奖	二等奖	刘健、韩勃、李宏恩、何勇军、石波、王昊、解全一、田茂志、刘福胜	山东大学、水利部交通运输部国家能源局南京水利科学研究院、山东科技大学、南水北调东线山东干线有限责任公司、山东农业大学、山东省水利工程局有限公司
肺癌介入治疗关键技术及临床应用	科技进步	成果奖	二等奖	李玉亮、刘斌、王维、王武杰、张福君、陈超、高飞、常海洋、于哲	山东大学、中山大学附属肿瘤医院

续表

获奖成果名称	奖励类别	奖励类型	奖励等级	所有完成人	所有完成单位
急性心肌梗死介入术后心脏康复系统构建与应用	科技进步	成果奖	二等奖	鹿庆华、孙蓉、王智慧、周万辉、张铭湘、王欣、刘玉胜、杜贻萌、邝江莹	山东大学第二医院、无锡首康科技有限公司、重庆普施康科技发展股份有限公司、山东沃华医药科技股份有限公司
腰椎微创手术技术相关基础、影像及临床研究	科技进步	成果奖	二等奖	刘新宇、郑燕平、原所茂、王连雷、田永昊	山东大学齐鲁医院
食管鳞癌分级精准筛查体系的建立与推广应用	科技进步	成果奖	二等奖	吕明、陈兴栋、索晨、杨孝荣、张媛、陈慧、陈甜甜	山东大学齐鲁医院、复旦大学
柔性水膜阳极静电场微细颗粒场协同作用及应用	技术发明	成果奖	二等奖	马春元、常景彩、崔琳、王鹏、王翔、潘晓慧	/
面向电网设备运维的机器人及状态智能监测关键技术与应用	科技进步	成果奖	一等奖	郭锐、毕建刚、程健、李贻斌、周大洲、许渊、王万国、封旭阳、刘志远、徐学来、荣学文、李健	国网智能科技股份有限公司、中国电力科学研究院有限公司、中国科学院自动化研究所、山东大学、深圳市大疆创新科技有限公司、国网宁夏电力有限公司、智洋创新科技股份有限公司、国网山东省电力公司济南供电公司
工业化装配式建筑关键技术创新及产业化应用	科技进步	成果奖	一等奖	崔士起、刘传卿、钱稼茹、崔洪涛、侯和涛、成勃、刘洪彬、李少华、张英保、邵才仁、管钧、崔荣平	山东省建筑科学研究院有限公司、清华大学、中建八局第二建设有限公司、山东大学、山东天意机械股份有限公司、北京珠穆朗玛绿色建筑科技有限公司、山东正仁集团有限公司、北京智博联科技股份有限公司、潍坊绿城低碳建筑科技有限公司

续表

获奖成果名称	奖励类别	奖励类型	奖励等级	所有完成人	所有完成单位
高端体育装备的研发及产业化	科技进步	成果奖	一等奖	田雪文、徐培明、王伟、师丹玮、卞笑男、徐盛兴、邓龙洵、王清路、孙红梅、李荀、王先亮、李胜业	泰山体育产业集团有限公司、山东体育学院、山东泰山体育器材有限公司、深圳泰山体育科技股份有限公司、山东泰山瑞豹复合材料有限公司、乐陵泰山人造草坪产业有限公司、山东泰山体育用品工程技术研究中心有限公司、山东省体育用品制造工程技术研究院、山东大学
深部矿井锚注切顶自成巷关键技术及应用	科技进步	成果奖	一等奖	王琦、张殿振、吕长刚、江贝、王维、高玉兵、褚恒滨、杨军、葛茂新、何希霖、高红科、蒋振华	新汶矿业集团有限责任公司、中国矿业大学（北京）、山东大学、山东天勤工程科技有限公司、北京智矿安创能源科技有限公司、内蒙古京润矿安科技有限公司、泰安振声科技工程有限公司、山东天勤矿山机械设备有限公司
血管内皮功能异常的分子机制及干预策略	自然科学	成果奖	二等奖	董波、蒋凡、王双喜、李敏、颜凤	/
支撑大规模分布式电源发展的配电系统规划关键技术及应用	科技进步	成果奖	二等奖	刘伟生、王春义、梁荣、刘志清、郑志杰、杨卫红、李文升、王飞、刘洪	国网山东省电力公司经济技术研究院、山东大学、国网山东省电力公司、国网经济技术研究院有限公司、天津大学
城市复杂环境超小净距浅埋暗挖隧道安全快速施工关键技术	科技进步	成果奖	二等奖	孙杰、许庚、成帅、金宝、郑召怡、屠文锋、甄西东、丁睿、李海宾	济南城建集团有限公司、山东大学、中铁隆工程集团有限公司、济南市市政工程设计研究院（集团）有限责任公司、山东省交通规划设计院有限公司

续表

获奖成果名称	奖励类别	奖励类型	奖励等级	所有完成人	所有完成单位
高性能立式加工中心/龙门加工中心关键技术研究及应用	科技进步	成果奖	二等奖	张松、李莉莉、张伟、李剑峰、魏晓庆、李取浩、汪海亮、赵滨、陈舟	山东蒂德精密机床有限公司、山东大学、山东永华机械有限公司
环境友好型溴系阻燃材料及中间体产业化开发	科技进步	成果奖	二等奖	吴多坤、杨延钊、秦善宝、王东全、邓艺琳、孙盛元	山东润科化工股份有限公司、山东大学、潍坊玉成化工有限公司
生物聚合物开发关键技术及其在石油开采中的应用	科技进步	成果奖	二等奖	董学前、曹功泽、涂强、孙刚正、张永刚、宋永亭、刘涛、岳胜辉、符军	山东省食品发酵工业研究设计院、中国石油化工股份有限公司胜利油田分公司石油工程技术研究院、山东大学
基于智能医学物理计算的图像引导肿瘤精准放疗关键技术及应用	科技进步	成果奖	二等奖	李登旺、黄浦、王建波、朱慧、李洪升、章桦、柴象飞	山东师范大学、山东大学齐鲁医院、山东第一医科大学附属肿瘤医院、北京连心医疗科技有限公司、慧影医疗科技（北京）有限公司
面向国际化需求的特高压输电线路工程建设关键技术及示范应用	科技进步	成果奖	二等奖	邵国栋、丁士君、田利、陈卫东、韩军科、王聪、魏国柱、满银、吴静	中国电建集团山东电力建设第一工程有限公司、中国电力科学研究院有限公司、山东大学
面向新能源消纳的源一网一荷互动调峰关键技术及应用	科技进步	成果奖	三等奖	李雪亮、赵龙、孙东磊、黎灿兵、韩学山、冯君淑	国网山东省电力公司经济技术研究院、湖南大学、山东大学、国网能源研究院有限公司、山东智源电力设计咨询有限公司
多元约束配电网智能控制与故障防御关键技术及应用	科技进步	成果奖	三等奖	丛伟、亓富军、米阳、李彪、王军、魏飞	国网山东省电力公司临沂供电公司、上海电力大学、山东大学

续表

获奖成果名称	奖励类别	奖励类型	奖励等级	所有完成人	所有完成单位
主动配电网多元协同优化与自愈控制关键技术及应用	科技进步	成果奖	三等奖	杨晶晶、王明强、刘海涛、邹贵彬、李玉志、王娟娟	国网山东省电力公司潍坊供电公司、山东大学、山东山大电力技术股份有限公司、国能日新科技股份有限公司、
基于混合多云的智能计算平台关键技术研究及应用	科技进步	成果奖	三等奖	吴连朋、王宝云、彭朝晖、矫恒浩、张宏波、黄山山	聚好看科技股份有限公司、山东大学（青岛）
分布式能源中心	科技进步	成果奖	三等奖	殷爱军、朱国防、曹政坤、侯梅毅、侯跃艳、刘滨	山东赛马力动力科技有限公司、山东大学、山东赛马力发电设备有限公司
脓毒症免疫性血小板减少发病机制及靶向诊疗新策略研发和临床应用	科技进步	成果奖	三等奖	李梅凤、范开亮、李小丽、赵伟、彭军、徐建锋	烟台毓璜顶医院、山东大学齐鲁医院、山东中医药大学附属医院、滨州医学院

2021年度河南省科学技术奖获奖名单

获奖成果名称	奖励类别	奖励类型	奖励等级	所有完成人	所有完成单位
高效节能蒸发冷却装备关键技术开发与应用	科技进步	成果奖	二等奖	吴学红、宋天一、何锁盈、刘鹤、王燕令、吕财、曹泷、李卫、赵敏、刘勇	郑州轻工业大学、隆华科技集团（洛阳）股份有限公司、山东大学
基于源头减量和固废减排的环境友好脱硝技术研究及应用	科技进步	成果奖	三等奖	王学涛、程星星、王鲁元、张兴宇、邢利利、李健、丁坤	河南科技大学、山东大学、山东省科学院能源研究所

2021 年度陕西省科学技术奖获奖名单

获奖成果名称	奖励类别	奖励类型	奖励等级	所有完成人	所有完成单位
基于数据驱动和预测控制的新能源集中-分布消纳基础理论研究	自然科学	成果奖	二等奖	王建学、王秀丽、ZENGPING LIANG、张耀、吴雄、刘春阳	西安交通大学、杭州电子科技大学、山东大学

2021 年度浙江省科学技术奖获奖名单

获奖成果名称	奖励类别	奖励类型	奖励等级	所有完成人	所有完成单位
复杂环境超长大直径钻孔灌注桩施工与数字化管控关键技术	科技进步	成果奖	二等奖	王新泉、钱申春、刁红国、张乾青、崔允亮、蒋吉清、朱红明、周永军、傅程辉	浙大城市学院、安徽省公路桥梁工程有限公司、山东大学、湖北省路桥集团有限公司、四川省交通建设集团股份有限公司、浙江交工金筑交通建设有限公司

2021 年度湖北省科学技术奖获奖名单

获奖成果名称	奖励类别	奖励类型	奖励等级	所有完成人	所有完成单位
隧道重大地质灾害源测评关键技术创新与应用	科技进步	成果奖	一等奖	焦玉勇、谭飞、韩增强、王浩、成帅、金青、汪进超、王迎超、张国华、屠文锋、田湖南、王川婴、覃卫民、陈迪杨、张为社	中国地质大学（武汉）、中国科学院武汉岩土力学研究所、山东大学、中国矿业大学、中铁十一局集团有限公司

“2020～2021 年度国家社科基金重大项目立项”获得者

经济学院　　解　垩
哲学与社会发展学院　　林聚任
经济学院　　曲　创
体育学院　　孙晋海
文化遗产研究院　　王　伟
儒学高等研究院　　王加华
经济研究院　　韦　倩
商学院　　杨　林
管理学院　　杨蕙馨
威海前沿交叉科学研究院　　张　宁

第三十五届山东省社会科学优秀成果奖获奖名单

序号	成果名称	获奖等级	负责人	工作单位
1	尚书注疏汇校	特等奖并一等奖	杜泽逊	儒学高等研究院
2	现代诠释学类型阐论	一等奖	傅永军	哲学与社会发展学院
3	家庭背景如何影响儿童学业成就？——义务教育阶段家庭社会经济地位影响差异分析	一等奖	李忠路	哲学与社会发展学院
4	创新驱动发展战略下的国有企业改革路径选择研究	一等奖	张伟	经济学院
5	平台竞争一定能提高信息匹配效率吗？——基于中国搜索引擎市场的分析	一等奖	曲创	经济学院
6	刑事证据分布理论及其运用	一等奖	冯俊伟	法学院
7	文明起源视野下的中国早期村落形态	一等奖	马新	历史文化学院

续表

序号	成果名称	获奖等级	负责人	工作单位
8	清初诗学思想与程朱理学	一等奖	代亮	儒学高等研究院
9	音调难定的本土化——近年来若干相关问题述评	一等奖	郭震旦	儒学高等研究院
10	改革开放40年中国农村发展战略的阶段性演变及其理论总结	一等奖	黄少安	经济研究院
11	行政保留研究	一等奖	门中敬	法学院（威海）
12	现象学视域下友爱的多重地位及其演变——兼论亚里士多德友爱哲学的现象学效应	二等奖	陈治国	哲学与社会发展学院
13	财政分权、融资约束与税收政策周期性	二等奖	石绍宾	经济学院
14	中国出口扩张的健康成本——来自成年人发病率的证据	二等奖	刘铠豪	经济学院
15	获得感的时代内涵与国外经验借鉴	二等奖	曹现强	政治学与公共管理学院
16	医疗损害责任因果关系虚无陷阱及其化解——兼评法释〔2017〕20号第12条	二等奖	满洪杰	法学院
17	优先股与普通股的利益分配——基于信义义务的制度方法	二等奖	潘林	法学院
18	生态美学理论建构的若干基础问题	二等奖	胡友峰	文学院
19	诗稗互渗与《聊斋志异》意趣创造	二等奖	李桂奎	文学院
20	苏诗评点资料汇编	二等奖	樊庆彦	文学院
21	功用义对关系小句结构类型和解读倾向的影响——从现代汉语工具、材料、处所成分关系化的限制条件谈起	二等奖	寇鑫	文学院
22	论文学语言在电子文化语境中的变异	二等奖	黄发有	文学院
23	面子与里子：明洪武时期中日“倭寇外交”考论	二等奖	马光	历史文化学院
24	休耕制与战国秦汉的土地制度	二等奖	代国玺	历史文化学院
25	金朝内迁女真人猛安数量考辨	二等奖	范学辉	历史文化学院

续表

序号	成果名称	获奖等级	负责人	工作单位
26	远方图物：早期中国神灵考古探索	二等奖	王青	历史文化学院
27	产业组织与企业成长：国际金融危机后的考察	二等奖	杨蕙馨	管理学院
28	“能者居之”能够保护子公司中小股东利益吗——母子公司“双向治理”的视角	二等奖	徐宁	管理学院
29	Green human resource management practices: scale development and validity	二等奖	唐贵瑶	管理学院
30	业绩补偿承诺对标的企业的激励效应研究——来自中小板和创业板上市公司的实证检验	二等奖	潘爱玲	管理学院
31	刘大年与新时期抗日战争史研究	二等奖	黄广友	马克思主义学院
32	山东解放区新闻史：1937～1949	二等奖	王华	新闻传播学院
33	论先秦儒家思想中的“孝本论”与“仁本论”	二等奖	曾振宇	儒学高等研究院
34	当代村落民俗志书写中学者与民众的视域融合	二等奖	张士闪	儒学高等研究院
35	夷狄行中国之事曰僭——南宋中后期辞赋的华夷之辨	二等奖	刘培	儒学高等研究院
36	近四十年来美国中国学理论、范式与方法对国内史学研究的影响	二等奖	杨华	儒学高等研究院
37	论晚清易学之转向	二等奖	林忠军	易学与中国古代哲学研究中心
38	反思指导性案例的援引方式——以《〈关于案例指导工作的规定〉实施细则》为分析对象	二等奖	孙光宁	法学院（威海）
39	Total-factor carbon emission performance of the Chinese transportation industry: A bootstrapped non-radial Malmquist index analysis	二等奖	张宁	威海前沿交叉科学研究院
40	客观化与物化——西美尔与马克思现代性社会分析之比较	三等奖	冯波	哲学与社会发展学院
41	物化：文化之思还是经济社会整体之思？	三等奖	刘森林	哲学与社会发展学院
42	外商直接投资、汇率甄别与经济增长质量——基于中国省级样本的经验分析	三等奖	随洪光	经济学院

续表

序号	成果名称	获奖等级	负责人	工作单位
43	经济政策不确定性如何影响企业出口决策？——基于出口频率的视角	三等奖	綦建红	经济学院
44	获得感：供需视阈下共享发展新标杆	三等奖	邢占军	政治学与公共管理学院
45	清洁能源外交：全球态势与中国路径	三等奖	李昕蕾	政治学与公共管理学院
46	大数据时代算法歧视的法律规制与司法审查——以美国法律实践为例	三等奖	郑智航	法学院
47	合规官的保证人义务来源及其履行	三等奖	李本灿	法学院
48	图像转向之后的视觉惶恐与批评愉悦——兼谈萨义德的艺术批评观	三等奖	凌晨光	文学院
49	论《好人难寻》的“四重寓意”	三等奖	刘林	文学院
50	陶诗阐释的经学化、经典化与意境化	三等奖	李剑锋	文学院
51	A three-stage and multi-objective stochastic programming model to improve the sustainable rescue ability by considering secondary disasters in emergency logistics	三等奖	张江华	管理学院
52	“大众传播”溯源：社会情境、根本问题与价值立场	三等奖	展宁	新闻传播学院
53	试析报人在抗战“和谈”中的角色与作用——以“张季鸾——神尾路线”为中心的考察	三等奖	俞凡	新闻传播学院
54	春秋正辞笺	三等奖	辛智慧	儒学高等研究院
55	格物致知：儒学内部生长出来的科学因子	三等奖	马来平	儒学高等研究院
56	论语故事	三等奖	单承彬	儒学高等研究院
57	A Paleolithic bird figurine from the Lingjing site, Henan, China	三等奖	李占杨	文化遗产研究院
58	商代人骨上跪踞面的观察与分析	三等奖	赵永生	文化遗产研究院
59	从地平线回望：中国影视的绰约瞬间	三等奖	周安华	人文社会科学青岛研究院

续表

序号	成果名称	获奖等级	负责人	工作单位
60	俄罗斯对外结盟的目标形成及影响因素——基于权力结构、地缘关系、意识形态视角的分析	三等奖	初智勇	东北亚学院
61	国际视野中的延迟退休演进	三等奖	刘文	商学院

第十五届山东省社会科学突出贡献奖获得者

傅有德　　山东大学哲学与社会发展学院
　　　　　犹太教与跨宗教研究中心
栾丰实　　历史文化学院
杨蕙馨　　管理学院

第十五届山东省社会科学学科新秀奖获得者

路国权　　历史文化学院

第一届山东省人民政府决策咨询奖获奖人员和成果

序号	奖项名称	获奖等次	成果名称	成果形式	申报人
1	第一届山东省人民政府决策咨询奖突出贡献奖				黄少安
2	第一届山东省人民政府决策咨询奖研究成果奖	二等奖	“抗疫精神”的生成逻辑、丰富内涵和价值意蕴	论文	徐艳玲
3	第一届山东省人民政府决策咨询奖研究成果奖	三等奖	山东省国有文化企业调研分析及高质量发展对策建议	研究报告	潘爱玲

毕业生名单

本科生毕业生名单

关于2021年度授予覃琢等6100人学士学位的决定

山大教字〔2021〕18号

根据《中华人民共和国学位条例》《中华人民共和国学位条例暂行实施办法》以及《学士学位授权与授予管理办法》的有关规定，经校学位评定委员会2021年度第一次全体会议审核通过，决定授予覃琢等5900人学士学位，授予许宸等200人辅修学士学位。具体名单如下：

法学学士（384人）：

覃　琢　尹　希　李　岩　李　野　廉　佳　唐　蕊　申　未　张　奥　袁　韬
沈　戎　张　菊　郭　庆　吴　曾　邓　慧　杨　晴　李　想　仲　星　刘　静
王　敏　徐　蕾　景　文　黄　俊　王　霞　马　翠　崔　巍　沈　馨　王　璟
胡　辰　孙　昊　高　鑫　马　玲　徐　然　钟　晟　许　宸　马　丽　晏　卯
田　钊　王　洁　尹　文　杨　洋　王　俐　张　静　张　湘　黄　玉　李　安
郭　雯　孙　玮　江　英　吴　优　贺　清　陈　帆　姜　皓　陈　睿　汪　涵
次　珍　段　乔　王　君　李　冉　拉　珍　徐　修　周　佳　魏　溱　江　梅
邢　辰　夏　逸　丁　睿　武　慧　吴　缐　谢　倩　易　阳　吴　琼　罗　丽
周　杰　罗　菀　王　悦　郑　涵　张　冰　刘　乾　陈　程　孙　超　刘　娟
陈　皓　李　雪　高　逖　邹　爽　肖　峰　刘　畅　彭　欢　刘　璐　付　洋
陈雅琪　周承宗　李子轩　周靖桐　赵佳敏　陶汶捷　王宇然　周加灵　王雪燕
李欣彦　王泽辰　白雨欣　靳泽琛　关宇琼　孔子嫣　孙雨点　王毓龙　吴江宁
刘沛东　赵惠琳　王明赫　王雅君　高文菁　吴梅宁　李昊洋　向蕊嫚　郭铭铮
张雯庆　席致远　韩金泥　王宏睿　韩辛霖　谭翊博　孙旭朗　黄河洲　汪丽莹
周宝琨　李思曈　胡甲婧　代丽娴　梁文雷　马子钤　王艺臻　史亚男　王璐瑶
陈骄阳　杨小超　孙淑敏　刘紫婷　赵桂云　张沛昱　孙育人　郎新瑶　王雨蒙
王高睿　王蔚然　马羽星　刘寅彪　左东政　王怀玉　申佳其　石依冉　雷晓琳
詹筱琬　曹文楠　贾晨晨　赵心源　陈荟敏　梁梦婷　闵麓源　牛帅礼　禹尧丰
白玉洁　王瑛琪　隋心宇　郭小可　陈亦馨　张文浩　高文烁　秦路娜　杨清国

夏风豹　蒋鹏辉　杨漫漫　孙晓东　许玉洁　刘昀璐　刘世宽　陈妍君　郭乃熔
于承志　潘梓涵　李安华　王逸伦　张会会　张婧怡　韩玮瑶　胡雪颖　房玉姣
李毓昕　王舜尧　王一宁　熊小兰　李学成　沈晓涵　戚怡然　景秀聪　蒋斯庄
李泽洋　石冉冉　陈寅生　谢英豪　黄晨芳　郝海若　王晓楠　陈志娴　崔轩铭
申彦曦　谭泽雅　于耀翔　高楚曦　张海艳　何一婧　贾偲楠　张秀美　刘金秀
於子鹏　张慧婉　王琬萌　冯天予　丁昱程　孟庆源　朱梦瑶　孙菁野　王书琴
明轩萱　马之耀　冯昕硕　陈龙宇　崔松昊　棣鹏宇　马志鹏　邱一凡　周于茜
伍云泽　曾心雨　谭清远　王翔宇　潘晓晗　何佳昆　魏欣燕　宋广鑫　马准名
李龙飞　赵日皓　汤志刚　樊鹏元　黄欣林　李亭竹　郑保莲　魏旭洁　苗海芳
高若菲　李建涛　赵树南　李法华　姜睿涵　陈怡萌　孙玮琰　杨小弨　马文啸
范建宇　程小娟　白姝怡　郑妙云　王培羽　胡瑶琪　金也琪　宋怡蕾　陈潇潇
盛学敏　陈建雅　陈巧玲　任秋昀　颜文静　宋芳卉　庞妍妮　张明月　邹嘉维
王洪超　李英健　王子琪　李明晏　张天熠　杨禹涵　宋光昕　王郁蕾　刘丹阳
吴秋瑾　徐晓君　李佳飞　刘力铭　陆小琼　张循铖　胡胜寒　赵小妹　赵传浩
唐哲能　沈文翔　周明睿　王爱平　张晓薇　洪君宝　赵偲羽　朱度锦　王志广
孙念兹　廉雪琪　崔雨萌　贾志鑫　焦文宇　卫子昊　罗雨笛　王雯黎　陈嘉祺
冯楚轩　王克广　刘逸琦　何美玲　杨真凤　毕鹏翔　马鑫禄　邵怡欣　吴学超
张可玟　徐晓慧　杨舒琪　范瑞平　张文佳　于世润　张宏彬　郑雅楠　马玉森
黄亚婕　刘妍初　刘升冉　翟继航　任书畅　张煊雅　毕艺斐　苑舒歌　尚修丞
施天婷　王晓雯　杨慧聪　刘雨桐　冯仲殊　刁伟琪　李家伦　周业莹　王君宇
程洁琼　白雪霏　杨媛媛　黄发秀　王海宁　王瑞雪　张樱颍　包赞胜　韩凤洁
郝佳欣　黄程杨　马丽萍　宋岳霖　张宇静　张弘扬　孙华琳　韩晓悦　高凯幸
杨力立　许艺馨　努·达拉　边巴央宗　格桑央宗　英草卓玛　巴里亚·沙兰
热依拉·艾买提　AKSENOVA KSENIA　MANLAIJAV MARAL
THIPHOMMACHANH THATSAPHON　TOZIVEPI ELGINIA TINOFARA
NYAMUKAPA CLIVE MAKOMBORERO　AWED MOHAMUD SULEIMAN
VILAIHONG VILAVONG

工学学士（2481 人）：

耿　浩　李　宁　贺　渊　王　雪　陈　聪　路　璇　陈　鑫　于　泷　王　睿
邬　旭　王　晨　刘　飞　张　轶　胡　涛　闫　彪　冯　勇　臧　剑　张　仪
赵　亮　李　雪　颜　军　高　晨　邱　赟　高　萌　王　昊　李　岳　刘　偲
李　欣　罗　雯　杨　阳　彭　博　魏　浩　王　希　花　斌　王　雪　赵　蕾
牛　奔　陈　诺　李　彤　张　涵　肖　静　胡　康　刘　昆　王　昕　刘　凤
郜　捷　王　鹏　韩　迪　梁　申　赵　媛　谭　敏　谢　娇　张　毅　石　闯
王　珊　谢　菲　熊　维　马　玉　张　鑫　潘　高　刘　泽　石　颖　沈　澳
马　逸　何　磊　金　升　王　宁　秦　晗　李　昊　封　璟　彭　程　李　钰
张　进　薛　琛　刘　昊　陈　鹏　张　奇　丁　旭　丁　炅　符　松　马　泽

鞠 轲 张 淦 陈 旭 张 康 胡 泽 孙 烨 黄 磊 田 野 刘 畅
李 坤 王 巍 高 琦 张 哲 刘 朝 王 琦 杨 怡 聂 京 谢 丹
蒋 焘 刘 炜 刘 轩 江 旭 崔 杰 耿 攀 耿 行 郑 志 张 健
聂 凯 胡 帅 宫 宁 刘 刚 单 斌 高 源 祁 颢 朱 彤 王 昊
任 岩 王 威 尚 扬 周 恒 闫 帅 刘 雨 杨 畅 张 宁 惠 涌
张 宇 蒋 立 郝 艺 何 源 李 旋 闻 智 孟 硕 康 恺 王 亮
崔 宇 杨 汉 刘 畅 张 桐 韩 东 劳 静 王 晨 王 储 王 瑞
肖 聪 陈 红 郑 鑫 王 振 吴 昊 郭 琳 王 维 蒋 超 候 璇
袁 箫 梅 竹 王 婧 荣 兴 郑 猛 张 放 唐 芮 文 滔 雷 宇
闫 旭 陈 越 孙 毅 李 夏 高 翔 肖 雄 程 凯 苏 畅 杨 磊
闫 江 杜 震 欧 超 赵 飘 李 强 旭 阳 刘 阳 方 洋 宋 敏
张 晗 程 童 臧 杰 张 涛 张 凡 谷 源 付 周 陈 卓 沈 冬
邹 航 王 飞 孙 锐 张 晗 宋 明 张 帆 周 琦 田 飞 王 跃
钱 年 汪 涛 窦 拓 丁 文 严 禹 石 壮 王 勇 常 昊 杨 森
徐 岩 张 松 孔 哲 吴 涛 贾 婧 吕 玺 马 群 李 熙 王 捷
闫 雪 周 琛 赵 晨 刘 鑫 张 皓 方 倩 刘 帅 姚 越 余 琦
雷 艳 曹 远 张 烜 于 涛 曾 娜 孙 玮 卢 昊 佀 源 徐 彤
徐 瑞 刘 畅 周 涛 吴 昊 张 兴 张 将 宋 灿 陈 波 李 港
赵 阳 崔 博 周 晶 刘 余 王 格 王 蝶 张 腾 王 昊 吴 昊
傅 腾 姜 浩 吕 程 江 耿 高 林 白 茹 刘 杰 孟 煜 王 芳
王 煦 罗 诚 翁 杰 韩 帅 卢 恒 陈 霄 刘 澳 崔 峰 徐 盈
曹 怡 徐 鑫 杜 冰 门 渔 赖 敏 梁 田 李 宇 康 宁 唐 畅
昝 帅 成 星 王 豪 曹 睿 李 琦 俞 辰 宋 昊 张 浩 陈 超
于 越 张 翔 颜 奕 钟 烁 李 斌 高 扬 杜 昊 马 旭 王 羽
李 祎 李 智 周 于 王 皓 杨 悦 刘 贝 叶 宁 陈 鸿 宋 睿
赵 颖 杜 尧 申 易 李 超 高 奥 赵 宁 王 琪 刘 蕾 李 庆
梁 彤 张 悦 姚 灿 姜 颖 张 卓 虎 蒿 王 彬 何 晖 唐 秀
李 博 张 巍 张 杰 李 浩 刘 莹 赵 晨 陈 鑫 左 强 谭 铮
袁 洋 王 坤 余 煜 江 枫 赵 超 高 飞 郭 琦 杨 斌 张 强
吴 灵 徐 玮 任 宇 王 磊 高 阳 刘 畅 杨 月 王 哲 江 鑫
郭 彪 沈 丽 吴 宇 刘 澎 陈 熙 金 翔 徐 登 舒 畅 杨 璇
赵 畅 赵 倩 李 玉 马 栋 王 强 高 维 张 昊 周 星 高 原
周 阳 马 瑞 高 杨 彭 毅 黄 玉 徐 贺 刘 泽 林 涛 何 锋
刘 凯 徐 胜 潘 登 刘 磊 李 哲 刘 金 孙 灏 刘 馨 杨 华
郭 涛 王 帅 刘 云 麦 佳 王 帅 管 理 王 鑫 童 里 向 航
秦 旺 彭 鹏 袁 豪 孙 倩 刘 刚 彭 元 郑 泰 寇 菲 李 稳
薛 龚 周 重 刘 涛 王 馨 丁 潇 赵 展 李 嵩 孙 悦 吴 铸
任 奕 黄 滢 袁 也 余 洋 王 昕 刘 昇 吴 杭 杨 帅 刘 玉

高擎 米良 郭奕 傅昊 李毅 白贺 周辉 王锦 王刚
顾潇 蒋海 徐彦 宋博 孔晖 李傲 郭禹 金叶 周磊
罗航 周杰 周江 王禄 周婷 雷鹏 李龙 苏旭 侣文
汪锐 李鸿 陈昊 刘帆 花旆 丁宁 刘斌 杨涛 杨昊
王帆 倪亮 张博 李超 杜威 谢昱 邢朗 沈峰 王帅
孙婧 谢天 丁豪 王晨 宋晨 荆睿 程艺 潘晶 赵悦
周倩 刘鑫 朱敏 江洲 刘硕 张宇 张斌 董创 梁涛
林灵 闫瑾 李雪 杨淼 黄轲 姜寒 丁昊 徐越 达娃
陈波 杨柳 吕玥 黄斌 梁讯 杨攀 全宇 田婕 张茜
李豪 杨昕 王杰 张瑞 陈诚 衡超 马陈 许谦 于佳
姜皓 刘洋 刘富 杨豪 杨宏 张相 李锦 邓江 赵娟
宋昊 徐康 刘翔 冉悦 钟俊 王政 许峥 裴悦 张栋
叶新 鲁飞 张路 王康 吴瑶 王磊 姚伟 向蕊 冯扬
周蕾 刘新 曹前 于波 李鑫 贺棋 曾震 李鑫 高哲
张蔚 王喆 卢翼 姜娅 陈恺 黄濛 王颖 罗兰 姜楠
刘岩 陈磊 黄超 王坛 陈卓 董晗 董瑞 张宇 刘倩
郭岩 李涛 王运 卢印 石硕 王涛 余洁 徐浩 陈哲
刘臻 吴编 汪涵 刘震 周彬 李铭 杜睿 庞蓓 陈天
汪沛 马昕 庞琨 张琳 施展 邓彬 赵冰 李怡 李鑫
李成宇 黄文鑫 王宏珺 欧唯亿 严俊杰 肖亦辰 陈万骏 张国群 覃芃熙
叶紫婷 赵栖玉 隗江濠 张贤昆 徐蓓蓓 柏雨馨 高培元 郭雪洋 李作义
杜钰波 马立驰 张泽西 高宣华 周新利 岳柏桥 杨鹏凯 徐顺康 李青蔓
潘欣宇 秦文豪 尚嘉茗 牛勃涵 唐铠健 刘思雨 曹龙龙 张欣然 田昌仁
王振佳 高晓菲 赵继春 史皓玥 刘玉梁 孟德迎 李建涛 邹浩南 承高翔
王建璧 牛耀辉 郭慧鹃 黄靖然 周伦旭 戴航宇 刘仁卓 宫鹏宇 王志昊
乔砚湛 魏夕凯 陈恩博 郭建鑫 杨陈灏 赵亦嘉 张正端 陈海棠 黄思危
赵逢源 李解文 王馨悦 卢贵轩 邹东阳 王思源 张鑫月 陈煦阳 陈少锟
丁泓博 郑镇钢 韩宜君 胡正宏 郑小龙 吴俊毅 赵文健 刘兴源 苏钊清
王迎光 孙宇彤 董浩德 张云云 谢隽彦 王英杰 曹成欣 王莹刚 赵文凯
梁琳子 郭凯文 高继堃 杨欣如 涂言铭 叶泽源 张学华 冯清越 苏永昊
李炜航 高兆志 翟浩然 贺家乐 柳培森 祁亚楠 李丹玉 王仕恺 刘继林
曹雪婧 张浩东 孟子煜 潘绎峰 刘羽堃 董旸宇 陈子鹏 袁长红 杨雨菲
冯伟龙 滕晓骞 牛桂茗 张璐婕 庹皓然 李泽洲 阴嘉琳 刘书宁 於斯帖
朱裕华 郭晨阳 薛肖博 闫洁琼 陈曼玉 疏文超 赵志彦 张舒婷 冯元君
刘心妍 尚明鹏 孙鸿飞 董睿霄 宁远淼 陈勇成 徐祥栋 杨小嘉 朱梦瑶
张金腾 秦宇飞 刘逸农 赵建成 郭宇航 史元策 莘铖昊 李元朋 吴宇权
郭逸润 赵伟成 马宗良 温如昊 步浩然 张世军 谭珂迪 赵敏茹 高家强
张梓仪 葛丁漪 邓烜霈 李若凡 蔚成卓 董书帆 梁煦林 马思琦 吴育美

温家强 方诗琦 周仁杰 刘浩哲 支高飞 杨若楠 王朝阳 闫梦雨 刘子璇
陈满华 宋欣洱 崔岚清 徐家晟 徐清源 罗福蕊 王文涛 唐毓阳 王常昕
黄晓莉 徐晓伟 王曙豪 侯安祥 王增辉 范学美 陈建磊 王增威 高建龙
张旭晖 柴亚军 魏玉奇 代岭均 张发祥 邵云飞 陈旗森 王邵瑞 张坤鹏
朱格非 王子涵 向哲誉 周寅劼 张凯翔 杨鑫亮 张剑明 侯景逸 刘姝君
周天嘉 王炳琛 孙彦昭 邱晓东 李海涛 苏戬元 吕彦达 辛志鹏 赵仕兴
靳春乔 张锦艺 何永剑 王巍桦 钟俊华 常宇钦 柯一洲 张瑞霖 袁凡力
邱家麒 肖子语 刘淳才 曹跃龙 闫帅军 郝琛琛 张博扬 洪亚平 马悦鑫
栾晨阳 王士聪 孙瑞泽 赵一平 郭世鼎 姜晓昌 张啟黎 韩乙铖 陈浩喆
鲁晓毅 陈信维 丁敬明 韩鹏程 贾士铎 古千硕 陈吟枫 陈昱琪 刘继开
辛伟辰 舒燕仪 赵志伟 张云峰 黄学亮 李跃宏 张悦怡 徐沁沁 李耿坤
马万硕 聂文浩 刘铠源 李浩迪 魏坤蓬 韩馨婵 金哲宇 赵圣喜 邱竞尧
周钰伟 王一凡 张新超 唐则涵 李钰栋 张元赫 朱凌进 段常坤 王一凡
许天傲 杨东华 于皓安 尚若愚 王绪亮 朱元发 郑翔元 宋玉哲 魏君宇
吴光昊 魏艺卓 吕璐璐 脱晶惠 龚茹青 玉天昊 樊昱成 王予希 俞成卓
陈啸铮 黄帅桦 郭嘉辉 姚林渭 程仁乾 黄思远 董严龙 王登跃 孙克旭
李晓蕾 葛梦薇 何斯强 魏佳辰 毛绮虹 陈晓东 翟星宇 刘拧滔 张宇航
屈翌豪 卜祥亚 王理艺 李青剑 黄曼琳 罗乙渌 吕晓婷 娄文昊 徐高扬
李晓飞 王立宁 王长江 车其祥 李霁桐 贺政华 任俊州 马后震 赵玉静
路致远 刘增辉 齐致潇 马鹏宇 付金钊 张凯凯 张帅齐 魏幸元 姚翔天
赵文云 金熙林 杨伽伦 李江帆 苏京轩 赵丹阳 侯章勇 张钦培 龙飞宇
麦铭淇 陈泽桐 郑和伟 杨潇辉 詹立业 刘晓斌 刘兆东 杨宜航 王苏扬
孟照雄 滕远新 冯启帆 李俊达 王传琦 王道鑫 马睿聪 刘承林 韩春雷
张光耀 张源朔 萧淑文 张国沛 李绪铭 尹书林 周生存 李家琛 郝英剑
王欣悦 苏耀宇 彭湘霖 张师峥 张开然 温创平 王俊元 赵金磊 刘文韬
高国皓 卢宝琦 赵崇涵 聂耀辰 籍雯媗 钱禹冰 陈天丰 谈晓慧 卢远哲
杨卓艺 秦超男 李杰滔 梁雨欣 王树庆 姜元旭 宫亦文 曲清萍 范仕尧
毕士成 高泽林 郭啸林 张欣磊 荆宗渝 杨子谊 李宇磊 杜丹丹 乔婉逸
马志鹤 杨少伦 罗雯丹 谢小裕 马佩玲 石梁熙 吕烈阳 杜为裕 苏业鹏
王江池 徐鹏程 彭江韬 程键酩 刁子珊 张梓怡 陈嘉玮 王卓思 徐倩婷
陈龙宇 曲兆年 崔松昊 巩汶琪 卢立宗 房友帅 张雨桐 陈文涵 周昕莹
刘雨飞 棣鹏宇 孙文琳 谭博巍 于沛涵 马志鹏 吴婉琪 徐雪岩 刘东荣
唐雪凝 吴世博 秦超杰 孙运开 王一冰 负凯方 黄诗萌 白薪阳 刘旺达
岳欣源 赵树誉 赵树南 田汝康 钱炳宏 高正潇 葛书涵 梁少春 周溱焱
张志焕 黄忠伟 范仲杰 彭俊捷 王天翔 刘汝鹏 窦文政 李延兴 何天浩
倪汝克 王云锋 宋元琦 朱海斌 张凯戈 叶今禄 卢渊俊 赵博通 袁鹏程
张业林 韩帅帅 晋浩泽 安久洋 王泽宁 孙玺彪 丁博智 钱鹏飞 张天浩
匡梦萱 宋志铭 胡萌璠 李元奇 简英杰 赵浩杰 陈振楠 陈德仪 尚义恒

李叙明 王海涛 马英翔 杨思琪 朱佳莹 禹镇桂 范飞飞 夏长明 李旭辉
冉垂湘 许立伟 王鹏琰 姚治中 杨荐平 陈小虎 刘裕山 董嘉璇 李明雄
齐天飞 吴伟宏 毛建鹏 黄雨西 黄俊杰 朱志颖 刘元志 左振元 李志强
刘保辉 王世昌 尚俊豪 马腾飞 晁先阔 李国盛 周秋乐 骆昱尧 陈磊杰
罗海瑄 管恒越 隋仲阳 王乾镔 张鑫光 张广森 魏晓宇 刘焕喜 胡振汉
耿志新 刘桂蕾 樊丰晨 王瑞思 蔡孝锦 钱金旭 贺钦涛 张子繁 孟祥宇
毕新杰 李亭山 杜印之 袁志祎 刘忠轶 蔡泽康 李延恒 吕思悦 陈应会
郭宇峰 李正昊 姚金辉 蒋励之 梁培文 吴广彦 王子仪 周书龙 张超远
王子毅 李坤於 李文杰 韩永鹏 张雪峰 马吉庆 李兰雪 卢业忠 时雨松
应华杰 曲秦昊 杨诗颖 李远哲 徐彦刚 张云彭 赵一铭 郭佳霖 张文博
殷鹏旭 郭树标 韦效椋 曲玉虎 崔青浩 矫立坤 郭峻彤 张昌鹏 张永琪
吴天明 张天天 刘广旭 郑云祥 张宝星 郭洪森 屈梁成 戴靖钧 陈培源
王陈寅 廖浩南 王睿杰 郭雨轩 张曦诺 张思琦 郑柏浩 盖梦欣 路文钰
朱学东 陈建博 王俊杰 戴易呈 郑伟洁 魏志豪 陆继烈 蒿玉鹏 田卫晴
孙海林 张桐瑞 王一凡 王圣旗 吴佳才 安小康 王一如 王崇光 梁钰康
刘宗殿 邱雨奇 钱宇航 朱紊滨 马驰程 吴谋宁 包文轩 李志钦 陈若芃
张富芳 张振洁 郭丙强 贺心怡 熊碗霖 玄朝锋 李元豪 刘小雨 苑宗鹤
池嘉铖 向航辰 周锦涛 王跃潼 张晓宇 包峻臣 邹明哲 郑子羽 庄恩瑜
罗圣伟 陈雨涛 兰海彬 武学伟 曹洪川 尹宇鹏 刘福俊 崔明宇 徐一乘
王亦菲 马同庆 赵卓越 蔡嘉耀 高德琛 黄润泽 骆彩莹 洪海龙 韦桂英
张林爽 陈加乐 李雨函 郭瀚文 张愈博 周宇昊 吴逸飞 林邓天 宋梓月
冯思远 成海波 闫姝彤 邵子建 赵云鹏 孟祥玉 曲晓阳 郑文杰 褚曜珲
秦凯丽 宋文萱 马宗艺 杨家齐 黄瑞哲 陈家龙 刘鑫源 韦婷婷 计丕迪
张小艳 黄孔进 杨旭彬 孙珂珂 刘雨桉 王建超 赵方辉 朱亦辰 杨开翔
陈忘言 焦江涛 段焱文 朱梦萦 张峻硕 王景博 曹太顺 肖峰洋 周亿婷
王旭东 李潇寒 钟凡超 徐卓涵 杜瀛川 潘心怡 曾俊贤 陈晓宇 周金鹏
刘丁洴 杨晓虎 冯泓钦 彭莹莹 张甲康 田旭辉 胡昕洋 刘建东 杨腾啸
黄博文 游二炜 左建辉 苗清华 谷加利 齐森茂 赵楚洋 薛润桢 苏晓斌
贾航祺 李宜倬 于志远 季明珠 赵晓辉 王玲雅 赵鑫鉴 张圆圆 单宝迪
王耀宇 孙维纬 李坤实 赵浩然 李煜辉 王教聪 张宗萌 陈佳睿 丁沐河
原铭若 于倩倩 庞润琦 王雪婷 刘衍江 石超宇 朱文婷 张凯文 付鸿杰
高志豪 吴海锋 李欣纯 白皓萌 闫星宇 姚蔼玲 刘志刚 陈瑶瑶 张叶凡
王世玉 李尚恩 马博翱 黄祖博 夏文涛 王朋楚 刘耀宗 张俊贤 林毅恒
杨冬璐 周思齐 朱钰婷 吕明昱 宋慧超 王晓明 杨鑫亚 龚宝林 郭红云
温翔宇 彭荣荣 刘子毓 张思思 张金源 郗贝婷 王淑贤 董卫红 刘丽昕
许怡晴 周静文 孙铭泽 柳昕祎 高子玉 宋清雅 赵兰君 范圣龙 张玉岩
陈淑鑫 董慧雯 赵鸿渊 李梓聖 罗晓露 李珠恒 王骏军 柳彦超 林圣桐
郑慧钰 李堂豪 何嘉懿 于汶田 孔繁梓 田云鹏 卿绍毅 王珺琰 宋铭昕

覃金宁 林依景 王世宸 李文杰 王文博 林宇豪 王佳希 李鹏伟 唐智强
李传鹏 杨晓君 杨浩田 崔如彪 侯秉伸 李驰俊 王书琴 吴温文 徐新宁
顾贝贝 张路遥 刘寒凝 王敏鑫 李储鑫 张梦瑶 李子越 郭亚楠 马端蔚
席文韬 潘斌汉 张一帆 王朝阳 张晓雨 胡庆隆 林欣余 吴逸敏 王家玉
陈佳铭 毛冬辉 李彦熹 刘逸云 熊荐辕 王国祥 赵一先 贾益博 许明瑞
蒋瑞祥 李默煜 刘坎强 袁笛潇 陈澳勃 陈逸群 曹淑强 姜一腾 郭之凡
王照勉 冯名钧 王春杰 苏浩钦 郭巾巾 马天苏 李柏芳 戴裕超 李搏宇
吴益源 王田宇 夏江涛 吴高桐 冯浩东 马志豪 杨耀帅 赵乾亮 张亦甜
王宇凡 曹思远 钟允航 戚佳琳 于凯丽 赵盈睿 洪凤莲 周志成 汪晖晖
黄弋辰 丁俊锋 殷胜江 张轲夋 王学臻 刘龙成 尹衍祥 翟杰硕 许朝阳
巴嫚嫚 张现辉 张清英 吕卓玲 齐升亮 徐楷钊 曾元昊 竺清芸 侯勇健
林文菲 段添鑫 吴千曦 侯晋康 刘雪峰 刘起凯 冯德祥 李勇强 卜柯鑫
李泽惠 金自峤 周治州 张一德 金晨曦 甘庆越 陈昊宇 周旭东 韩子旭
芦胜昊 何忠阳 杨德顺 钟瀚淞 张馨悦 贾子强 崔雁杰 马玉虎 赵良鹏
李嘉恺 黄子悦 张继文 郭新瑞 陈明锐 裴衍凯 高凌岳 蔡佳睿 鲍叙睿
杨一青 姚懿格 吕国庆 冷昊熹 马瑞峰 张瀚文 赵春铭 王一帆 吴胜彬
李佳玮 郭冯宇 李奕闻 胥凌志 杨子木 张雪洁 韩志松 黄春超 孙潇涵
许玉昕 张鸿杰 刘晓祺 姬费帆 陈林晶 张子贤 龙文博 李雪妮 杨建鑫
薛煜哲 蒋天杭 魏自豪 马之耀 许浦逢 杨星链 李佳林 何梦莹 秦良伟
屈思凡 韩般若 巩晓龙 张展豪 石荣亮 吕智贤 王英迪 张新雨 刘泽齐
冯昕硕 张雨晴 常凯越 史恩水 郭胜楠 龙江芬 刘思彤 胡可欣 宋正凯
郝金鹏 蒋帅之 苏思宇 史经毓 薛浩琦 王子康 冀成婧 关栋栋 翟铮华
高荣霞 黄雪怡 姜志远 杨志康 马文静 丁意飞 耿兆环 王辰旭 孟胜男
李全超 王峰年 梁艳杰 余海水 王欣欣 汤宇佳 曾天骄 窦海海 张荣荣
郭海洲 王宏帅 邓梓健 江君鑫 赵文哲 刘曦宇 古晨曦 董嘉淇 李军玮
张国威 杜征宇 许家伟 傅泽浩 师毓辉 罗梓铜 吕东轩 仰龙雨 赵卜天
范奥邦 尤佳俊 安生钰 杨丽琼 胡方园 王正勇 刘巨龙 向惊山 张宏维
乔淇霞 袁上博 张昌琳 白宇昕 揭海鑫 赵泽霖 史钰铜 胥文杰 石建泽
孙雨霖 杨一木 王宇林 谢戍帅 张轩宇 樊铭达 董昊昱 杨欣蕊 彭佳庆
刘德华 王一博 商健美 郝强岩 王梦洁 张顺杰 王孝帅 顾延友 张若曦
刘仲轩 董雨晨 向定满 杨雯雯 张玉澳 刘王瑞 孙伟婷 苏宇晴 明轩萱
江雨婷 黄靖睿 王嘉伟 孙国坤 王国莲 曾宪宇 韩绍博 赵宇轩 潘现超
李淑杰 王艺琳 张颢玉 周鼎文 周鑫南 郭诗雨 张琼丹 刘书伟 孟浩繁
陈至通 郝梦洁 于红园 韩兆凯 孙世德 赵文韬 伊华章 陈佳思 于博翔
陈一航 孟吉辰 刘虎林 黄文昊 段名权 李治琪 王龙昌 王仪培 张雪锋
韩学成 李忠治 曹阳阳 陶春昊 陈涵宇 马明畅 王伟杰 冯冠宁 蔡玉梅
迟民良 费振上 周嗣涵 高伟平 刘秋实 高思佳 李梦晨 张微梦 闫邵航
宋杨宁 王世鑫 王瑞鹏 林书伟 王贝凌 高鑫睿 刘雨函 汪茂煊 彭少杰

管波涵　徐为家　邓道军　冉雅莉　曾佑真　马伯乐　黄新杰　王善娟　张启志
徐少博　彭科峰　张智健　刘子逾　叶呈森　侯龙清　和彦辰　董明书　马庆晓
刘志鲲　梁振业　纪光伟　侯天新　李永浩　尚嘉欣　陈传松　谢志鑫　叶啸天
曾瑞祥　王林勇　张亚伦　李雪玉　张馨艺　唐佳文　葛如梦　李亚静　陈颖洁
张宇依　袁诗露　任俊峰　杨秀辉　赵志勇　聂义莹　曲晓峥　翟鹏翼　汪逢生
谢欣然　康祥平　畅晨儒　林正晗　吕洪武　霍超凡　兰鉴青　甘安霆　张峰玮
黄耀聪　魏雅娜　姚云志　李骏涛　李奕霏　鹿敏宽　彭煜婷　刘思奇　周浩宇
万晓青　盖泽宇　肖家豪　朱鹏霖　王明凯　郝颖婷　葛小琛　赵燕帅　熊朴聿
魏晨浩　张云珊　雷曾裕　佟彦泽　闫立峰　郭永峰　傅凯俊　陆东宝　周超越
薛晨曦　李惜缘　吴成威　宋泽朋　刘梦普　张寅峰　张钦之　杨润泽　玄彤彤
王雨晨　张安杰　韩志辉　苏永亮　刘锡鑫　冯靖雯　赵灿哲　黄天博　蔡章成
李嘉皓　王文卓　余泳松　杨世法　周相泽　有伟东　仇常皓　陆西成　黄灏彦
冯明尧　尹曼玲　樊济川　赵文培　卢世逸　陶雪澳　程振威　张雨欣　益聪聪
张子超　苏文浩　朱光夏　崔雪儿　王鑫洲　李佳男　李泽强　谢镇宇　马志骋
田澳冉　耿继勋　牟凌宇　蒋亚超　叶春江　梁嘉旋　肖上上　张焕毅　李靖宇
刘张驰　亓振彦　李怀昌　于安国　吴耀辉　刘广硕　张子恒　马田青　范禧龙
伊芸朋　林烨锦　丁梦浩　刘立近　孙天骜　陈廖昕　施莹莹　岳旻祺　史文同
许应亮　高天宇　苏旭东　季炜丹　魏楚朋　孙凡雯　陈德岳　王纯宇　康昊宇
张勇强　杨祥政　王忠仁　黄晓伟　潘仕杰　李铭崧　王超雄　吴宇轩　刘智鹏
卢玉坤　梁成煊　叶展宏　王璐琦　刘海峰　朱健琦　沈浩然　郭智聪　王峻峰
宋世豪　于方林　张炜创　鲁家彬　刘逸清　宋培博　张福琳　康有友　万健洲
马旭阳　李红玉　王圣哲　徐浩东　康鹏飞　黄玉祥　丁浩源　谢高建　黄舒漪
杨智钧　赵立帆　庄少杰　李青云　游达平　林立多　应炜溢　段祥先　路家琨
杨世越　邢凯鑫　魏旭宁　徐长朋　张丙宽　赵建博　杜驰程　王潇毅　孔德晖
毕义才　张家界　谢沛成　刘雄彬　孙晨昊　李卓明　冯琪琳　李兴嘉　卢亦弢
沈浩仪　成曦泽　黄彦铎　杜晓雄　薛长江　刘书澎　齐善元　齐世毅　刘思源
邢庆涛　吴清科　王雨婷　郭培垣　闫昊天　游文俊　陈鹏飞　王长号　冯智杰
朱金森　花梦圆　陈厚邑　杨南飞　王梓新　黄冰源　苏鑫威　刘子龙　王志聪
王艺霖　张召金　李一鸣　王雨晴　孙泽华　郑洪志　刘小慧　常启鑫　张峰溢
王雯菲　林奎良　周丹钰　邓博鑫　刘志强　刘忠航　王泉成　刘国翔　胡成田
吕光发　李哲珣　尹成林　王心瑶　吴子旋　黄增瑞　王艺霏　张宇豪　夏钰澧
秦嗣同　黄琳峰　侯智颖　黄紫璇　唐淑蔚　许睿辰　黄肖同　杨辛娴　张未希
樊晓康　董嘉齐　刘冠阳　丁瑞炫　施玉秀　吴泽霖　黄雯佳　赖俣晴　王芬芬
席晓彤　季俊丞　武文宇　张雪凝　刘一珂　张心怡　任铭传　曹俊燕　马振尧
朱一平　黄采宁　张棋清　郝良洲　张元恒　逯笑扬　张伊凝　赵绪升　孔令晶
杨雅涵　周任安　雷振宇　陈雅文　王小云　汪寅麒　郭天祥　郭圣扬　申云云
文艺霖　高翔宇　殷泽原　宋非凡　徐曦烈　王烁玮　王允成　王浩旭　苏志翔
张琮伟　张志伟　荆嘉政　管圣杰　吕由钢　宋建涛　行信宇　曹淑猛　许晓东

徐继正　韩广潮　赵昌颖　彭一森　韩东旭　宋广毅　茹思阳　李奕辰　翟文博
刘育森　任松林　韦治锡　李子朔　苗其凯　薛鑫颖　周心蕊　郑蕴峰　陈珂臻
乔彦博　贾欢欣　宋文豪　武河言　池志炫　付若琛　马文君　陈洁莹　张志伟
高白雪　姚雅梅　荀佳晨　秦思琦　唐小涵　刘斌涛　张吉超　李春龙　陈晓彤
王钰林　吴伊珊　陈凯斌　万玉鑫　苗洺瑄　费琦翔　石澳东　陈俊光　曲勇晓
刘洪华　郭章潮　徐悦华　马震林　王倩雯　苏帅康　程洋洋　任明雪　张文慧
韩晶晶　李福霜　吴紫涵　郑星阳　蓝琥雄　罗以旋　甘锐雪　冯倍森　李昌鸿
赖昕晨　钟杭航　钟志鹏　白云燕　周超毅　段秋芸　胡怡龙　李子阳　王憬慧
李有发　李莹辉　孙士昂　刘天宇　邢浩波　庄本帅　王晓阳　宋超男　张秀璇
韩天宇　朱医科　信世界　胡源冰　邸明瑞　罗贤超　胡齐刚　顾耀勋　沈国辉
杜碧云　焦晨皓　蒋方达　刘世杰　薄纯月　孙久继　张定国　孙英超　李欣宁
刘芝新　郭天泽　周岳恒　高金玉　贾姝阳　栾存阳　王伟成　银新宇　刘颖健
王毅恒　熊子龙　隋卓霖　叶小我　李振锂　周卓宇　丁玉强　周广涵　吕敏玉
鞠昊辰　史昱宏　谭骏朋　刘玲志　席振中　焦依然　李丞坤　李中霖　齐家会
冯睿康　冯翊祯　刘俊彦　徐世骋　彭学阳　徐明涛　宋德源　陈子石　马绍延
杨在利　李欣然　王义城　吴书昊　侯晓宇　徐丽君　崔丽晨　陆劲速　孔祥栋
卢恒昌　高静仪　王鹏钦　崔洪玮　许良宇　邓小可　史亚云　倪志祥　包镘超
翁晨庭　吴诗昉　石玥伦　江君宝　闫枳默　李晨旭　黄一心　胡书培　徐国礼
孟慧茹　代召存　刘国东　赵元琪　李皓名　王淑娴　张照静　曾励霄　谢柯涅
刘国群　邵文琴　同晓勉　范凯丰　胡金宇　李文轩　王鹏隆　邢红波　梁顺帮
李其清　阮凌晨　曹志文　王靖雯　赵泽毅　颜千程　李晓冉　王佳静　赵浩博
孙博晗　杨鹏远　杜宗鑫　左莹莹　付博文　孙康杰　马玉祥　张思静　任悦悦
潘鑫磊　张治军　张体臻　吕维刚　李鑫煜　杨钟海　吴泽轩　周翔安　黄志军
王欣玥　屈兴佳　谢宜振　郝振凯　郭慕笛　吴启迪　李珮明　高宏伟　张靖宇
赵海潇　李宗晟　张恒源　陈炳霖　王首道　王主爱　王一凡　张书源　冯卓宇
赵大奇　许玉丹　姜广峰　宋志超　张珈珲　鹿渲楠　石正源　陶宁宁　韩业腾
袁嫡伽　朱雨佳　潘海萍　李文镯　罗智榜　赵雨薇　李绪源　魏其海　韦晓庆
薄云鹏　赵星昀　刁立杰　丁庆堂　李晓鹏　李智皓　张弘宇　王志伟　张旭光
李柏岩　柳博晗　舒炳伟　王凌云　何敬华　吴锐拓　姚云鹏　郭超杰　黄俊皓
李岚玉　陈志伟　石婉君　张耀升　折漪涵　王依龙　石广健　曾俊翔　许熠辉
戴盼捷　谢金霖　刘伟洋　陈瀚凌　李文卓　苏俊鹏　彭星宇　韩金涛　董芳会
杨京五　李芳杜　孙孟莹　张默研　李梦君　杨启晨　李诗洁　梁家隆　蓝景弘
高荣锴　郭新宇　郑雨晴　马茂林　郭睿宇　廖斯奇　刘健源　张斯盈　孟诗淋
李建谦　王颐硕　陆冰柯　杨志锋　朱宣儒　刘志华　丰志妍　荼继超　李云飞
王文明　莫吉光　杜明远　王祥丞　傅蓉蓉　党乙林　曹文彬　张睿婧　党悦文
蔡林昊　曾祥枭　周博雅　胡佳华　刘天元　李守虎　杨宝利　王兆胜　王浩伟
韩纪飞　赵会春　张晓辉　邢金睿　杨春小露　郑陈运文　屈孔雨昂　任正昊天
拉巴扎西　旦增仁增　王诺肜楠　完颜昊宇　欧阳旭明　欧阳嶂浩　陶陆文桓

蔡赵鸿志　沙铁恩·木拉提　再努尔·艾孜则　托列克·革命别克
姑力娜尔·吐鲁甫　阿克尼亚孜·托合提　叶斯波力·别克阿力
吾那孜别克·阿扎提别克　阿依妮萨古丽·阿卜杜艾尼

管理学学士（574 人）：

徐　晶　高　琴　路　倩　周　颖　杨　青　崔　泽　刘　爽　赵　晗　章　浩
卫　琪　解　兵　刘　宇　夏　琳　王　超　刘　雪　汤　剑　李　慧　谢　妮
杨　晨　高　晗　唐　悦　孙　平　张　琨　常　玥　李　由　付　颖　黄　慧
贾　欣　孙　梦　龙　小　林　颖　汪　欣　宋　爽　孙　玮　苏　晨　庄　媛
彭　芳　卞　婷　饶　娆　李　昕　何　怿　任　捷　曾　欣　宋　健　曹　莹
高　昊　江　英　赵　翔　张　雯　王　芬　刘　萌　李　玲　陈　晨　朱　硕
荣　蓉　王　敏　梁　正　高　洁　邱　雨　翟　畅　王　雯　吴　彤　崔　巍
马　哲　韩　蕾　林　越　宋　烨　张　涵　陈　愉　郭　雯　隋　馨　董　佳
郑　烁　王　越　肖　阳　安　梅　王　凯　王　慧　李　明　黄　达　杨　垚
杨　洋　岑　莹　管　鹤　邴　希　许　朕　李　俊　李　媛　来　冉　王　苹
常　娜　李　忆　任　真　刘　瑶　杨　华　苑　然　陈　丹　洪　萌　张　迪
张　静　于　倩　王　静　孙　坤　冉　青　王　鑫　高　宝　李　静　侯　玥
冯　笑　王　萱　刘　昕　李　景　耿　易　荆　琳　侯　君　孙　宁　王　琪
陈　颖　黄　凯　李　澳　许　宁　孙　慧　卓　玛　许　欣　罗依柳　石秋丽
李纯昕　刘丽君　关文浩　林学健　白丰华　韦若怡　李钰琨　周文靖　袁凯丽
刘亚平　段元康　董雁天　劳新宇　张照东　巨晓倩　赵雪娇　赵煜阳　于兴祥
王允帅　周昱彤　郎晓凤　王宇琪　王晓钰　徐丹丹　郑海丽　吴桢昊　唐晓丽
高西格　王胜文　陈莉莉　何国梁　梁正强　崔欣俊　曾心雨　亓心茹　缪长君
陈晓阳　王皓萱　谭清远　刘玉斐　张银玲　高文馨　李旭辉　朱玉娟　左涵瑜
巩泽玉　陈晓宁　刘超华　董昕怡　崔倩楠　徐世凯　赖玉萍　朴英美　任惠玲
柳曙晖　王若琳　崔哲楠　周于茜　张祎驰　高育桐　宋子源　徐兴卫　王翔宇
张宏昊　陈庆华　许元睿　陈林超　和怡然　王文佳　李羿周　周小琳　谢虹宇
朱浩铭　李媛媛　李倩茹　倪飞洋　赵钐杉　孙秋磊　刘芸萍　贺亚飞　王紫钰
逄梓民　刘子纯　刘浩男　展彩虹　徐新宇　白雯莉　梁迎新　梁心语　张露丹
许珊珊　胡翊君　郝泽辉　王凯晨　吴欣瑶　姜杼君　翟韵溪　庾睿祺　张任逍
闫锡英　段景卉　王卓宇　冯泓琛　蔡廷君　沈恺莉　高慧敏　张利军　孙佩君
梁子伟　温丽欣　王奕璇　叶付恩　王越成　何伟彤　崔嘉欣　欧阳雨　戴子瑜
何云翥　马静静　赵予心　马玉花　冯子真　荆文琦　王释涵　王立雪　张成浩
李佳霖　孙海棠　王彩慧　李浩然　李明泽　卜丽萍　李媛媛　李子萌　张渝曼
陈宇豪　翟恺笛　吴凤媛　吴佳琪　邱一凡　杨顺清　黄晓琳　唐思颖　董思敏
李子若　毛洁玲　杜雨霄　饶灏鋆　王晨朝　李兼容　吴嘉丽　丁文哲　陈璐瑶
王乘仟　任文雅　刘晓涵　常慧妍　初英朋　张瑞婷　朱晓涵　何绿筱　包涵宇
王翔翔　张清华　王雨晗　孙凌波　陈丹莹　岳云洁　王晓雨　石晨晨　韩瑞莹

毛歆然 孟思琪 潘晓晗 黄欣茹 郑梓影 李明慧 李佳乐 李晓芳 谭惠月
朱雪倩 王爱平 刘逸琦 李炳超 隋增杰 刘韪华 张全利 郑鹏皓 曲清萍
高晓菲 陈天丰 陈秋云 刘国翔 刘晨曦 梁海金 雷盛迪 李婉莹 杨星慧
谢慧敏 魏欣燕 吴紫霞 刀彦月 宋广鑫 马培元 苏雯琳 杨文忠 杨小雪
马准名 刘天月 陈嘉颖 李亚倩 樊舒宁 董津津 张心怡 孙菁野 易如诗
罗玉冰 付新怡 魏雪纯 王开银 陆知言 万诗彤 丁晓怡 许雅洁 程淑钰
陈晓庆 毛羽洁 许芳淋 李加玉 李佳芮 王慧娟 石心怡 白明磊 刘慧敏
吕志栋 张启玥 张静雪 李芳草 崔圣娟 周昊宁 王懿喆 张立凯 周佳琪
马欢欢 韩佳妮 王文霞 李潇潇 张清源 杜天馨 黄子贤 马梦杰 郑荔丹
王媛媛 汪思齐 袁宇轩 徐雅丽 王梓琰 岳欣雨 梁泽钜 吴欣宇 蒋余锐
黄森鑫 刘美妘 吴红红 张锦辉 伍云泽 周修文 王弘毅 杜晓芳 张福成
刘志广 刘艳照 李军棋 张世纪 王康钰 张明臣 侯广旭 孟庆文 宋兆威
陈乃秀 周可凡 徐嘉艳 贾艺彤 张格格 张宏博 李向平 朴松杰 黄爱花
黄延青 黄杏容 蔡俊杰 孙文文 贾丽媛 张溪溪 王文婧 胡艺檬 胡馨云
杨翼翔 周黎昊 陈明玉 李颖慧 查龙杰 李志敏 岳慧欣 冯洪明 李元几
陈金润 杜晨琛 韩世昊 谭浩然 吴亮彭 郭冬芙 刘拯宇 刘文静 王纪森
王悦嘉 鲁宇杰 吴秋雁 赵天崧 谭雅姝 何佳昆 尤新云 黄建飞 蒋晓晨
孙震林 赵梦纯 杜靖宇 吴梦婷 李朝强 杨奥威 马静雯 程彩霞 汪浩权
李欣桐 韩晓梅 徐晴暄 钟启鸣 姚雪洁 李媛媛 王文佳 刘雨彤 苗雨浩
李可儿 郭辛凯 柯志宇 冯天予 刘小芙 赵瀚文 向德锋 陈义涛 张家乐
陈双宇 王丽晨 刘嘉威 曹雨铃 袁子书 郭艺涵 钱柏妃 王嘉翊 吴世莲
张慧婉 王琬萌 赵文佳 段新艳 于皓宇 王蓓贝 李冰倩 鲁东民 劳铄崴
张燕君 李芷慧 赵雅琦 刘鑫雨 董志远 赵彤宇 魏亚琳 冯文洁 吴学超
蒲虹燕 宿世庚 温媛媛 杨淳雅 杜冰玉 卢萌萌 张皓翔 赵舒童 宋润森
赵晨旭 卢虹坤 孙立双 吕沅玉 刘宏伟 巫佳敏 熊方洲 于言萍 孙雪梅
程国平 张佳玉 高楚曦 韩宇皓 李可可 王文磊 杨亚玲 董林昌 邱宇浩
李远翔 施徐蔚 王艺璇 邓姊彦 乔子璇 吴晓璐 梁莞翎 蒲朵颐 陆国欢
严启然 徐雅静 顾斐菲 常李倩 孔维彦 张芮涵 张丁丁 韩佳琪 朱文博
耿慧杰 马天一 侯婷婷 孟玉莹 汪千慧 周焯航 陈天怡 马乐欣 孙宵梦
张瑞珊 洛桑曲尼 卓玛次仁 那兰皓月 次吉卓嘎 洛松丁增 格桑旺姆
益西措姆 次仁桑吉 永金卓玛 奇德乐赫 扎西罗布 旦增阿旺 德吉卓嘎
SEUNGMIN LEE SEUNGDO LEE

教育学学士（57人）：

陶 晟 余 悦 张 磊 兵 优 韩 笑 于 磊 刘 洋 陈 帆 高 龙
吴 彤 夏 彤 周 帅 黄 森 王 超 马 超 颜 硕 贺 清 张 格
冯 阳 王保智 王润霄 方晟宇 倪嘉琛 崔润泽 董振华 李西贤 尹逊鑫
王梓臣 董洪林 刘宗玉 盛雪瑞 赵丽丹 吴潇剑 吴秀铖 李昕航 谢木林

冯木坚　陈宝霞　严浩东　章永泽　王宇浩　卓家同　孙祥峰　李龙飞　赵日皓
杨预麟　杜正康　黄志强　朱忠壮　汤志刚　欧阳璐　王余松　刘文源　施明槟
骆炜军　吴宝文　查建平

经济学学士（389人）：

江　川　许　锐　刘　宇　王　雪　刘　淼　于　睿　李　博　陈　凝　钟　琴
刘　涵　张　帆　马　丽　田　玉　宫　馨　孟　芹　房　晨　耿　超　姜　珊
杨　洋　李　傲　郭　仪　袁　娅　韩　洁　白　玛　丁　杨　王　宁　张　旭
吕　芳　陈　伟　王　淳　杨　藤　李　京　郝　放　叶　斐　孙　筱　陈　晓
李　骁　张　延　赵　赟　刘　娟　苏　晨　何　媛　马　芳　钱　诚　曹　楠
刘　康　房　然　朱　昱　张　欢　牛　奔　曾　静　王　静　程　芃　刘　扬
高　杨　余　歌　袁　静　谷　露　方　林　郑　潜　王　宁　邢　凯　赵　洋
赵　健　王　卯　徐　盈　张　巍　郭　彪　刘　金　谢　妮　宋　烨　岳　洋
孙　慧　李　野　杨　蒙　关　众　刘　彤　白　燕　赵　梨　高　麟　王　丛
李　松　李　贝　杨　静　蒋　毅　李　鑫　宋　昱　周千明　刘小博　秦立春
蒋佩峰　黄嘉涵　韩心然　田逸琳　邵小芙　刘思婷　曹圆雨　吴咏奇　陈永明
白雅洁　廖佳瑜　张雨彤　王志伟　孔嘉璐　党欣蕊　王一哲　闫天然　梁佩兰
宾荣秀　王家燮　陈苏南　程荷清　廖迪葳　王子岳　史晏如　楚可欣　郜江鑫
于金宏　王红艳　张冰清　李小曼　韦苗苗　马明泽　高锦琦　宋宇坤　宋皓璐
隋增杰　陈海谦　钟行坤　张一弛　张志阳　陈久凯　王小娴　张少云　张明娟
金恩廷　王馨贝　徐贻帆　史一凡　赵玮捷　孙雨阳　易佳桉　刘自乾　朱金花
闫一丹　李芸书　陈开新　陈昊威　刘星雨　李思琪　王敬涵　杨天舒　张华光
阮俊烨　孔令海　赵一锟　刘艺婕　胡金栋　张原源　田俊腾　吴宗部　赵恒磊
王炳文　崔钦悦　张成林　李丛莹　缪鑫宇　刘治同　叶荣诗　白一涵　田小雪
柴雨琳　李一荻　梁雪航　杨小娟　薄其昊　周新格　衡逸德　于洁宇　薛迪心
郝宇辉　王元杰　何文涛　丁昱程　孟庆源　张浩然　曾海锋　沈嘉树　石辰宇
张媛媛　邓钰莹　王艺洁　秦施颖　陈颖丽　张婧姝　任寰逸　孙巧玲　曹丽敏
许慧媛　李炳超　李彦逸　王一迪　季秦婕　陈星宇　纪盛林　高泽明　王鹤蓉
田宇奥　李嘉豪　杨从智　王子珏　闫硕恬　盛祺豫　李嘉明　牛艺然　王远志
李巧媛　陈胜男　伍吉滔　郭佳佳　郭亚星　门凌霄　樊舒慧　杨昌达　马贤明
宫琳轩　申宝霞　张文静　刘题华　盛瑛杰　王俊盛　白圆祥　冯兆生　商浩男
辛宗媛　杨雪姣　王泽同　张汇梓　杨正睿　叶天伦　王乐怡　杨飞扬　陈炯宇
王佩琳　邵家琪　张忆斯　胡梅婷　朱逸娴　汪庭月　周亦玮　刘晓璇　刘雨泽
王浩天　梁鹏玮　李长昊　赵敏涵　隋凤敏　郭一鸣　鲍金燕　卜辰媛　程思华
张馨茜　刘志昕　郝晗宇　孙圣斌　王家润　张晓薇　王治涵　刘兴业　李金飞
董安琪　谢炜敏　段新艳　岳晓宇　李子安　许桢琪　罗依柳　张金腾　王子毅
徐彦刚　郭佳霖　陈小虎　孙炜宸　翟杰硕　孙伟婷　邓梓健　高荣霞　杜征宇
刘子逾　和彦辰　刘秋实　林书伟　翟韵溪　李纯昕　李倩茹　赵煜阳　周昱彤

袁宇轩　谢慧敏　刀彦月　马培元　卓家同　董振华　姚云志　况一凡　白颖华
宋金灿　赵锦昊　黄琳峰　管波涵　孙立双　陈子诚　张佳玉　李欣彦　白雨欣
隋心宇　康琬婷　张圆圆　贠凯方　陈佳睿　钱炳宏　高正潇　胡英辉　石一鸣
刘春杉　黄子芳　梁泳钰　沈昕毅　陈益钧　张婷萱　王晓炳　何佳宜　蔡建山
许馨文　李北辰　聂小丽　沈增榕　董小康　张天阳　王海滨　闫思宇　徐浩钦
程凯月　张灏君　李世涛　石育航　王明中　丰琬婷　董光琦　王子政　施敬轩
孟文苑　黄琳程　张子正　王天宁　高雅淇　王茁宇　常恒瑞　杜京芮　扈冰玉
崔志莹　修晓琳　邵宇晗　韩振宁　李啸风　赵侃如　石培玉　孙伊良　董好帅
苏屹铭　赵晓凤　刘子鈺　张嘉炜　欧阳璇颖　曲桑卓玛　其美卓嘎　拉巴次仁
崔德群　张瑞珊　阿布都拉·依明　JOOHYUNG LEE　SEONGIL AHN
HALYUN KIM　LOLUHAMA SIKALU　NKEMBA NALUKENGE VIOLET
EFFANGONE DIT OKOME NAOMI CHRISTIANE MAZARINE
NAYAME TAIZYA MUKUKA　YEHUI KIM　AYEN JUANA MARIE AJOS

理学学士（746 人）：

韩　嫣　黄　雨　石　圆　杨　珂　王　彬　肖　娜　宋　逍　自　蕊　刘　薇
朱　帆　王　杰　周　南　孙　莹　王　晨　王　浩　凌　晨　邢　颖　李　凯
任　浩　王　豫　马　婧　高　娇　文　意　杨　晴　孙　诚　夏　雨　龙　腾
倪　洁　庞　超　陈　东　徐　泽　张　玥　张　亮　郭　浩　蔡　韫　王　萌
邓　怡　田　玉　杜　威　韩　康　王　仁　李　虹　王　鑫　张　昊　张　帅
董　涵　王　坦　李　昂　贾　坦　赵　沙　王　瑞　王　锟　荣　浩　周　林
聂　童　杨　柳　辛　鹏　周　熠　曲　尧　李　磊　孙　悦　胡　奕　张　涛
刘　浩　曹　志　张　帅　付　刚　陈　怡　陈　龙　袁　博　陈　诺　温　珂
庄　冉　陈　虎　黄　琨　李　昕　司　宇　赵　洋　叶　萌　管　洋　乔　静
沈　涛　王　霞　孟　哲　李　旭　贺　烨　肖　阳　苗　健　周　晗　许　枭
褚　祺　苏　勤　汤　锟　方　钊　孙　岩　刘　锴　徐　靖　张　帆　王　琳
林　卓　孙　宇　单　旭　陈　迪　樊　昊　徐　芮　朱　悦　齐　石　李　豪
李　爽　李　靖　芦　丁　张　鑫　梁　栋　殷　浩　徐　歆　王　凡　马　艳
张　远　陈　雨　李　栋　张　旭　李　寒　乔　炀　周　琳　周　昕　俞　瑶
邱　胜　郭　旭　赵　凯　郑　博　莫　岑　安　魁　李　安　韩　路　何　翔
柴　琦　朱　鹏　张　政　宋　屿　陈　琦　陈　佳　刘　振　赵　暄　马　蒙
郭　威　李　静　李　壮　杜　娜　陈　璐　闫　超　王　娅　陈　卓　张　诣
曾　梅　徐　茂　王　硕　苏　函　王　灿　姜　莹　刘　磊　彭　杰　孙　鑫
刘　坤　潘　越　宋　丹　段　钰　姜　咪　孙　宇　林　佳　德　吉　宋　浩
马　芳　饶永娟　吴慧君　李金亮　高怡明　马丹丹　赵美晨　骆婉容　陈秋云
李依冉　彭雨晴　段文楷　范金涛　肖意苹　彭云云　余小娟　谌宏玥　陈慧芳
单瑞洁　陈梅静　钟凌锋　郑婉婷　徐小桐　杨小涵　袁鋆地　陈静怡　张曼曼
陶智彬　陈刘杨　田子玉　席晓君　秦连杰　范子锐　田雪飞　孟德坤　贾长昊

李明锐　石浩楠　王庆鹏　丁国恒　秦一鹤　李思琦　倪丹宁　于镇海　黄梓煦
胡泽伟　宋雅菲　杨俊逸　陈京媛　于少芬　林世泉　王雅诗　廖方宇　孙茜钰
马本骋　王蓉蓉　李虹雨　刘伟健　刘壹萍　郝婷婷　张家玮　许桢琪　李宛蓉
牛润田　李泽众　吴燚宇　姚秀宽　张嘉欣　陈炯延　郭宇恒　王雨鑫　张曙悦
吴浩霖　吴文静　申予新　李铭生　金子萍　黄子昂　庄丽萍　陈咏慧　李嘉祺
于祎鹏　李亚宁　吕坤城　周冠行　李雯雯　唐雪凌　田海江　慕婷婷　张圣杰
陈劭杰　宋宜珂　陈朝阳　步宇飞　耿加凤　满如霞　李健秋　甄明霞　朱安苹
吴浚烽　雷雨声　朱润茜　宋福嘉　盛泽昊　和学山　郑鹏皓　陈梦瑶　顾翀赫
东晓雪　杨如玉　贾浩川　刘巍倩　袁文杏　李一帆　刘怡然　任耀发　刘艳凤
鹿亚鑫　韩睿宁　陈振楠　马元庆　杜冰冰　林晨露　罗玉莹　禹治东　鲁诗文
徐子涵　陈剑强　王明昊　罗舒琪　张志远　杨文军　梁雪原　王高森　刘洪祥
陈保良　郝毅晴　康琬婷　王文君　李嘉玮　刘佳美　于欣卉　陈幸妮　田力行
熊雨龙　任雨田　孙思勉　高卓群　范洪斌　王居远　孙祎昕　罗英伦　孙富韬
王宇欣　李星宇　杨光辉　岳海岩　周科全　杨承坤　李东宇　周润庠　王宇璇
胡艳妃　李田浩　郭力玮　刘奕娴　陈钰霖　王乃禛　朱凯悦　牛萍萍　梁寅平
王潇莹　林怡君　宋嘉琳　庞琳琳　周星彤　乔若琳　邹云昊　颜子娟　陈纬航
刘雯欣　曾涤昊　彭德伟　严逸海　敖金措　谭雪莹　张云霄　郭克勤　王宏祥
赵高宇　郭一菲　刘云飞　王家胜　石森元　安悦仪　李松阳　陶仕贤　王发展
张学宇　马英姿　田芝钰　张鑫相　于君宝　张小钰　张成业　余雁东　朱欣茹
张依婷　杨雅婷　徐雅如　张子颖　李涵臻　池润丰　高诗情　田晓艳　倪铭泽
李浩田　贾致坤　单泓锟　王佳伟　冯军领　龚明会　仝姝慧　邱继承　赵欣宇
陈金鸿　屈文珊　刘啸宇　路博文　马家乐　武一鸣　李卓焕　刘名伦　赵元溥
罗霄航　彭宇帆　张晋东　徐玉春　朱一帆　鲍智睿　李学功　李子安　刘川锋
张统政　张振宇　赵锦昊　于天健　杨泽山　李俊宏　陈楠楠　张峻川　武智渊
吴骁天　刘子健　周嘉益　昌东旭　杨博涵　王岚超　焦欣然　徐硕勋　王昌硕
闫俊吉　刘美良　祁庆强　高子瞻　宋正威　贾星竹　路子琪　周淳熙　沈益超
宋欣瑞　谢尔特　朱梓寒　吴勇江　尤祖洪　许启航　晁熙臣　孙敬煊　赵京通
陈奥博　赵星宇　尤润森　武文凯　林星宇　崔雨濛　高展洁　王智敏　任浩辉
顾宸鞅　韩肖璐　赵桄岍　姜雨彤　刘凌曦　夏泽锋　杨理毅　汪晓萱　王天煜
朱宗信　李凌霄　徐云浩　肖跃弘　王逸菲　秦庆辉　刘小雨　翟荣泉　巩舒阳
段皓警　张钰琳　宋子玥　王善成　曹红凯　苏骁悍　宋金灿　雒培江　黄瑞庆
成文浩　孔观斌　刘昕彦　钟瑛钡　薛鑫强　杨文捷　王普乾　祝熙浩　耿翔宇
李绍彤　刘德峰　乔弘宇　马富彬　赵云浩　苗奥辉　石育麟　王鑫彤　邢兆辰
邹尚宏　贾子潇　张仕卓　范金智　韩嘉程　李潇逸　王炜辰　孙云琦　王梦迪
刘卓然　邹雨纾　孙一鸣　修泽轩　张烜铭　刘纯彰　康晓宇　王傲雪　李钰琳
王昊楠　张云帆　李肇隆　张润泽　曹景和　王岩松　宋宇轩　李泽鲁　刘睿涵
朱鹏宇　贾玉涵　姜懿洋　李浩然　冯经纬　高立明　陈子康　侯恩则　尹勇荐
武泳鑫　陈雪琪　郭向阳　石运清　王芮琪　黄逸轩　郭亮亮　韩瑞麟　井伟松

侯庆良　孟铉济　刘致远　张钰周　邱志园　游泓慧　江锴杰　姜文华　陈静雯
蔺吉康　张绍煊　赵书婕　石蔡语　张方兴　李臻瀚　景逸飞　毕伟松　张启文
刘自正　崔明辉　龙治宇　李庆坤　张群鹤　金大鹏　黄平洋　侯秉奇　张佳瑞
吕少聪　张旭冉　黄曦瑶　慕意豪　郭逸翰　谢何庆　何博平　廖逸海　赵宇翔
刘志伟　李天豪　范润宇　张文韬　徐勇康　邵海洋　宋瑞泽　边稳懿　李润泽
郭宇恒　公丕明　代月晟　高志成　王明正　马丽阳　王一宁　仇靖涛　李阳健
陈浩锐　何佳祎　吴子兵　陶秋宇　黄湛为　廖润宇　刘桂红　晏弘泽　王浩松
仝一天　张宇飞　朱文正　刘雨萱　王旭东　张玮真　宋凌豪　万秋明　贾旭超
朱阳钰　魏君豪　杜树华　杨奕旻　王曹焜　陈子彦　黄胤博　汪杰克　张泽宇
司嘉昊　彭绪捷　杨林翰　吴炘铭　陈庚涛　马宇翔　郭镕境　王天任　李泽原
林子涵　李世林　窦恺莹　田娅娅　刘奕轩　李星雨　张子昂　叶育辰　牛梦瑶
胡卫杰　郑媛媛　赵春春　王丽萍　张向辉　黄晓茹　闫国辉　周礼贤　刘雪燕
夏振兴　亓雪洁　苑钰洁　傅姝萌　张馨方　于海林　贾国庆　覃鸣飞　徐华蔓
张琬朦　张海玲　李辉豪　陈芬倍　肖文军　喻路兵　张艳坤　陈义鑫　吴晓燕
姬宁宁　张志高　张一凡　刘长松　魏晓颖　冯启祥　杨智程　张悦庆　卞钰莹
宋乐天　王胜凯　高立烊　韦灵格　张德芯　杨紫远　李超群　周子葭　陈冯彦
王若兰　朱莉莉　王紫璇　杨佳瑞　段汶含　胡海涛　岳家楠　龚金华　冉玉婷
唐贤哲　罗惠元　吕胤弘　李娜娜　邵浩东　李天意　刘梅菊　周振振　主国正
桑子昊　马晓佩　孟晓琳　李俊楠　林静毓　姜姗姗　李欣雨　仇亚琪　郝婧如
史阳阳　李婧茹　梁晟贵　马晓博　屈直言　刘昱辰　马青坪　李玉欣　荣乃康
赵生亮　马敏智　李博文　扎旦巴杰　次松达瓦　旦增卓玛　郑成禹昊　刘高千雪
陈柴开元　陈阳中慧　王峰钰晴　飞落冉·阿力木　吐孙古丽·阿洪
莫力德尔·铁留江　吾买尔江·阿里木　伊合丽麦·铁木尔　阿迪兰·买合木江

历史学学士（79 人）：

郭　越　张　贞　朱　琳　乔　瑞　尹　祥　庞　轩　陳　瑜　胡　迪　马　森
秦　朔　周　昊　林　敏　蒋　铭　王　宇　宫　晨　潘　煜　张　湘　周　麟
曲　莹　龙　康　林隽如　郭凤鸣　刘晓蓉　冯超男　张广汇　岳晓宇　刘文菲
武莹莹　李嘉鑫　张舒涵　高岍琳　洪梓洋　樊霭萌　刘逸菲　邓诗媛　杨菊贤
雷雨欣　钟艳雯　赵若非　廖若夷　范雯晓　叶宇涵　王叶玲　吴雨晴　栾福德
朱永珩　徐靖凯　李则正　李汶键　黄佳希　高凌云　吕凤悦　王正东　马成悦
范晓璐　郑自敏　刘之翀　陈婉冰　时潇含　王佳佳　张杰翰　薛裕霄　梅云鹤
赵勤锴　李启航　裘绮影　陈佳璐　丁乐天　解新海　宣瑞涵　阎牧青　张润琳
鍾燕儀　张木子　秦思远　亓晨悦　张琳笛　蔡芊芊　杨张翘楚

文学学士（619 人）：

沈　馨　王　璟　胡　辰　孙　昊　高　鑫　马　玲　徐　然　钟　晟　张　颖
吴　颖　陈　祎　吴　爽　杜　炀　张　璇　王　晓　魏　笑　韩　超　赵　荔

王雯	张琪	刘媛	王俐	王冠	李桐	李悦	胡涛	孟洁
王蔷	李欣	刘芮	孙楠	罗玮	王妍	薄澜	卢潇	于婷
田钊	刘陈	于涵	齐敏	徐瞻	张琦	张政	吴晓	张贝
侯愉	李珂	刘伟	杨婧	周燕	赵好	周丹	王洁	李跃
尹文	杨洋	谢问	元莲	颜皓	李珏	张瑜	于薇	焦涵
王卯	陈菲	程杰	许洁	张雪	刘萌	袁权	朱琳	田恬
吕正	张晴	叶军	王佳	郁爽	刘阳	庄杰	马骏	何红
崔巍	马哲	岳洋	张钰	张颖	谈琦	蒲洋	夏天	辛悦
刘旭	韩珺	李娜	徐修	周佳	魏溱	江梅	邢辰	于快
李潜	闫畅	王玉	黄静	杨赛	晏卯	罗青	步月	杨帆
赵瑄	张弛	刘玲	周依	汪敏	张梦	金琪	赵琳	刘珊
张腾	赵琳	郭嘉	徐婧	次珍	陈耿	王正	刘畅	冯笑
鲁畅	黄琼	拉珍	黄昕	钟禾	杨帆	周媛	周洋	李想
陈睿	金雪	肖澳	孙妍	汪涵	朱茵	李璐	于斑	高宁
王雨	姜珊	王萌	哈睿	李楠	薛睿	马田	张妍	陳瑋
尚佳	李兵	王萱	潘梓涵	李安华	王逸伦	张会会	张婧怡	韩玮瑶
胡雪颖	房玉姣	李毓昕	王舜尧	王一宁	熊小兰	李学成	沈晓涵	戚怡然
景秀聪	蒋斯庄	李泽洋	石冉冉	陈寅生	谢英豪	高融畅	王一川	吴楚妮
姬笑笑	肖烷苓	程安云	李晓祺	任茂禹	王琳琪	赵川博	李庆芳	林雪玲
刘菁琨	温璐妃	沙英肖	韩宜彤	王其燃	高静雨	刘子硕	沈嘉欣	刘奕兵
杨梦婷	赖传翔	许灿然	陈思远	姚处筠	郑怡宁	张名轩	陈奕飞	张爱一
朱梦省	杨晨宇	王闻卿	武俊辉	谢雨欣	和丽珍	刘嘉璇	雷璐遥	陈丽君
曹梦瑶	李志恒	孟浩宇	宋梦冉	李芳萍	温书霞	郑子矜	何政达	廖美琪
梁亦石	周怡宁	董安琪	裴晓彤	李含娇	张振宇	许渤翊	刘瑞淇	李梦华
李欣雨	李艺涵	阮大有	喻鑫荣	李睿娜	任靖雯	赵婧怡	李金飞	郭凌宇
王春菊	任好为	赵向楠	赵瑞欣	王树武	郑楚炜	聂旭策	杨子睿	刘乃萍
张腾悦	聂娟子	熊国平	胡筱祺	汪雨晨	张靖怡	林晓勇	张晋旖	闵伟艺
刘季玉	车安琪	高一诺	刘阳阳	张铭鑫	王梦雪	魏浚羽	王一丹	陈少康
王雨锋	屈能生	鲍亚昕	沃忆婷	王明圆	张艺瀞	郑琨鹏	梁悦思	何一婧
陈雅格	贾偲楠	胡伟豪	时雪峰	卢昊涵	高永展	沈明亮	王文卿	刘怡辰
于潇睿	于莉珉	陈玉洁	郭思源	马若宇	张秀美	刘金秀	赵明波	张雪瑶
郑博雅	於子鹏	周文萱	霍成琪	张梦莹	张熠琳	王若彤	常雨桐	翟康雨
韩琳琳	李艺琳	王威强	洪慧耘	王鸿飞	王巧巧	张涛晖	刘俣杉	李海英
张漫漫	封文琪	王嘉琳	刘美玲	王明星	潘茵斐	孙彤瑶	何家馨	李浩然
彭语宣	谢炜敏	张文静	朱宇瞳	余诗璇	吕春晖	位婉秦	宿世庚	王紫慧
屈媛媛	裴婷娜	鲍皓楠	冀雨晨	李灵玉	胡宇桐	潘玉彤	程镜睿	刘思含
张曜磊	王柯晴	杨淳雅	叶佳妮	程梦莹	李双园	张欣宇	陈家纶	廖伟轩
柯逸盈	黎奕菲	吴韬文	韩晓琳	李芳静	姜宇巍	邢敖棣	蒋欣含	曲思喆

张静怡　林媛媛　王静雯　王雯雯　彭苏蓉　张名扬　张明娟　武玉亮　张华玲
田子航　马洪倩　李文歆　丁丹凝　刘兴业　唐学文　王佳宁　程柯心　刘泽群
张成瑶　边楠茜　唐忠娟　张俊晴　辛佳蕊　贾思琪　刘淑莉　曹赋月　李清华
张全利　白瑞雪　吕凯峰　杨丽君　杨亚楠　聂亚楠　王雨欣　贾玉馨　夏增豪
姚梦媛　王华丽　蒲虹燕　郑浩贤　卢萌萌　颜文博　白颖华　张雨萱　王朝阳
杨雨彤　蓝若晴　朱新雨　胡依阳　王祥云　赵晓杭　马玉涛　左梦琦　董弋洋
董奕男　古琼方　符岳晗　马文啸　范建宇　程小娟　白姝怡　郑妙云　王培羽
胡瑶琪　金也琪　宋怡蕾　陈潇潇　盛学敏　陈建雅　陈巧玲　任秋昀　颜文静
宋芳卉　庞妍妮　张明月　邹嘉维　王洪超　李英健　王子琪　李雅杰　王晨雨
李淘之　邓羽晨　王语双　杨越悦　褚晓文　孔妍文　王治涵　张怡然　张钰茹
冯忻然　毛忠銮　周万里　寻天琦　马悦阳　朱晓聪　林叶滢　王曼君　贾修齐
毕连焕　范菲儿　张亚欣　陈观路　何俊慧　黄语谦　刘晓扬　邓沅怡　宋炘悦
叶子淇　贾米拉　陈雪梅　林思颖　陈雨歌　汪一帆　张海艳　刘子琦　唐明远
李云燕　朱琳文　黄葳葳　苏靖雯　王欣达　张馨艺　高婧涵　郎如心　孙孜璇
王嘉冕　张冰清　张英杰　王义飞　丁雪媛　霍尚斐　舒慧岩　郭精琨　任柏盈
谭秋玲　甘世雄　王乙茜　袁欣瑶　马慧星　吴俊彤　刘雯卉　丁小静　许嘉欣
崔英杰　朱嘉璇　林庆玉　李毓敏　王海昌　覃若男　魏雨柯　韩小汐　赵煦莹
陈子诚　谭棣璟　张诗韵　戴睿姝　胡英辉　侯雨杭　周旭凡　张明喆　李天一
樊鹏元　李萍萍　李梓宁　李可欣　林土雨　权诗瑶　吴叶凡　颜秉雪　喻靖悦
黄欣林　钟晓娟　席淑婷　李亭竹　李晓璇　高阳洋　王馨悦　余若琳　石丽红
王康力　韩玉婷　巩盈伊　杨韫珏　王若瑾　张唯依　张书琴　王艺霖　窦培育
李丽珺　王一曌　于亚欣　安业荣　宗雯丽　郑保莲　魏旭洁　刘晨曦　邢秋晨
李钰捷　赵小悦　董雪梅　苗海芳　李欣仪　于卓希　董知原　刘瑾玲　徐冠群
夏袁媛　高若菲　杜冰玉　况一凡　徐艺萌　张红云　霍凤雨　田雨晴　李佳汶
唐中慧　魏若斯　张圣君　徐俊巍　赵安琪　崔贤晶　张恺廷　张馨月　曾维淇
邓如菲　邓士群　林坤翔　王茹雪　朱天宇　徐子翰　陈琪琪　上官涵清
黄余鸿莺　郭沐玉鑫　傅王雪萌　央金丹珠　边巴央宗　格桑央宗
肉扎·阿地里奴尔　阿依古再丽·阿卜力克木　YERIN YANG
POOM-AMORN SARIDA　BATKHUYAG BILGUUN
BUAHEM PREEYARAT　CHANTANAPORN CHANPEN
CHINTRAIPHOB YOSSAWIMOL　ENKHBOLORMAA ODGEREL
DOMCHE NEBI SALI ABDALASIS CABREL
KANJANASANTANA PETCHARAT　KHRUEALATDA SIRILAK
NGALIM JERRY　OFFOR UGOCHIMEREMYA BLESSING
PHIPHATCHAROENPHONG PHONPHEN　WANGDEE SASIKAN
RAOELINA MIRINDRA KEVIN　SUDDHIBARK JITPRAPHAT
SUNTORNWIPAT KANOKNUT　THANAKANTUM PIMPAKA

医学学士（580 人）：

康　琪　王　娣　张　晋　李　柔　盛　夏　郑　良　高　雅　李　琦　邢　悦
曹　雯　韩　璇　李　寒　杨　潇　冯　瑾　刘　潇　刘　毅　涂　茜　郭　嵘
张　倩　吉　拉　杜　洁　田　甜　郎　冰　方　晴　王　扩　王　坤　王　蓝
董　婧　于　露　岳　敏　孟　宁　孙　潇　张　颖　黄　芳　张　璐　陈　浩
梁　钰　周　珂　陈　琢　于　锟　王　杰　晁　瑞　常　桂　沙　颖　雷　婕
王　峥　茅　凯　罗　皓　周　月　方　方　徐　毅　鲁　阳　刘　灿　姜　鑫
苏　藜　肖　珣　国　巍　郑　祺　彭　程　杨　木　刘　强　姜　楠　李　昊
韩　一　郭　晶　周　遥　李　旭　毛　铭　刘　璇　赵　媛　成　前　罗　布
邱　成　周　戎　安　然　黄　荣　刘　刚　马　丽　龙　茜　边　凯　黄　琳
许　阳　李　暘　李　梅　杨　欢　郑　通　汤　冰　王　乐　杨　威　王　宁
周　林　贾　婧　王　鹏　李　晓　任　娟　张　璇　杨　鑫　张　瑜　刘　源
柳　勇　石　颖　韩　冰　姚　瑶　王　超　李　优　崔　馨　安　杨　江　翔
严　丹　齐　昕　田　筝　张　振　付　雨　张　晶　袁　憧　郑　远　张　瑜
苏　彤　郭　嘉　聂　瑜　赵　芯　王　言　周　彤　侯　琪　董　一　代　娣
朱雨筱　王韫知　于汉成　汤皓晴　祝佳慧　张雨薇　胡伟超　孙若瑶　芮希曼
张霁娟　金士凤　徐文倩　王璐璐　马崇冉　钱凤同　张艳静　王艺霖　赵瑞雪
王梦圆　梁俞秀　尚萌琳　洪诗怡　阎酩菲　姜凯欣　方绮雯　巩伟明　左鹏程
欧孟言　邹兴扬　郑有梅　雷园园　孙松林　王敬鑫　赵利娟　潘柯宇　汤宇婷
刘亚卓　陈志娴　巢世花　王晓晨　贾祥鹤　王亚锋　芦吾军　张慧迪　蒋巧梅
张雪薇　陈家豪　熊若谷　陈博天　吴秉杰　魏迎玲　孙爽爽　王济飞　王中一
胡清扬　曲倩玉　彭君璇　靳晓晗　罗春凤　马永真　王水凝　史芮雯　褚子瑄
王柯鉴　俞徐菲　周忱寅　张加明　翟亚茜　冯怡婷　曹书洁　李峻西　曹梦娇
张朝涛　徐纪雅　朱冬子　韩小虎　郑成祥　谷权钰　冯素素　伊雅婷　冯汶玉
张舒凝　赵晶晶　杨晓娟　贾淑娴　高文桢　马小琪　吴丽雪　马孟欣　周键武
邓淞文　何鉴泉　李卓倩　李晓悦　况维翔　李彬泱　王冠铎　吴佳瑶　李鑫林
孙硕遥　刘权震　张雅钧　赵一炫　史一林　孙景飞　施妮姗　梁洪宁　王慧茹
公丕章　马童童　王一帆　张圣锛　王新莹　郝兴瑶　李继昌　张焕卿　谢萌俪
孙庆波　吕新莉　贺奕雄　吴斯慧　孙安祺　郭益璇　施黄聪　李奇谋　郝洪凯
张晨晨　秦国梁　吴振国　胡朝鲁　迟惠中　王子豪　蒋昭晨　宗志华　宋艳玲
李海铭　万晓钰　苏俊笑　刘元元　赵雨莎　常璐杰　闫宪康　常孟孟　王甘雨
王天娇　李玉梅　李佳琳　田金秋　刘俊辉　刘昕晨　刘晓雅　刘若彤　马辰晖
王星语　王钦鸿　车钦程　丁宇明　黄嫦珍　石琳炜　张文琳　王恩杰　夏博威
杨卓浩　张文哲　戚林增　吴雁容　张家俊　欧阳军　魏子淳　张晴晴　杨丹宁
李睿哲　姜植文　杨龙山　孔庆周　安炳政　方熙勤　王琨尧　雷映菡　刘科余
安莹垠　王心仪　覃时超　闫雪琪　杨文硕　于文皓　夏雅楠　李瑞佳　杨静雯
刘晨勉　叶方舟　杨欣雨　董晓宇　程懿绡　赵秦潇　张钰婕　韩天睿　刘东东

孙衍飞　周保坤　傅祥瑞　邱子懿　王公正　王博石　韩北南　赵光菊　杨学思
梁嘉慧　韩燚超　徐嘉程　韩泳岐　许博涵　梅馨予　赵瑞麒　倪悦琪　范雪蓉
谢兆祥　肖鑫华　宋兆牛　李玉为　徐瑞涛　侯昊东　张瀚文　易学文　吴清容
李思皓　丁靖芸　李博伦　陈源媛　马存慧　李贵民　栾东阳　段青青　肖亚波
梁守燕　莫继智　刘承玮　曾凯迪　刘苗苗　张会杰　张洹晨　王昱星　徐梦茹
秦庆涛　李思远　单晴晴　梁晨希　肖桂秀　姬晓钰　李柄林　崔刘哲　曹丽丽
韩伟凯　杨嘉豪　赵丁莹　余卓雅　刘怡伟　王兰兰　刘玲西　朱汉明　吴毅剑
周筱峰　张瑜倩　张启越　刘文健　刘繁荣　郝海若　朱晓敏　杨明月　杨紫丰
席静静　许致广　袁珮栋　莫玉琨　李明键　李家铖　张金明　吴国境　王树发
穆怡君　薛志伟　林天锋　王小杰　汪秋婷　施孟冬　刘博策　马成昊　任宁宁
徐婉娣　胡新玉　霍正坤　董丽琨　弭克颖　孙瑜婧　黄松翰　王明非　于洪丽
刘方圆　赵逢琳　盖敏雪　闫翔宇　陈毓新　陈昕雨　曾冬梅　王丽丹　王伽冉
宋继源　魏梦姣　李珂帆　王博飏　蒋天娇　王钰峰　吕婵媛　张鑫钰　葛建勋
袁杰宏　林欣霏　张红丹　王思梦　郑昊天　黄钰媚　张欣然　李春浩　王帆帆
张洪扬　杨新怡　解光祥　刘长兴　赵振东　路钧泽　田丽君　谢亚学　张凤霄
王宏伟　桑玉洁　陈安邦　徐业鑫　张怡宁　马明睿　刘逸凡　陈方舟　王宾涵
杨冠群　管启源　周建诚　魏皓然　班苗苗　宋祎皓　喻思琪　唐鹏韬　徐有顺
赵江峰　胡晓宇　任庭婷　张雅宁　胡美曦　任婷婷　蒋新宇　吕聪敏　夏涵岱
余剑勇　许逸童　许姣姣　戴静雯　张蓉蓉　于天宇　李奕含　曹中英　解明翰
甄云月　李萌萌　刘天宇　高茹云　刘琳琳　刘彦淳　谢忠浩　李艳洁　颜晓一
田启法　凃康彦　邹嘉琳　殷贤坤　梁继盛　王瑞洁　刘清怡　瞿小霏　梁建东
吴伯衡　杜煜昕　崔宇博　马泓芃　刘天意　李嘉轶　杨冰雨　王文君　王心雨
李之凡　蔡亮宇　王智超　李佳萌　高国耀　张筠笛　徐天仪　王焱炜　王子德
任倩慧　胡雯婧　李宇晨　邢海超　秦慕冰　孙洗月　孟晓玫　张明惠　杨广为
马明远　孙铭晨　袁伟庆　余冠华　黄笠炜　李忠信　蔡松青　德吉央宗
傅容雪而　索朗旦增　库力马·达龙　美仁萨·喀迪尔　古丽恒·叶尔肯
阿曼尼沙·卡迪力　哈力沙·木塔力甫　努尔波力·臣打尔　艾丽地亚尔·艾麦提
根加甫·阿尔布斯力　古丽比亚·达吾列提　吾尔古丽·吾卜力喀斯穆
古丽吉乃提·阿布力克木　FUBARA PETERS　CARISSA JADE BEEMIAH
DEBORAH NLOMBO KAZADI　KERUSHA MOODLEY
MOSES NGOY KAZADI　CHIDAMBER KARTHIKEYAN
NAVEEN RAJ THANGAMANI　LENTHURI NAIDOO
HUSSEIN OSMAN ARALE　NASREEN SULTHANA SHAIK
GORLE PRAVEEN KUMAR　SHIVANI GUPTA　AREZOU BIKDELI
SEYED REZA TALEBNIA YJAHROMI　AMIT KUMAR YADAV
MD RAFEE UR RAHMAN　NADIA RENDALL EVORA ALHINHO
DIKIYA COLINE GRACE　MIRRIAM MZAMOSE MAZIBUKO

艺术学学士（151 人）：

刘　晨　乔　治　李　希　陆　倩　王　君　李　冉　程　颖　孟　珺　肖　炀
李　萌　冯　倩　信　蕾　马　爽　赵　敏　刘　悦　冯　飞　张　欣　李　玥
王　猛　高　洁　高　逸　高　磊　王　帆　张　烁　刘　凯　刘　彤　李　婕
徐　浩　于　杨　张　衡　王　硕　付　娆　徐　芳　李　彪　段　乔　高　瑞
赵　捷　刘　昕　刘　冰　李懿竹　廉博杰　周航宇　汪淑涵　黄煊乔　苏熙之
杜建涛　赵博凡　黄嘉怡　于晓莉　刘煜璠　于晓雨　丁嘉琦　卢庆钰　王子健
冯奕杰　吴旭鹏　姜立宏　王恩泰　杜竹茜　孙小林　刘咏琳　郑志敏　袁秋慧
谷奎瑞　李志成　丁雅娴　李浩洋　居文娟　张玙洁　蔡羽冰　王晓雯　刘瑞涵
孙玮琰　董晶晶　刘庆鑫　张雨晨　刘建华　苏乃龙　胡咏祺　陈泊璇　黄星语
范桦晓　周浩捷　李秀林　沈永庆　曹庭葳　范立伟　杨小弨　任云婷　吴骋昊
丁芸梦　俞舒展　董柯鑫　张美慧　王翊君　崔轩浩　宋少彤　赵云旭　仝芷莹
曾志涛　曾惠倩　周思彤　刘佳慧　王子宇　尚昕玥　傅桂清　张新雨　王璐佳
司维姿　禹雪宁　孙佳雨　刘传懿　陈坤宇　隋秉霖　王润辉　梅艺凡　孙铭鲜
李祉彦　杨亚彤　姜睿涵　宋润森　赵晨旭　彭琳琳　卢虹坤　夏子绚　陈怡萌
孙雪月　袁禹昕　王莹祥　卢萌杰　郑亚萍　王思原　苗煜焓　黄子硕　王晓彤
赵胜男　杨开兆　李晓鹏　李晓彤　邢月琪　齐晓宇　陈金童　张子萱　王雪琪
卢幸欣　张皓翔　杨焜丞　付逸雯　刘铭策　赵舒童　李法华

哲学学士（40 人）：

杨　桓　高　蕾　付　豪　张　艳　朱　婕　赵　倩　陈　骁　刘　政　郭　薇
栾　鑫　邵　宁　袁玉琦　陶歆梦　李斯源　崔轩铭　李俊桥　梁雨浪　胡加广
赵晚湄　白云晖　郑蓓涵　郑晔玉　赵子佩　杨晓瑜　牟雪宁　谭泽雅　赵晨辰
于耀翔　柳晓彤　丁彦杰　陈志芳　张慧慧　高鹏飞　王胜雍　李成成　初诗儒
黄毅帆　葛书吟　董寒旭　阿候美阿兰

山东大学
2021 年 6 月 18 日

关于 2021 年度授予杨舒琪等 131 人荣誉学士学位的决定

山大教字〔2021〕22 号

根据《中华人民共和国学位条例》《中华人民共和国学位条例暂行实施办法》以及《学士学位授权与授予管理办法》的有关规定，经校学位评定委员会 2021 年度第一次全体会议审核通过，决定授予杨舒琪等 131 人荣誉学士学位。具体名单如下：

法学学士（2 人）：

杨舒琪　高凯幸

工学学士（56 人）：

杨欣如　王振佳　袁长红　徐顺康　尚明鹏　吴　灵　王　坤　杨志康　苏宇晴
宋非凡　殷泽原　黄　轲　张　茜　王憬慧　刘洪华　翟文博　彭一森　郑星阳
甘锐雪　胡　泽　刘　炜　籍雯媗　刘　畅　康　恺　郝　艺　劳　静　周溱焱
陈磊杰　盖梦欣　齐天飞　罗海瑄　刘保辉　陈瑶瑶　王　芳　杨晓君　张子超
常启鑫　谢欣然　刘　涛　杜晓雄　曹俊燕　张定国　彭星宇　王淑娴　左莹莹
赵树南　黄瑞哲　姜　浩　刘建东　刘雨桉　刘宗殿　吕　玺　孙维纬　张愈博
张　腾　张宗萌

管理学学士（17 人）：

张　涵　高　晗　石心怡　张清源　吕志栋　董雁天　刘子纯　张渝曼　曹　莹
王　芬　荆文琦　侯广旭　段景卉　冯天予　张　迪　张　静　徐雅静

教育学学士（3 人）：

赵日皓　夏　彤　赵丽丹

经济学学士（5 人）：

郭一鸣　白一涵　钟行坤　王　雪　章　明

理学学士（21 人）：

肖意苹　巩舒阳　曹　志　张　帅　徐硕勋　李博文　刘睿涵　李钰琳　王天任
陈子彦　赵　暄　窦恺莹　李虹雨　宋宜珂　黄平洋　刘自正　孟铉济　韩睿宁
刘艳凤　李浩田　颜子娟

历史学学士（4 人）：

周　昊　乔　瑞　王　宇　陈佳璐

文学学士（12 人）：

沙英肖　武俊辉　庞妍妮　李英健　张铭鑫　张　弛　宋炘悦　李亭竹　徐冠群
尚　佳　徐艺萌　李可欣

医学学士（7 人）：

张舒凝　洪诗怡　金士凤　涂　茜　吴振国　杨冠群　薛志伟

艺术学学士（3人）：

卢庆钰　王子健　宋少彤

哲学学士（1人）：

袁玉琦

山东大学
2021年6月18日

关于2021年度授予姜舒天等377人学士学位的决定

山大教字〔2021〕25号

根据《中华人民共和国学位条例》《中华人民共和国学位条例暂行实施办法》以及《学士学位授权与授予管理办法》的有关规定，经校学位评定委员会审核通过，决定授予姜舒天等336人学士学位，授予施安鹏等41人辅修学士学位。具体名单如下：

法学学士（4人）：

姜舒天　艾比拜·阿卜杜拉　才　仁　方　圆

工学学士（159人）：

刘恩泽　党一丁　周诗蕙　刘帅通　王亚琪　杨召宇　贺邦玮　王金鹏　潘炳曦
田　浩　李　青　陈敬岗　洪　坤　姜　熙　庄伟铭　殷绍冲　卢孔炜　秋雨筝
梁　骐　谭乃瑄　赵北辰　何　晶　邹　阳　李家骐　袁小东　张　钢　王孝文
曾　珺　汤一凡　曲泳鑫　张一术　陶　臻　邹玮浩　王　远　陈卫士　刘　岩
王采瑞　和新龙　任国昊　潘新天　吴哲林　赵晓瑞　向昭锦　任旭阳　杨　钧
刘浩霖　叶梦婷　黄志威　张博贤　孙鹏博　张　韬　胡德华　李　健　李志伟
张博瑞　胡柯凡　李文韬　伦一鸣　柳柏君　辛晓明　李春云　孙炜宸　贾恭旺
吴昊龙　李小博　吕强健　纪丰华　梁力涵　张潇文　张天发　陆王辰皓
斯尔哈力·奴尔江　古力比亚·木沙江　曾颂天　安思远　黄　鑫　陈金诚
张　文　张　雷　张立涵　王　禹　李　磊　刘　阳　刘子逸　杨东澍　简如达
陈厚昌　王映垒　杨谦琛　曹全增　耿志康　孜力克尔·艾比布拉
古再丽努尔·亚库普　依拉木·阿布迪日木　沙依旦·马拜提　四朗热登
马怡荻　郭振宇　柯鑫圩　王维嘉　彭麟祥　刘潇菡　刘子怡　姜亚峰　张　麟
姜俊涛　谢恒辉　周缪翀　吴浩盛　邵浩祺　郑　瑞　马鸣岐　郭喜梓　陈俊超
宋昌宁　蒋明昊　孔垂鹏　东可越　赵西正　高泽松　包　蕊　张　源　冼煜棋

马文轩　陶　林　张　存　姜易良　姚信志　杨文武　贾思楠　余　华　严子晟
王文钏　官　忠　吴林源　寇耀文　周睿哲　林　亮　朱文斌　白金炜　徐海鑫
郝逸凡　王家润　肖铭昊　宋璋贤　柴有恒　张馨允　孙振兴　蔡齐平　丁俊伟
李春永　贾　潇　刘恒硕　于凡殊　梁宇鑫　吴一凡　王智超　李为豪　俞璐璐

管理学学士（25 人）：

古　敏　张　丹　沙松橙　吴　蔚　金睿之　王　彤　辛永磊　武哲平　孟繁欣
王淑荷　王前成　董方舟　张　梁　沈雨欣　蔡智光　黄玉迪　施　晴　陈明洁
于佳彤　梁瑞娟　罗　菀　朱度锦　刘　陈　孟浩宇　其美仁增

教育学学士（4 人）：

谭智威　成海川　黄恩柯　成吉午

经济学学士（18 人）：

秦　雷　武翔宇　杨佳斌　范伍豪　朱春春　宋玲君　尹文姬　刘凯盛　郑昊杰
张若潼　章　明　聂保宗　罗港航　施安鹏　王树武　李志恒　孙士昂　张任逍

理学学士（102 人）：

赵　宇　赵华兵　蒙梓屹　付帅杰　谭淇峰　曾繁基　张煜珣　田应创　罗丞亨
毛浩远　宋秋宇　潘　可　张栏榛　朱鹏宇　高晓阳　杜晶晶　刘泽一　张忆君
高　郡　黄伊涵　詹知润　徐子浏　逄　博　李泽宇　张海涛　杨　挺　王雨蝉
吴金虎　钟浩成　阿西呷铁　任密龙　侯文康　牛忠旺　许小康　黄茂天
苏　芊　石定坤　安丽洁　黄柯蒙　黎书琦　袁　菁　牛子琦　辛　秀　赵志祥
王笑凡　夏梦真　赵博宇　刘得硕　苗春阳　梁恩萌　侯祥峰　杜豪杰　安保进
孙瀚林　翟雨婷　陈　希　刘思缕　林学伟　沈汉诺　臧　伟　张润泽　刘忠哲
吕炜路　全希煜　王一凡　石依冉　古丽仙木·艾尔西丁
阿卜杜艾尼·阿卜力米提　龚传琦　李睿哲　成云珊　郭嘉伟　贾林浩　刘易为
王晓蕾　尚萌琳　张　颖　蔡建山　李文歆　屈兴佳　刘思雨　孙宇彤　王　禹
高　原　孙国坤　孔祥栋　杨谦琛　曾宪宇　韩志松　黄　斌　吕志栋　宋　健
陈丹莹　孙秋磊　刘亚平　周　颖　董雁天　逄梓民　赵雪娇　杨预麟　查建平
张溪溪

文学学士（21 人）：

蒋雅心　吴辛迪　蒋佳宏　岑海华　金悦澂　蒋远钊　朱雅君　韩欣然　肖胜兰
董恺悦　管景全　王欣怡　陈逸飞　张宜安　岳文雪　郭小冰　刘天乐　郑善月
胡晓莹　刘星佳　才　仁

医学学士（36 人）：

李元杰　古丽尼尕尔·阿木提　美朵次央　德吉卓嘎　木尼热·塞买提　孟祥臻
王　晨　刘　严　蒋欣竹　徐宏洋　袁旭海　王维康　林家豪　谢梦缘　徐明辉
陈延嘉　樂昱廷　赵妍雯　田兆美　宋　扬　奥云塔娜　李志国　周曾凯
黄佳怡　刘明国　曹　艳　王　荣　刘岚清　侯　敏　靳光远　孟　繁　姬大卫
邵　强　THAPA WIDUSHEE　ABEME MBA VALENCIA
SETHOLE ALFEZENZO SHANDRE

艺术学学士（8 人）：

苏星宇　汪晶晶　荣毅恒　张子鹏　李甜甜　张禧鹤　郎雨婷　孙国兴

山东大学
2021 年 7 月 30 日

关于 2021 年度授予刘嘉怡等 26 人学士学位的决定

山大教字〔2021〕43 号

根据《中华人民共和国学位条例》《中华人民共和国学位条例暂行实施办法》以及《学士学位授权与授予管理办法》的有关规定，经校学位评定委员会 2021 年第二次全体会议审议通过，决定授予刘嘉怡等 26 人学士学位。具体名单如下：

经济学学士（8 人）：

刘嘉怡　王　楷　宋泽宇　李润健　高凯幸　赵向楠　马敏智　张子鹏

理学学士（2 人）：

王　鹏　韩冰玉

工学学士（2 人）：

李嘉文 陈彦铭

医学学士（14 人）：

HIRESH RAMPERSHAD　SAVHANA MAHABEER　SIMBISAI KALONGA
NABEELAH SULIMAN HAJAT　MICAELA PILLAY　JADE EVANS
EKANSH TIWARI　KRISHNENDU PRASANNAN　SUSHITHA CHANDRAN
STEFFI CAROLINA MARY　SAHAYA JOHN STIGI JOHN MILARD

BHARGAV GANAPATHI　SUNARIWAL JEET GHANSHYAM
SANDEEP SHARMA

山东大学
2021 年 12 月 20 日

研究生毕业生名单

关于 2021 年度授予田燕梅等 32 人博士学位 胡明辉等 32 人硕士学位的决定

山大研字〔2021〕15 号

根据《中华人民共和国学位条例》和《中华人民共和国学位条例暂行实施办法》的有关规定，经校学位评定委员会 2021 年度第一次会议审核通过，决定授予攻读博士学位研究生田燕梅等 31 人博士学位；授予姜维博士专业学位；授予攻读硕士学位研究生胡明辉等 4 人硕士学位；授予高祚等 25 人硕士专业学位；授予以同等学力申请硕士学位人员王成民等 3 人硕士学位。具体名单如下：

一、授予博士学位人员名单（共 32 人）

（一）攻读博士学位研究生（31 人）

经济学（1 人）

田燕梅

法学（3 人）

王天娇　刘文杰　晏振宇

文学（5 人）

周　琳　陆晓芳　高慧芳　陈　蒙　胡乃麟

历史学（2 人）

董莉莉　张晓鹏

理学（9 人）

褚晓茜　张　雪　秦鲁敏　张　艳　宋超逸　张永亮　龙　逢　李　直　杜东硕

工学（5 人）

胡恺琪　姚　阳　梁晓亮　蒋沁宇　李志强

医学（4 人）

王　谦　陈晓彤　崔立伟　张新玥

管理学（2 人）

张赛林　刘泓辰

（二）博士专业学位（1人）

临床医学（1人）

姜　维

二、授予硕士学位人员名单（共32人）

（一）攻读硕士学位研究生（4人）

理学（1人）

胡明辉

工学（2人）

聂凡茹　ALI RASHED NAJI AL-FAKIH

医学（1人）

陈　锦

（二）硕士专业学位（25人）

金融（2人）

高　祚　李卓群

法律（1人）

李　磊

应用统计（1人）

袁逸升

工程（9人）

陈中原　吴　奎　李凯舟　张燕燕　赵德勇　李滨滨　吕艺枫　张汝宁　毛耀辉

公共卫生（1人）

王　蕾

临床医学（2人）

任万里　高　岩

公共管理（6人）

陈志丹　刘凯丽　弭子昂　杨书博　熊可娟　朱丽莉

工程管理（2人）

胡顺利　车金燕

艺术（1人）

汪羿宏

（三）以同等学力申请硕士学位（3人）

工学（1人）

王成民

医学（2人）

孙利静　杨晓梅

山东大学

2021年3月27日

关于2021年度授予许伟等740人博士学位杨晓慧等5810人硕士学位的决定

山大研字〔2021〕39号

根据《中华人民共和国学位条例》和《中华人民共和国学位条例暂行实施办法》的有关规定，经校学位评定委员会2021年度第一次全体会议审核通过，决定授予攻读博士学位研究生许伟等574人博士学位；授予张大伟等159人博士专业学位；授予以同等学力申请博士学位人员杨荷泉等7人博士学位；授予攻读硕士学位研究生杨晓慧等2336人硕士学位；授予钟国文等3421人硕士专业学位；授予以同等学力申请硕士学位人员黄吉祥等53人硕士学位。具体名单如下：

一、授予博士学位人员名单（740人）

（一）攻读博士学位研究生（574人）

哲学（18人）

许 伟　刘 慧　赖祖龙　张馨予　李 娜　孙 玥　彭 丹　芦 杰　林孝斌
冯 争　王贻琛　孙亚杰　赵庆波　刁春辉　赵立庆　李腾飞　马爱菊　叶 达

经济学（27人）

周 旋　黄震鳞　李 红　宁密密　苏建皓　刘春紫　水兵兵　张宁宁　姜帅帅
郑 超　李一骁　方 诚　张鑫宇　宋颜群　韩 坤　刘晓宇　李雪岩　王 纬
刘志强　韩新峰　李金玮　李亚飞　郑志全　KOVALCHUK ANNA
ERRAITEB MERYEM　BUTARE WYCLIFFE GEORGE
BAAH JUSTICE ACKOM

法学（19人）

肖 彬　李军海　魏 伟　王明敏　王 统　赵建波　李珊珊　马树颜　张 泰
刘华超　杨 慧　侯恩宾　贾 龙　曹瀚予　YUMNA CHAUDHRY
NOOR MOHAMMAD SARKER　IFEANYI AUGUSTINE OKERE
MUHAMMAD NAUMAN AKHTER　ABDALLAH，FATMA ABDULLATIF

文学（22人）

张沁园　王 静　潘 耕　范丹凝　宁亚群　王春鹏　吕丽丽　刘俞廷　盛 蕾
李欣蓓　李 慧　侯秀然　苏 琪　生 为　王 敏　杨慧芹　赵亦雅　王篤垡
张 伟　柴 琳　鹿晓燕　CHHORN THAN

历史学（8人）

高 洁　张 倩　冀晋才　姜亚飞　杨 凡　陈 翔　王 越　曹 洋

理学（158人）

邢 钦　王 瑾　刘曼莉　乔海丽　张启亮　王 可　朱三梅　刘翔宇　马 宁

刘　磊　许晓丹　常渝林　牛亚伟　斯可汗　胡广伟　王梦迪　杨海宁　白希贤
杨志伟　刘　颖　孟　飞　王煜坤　朱英俊　张国栋　齐崇海　孙舒宁　李鹤鸣
左　希　王忠轩　温振川　邢同昊　韩　立　邵晓斐　胡相虹　张鹤耀　耿丽君
曹　月　崔晓丹　梁　岩　龙　晨　卢秋霞　申世英　宋晓涵　王　雪　魏蒙蒙
张毛毛　张文君　周春鸣　李玲琪　徐林林　张康宁　张　彬　李念露　马光耀
黄　曼　王　芝　石念香　于伟燕　张士清　刘国红　高　亮　张开元　王　琦
魏康亮　张宏淑　陆文绘　王海梅　董艳红　滕　琪　谢尚青　杨　帝　张梦媛
赵志国　樊　哲　高美华　黄兆慧　秦　妍　闫丽娟　于　淼　于　洋　袁　进
张晨韵　张　卓　赵　霞　杜雅静　周　静　王德良　王　岗　汪敏敏　刘炫杉
丁亭亭　孙淑霞　李艳丽　许艺滕　衣世杰　温宗壮　李沛沛　李　娜　邸宇琴
高　杰　李艳雪　宋慧佳　乔　柱　李净净　王家宁　张　鹏　张亚超　郑文韬
宋美慧　安建鲁　李　玲　杨晓宇　张一鹏　钟　林　察倩倩　刘　亚　王　宁
王文正　温　鑫　孟芳芳　贺鸿鹏　张华森　李国儒　颜秉政　姜和和　史　栋
邢丹宁　芦　青　盛安然　张庆冬　仲　侃　贾维彬　李　爽　王贵荣　丰茂晓
窦丹丹　王　萌　陈　旭　刘晓林　王蕴秋　王班琴　魏玉秋　张恒英　赵　晓
李　聪　陈师尧　刘　超　周海波　曾千慧　杨红雷　王帅民　王　建　柏诗晨
马羽璋　李海霞　SHEHU MAITAMA　GHAFFARI，ABDUL SATTAR
AHMAD，SOHAIL

工学（187 人）

赵长锋　王一鸣　陈　桢　李亚萍　姜光远　孙嘉敏　杨小坤　杨厚文　李腆腆
张文浩　潘　瀚　赵　冬　关　晨　马　彤　王　菲　谢永耀　张秦端　高睦志
于山山　马晓明　张　建　刘福燕　刘　锋　辛建平　李雪松　蒋晓姝　徐龙云
姚昌林　崔双月　李　敞　刘阳阳　张磊磊　陈辅周　王世才　董卫民　杜金恒
高文强　韩生会　李　红　罗雯耀　施淑颖　孙秀彩　田文栋　王浩元　王佳佳
王敏瑞　王　涛　谢永帅　邢理想　徐冬梅　杨　锐　尤　丽　张龙振　刘孚安
张　珊　祝凡平　孔文佳　郭赓鹰　李　楠　李鑫鑫　李云凤　李燕然　朱乐东
程淑敏　丁喆正　刘　玲　梅　琼　王均杰　王泽华　魏　博　蔡立超　闫风洁
侠　光　聂祥坤　王永晓　吴东亭　冷明哲　郭焕焕　冯玉润　王　晓　吕龙飞
李笑笑　高　权　祝　琳　虞军伟　迟一鸣　龚　洁　李　博　杨　媛　张力舒
乔　靖　杨春靓　付　琳　陈孝学　王玉宝　徐　潇　代新月　范国华　李　硕
秦建杰　田　园　王瑶瑶　杨映晖　赵文祯　郝广超　王桂杰　张　良　鲁帅帅
徐龙华　云　昊　李学木　夏　岩　苏　瑞　黄　冉　李宗强　王　兴　许亚鹏
赵金富　于鲁川　王　军　周滨选　袁　威　张肖阳　宁一麟　闫宪尧　谢宇峥
刘　昀　闫　博　许易经　孙家祥　鲍威宇　黄家凯　梁家碧　高术宁　秦福田
张　刚　杨东江　赵璐璐　付有良　康永哲　张　营　王子明　曹弘毅　李凤鸣
李　爽　陈　科　丁　超　朱　瑞　王译那　尚海霞　胡金昌　姚连珂　张　健
朱光轩　王欣桐　李　卫　杨国强　黄　鸿　王永欣　刘兴波　宋祥福　张　舒
赵　瑾　周爱中　袁　媛　郭洋洋　陈　琳　陈振铎　郭子瑜　李秀林　郑冰冰

任玉晓　范克睿　刘　聪　高成路　胡　杰　屠文锋　高红科　郑力文　孟忠良
王玉品　胡　凯　薛　鹏　乌兰托亚　MUHAMMAD AKRAM
RIZWAN UL HASSAN　NAWAZ, AAMIR

医学（116 人）

王璟涛　张同超　王　璐　刘国超　刘晓静　刘珍珍　王　倩　魏佳特　张安然
李　静　赵　一　贾婷婷　贾凌璐　商玲玲　张　丹　孙瑶瑶　杨茜茜　赵　娜
李　雅　王　磊　姜　雨　董高攀　张雅楠　邵新田　孙　林　牟伟伟　吴月娥
周　岳　冯婷婷　陈小荣　马大鹏　崔秀杰　王雯雯　谭思雨　王　威　宋　慧
贾玉峰　袁桂艳　李　华　王付燕　刘正方　彭志国　李海军　韩盼盼　方　娱
张铭珺　于亚菲　张　成　刘　潇　田　蜜　乔　磊　商国凯　李路超　王　勇
王劭博　孔德水　陈　璇　高文双　侯永浩　雷升云　孟力维　刘晓琳　赵亚楠
陈芳芳　陈吉英　刘珊杉　王朝阳　张天然　王姝文　王婧雯　于　宇　季剑雄
张宗璞　靳飞鸿　王文俊　王　正　杨　娟　麻树霖　付常宁　苏　红　康维亭
温吉亮　王　媛　王宇芃　朱素伟　吕婷婷　谢潇语　刘佳睿　姚振宇　徐亚琦
刘　童　李懋禹　段伟丽　赵颖慧　田　煜　李　伟　刘小滨　许春梅　王　霞
刘　焕　陈小徽　柯晗昵　徐　臻　杨　萍　姜永辉　满媛媛　姜　啸　罗　伟
宋玉璐　李心悦　谢文利　王　璐　李彦康　张　杰　SALIM F. A. JEDDO

管理学（19 人）

陈秀红　孙敬华　袁书华　褚　雷　赵兴华　张国珍　李海石　齐晓飞　李玉晨
吴　倩　张　伸　王　磊　蔡　捷　许嘉禾　刘铁诚　景正月　张　娇　傅佩佩
江　帆

（二）博士专业学位（159 人）

工程（4 人）

张大伟　刘　飞　许金珂　张　惠

临床医学（151 人）

余霄龙　崔莹莹　张文花　孙振卿　王晓寒　庞玲玲　邵光峰　孙岩伟　杨彦华
谷梨花　李大伟　柏明晓　刘春红　刘　琦　徐　平　史兆娟　张小玲　林　凡
李保环　王慧婷　王滕滕　尹　森　赵　浩　杨　宁　刘　涛　孙小刚　胡睿婷
肖俊娟　任英莉　范晓婷　孙晓朋　孟　冬　宫文静　李立恒　陈建时　高　宁
许　远　谭宪军　史　进　周发忱　汪　鑫　王　旭　刘　淼　吕亚娟　李　青
姜　强　张明阳　李珍珠　董亮亮　陈飞飞　时丹丹　李楠楠　陈　娜　康丽丽
刘　红　彭　程　周　俊　徐　静　刘　冰　杜　鹃　初同胜　刘志峰　梅延辉
王　彭　阮洪艳　刘翠红　王和香　阎贝贝　曲宏懿　张初琴　王　宁　李　旎
李　新　刘　艺　窦晓青　刘　燕　赵红艳　郄淑燕　徐　松　杨绍忠　赵晓虹
吕　丽　申慧敏　张　波　刘光平　郭旭东　刘　晓　张　华　李建志　辛颖慧
李　晓　崔盼盼　远　洋　刘　敏　朱海萍　林爱清　梅虹霞　张为光　刘　颖
刘　静　葛丽丽　张文超　余　洋　李丕宏　齐印宝　韩鹏熙　胡妍妍　史宏璐
张玉青　刘　艳　陈鸿飞　刘　芳　张姗姗　王倩丽　桑　坦　韩继兰　薛景才

张秋秋　余江涛　李　苗　汪　洋　苏成磊　詹　翔　李　芳　周　虎　许　昌
李妙男　葛　宁　刘　晨　李　君　赵　北　孙洋洋　孟萍萍　郭建平　李　萍
侯艳娇　杜圣红　吴天亮　王　晶　韩　芳　郭星宏　李　妍　马　赛　陈立朋
梁景辉　王守荣　王　帅　苏骁男　李临川　柳　越　宋　华

口腔医学（4人）

王荣阳　吕　佳　张　璇　张文怡

（三）以同等学力申请博士学位（7人）

文学（1人）

杨荷泉

历史学（1人）

王文灏

工学（1人）

黄玉文

医学（4人）

武利强　张云香　姜志明　王明刚

二、授予硕士学位人员名单（5810人）

（一）攻读硕士学位研究生（2336人）

哲学（59人）

杨晓慧　曹明倩　李　畏　梁　雪　汪子明　余冰好　翟景生　张　伟　程　佼
丁柏伊　冯　斌　李方舟　刘聪钰　刘　倩　马春雨　田馨雨　王蕴婕　张　瑞
班　超　邓茂林　费佳伦　冯黎明　耿羽飞　刘人杰　刘智奇　徐英新　张婧仪
陈　琦　李亚楠　孙韶华　魏上卿　崔　芹　晋守亮　李　良　刘　敏　商莎莎
武　伟　海弘宇　梁允昊　刘智美　逯　洲　逄凌枫　周君艺　曾　力　何　靖
胡贯周　贾　亮　贾志远　施昊伟　石　霞　王坚文　王培坤　吴　建　颜圣麟
张风范　张文豪　赵嘉霖　周　慧　彭　繁

经济学（146人）

陈洪福　张晓艳　蔡雨佳　迟婧楠　郭毅焘　刘　颖　乔　羽　杨　箫　赵欣宇
李　奥　李巧玲　钱琼宇　唐仲坤　赵申丽　郭灵晓　胡天力　吴宗凯　熊　浩
张　昆　杜海霞　高　超　何心怡　黄宝华　李晓静　李艳华　石慧丽　宋艳山
许　祯　杨　琴　袁威威　张晓华　陈泊宇　陈佳洛　窦怡欣　高　珊　刘超越
刘婷婷　鲁伊思　牟隽仪　潘浩然　宋诗祺　孙凌波　王文韬　王晓翡　闫惠童
杨　雪　杨雅洁　赵德巍　郑天娇　陈兴雨　崔灵燕　高淑琦　怀洋洋　景梦龙
李　杰　李泽宝　潘　婷　孙鸿飞　朱晓蕾　晁　阳　渐　斌　李　旭　李洲旭
马雯嘉　王誉燕　杨文慧　赵雨婷　田刘敏　马泽根　王　田　朱红红　冯天佐
邵　康　王浩远　陈　齐　沈　景　吴静怡　徐海洋　王　珍　郗广祥　张高峰
赵力言　毕　晴　常思浩　陈楷格　黄嘉琦　孔荣荣　冷昊泽　李志豪　刘乔巧
苗滋坤　王楠楠　吴　纯　许元博　杨乐天　张佳慧　包晓洁　陈章兵　丁皖蒙

范雪莹 付晶晶 郝德胜 鞠 敏 雷小飞 李珍珍 林春雨 刘祥康 孟程程
彭丽莹 任健平 孙九凤 张汝彬 张永鑫 赵泽润 王 莎 单晓玉 刘恒良
王 宸 薛启航 李凯丽 杨欣愉 张润鑫 张天放 李 昆 李 峥 刘 雯
温 馨 杜卓群 刘 毅 孙 欣 吴佩霖 许维杰 杨 菲 张 露 张 帅
邹 玥 陈茜茜 刘晓晗 温 浪 MD SHARIFUL ISLAM IDRIS ALI
MEHJBEEN SARTAJ UL ISLAM JOSEPH ESHUN MOHAMMED SEIDU
IBRAIMO MOMADE USSUMANE

法学（244 人）

白佳馨 蔡天皓 卢 啸 任博恩 任学慧 王 森 尹恩生 尹 康 张 爽
张玉杰 田雨晴 闫 芝 王 泽 郝芷晴 林春梅 刘安迪 隗宇辰 赵 婧
李 爽 宋 佚 柴宏芹 陈梦婷 李 欣 连 真 刘晶蕊 刘启悦 刘茹洁
鹿 超 彭裕彤 沈 娟 孙铭悦 王璐瑶 王绍蕊 陈望舒 陈怡帆 侯婷婷
宋 爽 赵梦影 柴 娴 刘炳兰 任家仪 宋如意 王丽娜 徐承钰 杨靖雯
张文特 张 雪 赵亚夕 郑佳豪 毕送平 陈炳蔚 陈虹润 代钦夫 李 畅
李昕贺 刘雯雯 倪楚瑶 王 艺 吴 凡 郑冰璇 朱德松 陈 琦 李茜钰
柳雪妮 唐泽鑫 陈佳颖 李 敏 李子悦 刘航杞 刘雅彤 石彩阳 时丽丽
唐玮晨 王璐瑶 徐 驰 张亚伦 朱菁怡 肖彦天 刘桂娇 陈丹萌 姜锐雪
李 政 刘 阳 普 英 齐肖婷 秦宏松 宋雅秋 汪程超 王 勇 徐富超
叶家明 殷 婷 张 丹 张 明 张增垚 周子进 杜一民 刘朝阳 王华梅
陈光照 邓金琳 丁思齐 范存祺 李凯玥 李 男 李 晴 李宛桐 刘苏庆
刘 阳 石鲁伟 孙艺鹏 徐玉琳 余海珠 张倍宁 张 铭 张 宁 赵翠青
赵恬恬 赵小辉 朱慧丽 董 畅 曹世英 陈俊龙 程 育 邓 凯 房 珊
官玉涵 蒋春阳 李明远 李照磊 梁永慧 卢姿元 吕 雷 潘 楠 尚海明
徐艺铭 张 科 刘 彬 邢玲珑 冯孟爽 冯 强 付卫民 李 敏 李 娜
刘梦真 刘双庆 吴 娜 武小娟 徐丽雯 张法帅 张苏苏 韩学亮 王朋朋
李寿阳 李小春 刘惠惠 刘思羽 孙志成 王新静 杨 珂 杨 柳 张 帆
张 帆 张 慧 张文凯 赵 倩 高 伦 李 琳 陈 婧 陈芝宇 李莉莉
刘晓雨 齐佳佳 孙雅文 王 森 徐雯婷 薛潇涵 于暖暖 张光哲 赵子琪
祝 笛 李 玲 尹利娇 安瑞龙 陈顺琼 杜发建 解晓晨 刘士振 潘姝岑
全明威 肖 遥 许 瞳 樊 枫 黄 莞 李璐佳 杨言妮 杨珍珍 尹瑞雪
朱俊波 唐钰尔 李祎博 李钰莹 刘佳宁 刘 潘 刘 玥 申子琪 王 敏
王志成 徐钦政 杨笑琰 张丽欣 董 曼 段莹莹 侯欣欣 吉石香 曲彦蓉
孙雪容 王静静 张嘉琪 赵玉倩 李 红 宋一凡 王迎香 程新宇 英荣发
曹 娜 刘胜男 王 涛 王月圆 许星雅 袁海峰 赵宏雯 郑夏童
FREDDY MBUYI BATANTE NURUL ATIQAH BINTI ADANAN
MARIA AHMED MOHMMED ABDALKADER SHAWLAQ
MUSTAFA KHAIRUL BARIYYAH BINTI PATRYK LECZYCKI
MOSA LALI KHAN MOHAMMAD QARLUQ HAPEYEU ALIAKSEI

LAILI NADHIFATUL FIKRIYA　VIVIAN NKIROTE KAIMENYI
LEE JUNJAE

教育学（18 人）

翟长彪　黄贤秀　江冬冬　李雪娇　李　煜　刘　婷　刘文娜　孙　萧　王婕妤
王　宁　王　菘　王紫薇　谢韶峰　邢　月　张天琦　赵婧怡　朱蓬磊　郎咸圣婕

文学（229 人）

阿茹娜　李晶晶　代　阳　金一凡　李金泽　刘　琪　刘馨诏　桑萌春　宋怡琳
王璐婷　杨　青　郁秀青　柴舒文　陈　曲　付　婕　贺　楠　华乐康　贾　瑶
李　通　刘　玲　马子月　念珂羽　孙会沅　覃女穆　王丽红　王　萌　王　桢
杨延平　姚　江　余宁宁　张　帆　张　浩　张开心　钟　铮　陈　曦　仇子兴
丁安琪　高　雅　郭淑梅　何　易　李倩楠　李　彤　刘若凡　刘晓航　刘晓宇
石春雨　王　阳　吴子璇　于欣琪　张玲玉　朱佳成　祝　贺　秦淑仪　王誉凝
王允诺　徐梧桐　杨　菊　安宝颖　陈　杰　陈之涵　冯明肖　谷若涵　郭鹏飞
郭新钰　贺晓婕　黄长明　贾珊红　李丹丹　李　浩　李弋文　刘希言　王晓丽
王　琰　王　意　詹艳杰　张丹墀　张沁慧　朱　丽　冯　洁　刘聪慧　谭　天
王恺龙　魏伊彤　赵宇宁　纪墨琳　苗佳訸　王军霞　于金路　陈俊杰　单琳涵
房桂竹　郭　瑞　李　洁　刘荷花　刘　越　马慧敏　石　佳　田宇婷　王晶晶
王素娟　王　艳　谢筱雨　徐　敏　于　雨　张　弛　张　慧　张任飞　赵　静
赵艳琳　冯　俏　李恩慧　佘露云　王宝泉　祁　倩　谭万琛　唐小芳　冯青昀
任欣颖　师柏鸽　张美航　何元航　王丽媛　许珊珊　方晓颖　官姝雅　李青媛
牛　晓　闫　晔　张俊卿　周　敏　李　超　梁　凯　王锦阳　杨沛菡　周雨沅
涂嘉敏　闫　杰　张金秋　程　浩　管梓含　贾慧童　李静雯　林佳梅　柳春燕
卢姝宇　欧阳柳　任　煜　王银萍　王志远　肖鸿哉　肖　吟　谢应敏　杨润东
张孜烜　朱　震　陈秋语　黄琼仪　刘彩玲　钱永棒　邵凡辉　王世杰　徐慧月
湛晓悦　赵金涛　刘　璇　杨培元　张清美　常凤雏　崔小双　窦　皓　郝小双
贾凌云　李洪翠　刘　鑫　刘一川　刘颖杰　钮迎莹　任　秀　宋瑞祺　宋雪妮
宋　玉　孙云洁　王妍慧　王玉珏　王　悦　魏英凯　文　静　吴　洁　肖　淼
杨丛谦　杨丽洁　杨园园　张嘉蕊　张宗敏　钟　颖　周　莹　赵由甲　池巧珍
李南希　苏星宇　唐　晓　王　梅　徐爱玲　徐友英　陈梦晖　刘　畅　翟家齐
冉依琳　夏川越　张伊楠　边巧宇　韩镇宇　胡龙飞　李自菲　杨仁双　张晓帆
张雨萌　陈人嘉　邓福燕　李　佳　刘苗苗　孟　妤　张春宇　陈　曦　经友萍
李乐乐　贾雨萱　刘秋实　杨　琳

历史学（64 人）

郭美晴　何曼潇　胡开国　黄　伟　蒋成成　李晓彤　申慢慢　宋艺莹　王冰言
吴　倩　肖雨妮　张　黛　张颢馨　邹文杰　毕　星　段晓文　姬晨旭　孔德惠
李　康　李　然　刘佳佳　毛俊鑫　米斯琪　秦一文　邱　荻　石　月　孙超群
孙昊阳　王　博　王　静　王　通　王文源　武钰杰　杨牧青　杨泽亮　于　跃
余子卿　翟　路　张凤娜　张霖坤　张　鑫　朱若翌　李　敏　梁雅丽　唐　琪

王苗苗　王亚明　徐　敏　周成成　秦佑鹏　田钟灵　张　玥　赵靖元　毕月娟
崔　蕾　贾正强　李　萌　马　壮　王　聪　王露晗　张国勇　张家田　张　猛
张　茜

理学（424 人）

侯大可　李江维　高　原　耿阿敏　郭嘉玥　郭　蓉　李梦娅　刘树英　骆秋雨
孙洁昕　文湘辉　杨逸飞　张　乐　朱腾友　陈博强　陈晓蔺　李仿舒　李子彦
刘　洋　龙新雨　王兵舟　王术全　王修平　向仕兵　袁子昊　陈福康　陈一鸣
韩　肖　李喜凤　鲁浩泽　彭宇灿　王　璐　王　哲　魏洪健　朱静雯　高小华
雷一凡　李政毓　王　泽　袁应象　朱　斌　金　霁　李秀秀　魏显权　张　弛
赵昕宇　陈　曼　岳　娜　段玉洁　李迎春　乔思语　邵　帅　邵晓嘉　王晓婷
张东润　张辛培　朱学政　曹博学　陈宁娟　程沛娟　韩雨纯　何从容　何桂烨
胡可青　刘　茜　刘　洋　逯　通　彭　涛　宋冠仪　王　璟　杨　欣　张　晴
杨逸豪　杜雯茜　段倩文　郭昌健　王晓莹　魏凡华　尤睿凡　于　淼　张劭博
李　艺　罗　健　阮中杰　宋坤洋　宋文杰　王　磊　于怡平　战倩男　朱　凤
范　昱　秦亚星　曲　铭　王　晨　王　宇　白雪敏　邓　叶　杜梦昭　房晓旭
冯旭坤　葛中伟　郭太义　郭亚萍　韩　翔　胡相婷　霍太昌　类成安　李　果
李易相　栗振洋　林怡萱　申世超　孙　雷　田其鹏　王成磊　王福鑫　王　露
王延鑫　吴佳明　杨　帆　杨希凯　张凯琪　张文清　张玉莹　周　阳　吕俊虎
赵　慧　张　睿　刘静怡　韩保亮　胡晨静　刘鑫蕊　罗　瑞　肖　琦　谢杨恩
徐　晓　岳　莹　张　华　张　萌　赵美华　朱　颖　邹鑫男　吕涵迪　宋寅爽
孙　甲　杨勋成　张芮源　朱明硕　杜欣雨　杜远博　范倩倩　孔祥金　李婷婷
李张宜　王东琳　王　敏　王卓尔　吴煜娟　朱浩福　陈婷婷　董建玲　冯爱利
冯宗涛　韩　铭　黎　俊　李　佳　梁力文　刘　倩　梅寒笑　孙　梦　王　倩
王雅静　谢亿钱　杨茅茂　于浩然　张利军　张　倩　张荣华　张雅宁　张玉阁
赵容萱　赵　阳　周爱梅　单雅娟　荀拓展　胡　菡　刘秋君　宋　慈　王奕淇
周　杰　宫婷婷　刘清华　刘艳玲　刘悦妍　罗小伟　吕家发　孙　柳　陶文青
王禄利　王妙迪　张佳宁　张　明　高　林　崔　灿　孙　敏　赵琬玫　安亚春
梁　宇　张翠俏　张秀娟　张伊庄　高　峰　郭洁琼　国文洁　郝　翠　郝旭晓
胡文爽　黄　萌　李　楠　刘柏妤　柳浩宇　唐姣姣　唐永康　王丽娟　王米雪
王晓芳　王　燕　徐文红　张琳芳　张扬扬　郑天澍　周思琪　吉悦姗　任冰洁
司伟烨　张明璐　赵雨濛　高语霏　李祥祥　李一辰　孙新珂　尹美淇　陈智鑫
高　岩　耿玉慧　顾铁基　郭俊琪　韩　昊　胡春霞　贾宇佳　孔晨茹　李采怿
李　娜　李宁娜　刘仙琦　刘新琳　罗　月　苗　婕　秦丽红　任欣桐　尚金梦
史海霞　宋文霞　隋　欣　孙洪娈　孙　雨　孙中智　谭亚红　王　娟　魏蓉芙
吴佳鹏　杨擎宇　杨云云　张金宏　张　晶　张兰增　张梦瑶　张　舒　张馨予
张学礼　周甜甜　柴玉颖　蒋宇彤　卢　霞　韩晓桐　尹朋涛　曹　艺　王安叶
赵艺伟　陈昌盛　何则欢　孙　璇　张由芹　赵　颖　侯慧文　李子涛　马琳琳
孙欢欢　谭玉洁　徐新慧　许　璇　纪宇戈　李婷婷　李　召　严　旭　陈　晓

狄　倩　巩　丽　姜　威　李　斯　马玉儿　王安然　王　茹　褚婷婷　郭雅鑫
金梁栋　靳成文　梁　衡　彭　爱　孙明鑫　游　攀　梁传杰　刘均梅　罗彦海
王俊艳　赵儒嘉　钟亚妮　毕玉璇　李超泽　李乃刚　李艳琦　刘　钰　娄雅琳
沈雪城　韦志行　向　鹏　张晓东　庄万欣　庄　晓　高书敏　高志辉　李　文
刘瑞娟　潘　格　王媛媛　刘梦梦　路　通　时佳顺　虞思青　赵　铎　赵　耀
景士杰　孟　雪　王　凤　周芮宇　边　超　付　豪　杨　霄　张少鹏　张翔宇
赵笃坤　赵思琪　代　惠　付立鲁　芦晓盈　王天廷　闫高国　余淼淼　李晓蓉
吕世博　苗钰阳　戴张本　冯念云　郭恰恰　陆乃嘉　宋丹娜　王子莘　肖树森
于天佳　李怡萌　安　鑫　葛欣欣　曲新颖　王旖颖　臧梓含　冯　希　孙训科
王韬洁　高志朋　潘　婕　王吝安　陈天翔　姜钰琛　李弘伟　马淑祥　许文政
杨高乐　张开远　赵云鹏　陈婷婷　金佳琦　李　芸　刘宇晴　钱茂程　唐　宁
王润之　徐　珂　姚佩雯　张子龙　赵金燕　赵凌新　唐述凝　王丽娟　王梦冉
张乐乐　陈亚光　黄艳红　王麟　王春翔　姚添元　徐梦洁　扎玛托福
AYESHA DILHANI WICKRAMASINGHE WICKRAMA ARACHCHIGE
ESHA SADIQ

工学（715 人）

韩　涛　李延康　董　顺　巴贵明　付　容　王　项　仵菁菁　薛　洁　詹　京
周丙炎　陈雅雯　柏建春　郝晋杰　李彦红　马永杰　赵聪林　原振兴　代诗远
郭亚楠　屈尚达　王晓敏　王珣珣　谢汝鹏　赵　帅　高君益　高龙琛　郭悦明
李朝嵩　李　濛　李圣洁　刘英剑　马世铭　唐佳华　王　刚　王泓博　王　兴
吴玉鹏　张宝龙　丁　峰　冯晨阳　冯怡文　冯玉茹　马艳洋　张志文　何　昕
贾梦华　罗艳霞　宋　娜　肖世瑾　郅聪颖　朱佳成　卜祥燕　丁作亚　董盛伟
杜晓炜　段恩悦　樊士迪　侯　强　纪发蕾　姜东冉　康天宇　李　冰　刘美娟
鲁　昱　马宝森　彭　程　渠继科　饶　雄　任美婷　宋志刚　王韦韦　王玉潇
武丽君　许迎迎　杨美君　杨燕芳　于　湛　张萃平　张德良　张寻政　张　昱
张志诚　赵文杰　朱　笛　郭金笛　梁国俊　刘丽鑫　孙政达　王庆波　朱思伦
丁吉民　樊梦迪　何建龙　何祥韵　黄文文　李昆伦　李荣臻　李　想　李泽欣
刘　超　刘雪妮　任茜茜　尚美佳　史卜严　宋海宁　孙　聪　王　飞　王光彬
王香梅　王新园　温　航　余　羿　张　晋　赵淑琪　周森浩　朱　赫　朱孟辉
陈　翼　段福昂　房红莉　冯秀伟　韩明月　蒋蕴涵　李亦真　刘彩玉　刘问秋
刘　震　刘志鹏　逯凯琪　潘　洁　庞一鸣　亓文钰　商洪国　宋　慧　田博阳
王　栋　王海澜　王　昊　王　杰　谢　萌　徐莎莎　闫若凡　张露凡　赵　刚
赵　倩　郑彤彤　邹春榛　王杜珈　单茜凤　薄晓飞　陈一慧　程施艺　段升飞
方昕鑫　冯姗姗　郭英哲　季舒平　李超予　李丰华　李　敏　李　莹　刘玉虹
牟江山　邱嘉雯　邱兆旭　王　研　杨　娟　张　婉　张笑荣　康英杰　许伊宁
曾　振　程　乾　崔　帅　崔轩豪　丁可心　杜文政　房宝星　房　琰　高嘉成
关荣章　韩　毓　何新瑞　侯玉柱　胡鹏程　姜　姗　孔令欣　孔令运　李红叶
李同毅　李　岩　李元元　李　媛　李云腾　李子禾　刘安娜　刘建峰　刘　凯

刘　娜　路笃江　牛　昊　史广月　孙博文　孙其其　陶　栋　田　瑞　王　超

王东哲　王洪松　王慧洋　王　杰　王锦铭　王　凯　王　涛　王子晗　王作蛟

徐　宙　薛　荥　杨晶晶　杨晓霞　余维清　张　达　张建华　张鹏居　张胜男

张文锦　张新凤　赵国静　仲彤彤　樊弘昭　付　坤　李　飞　李凌峰　李玉昆

李正清　刘登登　毛梦娜　祁建华　孙海逸　王宏标　王露露　夏　爽　赵明斌

张　庆　李　泽　唱佳林　邸　浩　丁守岭　房玉杰　霍金星　蒋森河　阚　平

李轶尚　刘安琪　刘化强　刘晓艳　刘玉博　刘泽辉　刘自若　柳　越　卢佳佳

罗　川　罗　星　宋文刚　孙佳毅　王　腾　王忠诚　吴闻昊　吴　悠　易仁义

于　浩　于明志　张　晓　张　赟　陈光远　邓　权　高宇杰　巩超光　兰孝健

李学兵　李渊博　刘　畅　钱佳卫　谢朝阳　邢广鑫　徐鸣睿　詹　烁　张　路

陈自彬　贾睿昊　姜胜林　刘　明　蒲天钊　杨金帅　张晨政　成梓楠　韩　康

李　华　张晋群　秦开仲　时元勋　孙凯强　汪　言　于俊甫　吕　凯　薛超义

陈晓航　刘剑术　秦　赟　蒋晓婷　解晓娇　王舒蕊　徐绘云　张聂强　左亚雪

张　翔　曹　阳　陈邱谆　程文前　丁建民　董浩天　杜　苗　冯嘉晖　冯　旭

高天宇　郝广宇　郝红利　黄立栋　姜　磊　李博宇　李良洁　李　伦　李向东

厉志鹏　梁　玺　林　彤　刘　磊　刘严雪　卢静宇　吕晓磊　吕泽康　弭保琪

宋华东　孙　晨　孙嘉楠　孙俊伟　孙　爽　唐立淑　王国袖　王　琳　王文楷

王雨心　王　正　吴丹丹　熊中朴　徐召鹏　于　耀　赵　萌　赵亚磊　郑　鹏

周广栋　周　淼　周　拓　曹　智　曲春燕　徐　傲　郑利楠　李一凡　陈鹏旭

陈　全　程凯强　弓　帅　侯彦若　金加鑫　郎　哲　劳焕景　李　冰　李　冉

李　雪　李智琦　李中强　刘变变　刘凤全　刘沛霖　刘晓栋　刘　炎　路长青

罗耀东　马开刚　缪维颖　齐　彬　沙　鸥　宋鹏程　苏小盟　孙　菊　孙乐书

田春波　王尔东　王　宁　王石川　王小源　王一涵　王永督　王志远　魏小钊

吴　越　邢　阳　熊　燚　薛　帅　虞铭杰　张　进　张　强　张瑞东　赵方伟

赵俊杰　赵悦彤　赵　越　周家闻　周　瑜　朱旭帅　祝翰兴　崔　梅　丁　咪

高树群　高　源　郭晓倩　李冠斌　刘子菡　王冠杰　王泽琳　肖　怡　杨　宇

白　浩　郭　松　李毅丰　刘亚辉　刘一鸣　马得银　曲　超　王　铭　王志祯

徐英辉　薛海华　张德强　白佳薇　蔡亚刚　陈　洁　丁　锐　丁淑芬　段树超

段志宇　樊德豹　巩凤珺　侯晋冕　侯文星　黄晴晴　焦梦林　李广鑫　李　强

李世忠　李子健　梁利梅　刘福香　刘其兵　刘少参　刘亚奇　刘玉莹　刘在阳

刘钊江　柳博方　潘宇光　宋尚逾　宋　烨　孙　悦　万鹤翔　王孝乾　吴　磊

吴　爽　武玉欣　武曌晗　阎明伟　杨　帆　杨曦晨　张　军　张　龙　张　倩

张　瑛　张员喜　赵仲伟　朱　菲　朱坤岩　刘紫薇　秦彩云　朱承涛　陈飞飞

黄晓祥　刘孟杰　孙　静　王春元　于　娜　张季儒　张子双　陕鹏宇　姚新志

朱春帝　崔胜伟　孙旭阳　柏成浩　陈成栋　公惠民　余光远　张诺亚　陈繁育

杜业峰　付朝阳　高小殊　鲁玉曦　吕　彬　曲明月　邢宏侠　张　曼　张　强

张　越　赵文帅　周梦瑶　李佳琪　刘一丹　佟　昊　牛锦秋　邱　婷　石　晓

赵瑞珏　周　璐　后希中　杨　圭　张　玮　周　唱　陈洪波　刘佳季　包　琛

边荣正　步　川　陈大勇　陈　琳　陈明海　程景亮　程轩昂　段新朋　范　玮
宫宇远　吉晓辉　李猛猛　李沁桐　连艺翔　林俊宇　刘　兵　刘　敏　刘　鹏
刘婷婷　刘　炜　刘政阳　陆树梁　梅胜寒　孟　川　潘云刚　潘志一　孙畅畅
王少鲲　王伟琳　王业超　王泽雨　文新禹　吴光楠　徐铭鸿　徐　强　许晓康
杨　林　杨　森　杨　鑫　叶　涛　尤晨晨　余　平　张延超　张侦月　赵俊浩
周培衍　周　延　曾　峥　董　坤　盖　敏　何　弦　雷　超　李慧琼　李　武
林　茂　刘金龙　刘潇月　刘新宇　刘　燕　马东阳　秦晓宇　任廷鑫　司明皎
宋红磊　王嘉宁　王庆伟　王钰婷　武鹤玲　薛鹏飞　殷小静　余宇航　张浩杰
张凯程　周　权　周子淇　靳　昊　商成顺　孙昊政　熊逸凡　岳景杭　支　斌
郝　磊　王九公　冯玉洁　胡鑫磊　李沛钊　栾　娟　齐晓琳　宋彦颉　吴奇伦
杨　鹤　袁雪峰　韩子双　马信辉　王永师　李　婷　李　伟　李雪健　刘颖昕
司伟伟　王星耀　翟晓宇　高建委　高亚坤　景旭阳　史容娜　王　超　王彦皓
魏　蔚　韩庆阳　库艳峰　李　茹　李守诚　刘佳欣　饶颖露　邢金昊　徐丹雅
于敦政　张　恒　张力中　张兴拓　李劲松　徐翌豪　陈浩然　谷潇潇　韩琛洋
李明皓　李　岩　刘　玮　马　军　闵鑫瑞　妥之彧　闫银坡　殷　猛　张浩然
赵玉佩　崔雅宁　潘琳茹　庞法远　孙乐川　张赫之　赵　康　高渝强　韩佳奇
王子成　张明通　周杨铭　曹学强　成若石　杜　浩　杜俊毅　刘传正　刘国程
刘鲁钰　刘　洋　孙显科　吴　峰　徐国强　张振玺　曹钲晨　单云帆　盖立兵
郭　瑞　肖　然　张峰达　周　莉　欧阳安成　欧阳丛森　范杜家豪
库尔班江·热西提　TWARAYISENZE JEAN PAUL　HUMA HAFEEZ
ALI MOHAMMED ALI ABDO　SALEHE SALUM MALAMLA
EVARIST PETRO MWAIGAGA

医学（268 人）

段　瑶　高　琦　何秋枫　李岩志　李媛媛　林玉玺　刘聪聪　刘淑娟　吕嘉丽
马淑婧　王舒姿　魏梦珂　段雯华　金丽娅　康　康　李林林　刘新爱　位雅莉
金旭丽　黄亚楠　李淑玲　王晓蕊　王雨心　许　彤　张海陆　郝文婷　胡芳芳
赵　丹　陈　涛　巩田田　李洪宇　刘思琦　秦廷廷　司燕会　文书琴　吴林的
张珍珍　赵晓露　刘　畅　刘　相　孙兆泽　谭晓明　田　慧　魏　莉　张博闻
张嘉豪　张凯莉　张文静　张雪娇　张雅菲　赵逢璐　赵利华　安　嫣　陈擎仪
黄仁东　李艳艳　李一章　李媛媛　毛　毳　睢琪玉　王海霞　王　慧　王　律
杨瑶瑶　杨　媛　杨臻华　于　晶　孙月月　王　宁　陈　鑫　董　航　董　悦
范　颖　付志鹏　贾聪聪　贾奎勇　李　杰　李　雯　马思月　宋　淑　王训华
魏粉菊　修思雨　杨月利　张　楠　赵雲鹏　单如梦　房玉潇　何孔方　刘　洋
刘元秀　邱　娜　尚　琦　杨浩通　周诗瑶　周亚新　周莹莹　李　萍　张　刊
孙　越　陈鲁洲　刘冬科　马亚卿　孙　婷　徐文佳　张桂姣　金秋阳　杨佳伟
冯亚美　贺巧变　刘春雨　路静慧　牛　梦　谢向前　许林涛　颜雅倩　杨　虎
张晓春　朱明珠　钟　亮　李　雪　姚卜凡　韩鹏虎　雷正扬　刘玉霞　李　萌
刘　洋　刘宇宁　唐　倩　张　悦　赵　曼　周　娟　蔡汶洁　刘腾飞　乔晓文

沈文平 王健生 王欣 赵瑞南 姜志君 陈瑞琪 韩越 胡牧晨 刘佳
王玫 赵泽 姜文 王宇 刘为像 刘金环 代明锴 宋呈祥 索梦萦
于绪洁 张旭 张子豪 江应潇 周熙佳 陈腊梅 李筱瑜 向琳 崔译心
杨蒙蒙 孙楠 李娜 赵洁 谭环宇 李强 翟翔宇 邱悦 高德政
罗涛 曹文宇 丁菲 耿晨 江慧洋 孟金玉 尤学武 周芮琪 张敏发
孙晓政 马意 芮海英 孙睿婕 薛超 田瀚 籍易铭 李启航 苏雨
郇志堃 胡锦秀 马雪 吴艺迪 文祥川 蔡凡凡 韩雨晴 华芳 李明
李琳 陈书肖 姜照宇 张家尧 韩承林 徐迎坤 马海洋 周子芙 薛源
韩晓阳 张从 陈丹丹 孙娇 褚冰聪 李娟 杜甜甜 孔雪 米琦
周洁 隋荣翠 王晓 张学丽 刘晓菲 张汝朕 邵娜 陈国丹 柴小雪
商同瑶 王琪 王硕 熊亚成 张华宇 张晓宁 孟婷婷 张倩闵 傲雪
褚晏 田立歌 杨子江 翟一苇 牛群 高冬妮 杨其伟 尚晓玲 李备
房孝壮 谢梦雨 韩发兰 马梦宇 饶静静 邵子琪 王海燕 王慧青 徐丹丹
李俊宇 王晶晶 虞丽容 贾富娟 欧阳碧云
ALI ISSAKOU MALAM TCHOLE ZAIB BIN JAWAID ARZOO SHABBIR
HASSAN OSMAN MOHAMED ARMIN GHAVAMIAN
PRIDE ZVIKOMBORERO TSHUMA
SAMED AHMED AL-EZZI ALI AL-AMERI FAIZA
SADIKOV NEMATULLO IBROHIM UGLI
ABAKUNDANA NSENGA ARISTON GABRIEL
MUHAMMAD IMRAN HAIDER

管理学（153 人）

迟艳艳 曲丹 孙瑞齐 蔡伦 曾茂雪 陈璐瑶 董江龙 付晓彤 高涵
侯潇洁 侯英欢 李嘉欣 李瑞 李晓丹 李晓盼 李昱墨 李子晗 刘丽敏
牟林静 唐佳明 田万方 王会玲 王美琳 王婉月 魏汝嫱 魏泽 吴姿璇
熊一鸣 徐鹏飞 许勇 薛梦芳 张婷婷 张晓 张欣 张俞杉 章美
高天依 哈巧莉 胡军霞 孔子翔 李友君 马熙青 杨灿 杨艺乔 张芝毓
程鸽 刘佳艺 戚学儒 王方册 王梦晓 王丝雨 徐嘉琳 张兆友 朱童
冯恩杰 高雪华 李思琪 刘芮 孙志莹 汪茜 温晓晨 于睿智 于桐
赵彩彩 朱烨青 周晔子 蔡猛 和永意 李娜 刘冰 刘健健 孙慧苹
王存利 温佳慧 徐琳越 姚新 尹胜男 张雪玫 赵华翠 郭斐 李娟娟
梁晨 梁淑琪 阮姗 宋佳杰 宋枭雅 王舒慧 王雪娟 蔚锐 谢超
徐悦森 尹烁 张永红 朱贺 朱艳丽 程昱斐 崔琳琳 高新焱 焦文浩
柯慧杰 李梦瑶 李晓玉 李鑫 李钰菡 刘淑君 刘文娟 穆耀 宋延政
孙孟子 孙梦婷 孙友娟 田中耘 王海悦 王贺宁 王宁 王荣琦 魏鑫
吴萌 袁琛 赵文秋 钟元 白玉利 程晨菲 解嘉欣 邵帅 王琳
王颖 魏振达 蔡佩芫 杜瑛瑛 明铭铭 王倩男 荀源 顾凡 郭建洋
李惠娟 刘彦羽 卢京艳 毛柱 邱钰颖 王丹蕾 王砺智 于贾燕 周思浩

朱思颖　刘小源　王晓涵　耿秀贞　孟　娟　秦丹婷　孙　菲　刘丽昕　刘旭东

艺术学（16 人）

杜冬梅　宋孟丽　尹小东　张潇予　张泽群　王　洁　赵子征　朱华晨　华明婕
薛　璠　陶雨婷　向明杭　冉得波　高婧茹　韩　璐　孙多英华

（二）硕士专业学位（3421 人）

金融（148 人）

钟国文　徐　斌　兰天宇　孙萌欣　王梦雯　蔡瑞桐　陈　琦　陈　思　陈　伟
崔吉华　代雪雅　丁子惠　董翰林　杜　鹏　封建帅　冯瑞芝　高　崇　韩冬临
韩学鹏　黄凯龙　金雅琨　李　琛　李　杰　李晓豪　李易华　刘玲宏　刘双跻
陆　畅　罗星伊　马文静　满潇晓　盘　荣　逄　皓　齐　静　秦　静　石　光
宋芊瑶　孙成君　孙少波　田维霖　汪伟舵　王　昊　吴　晨　郗金园　谢婉玉
闫　鑫　杨　灿　杨　澄　杨梦昕　杨　续　杨雪晴　姚欣欣　于海洋　虞　帆
张广兴　张家枫　张凯霖　张瑞琳　张馨予　张怡馨　张艺凡　张英健　赵　梦
甄思诚　庄璐嘉　李浩泽　刘　钊　李炳成　马丽圆　师浩云　王士齐　曹可可
陈祺昌　陈梓晗　代昌凯　丁彦玮　樊天宇　冯珂欣　高鸿儒　管丽娜　郭嘉荟
郭文静　郭晓雪　李鸥鹏　李雪琴　李一缇　李怡然　欧阳蕤　邱　伟　尚伟华
宋雅雪　隋梦琳　孙一璇　王晨昊　王行艳　吴浩然　闫明月　杨盛钰　杨姝娴
姚文学　叶瑛珺　袁洪钊　袁彦卿　张慧莹　张前玮　张入川　张绪豪　张　岩
张宇飞　张　越　赵凯丽　钟　琪　周忠雨　陈　慧　范晓涵　胡　禛　贾　楠
江　琦　金　鑫　李和靖　李慧敏　李金容　李　婧　李怡颖　李政阳　刘梦园
刘　阳　罗强强　孟　妍　苗力中　尚明顺　邵罗范　宋超凡　孙觐宏　王朝君
王　宁　王　倩　闫凯锋　杨　超　杨　军　杨　燕　张　豪　张美燕　张胜宇
赵恺博　赵晓萌　赵　璇　赵艺颖

应用统计（54 人）

尤　扬　葛昆伦　龚巧慧　国丽华　石铁华　胥子轩　于　瀚　宗明威　袁东方
陈　旭　程　曦　初乐婧　楚宵莹　崔梦初　崔啸雨　邓正凯　高德亮　高尚男
郭舒雅　韩秋艳　侯雅静　华广荣　黄丽丽　黄倩茹　荆茹茹　李　晖　李文宇
梁弈辰　林书凝　刘　阳　刘　易　鲁秀秀　鹿玉欣　马婷婷　孟　颖　谭甜甜
汪静怡　王冠宇　王小聪　吴俊颖　武立娟　许舒宁　杨秀兰　杨　易　姚　芳
叶艳艳　于凭跃　余　娜　张继良　张孟迪　张　齐　赵文彬　周　颖　朱瑞元

税务（20 人）

薛魁尧　陈　婷　邓　育　季　东　孔莉莉　雷　童　李　丹　李　敏　李夏欣
苗诗萌　王冠芳　王孟含　王　喆　辛丽华　于璐霞　张　婉　张於琦　赵雨晴
韩　雪　王利华

国际商务（23 人）

黄亚婷　刘丽佳　曾佳妮　陈　玲　丁　布　洪晨晨　金玉凤　李方圆　李胜男
李希洁　李星瑶　刘亚璇　牛　冲　裴勇淇　王鹏远　姚一涵　张方卉　张　晶
章旺旺　赵嘉茗　罗琳琳　史佳宁　王美丹

保险（12 人）

郭　晴　呼程程　廖长勇　林佩文　滕晓慧　温　柔　吴少华　徐妍超　张　钰
赵　林　樊　璇　王馨若

资产评估（4 人）

崔　蜜　顾锦灵　孙文宣　张诒韬

审计（12 人）

陈志方　程天健　樊芷懿　郭倩梅　解惠岩　寇殿元　马云龙　魏　瑞　徐鸿菲
俞善鹏　张凤起　张立阳

法律（300 人）

刘思远　田　雨　冯　辰　巩振腾　郭城围　姬玉翠　李　程　李俊洁　刘　琳
牛晓凯　任广璐　宋臣江　孙小婷　谭乐鹏　王立学　王　清　王　天　王雪飞
王雅平　王亚玲　吴翰威　肖淑瞳　徐梦真　许　奇　杨建林　张乾乾　张少婷
张　婷　张歆若　张旭东　张永昌　张政国　赵　磊　左凯旋　陈　诗　崔涵涵
杜钰越　高孟莹　贺　茜　洪　麟　姜晖晖　荆明慧　来守艳　李光鹏　李文君
刘常通　刘江涛　刘金程　刘萌萌　刘鹏飞　刘双丽　罗　欣　马朋强　苏雷雷
孙冬雪　孙晓宁　孙　悦　唐　瑾　王宏宇　王焕杰　吴　琪　杨琳琳　张　骁
赵毛毛　赵嫣冉　郑陆军　朱明慧　朱文雪　祝　砥　张灿灿　班立华　曹永海
曾　耀　陈　琛　程　浩　崔　珂　崔玉萍　刁路通　段楠楠　费　非　冯　丹
付绍伟　高　飞　高嘉阳　高　阳　郭海天　郭美希　郭希萌　何泽塬　洪丽杰
胡梦丹　胡梦杰　胡　琦　胡志鹏　华婉男　华翔宇　黄佳琪　黄露颖　黄文丽
黄玉慧　黄媛媛　姬　琳　江卓阳　姜　程　姜福欣　解德波　金函羽　金佳佳
金美琪　柯　荣　李　慧　李　旻　李树桐　李　颂　李　想　李小龙　李宇惠
李　玉　李重萱　廉艳艳　林晓琳　刘宏鑫　刘　惠　刘秋丹　刘淑萍　刘文娟
刘　钰　马　娟　孟淑君　秦淑美　任立文　施　展　史志强　宋晓凡　孙乐然
孙　琳　孙泽宇　田金玉　田康宁　万婷婷　王　迪　王福强　王雪砚　王继蕊
王建彬　王　杰　王　娟　王凯悦　王　美　王冉冉　王　爽　王涛涛　王　晓
王晓燕　王　昕　王雪杨　王志彪　王子菲　魏　佳　吴毕征　吴　静　吴闰桂
谢　涛　许建宝　许　诺　杨晨曦　杨　敏　杨　茜　杨颜旗　杨　哲　杨贞祥
衣晓蕾　阴雯雯　尹文迪　于斌彬　于久钧　于胜男　袁嘉昕　张　丹　张　晗
张敬豪　张玲妹　张艺璇　张　振　赵思缘　赵　洋　郑　艳　周诗魁　周婉丽
周子慧　朱　莹　朱玉男　宗　晔　毕敬文　陈泓天　陈　明　初亚男　董家含
高　辉　高　梅　宫　莉　巩斐凡　郭　敏　季　璇　靳思远　孔晓茜　雷　蕾
李　丹　李　杰　李　晓　李振楠　廉春雨　刘　欣　陆　叶　栾萌芮　马　杰
马晓庆　孟德红　孟校培　苗　薇　潘宇靖　皮阳阳　祁怀禹　邱建荣　曲　悦
冉易立　任祥慧　石梦瑶　史常亮　宋昱璇　苏亚婷　孙建廷　田康平　脱新宇
王聪聪　王　梅　王　帅　王　宇　王宇轩　徐倩倩　徐子云　许云晶　薛　瑜
闫萌萌　杨　光　杨欣荣　于　慧　于晓飞　袁庆立　战文卓　张　凌　张瑞雪
张　宇　郑永军　朱　磊　商京迪　李　宁　朱文文　亓玉婷　汪渤清　时芸芸

于晓钰　陈文馨　杜鹏飞　付　政　郭保利　贺　春　姜美宇　李姿璇　刘佳琦
孟俊才　苏阳洋　王潇怡　邢巍岩　杨　晨　杨鸣宇　张潇潇　张秀玲　张　洋
朱新鑫　程　方　杜友震　高　铭　韩乐祺　姜　萍　李慧琳　廖利梅　吕　盈
孙嘉奇　王睿康　杨平钰　杨　闪　杨　燕　岳启凤　张　蕊　张伊靖　张　智
赵慧津　曹玉莹　张　琦

社会工作（48 人）

王　云　安金环　常政琪　傅晓静　高　明　韩　宁　李窦窦　李珂珂　李　立
李　盼　刘海霞　戚钰千　尚兴花　唐一石　杨传志　于　华　张　琦　赵　飞
朱亚青　曹　震　陈　蕾　郭红霞　郭有君　和霁霄　贾丰竹　蒋倩倩　李蒙蒙
刘如月　鹿文静　孟　晨　齐雅婷　任玮琪　山培鑫　沈泉宏　孙鹏程　孙　琦
王晨昊　王恬玉　王彦军　相新语　徐利娟　张　帆　张　琳　张　晓　张晓东
张伊凡　赵星宇　朱风可

汉语国际教育（23 人）

李楠君　王妍洁　陈　杰　丁笑影　胡　阳　黄子馨　李一琳　梁恬怡　齐雅文
曲永祥　孙京村　王　婷　王义文　辛　婕　许培培　元梦梦　张　颖　王杨金慧
HAQJO AHMAD SHAH　CHOMPHUNUT SRISOMBAT　SUNG YURI
SUPPASHEV STEFANII　MARIA CECILIA BALHARRY ROVEGNO

翻译（127 人）

高田琪　姜　田　李　晨　李　敏　刘宗婉　孟宇婷　弭希苒　曲晓燕　宋　雪
王月丽　武昂昂　尹志豪　张红燕　张　洁　张世铮　赵博新　周玉珊　艾　颖
陈天浩　房翠平　李菲菲　卢国修　马伯荣　谭鹏飞　王　灿　王雪萌　邢晓丽
杨　悦　张　真　赵　敏　李聪聪　辛　苑　常　赛　董　帅　郭晓江　韩家怡
胡　文　李聪聪　刘河星　刘　庆　秦子安　邱玉佳　陶俊平　王　明　王　琪
王兴兴　王元芝　王泽泽　尹梦薇　袁　艺　张　灏　张　凯　张宁洁　陈明诗
窦汝姗　范献文　李秋凝　李奕良　刘彤莹　宋金旭　苏　畅　王　琦　王　璇
王　岩　杨　梅　张　凡　张彦堂　迟亚楠　郭学鹏　王其领　赵　旭　郭　茹
刘帅而　邵　婧　杨晓天　刘琳琪　南星辉　王一凡　王雨琪　卫晋瑶　赵颖欣
周　燕　杜守坤　黄亚秀　谭绍玉　魏晓鹏　张怀梅　张绮雨　单　丽　郭凯越
李文洁　林佳丽　刘　遵　马玉腾　宋香君　宋晓璇　孙　越　谭学博　田思佳
王　辉　王　月　闻秋芬　赵志迪　周晓倩　陈翘楚　刘　荣　房彩红　符　丹
李　航　谢　君　杨力群　杨雪梅　董春风　高一歌　谷国阳　郭梦鸽　侯祉睿
李素云　刘　笑　亓春雪　舒　琦　王　卉　王　潇　武东博　张思敏　郑兴丽
朱佳慧

新闻与传播（83 人）

陈　曦　陈亚菲　崔行伟　崔　佳　方媛媛　方紫薇　房佳雯　高　琪　郭婉如
韩　雪　郝慎芳　胡慧洁　金炎城　康景坤　李静怡　李雪莹　李怡静　李卓然
李子涵　刘珈希　刘梦冬　刘雨静　刘　昱　刘园园　刘志飞　马胜男　沈慧敏
孙孟林　陶　杰　汪雨桐　王聪颖　王　玺　王紫薇　隗　来　肖　娜　辛伟东

杨艾薇　于　晴　张　爽　张新宇　张雨秋　张语杨　赵家宁　赵　锦　赵　涛
郑　航　郑洪利　朱子悦　贺尤佳　曹　婧　楚姝妍　丁　悦　樊　晗　韩乐宜
侯耀婕　李朝昆　李春阳　李佳琪　李敬超　李　娜　刘曼昭　刘晓硕　龙芸秋
卢柯羽　牟　丛　瞿美娟　荣　格　桑　源　苏　琪　陶　炜　万雅钰　王大振
王鹤颖　王　琨　王树平　王祎楠　王　莹　吴晓琳　姚　帅　仪名浩　臧运卓
张皓妍　郑子艺

文物与博物馆（47 人）

扈　红　崔　玥　李如玉　刘慧娟　罗　玲　吕历阳　吕晓昱　马　林　莫水兰
聂琪琪　石雪梅　王　楠　徐　萌　严雯珺　张晓楠　周　慧　卜慧文　崔晓茜
董志浩　高雪洁　韩琇莹　霍东升　孔祥萍　刘鸿丰　刘文静　鲁晓宁　吕海路
彭　涛　宋峥嵘　汪　阳　王　洁　王瑞阳　王星雅　王亚楠　肖森蓉　杨晨曦
张淑丽　毕晓光　刘　鑫　张艳萍　周孟涵　高　瑶　葛美芳　李　文　杨博闻
张钾琪　张新欣

工程（1061 人）

任国强　张夏翡　李　芳　郝冠军　姚一鸣　魏昕宜　徐　炎　付文佳　田相芹
柴逢鑫　陈艳丽　狄雯雯　樊金龙　付党伟　盖陆海　季广彬　姜　超　孔　森
李坤成　刘　杰　刘荣浩　马西洋　乔　羽　王　敏　王士祥　王　岩　文雨桐
夏雪爽　徐利春　颜振虎　于龙跃　张粉粉　张冠举　张丽娜　张良凯　张文千
张永豪　张岳毅　赵秋生　赵芮光　金　博　邢　猛　陈炳初　范　辉　付　芹
韩　笑　姜亮亮　蒋继霆　靳子祺　李　翔　刘先强　刘镇钥　吕海琦　马宗亮
毛晓龙　缪　腾　孙宏健　孙培嘉　王新玥　王　悦　徐三津　许才溢　许瀚文
张士强　赵东升　周　鑫　周　雁　李艳艳　崔　容　丁　静　杜　平　段明晓
冯丽婷　靳亚琦　李国庆　李明哲　刘　超　刘咏春　吕雪瑶　乔　艳　宋家旺
宋若琳　肖东旺　殷晓敏　张蒙蒙　张蒙悦　张晓娣　朱　琳　朱小旭　朱　雪
左晴晴　房　萌　高亚飞　哈一凡　姜振楠　李珊楠　李喜海　李梓劢　刘　琴
刘正垚　栾佳慧　苏文亚　图　拉　王茂芹　王燕燕　王煜博　吴姝鸽　杨梦丹
于少洋　袁英博　赵国芹　赵芹芹　王家兴　王子樵　王广渊　姜清芬　蒋明渊
李　钊　刘　欣　邵贤彬　孙浩然　陶元春　王　恒　辛　磊　于晓旭　张　超
包丞啸　初莹莹　邓媛洁　丁其业　范成名　冯金库　高　鑫　胡燕南　李宸冠
李广宇　李连杰　李云增　李泽强　刘安琪　刘文龙　马子豪　庞恩帅　沙威霖
石　伟　宋延新　魏文辉　薛　娜　尹国枭　云华玥　张道庆　张建吉　张　杰
张文真　赵　鹏　赵雪圻　周　兰　周晓彤　朱奇晓　庄　众　李恬阔　申梦园
王家德　王　君　王俊杰　王　猛　张　浩　张　扬　王朝君　朱恒卓　毕杰雪
曾良欢　冯泽伟　石立冉　孙佳瑜　王　琪　王深旭　魏勤龙　肖瑞祺　薛雅琪
张高强　张赫男　赵开丽　孙诗文　王彦君　张　倩　吴　越　蔡少康　陈　琛
陈佳楠　陈晓明　池英华　窦子璇　杜聪慧　姬开迪　纪晓妍　季长兴　李凤敏
李　洁　李美飞　李帅帅　李向征　梁　琛　刘世华　刘艳茹　吕　超　任鸿飞
尚振欣　孙凯伦　孙智勇　万晓东　王　硕　王　月　吴　雷　武国翠　邢洪周

修齐　许春阳　杨栋　于慧芳　于松　袁鹏程　张嘉辉　张锦鹏　张璟
张珂娜　张立阳　张天祚　张烜瑞　赵洁　郑凯　周文琳　赵德伟　高洪亮
刘佳硕　宋杰　许可心　范良超　冯磊　郭鲁一　徐衍晟　杨雷　尤浩
郑翔　杨宝萍　邢文飞　张子琦　李华伟　安婧　安琪　卞一涵　蔡武豪
陈东讯　陈虎　陈其　邸浩翔　丁修蔚　杜明远　郭新宇　郝浩辰　郝重阳
胡景东　姜坤　姜娜　康淑贤　李佳佳　李瞳　李小强　李心蕊　李昕阳
李云　梁关东　刘维　刘晓猛　刘修更　卢旭　陆凯达　马子明　孟晓曦
孟子杰　裴亚冉　任莹莹　宋明磊　孙宁　孙之浩　陶苑　王冠文　王广川
王靖宇　王姗　吴玮　夏志钰　肖飞虹　辛振民　邢彪　徐爱丽　徐玉涛
许浩然　闫梦　燕旭　杨春霞　杨福帅　杨杰　杨荣坤　杨晓霞　袁文涛
袁震　原靖　岳凯成　翟雅迪　展江湖　张安洲　张国栋　张海超　张建园
张金衡　张树刚　张顺　张旺　张效夫　张雅新　张以冉　张玉锋　赵家鑫
郑家乐　郑奇　周继辉　周振泽　冯磊　陈帆　冯涵　葛苏槿　何倩
李斌　李京坤　刘哲　史逸　吴昊天　余道广　葛德俊　段显丰　李鹏
肖志菲　尹佑康　陈虹任　王先进　郭佳　郝心　李晨阳　李湘琼　廖敏燕
刘之平　任媛　石佳磊　宋绍清　孙观　王宾　王刚　王振武　王子林
臧家彬　张梦　张世伟　张竹茜　郑亦冰　周广燕　曹斌　陈立新　陈子旭
段宁民　冯唯　高帆　耿影　郭姣　韩天雨　何剑汇　侯正金　胡斌
姜佳明　鞠昆廷　李传栋　李鹏飞　李松岭　李岳泰　刘斌　刘昊　刘文金
刘玉浩　吕豪剑　吕明航　马明亮　彭椿皓　乔凯　邱文磊　宋凯乐　宋亚男
孙超　孙春生　孙嘉珩　孙齐东　孙哲飞　王得晨　王俊成　王立源　王庆伟
王小娟　王鑫锋　王亚强　王壹帆　王子豪　文双　伍杰　熊胜　徐冰洁
徐长风　闫先冲　杨威　尹昂　袁鹏　袁田　昝卓良　张善国　张帅
张艺琳　张悦　赵言锋　钟威　周扬　陈爽　陈文鑫　刘富远　刘钟
王梓鉴　张坤　常艳茹　董舒豪　付岩　刘静　冉学举　王璐璐　王营
王蕴馨　付文婕　葛梦雪　葛如洪　任碧雅　杨潇　张行健　刘志远　陈玲芝
杨尚刚　胡刚　程乐　杨森　齐羿　刘曰康　李海生　于晓华　马鲲鹏
王冠　王域同　魏骞骞　吴振豪　武鹏魁　严明伟　杨照　张小庆　朱玉熙
张斌　戴楠　陈科臻　陈秋霖　邓小妹　杜倩文　范晓晗　方蓓蓓　高一博
郭心伟　韩元凯　黄楠燕　金铃杰　孔硕　李昶亮　李慧玲　李贤　刘立飞
刘孟玥　刘明强　刘硕楠　麻书卫　马清钊　曲同鑫　石岩　苏瑞智　滕瑜强
王寒冰　王科技　王坤　王宁　王荣旭　王思宇　王兴华　王志浩　肖逸
徐一丹　闫明暄　杨博文　杨世钊　于冠群　于梅红　岳萌　詹涵　张建勋
张敬儒　张肖宇　张洋帆　张艺丹　赵延春　赵晏瑶　赵永胜　郑少伟　郑宇
朱士伟　左午俊　戴刘亮　张驰　周荣良　张天禄　郭鹏昊　边道宽　杭志
李博文　李东　李庆俊　刘振友　毛晨旭　苗兴顺　王思懿　晏齐悦　包圣
鲍鹏　陈留洋　陈涛　成雪　戴尚文　董羽翔　董蕴慧　范书静　高维良
宫文秀　顾慧子　郭建　郭政　韩波　韩帅　韩晓云　郝旭鹏　华越

贾长泽　姜　山　矫文书　金　旭　李昌明　李　晨　李俊杰　李伟豪　李　欣
李一然　李泽宇　林凌云　林咨良　卢晓晨　吕　悦　马　涛　马逸然　南天琦
齐　航　乔　珊　秦善萌　任益君　盛宏章　师　帅　石森岩　孙　冲　孙文博
孙昀昀　田　鑫　田鑫娜　王　凯　王庆岩　王同森　王纬纶　王文欣　王晓东
王晓一　王一鸣　王艺霏　王昱皓　王　哲　王　智　王子龙　吴欣悦　肖珊珊
谢一休　徐安馨　徐　晨　徐广达　徐　凯　徐　雄　许志伟　薛　冰　薛志通
闫勇志　杨嘉萌　杨婕睿　杨姝惠　叶光睿　于　昊　于林卉　袁梦强　岳晨晶
张春健　张浩然　张健磊　张　鹏　张　玺　张韵琦　张振坤　张智源　赵斌成
赵云龙　周生远　朱　振　宗沙沙　孔凡春　俞　隆　张守强　谭大帅　杨卫卫
芦　斌　满曰仙　项茂阳　郝　克　张　毅　刘永亮　陈德芳　和　立　李贺贺
李　响　刘章强　马　驭　泮永朋　秦　伟　邵　帅　宋　涛　王天祥　谢炳熠
张心悦　郭　帅　房铁文　姜田田　李淑珍　刘佳威　聂　浩　张　垚　仲　雪
白　皓　边晓东　柴向晓　陈文姝　戴昊飞　邓　寒　邓宇曦　董　鑫　高阳天
谷倩倩　郭嘉欣　何昊洋　侯代兵　黄泽华　季银涛　孔丽丽　李龙超　李　雪
李一鸣　梁　宵　刘汉杰　刘佳鑫　刘　进　刘清源　刘舒安　路广林　吕文哲
马俊青　齐亚洲　秦　彪　曲道骁　权　威　邵旭阳　司文佳　宋　成　孙伟凯
田招招　王　超　王　凯　王莉娟　王鲁泮　王　宁　王　帅　王同肖　王文姬
王　鑫　王雄儒　王玉彬　王子杰　闫成杰　闫星合　严希锐　杨家乐　杨坤鸿
杨　苗　杨　煜　殷天浩　尹梦鑫　于帮国　宇文成　袁宏祥　袁旭林　张君鸣
张　旺　张　垚　张　震　赵新宇　朱　凯　朱增钢　庄文密　常耀华　崔怀杰
郝再军　李希元　刘荣娟　苏　杭　王菁华　谢佳静　杨舜翔　张　斌　张　甘
霍登亚　李子伦　杨金桥　张荣旭　钟晓东　魏　伟　戴光烨　刘同勇　厉雅萌
陈　鹏　董玉茹　冯　鑫　李　鑫　刘　超　孙玉学　王　雷　谢素蓉　闫　浩
张寒松　赵　宇　曹运昌　陈玲玲　戴文杰　丁一婧　董　旭　傅　康　高益凡
巩兆辉　管凯颜　韩　飞　贾　斌　鞠　蕙　李克凡　李让杰　李修浩　李振宝
李　壮　林韩祥　刘文杰　刘　洋　刘轶民　刘泽新　刘子豪　罗志恒　宁泽旭
彭大卫　齐敏敏　钱一乔　芮　晗　沈俊锋　王建森　王孝特　王振军　武轩宇
闫　冰　姚坤宇　臧增运　翟一鸣　张　睿　张玉川　张　政　赵嘉辉　赵永新
周新宇　周　政　陈　雷　陈　一　傅　桐　耿　飞　韩若楠　胡开友　胡　念
李　贺　宋瑞超　夏　霜　张晓伟　钮延威　兰　焱　陈嘉伟　陈　祥　陈　煜
房桂梅　靳文科　李聪聪　刘春辉　刘继刚　刘卫壮　鲁校冉　宋春娇　王伟霖
徐万龙　徐振元　杨崇彬　杨子玉　臧　萍　曹路明　曹　瑞　陈潇琳　程倩楠
丛　旭　董广顺　董　潇　窦金峰　杜鑫鑫　贺甲恒　黄　开　黄克成　姜　鸿
冷汉超　李宗岫　梁莎莎　刘忠洋　宓生润　史　浩　史金婉　田雯竹　王培辉
王　睿　王润琦　王士东　魏新蕾　魏中尧　宿仕华　杨晓强　姚福宾　张　浩
张　桐　张英华　张玉卉　张　塱　赵珊珊　朱建飞　祝瑶佳　陈继磊　陈尚志
李　彬　麻乔妮　任艺琴　王振东　吴祥雨　张　帆　张　行　张　悦　张　震
曹天启　胡　达　柏欣雨　陈海云　陈开奇　董思远　冯　辉　郭　威　郭艳丽

侯家铭 胡宇 贾金公 姜涛 李清宇 李新雨 李炫烨 李召 李振
刘晨辉 刘帆 刘静 刘祥飞 刘学谦 刘一帆 孟子成 弭娜 潘韦
申朕 盛振华 孙成林 孙振超 唐扬 田宇轩 王聪聪 王杰 王智超
魏榆静 徐卿 姚惠珠 殷晴晴 尹习林 翟伟良 张方哲 张健铭 张艺馨
张宇 张忠凯 赵烨梓 郑威 郑肖瞳 周梅霞 周倩影 宗鉴 姜丽丽
王锦文 鲁鑫鑫 王芃芃 黄清苹 郑云盼 王爽 夏祥合 包佳佳 陈磊
荆树举 祁文超 荣佑辉 王晗 王立旗 王怡凯 吴冠男 张朋 陈瑞
陈思涵 段壮 高上 耿伟卫 耿阳 韩乐冰 侯智坚 胡天一 李海涛
李慧 李卓徽 刘舜 刘正好 马正卫 王洁茹 王杨 魏车车 吴佳杰
薛阳 姚义胜 张一驰 张志栋 管丽 王宁宁 童焕 杨儒亚 吕杰超
邓燕军 戚嘉铄 陈伟 陈鑫 杜晓强 冯登运 郭登辉 姜媛 梁晋辉
隆逸洲 王光明 徐文龙 薛于凡 张龙飞 朱相明 朱志霖 戴锐 刘学男
刘志德 孙禄涛 王一喆 徐蓉蓉 尹啸天 张庆霞 贺文博 李潮 李文斌
李哲 李壮壮 刘宜荣 谭文 王桂烁 王晗 钟倩文 车峰 程艳
高昌林 郭怀龙 黄志远 纪仕鑫 解建行 李加伦 刘媛媛 邵阳 王子健
张双建 赵一笼 陈怡然 贾琳 李嘉 祁舟 王嘉琳 袁德明 李显科
黄颂扬 张萌 曹琪 杜倩倩 韩卓 郝爽 刘冠泽 刘媛 孟琛
王超楠 王国力 王晶 邢茂辰 徐岩 张金玉 赵敏 JAMEI SAEID

临床医学（438人）

周宗祥 芦庆花 高丽 戴桃李 牛佳郁 司莉莉 李莉艳 张文媛 王勇
查白薇 张英 杨春 石润琇 庄献博 刘小璟 张腾 王小萍 胡晶
李瑞秋 朱学章 马颖 张圣全 刘婷婷 张婷 窦庆鑫 方少伟 冯叶
龚丽英 黄庆 黄晓敏 李慧慧 李林童 李萌 李嵩博 李玉滨 刘涵
刘新雷 马荷花 马湘萍 曲佳佳 曲敬茹 任金正 莎日娜 宋丽华 孙茹茹
孙伟娟 孙怡 万捷 万象 王琛 王秋实 位晨晨 翟羽佳 战竹梅
张娟 张宁辛 赵茹月 郑子介 朱城 朱姝月 朱维春 陈婉琴 丁瑜
董娜 高磊 高璐瑶 关敬元 韩文强 胡俊楠 孔炜 李媛 李浩宇
林译垦 刘铭 刘群芳 刘喆 马畅 马铭骏 潘继琛 彭蒙蒙 乔晨
赛雯雯 宋望山 徐琪瑞 郑玥 陈换利 崔雪 李伟华 林星洁 刘宇
王馨 邢丹丹 张童 周丹丹 单俊丽 崔东清 高小丽 王柯默 王云凤
杜倩雯 方耀锋 冯硕 胡丽萍 刘畅 吕鸿博 石燕婷 胡中慧 苏洁言
何月希 时晓萱 郭行 曲朔莹 肖珂 殷雪贝 陈东山 陈田力 单德志
狄鸣远 杜君持 侯永强 李海超 李佳亮 李松林 李想 梁亚航 慕文韬
孙冰 吴垚海 谢同辉 杨国正 杨金朔 杨瑞通 杨桐 叶乃宽 伊海生
于海超 赵丹文 陈鹏 程凯 郭瀚荫 黄煌炜 黄智敏 刘闯 刘凯旋
刘文东 刘武博 马腾 马心怡 秦绪萍 任笑 沈毅 张家澍 赵健博
赵钇伟 陈娅菲 姬苗苗 李桂阳 李宁凤 林千涵 马晓雪 申祥瑞 石比伯
王航 张宇 郑文倩 高娜 高倩倩 顾颖 郭玲 洪杨 刘晓蝶

刘　尧　卢国姣　马文雯　莫艳萍　潘惜雨　曲文洁　寇明蓉　王文娟　赵雨晴
李晨爽　陈文荟　冯　晨　郑　露　高　婧　刘凯伦　王　婷　高　铭　李家鑫
李　沫　刘雨佳　康思敏　李星楼　邵　山　白　荷　窦雪桀　蒋堂兴　陶义铭
吴洪志　李翠刚　齐元琨　蔡庆雪　白　杨　高雪莹　李世瑾　刘　璐　乔石媛
孙　琳　孙若楠　王冰冰　王文婷　王渝胜　杨爱新　张慧敏　张梦寒　赵　雪
郑　航　左怀文　白玉萍　李　翠　罗应舒　宋丽君　孙　琳　王晓玉　王雅倩
魏元辉　徐承慧　杨　瑶　翟羽佳　张浩然　张　婕　张忆南　程晓琳　刘　帆
沈梦晓　孙　宇　张　鸣　庄瑞梅　蔡东晓　宋　涵　孙　伟　孙晓艺　张书乐
朱光宇　杜小涵　石卓雨　张　聪　王　栋　王明琦　王宁宁　王　巧　王少英
王婷婷　袁琳冉　张婧文　李小莉　王纪宸　单德娟　王佳佳　田　风　柴　栋
董康康　黄金田　黄晓明　姜　珊　金容炜　李开济　刘彦武　马　振　茹　南
司贮元　王安邦　王朝阳　王浩然　王文琛　吴　奇　辛　军　冶小云　殷岳晗
卞炳皓　陈延坤　高倩倩　高　原　黄晓宇　宋嘉殷　宋学敏　孙　钧　汤怀民
涂　逸　王朝阳　王　琦　王　涛　王亚杰　王子龙　徐正新　游雪婷　于　震
喻文海　苑　涛　张　晨　张成成　张　晖　赵　禹　钟　玮　耿　坤　李　瑞
马金成　白艺璇　晋梦琦　申晓畅　师少乐　时婷婷　孙一卿　汪子涵　王丽惠
谢云凯　徐　歌　许莲琼　张　靖　张丽婷　张　培　张　涛　葛正威　朱凯敏
王湘君　吴萌兰　杨丹丹　宫宁悦　于　杰　邵　晗　王光宇　田颖颖　韩文惠
喻文青　王　准　闻　蓓　刘　松　赵雪松　陈慧娴　李　淑　梁艳胜　赵　玥
杜　晗　崔阿会　李白洁　田士林　王　丽　赵金铭　孔晓倩　宋澎昭　王茂英
杨　振　张　帆　周　伟　董昌正　滑　雪　王天童　李昕欣　李文清　于媛媛
韩　琦　单少鹏　刘春雷　马晓伟　马新力　张子恒　甘光磊　高立乾　胡　蓉
李盼盼　盛玉瑞　韦幸伶　胡　辛　成亚岭　段续东　高　超　罗小林　慕永润
王　壬　吴书圣　张　辉　王晓云　殷　强　王丽亚　黄馨谊　鲍　帅　侯　康
李　蒙　石芳彬　王本峰　孙　琳　韩建民　康　坤　于博雅　张　昊　薛晨月
严倩倩　韩　蕾　郭梅苓　李蕴佳　刘雪莹　罗明月　牛　月　宋兰兰　王敬婉
徐俊葶　岳霄宇　张新泽　周文青　朱兴旺　周焕宇　周　燕　李　晔　田瑶天
王昱棋　魏依依　杨骉偲　张雯双　陈宜聪　梁　颖　王　茜　巫殷航　赵昌慧
赵　倩　贾文笑　吴磊磊　杨光惠　张　菁　陈祚玺　房小凯　李　丹　郑逗逗
徐梦蓉　欧阳熠　所挥原　张震飙　阿迪莱·亚森　艾合买提·吾守尔

口腔医学（47 人）

黄锦程　毕秀婷　陈　鑫　陈　悦　陈治宇　崔　群　霍凤蕾　李亚男　刘　梦
刘永盛　彭文静　汝　璐　唐弘毅　魏　震　张　婷　毕润宏　陈梦云　董林娜
龚致远　黄　琪　江　哲　姜梦洋　姜　潇　蒋　凤　李淑彤　刘学业　罗　晴
马少伟　乜福娇　潘耀辉　宋雨桐　孙文双　王晓彤　王彦宇　杨　帆　杨林瑞
尹增正　于文倩　袁聆瑜　张佳佳　张礼国　张　萌　张甜甜　朱红杰　韩　筱
赵丽媛　陈井春雨

公共卫生（70 人）

高秀花　刘广宝　周艳艳　陈晓璐　程　硕　丁晨霞　杜海波　郭帅志　姜晓凡
李明君　李倩楠　李书晗　李文超　李　霞　李云霞　刘翠晓　刘利利　吕　岩
孟凡戈　齐　畅　田　璐　王博洁　王　霖　王正光　吴　煜　尹超男　袁同慧
张良恺　张琼瑶　张天然　张秀凝　张怡雯　张云飞　赵晨旭　赵　倩　郑　涵
周宇畅　朱　迪　郑倩文　高兆溶　洪　壮　焦　晨　李娇娇　聂婉颖　于才婷
赵钦风　柴小雲　单慧翠　范嘉音　韩进松　郝珮瑶　霍瑞婷　李贵敏　李小利
李　阳　罗雨婷　穆庆娜　阮嘉杰　王　瑾　王　婷　王亚辉　王泽炜　杨晓宇
尹琳琳　于燕茹　张　金　张坤婷　张文敬　赵　迪　李廷科

护理（42 人）

黄海燕　李长娥　邵聪聪　郑迎迎　王凯悦　白　雪　柴韶丹　程　雪　邓传耀
纪荣建　金　铭　鞠　慧　李红芸　李佳益　刘　娜　刘　萍　罗　娜　马　爽
乔慧敏　司树玲　宋甜田　宋雅群　孙　欣　孙一诺　王爱美　王　敏　王晓丽
辛翠翠　薛　敏　杨金苹　杨艳伟　姚琳环　尤奥林　袁　杰　翟晓媛　张红玉
张锦欣　张娟娟　张　岚　张晓曼　张彦奇　赵延芳

药学（52 人）

马文丽　苏　珊　李　伟　初琪慧　杜　彬　徐明铭　杨瑞鑫　安路路　陈旭玲
陈雪琪　董方芳　董艺宁　杜　微　段会芹　方丽媛　冯　茹　高乐乐　高荣荣
高　媛　关紫菀　郭永真　黄天广　姜　敏　姜向毅　李梦婷　李莎莎　李长昊
刘　凯　刘兰玲　刘茜婷　刘晓晴　罗雄峰　马　洁　马　悦　乔兴慧　冉莹瑛
任晓萌　申培博　宋天佳　魏　超　魏　玲　吴玢祺　徐常青　杨　帆　杨　越
于佩霞　张　晶　张　娜　赵　培　赵永昌　周　可　禚慧君

工商管理（339 人）

刘世清　李印戈　冯　科　王　峰　唐永波　邵　将　肖　鹏　黄晓光　焦琳琳
杨　程　张洪管　魏忠勇　于　璐　张　韬　魏　培　刘　滨　陈　辉　程浩然
李小凡　李晓娴　刘嘉妮　龙心义　卢建强　马　蕊　王晓鑫　文　静　杨　坤
姚久娟　张　杨　张　英　张　颖　张　圆　张　媛　张在玉　赵丽君　朱　骞
丛宝义　张春燕　张　琰　姚文强　李立锋　白　雪　曹　蕾　曹亮亮　察伟航
常　健　常　杰　常　邑　陈　芳　陈　杰　陈一波　陈玉杰　陈　悦　初颖洁
崔　艳　戴小燕　单开娟　狄　耸　丁　莱　丁　娜　丁孝国　董梦周　董　睿
董文峰　董文静　董相毅　董兴华　房真真　冯　琦　冯文嘉　冯姿嘉　盖明明
高明兴　高　新　葛芳源　葛若佳　宫立强　管智文　郭　斌　郭静雨　郭延勇
郭玉立　郭玉霞　韩　恺　韩　珂　韩庆龙　韩文皓　韩晓苏　韩秀军　韩钰铭
何祖臣　贺　珊　洪　波　侯　帅　侯晓鹏　侯玉珠　胡　晨　胡晓丹　黄　妍
季惠惠　贾同亮　贾银峰　姜秋生　蒋鹏国　蒋　政　孔　光　孔　昊　寇辰鹿
郎丰双　李成科　李　春　李　栋　李丰安　李光泽　李　广　李　贺　李华敏
李慧萱　李建军　李　进　李静怡　李米娜　李　平　李瑞华　李　帅　李双双
李兴祝　李　雪　李亚群　李岩霖　李增荣　李中玉　李紫娟　梁　超　林惠莲

林雁军　刘超　刘栋梁　刘方敏　刘汉鹏　刘汉莹　刘恒文　刘佳　刘俊强
刘雷　刘宁　刘佩　刘伟民　刘馨阳　刘阳　刘一斌　刘仲勋　柳洋
龙滨滨　卢诗晴　芦书洋　鲁海涛　陆霞　吕原　吕云杰　马怀志　马萌
马铭霞　满中国　孟夏　孟宪芬　孟相茹　孟翔　孟颖　牟亮亮　聂蓉
牛余筱　潘茜　庞国坦　庞世友　彭艳丽　乔明丽　乔志豪　桑海杰　邵玮明
申仕源　沈锴锴　盛明意　石磊　司硕　宋戈　宋倩　宋长亮　苏林
孙昌平　孙聪　孙菁　孙涛　孙文静　孙妍　孙艺萌　孙云　孙喆
索新华　唐建　田宁　田珊　田媛　仝航航　童丽莎　王超　王德刚
王富梅　王光辉　王国华　王国玲　王含灵　王汉卿　王浩　王焕超　王慧
王金麒　王凯　王丽丽　王敏　王宁　王培培　王启臣　王士忠　王淑静
王韬　王伟　王文江　王文旭　王晓洲　王雪菲　王雅琳　王雅婷　王燕
王懿博　王永涛　王玉刚　王跃鹏　王正昕　魏玉泠　魏煜　吴昊　吴娟
武文斌　肖培来　肖洋　邢恩荣　邢之光　徐畅　徐帅　徐笑梅　徐崟
薛建东　闫丹星　阳夏艳　杨领弟　杨苗苗　杨伟山　杨文昊　于夫　于珊
于晓梅　臧鑫磊　翟艳艳　战志强　张超杰　张成澄　张晗琦　张晖　张慧
张敬　张凯　张恺　张琨　张丽燕　张莉　张连周　张龙　张鲁刚
张梦真　张明　张倩　张瑞媛　张伟　张魏伟　张文策　张晓萌　张旭
张岩　张杨　张洋　张耀　张逸培　张莹　张玉洁　张钰叶　张云
张兆铭　张兆勇　赵景晓　赵立阳　赵俐　赵鲁英　赵圣勇　赵晓蛟　赵媛媛
赵政　赵中志　郑晓业　郑云雷　钟亚君　仲康　周继玲　周静　周俊益
周鸾娇　周翔　周新友　朱剑涛　朱明庆　朱占元　祝胜荣　宗德敬　宗嘉骥
宗娜　徐雯　吴晓丹　徐艳敏　吴振霞　赵兵晨　罗巍　刘佳胤　李烁
刘先冬　牛晓琳　任建成　王清华　徐磊　颜凯

公共管理（236人）

房杰　刘丽娟　刘苏丽　司新苓　王旖旎　白红星　柏泰　鲍清华　鲍文杰
部竞美　曹长宇　柴金琳　陈雷凡　陈桐　陈婉莹　陈欣　陈雪梅　陈尧
程驰　程艳晓　仇晓琳　褚芮　崔玮　戴潇娇　刁元春　丁云肖　董建铄
董岷　董淄滨　杜文秀　段鲁平　段淑君　段晓忆　樊祥瑞　冯璐　高家佳
高亚男　郜培　葛亮　宫航　巩力豪　苟聪　管一鸣　郭莉　韩冰
韩铭　韩庆忠　韩笑　郝龙　怀其昆　姜欣欣　井文萌　景萌　康宽
孔祥宇　孔悦　雷亚霏　李芬芬　李还鹏　李海燕　李红晓　李慧滢　李林璇
李露　李攀　李庆龙　李庆源　李群杰　李睿开　李恬　李彤　李霞
李晓彤　李星辉　李尧　李玉敏　李云云　林晨征　林哲　凌晓　刘宝
刘冲　刘栋　刘杰　刘克程　刘乐旭　刘立杰　刘鹏　刘青　刘爽
刘恬　刘鑫　刘妍妍　刘艳英　刘扬　刘雨晴　卢吉晓　卢蕊　鹿赟璐
吕波　毛羽　孟祥宇　倪萍　倪永盟　牛昆　潘亮亮　庞伟　庞泽娣
亓云　曲英　全永睿　任海南　任浩林　尚丹丹　尚红梅　邵传亮　邵睿博
邵小庆　石杰　石统慧　宋峰芹　宋倩倩　宋宗展　苏岩　苏阳阳　孙矗

孙春晓　孙德胜　孙冠华　孙宏杰　孙蕾蕾　孙陆童　孙鹏飞　孙　珊　孙　通
孙炜枫　孙　喻　孙运涛　谭　聪　陶安邦　田千仟　田亭亭　田玉秀　汪　洋
王　琤　王　迪　王　菲　王海鹏　王海涛　王金鸾　王柯萌　王可竣　王克萌
王丽媛　王　琳　王敏敏　王明慧　王　宁　王　乾　王　倩　王巧利　王　硕
王婷婷　王　翔　王欣悦　王耀家　王一羽　王雨璇　王运兴　吴　娜　吴　双
相　颖　谢珊珊　辛　欣　徐帮祥　徐家宣　徐清华　徐子涵　许文剑　闫科蕾
杨　雷　杨　琳　杨学凯　杨燕宁　杨　洋　杨媛媛　杨志伟　叶程程　尹　悦
尹　喆　于雅婧　于　毅　原　元　翟文杰　战　如　张爱凤　张　超　张丛萌
张　丹　张　迪　张剑南　张　将　张　娇　张　磊　张亮亮　张明媚　张明玉
张　琦　张　琦　张　帅　张松青　张文琦　张晓阳　张　旭　张学谦　张　妍
张奕菲　张　宇　张云珂　张　震　赵尔靖　赵晶晶　赵业伟　赵　勇　赵振霖
赵志明　周广瑞　周巨源　周腾飞　周欣然　周　阳　朱义妮　朱玥屾　朱振辉
廉锡嘉　刘杰立

会计（72 人）

曹芊芊　陈　超　崔　皓　侯宜彤　李玉杰　马晓蕾　宋淑婷　田　蕊　王　蕊
王周悦　于　祺　朱雅馨　曹晓月　仇琬玥　丁慧群　丁娟娟　冯　惠　高　赟
宫晓萌　郝婉莹　姜　雨　孔晓艺　李沉默　李　威　李　颖　李颖越　刘大伟
刘高琪　刘小琦　刘亚琳　马圣男　平佳文　时小康　舒　聪　苏治宇　孙　旭
王宝月　王晗林　王　钧　王梅倩　王亚男　王悦心　魏昳璇　吴　伟　吴彦凝
郗晓雅　徐　楠　徐玉倩　杨　牧　益胜凯　于芙蓉　翟玉玺　张春玲　张力方
张明霞　张　腾　张文秀　张馨月　张　钰　张　悦　赵俊杰　朱天赐　刘　铭
王乐维　周婉莹　白　雪　李明哲　林夏玉　万尚儒　张喻亭　赵　洁　李梦溪

旅游管理（2 人）

刘　兰　孙中尉

图书情报（7 人）

侯　昕　刘晓茜　沈诗琪　仝　年　谢　瑶　俞善程　张　越

工程管理（94 人）

冯得帅　杨志伟　徐宁宁　张国荣　常高颂　陈俊丽　崔　岩　戴祖光　董雅楠
都怡然　韩翔宇　侯西磊　李　兵　李琳琳　李亚菲　刘思佳　孟　雨　尚志杰
盛珈琨　宋　健　王伟建　王雅钦　武志飞　邢　晨　修佃祥　徐国良　徐　嘉
许　燕　闫柳汀　张双燕　张晓峰　赵振黎　郑国艳　周　婷　毕昊林　卞德晨
陈　丹　迟　靖　范莉梅　高　山　李东旗　李　静　李林林　李　琳　李美美
李思怡　李玉文　卢立中　吕晓彬　吕燕平　马海翠　孟庆伟　莫宇欣　曲小文
任　杰　邵俊杰　沈胜鹏　孙佳青　孙静静　孙　源　王璟增　王美娇　王向艺
王晓莎　魏志超　温　泉　吴佳宁　邢淑静　徐　毅　许丰成　颜汉卿　杨瑞强
于得水　于吉利　于鹏凯　苑　琳　张　冬　张　军　赵迎晨　周靖炘　朱丽媛
朱兴文　朱　旭　MUHAMMAD ADNAN KHURSHEED　TITIS FILLAELY
VU THI LAM　VLASOVA NATALIIA

NOMAN SALAH AHMED ABDULWAHAB　ANURAG PANDEY
PHILIPINA FERDINAND MASAWE　Lukas Mechura　YOU BORAMEY
LEIDY JOHANNA OLARTE SILVA　ZELELEW GIRMAY ASGEDOM

艺术（60 人）

许　健　韩淑娟　陈嘉玮　张子薇　刘　路　王志轩　张冬媛　庄梦思　丁小曼
段泽谆　牟姿凝　宋明昊　孙丰瑶　文丝梦　徐　元　杨　林　姚珍珍　刘树震
卢文阕　杨雅晴　张　宽　张　琳　陈茂涛　李　壮　林腾华　刘　畅　刘茵冉
王蕊蕊　夏积超　薄亚楠　沈楚昊　杨秀秀　张小艺　李　斌　张彦羽　周　杨
贺莉芳　陈清心　陈　昕　刘　爽　钱　晨　任龙玥　孙晓峥　薛荣鑫　杨白莹
张　冬　边淑倩　郭文可　林　坤　刘少伟　齐梦瑶　王晓文　武晓丽　张晓旺
付　昊　郭嘉宝　马佳丽　于　政　张　朋　王子秋旭

（三）以同等学力申请硕士学位（53 人）

经济学（3 人）

黄吉祥　王　英　张　艳

法学（1 人）

鹿业光

文学（4 人）

姜　波　宿国萍　傅辰彦　丁　琦

理学（2 人）

马　龙　李宗谕

工学（1 人）

李祥龙

医学（34 人）

刘　青　叶晓静　康子华　姜晓雯　刘　蕴　曲玉新　杨　阳　王雅莉　王　英
李欣欣　李　静　尹海燕　张　姗　翟晓芸　秦睿羲　徐玉香　孟宪欣　宋才铜
孙　凯　张艳新　席加水　林　娜　甄秋来　栗英林　郑淑敏　张洪彬　杨轲馨
鲁晨曦　魏　萍　候　倩　孙艳萍　田　娜　章由生　罗树志

管理学（8 人）

陆　丽　王　宾　马莉莉　闵凡芳　杨蕊蕊　陈　松　高　杰　车　真

山东大学
2021 年 6 月 18 日

关于2021年度授予倪爱霞等318人博士学位王润清等397人硕士学位的决定

山大研字〔2021〕119号

根据《中华人民共和国学位条例》和《中华人民共和国学位条例暂行实施办法》的有关规定，经校学位评定委员会2021年度第二次全体会议审核通过，决定授予攻读博士学位研究生倪爱霞等175人博士学位；授予秦溶蔓等138人博士专业学位；授予以同等学力申请博士学位人员王德玲等5人博士学位；授予攻读硕士学位研究生王润清等27人硕士学位；授予秦欢等312人硕士专业学位；授予以同等学力申请硕士学位人员胡晓庆等58人硕士学位。具体名单如下：

一、授予博士学位人员名单（318人）

（一）攻读博士学位研究生（175人）

哲学（3人）

倪爱霞　刘　岱　邝　宁

经济学（4人）

王培培　周荣云　董　芳　李芳慧

法学（11人）

李欣同　李　猛　王小絮　梁婉颖　王晓燕　万吉庆　孔伟光　田启战　靳　贺　崔庆君　任爱芬

文学（9人）

赵红梅　江语林　叶庆兵　高　志　王会珍　韩　明　钟云瑞　校　潇　刘凤芹

历史学（9人）

袁波文　黄晓青　穆东旭　赵江运　张　辉　李　敏　武　昊　龙　啸　陈宗瑞

理学（52人）

王　雪　梅清琳　单　昂　刘旭雅　郭　清　马洪丽　宋军澎　谭玉珍　宋元卓　付茂祥　董　昊　刘燕然　马西奎　丁齐鸣　刘　芳　张立燕　王　南　王嘉慧　张　鑫　于文竹　阚爱玲　国孟东　张　冲　翟晓燕　周大猷　任乃霞　赵　娜　张君映　高玉振　王　莹　阎振鑫　滕兆洁　刘　君　盛　琪　王　琰　刘　楠　孟　娇　邵黎明　张　晗　张　健　黄　涛　贺庆涛　申琪瑶　姜婵娟　于艳红　姜候兵　李浩恬　王一凡　张　帅　宁　昊　邢传智　LARA SINDHU

工学（55人）

韩应宽　凌昊天　刘万理　段佳志　刘　骏　沈晓彤　翟继强　李　姣　王　朋　赵玉垚　孙永连　苗显光　赵丹阳　巴清心　黄　腾　蔺海洋　韩　丹　张　璞　赵　丽　赵艳哲　代成刚　陈栾霞　王秀雷　张　毅　汤宇宙　刘洪涛　孟祥剑　叶平峰　马　展　马文龙　刘志彬　李　霞　陈现栋　辛亚先　张　焕　王吉阔

王海洋　贺玄煜　宋　娟　王晓晨　张振杰　李慧宇　谢　翌　许浩然　徐　翔
闵新平　高　萍　李佳宸　刘众众　李文娟　梁慧聪　INAM ULLAH
SHAH，AAMER ABBAS　SAAD WAQAR　HASAN RAFIQ

医学（25 人）

韩君铭　杨宗澄　丁胜勇　郑小菊　宋　迪　胡　渊　徐江康　张洪海　王丽媛
刘　奋　赵　健　王雪儿　乔　玉　王　燕　宗　帅　石婧婧　范丽媛　魏　璇
成　程　钱　钰　王尊哲　谢　飞　夏　勇　李　冰　赵　汇

管理学（7 人）

梁　亮　刘　佳　王雪蝶　张霞飞　曹玉梅　宁　萍　崔书慧

（二）博士专业学位（138 人）

工程（1 人）

秦溶蔓

临床医学（131 人）

宫　颖　孙　珺　刘　露　孙淑娟　李美香　赵田田　张　鹤　李　珊　田永昊
常忠路　路　平　马　静　李昕耘　闫红梅　张　鹏　陈星宇　冯建利　熊春梅
张　霞　徐　静　吕卓珍　商观锋　郑春辉　岳耀先　庄梦琪　赵传亮　刘丽君
许铁峰　胡圆圆　潘　悦　赵　燕　于红霞　束伟斌　王海丽　桑　晶　程云涛
王　艳　牟慧珺　李毓雯　武翔宇　王睿婕　陈　敏　吕洪涛　崔纪云　徐　华
田亚楠　汪　凡　刘睿婷　王　华　李红金　朱文涛　季　梅　季德林　王福立
郑　舒　李瑞健　丛　萍　相燕洁　毕　叶　党　梁　齐太国　付传芸　樊明德
闫　鹏　马　骏　曹　平　姜文升　单本杰　杨奉常　郑雅文　曲芸芸　刘圆圆
张志军　王新昭　孙陶陶　李中辰　韩旭健　宋歌声　戴　春　杜　峰　赵　涛
马金凤　李科威　丁　岩　李永响　杨承乾　侯华英　刘佳慧　朱玉昌　张　曦
王　亮　涂云海　于　超　鲁科翔　孙祥飞　吴雪莲　陈宏礼　王　顺　张　振
孙士静　张祖平　朱凤娟　张　蕾　黄葶葶　张倩倩　李　远　马　扬　卢君艳
赵婷婷　陈飞雪　方欣臣　宫相翠　王　燕　王成龙　王　江　刘　杰　郭丽娜
李　旭　李斑斑　李志鹏　王媛媛　李文学　黄来刚　李慧媛　张　森　赵世春
赵广健　魏　艳　刘　玉　王瑞峰　贺光辉

口腔医学（6 人）

张盼盼　王　婷　尹贻鑫　信　维　陈　慧　袁家侃

（三）以同等学力申请博士学位（5 人）

法学（1 人）

王德玲

理学（1 人）

范英才

工学（1 人）

武　华

医学（2人）

闫中瑞　胡　勇

二、授予硕士学位人员名单（397人）

（一）攻读硕士学位研究生（27人）

经济学（2人）

王润清　曹露露

法学（1人）

孙楚凝

文学（1人）

DEBORAH CHINYEAKA ILOANYA

理学（6人）

姜日娟　陈宗亮　李永晖　梁晓倩　张文晶　王玉贤

工学（6人）

李华南　刘海东　成正晴　张　凯　顾文艳　张文豪

医学（7人）

周紫玉　李丛杉　梁　哲　祁同同　李菲菲　林羿成　郭　奎

艺术学（4人）

李明哲　杨浩田　张思博　张萍萍

（二）硕士专业学位（312人）

金融（3人）

秦　欢　钱家琪　杨　灿

应用统计（1人）

唐　莉

法律（5人）

张潇霄　史吉莹　刘西尧　魏大为　刘　海

汉语国际教育（1人）

MOHAMED GAFFER MOHAMED SAEED

翻译（2人）

安　琪　李冬琛

新闻与传播（2人）

孙暑天　王　倩

工程（71人）

衣　达　张　亚　薄昭宽　李　波　张　迪　胡　冰　朱　庆　李　洋　唐　浩
江　恒　李晓亮　张晓霞　李文军　陈　越　李富宠　窦永浩　陈新民　王晓函
李　昆　黄文俊　方　妍　杨桂桐　张艾友　刘承翔　李忠波　高腾飞　张峰峰
贺海东　王　真　刘　晓　聂寿康　张　玉　冯壮壮　孙赛赛　王炤宇　荀子渝
郑　悦　王华龙　林文静　冯媛媛　方晋东　刘际成　杨晓娟　黄金炎　王　鑫
韩　伟　罗荣钧　李迎新　田志超　刘仰韶　付增美　邢　雁　赵振宇　石月美

刘　霄　柴　璐　蔡宗锟　李开立　夏梦然　谢升军　谢世杰　张文博　贾志培
刘凤燕　姚宗豪　任保飞　林　鑫　王弘宇　林　军　刘　聪
BUNDOR JAMES KOMBA

临床医学（38人）

隗　清　岳萃涛　魏　磊　朱世博　徐其乐　刘　斌　李　荣　程连荣　刘伟巍
张　菁　吕　佳　陈　旭　时凤芝　黄　昊　龙　钰　邹文璐　杨　震　张永锋
宫小舒　刘晓洁　彭玲玉　冯金雪　唐一淞　阮钰莹　李倩文　李晓鹏　杨　轲
肖　乾　位　宁　权宗军　王腾凯　李时炜　赵　超　谢宇翔　高　峰　赵佩汝
吴业飞　姚伟伟

口腔医学（3人）

韦羽和　李晓乐　史兆跃

公共卫生（2人）

夏慧禹　刘玉美

护理（2人）

陈丽丽　杨明风

药学（1人）

牟　悦

工商管理（112人）

陈维民　王金健　孔令朋　李　崇　王志鹏　房　琳　刘　侃　吴　灿　谢　姝
徐　倩　闫智俭　张琳瑶　左芳芳　赵玉洁　刘耀松　甘丰瑞　胡博含　胡　哲
黄　龙　蒋丽丽　刘　谦　汪培亚　王金枝　王丽萍　王荣荣　赵　鹏　赵晓桐
郑公霞　丛　蕾　安　禾　白素波　曹楠楠　陈淑丽　陈延霖　仇　洋　丛　雯
崔正婕　董方方　董方霞　杜　瑶　杜依达　丰　尚　冯　唯　高春龙　高　飞
高　武　韩小雪　何士杰　黄　薇　蒋　美　接　建　李方正　李慕清　李　娜
刘　鹤　卢　楠　鲁潇洁　吕晨兴　马忠建　牛　喆　潘劲咏　潘美如　齐　鲁
沈怀强　史建辉　宋云飞　孙　武　谭水清　汤正阳　王丹丹　王桂成　王洪涛
王　健　王南南　王睿昕　王天琳　王炜懿　王文慧　王一鸣　王　莹　吴　迪
吴鋆慧　徐　双　盖珍珍　薛玉川　杨　鲁　杨　青　杨宜尚　于瑞兴　张　波
张　成　张　迪　张　娟　张　庆　王　萌　张　艳　张扬扬　周　桐　刘少磊
邴国春　杜西伟　姜　蒙　李爱青　刘　澄　刘国栋　刘铭达　刘文超　潘　琪
亓　越　宋伟男　宋炤炜　王　皓

公共管理（43人）

张峥峥　崔晨路　窦晓叶　蒋　悦　李秀娟　秦玉欣　王　硕　杨金月　张文平
张艺涵　周　璇　周振海　贾　迅　栾贻龙　任　丹　张晓丽　高　渟　闵　婕
王　杨　高云飞　侯梦昱　李传富　梁国鑫　刘　健　刘　倩　刘绪超　马明星
毛会静　慕凌飞　穆甜甜　秦　添　谭雪艳　王　静　王泽钰　魏新跃　郗鸿志
夏娜娜　肖　辉　徐　宇　薛松松　张　好　张　镇　赵　飞

会计（2 人）

商羽婷　徐秉哲

旅游管理（1 人）

罗晓芳

工程管理（20 人）

卜雁飞　郭　阳　刘　震　何　珊　王朋朋　温丹宝　辛旭东　于　松　张瑞洲
赵祎祎　高　磊　宋　辰　陈　颖　张庆浩　胡译仁　周　状
MOHAMMAD AMIN MUQBEL　SK ASIFUR RAHMAN　NIKISHINA ANNA
NSAYI PARFAITE MICHEL ARCHANGE

艺术（3 人）

鲁　平　姜懿芳　吴　欢

（三）以同等学力申请硕士学位（58 人）

经济学（7 人）

胡晓庆　杨　勇　陈　希　刘庆杰　宋　梅　王建新　宋伟君

文学（2 人）

崔　峰　张　舵

理学（5 人）

孙　哲　徐　尧　三　鹏　卞　卡　王绍密

工学（4 人）

高春坡　杨　罡　王宪刚　王　磊

医学（32 人）

张豪正　尹立强　刘艳芳　林　颖　曾红依　张婷婷　黄　艳　程晓雪　术洪婷
孙丽影　王　悦　张明生　解　红　李　斌　李亚军　曲　越　田汝香　李　鑫
李真真　刘　璐　贺峻祎　张　匀　王永杰　姚志娜　孙晋芳　刘贤峰　任莉霞
胡安立　宋珍珍　臧芹芹　宋丙英　刘　萍

管理学（8 人）

申　甲　张　帅　张艳婷　邓继文　朱亮亮　王韵祺　王　恺　张金皗

山东大学
2021 年 12 月 20 日

大事记

山东大学 2021 年大事记

1 月

4 日　山东大学党委书记郭新立主持召开中共山东大学第十四届委员会第 77 次常务委员会会议暨党委理论学习中心组会议，传达学习中共中央政治局民主生活会精神，讨论审议《山东大学领导班子 2020 年度民主生活会方案》，部署贯彻落实工作。校长樊丽明出席会议。

同日　经 2021 年 1 月 4 日第十四届党委第 77 次常委会研究决定：

柳丽华同志任第二医院党委书记，免去其齐鲁医学院党工委委员、常务副院长职务；

免去袁魁昌同志的第二医院党委书记职务；

韩建新同志任青岛校区党工委委员、常务副校长，免去其威海校区党工委委员、常务副校长职务；

郭培良同志任青岛校区党工委副书记、纪工委书记，免去其威海校区党工委副书记、党工委委员、纪工委书记、体育教学部直属党支部书记职务；

杜言敏同志任威海校区党工委副书记、纪工委书记，免去其青岛校区党工委副书记、党工委委员、纪工委书记、法学院党委书记职务；

李振奎同志任威海校区党工委副书记，免去其青岛校区党工委委员、副校长职务；

赵玉璞同志任威海校区副校长，免去其威海校区党工委副书记职务；

徐健同志任威海校区后勤管理处副处长；

免去陈广奕同志的威海校区后勤管理处处长职务，另行安排。

5 日　《山东省人民政府关于 2020 年度山东省科学技术奖励的决定》正式发布，山东大学共有 32 项成果获奖，获奖层次和数量均创“十三五”以来历史新高。山东大学作为主持单位获奖 20 项，获奖数量较 2019 年增加 66.7%，较 2018 年实现翻番。其中，共获一等奖 5 项（自然科学和技术发明一等奖各 1 项，科技进步一等奖 3 项）、二等奖 15 项。此外，山东大学作为参与单位获奖 12 项，包括一等奖 4 项、二等奖 7 项、三等奖 1 项。

5 日　经 2021 年 1 月 4 日第十四届党委第 77 次常委会研究决定：

王焕杨、胡绍明、郭山清、魏普文等 4 名同志试用期满考核合格，正式任职，任职时间从决定试用之日起计算。

6 日　经 2020 年 12 月 14 日第十四届党委第 75 次常委会研究决定：

曲明军同志任党委组织部部长、党校校长；

刘健同志任人事部部长、人才工作办公室主任。

免去：

陈宏伟同志的党委组织部部长、党校校长职务；

吴臻同志的校长助理、人事部部长、人才工作办公室主任职务。

7 日　宁夏医科大学党委副书记、校长孙涛一行访问山东大学，与山东大学续签对口支援协议。山东大学常务副校长王琪珑、副校长易凡，宁夏医科大学党委副书记牛阳，党委常委、副校长刘志宏出席活动。

9 日　山东大学 2020 年度“十大新闻”评选结果揭晓。

同日　山东大学 2020 年度党组织书记履行全面从严治党责任和抓基层党建述职评议会议在中心校区举行。教育部党建工作联络员、中国矿业大学原党委副书记张爱淑出席会议。校党委书记郭新立出席会议并讲话，校长樊丽明主持会议。会上，24 位党组织书记进行了现场述职，其他单位党组织书记进行了书面述职。述职中，大家坚持以习近平新时代中国特色社会主义思想为指导，深入学习贯彻落实党的十九届五中全会精神，紧密结合工作实际，分别汇报了带头落实管党治党责任情况，加强政治、思想、组织、作风、纪律建设情况，巡视巡察、审计等监督发现问题整改情况，履行基层党建工作责任情况等，分享了党建工作的主要做法和取得的主要成效，认真查摆了自身存在的突出问题，提出了改进工作的具体措施。每位党组织书记现场述职后，联系校领导进行了对应点评，郭新立进行了逐一点评，对各单位下一步如何抓好党建、促进发展提出了针对性的意见和建议。

11 日　山东大学完成 2020 年度专业技术职务及岗位聘任工作，共召开学校层面评审推荐会 34 场，评审通过专业技术职务及岗位 551 人。

14 日　山东大学基础医学院本科生王子铭在齐鲁医院成功捐献造血干细胞，成为山东大学第 13 例、山东省第 939 例、济南市第 103 例造血干细胞成功捐献者，用自己的实际行动展现了一名医学生的初心和使命。王子铭是山东大学基础医学院临床医学（五年制）2018级本科生。他于2015年11月加入中国造血干细胞捐献者资料库，成为一名光荣的造血干细胞捐献志愿者。2020年10月，王子铭与一名血液病患者初配成功，后经全面体检和各项指标筛查，判定符合移植条件。采集计划确定后，王子铭在2021年1月10日注射了第一针动员剂，并于1月14日正式进行造血干细胞采集。

15日　由山东大学能源与动力工程学院王文龙教授牵头承担的国家重点研发计划“固废资源化”重点专项“工业窑炉协同处置城市固废全过程污染控制关键技术研究与工程示范”项目启动暨实施方案论证会在济南召开。中国工程院院士、山东大学副校长李术才，“固废资源化”专项国家总体专家组戴晓虎教授、王伟教授、王洪臣教授，项目咨询专家组大理大学校长王华教授、中南大学副校长郭学益教授出席会议。

15～17日　山东大学召开2020年度中层领导班子年度考核汇报评议会议，回顾总结2020年工作，展望2021年的工作思路和方向。校党委书记郭新立、校长樊丽明、常务副校长王琪珑分别主持会议并作总结。

16日　经2021年1月14日第十四届党委第78次常委会研究决定：

于向明同志任法学院党委书记；

赵龙同志任饮食管理服务中心主任，免去其兴隆山校区和软件园校区管理办公室副主任职务。

免去徐健同志的饮食管理服务中心主任职务。

24～25日　山东大学召开2021年校领导班子寒假工作务虚会。校党委书记郭新立主持会议，校长樊丽明等全体校领导出席会议。

25日　山东大学2020年度学校领导班子和领导人员年度考核及选人用人“一报告两评议”会议在中心校区举行。校党委书记郭新立代表学校领导班子作2020年度述职报告，并代表学校党委作选人用人工作专题报告。校长樊丽明主持会议。

27日　山东大学领导班子2020年度民主生活会召开。校党委书记郭新立主持会议并作总结讲话，校长樊丽明和其他班子成员参加会议。中央第49督导组到会指导并作点评讲话，山东省委组织部和省委教育工委有关领导同志参加会议。

同日　校党委书记郭新立主持召开中共山东大学第十四届委员会第79次常务委员会会议，传达学习习近平总书记在十九届中央纪委第五次全体会议上的重要讲话精神和全会精神，并对贯彻落实工作提出要求。

同日　经第十四届党委第70次常委会研究决定：

韩延伟同志任商学院正处级组织员，免去其威海校区后勤管理处党总支书记职务。

本月　国际光学工程学会（SPIE）官方网站公布了2021年学会会士（Fellow）当选者名单，物理学院陈峰教授当选为72名会士之一。

本月　国家留学基金管理委员会发布了《关于确定2021年创新型人才国际合作培养项目的通知》，山东大学材料科学与工程学院的“新能源材料与纳米化学工程应用创新型人才联合培养项目”和齐鲁交通学院的“基础设施工程双学位国际领军人才培养项目”成功入选。

本月　在教育部办公厅发布的《关于印发基础学科拔尖学生培养计划2.0基地（2020年度）名单的通知》中，山东大学再传捷报，化学、物理学、生物科学、经济学4个学科基地入选，总数增至6个。

2月

2日　校长樊丽明一行检查学校在建基建工程，并看望慰问一线工作人员。副校长芦延华一同检查。

3日　尼山世界儒学中心党委书记、副主任国承彦一行访问山东大学，校长樊丽明会见来访客人。双方就共同推进尼山世界儒学中心分中心建设、联合研究生院建设和第七届尼山世界文明论坛筹备等工作进行了深入交流。

4日　学校召开聚焦“四个落实”自查自纠、未巡先改专项行动工作推进会，部署贯彻落实教育部中管高校巡视整改巩固深化调研座谈会精神。校党委书记郭新立主持会议并作总结讲话。

同日　经2021年1月27日第十四届党委第79次常委会研究决定：

徐健同志任威海校区后勤管理处处长（试用期一年）、党总支书记。

8日　山东大学与泰山体育产业集团战略合作签约活动在中心校区举行。山东大学校长樊丽明、常务副校长王琪珑，山东省体育局党组成员、省体育总会专职常务副主席隋拥军，省工信厅二级巡视员张忠军，省科技厅总工程师孙高祚，德州市副市长马俊昀，全国政协委员、泰山体育产业集团董事长卞志良出席活动。山东大学党委副书记王君松主持活动。

9日　国家药品监督管理局公布了第二批重点实验室名单，山东大学作为依托单位上榜3个，在同期获批重点实验室的22所高校中，上榜数量与北京大学并列第二。此外，学校有1个实验室作为联合申报单位获得通过。

同日　校党委书记郭新立、校长樊丽明等对春节期间留校学生和坚守工作一线的教职医务员工进行了走访慰问，感谢他们的辛勤工作，并送去新春的祝福。

10 日　山东大学基础医学院于晓教授团队、孙金鹏教授团队与四川大学华西医院邵振华教授团队、西安交通大学张磊教授团队和香港中文大学（深圳）杜洋教授团队通力合作，在 *Cell* 杂志在线发表了题为“Ligand recognition and allosteric regulation of DRD1-Gs signaling complexes”的最新研究成果，首次解析了多巴胺受体 DRD1-Gs 复合物结构，解释了 DRD1 配体识别、别构调节及与 G 蛋白偶联的分子机制。山东大学基础医学院肖鹏研究员、硕士研究生钟亚妮、四川大学颜微副教授、西安交通大学博士研究生缑璐、国家蛋白质中心（上海）孔亮亮博士为本文共同第一作者；于晓教授、孙金鹏教授、邵振华教授、张磊教授、杜洋教授为共同通讯作者。

25 日　中共山东大学第十四届委员会第七次全体会议在中心校区举行。会议由党委常委会主持。党委委员 28 人出席会议，非党委委员的校领导、纪委委员等 17 人列席会议。

同日　山东大学党委书记郭新立主持召开中共山东大学第十四届委员会第 80 次常务委员会会议暨党委理论学习中心组会议，传达学习习近平总书记在党史学习教育动员大会上的重要讲话精神，并部署贯彻落实工作。校长樊丽明出席会议。

26 日　山东大学召开 2021 年春季学期工作会议，研究部署学校 2021 年度重点工作。校党委书记郭新立主持会议并作总结讲话，校长樊丽明就 2021 年重点工作进行部署。

同日　会后，全校各单位通过召开党政联席会议、领导班子会议、党委会、全体教职工大会、专题会议等各种形式，深入传达学习、贯彻落实会议精神，并结合本单位实际，对春季学期工作进行规划部署，全力以赴，聚势谋远，坚决确保各项目标任务落实落地，确保“十四五”开好局、起好步，以优异成绩迎接建党 100 周年和建校 120 周年。

28 日　山东大学召开审计委员会第二次全体会议，学习传达全国审计工作会议精神和上级部门关于内部审计工作的要求，总结 2020 年审计工作，研究部署 2021 年审计工作。校党委书记、审计委员会主任郭新立，校长、审计委员会主任樊丽明出席会议并讲话。副校长芦延华，党委副书记、纪委书记陈向阳，党委副书记陈宏伟出席会议。会议由樊丽明主持。

本月　教育部公布了 2020 年度本科专业高等学校专业备案和审批结果，

山东大学共获批新增密码科学与技术、储能科学与工程、机器人工程 3 个战略新兴本科专业。其中，密码科学与技术为新增审批本科专业，山东大学成为全国首批设置该专业的高校。至此，山东大学战略新兴新工科、新医科和新文科专业达到 13 个。

本月　教育部办公厅公布了 2020 年度国家级和省级一流本科专业建设点评审结果，山东大学 28 个专业入选国家级一流本科专业建设点，入选数量位居全国前列；4 个专业入选省级一流本科专业建设点。

3 月

1 日　经 2021 年 2 月 25 日第十四届党委第 80 次常委会研究决定：

曲波同志任齐鲁医学院党工委委员、常务副院长。

2 日　教育部召开第八届高等学校科学研究优秀成果奖（人文社会科学）颁奖会，充分展示党的十八大以来高校哲学社会科学取得的历史性成就，全面部署新发展阶段推动高校哲学社会科学高质量发展各项工作。教育部党组书记、部长、部哲学社会科学工作领导小组组长陈宝生出席会议并讲话，部党组成员、副部长、部哲学社会科学工作领导小组副组长翁铁慧主持会议。校长樊丽明、常务副校长王琪珑在山东大学视频分会场参加会议。

同日　山东大学召开 2021 年全面从严治党工作会议，深入学习贯彻习近平总书记在十九届中央纪委五次全会上的重要讲话和五次全会精神，学习贯彻教育部 2021 年教育系统全面从严治党工作视频会精神，全面总结学校“十三五”时期推进全面从严治党工作情况、分析研判“十四五”时期面临的形势任务、部署安排 2021 年重点任务。教育部党建工作联络员、中国矿业大学原党委副书记张爱淑出席会议，校党委书记郭新立出席会议并讲话，校长樊丽明主持会议。

同日　山东大学召开党史学习教育动员部署大会，深入学习贯彻习近平总书记在党史学习教育动员大会上的重要讲话精神，按照中央《关于在全党开展党史学习教育的通知》要求，紧密结合学校改革发展实际，对学校开展党史学习教育进行动员部署。教育部党建工作联络员、中国矿业大学原党委副书记张爱淑出席会议。党委书记郭新立出席会议并讲话，校长樊丽明主持会议。

4 日　历城区委副书记、区长曹殿军一行来山东大学访问，就历城区“中优”（洪楼科学城）规划实施等工作进行座谈交流。座谈前，校党委书记郭新立会见了曹殿军一行。常务副校长王琪珑、历城区人大常委会主任孙德顺等出席相关活动。校党委常委、宣传部

	部长、120 周年校庆筹备工作领导小组办公室主任桑晓旻主持座谈会。
5 日	山东大学举行纪念“三八”国际劳动妇女节 111 周年暨先进表彰会，对 2020 年度妇女工作先进集体和个人进行表彰。校党委副书记张永兵、陈宏伟出席会议并为获奖者颁奖。
6 日	习近平总书记看望参加全国政协十三届四次会议的医药卫生界、教育界委员并发表重要讲话，对为人民提供全方位全周期健康服务和办好人民满意的教育，培养德智体美劳全面发展的社会主义建设者和接班人提出明确要求，并向广大女同胞致以节日的祝贺和美好的祝福。山东大学广大教职医务员工反响热烈，认真学习贯彻习近平总书记重要讲话精神，迅速掀起学习贯彻、推动落实的热潮。
8 日	山东大学党委书记郭新立主持召开中共山东大学第十四届委员会第 81 次常务委员会会议暨党委理论学习中心组会议，组织学习《中国共产党统一战线工作条例》，专题研究部署学校统战工作。
同日	山东大学党委书记郭新立到青岛校区调研指导工作。时值第 111 个国际劳动妇女节，郭新立看望慰问了坚守在工作一线的部分女师生医务员工代表，并通过她们向全校女师生医务员工致以节日的祝贺和美好的祝福。山东大学副校长、青岛校区校长韩圣浩，青岛校区党工委书记孔令栋陪同慰问。
8～10 日	山东大学党委书记郭新立到青岛校区调研指导工作，与校区领导班子成员、机关部门党员和学院、科研机构主要负责人进行座谈交流。山东大学副校长、青岛校区校长韩圣浩出席活动。
9 日	山东大学药学院研究生曾庆恺在山东省千佛山医院成功捐献造血干细胞，成为山东省第 951 例、山东大学第 14 例、药学院第 3 例造血干细胞捐献者。
12 日	山东大学与国家文物局考古研究中心战略合作协议签约仪式在北京举行。山东大学校长樊丽明、国家文物局局长刘玉珠出席签约仪式并讲话，国家文物局副局长宋新潮主持签约仪式。
同日	第五届陈振传基金会—南洋理工大学高级领导力提升高端论坛举行，山东大学校长樊丽明线上出席论坛，并作题为《借新文科建设东风，推进跨学科人才培养》的主题报告。
16～18 日	山东大学党委书记郭新立主持召开交流座谈会，推动学校“十四五”规划工作。常务副校长王琪珑，副校长吴臻、易凡参加会议。
17 日	山东人才发展集团党委书记、董事长王卫中一行来山东大学调研，山东大学校长樊丽明会见了王卫中一行。双方就人才招聘引进、高层次人才服务、科技成果转化等方面进行座谈交流。山东

人才发展集团党委副书记、总经理张祝秀，党委委员、副总经理褚国良，山东大学副校长吴臻出席活动。

18 日　山东大学与中国中铁在济南举行青年发展共建协议签约仪式，深化校企合作，加快共建步伐。山东大学党委副书记王君松，中国中铁人力资源部副部长井国彬、科技创新部副部长李海明出席签约仪式。

同日　山东大学 2021 年春季学期本科教育工作会议在中心校区召开，深入贯彻落实学校 2021 年春季学期工作会议部署，系统构建高质量本科教育体系，加快推进一流本科教育建设，全面开启“十四五”本科教育教学新篇章。副校长吴臻出席会议并讲话。

山东省教育厅公布了 2020 年山东省高等学校教学名师名单，山东大学文学院杜泽逊、数学学院张天德、材料科学与工程学院张景德、机械工程学院王震亚、控制科学与工程学院陈阿莲、土建与水利学院冯维明、马克思主义学院徐艳玲、微电子学院邢建平以及计算机科学与技术学院刘保东共 9 位教授入选。

19 日　“国网山东电力—山东大学”产教融合校企合作签约及校企联合人才培养基地、联合共建实验室揭牌仪式在山东大学千佛山校区举行。山东大学副校长、中国工程院院士李术才教授，国网山东电力公司总工程师李荣出席仪式。

同日　山东大学 2021 年度人文社科工作会议在中心校区召开。常务副校长王琪珑出席会议并讲话。

22 日　山东大学党委书记郭新立主持召开党委理论学习中心组学习暨中共山东大学第十四届常务委员会第 82 次会议，紧密结合党史学习教育，传达学习 2021 年全国“两会”精神，重点学习习近平总书记在全国政协十三届四次会议医药卫生界、教育界委员联组会上的重要讲话精神，并部署贯彻落实工作。校长樊丽明出席会议。

23 日　山东大学召开“深化审计整改，加强风险排查”专项行动部署会。会议以习近平新时代中国特色社会主义思想为指导，贯彻落实党和国家重大决策部署，落实学校立德树人根本任务，抓实党史学习教育与工作推进“结合文章”，部署“深化问题整改，加强风险排查”专项工作，促进学校治理体系和治理能力现代化。校党委书记郭新立出席会议并讲话，校长樊丽明主持会议。

同日　经 2021 年 3 月 22 日第十四届党委第 82 次常委会研究决定：

周慧如同志兼任体育教学部直属党支部书记；

霍新喜同志任青岛校区资产与实验室管理处处长，免去其青岛校区监察审计办公室常务副主任、审计处副处长职务；

屠长河同志任青岛校区学科建设与研究生教育办公室常务副

主任，免去其计算机科学与技术学院常务副院长职务；

史正勇同志任青岛校区纪监审办公室常务副主任（原副处级不变），免去其监察处副处长职务；

刘会刚同志任威海校区后勤管理处副处长，免去其威海校区学生工作部（处）副部（处）长职务。

免去：

李德春同志的青岛校区研究生教育办公室常务副主任职务；

宋云龙同志的威海校区后勤管理处副处长职务，另行安排。

24 日　山东大学召开劳动教育、创新创业教育工作推进会。校长樊丽明出席会议并讲话，校党委副书记王君松出席会议，副校长吴臻主持会议。

同日　山东大学“太阳爆发及其对行星空间环境的影响”攀登团队、空间科学研究院徐天河教授牵头承担的国家重点研发计划“地球观测与导航”重点专项“国家 PNT 体系弹性化架构设计与关键技术示范验证”项目启动暨实施方案论证会在济南召开。中国工程院院士、山东大学副校长李术才出席会议。

25 日　“校长有约”校长思政课——“两会归来话新局”专题报告会在中心校区举行。校长樊丽明出席活动并进行宣讲，就“两会”重点和社会热点与青年师生互动交流，教育和引导师生领悟“两会”精神，把握时代发展新机遇，开创社会建设新局面，为立足新发展阶段、贯彻新发展理念、融入新发展格局、推进高质量发展作出山大贡献。

26 日　山东大学预算绩效管理委员会第一次全体会议召开。校长、预算绩效管理委员会主任樊丽明出席会议并讲话。副校长芦延华、吴臻、易凡出席会议。会议由芦延华主持。

同日　校党委书记郭新立在中心校区调研指导学校体育工作，看望一线体育教师，与体育教师代表和有关单位负责人交流座谈。校党委副书记王君松出席活动。

同日　山东大学召开全校学生工作会议，全面部署 2021 年学生教育管理服务工作。校党委副书记王君松出席会议并讲话。

29 日　山东大学—徐州地铁集团有限公司战略合作签约活动在中心校区举行。山东大学副校长、中国工程院院士李术才，徐州地铁集团党委副书记、总经理张昌伟出席活动。

31 日　在山东大学即将迎来建校 120 周年之际，香港培新集团慈善基金向山东大学捐赠暨专项援助基金启动仪式在齐鲁医院举行。山东大学常务副校长王琪珑出席仪式，并代表学校接受捐赠。

同日　山东大学召开教师工作委员会会议，研究部署学校春季学期教师思想政治和师德师风建设相关工作。校党委副书记张永兵主持会议并讲话。校党委常委、宣传部部长、教工部部长桑晓旻出席会议。

本月 在习近平总书记发表了“3.18”重要讲话两周年之际，山东大学2021年度思政课程与课程思政建设推进会在中心校区举行。校长樊丽明出席并讲话。

4月

2日 经学校党委研究，决定：

聘任袁魁昌同志为督查（巡察）专员，聘期为2021年4月至2024年4月。

6～10日 山东大学一校三地联动，先后在威海、济南、青岛举办山东大学2021届毕业生春季就业双选会、山东大学第四届服务山东人才引进专场招聘会共4场大型招聘会。参会用人单位来自山东、江苏、北京、上海、浙江、广东、湖北等25个省（直辖市、自治区），共计1151家（次），岗位需求9.6万余个，涉及能源制造、信息通讯、科研服务、金融保险、生物医疗、教育培训、建筑地产、批发零售等领域，涵盖本硕博各学历层次，覆盖13大学科门类。

8日 海南大学党委书记武耀廷来山东大学调研座谈。校党委书记郭新立会见了武耀廷一行。校党委副书记陈宏伟，海南大学党委常委、副校长曹宪忠（挂职）出席活动。

同日 山东国家应用数学中心创新转化基地入驻暨项目启动仪式在济南山大科创城举行。中国科学院院士郭雷，中国科学院院士彭实戈，山东大学校长樊丽明、副校长刘建亚，济南市历城区委书记吕涛，山东大学党委常委、宣传部部长桑晓旻出席仪式。

同日 按照山东大学党史学习教育有关安排，学校邀请上海交通大学刘统教授为全校党员干部作了题为《中国共产党从这里走来》的党史专题辅导报告会。校党委副书记张永兵主持报告会，党委副书记、纪委书记陈向阳出席报告会。

同日 经2021年4月7日第十四届党委第83次常委会研究决定：

曲刚同志任晶体材料研究院（晶体材料国家重点实验室）党委书记、新一代半导体材料集成攻关大平台党总支书记；

万熠同志任机械工程学院常务副院长；

张青同志任党委宣传部、党委教师工作部常务副部长，免去其保密工作办公室主任兼党委办公室、校长办公室副主任职务；

曹源同志任学生公寓管理服务中心主任；

李晶晶同志任学科建设与发展规划部副部长；

窦志强同志任兴隆山校区和软件园校区管理办公室副主任，免去其学生公寓管理服务中心主任职务。

免去：

黄传真同志的机械工程学院院长、党委副书记职务；

刘升贤同志的晶体材料研究所党委书记、新一代半导体材料集成攻关大平台党总支书记职务；

王芳同志的学科建设与发展规划部副部长职务；

李赛强同志的教学促进与教师发展中心副主任职务。

聘任：

黄凯南为山东大学威海发展研究院院长；

戚桂杰为山东大学威海发展研究院执行院长；

曹廷求为山东大学威海发展研究院副院长；

武常岐为山东大学威海发展研究院副院长；

肖金明为山东大学威海发展研究院副院长；

张红军为山东大学威海发展研究院副院长；

李晓峰为山东大学威海发展研究院副院长；

刘昌明为山东大学威海发展研究院副院长；

张景全为山东大学威海发展研究院副院长；

王芳为数据科学研究院副院长。

同日　经 2021 年 3 月 22 日第十四届党委第 82 次常委会研究决定：

王志鹏同志试用期满考核合格，正式任职，任职时间从决定试用之日起计算。

朱德建同志任山东大学校长助理，试用期一年。

9 日　由教育部高等教育司、山东省教育厅指导，山东大学、全国新文科教育研究中心和山东省高等学校教务与教学管理学会共同主办的“新文科建设高峰论坛 2021：迈入新阶段”在山东济南召开。

同日　为庆祝建党百年、建校百廿，认真学习贯彻习近平总书记在党史学习教育动员大会上的重要讲话精神，山东大学马克思主义学院中国化马克思主义教研室党支部（以下简称“中马党支部”）与山东大学习近平新时代中国特色社会主义思想青年学习会（以下简称“习习会”）联合举办“学史鉴今守初心·读史明理担使命”党史联学活动。山东大学党委书记郭新立出席活动并讲话。

13 日　国际儒学联合会在山东大学举办“后疫情时代的文化传承创新与文明交流互鉴”专家座谈会，双方战略合作框架协议签约仪式暨国际儒学联合会山东大学研究基地揭牌仪式同时举行。国际儒学联合会会长刘延东，全国人大常务委员会委员、山东大学原校长徐显明，山东省委常委、宣传部部长于杰，山东大学党委书记郭新立、校长樊丽明出席座谈会和相关活动，郭新立主持座谈会。

同日　山东大学召开师生医务员工思想政治工作会议，开展理论学习，分析研判学生思想状况，研究部署学生思想教育相关工作。校党委书记郭新立出席会议并讲话，党委副书记张永兵出席会议，党委副书记王君松主持会议。

16 日　山东大学第四届教职医务员工代表大会第三次会议、第十九届工会会员代表大会第三次会议在中心校区科学会堂召开。会议应出席代表 432 人，实际出席 402 人，符合法定人数。校党委书记郭新立致开幕辞，校长樊丽明作学校工作报告。中国工程院院士、山东大学环境研究院王文兴教授，中国科学院院士、山东大学钱逸泰教授，山东大学终身教授曾繁仁，山东大学原党委副书记方宏建作为特邀代表参加会议。

同日　山东大学与青岛啤酒股份有限公司战略合作协议签约仪式在山东大学中心校区举行。青岛啤酒股份有限公司党委书记、董事长黄克兴，党委委员、工会主席孙静，制造副总裁、啤酒生物发酵工程国重主任董建军；山东大学校长樊丽明，常务副校长王琪珑，副校长兼青岛校区校长韩圣浩，党委常委、宣传部部长桑晓旻，校长助理、党办校办主任朱德建出席仪式。王琪珑主持仪式。

同日　经 2021 年 4 月 7 日第十四届党委第 83 次常委会研究决定：

于德宁同志任五级职员，免去其校友工作办公室副主任职务。

17 日　中国光学学会召开 2020 年第十七届“王大珩”光学奖评审会，物理学院陈峰教授指导的博士研究生逄驰荣获本届“王大珩光学奖——学生光学奖”。这是山东大学连续三年获得该奖项。

同日　第十一届全国大学生数学竞赛决赛在武汉大学举行。山东大学 13 名参赛学生获得一等奖 4 项、二等奖 7 项、三等奖 2 项，同时山东大学连续第十一次获得优秀组织奖。

19 日　山东大学党委书记郭新立主持召开党委理论学习中心组学习暨中共山东大学第十四届常务委员会第 84 次会议，紧密结合党史学习教育，传达学习习近平总书记致厦门大学建校 100 周年、哈尔滨工业大学建校 100 周年、西藏民族大学建校 60 周年、中国人民大学建校 80 周年、清华大学建校 105 周年的重要贺信精神，并部署贯彻落实工作。

同日　中共中央总书记、国家主席、中央军委主席习近平到清华大学考察学校深化改革、人才队伍建设、教学科研创新和服务国家发展等情况，与师生座谈并发表重要讲话。习近平总书记的重要讲话在山东大学师生医务员工当中反响热烈。广大师生医务员工表示，总书记对我们寄予厚望，我们一定牢记教诲，与时代同向同行、共同前进，为实现中国特色世界一流大学建设目标，为服务国家富强、民族复兴、人民幸福贡献力量。

20 日　由山东大学陈玉国教授担任项目负责人的2020年度国家重点研发计划“重大自然灾害监测预警与防范”重点专项“重大自然灾害狭小空间伤员救治便携式关键急救设备研发及示范应用”项目启动会暨实施方案论证会在济南召开。山东省科技厅副厅长于洪文、山东省卫生健康委员会副主任张立祥、山东省药品监督管理局局长于涛、山东大学副校长吴臻等出席会议。

同日　经2021年4月19日第十四届党委第84次常委会研究决定：

高山同志任监督检查室主任（原正处级不变），免去其正处级纪检员职务；

毛永强同志任纪委办公室副主任，免去其党委办公室、校长办公室副主任职务；

王旭锋同志任审查调查室主任，免去其监察处副处长职务；

朱恪川同志任案件管理与审理室主任，免去其督查巡察办公室副主任职务；

白向忠同志任督查巡察办公室副主任，免去其纪委办公室副主任职务；

类淑毅同志任党委办公室、校长办公室副主任，免去其校卫队队长兼公安处副处长职务。

免去：

王乃华同志的能源与动力工程学院副院长职务；

陈明菊同志的齐鲁医院妇儿神党总支书记职务，另行安排。

21 日　山东大学历史文化学院本科生张木子在齐鲁医院进行造血干细胞采集捐献，成为山东大学第15例、全国第11272例造血干细胞成功捐献者。

同日　山东大学发展战略咨询委员会召开第四次会议。发展战略咨询委员会主任委员赵沁平，副主任委员兼秘书长李守信，委员温熙森、谢克昌、周其凤、谢和平、谢焕忠、赵路，山东大学党委书记郭新立、校长樊丽明，山东省发展和改革委员会二级巡视员吴隆杰等出席会议。

同日　教育部党组成员、副部长钟登华一行来山东大学调研督导。山东大学校长樊丽明陪同调研。

22 日　在距120周年校庆日不足半年时间的关键节点，山东大学召开一校三地120周年校庆工作推进会第九次会议，就校庆筹备工作进行再动员再部署。常务副校长王琪珑出席会议并讲话。

同日　第二届世界内燃机大会在山东济南开幕。本次会议由中国内燃机学会主办，山东大学、中国船舶集团有限公司第七一一研究所、国际内燃机学会承办，以“绿色 高效 智能 可靠”为主题，两千余名海内外专家学者和行业代表，共同探讨更高效、更清洁、更智能、更可靠的内燃机技术热点、难点，以“碳达峰、碳中和”为目标，促进技术进步，引领行业的低碳绿色发展。

为深入学习贯彻习近平新时代中国特色社会主义思想和党的十九大精神，庆祝党的百年华诞，迎接建校120周年，4月22日下午由山东大学人文社科研究院，研究生院、研究生工作部，北京研究院共同主办的“百廿山大·名家讲坛”第一期“研究中国问题 讲好中国故事”在中心校区举行。本次讲坛由《管理世界》杂志社社长、博士生导师李志军研究员主讲，山东大学常务副校长王琪珑主持。

24日 新中国第一家高校文科学报、我国人文社会科学著名刊物《文史哲》杂志创刊70周年纪念会开幕式在山东大学中心校区举行。山东省委书记、省人大常委会主任刘家义，中宣部理论局副局长何成，教育部社会科学司司长徐青森，山东大学校长樊丽明出席开幕式并致辞。山东省委常委、宣传部部长于杰主持开幕式。山东省委常委、秘书长刘强，副省长王心富，山东大学党委书记郭新立出席开幕式。

同日 第十七届中国研究生数学建模竞赛颁奖大会在华东理工大学举行。经评审，山东大学研究生荣获一等奖2项、二等奖9项、三等奖11项。其中控制学院研究生王旭、王宇航、朱霖团队和机电学院研究生周奕杉、杨玉杰、杨国卿团队获得一等奖。

26日 经2021年4月19日第十四届党委第84次常委会研究决定：

王光辉同志任数学学院党委书记，免去其数学学院副院长职务。免去曲明军同志的数学学院党委书记职务。

27日 微生物技术国家重点实验室服务山东重大项目签约暨启动仪式在山东大学中心校区举行。山东大学校长樊丽明、济南市历下区区委书记江山、华熙生物科技股份有限公司董事长赵燕出席活动并致辞。山东大学副校长、青岛校区校长韩圣浩主持活动。

同日 山东大学召开党史学习教育“学史明理”集中学习研讨会。教育部党建工作联络员、中国矿业大学原党委副书记张爱淑出席会议。校党委书记郭新立作总结讲话，校党委副书记、校长樊丽明主持会议。

28日 山东省社科联党组书记、副主席刘致福，山东省社科联党组成员、副主席杨宗杰一行来山东大学调研哲学社会科学工作，现场参观了山东大学国际汉学研究中心、文学院文化墙和图书资料室，并参加人文社科学者座谈会。常务副校长王琪珑主持人文社科学者座谈会。

	百廿山大，强校兴国。近日，在距离10月15日"校庆日"还有半年的特殊时刻，山东大学校长樊丽明率团分赴厦门、武汉、重庆、北京各地参加校友迎百廿校庆座谈会，与校友畅叙浓厚师生情谊，共商学校发展大计，同画百廿学府再创辉煌的最大同心圆。常务副校长王琪珑，副校长易凡，党委常委、宣传部部长、校庆办主任桑晓旻等参加相关活动。
29日	山东大学财经工作会议召开，系统谋划了"十四五"期间学校加强财经工作的重点任务。校长樊丽明出席会议并作了题为《聚势谋远 改革创新 奋力开创山东大学新时期财经工作新局面》的报告。
30日	经2021年4月29日第十四届党委第85次常委会研究决定： 聘任孙金鹏为高等医学研究院常务副院长； 免去马春红的高等医学研究院常务副院长职务。
本月	国际隧道与地下空间协会（ITA）主席严金秀受聘为山东大学兼职特聘教授，聘任仪式在济南举行。
本月	长征五号B遥二运载火箭在海南文昌航天发射场一飞冲天，成功将中国空间站天和核心舱精准送入预定轨道，发射任务取得圆满成功。在这成功的背后，有山大人的辛勤付出和默默耕耘。

5月

2日	经2021年4月29日第十四届党委第85次常委会研究决定： 刘奇迹、张士海、孙艳洁、赵元东、马岩等同志试用期满考核合格，正式任职，任职时间从决定试用之日起计算。
4日	《人民日报》专刊报道100名2019～2020学年度本专科生国家奖学金获奖学生代表事迹，山东大学外国语学院2016级本科生马文啸事迹获选刊登。
6日	晶体材料与器件学术研讨会暨蒋民华先生逝世十周年纪念会在山东大学中心校区举行。
	根据中央关于巡视工作的统一部署，近日，中央第十一巡视组巡视山东大学党委工作动员会召开。会前，中央第十一巡视组组长裴显鼎主持召开与山东大学党委书记郭新立，党委副书记、校长樊丽明的见面沟通会，传达了习近平总书记关于巡视工作的重要指示精神，通报了有关工作安排。会上，裴显鼎作了动员讲话，对做好巡视工作提出要求。郭新立主持会议并讲话。
7日	"中国共产党百年党建经验对中国特色社会主义参政党建设的启示"理论研讨会在青岛校区召开。全国政协副主席、民进中央常务副主席刘新成出席会议并讲话。山东大学校长樊丽明致辞。研

讨会由全国人大常委会委员、民进中央副主席兼秘书长高友东主持。

9日　中共中央总书记、国家主席、中央军委主席习近平给《文史哲》编辑部全体编辑人员回信，肯定了《文史哲》创刊70年来在弘扬中华文明、繁荣学术研究等方面所付出的努力，并对办好哲学社会科学期刊提出殷切期望，提出要在新的时代条件下推动中华优秀传统文化创造性转化、创新性发展，从历史和现实、理论和实践相结合的角度深入阐释如何更好坚持中国道路、弘扬中国精神、凝聚中国力量。习近平总书记的重要回信在山东大学师生医务员工当中反响热烈。大家表示，总书记的回信让全体山大人深切感受到党和国家对教育工作的高度重视和对山东大学的亲切关怀，令人深受鼓舞。我们一定牢记嘱托，以总书记重要回信精神为指引，担负起时代使命，加快推进“双一流”建设，让世界更好认识中国、了解中国，为民族复兴贡献力量。

同日　由山东大学数学学院刘丙强教授担任项目负责人的国家重点研发计划“变革性技术关键科学问题”重点专项“乳腺癌精准医学中的数学模型与算法研究”项目启动会暨实施方案论证会在青岛召开。中国科学院院士、国家数学与交叉科学中心主任郭雷，山东大学副校长易凡等出席会议。

10日　在《文史哲》创刊70周年之际，中共中央总书记、国家主席、中央军委主席习近平给《文史哲》编辑部全体编辑人员回信，对办好高品质哲学社会科学期刊提出了殷切期望，提出要在新的时代条件下推动中华优秀传统文化创造性转化、创新性发展，回答好深入理解中华文明，从历史和现实、理论和实践相结合的角度深入阐释如何更好坚持中国道路、弘扬中国精神、凝聚中国力量这一重大课题。山东大学迅速组织召开《文史哲》编辑部座谈会、学校党委理论学习中心组（扩大）会议，专题学习传达总书记重要回信精神。

11日　经2021年4月29日第十四届党委第85次常委会研究决定：

王纪磊同志任生命科学学院党委书记，免去其青岛校区资产与实验室管理处副处长职务；

方浩同志任药学院常务副院长；

李敏勇同志任药学院副院长；

王小宁同志任药学院副院长；

沈涛同志任药学院副院长；

张春河同志任药学院副处级组织员，免去其口腔医学院（口腔医院）副院长职务；

张海燕同志任口腔医学院（口腔医院）副处级组织员，免去其药学院副处级组织员职务；
邹永新同志任基础医学院副院长；
厉萍同志任护理与康复学院副院长；
李静同志任护理与康复学院副院长；
顾乃静同志任网络空间安全学院（研究院）党委副书记；
张剑同志任青岛校区党工委（校长）办公室副主任；
杜林同志任青岛校区人事处副处长。
以上新提拔担任非选举产生领导人员的，试用期一年。
免去：
曲刚同志的生命科学学院党委书记职务；
刘新泳同志的药学院院长职务；
张建同志的药学院副院长职务；
张娜同志的药学院副院长职务；
范秀珍同志的护理与康复学院副院长职务。

12 日　山东大学举办“沂蒙老战士后代讲党史”系列活动启动仪式暨首场报告会。北京八路军山东抗日根据地研究会副会长、沂蒙精神讲授团团长、开国中将罗舜初同志之子罗小明，北京八路军山东抗日根据地研究会鲁中分会会长、沂蒙精神讲授团成员、开国中将孙继先同志之子孙东宁，北京八路军山东抗日根据地研究会鲁中分会副会长、沂蒙精神讲授团副团长、原山东省委书记、省政协主席、省顾问委员会主任高克亭同志之女高源出席活动并受聘“山东大学学生德育辅导员”，孙东宁作主题为“永远的长征”的党史报告。山东大学党委副书记王君松，大众报业集团党委常委、副总编辑李海燕出席活动并致辞，山东大学党委常委、宣传部部长桑晓旻主持活动。

13 日　国家卫生健康委党组成员、副主任雷海潮一行到山东大学齐鲁医院调研。山东大学党委书记郭新立陪同调研。国家卫生健康委基层司副司长高光明、应急办二级巡视员米燕平，山东省卫生健康委党组书记、主任、省中医药管理局局长袭燕，省卫健委党组副书记、省疾控中心党委书记马立新，齐鲁医院党委书记侯俊平、院长陈玉国等参加调研。

在第十七届“挑战杯”建设银行山东省大学生课外学术科技作品竞赛中，山东大学以总分第一的成绩获最高荣誉“挑战杯”。山东大学一校三地共有 18 个项目获特等奖，获奖数创历史最高。

14 日　山东大学第二届全民运动会在一校三地同时开幕。山东大学党委书记郭新立、校长樊丽明出席开幕式。校党委副书记王君松主持开幕式。

14～16 日　由共青团中央、中国科协、教育部、中国社会科学院、全国学联共同主办的第十七届“挑战杯”全国大学生学术科技作品竞赛红色专项线下终审在四川大学举行。山东大学威海校区作品“党建就是生产力——寻找脱贫攻坚中的红色引擎”获得特等奖。

15 日　山东省 2021 年“5·18 国际博物馆日”主场宣传活动暨山东大学博物馆（青岛）开馆仪式在青岛校区举行。国家文物局副局长关强出席开幕式并致辞，山东大学校长樊丽明、山东省文化和旅游厅副厅长、省文物局副局长王廷琦、中国文化遗产研究院院长柴晓明出席活动，山东大学副校长韩圣浩主持仪式。

同日　为深入学习贯彻习近平总书记关于在青少年中开展“四史”教育和关于“大思政课”的重要指示精神，进一步深化新时代学校思政课改革创新，在中宣部理论局、教育部社科司指导下，在山东省委、省政府的大力支持下，由山东大学主办、山东大学马克思主义学院承办的“四史”教育与“大思政课”学习交流会在中心校区明德楼报告厅举行。山东省人民政府副省长王心富、山东大学党委书记郭新立、教育部社会科学司副司长宋凌云、中宣部理论局理论教材处处长王昆出席会议。

同日　山东大学第二届全民运动会在中心校区体育场落下帷幕。常务副校长王琪珑，党委副书记陈向阳、王君松，校长助理、党办校办主任朱德建出席闭幕式。王君松主持闭幕式。

17 日　山东大学与中铁十八局集团有限公司战略合作签约活动在中心校区举行。中铁十八局集团党委书记、董事长、总经理闫广天，山东大学校长樊丽明出席活动并致辞。中铁十八局集团副总经理童顺军、山东大学常务副校长王琪珑参加活动。中铁十八局集团副总经理、总工程师代敬辉与山东大学副校长李术才代表双方签订战略合作协议。王琪珑主持签约活动。

20 日　在山大建校 120 周年、软件学科发展 50 周年和国家示范性软件学院建院 20 周年到来之际，为进一步落实强院兴校部署，服务山东新旧动能转换，5 月 20 日，国家示范性软件学院服务山东重大项目集中签约活动在山东大学中心校区举行。山东大学常务副校长王琪珑，东营经济技术开发区党工委书记、管委会主任康茂礼，山东天元信息技术集团有限公司董事长赵华刚，济南融瓴信息科技有限公司总经理高文飞，山东省工业技术研究院相关负责人王起棣，山信软件股份有限公司党委书记、董事长、总经理张元福出席活动并致辞。济南融瓴信息科技有限公司董事长马建平、山东天元信息技术集团有限公司总经理于晓东参加活动。

21 日　秦亚青教授受聘山东大学讲席教授聘任仪式在青岛校区举行，校长樊丽明出席仪式并向其颁发聘书。

为深入学习贯彻习近平总书记给《文史哲》编辑部全体编辑人员

重要回信精神，学校于近期组织一校三地共四场文科学者座谈会，党委书记郭新立、校长樊丽明出席会议并讲话，常务副校长王琪珑主持会议。

22 日　由中国高等教育学会、青岛市人民政府、山东大学共同主办的第二届中国城市与高校发展大会在青岛市红岛国际会展中心举行。与会人员深入学习贯彻党的十九届五中全会精神和习近平总书记给《文史哲》编辑部全体编辑人员重要回信精神，围绕“融合·创新·共赢”的大会主题，积极探索构建城市与高校协同创新高质量发展的新思路、新理念、新机制，为进一步促进高校与城市的深度融合、共建共赢建言献策。

21～23 日　第十四届全国大学生软件创新大赛在北京交通大学举行。本次大赛主题为“基于端云结合的人工智能”。山东大学共有六支队伍入围全国二十强决赛。其中，山东大学计算机科学与技术学院“早睡早起身体好”团队作品、机电与信息工程学院“皮卡皮卡皮卡丘”团队作品获全国一等奖，总成绩分列全国第二、第三名。“SOTS”团队作品获全国二等奖，“弄影到三山”团队作品、“花生”团队作品、“Glitter”团队作品获全国三等奖。

24 日　按照学校学习贯彻党的十九届五中全会精神专题培训工作安排，学校邀请教育部教育发展研究中心副主任马陆亭为干部教师作了题为《“十四五”期间高等教育的高质量发展》的专题辅导报告。副校长芦延华主持报告会。

25 日　第十二届全国大学生数学竞赛决赛在吉林大学举行。经评审，山东大学 17 名参赛学生共获一等奖 2 项、二等奖 8 项、三等奖 7 项。

26 日　国家税务总局山东省税务局与山东大学战略合作签约活动在中心校区举行。山东大学校长樊丽明，国家税务总局山东省税务局党委书记、局长王献玲出席活动并致辞。

同日　山大召开人文社科期刊工作专题会，校长樊丽明出席会议并讲话，常务副校长王琪珑主持会议。与会学者深入学习习近平总书记给《文史哲》编辑部全体编辑人员重要回信精神，围绕高品质学术期刊坚守初心、引领创新，展示高水平研究成果，支持优秀学术人才成长，促进中外学术交流的要求，为学校推出人文社科强刊计划建言献策。山东大学科技期刊社社长陈斌介绍了理工医科期刊的建设经验，文科各期刊集刊主编畅谈办刊思路、发展成效和存在问题。大家一致认为，在全国上下深入学习习近平总书记重要回信精神的关键时刻，学校谋划推出人文社科强刊计划，是全面落实习近平总书记重要回信精神，强力推进文科期刊建设，着力服务党和国家发展大局的最好回应和有力举措。文科期刊编辑人员有信心充分发挥学校文史见长的特色，打造学校优势学科期刊群，在新的时代条件下推动中华优秀传统文化创造性转化、创新性发展。

同日　　经2021年5月18日第十四届党委第86次常委会研究决定：

侯新国同志挂任第二医院副院长；

靳斌同志挂任第二医院副院长；

李涛同志挂任第二医院副院长。

以上同志挂职时间为两年，挂职期满挂任职务自然免除。

马宏峰同志任第二医院党委副书记、副院长；

孙永国同志任第二医院党委副书记；

余之刚同志任第二医院副院长，试用期一年。

免去：

王一彪同志的第二医院副院长职务；

毕建忠同志的第二医院副院长职务；

孙强三同志的第二医院副院长职务；

赵小刚同志的第二医院党委副书记职务。

27日　　山东大学召开党史学习教育领导小组会议，总结近期党史学习教育开展情况，研究部署“我为群众办实事”实践活动、领导班子集中学习研讨等工作。校党委书记、党史学习教育领导小组组长郭新立主持会议并讲话；校长、党史学习教育领导小组组长樊丽明出席会议。

28日　　山东大学欧美同学会（山东大学留学人员联谊会）一届一次会员代表大会召开，大会共分三个阶段：选举大会、一届一次会长会和成立大会。会前，山东大学党委书记郭新立会见了山东省委统战部分管日常工作的副部长李琥一行。山东省欧美同学会秘书长程海峰、济南市委统战部副部长张勇、山东大学党委副书记张永兵出席成立大会。大会由山东大学党委副书记陈宏伟主持。

同日　　按照学校党史学习教育集中培训工作安排，北京大学习近平新时代中国特色社会主义思想研究院常务副院长孙熙国教授为学校党员干部作题为《习近平总书记对马克思主义的原创性贡献》的专题辅导报告，山东大学党委副书记张永兵主持报告会，校党委副书记、纪委书记陈向阳参加报告会。

30日　　由山东大学主办，全国新文科教育研究中心、山东大学人文社科研究院和《文史哲》编辑部共同承办的深入学习贯彻习近平总书记给《文史哲》编辑部重要回信精神研讨会在山东大学中心校区召开。山东大学党委书记郭新立，校长、教育部高等学校财政学类专业教学指导委员会主任委员樊丽明，山东省委教育工委副书记、省教育厅党组副书记、副厅长白皓等出席研讨会。

31 日　白云翔教授受聘为山东大学讲席教授。聘任仪式在中心校区举行，校长樊丽明出席仪式并向其颁发聘书。

同日　山东大学党委书记郭新立主持召开党委理论学习中心组学习暨中共山东大学第十四届常务委员会第 87 次会议，紧密结合党史学习教育和习近平总书记给《文史哲》编辑部重要回信精神，传达学习习近平总书记在两院院士大会中国科协第十次全国代表大会上的重要讲话精神，并部署贯彻落实工作。

同日　山东大学学生职业生涯发展咨询室入选 2021 年全国高校职业生涯咨询特色工作室立项。根据全国高等学校学生信息咨询与就业指导中心《关于加强 2021 年高校职业生涯咨询特色工作室建设工作的通知》，全国共 20 所高校入选此次立项项目，将通过在全国高校就业创业指导教师网设立专区展示、开展专题研讨和培训等多种方式，推广各高校职业生涯咨询工作室的建设成果和经验，提升全国高校就业指导工作专业化水平。

同日　山东大学党史学习教育学校领导班子“学史增信”集中学习研讨会在中心校区明德楼举行。校党委书记、党史学习教育领导小组组长郭新立主持会议，校长、党史学习教育领导小组组长樊丽明出席会议。

本月　山东大学研究生院、党委研究生工作部与出版社联合推出“建校 120 周年研究生优秀教材精品系列”丛书。

6 月

1 日　山东大学党委召开党建工作专题会议，梳理党史学习教育开展以来的各项工作，部署下一阶段的重点任务安排。会议由校党委副书记张永兵主持，校党委副书记陈宏伟，校党委常委、宣传部部长桑晓旻，校长助理、党办校办主任朱德建出席会议并就有关工作进行部署。

2 日　中国博士后科学基金会公示了第 14 批特别资助（站中）、第 3 批特别资助（站前）以及第 69 批面上资助人员名单。山东大学 24 人获得第 14 批特别资助，位列全国第 8 名。其中站中资助 17 项，位列全国高校第 7 名；7 人获得站前资助，比 2020 年实现翻番；另有 63 人获得第 69 批面上资助，位列全国高校第 11 名。

同日　审计署驻济南特派员办事处与山东大学战略合作签约活动在中心校区举行。山东大学校长樊丽明，审计署驻济南特派员办事处分党组书记、特派员许永利出席活动并致辞。

3 日　为进一步展示第十七届“挑战杯”山东省大学生课外学术科技作品竞赛优秀作品风采和创新创业项目魅力，提高青年学生创新意识和创新能力，“挑战杯”山东省大学生创新创业成果对接活动在山东大学举行。对接活动包括“挑战杯”创新创业项目展、“挑战杯”省赛组委会项目成果对接沙龙和创新创业论坛。共青团山东省委书记刘天东、山东大学党委副书记王君松等出席活动。

同日　　山东大学党风廉政建设警示教育报告会在中心校区明德楼举行。山东省纪委常委、省监委委员，案件审理室（政策法规室）主任秦秀春作了题为《关于高校党风廉政建设和反腐败工作的几点思考》的专题辅导报告。报告会前，山东大学党委书记郭新立在明德楼会见秦秀春。山东大学党委副书记、纪委书记陈向阳主持报告会。山东大学党委副书记张永兵、陈宏伟，副校长韩圣浩、吴臻出席报告会。

4 日　　山东大学召开习近平总书记关于加强国际传播能力建设重要讲话联学会议，全面深入学习习近平总书记在中共中央政治局第三十次集体学习时关于加强国际传播能力建设的重要讲话精神。校党委副书记张永兵、副校长韩圣浩出席会议并讲话，校党委常委、宣传部部长、教师工作部部长桑晓旻主持会议。

同日　　第 20 届中国大学生游泳锦标赛暨第 31 届世界大学生夏季运动会游泳项目选拔赛落下帷幕，山东大学游泳队的五名运动员在教练陈巍然、潘洋带领下，获得 4 金 2 银 1 铜的优异成绩。

9 日　　中国新闻社社长陈陆军一行来山东大学调研工作，并举行中国新闻社—山东大学《文史哲》编辑部座谈交流会。山东省人民政府副省长王心富，山东大学党委书记郭新立，中国新闻社社长陈陆军，山东省委宣传部副部长孔繁轲，山东省人民政府副秘书长黄红光出席座谈会。会议由山东大学党委副书记张永兵主持。

11 日　　经 2021 年 6 月 10 日第十四届党委第 88 次常委会研究决定：

葛少华、赵立璐、周新顺、崔英、董斌等同志试用期满考核合格，正式任职，任职时间从决定试用之日起计算。

同日　　经党委常委会研究决定：

陈志军同志任继续教育学院院长，试用期一年；

朱子川同志任人事部副部长、人才工作办公室副主任，免去其经济学院党委副书记职务；

艾斌同志任护理与康复学院党委副书记，免去其控制科学与工程学院党委副书记职务。

免去：

张熙同志的团委书记职务；

鲁统超同志的继续教育学院院长职务；

王维桥同志的龙山校区（创新港）建设办公室副主任职务；

曹源同志的护理与康复学院党委副书记职务。

12 日　在山东大学即将迎来 120 周年校庆之际，詹克团校友向山东大学捐赠签约仪式在中心校区举行。山东大学校长樊丽明，比特大陆科技有限公司董事长、算能科技有限公司董事长、电子信息 1997 级校友詹克团出席仪式并致辞，常务副校长王琪珑主持仪式。山东大学副校长、青岛校区校长韩圣浩代表学校与詹克团校友签署捐赠协议。

14 日　省委教育工委常务副书记，省教育厅党组书记、厅长邓云锋一行到山东大学评卷点检查指导高考评卷工作，慰问评卷教师和工作人员。山东大学校长樊丽明一同陪同检查。

15 日　教育部中外人文交流中心主任杜柯伟率团来山东大学开展专题调研，围绕新时代教育对外开放以及中外人文交流工作等进行座谈。教育部中外人文交流中心副主任夏娟、山东省教育厅副厅长孙晓筠一同调研。山东大学党委书记郭新立会见了杜柯伟一行，副校长韩圣浩出席座谈会。

同日　按照党史学习教育相关安排，山东大学邀请中央党校党史教研部副主任张太原教授，为全校党员干部作题为《新民主主义革命的胜利与新中国的成立》的专题辅导报告。校党委副书记张永兵主持报告会。

16 日　在距离山东大学一百二十周年校庆 120 天之际，学校在一校三地举办倒计时活动，启用校庆倒计时牌，发行纪念封和专属明信片，向社会各界和广大校友发出校庆邀约，号召全体山大人以庆促创、以庆促建，积极打造文化校庆、学术校庆、开放校庆，弘扬山大文化、体现品味特色、汇聚磅礴力量，为加快实现“由大到强”历史性转变、建设担当民族复兴大任的世界一流大学注入强大动能。山东大学党委书记郭新立、校长樊丽明出席活动并共同为校庆倒计时牌揭牌。

同日　山东大学与东营市人民政府支持山东石油化工学院建设签约活动在中心校区举行。山东大学校长樊丽明，东营市委副书记、市长陈必昌出席活动并致辞。东营市委常委、宣传部部长、市委教育工委书记于红波，山东大学党委副书记王君松、副校长吴臻参加活动。王君松主持签约活动。

同日　在山东大学百廿校庆倒计时 120 天之际，山东大学召开山大产业系赋能济南高质量发展工作会议，聚焦科技助力高质量发展的主题，组建山大产业系联盟，启动科技创新成果转化基金，分析产城融合大势，探究科技助力发展之道，凝聚融合共识，助力济南强省会建设。山东大学校长樊丽明，济南市副市长王桂英，市政协副主席、市财政局局长王勤光，国际欧亚科学院院士、梅晔生物医药股份有限公司董事、山东大学国家糖工程技术研究中心主任凌沛学，山东大学常务副校长王琪珑、副校长芦延华出席活动。王琪珑主持会议。

17 日 历时 5 年，我国华南地区最长的钻爆法海底隧道——海沧隧道通车仪式隆重举行。在海沧海底隧道工程建设中，山东大学岩土中心李术才院士团队参与了多项技术攻关，为工程的安全建设和顺利贯通提供了重要技术支撑。

18 日 山东大学学位评定委员会举行 2021 年第一次全体会议。校长、学位评定委员会主席樊丽明出席会议并讲话；校学位评定委员会副主席彭实戈，副校长韩圣浩、刘建亚、易凡出席会议；副校长、学位评定委员会副主席李术才主持会议。

同日 由山东大学高等医学研究院牵头的国家重点研发计划“发育编程及其代谢调节”青年科学家重点专项“胆汁酸肝肠循环对肠道组织损伤修复的调控机制”项目启动会暨实施方案论证会在济南召开。

同日 山东大学黄河流域生态产品价值实现研究中心在青岛校区举行揭牌仪式，全国首家在高等院校设立的生态产品价值实现研究的专业机构成立。

19 日 山东大学公共经济与公共政策研究中心、山东大学人大预算监督研究中心、山东大学经济学院、中国财政经济出版社联合主办的地方政府债务管理研讨会暨《中国政府预算改革发展年度报告 2020：聚焦地方政府债务管理》（以下简称《报告》）首发式在北京举行。中国人民大学安体富教授，山东大学校长、《报告》主编樊丽明，全国人大常委会预算工作委员会副主任刘修文，中国财政科学研究院院长刘尚希，中国财经出版传媒集团总经理、中国财政经济出版社社长许正明，中央财经大学副校长马海涛出席首发式并致辞。

同日 山东大学党史学习教育工作座谈会在中心校区召开。中管高校党史学习教育第八指导组组长张德祥出席会议并讲话；指导组副组长张淑林，山东大学党委书记、党史学习教育领导小组组长郭新立，校长、党史学习教育领导小组组长樊丽明出席会议。郭新立主持会议。

20 日 山东大学在中心校区举行党史学习教育“学史崇德”集中学习研讨会。中管高校党史学习教育第八指导组组长张德祥、副组长张淑林出席会议。山东大学党委书记、党史学习教育领导小组组长郭新立出席会议并作总结讲话，校长、党史学习教育领导小组组长樊丽明主持会议。

21 日 山东大学 2021 届赴西部、基层和国家重点行业就业毕业生表彰大会在中心校区举行。校党委副书记王君松出席大会。

同日　经2021年6月10日第十四届党委第88次常委会研究决定：

马晓乐同志任国际教育学院院长、党委副书记，试用期一年；

王明山同志任兴隆山校区和软件园校区管理办公室主任，试用期一年。

22日　山东大学与中国工商银行山东省分行（以下简称“山东工行”）“百廿校庆”项目合作协议签约活动举行。山东大学校长樊丽明，山东工行党委书记、行长赵桂德出席活动并致辞。山东大学副校长芦延华，山东工行副行长兼济南分行党委书记、行长张冠军代表双方签署协议。山东工行副行长郑允彧主持活动，山东大学党委常委、宣传部部长、校庆办公室主任桑晓旻参加活动。

同日　为营造校园艺术文化氛围，增强毕业生认同感、归属感及爱校荣校意识，山东大学在中心校区小树林举办“再见了，我的小树林”2021届毕业生告别母校青春歌会。校党委副书记王君松，副校长吴臻，党委常委、宣传部部长桑晓旻出席活动。

23日　山东大学与中国银行山东省分行120周年校庆合作项目签约活动在中心校区举行。山东大学校长樊丽明，中国银行山东省分行党委书记、行长徐效强出席活动并致辞。山东大学副校长芦延华，中国银行山东省分行党委委员、副行长胡冲代表双方签署协议。山东大学党委常委、宣传部部长、校庆办公室主任桑晓旻主持活动。中国银行山东省分行党委委员、副行长，济南分行党委书记、行长景在伦参加活动。

同日　山东大学济南校本部2021年本科生毕业典礼暨学位授予仪式在中心校区操场举行，共同见证毕业生人生中的重要时刻，同时给同学们送上师长的嘱托和母校的祝福，为同学们留下值得珍藏的青春记忆，并勉励同学们守正创新，建功立业，在不断掌握真才实学中增强做中国人的志气、骨气和底气。

同日　山东大学青岛校区2021年学生毕业典礼暨学位授予仪式在校区田径场举行。青岛校区2021届本硕博毕业生圆满完成学业，怀着喜悦与激动的心情齐聚一堂，上好毕业前的“最后一课”，准备迎接人生新的篇章。

25日　威海校区2021年毕业典礼暨学位授予仪式在图书馆广场举行。山东大学副校长、威海校区校长刘建亚出席典礼并讲话，威海校区党工委书记尹作升主持典礼。校区领导班子全体成员出席活动。

同日　山东大学党建学科“五个一”学术研究工程成果发布会在中心校区明德楼召开。山东省政协副主席、山东师范大学党委书记唐洲雁，山东大学党委书记郭新立出席会议并致辞。山东师范大学原党委书记商志晓，山东省社科联原党组副书记、副主席包心鉴，中共山东省委党校（山东行政学院）常务副校（院）长徐闻，山东社会科学院党委书记郝宪印，山东社会科学院原院长张述存，中共山东省委党校原一级巡视员孙占元等参加会议。会议由山东大学党委副书记张永兵主持。

25～26 日　　中国共产党山东大学机关第二次代表大会在中心校区明德楼举行。校党委副书记张永兵，党委副书记、纪委书记陈向阳，党委副书记陈宏伟出席大会开幕式。张永兵致开幕辞，陈宏伟代表机关党委向大会作工作报告。大会应到代表 117 人，因事、因病请假 8 人，实到 109 人。

26 日　　山东大学 2021 年校友工作会议暨校友会第四届理事会第二次会议在中心校区召开。山东大学校长、校友会会长樊丽明出席会议并讲话。山东大学校友会副会长、青岛校友会会长肖黎，山东大学菏泽校友会会长张存金，山东大学党委副书记、校友会副会长王君松出席会议。常务副校长、校友会副会长王琪珑主持会议。会议向海内外全体校友发出校庆邀约，期待广大校友关注、宣传校庆，参与、共享校庆，支持、服务校庆，共襄盛举，勇担使命，为学校加快实现“由大到强”历史性转变，建设担当民族复兴大任的世界一流大学注入强大动能。

28 日　　山东大学党委书记郭新立主持召开党委理论学习中心组学习暨中共山东大学第十四届常务委员会第 89 次会议，紧密结合党史学习教育和习近平总书记给《文史哲》编辑部全体编辑人员重要回信精神，传达学习习近平总书记给北京大学留学生们重要回信精神，并部署贯彻落实工作。校长樊丽明出席会议。

同日　　山东大学与历城区战略合作协议签约暨“文史哲阅读馆”开馆活动在历城区文博中心举行。山东大学校长樊丽明，济南市委常委、宣传部部长杨峰，山东大学常务副校长王琪珑、副校长芦延华，市文联党组书记、副主席李经发，市文化和旅游局局长郅良，历城区委书记吕涛，历城区委副书记、区长曹殿军，区人大常委会主任孙德顺，区政协主席寇少杰出席活动。

28～29 日　　山东大学庆祝中国共产党成立 100 周年暨建校 120 周年教职医务员工合唱比赛在一校三地举行。本次共有 61 支队伍、3100 余名教职医务员工参加比赛，各代表队用昂扬的姿态、饱满的热情、优美的旋律、精彩的演绎，追溯了共产党人不忘初心、勇担使命、砥砺奋进的百年历程，唱出了山大人锐意进取、薪火相传、创新发展的家国情怀。校党委书记郭新立、校长樊丽明出席活动。

28～29 日	28 日，全国“两优一先”表彰大会在北京人民大会堂举行。29 日，习近平等中央领导同志会见了全国“两优一先”表彰对象，并同大家合影留念。山东大学材料科学与工程学院党委书记、院长赵国群荣获“全国优秀党务工作者”称号。
29 日	中国医师协会副会长、山东省医师协会会长，山东省千佛山医院原院长、党委书记孙洪军受聘山东大学第二医院综合改革首席专家，并作专题讲座。山东大学校长樊丽明出席活动并为孙洪军颁发聘书，山东大学副校长、齐鲁医学院院长易凡，山东大学齐鲁医学院党工委书记刘洪渭参加活动。
本月	教育部和山东省教育厅相继公布了 2021 年课程思政示范课程、教学名师和团队及课程思政教学研究示范中心入选名单。山东大学课程思政教学研究中心入选省级和国家级课程思政教学研究示范中心；本科“自动化专业系列讲座”和“药理学”、研究生“文献学”和继续教育的“现代汉语”课程入选教育部课程思政示范课程，相应课程负责人和教学团队获评课程思政教学名师和教学团队。另有“材料力学”等 17 门本科课程、“临床胚胎学”等 5 门研究生课程和“现代汉语”继续教育课程入选山东省课程思政示范课程。入选数量并列全国第一，全省第一。
本月	航天科技集团有限公司第五研究院火星探测项目办公室致信山东大学，感谢山东大学行星科学团队为“天问一号”火星探测器成功着陆任务作出的贡献。
本月	学校党委印发《山东大学深入贯彻落实习近平总书记给〈文史哲〉编辑部全体编辑人员重要回信精神奋力推进哲学社会科学创新发展行动方案（2021～2025）》，对学习宣传贯彻习近平总书记重要回信精神作出安排部署。
本月	在即将迎来中国共产党成立 100 周年之际，学校开展走访慰问活动，向老党员致以崇高的敬意和诚挚的问候，并为党龄达到 50 年的老党员发放“光荣在党 50 年”纪念章。校党委书记郭新立、校长樊丽明等参加活动。

7 月

1 日	庆祝中国共产党成立 100 周年大会在北京天安门广场隆重举行，中共中央总书记、国家主席、中央军委主席习近平发表重要讲话。山东大学全体师生医务员工通过电视、网络、广播等多种方式，认真组织收听收看大会直播。在报告厅、在教室、在宿舍、在工程现场……山大人怀着激动的心情，与全党全国各族人民一道，聆听习近平总书记重要讲话，庆祝中国共产党成立 100 周

年，回顾中国共产党百年奋斗的光辉历程，展望中华民族伟大复兴的光明前景。

同日　经 2021 年 6 月 28 日第十四届党委第 89 次常委会研究决定：

刘相金同志任工会主席。

免去：

曲波同志的工会主席职务；

刘玮同志的艺术学院（威海）正处级组织员职务。

汤亚杰、郎剑锋、胡蔓等同志试用期满考核合格，正式任职，任职时间从决定试用之日起计算。

2 日　山东大学党委书记郭新立主持召开学校党委理论学习中心组专题学习会议，深入学习领会习近平总书记在庆祝中国共产党成立 100 周年大会上的重要讲话精神，紧密结合党史学习教育部署贯彻落实工作。校长樊丽明出席会议。

同日　山东大学 2020 级学生军训团成立暨军训动员大会在中心校区举行。校党委副书记王君松作军训动员并向军训团授团旗，济南市委常委、济南警备区政委李鹏出席会议并讲话。

6 日　科技部党组成员、副部长李萌一行来山东大学调研科技创新工作。山东省科学技术厅党组书记、厅长唐波，科技部社发司副司长傅小锋一同调研。山东大学党委书记郭新立出席活动。

同日　经 2021 年 6 月 28 日第十四届党委第 89 次常委会研究决定：

李良杰同志任经济学院党委副书记；

于东晓同志任计算机科学与技术学院副院长；

陈竹敏同志任计算机科学与技术学院副院长；

张海宁同志任党校办公室主任。

以上新提拔担任非选举产生领导人员的，试用期一年。

7 日　由全国高校教师网络培训中心和新华网联合主办、山东大学承办的首届国家级课程思政教学研究示范中心建设研讨会在山东大学中心校区举行。山东大学党委副书记张永兵出席会议并讲话，副校长吴臻主持会议开幕式。

8 日　由山东大学主办，爱思唯尔与微生物技术国家重点实验室合作创办的开放获取期刊 *Engineering Microbiology*［《工程微生物学（英文）》］正式上线，期刊投稿系统（https：//www.editorialmanager.com/engmic/Default.aspx）和期刊主页（https：//www.journals.elsevier.com/engineering-microbiology）均已开放，开始接受作者投稿。

同日　按照中央部署要求和学校党史学习教育工作安排，山东大学党委书记郭新立为全校党员干部讲授主题为《以史为鉴、开创未来，奋力书写担当中华民族复兴大任的世界一流大学建设新篇章》的党课。教育部党建联络员、中国矿业大学原党委副书记张爱淑参加活动。

8～9 日　由全国高校教师网络培训中心和新华网主办、山东大学承办的课程思政高质量推进高级研修班在济南举行。此次研修班是在庆祝中国共产党建党 100 周年、教育部发布《高等学校课程思政建设指导纲要》一周年之际召开的大规模、高水平课程思政建设盛会，是落实教育部课程思政建设工作推进会精神的重要举措，对下一步推进课程思政高质量发展，推广和应用好课程思政示范项目建设成果，推动我国课程思政向高质量转变具有重要意义。山东大学校长樊丽明出席开班仪式并作主旨报告。

12 日　山东大学在中心校区举行党史学习教育“学史力行”集中学习研讨，通过总结党史经验和把握党史规律，进一步树立历史思维、保持历史定力，把握历史经验、汲取历史智慧，在学习和发扬党的光荣传统和优良作风上抓落实、见行动，教育引导全校党员干部把学习党史同总结经验、观照现实、推动工作结合起来，同解决实际问题结合起来，努力将学习成果转化为办实事、开新局的强大动力和智慧经验，高质量完成全年工作目标任务，确保“十四五”开好局、起好步。校党委书记、党史学习教育领导小组组长郭新立主持会议并作总结讲话，校长、党史学习教育领导小组组长樊丽明通报了学校“我为群众办实事”项目清单。

同日　山东大学 2021 年暑期学校在济南、青岛、威海一校三地全面启动。今年的暑期学校面向一校三地全体本科生开展，结合线上教学与线下实践，在常态化疫情防控的前提下积极拓展创新，重点打造海外师资项目与暑期精品项目两大板块，涵盖通识教育、专业教育、创新创业、文化体验、辅修助学等多种类型。前期经各单位积极申报、充分酝酿和筹备，2021 年暑期学校共开设项目 407 项，11721 名学生累计选课 20812 人次。暑期学校启动第一天，共有 178 项暑期项目开始授课，参与学生达 7158 人次。

12～17 日　第十四届全国学生运动会在青岛举办。通过对运动员比赛成绩、科学论文报告会获奖成绩和学校体育工作自我评估三部分进行评分，山东大学荣获“校长杯”。

13 日　经 2021 年 7 月 12 日第十四届党委第 91 次常委会研究决定：

王浩同志任党委办公室、校长办公室主任，兼任信息化工作办公室主任，免去其资产与实验室管理部部长、国有资产管理办公室（经营性资产管理办公室）主任职务；

刘珂同志兼任监察处处长；

梅强同志任纪委副书记兼督查巡察办公室主任，免去其政策研究室主任，党委办公室、校长办公室副主任职务；
张希华同志任科学技术研究院副院长，免去其督查巡察办公室主任职务；
黄凯南同志任人文社科研究院院长，免去其威海校区党工委委员、副校长职务；
刘丕平同志任资产与实验室管理部部长、国有资产管理办公室（经营性资产管理办公室）主任；
徐关众同志任图书馆党委书记；
张桂珍同志任出版社党总支书记，免去其纪委副书记、监察处处长职务。
范金林同志挂任团委副书记。
免去：
桑晓旻同志的出版社党总支书记职务；
邢占军同志的人文社科研究院院长职务；
朱德建同志的党委办公室、校长办公室主任，信息化工作办公室主任职务；
刘相金同志的图书馆党委书记职务；
杨光同志的历史文化学院副院长职务；
李桂秋同志的信息科学与工程学院副院长职务。

同日　经2021年6月28日第十四届党委第89次常委会研究决定：
王琳琳同志任齐鲁医学院研究生教育管理办公室副主任、学科与发展规划办公室副主任，试用期一年。
免去李晶晶同志的齐鲁医学院研究生教育管理办公室副主任、学科与发展规划办公室副主任职务。

14日　中央宣传部副部长张建春一行到山东大学调研全球汉籍合璧工程实施情况，并到《文史哲》编辑部参观考察。山东省委常委白玉刚、山东大学党委书记郭新立一同调研。

同日　山东大学与韩国崔钟贤学术院通过视频方式举行山东论坛（2021）合作协议签署仪式。山东大学校长樊丽明、崔钟贤学术院院长朴仁国出席仪式并致辞。

同日　随着山东大学2021年本科招生集中录取培训会和启动会的召开，山东大学一年一度的本科招生录取工作全面启动。山东大学校长樊丽明到学校本科招生录取现场视察并指导工作，看望慰问招生录取工作人员。副校长吴臻陪同参加相关活动。

16～19日　在教育部中外语言交流合作中心指导下，由全国汉语国际教育专业学位研究生教育指导委员会主办、山东大学承办的2021年全国汉语国际教育专业硕士核心课程“中华文化与传播”师资研修班在济南举行。教育部中外语言交流合作中心党委书记、主任，全国汉语国际教育专业学位研究生教育指导委员会副主任委员兼秘书长马箭飞，山东大学党委副书记张永兵、副校长韩圣浩等出席活动。

18～30 日　在全校上下扎实推进党史学习教育、深入学习贯彻习近平总书记“七一”重要讲话精神和习近平总书记给《文史哲》编辑部全体编辑人员重要回信精神之际，山东大学着眼“十四五”规划落地落实和新一轮“双一流”建设推进，以“深入学习贯彻党的十九届五中全会精神，奋力开启‘十四五’时期高质量发展新局面”为主题，组织部分学院党政主要负责人、副院长和机关干部近 180 人分三期赴上海交通大学开展专题培训。

21 日　韩国驻华大使张夏成访问山东大学，山东大学副校长韩圣浩会见了张夏成一行。山东省人民政府外事办公室副主任孙业宝陪同来访。

同日　山东学位与研究生教育系列论坛启动仪式在山东大学青岛校区举行。首届论坛聚焦质量管理，紧密围绕落实立德树人根本任务，坚守为党育人初心，推进新时代研究生教育高质量发展进行研讨。山东省委教育工委副书记、省教育厅党组副书记副厅长白皓，山东大学青岛校区党工委书记孔令栋出席论坛开幕式并致辞。

23 日　经 2021 年 7 月 12 日第十四届党委第 91 次常委会研究决定：

高飞、李宁、连雪洪、徐峰、杨晓云、陈腾、郭刚、曹英娟、赵栋修、孙志霞、费剑春、王新宇、孟祥彬、姜子霞、张东等同志试用期满考核合格，正式任职，任职时间从决定试用之日起计算。

26 日至 8 月 6 日　2021 年全国青少年校园足球联赛（大学组）高水平组男子甲级联赛，在海南海口观澜湖基地举行，山东大学获得亚军，取得历年来参与本赛事的最好成绩。球队主教练张立国获得本届赛事优秀教练员的荣誉称号。

30 日　由山东大学经济学院解垩教授担任首席专家的 2020 年度国家社科基金重大项目“解决相对贫困的扶志扶智长效机制研究”开题论证会在线上举行。评审专家组组长由中国人民大学罗楚亮教授担任，专家组成员有中国人民大学尹恒教授、对外经济贸易大学国际经济贸易学院副院长毛捷教授、厦门大学谢贞发教授、山东大学汤玉刚教授。

30 日至 8 月 1 日　第十六届切削与先进制造技术学术会议暨中国刀协切削先进技术研究分会成立四十周年庆祝大会在山东济南举办。中国工程院院士、山东大学副校长李术才出席大会并致辞，研究分会理事长黄传真作四十周年庆祝大会报告。会议开幕式由研究分会副理事长兼秘书长陈明主持。

31日至8月4日 第20届中国大学生田径锦标赛在浙江杭州举行。由4名教练员、17名高水平运动员组成的山东大学代表队参加了本届赛事丙组、丁组的比赛，共斩获1枚金牌、4枚银牌、3枚铜牌，团体总分位列全国第六名。

本月 山东大学在鲁本科普通类常规批招生录取工作结束。本次招生生源质量优秀，录取最低分612分，高出特殊类型招生控制线94分，全省排名11225位。

本月 为积极应对台风“烟花”影响，山东大学就做好防汛防台风工作进行安排部署，并开展防汛防台风工作安全检查，排查校园安全隐患，细化各项防范措施，确保师生医务员工生命安全和身体健康。

日前，山东大学发布《2021年度山东大学通识核心课程拟立项名单公示》，经评审、公示环节，最终有150门课程入选2021年度通识教育核心课程立项名单。这也是自2010年首批通识核心课程立项之后的新一轮通识课程重大升级改造工程，标志着山东大学正式迎来通识教育2.0时代。

本月 山东大学联合科爱（KeAi）出版社合作创办的开放获取英文期刊 *ChemPhysMater*《化学·物理·材料》正式上线。期刊主页（http://www. keaipublishing. com/cn/journals/chemphysmater/）已面向全球开放，并开始接受作者投稿。

本月 山东大学全面启动“学党史、强信念、跟党走”2021年暑期社会实践活动，引导广大青年学生躬身实践、致知力行，在“十四五”开局之年，扎根祖国大地，了解世情、党情、国情、民情。

8月

1日 第七届山东省“互联网+”大学生创新创业大赛决赛在鲁东大学闭幕。经过金银奖决赛、金奖排位赛的激烈角逐，山东大学获得10项金奖、9项银奖的优异成绩。

3日 山东大学与中国农业银行山东省分行（以下简称“山东农行”）“百廿校庆”项目合作协议签约仪式举行。山东大学校长樊丽明，山东农行党委书记、行长益虎出席活动并致辞。山东大学副校长芦延华，山东农行党委委员、副行长兼济南分行党委书记、行长耿曙明代表双方签署协议。山东农行副巡视员翟世勇主持活动，山东大学党委常委、宣传部部长、校庆办主任桑晓旻参加活动。

同日 经2021年8月2日第十四届党委第93次常委会研究决定：

聘任谭海宁为山东大学国家糖工程技术研究中心副主任。

4日　美国护理科学院正式发布2021年增选院士名单，山东大学护理与康复学院副院长、齐鲁医院护理部主任曹英娟当选美国护理科学院院士（Fellow of American Academy of Nursing，FAAN），以表彰她在护理管理、慢病管理和循证与知识转化领域作出的重要贡献。

5日　随着一校三地第三批本科录取通知书的集中寄出，山东大学2021年本科招生录取工作基本结束。目前，除西藏少数民族预科等个别类型外，山东大学在全国31个省（市、自治区）及港澳台地区共完成18个类型的招生录取工作，录取新生10260人，其中济南与青岛校区录取6960人，威海校区录取3300人。

同日　山东大学与英国诺丁汉大学通过视频方式举行合作协议签署仪式。山东大学副校长韩圣浩、诺丁汉大学副校长塞缪尔·金曼（Samuel Kingman）出席仪式并致辞。

6日　黑龙江省校合作推进会暨集中签约仪式以线上方式举行，山东大学等46所国内"双一流"高校与黑龙江相聚云端，共谋合作发展。黑龙江省委副书记、省长胡昌升出席并讲话，省委常委、组织部部长沈莹主持会议。黑龙江省副省长孙东生、徐建国、杨博，山东大学党委书记郭新立出席会议；教育部发展规划司二级巡视员晁桂明在会上致辞。

同日　山东大学召开学生工作专题会议，对"两个大局"背景下提升思想认识和政治能力，更好地落实立德树人根本任务、进一步提升学生工作和学生培养质量进行研究、动员和部署。校党委书记郭新立主持会议并讲话。

8日　历时四周的山东大学第十八届暑期学校圆满结束。一校三地共计开课561门，共有12223名学生参与其中，累计选课21871人次。与去年同期相比，暑期项目数量增长73%，选课人数、选课门次分别增长28.3%和18.6%。

10日　学校召开疫情防控工作专题会议，传达上级近期疫情防控有关会议、文件精神，研究部署2021年秋季学期学生开学及教育管理服务等相关工作。校党委书记郭新立、校长樊丽明出席会议并讲话。

12日　山东大学与山东农业大学在泰安举行作物生物学国家重点实验室共建协议签约仪式。山东大学校长樊丽明、副校长易凡，山东农业大学党委书记徐剑波，校长、作物生物学国家重点实验室主任张宪省，副校长李向东出席会议。

同日　经2021年8月2日第十四届党委第93次常委会研究决定：

孔南同志任艺术学院副院长；

王光臣同志任控制科学与工程学院副院长；

王先亮同志任体育学院副院长。

以上干部试用期一年。

13 日 山东大学与山东省消防救援总队战略合作签约活动在山东省消防救援总队举行，山东省消防救援总队政委肖枭、山东大学党委副书记王君松出席活动并致辞。

同日 山东大学与中国建设银行山东省分行（以下简称“山东建行”）“百廿校庆”项目合作协议签约仪式在山东大学举行。山东大学校长樊丽明，山东建行党委书记、行长杨军出席活动并致辞。山东大学副校长芦延华，山东建行副行长刘春龙代表双方签署协议。活动由山东大学党委常委、宣传部部长、校庆办主任桑晓旻主持。山东建行资深副经理冯汝臣参加活动。

同日 山东大学与山东力诺瑞特新能源有限公司在济南力诺智慧园举行学生社会实践基地揭牌暨学生创新奖学金签约仪式。山东大学党委副书记王君松，山东力诺瑞特新能源有限公司董事长张德林出席仪式并为基地揭牌。

16～19 日 中国物理学会高能物理分会第十三届全国粒子物理学术会议以网络会议的形式召开。会议由中国物理学会高能物理分会主办，山东大学前沿交叉科学青岛研究院承办。山东大学校长樊丽明出席开幕式并致辞。

20 日 山东大学创新创业教育工作推进会在齐鲁软件园校区举行。校长樊丽明出席会议并讲话。副校长、创新创业学院院长吴臻主持会议。

22 日 山东大学牵头承担的国家重点研发计划“全球变化及应对”重点专项“中国典型海区碳指纹与碳足迹标识体系理论和应用研究”项目启动会暨实施方案论证会在青岛校区召开。中国科学院院士焦念志、山东大学副校长易凡线上出席会议。

日前，国家自然科学基金委员会（NSFC）公布了 2021 年国家自然科学基金集中接收期项目评审结果，截至目前，山东大学共获各类项目资助 504 项，包括国家杰出青年科学基金项目 3 项，国家优秀青年科学基金项目 12 项。其中，国家优秀青年科学基金立项数较 2020 年翻一番，创历史最好成绩；总获批立项直接经费 2.6 亿元，立项经费数再创新高。

22～23 日 山东大学召开 2021 年校领导班子暑期工作务虚会。校党委书记郭新立主持会议，校长樊丽明等全体校领导出席会议。

24 日 山东大学与山东省高级人民法院院校合作签约暨山东大学交叉法学研究院揭牌仪式在中心校区明德楼举行。省法院党组副书记、副院长王闯，山东大学常务副校长王琪珑出席活动并讲话，副校长、青岛校区校长韩圣浩出席活动。王闯与王琪珑为山东大学交叉法学研究院和山东司法研究基地揭牌，并签订院校合作协议。王闯与韩圣浩代表院校互相赠书。

同日 第十六届全国大学生智能汽车竞赛落下帷幕，山东大学代表队获得国家一等奖 7 项、二等奖 9 项、三等奖 2 项，总成绩继 2020 年之后蝉联全国第一。此外，山大学子在单项竞赛也取得历史性突破，电磁越野组、智能视觉组参赛组分别获得全国第一名，讯飞智慧餐厅组别位列全国第三。

25 日 中共山东大学第十四届委员会第八次全体会议在中心校区举行。党委委员 29 人出席会议，非党委委员的校领导、纪委委员等 17 人列席会议。会议由学校党委常委会主持。

同日 经 2021 年 8 月 2 日第十四届党委第 93 次常委会研究决定：

郭超同志挂任政策研究室副主任；

梁莹同志挂任党委组织部组织员；

许玉莲同志挂任纪委办公室纪检员；

朱蕾同志挂任融媒体中心副主任；

李冬同志挂任人事部（人才工作办公室）副部长（副主任）；

张洁同志挂任研究生院副院长。

以上同志挂职时间为一年，挂职期满挂任职务自然免除。

27 日 “力诺瑞特杯”第十四届全国大学生节能减排社会实践与科技竞赛决赛在山东大学开幕。中国科学院院士、教育部高等学校能源动力类教学指导委员会主任何雅玲，山东大学校长樊丽明，山东力诺瑞特新能源有限公司董事长张德林等出席大赛开幕式。山东大学副校长吴臻主持开幕式。

同日 教育部发布了《教育部高等教育司关于公布 2021 年第一批产学合作协同育人项目立项名单的通知》，山东大学获批 63 项教育部产学合作协同育人项目。其中，新工科、新医科、新农科、新文科建设类 16 项，教学内容和课程体系改革 23 项，师资培训 13 项，实践条件和实践基地建设 6 项，创新创业教育改革 5 项。

28 日 “力诺瑞特杯”第十四届全国大学生节能减排社会实践与科技竞赛决赛落下帷幕，山东大学代表队获得国家特等奖 1 项、一等奖 12 项、二等奖 6 项、三等奖 4 项，荣获“力诺瑞特节能创新专项奖”金奖 1 项，铜奖 2 项。总成绩荣获全国第一，并获得优秀组织奖，创学校参赛以来历史最好成绩。作为本届大赛承办方，山东大学获全国竞赛委员会颁发的突出贡献奖。

同日 由山东大学管理学院杨蕙馨教授作为首席专家的国家社科基金重大项目“‘两业’融合推动中国制造业高质量发展研究”开题论证会通过线上线下相结合的方式举行。教育部社会科学委员会经济学部委员、“长三角经济发展研究中心”执行主任、长江产业经济研究院院长刘志彪教授，山东财经大学校长赵忠秀教授，中国社会科学院数量经济与技术经济研究所党委书记、副所长李海舰教授，中国社会科学院工业经济研究所副所长张其仔，西安交通大学冯宗宪教授，山东大学臧旭恒教授作为评审专家出席会议。课题组校外专家、南开大学庞瑞芝教授出席会议。

29～31 日　由教育部高等学校网络空间安全专业教学指导委员会主办、山东大学网络空间安全学院（研究院）承办的第十四届全国大学生信息安全竞赛—作品赛全国总决赛在线上举行。山东大学在竞赛中获一等奖 4 项、三等奖 2 项、优胜奖 2 项，并获优秀组织奖。31 日上午，网络安全人才创新创业教育论坛暨大赛颁奖典礼在山东大学青岛校区主会场和清华大学分会场举行，典礼和论坛全网在线直播。

山东大学即将迎来 120 周年校庆之际，学校对校友工作进行系统谋划，积极引导广大校友关注校庆，参与校庆，支持校庆，服务校庆，不断强化校友与母校情感、事业、文化共同体建设，汇聚磅礴发展力量。

30 日　山东大学召开 2021 年秋季学期工作会议，总结春季学期工作，对秋季学期工作进行全面部署。校党委书记郭新立主持会议，校长樊丽明就 2021 年秋季学期重点工作进行部署。会后召开了校庆工作推进会议，对校庆筹备工作进行再动员、再部署。

31 日至 9 月 4 日　山东大学 2021 年新聘教职工入职培训在一校三地同步开展。本次培训设置文化认同、师德师风、专业素养、合作交流、责任纪律等五大主题，共 28 场报告，帮助新聘教职工尽快融入山大、努力建设山大。校长樊丽明出席开班典礼并为新聘教职工代表颁发聘书。

本月　第九届“泰迪杯”数据挖掘挑战赛落下帷幕，山东大学数学学院 2017 级本科生陈诺在众多由本科生、研究生组成的参赛队伍中脱颖而出，荣获全国特等奖（最高奖项）并获“泰迪杯”，再创学校最佳成绩。

9 月

1 日　山东大学第二临床学院揭牌仪式举行。山东大学校长樊丽明出席仪式并为第二临床学院揭牌。山东大学副校长、齐鲁医学院院长易凡讲话。山东省医师协会会长孙洪军出席活动。

同日　按照中央部署要求和学校党史学习教育工作安排，山东大学校长樊丽明为山东大学第二医院全体党员干部讲授主题为《学习伟大建党精神，担当附属医院时代使命》的党课。山东省医师协会会长孙洪军，山东大学副校长、齐鲁医学院院长易凡出席活动。

2日　经2021年8月25日第十四届党委第95次常委会研究决定：

徐希锋同志任国际教育学院党委书记；

姜炳刚同志任团委书记，免去其材料科学与工程学院党委副书记职务；

路军伟同志任财务部部长兼预算绩效管理办公室主任，试用期一年，免去其管理学院副院长职务；

孔雷同志任威海校区党工委学生工作部（学生工作处、武装部）副部长、副处长，免去其商学院党委副书记职务；

韩鲁青同志任商学院党委副书记。

免去徐关众同志的国际教育学院党委书记职务；

免去刘丕平同志的财务部部长、预算绩效管理办公室主任职务。

2～3日　根据党中央部署，2日，中央巡视工作领导小组召开十九届中央第七轮巡视集中反馈会议，传达学习习近平总书记听取巡视综合情况汇报时的重要讲话精神，通报巡视发现的共性问题，对抓好巡视整改和整改日常监督进行集中部署、提出明确要求。中央第十一巡视组向山东大学党委反馈了巡视情况。组长裴显鼎分别向山东大学党委书记郭新立和山东大学党委领导班子反馈了巡视情况。郭新立主持向领导班子反馈会议并就做好巡视整改工作讲话。

6日　山东大学1.9万多名新同学开始陆续来校报到，小雨淋淋中开启这场与山大的初相遇。

初秋时节，凉风习习；飒飒秋雨，百廿迎新。9月6日至7日，山东大学2021级新同学陆续来校报到，校园内再次燃起青春的热情。校领导也到迎新现场看望新同学，为他们送上真诚祝福和暖心关怀。

7日　山东大学与浙江新安化工集团股份有限公司（以下简称“新安集团”）战略合作协议签约活动在中心校区举行。签约前，校长樊丽明会见了新安集团党委书记、总裁吴严明一行。山东大学副校长吴臻，新安集团副总裁兼人力资源总监潘秋友、副总裁兼有机硅材料事业部总经理魏涛出席相关活动。

为进一步学习贯彻党的十九届五中全会精神，着力加强第二医院领导班子能力建设，有效增强齐鲁医学发展核心竞争力，大力推进医院高质量发展，近期，学校举办了第二医院领导班子能力提升专题培训班。校党委书记郭新立作开班讲话及首场辅导报告，校长樊丽明及其他有关校领导、专家学者等分专题作了6场辅导报告，医院领导班子全体成员参加培训。

8 日　山东大学与香港中文大学通过视频方式签署两校战略发展及学术研究合作协议。山东大学校长樊丽明、香港中文大学校长段崇智出席仪式并致辞。

同日　山东大学与华润水泥投资有限公司（以下简称“华润水泥”）战略合作签约活动在中心校区举行。签约前，山东大学校长樊丽明会见了华润水泥总裁纪友红一行。山东大学副校长李术才，华润水泥副总裁兼首席运营官蔡翔出席相关活动。

同日　丹桂飘香秋意起，戎装学子士气高。9 月 8 日，山东大学 2021 级学生军训团成立暨军训动员大会在中心校区举行。校党委副书记王君松作军训动员并向军训团授团旗，济南警备区大校副司令员王浩出席会议并讲话。

10 日　中国人民保险集团有限公司（以下简称“中国人保”）党委书记、董事长罗熹一行到访山东大学，开展合作对接。山东大学党委书记郭新立会见罗熹一行。山东大学校长樊丽明出席座谈会并致辞。

同日　山东大学在中心校区音乐厅举行庆祝 2021 年教师节暨优秀教师表彰大会。本次大会主题为“赓续百年初心，担当育人使命”。

11 日　由儒家文明省部共建协同创新中心主办的 2021 年度儒家文明省部共建协同创新中心理事会在中心校区举行，会议由线上线下同时进行。中心理事长、山东大学校长樊丽明出席会议并讲话。

17 日　由山东大学主办、山东大学科技期刊社与威科（Wolters Kluwer）集团合作出版、山东大学齐鲁医院承办的开放获取期刊 *Emergency and Critical Care Medicine*（《急危重症医学（英文）》，E-ISSN 2693－860X）第一期正式上线（https：//journals. lww. com/eccm/pages/issuelist. aspx）。该刊于 2019 年入选“中国科技期刊卓越行动计划”高起点新刊项目，并得到中华医学会急诊医学分会和中国医疗保健国际交流促进会胸痛分会等学术组织的支持，期刊投稿系统为 https：//www. editorialmanager. com/eccm/，接收全球作者投稿。

19 日　第十四届全国运动会男子 400 米自由泳决赛中，山东大学 2018 级本科生季新杰以 3 分 47 秒 05 的优异成绩斩获冠军，为山东体育代表团夺得本届全运会第 28 金。

21 日　当中秋夜遇上开学礼，山东大学送你满满的仪式感。山东大学 2021 级本科生开学典礼在中心校区体育场举行。校党委书记郭新立出席开学典礼，校长樊丽明讲授开学“第一课”，寄语新同学努力成为担当民族复兴大任的时代新人。

同日　为献礼建党百年，迎接建校百廿，山东大学在中心校区体育场举办“激扬百年风帆，唱响百廿弦歌”2021 年迎新生文艺晚会，济南校本部全体 2021 级本科新生参加活动。

22 日　山东大学 2021 级研究生开学典礼在中心校区操场举行。校党委书记郭新立出席典礼，校长樊丽明出席典礼并寄语同学们争做担当民族复兴大任的先锋力量。济南校本部的研究生新同学欢聚一堂，共同聆听师长们带来的内涵丰富的开学“第一课”。

同日　为深入学习贯彻习近平总书记“七一”重要讲话和给《文史哲》编辑部全体编辑人员重要回信精神，传承红色基因，赓续红色血脉，推动思政小课堂与社会大课堂深入融合，推进党史、四史学习教育提质增效走深走实，9 月 22 日晚，山东大学举办“沂蒙老战士后代讲党史”第四场报告会，中国共产党老一辈无产阶级革命家、中国农民革命运动先导者彭湃烈士孙女，中国著名核动力专家、“时代楷模”彭士禄院士之女彭洁同志作党史学习教育专题报告。山东大学党委书记郭新立会见彭洁一行，校长樊丽明出席报告会。

23 日　山海百廿，青春启航。青岛校区 2021 级新生开学典礼暨迎新晚会在校区田径场举行。山东大学校长樊丽明出席典礼并寄语新生成为具有“家国情怀、担当精神、崇实品格、创新素养”的山大人。

同日　历经双甲子栉风沐雨，跨越两世纪弦歌不辍。“百廿山大 强校兴国 薪火相传 奔向未来”山东大学全球师生校友 120 万公里“云”接力跑启动仪式在兴隆山校区举行。山东大学党委副书记王君松，中国建设银行山东省分行党委委员、副行长兼济南分行行长刘春龙出席活动，校本部 32 个单位 2000 名师生参加此次活动。

24 日　经 2021 年 9 月 22 日第十四届党委第 99 次常委会研究决定：

孙强、申树欣、张斌、管晓亮等同志试用期满考核合格，正式任职，任职时间从决定试用之日起计算。

付岩志同志任保密工作办公室主任兼党委办公室、校长办公室副主任；

徐波同志任能源与动力工程学院正处级辅导员，免去其能源与动力工程学院党委书记职务。

25～26 日　由山东大学儒学高等研究院副院长王加华教授任首席专家的国家社科基金重大项目“中国古代农耕图像的搜集、整理与研究”开题论证会暨“图像叙事与农耕传统”论坛举行。西北农林科技大学樊志民教授、北京大学赵世瑜教授、南京农业大学王思明教授、复旦大学王建革教授、中山大学王霄冰教授担任开题评审专家。

26 日　第十四届全运会比赛全部结束，山东代表团最终以 58 枚金牌、55 枚银牌、47 枚铜牌，总计 160 枚奖牌完美收官，金牌总数与奖牌总数均位列全国首位，实现全运会金牌数“四连冠”。山东大学师生校友征战全运会，季新杰等 12 名在校学生和校友获得 3 金 3 银 2 铜的优异成绩。

27 日　山东大学经济研究院韦倩教授任首席专家的国家社科基金重大招标项目“合作行为的演化博弈研究”开题论证会在中心校区和腾讯会议线上平台举行。中央党校（国家行政学院）经济学部主任韩保江教授，南京审计大学泽尔腾经济学实验室主任杨春雷教授，浙江大学经济学院教授、浙江财经大学讲座教授叶航，华南师范大学经济与管理学院副院长、经济行为科学重点实验室主任董志强教授，《中国社会科学》杂志社梁华编审担任专家组成员。会议由山东大学经济研究院院长黄少安主持。

同日　由山东大学商学院杨林教授作为首席专家的国家社科基金重大项目“全面开放格局下区域海洋经济高质量发展路径研究”开题论证会通过线上线下相结合的方式举行。中央党校（国家行政学院）经济学教研部主任韩保江教授，中山大学区域开放与合作研究院院长毛艳华教授，中国工业经济学会副理事长、南开大学产业经济研究所所长杜传忠教授，厦门大学经济学院傅十和教授，《中国社会科学》杂志社梁华编审作为评审专家出席会议。

28 日　山东大学第六届齐鲁青年论坛在济南开幕。作为山东大学 120 周年校庆献礼重要活动，本届论坛采取现场参会和海内外网络直播、主论坛和分论坛相结合的方式，来自 24 个国家和地区的近 500 位青年学者受邀参加。校长樊丽明出席主论坛并致辞，校党委副书记陈宏伟出席论坛，副校长吴臻主持论坛。

28～29 日　教育部思想政治工作司司长魏士强到山东大学调研座谈学生思想政治等工作。山东大学党委书记郭新立、校长樊丽明会见魏士强一行。山东省委教育工委副书记、山东省教育厅党组副书记、副厅长冯继康，山东大学党委副书记王君松、陈宏伟出席座谈会。

29 日　军号响连营，沙场秋点兵。山东大学 2021 级学生军训汇报表演暨总结表彰大会在中心校区举行。济南警备区大校司令员崔少良，山东大学党委副书记张永兵、王君松出席大会。大会由王君松主持。

中央网信办、国家发展改革委、教育部、国家体育总局等八部门联合公布了首批国家智能社会治理实验基地名单，山东大学获批体育特色基地建设单位，是唯一由高校牵头的体育特色基地。

30 日　山东大学与法国国家农业、食品与环境研究院（INRAE）通过视频方式举行签约仪式。山东大学校长樊丽明、INRAE 布列塔尼—诺曼底中心院长伊莲娜·卢卡斯出席仪式并致辞。副校长韩圣浩主持仪式。

同日　　为贯彻落实教育部关于高校银龄教师支援西部计划工作部署，学校召开山东大学银龄教师支援西部计划工作会议。校党委副书记陈宏伟出席会议并讲话。

同日　　山东大学召开 2021 年秋季学期本科教育工作会议，扎实推进教育教学改革，加快一流本科教育建设。副校长吴臻出席会议并讲话。

本月　　山东大学迎来计算机学科创办五十周年暨计算机学院创建四十周年，计算机学院举办“学术主题院庆”系列活动，以总结历史、继往开来，在“守正”中回望来时路，在“创新”中开启新征程。

本月　　收到《教育部办公厅关于做好 2021 年国家社科基金学术社团主题学术活动相关工作的通知》和全国哲学社会科学工作办公室发的立项通知书，挂靠山东大学的国家级学会共获批 5 项国家社科基金学术活动及课题立项，资助总额计 80 万元，其中课题研究类 2 项、学术会议类 3 项，在教育部业务主管的全国性社科学术社团主题学术活动资助立项中，立项数列高校第一位。

为进一步完善学校突发疫情应急预案，提高应急处置能力，强化师生医务员工疫情防控意识和卫生行为习惯，9 月 1 日下午，学校在中心校区组织开展 2021 年秋季学期新冠肺炎疫情应急处置演练。

10 月

4 日　　山东大学党委书记郭新立主持召开党委理论学习中心组学习暨中共山东大学第十四届常务委员会第 101 次会议，紧密结合党史学习教育，传达学习习近平总书记在中央人才工作会议上的重要讲话精神，并部署贯彻落实工作。校长樊丽明出席会议。

5 日　　在山东大学即将迎来建校 120 周年之际，兰剑智能科技股份有限公司向山东大学捐赠仪式在中心校区举行。山东大学常务副校长王琪珑，兰剑智能科技股份有限公司董事长吴耀华出席仪式并致辞。

6 日　　在中国共产党建党百年、山东大学建校百廿之际，山大微生物学科开创者王祖农先生铜像落成揭幕仪式暨王祖农先生诞辰 105 周年纪念仪式在青岛校区举行。

同日　　为加快推进研究生教育高质量发展，促进一校三地研究生教育一体发展，山东大学召开 2021 年秋季学期研究生教育工作会议。同时，为提高研究生教育战线工作人员管理和服务水平，会议举办了工作人员业务能力和信息化能力专题培训。

同日　　经2021年10月4日第十四届党委第101次常委会研究决定：

聘任：景传勇为环境科学与工程学院院长；

李盛英为微生物技术研究院（微生物技术国家重点实验室）常务副院长（常务副主任）；

王海龙为微生物技术研究院（微生物技术国家重点实验室）副院长（副主任）。

免去蔡勇的环境科学与工程学院院长职务。

9日　　科技部发布《科技部成果转化与区域创新司 教育部科学技术与信息化司关于首批高校专业化国家技术转移机构建设试点启动的通知》，20所高校被列入首批高校专业化国家技术转移机构建设试点名单，山东大学位列其中。

9～10日　　由山东大学与韩国崔钟贤学术院联合主办的第三届山东论坛在青岛举行。本届论坛主题是“共享未来：百年大变局中的东亚”。中国外交部原副部长、国务院侨办原副主任何亚非，青岛市人大常委会党组书记、主任王鲁明，韩国崔钟贤学术院院长朴仁国，山东大学校长樊丽明出席活动。

在迎接建校120周年之际，山东大学官方英文网站完成改版，新版网站（PC端、手机端）正式上线运行，并同步推出120周年校庆英文专题网页。

10日　　由山东大学经济学院曲创教授担任首席专家的国家社科基金重大项目“数字化变革、中国流通渠道创新和经济增长模式转变研究”开题论证会以线上线下相结合的方式在山东大学中心校区举行。中国社会科学院工业经济研究所党委书记曲永义研究员，南京大学经济学院院长郑江淮教授，浙江大学中国数字贸易研究院院长马述忠教授，山东社会科学院院长袁红英研究员，中央财经大学中国互联网经济研究院副院长史宇鹏教授，中国商业联合会专家委员会成员、中国人民大学商学院谢莉娟教授，阿里研究院资深专家、竞争政策研究中心主任崔书峰，腾讯研究院资深专家、首席经济学顾问吴绪亮为评审专家组成员。

同日　　山东大学科学技术馆开馆仪式在千佛山校区举行。山东省工信厅一级巡视员罗新军、山东省科学技术协会副主席陈爱国、山东大学党委副书记张永兵等出席活动。仪式由山东大学副校长易凡主持。

同日　　山东大学与齐鲁制药有限公司（简称“齐鲁制药”）战略合作签约仪式在齐鲁制药生物医药产业园举行。山东大学校长樊丽明、齐鲁制药总裁李燕出席活动并致辞。山东大学副校长、齐鲁医学院院长易凡，齐鲁制药副总裁侯传山、张明会、申丽参加活动。

11～13日　　在百廿校庆之际，山东大学2021年全球友好学校交流周在中心校区以线上线下方式举行。来自境外40余所友好高校的代表通过线上线下齐聚一堂，宣传境外学习项目，探讨交流合作机会。其间还举行了友好学校境外学习经历项目宣讲会，举办了友好学校教育展和多场院系工作座谈会。山东大学副校长韩圣浩出席开幕式并致辞。

12日　由山东大学齐鲁医学院主办的山东大学全球大学校长论坛之全球大学医学校（院）长论坛在趵突泉校区举行。论坛的主题是“传承、创新、合作、愿景”。来自瑞典卡罗林斯卡医学院、美国内布拉斯加大学医学中心、挪威卑尔根大学、加拿大多伦多大学、英国南安普顿大学等10余所全球顶尖医学高校的大学校（院）长以线上形式参加了本次论坛，追溯和山东大学的交流历史以及与齐鲁医学的渊源，共话医学未来。山东大学校长樊丽明出席论坛并致开幕辞，山东大学副校长、齐鲁医学院院长易凡作主旨报告并致闭幕辞。

13日　在全校师生医务员工喜迎120周年校庆之际，山东大学校史馆、校友馆、人文社科展、抗疫主题展开馆开展仪式在中心校区举行。山东大学党委书记郭新立、校长樊丽明出席仪式并为校史馆、校友馆揭牌。山东大学终身教授、文艺美学研究中心曾繁仁先生，山东大学终身教授、易学与中国古代哲学研究中心刘大钧先生出席仪式。校友代表、中文系1978级校友、国资委国有重点大型企业监事会原主席寻寰中出席仪式并致辞。

同日　“追求卓越 只争朝夕——山东大学‘双一流’建设成就展”开幕式在中心校区举行。山东大学党委书记郭新立主持开幕式并宣布展览开幕，校长樊丽明出席开幕式并致辞。

同日　山东大学成立120周年校庆系列活动之“基于数学的交叉学科人才培养”数学论坛于山东大厦顺利召开。英国皇家学会会士、伦敦数学会主席、牛津大学乔恩·基廷（Jon Keating）教授，中国科学院院士、中国数学会理事长、北京大学田刚教授，中国科学院院士、国际工业与应用数学联合会主席、中国科学院数学与系统科学研究院袁亚湘研究员，中国科学院院士、北京大学副校长张平文教授，中国科学院院士、北京师范大学—香港浸会大学联合国际学院校长汤涛教授，中国科学院院士、中国科学技术大学叶向东教授，中国科学院院士、中俄数学中心主任、北京大学张继平教授，中国科学院院士、山东国家应用数学中心主任、山东大学彭实戈教授出席本次论坛。论坛由山东大学副校长刘建亚主持。

14日　在山东大学百廿校庆之际，全球大学校长论坛在中心校区举行。本次论坛以“面向共同未来的高等教育：迎接全球挑战”为主题，共邀请到包括耶鲁大学、澳大利亚国立大学、俄罗斯人民友谊大学、墨尔本大学、谢菲尔德大学、罗切斯特大学、成均馆大学、九州大学、高丽大学、吉林大学、四川大学、兰州大学、西安交通大学、大连理工大学、香港中文大学、澳门大学和东吴大学等17所全球知名高校校长以线上线下相结合的方式参加，深入探讨全球高等教育面临的挑战和发展趋势。山东大学校长樊丽明致开幕辞并作主题发言，山东大学副校长韩圣浩主持论坛。

同日　　由教育部、国家文物局指导，山东大学、山东省文化和旅游厅（山东省文物局）、山东省教育厅共同主办的“全国革命文物与新时代高校思想政治工作融合发展论坛”在济南召开。教育部副部长翁铁慧，文化和旅游部副部长、国家文物局局长李群，山东省人民政府副省长王心富出席会议。山东大学党委书记郭新立主持论坛开幕式。

同日　　山东大学建校120周年之际，国家文物局与山东大学签署《国家文物局—山东大学战略合作协议》，山东省文化和旅游厅与山东大学签订《山东省文化和旅游厅—山东大学合作加强山东文化遗产保护框架协议》。教育部副部长翁铁慧，文化和旅游部副部长、国家文物局局长李群，山东省人民政府副省长王心富，山东大学党委书记郭新立出席签署仪式。

15日　　《山东大学建校120周年》纪念邮票首发式在中心校区举行。中国邮政集团有限公司党组书记、董事长刘爱力，山东大学党委书记郭新立，校长樊丽明，中国邮政集团有限公司综合部总经理、党组办主任刘支宇，邮政业务部总经理王志奇，山东省分公司党委书记、总经理韩广岳，中国邮政储蓄银行股份有限公司高级资深经理、山东省分行党委书记、行长焦玉泉，中国邮政集团有限公司山东省分公司副总经理林令才，山东广播电视台党委书记、台长吕芃，山东大学常务副校长王琪珑，党委副书记张永兵，党委常委、宣传部部长桑晓旻出席仪式。张永兵主持仪式。

同日　　东临黄海，南望泰山。百廿山大，薪火相传。山东大学在中心校区体育场举行庆祝建校120周年大会。

同日　　山东大学一校三地同步开展“百廿山大 强校兴国”120周年校庆升国旗主题团日活动。在济南主会场，校党委副书记张永兵、王君松出席活动。

同日　　为贯彻落实黄河流域生态保护和高质量发展战略，发挥“山大校友系”资源优势，助力高标准高质量建设新旧动能转换起步区，加快推进新时代现代化强省会建设，实现名校名城融合发展，适逢山东大学120周年华诞，2021山东大学校友泉城行活动在济南新旧动能转换起步区（以下简称“起步区”）举行。中国科学院院士、化学系1980级校友、未来科学大奖获得者马大为出席活动并作主题报告。济南市委副书记、起步区党工委副书记、管委会主任边祥慧，山东大学常务副校长王琪珑，济南市委常委、统战部部长王拥华出席活动。活动由济南市委常委、副市长、济南市高新区管委会主任王宏志主持。来自全国各地近百位山大校友来到起步区，共叙情谊、同话未来，为泉城发展和起步区建设建言献策。

同日　在山东大学建校120周年、软件学科创建50周年、软件学院建院20周年之际，山东大学软件学院建院20周年庆祝大会暨国家示范性软件学院特色化发展高峰论坛在济南举行。中国科学院院士黄维，澳大利亚人工智能理事会主席、悉尼科技大学副校长张成奇，国家示范性软件学院联盟理事长卢苇，山大软件学科创始人、首任系主任汪嘉业，山东大学副校长芦延华出席大会并致辞。澳大利亚科学院院士、悉尼大学陶大程教授，清华大学软件学院院长王建民出席大会并作学术报告。

同日　2020～2021年度“赵九章优秀中青年科学奖”颁奖典礼暨奖项设立30年纪念仪式举行，以表彰在大气物理学、地球物理学、空间物理学和空间探测学科领域取得优异成绩的四位中青年科学家。山东大学空间科学攀登团队张清和教授作为空间物理领域获奖人，受邀出席典礼并上台领奖。

同日　由山东大学主办的服务山东高层论坛暨山东大学社会服务成就展开幕式在济南市山东大厦举行。山东省副省长王心富、山东大学校长樊丽明出席论坛并讲话。活动由中国工程院院士、山东大学副校长李术才主持。

同日　百廿恰是风华正茂，百廿矢志强校兴国。庆祝山东大学建校120周年音乐舞蹈晚会《为国育贤》在中心校区举行。

16日　博施济众五十载，桃李芬芳满天下。药学院在趵突泉校区体育馆举行复建50周年暨药学学科创建101周年庆典活动。原国家卫生部副部长、国家药监局前局长邵明立，中国药科大学副校长姚文兵，中国科学院上海药物研究所副所长赵强，齐鲁医学院党工委书记刘洪渭，国际欧亚科学院院士、山东大学国家糖工程中心主任凌沛学等出席庆典。山东大学党委副书记王君松，欧亚科学院院士、中国医学科学院杜冠华教授，北京大学药学院院长周德敏，齐鲁制药集团副总裁张明会出席庆典并致辞。中国科学院上海药物研究所陈凯先院士，南澳大学、西安交通大学药学院、西南大学药学院、兰州大学药学院、暨南大学药学院等发来贺信、贺礼，表达了对药学院复建50周年院庆的热烈祝贺和对未来发展的美好祝愿。

同日　2021对话山东——中德科技创新对接交流会在山东大厦举行。活动以“科创引领·绿色制造·零碳未来”为主题，山东与德国多家高校、科研院所及科技型企业进行线上洽谈，寻求科技创新合作。山东省副省长、中国工程院院士凌文通过视频方式致辞，山东大学常务副校长王琪珑出席会议并致辞。中国工程院院士、山东大学副校长、山东省工业技术研究院院长李术才主持中德科技创新主题推介。山东省科技厅党组书记、厅长唐波，山东省贸促会党组成员、副会长林源，济南市副市长孙斌，山东大学副校长芦延华出席活动。

17日　全国工商联和山东大学联合主办的“厚植爱国情，奋进新时代——知名民营企业家走进山东大学”活动在山东大学千佛山校区举行。全国工商联党组成员、副主席李兆前，山东大学校长樊丽明，全国工商联宣教部部长王尚康，山东省委统战部副部长、山东省工商联党组书记周云平，以及知名民营企业家代表出席活动。活动由中国工程院院士、山东大学副校长李术才主持。

18日　由山东大学微生物技术国家重点实验室祁庆生教授担任项目负责人的国家重点研发计划“绿色生物制造”重点专项“高效微生物细胞工厂的设计原理与构建方法”项目启动会在山东大学青岛校区召开。北京化工大学校长、中国工程院院士谭天伟出席会议。

山东大学120周年校庆期间，广大校友和企业单位弘扬中华民族崇文重教美德，高度关注、慷慨捐资，通过各种方式表达对学校的关心关爱和支持帮助，为学校各方面事业发展增添新的动力。

19日　经2021年10月18日第十四届党委第103次常委会研究决定：

张爱国同志任基础医学院副处级组织员，免去其实验动物中心主任职务。

21～23日　中管高校党史学习教育第八指导组来山东大学开展“我为群众办实事”实践活动情况调研。

第十七届全国高性能计算学术年会（CCF HPC China 2021）于10月21日至23日在广东珠海举行。会上，组委会揭晓了第九届“英特尔杯”全国并行应用挑战赛（简称PAC）的比赛结果。来自山东大学、华中科技大学、西安交通大学、北京航空航天大学、中山大学、上海交通大学等单位的多支队伍从几百只参赛队中脱颖而出，入围决赛。最终，山东大学软件学院的两支参赛队伍勇夺该项赛事的金奖和铜奖，软件学院刘卫国教授和青年教师殷泽坤担任参赛队的指导老师。

22日　由山东大学美育工作委员会主办的2021年山东大学艺术节开幕式暨“百廿山大接续奋斗，强校兴国再谱新篇”山东外事职业大学贺山东大学建校120周年红色经典剧目文艺演出在中心校区音乐厅举行。山东外事职业大学校长孙承武、山东大学党委副书记王君松出席活动。

同日　凤凰网山东向山东大学捐赠签约仪式在中心校区举行。签约仪式前，校党委书记郭新立会见了凤凰网总编辑邹明一行。校党委副书记张永兵，党委常委、宣传部部长桑晓旻出席捐赠签约仪式。

22～24日　由高校教学发展网络（Chinese Higher Education Development Network，CHED）主办，山东大学承办的第八届高校教学发展网络年会在中心校区举行。本次年会以“高校教师教学发展：价值与担当”为主题，采用线上线下结合的方式举行，共有来自136所高校1200多位专家学者和一线教师参加。山东大学校长樊丽明出席会议并作大会报告，山东省教育厅总督学邢顺峰、山东大学党委副书记张永兵出席开幕式并致辞，开幕式由山东大学党委副书记王君松主持。

27日　山东大学举办提高政治能力专题报告会，特邀中央党校（国家行政学院）党建部副主任、全国党建研究会常务理事祝灵君教授作“学习贯彻习近平总书记关于坚持和加强党的全面领导、加强党的政治建设、提高干部政治能力等重要论述，不断提高政治判断力、政治领悟力、政治执行力”的专题辅导报告。报告会由山东大学党委副书记陈宏伟主持。

28日　经2021年10月18日第十四届党委第103次常委会研究决定：

肖金明同志任威海校区党工委委员、副校长，试用期一年；

辛公明同志任能源与动力工程学院党委书记，免去其能源与动力工程学院常务副院长职务。

29日　山东大学第十七届全国重点中学校长论坛在济南举办。本次论坛以“为国育贤，协同探索拔尖创新人才培养新模式”为主题，山东大学校长樊丽明出席主论坛并致辞，副校长吴臻主持论坛。

30日　由中国农业经济学学会主办，山东大学经济研究院、中国农业科学院农业经济与发展研究所、山东省人民政府发展研究中心共同承办的中国农业经济学会2021年学术研讨会在济南、北京同步举行。山东省副省长王心富，山东大学校长樊丽明，农业农村部政策与改革司司长赵鲲出席开幕式并致辞。中国农业经济学会会长、第十三届全国政协农业和农村委员会副主任陈晓华主持开幕式。

本月　国家教材委员会发布了《关于首届全国教材建设奖奖励的决定》，授予10种教材“全国优秀教材特等奖”，200种教材“全国优秀教材一等奖”，789种教材“全国优秀教材二等奖”，同时授予99个集体“全国教材建设先进集体”称号，200名同志“全国教材建设先进个人”称号。

11 月

1 日　山东大学党委副书记、校长樊丽明主持召开党委理论学习中心组学习暨中共山东大学第十四届常务委员会第 104 次会议，紧密结合党史学习教育，传达学习习近平总书记致仰韶文化发现和中国现代考古学诞生 100 周年重要贺信精神、全国教材工作会议暨全国教材建设奖表彰会精神，并部署贯彻落实工作。

3 日　2020 年度国家科学技术奖励大会在北京人民大会堂隆重召开。山东大学主持和参与完成的 7 项成果荣获 2020 年度国家科学技术奖励，数量再创新高。其中，山东大学作为主持单位荣获国家技术发明二等奖 1 项和国家科学技术进步二等奖 1 项，作为参与单位荣获国家科学技术进步一等奖 1 项、二等奖 4 项。

4 日　山东大学党委副书记、纪委书记陈向阳为学校新提任处级干部作了题为《加强政治能力建设 做忠诚干净担当的好干部》的专题报告。

5 日　中共山东大学第十四届委员会第九次全体会议在中心校区举行。党委委员 25 人出席会议，非党委委员的校领导、纪委委员等 16 人列席会议。会议由学校党委常委会主持。

同日　山东大学 2021 年“礼赞百廿华章·强校兴国有我”——研究生“导学思政”合唱比赛（济南赛区）在中心校区音乐厅举行，31 支代表队、130 余名研究生导师和近 2000 名研究生参与其中。山东大学校长樊丽明出席活动。

6 日　阮荣春教授受聘山东大学讲席教授聘任仪式在中心校区举行，校长樊丽明出席仪式并为其颁发聘书。聘任仪式由副校长吴臻主持。

7 日　受强冷空气影响，济南市降温、大风、大雪齐上阵，山东大学校园内道路积雪结冰严重。为清理积雪、方便师生出行，山东大学第一时间发布《关于动员广大青年积极参加校园扫雪除冰的倡议》，全校师生积极投入到扫雪除冰工作中。此次扫雪除冰活动充分发挥党员、团员先锋模范带头作用和志愿服务组织骨干引领作用，以点带面、校院联动，以“包片划区”形式做好分工，引领全校青年学生扎实开展劳动教育，培养劳动精神，锻造劳动能力，展现青年担当。

8～11 日　中国共产党第十九届中央委员会第六次全体会议在北京召开。全会审议通过了《中共中央关于党的百年奋斗重大成就和历史经验的决议》，审议通过了《关于召开党的第二十次全国代表大会的决议》。中共十九届六中全会是在“两个一百年”奋斗目标历史交汇关键节点上召开的一次重要会议，山东大学师生医务员工密切关注大会动态，引起热烈反响。

10 日　山东大学服务山东高质量发展座谈会在中心校区举行，山东大学与省市相关部门负责人共聚一堂，畅叙发展，就推进山东大学服务山东工作提质增效、取得更大突破进行了深入的交流研讨。校长樊丽明出席会议并讲话。副校长李术才主持会议，校党委副书记王君松出席会议。

12 日　以“新起点、新征程、新篇章”为主题的山大地纬智能软件产业园正式启用暨山东济高地纬华宸新动能基金启动仪式举行。济南市副市长孙斌，山东大学副校长芦延华，章丘区委书记、明水国家级经济技术开发区党工委书记马保岭，济南市科技局党组书记、局长陈西武，章丘区委副书记、区长边祥为出席仪式。

同日　山东大学举行提高政治能力专题培训第六场报告会，中国人事科学院人才理论与技术研究室主任孙锐研究员作了题为《建设新时代人才强国——中央人才工作会议解读》的报告。副校长吴臻主持报告会。

15 日　山东大学党委书记郭新立主持召开学校党委理论学习中心组会议，专题学习党的十九届六中全会精神，并部署贯彻落实工作。校长樊丽明出席会议。

18 日　山东大学举行提升政治能力专题培训第七场报告会，教育部政策法规司司长邓传淮为学校干部作“深入学习领会习近平总书记关于教育的重要论述”辅导报告。校长助理邢占军主持报告会。

19 日　2022 届全国普通高校毕业生就业创业工作网络视频会议在京召开，教育部党组书记、部长怀进鹏，人力资源社会保障部党组成员、副部长李忠出席会议并讲话，教育部党组成员、副部长翁铁慧主持会议。山东大学党委书记郭新立、校长樊丽明、副校长吴臻在中心校区收看会议。

同日　曾智明曾子学术基金和山东大学—金利来文化发展基金捐赠暨成立仪式在广州金利来大厦举行。金利来集团主席曾智明、山东大学党委副书记王君松出席仪式并致辞。

同日　张明习研究员受聘山东大学特聘教授聘任仪式在千佛山校区举行，校长樊丽明出席仪式并为其颁发聘书。聘任仪式由副校长易凡主持。

同日　山东山大鸥玛软件股份有限公司创业板鸣钟上市仪式在济南举行。山东大学校长樊丽明，济南市人民政府副市长尹清忠，山东大学副校长芦延华，中信证券股份有限公司总经理杨明辉，鸥玛软件董事长马磊等出席上市仪式。

20 日　为深入学习领会党的十九届六中全会精神，全面落实学联、学生会改革要求，团结引领青年学子勇担“强校兴国”时代使命，持续为建设中国特色、山大风格的世界一流大学贡献青春力量，山东大学第三十七次学生代表大会、第十九次研究生代表大会在中心校区召开。校党委副书记王君松出席会议并讲话，副校长吴臻、校长助理朱德建出席会议。

日前，山东大学生殖医学研究中心陈子江院士团队的又一项临床研究成果“胚胎植入前非整倍体遗传学检测（PGT-A，第三代试管婴儿）对累积活产率的影响”（Live birth with or without preimplantation genetic testing for aneuploidy）在《新英格兰医学杂志》（*New England Journal of Medicine*，IF：91.246）以论著发表，陈子江院士为独立通讯作者，山东大学颜军昊、秦莹莹、赵涵以及来自国内其他单位的孙贇、龚斐、李蓉、孙晓溪、凌秀凤、李红为共同第一作者。山东大学为第一作者单位。

23 日　经 2021 年 11 月 15 日第十四届党委第 105 次常委会研究决定：

侯俊平同志任第一临床学院党委书记；

陈玉国同志任第一临床学院院长、党委副书记；

王炳学同志任齐鲁医院（第一临床学院）党委副书记，免去其齐鲁医学院党工委副书记、委员职务；

韩辉同志任齐鲁医院副院长；

徐峰同志任齐鲁医院（第一临床学院）副院长；

刘琰同志任青岛校区党工委学生工作部（学生工作处、武装部）部（处）长；

朱优县同志任纪委副处级纪检员；

王立祥同志任本科生院副院长，免去其齐鲁医学院本科教育管理办公室副主任职务；

周成超同志任齐鲁医学院本科教育管理办公室副主任，兼任本科生院副院长；

蒲业虹同志任环境科学与工程学院副处级组织员，免去其人事部档案管理服务中心主任职务。

24 日　党的十九届六中全会精神中央宣讲团成员、原中央党史研究室主任欧阳淞到山东大学宣讲党的十九届六中全会精神，并与师生开展互动交流。山东省委常委、宣传部部长白玉刚，山东大学党委书记郭新立参加活动。

同日　中管高校党史学习教育第八指导组来到山东大学，对学校党史学习教育进展情况尤其是学习贯彻党的十九届六中全会精神情况，以及“我为群众办实事”实践活动开展情况进行调研指导。指导组副组长、中国科学技术大学原副校长张淑林出席会议并讲话。山东大学党委副书记、党史学习教育领导小组副组长张永兵出席会议。会议由山东大学党委副书记、党史学习教育领导小组副组长陈宏伟主持。

26 日 山东大学举行 2020～2021 年实验室工作会，总结学校“十三五”以来实验室工作成效与经验，谋划“十四五”期间实验室工作方向与重点，校长樊丽明出席会议并讲话。

27 日 经 2021 年 11 月 15 日第十四届党委第 105 次常委会研究决定：

吕明同志任第一临床学院教育处处长；

赵栋修同志任第一临床学院医师培训处处长。

同日 经 2021 年 11 月 18 日第十四届党委第 106 次常委会研究决定：

安丰玲同志任齐鲁医院妇儿神党总支书记；

孔令杰同志任齐鲁医院（第一临床学院）学生工作处处长，试用期一年。

28 日 上午 11 时 18 分，历经 9 年建设的成兰铁路跃龙门隧道左线胜利贯通。在跃龙门隧道工程建设中，山东大学李术才院士带领的团队扎根工地，攻坚克难，实现多项关键技术的突破，为工程的安全建设和顺利贯通提供了关键技术支撑。

29 日 最高人民法院党组书记、院长周强在山东调研期间到山东大学法学院与师生代表座谈。山东省委书记、省人大常委会主任李干杰，以及最高人民法院党组成员、政治部主任马世忠，最高人民法院党组成员、副院长杨万明，山东省委常委、青岛市委书记陆治原，山东省委常委、省委秘书长刘强，山东省高级人民法院党组书记、院长张甲天，山东大学党委书记郭新立、校长樊丽明等参加座谈。

为选树一批政治信念坚定、师德师风优良、素质能力过硬、育人实效突出、敢于担当作为的高校专职辅导员，日前，中宣部、教育部共同开展 2021 年“最美高校辅导员”推选展示活动，并于近日联合发布了入选的 10 名“最美高校辅导员”先进事迹。山东大学临床医学院辅导员薛冰当选。

本月 教育部发布《教育部办公厅关于公布首批新文科研究与改革实践项目的通知》，公布了首批 1011 个新文科研究与改革实践项目立项名单。山东大学 19 个项目获得立项，立项数量居全国第一。

本月 发展中国家科学院（TWAS）公布新增选院士名单，共有来自全球 33 个国家和地区的 58 位科学家当选。当选的 7 位中国学者中，有 6 位来自中国大陆，1 位来自中国台湾地区。山东大学陈子江教授、王小云教授当选本年度发展中国家科学院院士。

本月 教育部公布了“亚洲校园”第三期项目入选院校名单，山东大学与日本长崎大学、韩国成均馆大学、新加坡南洋理工大学和老挝国立大学联合申报的“亚洲高校联合培养基础设施可持续发展领域全球领导者”项目成功入选，项目建设期为5年。

本月　共青团中央、中国青年志愿者协会公布第十三届中国青年志愿者优秀个人奖、组织奖、项目奖名单，历史文化学院2020级硕士研究生宋浦文荣获“中国青年志愿者优秀个人奖”。

本月　教育部办公厅发布《关于印发基础学科拔尖学生培养计划2.0基地（2021年度）名单的通知》，山东大学计算机科学、哲学、历史学三个学科基地入选，全国并列第三。至此，山东大学共有九个基础学科拔尖学生培养计划2.0基地：数学、中国语言文学、化学、物理学、生物科学、经济学、计算机科学、哲学、历史学。

12月

2日　山东大学第一临床学院揭牌仪式在齐鲁医院学术交流中心举行。校长樊丽明，校党委副书记陈宏伟，副校长、齐鲁医学院院长易凡，齐鲁医学院党工委书记刘洪渭出席仪式。

为深入学习贯彻习近平总书记在中央人才工作会议上的重要讲话精神，回顾山东大学博士后工作30年发展历程，凝聚发展共识，实现博士后队伍建设提质增效，12月3日，山东大学召开博士后工作会议。山东大学校长樊丽明，人社部留学人员和专家服务中心、中国博士后科学基金会副主任王霄，山东省人力资源和社会保障厅副厅长周春艳出席会议并讲话。山东大学党委副书记张永兵，山东大学党委常委、副校长吴臻，山东科技大学副校长张建，山东大学党委常委、党委宣传部部长桑晓旻，山东大学校长助理邢占军参加会议。主题大会由张永兵主持。

7～8日　山东大学校长樊丽明赴河南省确山县调研巩固拓展脱贫攻坚成果同乡村振兴有效衔接工作。党委副书记、纪委书记陈向阳一同调研。确山县委书记路耕出席相关活动。

10日　宝钢教育基金会公布2021年度宝钢教育基金（宝钢教育奖）评选结果，山东大学10位师生获得奖励。其中，临床医学院临床医学（五年制）2017级本科生陈润泽获得优秀学生特等奖，山东大学本科生获宝钢优秀学生特等奖实现“四连冠”。此外，山东大学物理学院陈峰教授、护理与康复学院王克芳教授、空间科学与物理学院徐天河教授荣获宝钢优秀教师奖；化学与化工学院2018级本科生王君正、能源与动力工程学院2018级本科生刘洪栋、商学院2018级本科生张同贺、法学院2018级本科生朱雨晴、物理学院2019级博士生吴倩、药学院2019级博士生汪昭获得宝钢优秀学生奖。

11～12日　由中国信息协会主办、山东大学承办的“2021年iCAN全国大学生创新创业大赛暨第七届未来教育高峰论坛”在山东大学举办。本次活动以“追光前行”为主题，线上、线下共近 20 万人次参加。山东大学 14 支队伍获得资格参评国奖，8 支队伍参加了总决赛，最终获得中国五强 1 项、全国一等奖 4 项、全国二等奖 3 项、全国三等奖 6 项，为山东大学历年参赛的最好成绩。

16 日　山东大学党委书记郭新立以“奋斗百年路 启航新征程——学习党的十九届六中全会精神”为题，结合对《中共中央关于党的百年奋斗重大成就和历史经验的决议》的学习体会，为学校师生医务员工作了党的十九届六中全会精神专题宣讲暨专题思政课讲授。

16～17 日　山东大学党委书记郭新立到威海校区调研，分别与校区领导班子、中层领导干部、学生代表座谈，考察后勤保障工作。山东大学副校长、威海校区校长刘建亚，威海校区党工委书记尹作升出席会议。

17 日　为进一步引导广大青年学子深入学习宣传贯彻党的十九届六中全会精神，坚定政治立场、坚守理想信念，山东大学“党的十九届六中全会精神青年宣讲团”成立暨党的十九届六中全会精神宣讲启动仪式在中心校区举行。山东大学党委常委、党委宣传部（教工部）部长桑晓旻出席会议。

同日　山东大学校长樊丽明在兴隆山校区为师生代表作“深入学习宣传贯彻党的十九届六中全会精神”辅导报告，结合当前国家发展和学校办学实际，深入解读《中共中央关于党的百年奋斗重大成就和历史经验的决议》有关内容，全面阐释全会精神，鼓励全校上下从党的百年历史中汲取奋斗的智慧和力量。

18 日　首届全国历史学“强基计划”人才培养与学科建设高峰论坛在济南举行。教育部高等学校历史学类专业教学指导委员会主任、中山大学党委书记陈春声，山东大学校长樊丽明线上出席大会并致辞。

18～20 日　第一届全国博士后创新创业大赛在广东省佛山市举行。山东大学共派出 19 支队伍参加总决赛，最终获得 1 金 1 银 1 铜。

20 日　2021 年“TI 杯”全国大学生电子设计竞赛总结会与颁奖典礼在西安举行。山东大学再次取得丰硕成果，获得国家一等奖 6 项（控制学院 3 项、威海校区机电学院 2 项、微电子学院 1 项、电气学院 1 项），国家二等奖 11 项（控制学院 4 项、电气学院 3 项、威海校区机电学院 2 项、信息学院 2 项、微电子学院 1 项）。同时，学校作为山东赛区组委会单位和赛区承办单位获得全国赛区优秀组织奖，创山东大学参加该赛事以来历史最好成绩。

同日　山东大学与中国科协、山东省政府共建的黄河国家战略研究院在威海举行揭牌仪式。山东省委副书记、省长周乃翔，中国科协党组书记、分管日常工作副主席、书记处第一书记张玉卓共同为黄河国家战略研究院揭牌。

同日　山东大学学位评定委员会举行2021年第二次全体会议。学位评定委员会主席、校长樊丽明出席会议并讲话。学位评定委员会副主席彭实戈、王学典，副校长韩圣浩、刘建亚、吴臻、易凡等出席会议。学位评定委员会副主席、副校长李术才主持会议。

同日　山东大学举行2021年度党组织书记履行全面从严治党责任和抓基层党建述职评议会议。校党委书记郭新立、校长樊丽明出席会议。山东省教育厅（省委教育工委）学校组织处处长孙启高出席会议并作点评讲话。

21日　以色列驻华大使潘绮瑞率团访问山东大学。校长樊丽明会见潘绮瑞大使一行，山东省人民政府外事办公室副主任孙业宝、山东省教育厅副厅长孙晓筠等一同到访，并共同为“山东省与以色列交流合作研究中心”揭牌。山东大学副校长韩圣浩主持揭牌仪式并出席相关活动。

22日　山东大学与槐荫区战略合作框架协议签约仪式举行。山东大学校长樊丽明、副校长芦延华，槐荫区委书记李国强、区政协主席徐宾出席活动。

日前，2021年度各类哲学社会科学研究项目的申报立项工作已基本结束，山东大学多类科研立项取得良好成绩，本年度有10项课题获国家重大项目立项。

25日　经2021年12月22日第十四届党委第109次常委会研究决定：

免去刘京希同志的《文史哲》编辑部副主任职务。

秦莹莹、方珺、黄涛、汤煜春、陈诚等同志试用期满考核合格，正式任职，任职时间从决定试用之日起计算。

26日　第一届中国国家预算治理论坛在山东大学召开，中国国家预算治理研究联盟成立仪式同期举行。山东大学校长樊丽明，全国人大常委会预工委预决算审查室主任何成军，国务院发展研究中心宏观经济部部长陈昌盛，中山大学党委常务副书记、副校长马骏，中央财经大学党委副书记、副校长马海涛，中国社会科学院大学副校长张斌参加活动。

27日　山东大学党委书记郭新立主持召开学校党委理论学习中心组会议，专题学习习近平总书记重要指示精神和党史学习教育总结会议精神，并部署安排学校党史学习教育总结等有关工作。校长樊丽明出席会议。

同日　山东大学在中心校区音乐厅举行2021年度“榜样的力量”优秀学生颁奖典礼，表彰2021年山东大学校长奖、国家奖学金、自强之星、研究生学术之星、优秀大学生退役士兵代表和先进班集体、优良学风班、十佳团支部等优秀学生个人和集体代表。学校党委书记郭新立、校长樊丽明出席典礼。

27～28日　中管高校党史学习教育第八指导组组长张德祥一行来校调研指导工作。山东大学党委书记、党史学习教育领导小组组长郭新立出席相关活动。

29日　山东大学与中国联通山东分公司（以下简称“山东联通”）战略合作备忘录签约仪式举行。山东大学校长樊丽明、副校长芦延华，山东联通党委书记、总经理韦海波，党委成员、副总经理韩冰出席活动。

同日　第二届山东省新材料产业化成果对接会暨新材料产业“双碳”高峰论坛在济南举办。山东省工业和信息化厅副厅长王晓、山东大学副校长易凡出席论坛并致辞。

30日　山东省卫生健康委、山东大学共建山东省公共卫生临床中心、山东省精神卫生中心签约暨“山东大学附属公共卫生临床中心”和“山东大学附属精神卫生中心”揭牌仪式在趵突泉校区举行。山东大学校长樊丽明，山东省卫生健康委党组书记、主任、省中医药管理局局长袭燕，山东省卫生健康委党组成员、副主任张立祥，山东大学副校长、齐鲁医学院院长易凡出席仪式。

本月　国家自然科学基金委公布了2021年国家自然科学基金重大项目评审结果，学校经济学院林平教授牵头申报的“数字经济反垄断理论与政策研究”项目获批资助，资助直接经费1200万元，项目研究周期为5年。该项目实现了学校在国家自然科学基金委员会管理科学部重大项目零的突破。

本月　国家留学基金管理委员会发布了《关于确定2021年国际组织后备人才培养项目资助项目的通知》，经过严格的答辩评审，山东大学外国语学院牵头申报的“山东大学与法语区高校国际组织后备人才联合培养项目”入选，这是山大自2019年申报的“2+3本硕连读法语区国际组织后备人才培养项目”获批立项资助后，再次入选该项目。资助项目执行期为3年（2022～2024年），年度派出规模为6人。

本月　2021医学数据科学大会暨中华预防医学会健康保险专业委员会年会暨国家健康医疗大数据中心（北方）建设成果发布会在济南举行。

（杨洁）

附 录

山东大学 2021 年度统计公报

按照《山东大学信息公开实施办法》《山东大学统计工作管理办法》，现将学校 2021 年度统计公报予以发布。

一、学生

类别		人数
本科生 研究生	本科生	41565
	全日制硕士研究生	17744
	非全日制硕士研究生	4549
	全日制博士研究生	6331
	非全日制博士研究生	6
	小计	70195
成教生	成人本专科生	4081
	网络本专科生	43530
	小计	47611
国际学生	学历教育学生	1379
	非学历教育学生	390
	小计	1769
其他学生	普通预科生	129
总计		119704

二、教职工

类别		人数
在编 教职工	专任教师	4929
	行政人员	1241
	教辅人员	1335
	工勤人员	223
	专职科研人员	604
	其他附设机构人员	102
	小计	8434
校外教师		138
离退休人员		5158
附属中小学幼儿园教职工		190

三、学科与平台基地

类别	个数
博士学位授权一级学科点	44
博士学位授权二级学科点	1
硕士学位授权一级学科点	51
硕士学位授权二级学科点	0
博士后科研流动站	42
国家一流学科 （入选教育部“双一流”学科）	4
省级一流学科 （入选山东省“双一流”学科）	34
国家重点实验室	2
国家工程实验室	2
国家工程研究中心	1
国家工程技术研究中心	3
省部级平台基地	176

四、办学条件

类别		数量
学校占地面积（m^2）		5333550.52
产权校舍建筑面积（m^2）	教学及辅助用房	1278781.41
	行政办公用房	110899.88
	生活用房	983241.84
	教工住宅	883412.79
	其他用房	155818.93
	小计	3412154.85
固定资产总量（万元）		1360693.19
教学科研仪器设备资产（万元）		429334.30
图书（含电子图书）（册）		9278432

注：统计时期为 2020 年 10 月 1 日至 2021 年 9 月 30 日，统计时点为 2021 年 9 月 30 日。

山东大学 2021 年服务师生十件实事

序号	事项名称	完成目标	责任领导	牵头单位	配合单位
1	校本部、威海校区学生公寓改造提升	1. 改善校本部、威海校区 62 栋学生公寓居住条件，包括老旧楼宇整体改造、公寓基础设施条件改善，以及威海校区学生宿舍校园网优化提升。 2. 加强学生公寓文化内涵建设。完成济南校本部 77 栋学生公寓门厅、走廊文化展板建设（包括涵思泉宾馆、金苑宾馆）。	王琪珑 王君松 刘建亚 尹作升	党委学生工作部、后勤保障部、威海校区	校部机关相关单位，相关学院（培养单位）
2	校史馆、科技馆博物馆（青岛）正式开馆	1. 山东大学校史馆兼具校史展览及文化地标属性，按照“打造国内一流、现象级校史馆”的目标，拟于 2021 年 9 月底前建成开馆。 2. 山东大学科技馆全面系统展现建校以来的科技发展史，集中展陈体现“山大第一、山大唯一、山大特色”的科技成果，拟于 2021 年 8 月前建成开馆。 3. 博物馆（青岛）全面完成《百年学府——山东大学校史展》《文韵齐鲁——山东大学文物考古成果展》《笔墨丹青——韩连琪、张维华捐赠书画展》《精致考古——唐仲英基金捐赠项目成果展》布展工作，拟于 2021 年 5 月 18 日正式对师生及社会开放。	韩圣浩 易凡 邢占军 孔令栋	档案馆、科学技术研究院、博物馆	财务部，资产与实验室管理部，基建部，后勤保障部，各相关学院、科研机构
3	威海高新区山大实验学校实现招生	实现威海高新区山大实验学校 2021 年秋季顺利开学，满足符合威海市义务教育入学要求的校区教职工子女的入学需求（小学一年级、初中一年级）。威海高新区山大实验学校 2021 年小学计划招收一年级学生 400 人，共计 10 个班；初中计划招收一年级学生 450 人，共计 10 个班。	王琪珑 刘建亚 尹作升	威海校区基础教育集团	

续表

序号	事项名称	完成目标	责任领导	牵头单位	配合单位
4	校本部校医院就诊条件优化	1. 增设洪家楼校区医疗服务机构，方便师生医务员工就诊。 2. 整体改造千佛山校区校医院，包括发热诊室留观病房的“三区两通道”规范化建设，改善门诊及特检科室就诊环境。	王琪珑	校医院、后勤保障部	人事部，财务部，资产与实验室管理部
5	完成青岛校区体育馆建设	2021 年 10 月完成青岛校区体育馆工程，满足青岛校区师生文体活动需求。	韩圣浩 孔令栋	青岛校区	财务部，资产与实验室管理部，体育学院
6	校本部中心校区体育场馆升级改造	系统维修改造中心校区综合体育馆，切实提升服务保障水平。	王琪珑 王君松	体育学院、后勤保障部	
7	威海校区教工住宅老旧小区改造	对威海校区教工住宅一区进行老旧小区改造，对小区地下管网、绿化、休闲设施等进行全面改造，改善教职工居住生活环境。	刘建亚 尹作升	威海校区	
8	建设完成学院信息化平台	建设学院数据中心，完善教职工与学生的个人数据画像，推进学院服务与事务的“网上办”“掌上办”，构建学生学情服务、教师服务平台将学院资产与实验室管理与学校业务信息系统相衔接，建设学院资产与实验室信息化管理服务平台。	李术才	党委、校长办公室（信息化工作办公室）	各学院，资产与实验室管理部
9	设岗选聘毕业生短期助理	制定专项工作方案，拓展毕业生就业渠道，帮助应届毕业生解决因疫情影响造成的就业困难，引导毕业生“先就业、再择业”。2021 年拟设置短期“三助”岗位 800 个。	吴臻	人事部、学生就业创业指导中心	各二级单位
10	校本部教学科研楼宇、校园环境及设施提升改造	1. 进一步改善教学和科研基本条件。对中心校区董明珠楼、老晶体所楼，千佛山校区教学九号楼一层公共教室、水利楼实施综合改造。为师生营造更加舒适的校园环境。完成中心校区大成广场草坪绿化，稷下广场喷泉维修、人行路面改造，趵突泉校区中心花园西侧绿化和校区通信线缆落地改造项目。 2. 实施直饮水提升工程（二期）。在中心校区、洪家楼校区、趵突泉校区、千佛山校区安装直饮水机共 150 台。	王琪珑	后勤保障部	

各类“委员会”“领导小组”名单

（2021 年新成立或调整）

山东大学财务工作领导小组

组　长：樊丽明

常务副组长：芦延华

副组长：威海校区、青岛校区、齐鲁医学院分管财务工作的校区领导

成　员：党委办公室、校长办公室，工会，人事部（人才工作办公室），学科建设与发展规划部，本科生院，研究生院，科学技术研究院，人文社科研究院，国际事务部，财务部，审计处，资产与实验室管理部，基建部，后勤保障部，合作发展部，服务山东办公室等部门主要负责人；威海校区、青岛校区财务部门主要负责人

山东大学本科招生工作领导小组

组　长：吴　臻

副组长：陈向阳　王君松

成　员：张桂珍　刘传勇

山东大学人事人才工作领导小组

组　长：樊丽明

副组长：陈宏伟　吴　臻

成　员：（按姓氏拼音排序）

陈宏伟　樊丽明　韩圣浩　芦延华　刘建亚　刘　健　曲明军　桑晓旻

王志鹏　吴　臻　朱德建

山东大学120周年校庆筹备工作领导小组

组　长：郭新立　樊丽明

副组长：王琪珑

成　员：张永兵　韩圣浩　芦延华　陈向阳　刘建亚　李术才　王君松　陈宏伟　吴　臻　易　凡　尹作升　桑晓旻　邢占军　朱德建　孔令栋　刘洪渭

山东大学学科建设委员会

主　任：樊丽明

副主任：刘建亚　王学典　彭实戈　李术才　陈子江

委　员：（按姓氏笔画为序）

王　桥　王小云　王传新　王建民　王韶兴　方　辉　邢占军　成秀珍　刘森林　汤亚杰　杜泽逊　肖金明　吴　臻　张承慧　陈　峰　陈玉国　武常岐　苑伟政　易　凡　赵国群　郝京诚　秦亚青　夏利东　黄卫平　黄凯南　曹务春　曹炳阳　鞠建华

山东大学国有资产管理委员会

主　任：樊丽明

副主任：芦延华

委　员：党委办公室、校长办公室，监察处，人事部，科学技术研究院，人文社科研究院，财务部，审计处，资产与实验室管理部、国有资产管理办公室（经营性资产管理办公室），基建部，后勤保障部，博物馆，图书馆，档案馆（校史办）主要负责人；威海校区、青岛校区分管领导

山东大学精神文明建设工作领导小组

组　长：郭新立　樊丽明

副组长：王琪珑　张永兵
成　员：韩圣浩　芦延华　陈向阳　刘建亚　李术才　王君松　陈宏伟　吴　臻
　　　　易　凡　尹作升　桑晓旻　邢占军　朱德建　孔令栋　刘洪渭

及党委办公室、校长办公室，纪委办公室、监察处，督查巡察办公室，党委组织部，党委学生工作部，工会、妇委会，团委，人事部，学科建设与发展规划部，本科生院，研究生院，人文社科研究院，国际事务部，财务部，资产与实验室管理部，公安处，基建部，后勤保障部，离退休工作处，校友工作办公室，学生就业创业指导中心，档案馆（校史办），博物馆，图书馆；威海校区党工委宣传统战部、青岛校区党工委组织宣传统战部、齐鲁医学院党工委综合办公室主要负责人

山东大学威海校区学术委员会

主　任：刘建亚
副主任：肖金明　夏利东
委　员：王守宇　王　丽　申富英　吕广世　刘建亚　杜宗军　李晓峰　肖金明
　　　　吴文新　张　宁　张红军　张景全　张　颖　夏利东　戚桂杰　綦建刚

中共山东大学委员会党的建设工作领导小组

组　长：郭新立　樊丽明
副组长：张永兵　陈向阳　王君松　陈宏伟
成　员：党委办公室、纪委办公室、巡视工作办公室、党委组织部、党委宣传部、党委统战部、党委学生工作部、党委研究生工作部、团委、人事部（人才工作办公室）主要负责人，威海校区、青岛校区、齐鲁医学院党工委书记

聘用相关专业技术职务及岗位人员名单

关于聘任郭武等 72 名同志相应专业技术岗位的通知

山大人字〔2021〕37 号

各有关单位：

根据我校杰出人才和新进人员专业技术职务聘任的有关规定，经学校研究，决定聘任郭武等 72 名同志相应专业技术岗位。聘任名单如下：

教授二级岗：1 人

哲学与社会发展学院：郭武（自 2020 年 11 月起聘）

教授三级岗：4 人

儒学高等研究院：叶涛（自 2020 年 9 月起聘）

历史文化学院：孙立新（自 2021 年 1 月起聘）

文化遗产研究院：姜波（自 2020 年 9 月起聘）

李清泉（自 2021 年 1 月起聘）

教授四级岗：13 人

政治学与公共管理学院：李慧明（自 2021 年 3 月起聘）

马克思主义学院：蒯正明（自 2021 年 1 月起聘）

物理学院：李洋洋（自 2021 年 3 月起聘）

杜晓艳（自 2021 年 3 月起聘）

前沿交叉科学青岛研究院：李海增（自 2021 年 3 月起聘）

高等研究院、数学与交叉科学研究中心、非线性期望前沿科学研究中心：翟帅（自 2021 年 2 月起聘）

新一代半导体材料集成攻关大平台、研究院：唐供宾（自 2021 年 1 月起聘）

软件学院：沈益冉（自 2021 年 2 月起聘）

基础医学院：李文斐（自 2021 年 2 月起聘）

张哲（自 2021 年 1 月起聘）

药学院：董婷（自 2021 年 3 月起聘）

公共卫生学院：赵琦（自 2021 年 1 月起聘）

高等医学研究院：吕海泉（自 2021 年 1 月起聘）

研究员四级岗：19 人

生命科学学院：李双喜（自 2021 年 3 月起聘）

数学学院：王志伟（自 2021 年 4 月起聘）

国家糖工程技术研究中心：王文爽（自 2021 年 3 月起聘）

前沿交叉科学青岛研究院：刘超峰（自 2021 年 3 月起聘）

侯春朝（自 2021 年 5 月起聘）

胡坤（自 2021 年 2 月起聘）

李冰（自 2021 年 1 月起聘）

杜杨洪岳（自 2021 年 4 月起聘）

微生物技术研究院：张正（自 2021 年 1 月起聘）

马洪磊（自 2021 年 4 月起聘）

高等研究院、数学与交叉科学研究中心、非线性期望前沿科学研究中心：彭珍玲（自 2021 年 4 月起聘）

齐鲁交通学院：梁明（自 2021 年 1 月起聘）

信息科学与工程学院：于俊（自 2021 年 3 月起聘）

控制科学与工程学院：王超群（自 2021 年 1 月起聘）

陈填锐（自 2021 年 3 月起聘）

山东大学—南洋理工大学人工智能国际联合研究院：卜令国（自 2021 年 3 月起聘）

基础医学院：吴文贤（自 2021 年 2 月起聘）

临床医学院：韩明志（自 2021 年 3 月起聘）

口腔医学院：马保金（自 2021 年 2 月起聘）

副研究员三级岗：22 人

外国语学院：武震（自 2021 年 4 月起聘）

经济学院：朱鹏华（自 2021 年 3 月起聘）

管理学院：田晓聪（自 2021 年 2 月起聘）

国际创新转化学院：王琳（自 2021 年 3 月起聘）

许可（自 2021 年 2 月起聘）

数学学院：王帅坤（自 2021 年 3 月起聘）

况闻天（自 2021 年 4 月起聘）

国家糖工程技术研究中心：蒋绪恺（自 2021 年 4 月起聘）

前沿交叉科学青岛研究院：阚媛媛（自 2021 年 1 月起聘）

孙振田（自 2021 年 3 月起聘）

海洋研究院：于海庆（自 2021 年 3 月起聘）

吴静（自 2021 年 4 月起聘）

土建与水利学院：刘其方（自 2021 年 1 月起聘）

晶体材料研究院（晶体材料国家重点实验室）：刘宝安（自 2021 年 1 月起聘）

新一代半导体材料集成攻关大平台、研究院：钟宇（自 2021 年 1 月起聘）

崔潆心（自 2021 年 2 月起聘）

控制科学与工程学院：张关关（自 2021 年 3 月起聘）
吴疆（自 2021 年 1 月起聘）
田广野（自 2021 年 3 月起聘）
软件学院：宫永顺（自 2021 年 2 月起聘）
公共卫生学院：李超凡（自 2021 年 1 月起聘）
生殖医学研究中心：刘博洋（自 2021 年 3 月起聘）
助理研究员三级岗：10 人
历史文化学院：武绍卫（自 2021 年 1 月起聘）
艺术学院：韩璐（自 2021 年 4 月起聘）
政治学与公共管理学院：王薪喜（自 2021 年 1 月起聘）
法学院：孙康（自 2021 年 4 月起聘）
田蒙蒙（自 2021 年 4 月起聘）
管理学院：易明（自 2021 年 3 月起聘）
孙晋坤（自 2021 年 1 月起聘）
数学学院：程蕾晓（自 2021 年 4 月起聘）
机械工程学院：张洪浩（自 2021 年 2 月起聘）
张恒（自 2021 年 4 月起聘）
预聘制助理教授三级岗：1 人
计算机科学与技术学院：邹逸飞（自 2021 年 1 月起聘）
编辑三级岗：1 人
新闻传播学院：徐慧（自 2020 年 9 月起聘）
实验师三级岗：1 人
化学与化工学院：张瑾（自 2020 年 9 月起聘）

山东大学
2021 年 5 月 26 日

关于聘任刘晓艺等 533 名同志相应专业技术职务的通知

山大人字〔2022〕4 号

各有关单位：

根据《关于开展 2021 年度专业技术职务聘任工作的通知》（山大人字〔2021〕74 号）等文件精神，经个人申报、单位资格审核推荐、中级评审委员会评审、校外同行专家鉴定、学科评议组评审、公示、学校学术委员会审定等程序，学校研究决定聘任刘晓艺等 533 名同志相应专业技术职务，除特殊情况外聘任时间自 2021 年 9 月算起。聘任名单如下：

一、高等学校教师系列

教授：72 人

文学院：刘晓艺（同级转聘）
外国语学院：韩佶颖、刘洪东（教学型）
艺术学院：王文灏
历史文化学院：唐仲明、邵明华
国际教育学院：王军、刘颖（教学型）
儒学高等研究院：龙圣、郭震旦
经济学院：张伟、王美玲
政治学与公共管理学院：李宏
管理学院：于国栋（青年教师特别评审）
新闻传播学院：邱凌
山东发展研究院：侯麟科
人文社会科学青岛研究院：于京一
生命科学学院：李坤朋
数学学院：徐钊、郑修才（教学型）
物理学院：王磊
化学与化工学院：卢海峰、王兴坡（教学型）
国家胶体材料工程技术研究中心：王挺
中泰证券金融研究院：王汉超（年限破格）、吴盼玉、王法磊（青年教师特别评审）
微生物技术研究院：李爱英、沈煜
国家糖工程技术研究中心：秦玉琪、高健（同级转聘）
材料科学与工程学院：钱钊、贾传宝
机械工程学院：李燕乐、国凯（青年教师特别评审）
能源与动力工程学院：李玉忠、赵红霞
土建与水利学院：武科、张炯
环境科学与工程学院：刘春光
环境研究院：周学华
晶体材料研究院：李妍璐（青年教师特别评审）
齐鲁交通学院：张宏博、周宗青（青年教师特别评审）
岩土与结构工程研究中心：杨磊（年限破格）、孙怀凤（年限破格）
控制科学与工程学院：王静、李可、刘国良、李玮、王炳昌（杰出人才特别评审，自 2022 年 1 月起聘）
信息科学与工程学院：郑来波
光学高等研究中心：李永富
计算机科学与技术学院：彭朝晖
软件学院：张鹏、黎峰（应用技术开发型）

基础医学院：邹永新、张鹏举、杨同卫
临床医学院：陆楠
公共卫生学院：郑学星
护理与康复学院：李明
威海校区：
文化传播学院：周新顺
海洋学院：姜昭阳
空间科学与物理学院：黄正化、姜云国、杜桂强
数学与统计学院：李静
商学院：刘超
机电与信息工程学院：褚兴荣、毕云峰
前沿交叉科学研究院：李佳硕（青年教师特别评审）
主任医师：4 人
临床医学院：颜磊（同级聘任）
口腔医学院：李敏启（同级聘任）、王志峰
生殖医学研究中心：崔琳琳（同级聘任）
副教授：115 人
哲学与社会发展学院：和文臻
易学与中国古代哲学研究中心：董春
文学院：朱家英、丁晋、何瑛
外国语学院：陈萃、张雯、陈登峰（教学型）
艺术学院：王硕、范雅婷、房静
历史文化学院：章军杰、孔勇、孙丽芳、闫静（同级转聘）、蔡静野（教学型）
文化遗产研究院：王华（同级转聘）、李力
儒学高等研究院：李海云
经济学院：刘铠豪
政治学与公共管理学院：俞少宾、李进涛、赵玙佳
法学院：赵恒、郭传凯
管理学院：门成昊（同级转聘）、李奇凤、盛东方
体育学院：孙国晓（同级转聘）、祝曦东（教学型）
马克思主义学院：刘佳、方艳华、田芳、常辉（教学型）
人文社会科学青岛研究院：陈琳
生命科学学院：李燕洁、樊敏（同级转聘）
数学学院：司文
化学与化工学院：陈静（同级转聘）
国家糖工程技术研究中心：刘长城
前沿交叉科学青岛研究院：刘栋（同级转聘）
海洋研究院：齐楠

材料科学与工程学院：王俊、葛建华、王协彬（同级转聘）
机械工程学院：王继来（同级转聘）、陈龙、岳晓明（同级转聘）
能源与动力工程学院：陈岩、徐震（同级转聘）、王涛、王湛
热科学与工程研究中心：任霄汉
土建与水利学院：王好芳、李文娟（教学型）
环境科学与工程学院：徐世平（同级转聘）、武艳（同级转聘）、庄林岚、牛启桂（同级转聘）
岩土与结构工程研究中心：杨洋
控制科学与工程学院：马庆、鲁威志（同级转聘）
信息科学与工程学院：李元（同级转聘）、翟超（同级转聘）、王鹏伟
电气工程学院：王晓龙（同级转聘）、张云鹏、施啸寒、王晓辉（同级转聘）、何东欣
软件学院：鹿旭东
微电子学院：冯先进（同级转聘）、时彦朋（同级转聘）、李玲
基础医学院：吴凤霞（教学型）、郑林娟、刘甜甜、李艳、杨照、周春雪
公共卫生学院：杜磊（同级转聘）、郭欣（同级转聘）、刘淑芳
护理与康复学院：崔乃雪（同级转聘）
药学院：郑义

威海校区：

文化传播学院：梁艳
翻译学院：黄爱、李晓丽
艺术学院：靳雅权、郑岩、尹建宏、章勇
商学院：陈欣、布乃鹏
法学院：冯威、黄兰松
体育教学部：展凯、李博（教学型）
海洋学院：吕新芳、陈浩、李英秀
空间科学与物理学院：刘晨、高凡
数学与统计学院：穆增超、于波、孙午阳
机电与信息工程学院：徐东亮、苏艳蕊、翟强、杨润涛、王侃、程昀、俞军涛、张亮、曲美霞

副主任医师：2 人

口腔医学院：马丽、谷雨

二、思想政治教育系列

教授：2 人

经济研究院：石莹
党委学生工作部、武装部：傅艺娜

副教授：6 人

历史文化学院：李一楠

材料科学与工程学院：董兴

电气工程学院：李功华

管理学院：石岩

马克思主义学院：周明明

威海校区党工委学生工作部：刘凤华

讲师：19 人

外国语学院：张新苑

软件学院：邵一丹

材料科学与工程学院：万云飞

控制科学与工程学院：郭亦玲

电气工程学院：刘欣

基础医学院：李振铭、陶书佳

药学院：周现民

微电子学院：张欣欣

法学院：吕怡然

环境科学与工程学院：王靖鸥

网络空间安全学院（研究院）：魏英凯

微生物技术研究院：张晓涵

威海校区：

党工委学生工作部：谈殷

商学院：尹金龙

法学院：闫玥

海洋学院：佟海燕

机电与信息工程学院：李倩、邹汶洋

三、工程、实验系列

正高级实验师：3 人

化学与化工学院：曹照真

机械工程学院：李建勇

威海校区机电与信息工程学院：王延刚

正高级工程师：1 人

党委办公室、校长办公室：李永在

高级实验师：10 人

材料科学与工程学院：吴东亭

工程训练中心：吴涛

化学与化工学院：刘刚

机械工程学院：任小平
基础医学院：张磊
控制科学与工程学院：张奇
能源与动力工程学院：孙柯
生命科学院：陈冬花
物理学院：孙尚倩
威海校区商学院：鞠传宝

高级工程师：6 人

党委办公室、校长办公室：曹鲁慧、陈琳
基建部：李长峰
青岛校区纪监审办公室：李光宇
齐鲁医院：孟祥彬
岩土与结构工程研究中心：李尧

实验师：28 人

管理学院：马莉莉
马克思主义学院：刘雅囡
文化遗产研究院：孙士美、康海涛
数学学院：赵烜
物理学院：崔清强
化学与化工学院：张娜
微生物技术研究院：隋海燕
生命科学学院：吴盼
前沿交叉科学青岛研究院：谷晓勇
国家糖工程技术研究中心：李银萍、丰贵花
材料科学与工程学院：蒋元宁、王建峰
控制科学与工程学院：林磊同
信息科学与工程学院：张真、张涵
电气工程学院：刘宁宁
软件学院：盛男
基础医学院：张亚楠、孟洁
公共卫生学院：张翠琴、赵宁
药学院：李莉
高等医学研究院：王昊、王立梅
青岛校区资产与实验室管理处：黄强
威海校区机电与信息工程学院：孟令涛

工程师：8 人

党委办公室、校长办公室：刘金硕
资产与实验室管理部、国有资产管理办公室：刘洪颜、王茂鑫

后勤保障部：石宇、陈丹明
青岛校区资产与实验室管理处：费晓妍
威海校区信息化工作办公室：杨浩志、付达

四、教育管理研究系列

研究员：4 人
党务：
党委办公室、校长办公室：王君松
威海校区党工委（校长）办公室：杨玉
行政：
党委办公室、校长办公室：王浩
科学技术研究院：信春雨
副研究员：8 人
党务：
党委办公室、校长办公室：马勇
党委宣传部、党委教师工作部：万广远
党委统战部：马毓轩
行政：
研究生院、党委研究生工作部：孙艳洁
后勤保障部：延宏
合作发展部：王震
继续教育学院：牛朝晖
威海校区教务处：赵辉
助理研究员：58 人
党务：
督查巡察办公室：焦其波、梁辰
党委统战部：刘健文
政治学与公共管理学院：石莹
材料科学与工程学院：任钢毅
计算机科学与技术学院：王君
公共卫生学院：吕景明
齐鲁医院：毕华东
行政：
党委办公室、校长办公室：孟珊珊
党委学生工作部、武装部：李磊、石臻春、王峰
学科建设与发展规划部：李凯一
本科生院：盛琨、隋卫燕、王文菡、傅雅文
科技创新军民融合研究院：赵熙

公安处：杜春兴、谢峰
后勤保障部：孔建军
服务山东办公室：周继强
兴隆山校区和软件园校区管理办公室：孙蓓蓓、王磊、王国明
青岛校区党工委学生工作部：宋继斌
青岛校区资产与实验室管理处：李海洋
威海校区人事处：王亚飞
威海校区学研办：王文思
威海校区科研处：王擎擎
威海校区资产与实验室管理处：林娇艳
齐鲁医学院人事人才办公室：李畅
齐鲁医学院本科教育管理办公室：杨丽霞
外国语学院：王吉奇
艺术学院：徐蔚茹
国际教育学院：王勤、李静、桂新建
儒学高等研究院：刘丽丽
管理学院：傅巧蕾、王佳音
马克思主义学院：李敬微
新闻传播学院：王培
体育学院：刘龙
生命科学学院：徐冬
物理学院：王晓粉
化学与化工学院：季书豫、赵晓荃
海洋研究院：刁俊玉
环境科学与工程学院：王英
环境研究院：王凡凡
齐鲁交通学院：张承昱
威海校区数学与统计学院：刘扬
校医院：史凡晔
第二医院：王亨、王秀银、石真娆、许新

五、图书、档案、文博系列

副研究馆员：2 人
图书馆：肖宏
齐鲁医院：张爱娥
馆员：5 人
博物馆：张乐平
图书馆：王孝飞、王平利、武骁、许文迪

六、出版、编辑系列

编审：1 人
科技期刊社：张彩凤
副编审：1 人
科技期刊社：许力琴

七、会计、审计系列

正高级会计师：1 人
财务部：孙栋
高级会计师：3 人
财务部：张斌、苏立利
齐鲁医院：平海波
会计师：6 人
财务部：朱广阔、毕馨予、刘进、刘密
青岛校区纪监审办公室：王雪梅
威海校区财务处：刘俊

八、中小学教师系列

正高级教师：1 人
附属中学：陈立军
高级教师：3 人
附属中学：赵学东、李洁
后勤保障部：于笑川

九、卫生技术系列

主任医师：31 人
齐鲁医院：江文静、周国钰、张寒冰、王建波、宋立军、张元凯、陈安威、刘金波、姜剑军、王胜军、李伟、杨晓云、于涛、王颖、孟晓、叶静静、郭慧、陈晓梅、王甲莉（同级聘任）
第二医院：王永正、庞昕焱、谢兆宏、王萍、朱正禹、吴梅、张飞雪、张春红、李轶忻、杨保华、窦爱霞、魏峰涛
主任护师：4 人
齐鲁医院：张燕、初剑英、高西美
第二医院：董红
主任技师：2 人
齐鲁医院：王洪春、马现君

研究员（卫生技术）：5 人

齐鲁医院：范玉琛、郭海鹏、许书倩、薛丽、张一

副主任医师：90 人

齐鲁医院：朱婧、纪坤乾、周海、庞佼佼、孟涛、赵汝星、徐铭俊、董兆如、丁祥就、王术芹、王亮、王益华、王媛媛、王潭、尹森、邓林、司立博、邢乃栋、仲伟营、刘传振、刘茂静、刘波、刘娜、刘超、刘媛、孙鹏飞、苏庆波、李大伟、李文明、李文娟、李亮、李萌、李婷婷、杨小凡、杨乐金、杨绍忠、杨晓玫、时丹丹、邱晨、张琳、张露、陈志强、邵琳琳、金敏、郑雯、赵华、赵鹏、赵韶华、胡春晓、秦君、顾伟亭、徐建威、徐新博、高敏、郭永园、黄超、焦广俊、温芝华、颜克强、魏娜、张宁（同级聘任）

第二医院：宋燕、于理想、王军、王海莲、王德巍、刘庆珍、孙文娟、阮正敏、吴琼、宋薇、张宁、张姗姗、张鲁、李爱、杜令倩、肖芳、邵光峰、陈兆生、庞国栋、法良国、金苏芹、赵红艳、赵恒、郝迎涛、徐营营、郭颖、曾凡硕、程超、薛艳

副主任药师：5 人

齐鲁医院：刘 敏、解斐

第二医院：王永杰、韩雷强

校医院：武玉敏

副主任护师：15 人

齐鲁医院：王霞、尹霞、吕孝娜、刘慧、李秋环、杨芳、张温花、战玉芳、姜玫、颜艳

第二医院：毛淑芝、刘爱虹、吴燕、杨海燕、赵延英

副主任技师：10 人

齐鲁医院：李伟、张晓时、赵蕾、阎树昕、蔡美娟、潘宏伟

第二医院：李娟、王芳、姜杨、赵昌盛

副研究员（卫生技术）：2 人

齐鲁医院：薛皓（破格）、黄凯

山东大学

2022 年 1 月 3 日

关于聘任王新春等 722 名同志相应专业技术岗位的通知

山大人字〔2022〕3 号

各有关单位：

根据《关于开展 2021 年度专业技术岗位调整工作的通知》（山大人字〔2021〕75 号）等文件精神，经个人申报、单位审核推荐、各系列专家组评审、公示、学校学术委员会审定等程序，学校研究决定聘任王新春等 722 名同志相应专业技术岗位，除特殊情况外聘任时间自 2021 年 9 月算起。聘任名单如下：

一、教学科研岗位

二级岗：21 人

哲学与社会发展学院：王新春、傅永军

儒学高等研究院：刘培

经济学院：张宏

经济研究院：黄凯南

管理学院：张玉明

体育学院：孙晋海

生命科学学院：向凤宁

数学学院：芮洪兴

国家糖工程技术研究中心：肖敏、凌沛学（杰出人才特别评审）

前沿交叉科学青岛研究院：王萌

材料科学与工程学院：李辉

机械工程学院：刘延俊

环境科学与工程学院：刘汝涛

软件学院：尹义龙

控制科学与工程学院：宋锐（杰出人才特别评审）

基础医学院：赵伟（杰出人才特别评审，自 2022 年 1 月起聘）

生殖医学研究中心：秦莹莹（杰出人才特别评审，自 2022 年 1 月起聘）

高等医学研究院：齐晓朋（杰出人才特别评审，自 2022 年 1 月起聘）

公共卫生学院：李士雪

三级岗：91 人

文学院：凌晨光、孙学堂

历史文化学院：韩吉绍

儒学高等研究院：戚良德、张士闪

经济学院：陈东、任燕燕、钱先航

经济研究院：张卫国
政治学与公共管理学院：张淑兰
法学院：郑智航
管理学院：王益民、路军伟
马克思主义学院：徐国亮
新闻传播学院：谢锡文、刘明洋、王德胜
生命科学学院：周传恩
数学学院：马树萍、吴建良、王明强、张天德（教学型）
物理学院：王春明、孙振东、秦伟
化学与化工学院：朱庆增、杨剑、徐立强、刘鸿志、宋其圣（教学型）
国家糖工程技术研究中心：李福川、迟连利
前沿交叉科学青岛研究院：马连良
微生物技术研究院：徐海、卢雪梅、王霞、高超、侯进
海洋研究院：李沂滨
材料科学与工程学院：张景德、吕宇鹏
机械工程学院：陈颂英、谢宗法、姜兆亮
能源与动力工程学院：赖艳华、董勇
土建与水利学院：田利
环境科学与工程学院：王艳、洪静兰
环境研究院：何茂霞
晶体材料研究院：王新强、刘阳、王朋
齐鲁交通学院：姚占勇
控制科学与工程学院：高瑞、张宪福
信息科学与工程学院：刘兆军、赵佳
计算机科学与技术学院：冯好娣
电气工程学院：李可军、王洪涛
软件学院：杨承磊、许信顺
微电子学院：王卿璞
基础医学院：李景新、韩丽辉
临床医学院：孙书珍、王磊、郑燕平、林祥涛
公共卫生学院：赵秀兰、马伟、凤志慧
口腔医学院：葛少华
护理与康复学院：范秀珍
药学院：郭秀丽
高等医学研究院：张亮然
威海校区：
东北亚学院：苗威、张景全
法学院：王瑞君、门中敬、张乐

商学院：宁光杰
数学与统计学院：齐海涛、张玉森、亓兴勤
海洋学院：杜宗军、李霞
空间科学与物理学院：刘晶、胡绍明
机电与信息工程学院：陈原

五级岗：37 人

外国语学院：张溪、甲鲁海（教学型）
艺术学院：张彤、吕小凤
国际教育学院：李铭起
政治学与公共管理学院：马荣久
体育学院：于永安、陶亦海
马克思主义学院：史婷婷
生命科学学院：徐春晖
数学学院：杜世田、宫献军、叶宏
物理学院：刘凤芹
化学与化工学院：薛庆斌
国家糖工程技术研究中心：靳岚
土建与水利学院：张凤兰（教学型）
控制科学与工程学院：杜春水、刘剑
信息科学与工程学院：马昕
计算机科学与技术学院：栾峻峰（教学型）、梁文革（教学型）
电气工程学院：张黎
软件学院：闫中敏、李新
基础医学院：薛冰
临床医学院：王学禹、孟晓慧
药学院：杜吕佩

威海校区：

商学院：韩国圣
艺术学院：纪维剑、孔繁文
机电与信息工程学院：姜秀娥、宁淑荣、王成优、周强
数学与统计学院：陈明涛

六级岗：91 人

哲学与社会发展学院：荣立武
文学院：刘祖国
外国语学院：蒋颖
艺术学院：董晓丽、刘书好、赵鹏
历史文化学院：宋艳波、屈宁、王建峰、崔华杰
文化遗产研究院：朱磊

国际教育学院：江志全
儒学高等研究院：綦维
经济研究院：苏剑
管理学院：谢京辞
体育学院：田雨、李红军、赵农
马克思主义学院：成伟、陈秀娟
人文社会科学青岛研究院：董修元
生命科学学院：董杜鹃、王美、石秀贞、韩璐
物理学院：李冬梅
化学与化工学院：秦绪平、杜娜、朱烨、翟淑梅
中泰证券金融研究院：杨淑振
数学与交叉科学研究中心：李欣鹏
国家糖工程技术研究中心：刘现伟
微生物技术研究院：王浩鑫
材料科学与工程学院：王素梅
机械工程学院：周咏辉、潘伟、高玉飞、王黎明
能源与动力工程学院：于泽庭、赵希强
热科学与工程研究中心：宋继伟
土建与水利学院：王炳雷
环境科学与工程学院：高明明
环境研究院：徐 菲、王新锋
控制科学与工程学院：王新立
信息科学与工程学院：许宏吉、吴强、张文胜、胡雪元
计算机科学与技术学院：李永明、蔡晓军、辛士庆
电气工程学院：仲慧
软件学院：侯孟波、沈磊
微电子学院：庞智勇
基础医学院：崔敏、汤煜春、刘尚明（教学型）
临床医学院：才晓君
公共卫生学院：陈洁
护理与康复学院：陈 欧
药学院：吴敬德、张颖杰
威海校区：
商学院：王杰、吕岩威、马万里、李燕、王一兵
法学院：许敏兰
翻译学院：梁远
艺术学院：李静、张娅妮、赵鸿、张铁成
海洋学院：穆大帅

机电与信息工程学院：许庆阳、金长龙、郭春生、衣振萍
空间科学与物理学院：许艳、孙珲、刘维新
数学与统计学院：解兵、孙海伟、续焕英
马克思主义学院：闫惠惠、陈宾
体育教学部：张奇

八级岗：15 人

艺术学院：徐恺
历史文化学院：李大伟
国际教育学院：校潇
体育学院：隋红、刘强
机械工程学院：解孝峰
公共卫生学院：汪心婷

威海校区：

商学院：刘丹丹、周晓歌
翻译学院：李淑康
艺术学院：钟晓红
机电与信息工程学院：高翔
马克思主义学院：崔微
体育教学部：姜川、高同进（教学型）

九级岗：24 人

国际教育学院：陈蒙、李昊天
政治学与公共管理学院：金淑霞
体育学院：郝怀霞、孙谦、牛海涛
口腔医学院：于美娇
药学院：郝国祥

威海校区：

商学院：李瑞
法学院：贾景峰、周慧、刘佳
文化与传播学院：李艳娇、蔡象丽
艺术学院：袁莉、范文慈
海洋学院：丁一、于秀霞
机电与信息工程学院：孙祺、刘娟、张德敬、张丽娜、梁莹
数学与统计学院：陈潇

二、思想政治教育岗位

六级岗：5 人

艺术学院：姜楠
物理学院：徐晓霞

化学与化工学院：关勇
环境科学与工程学院：王斌
威海校区法学院：时华忠
八级岗：6 人
控制科学与工程学院：梁瑞涛
临床医学院：付辉
护理与康复学院：沈一桥
政治学与公共管理学院：桑伟林
法学院：邹永厚
威海校区文化传播学院：李丁
九级岗：10 人
经济学院：吕宁
历史文化学院：张伟
数学学院：郑柔澄
材料科学与工程学院：路丽丽
临床医学院：孙钰
护理与康复学院：潘玫杏
儒学高等研究院：王敏
计算机科学与技术学院：李腾龙
威海校区：
机电与信息工程学院：王 瑞
空间科学与物理学院：洪 峰

三、工程、实验岗位

五级岗：6 人
实验技术：
机械工程学院：朱振杰
基础医学院：徐红岩
工程技术：
党委办公室、校长办公室：黄玉
基建部：朱莉
齐鲁医院：魏华刚
产业集团：傅传德
六级岗：19 人
实验技术：
管理学院：张向伟
机械工程学院：刘大志
能源与动力工程学院：平亚明、程菲

电气工程学院：赵振卫
软件学院：何伟
基础医学院：李贵宝、陈融、何秀全
临床医学院：周洪军
口腔医学院：丁伟山
药学院：杨新颖
威海校区机电与信息工程学院：郭荣生
威海校区空间科学与物理学院：冯士伟
工程技术：
党委办公室、校长办公室：于磊磊、张健
基建部：侯岱云
威海校区基建处：金世玉、姚云龙

八级岗：11 人

实验技术：
物理学院：李辉
化学与化工学院：葛斌
计算机科学与技术学院：胡洁萍
基础医学院：吴伟芳
工程训练中心：魏风祥、王立志、李泉
威海校区艺术学院：张纯梅
威海校区海洋学院：刘旭
威海校区机电与信息工程学院：孙蛟
工程技术：
威海校区教务处：姜学思

九级岗：42 人

实验技术：
物理学院：卢鹏、王力海
化学与化工学院：于群、张恒、邓全花、尉云平
生命科学学院：于晓娜
前沿交叉科学青岛研究院：董家宁
海洋研究院：杨庶
材料科学与工程学院：张洁、赵冠琳
能源与动力工程学院：周萍
土建与水利学院：郑英杰
晶体材料研究院：尹延如、孔丽
信息科学与工程学院：鞠芳
计算机科学与技术学院：孙宝玺
控制科学与工程学院：荣海林

电气工程学院：柴亚南
软件学院：万林
微电子学院：徐辉
基础医学院：刘挺、于清水
公共卫生学院：刘文慧、寇蕊蕊
工程训练中心：石雁南、李铭、曹利华
实验动物中心：武传涛
威海校区机电与信息工程学院：李晓坤
威海校区空间科学与物理学院：辛艳青、陈旭
海洋学院：宋萃
工程技术：
党委办公室、校长办公室：展鹏、乔禹、赵科军
审计处：念晓飞
体育学院：邹力平
威海校区资产与实验室管理处：韩凉
威海校区信息化工作办公室：王小群
威海校区后勤管理处：王洪瑞
资本运营有限公司：王松
十一级岗：1 人
资本运营有限公司：葛向东

四、图书、档案、文博岗位

五级岗：2 人
档案馆：李彦英
图书馆：蒋秀丽
六级岗：7 人
档案馆：孙华
图书馆：何虹、陈峥、李修波、欧育新、巩曰亮
威海校区图书馆：师晓青
八级岗：5 人
图书馆：娄家星、姜建国、陈可
数学学院：刘晖
威海校区图书馆：薛鹏
九级岗：30 人
档案馆：田雪华、樊树娟、纪玮
图书馆：郭瑱、廖静、富国瑞、胡芸、赵益梅、赵杰、张同彬、黄虹、周庆新、李莹、赵雷、薛雨、黄东雷、李小洁、冯静、张晓洲、潘星舟、刘婧婧、贾勇

外国语学院：王新会
威海校区图书馆：邹莉莉、宋梅、胡水亮、陶一瑄、杨威、赵洁
第二医院：韩双
十一级岗：1 人
威海校区图书馆：陈乃强

五、出版、编辑岗位

五级岗：1 人
科技期刊社：于善清
六级岗：3 人
科技期刊社：姜百健
《山东大学学报（哲学社会科学版）》编辑部：林舒
齐鲁医院：于莉娟
八级岗：1 人
科技期刊社：相峰
九级岗：2 人
党委宣传部、党委教师工作部：谢婷婷
出版社：徐翔

六、会计、审计岗位

五级岗：2 人
审计处：李倩
齐鲁医院：孙志霞
六级岗：3 人
财务部：刘倩、刘燕
齐鲁医院：艾量
八级岗：3 人
威海校区财务处：朱学芬
生命科学学院：李红宇
齐鲁医院：孙桂菊
九级岗：16 人
财务部：王群、于坤、马玉刚、刘青、李颖、秦欣、王广辉
审计处：黄娟、刘晓晨
威海校区财务处：徐伟、洪佩群
齐鲁医院：郭启秀、冯洁、王慧
第二医院：时艳丽、李秀强
十一级岗：2 人
财务部：王小娜、邢丽君

七、中小学教师岗位

六级岗：11 人

附属中学：周文清、孙绪秀、庄增臣、林存相、原学进、史伟、张延平、郭寅、程飞船、陈亮、徐艳

八级岗：8 人

附属中学：王程晔、孔磊、宁玲、王娜、沈云杰、许兆慧、孟华

后勤保障部：傅军

九级岗：7 人

附属中学：黄晨、夏悦红、崔爱军、杨青、姚璐

后勤保障部：高胜男

威海校区后勤管理处：陈晶

八、卫生技术系列

二级岗：5 人

齐鲁医院：陈允震、季晓平、钟敬泉

第二医院：王伟、鹿庆华

三级岗：15 人

齐鲁医院：于德新、王东海、刘学伍、刘新宇、宋坤、张群业、陈文强、倪石磊、菅向东、程雷、雷大鹏

第二医院：丁印鲁、刘平、来庆国、尚伟

六级岗：48 人

生殖医学研究中心：张浩波

齐鲁医院：王文霞、王立水、王志浩、王涛、王琳、王超、方燕、邢培祥、曲辉、刘广义、刘崇忠、孙宝柱、李玉华、李东亮、李际盛、李晓星、杨建民、杨静、迟令懿、张杨、张凯、陈园园、陈波、苑存忠、郑春燕、姜园园、姜虹、郭玲、董孝媛、董作青、韩利岩

第二医院：王红娟、王迎雪、王欣、刘双德、刘振中、孙殿水、吴洪磊、宋晓翠、罗圣磊、徐少华、徐冬玲、牛瑞

校医院：陈德凤、金翠香、李超、仇岩

八级岗：30 人

齐鲁医院：王立葵、王频、付玲玲、刘兆娥、汤娟、孙丙翠、李英杰、李晓丽、李静、宋晓彬、张玉霞、张媛、张源、欧扬、岳公雷、赵亮、胡鹏、袁桂艳、栗超、柴榕、盛桂梅、崔晶、焦兴爱、靖百谦、鞠成群

第二医院：孙超、李娟、张华楠

校医院：迟元卫、李静

九级岗：112 人

临床医学院：史继红

齐鲁医院：马扬、王乐怡、王华阳、王丽媛、王美建、王冠、王娟、王得翔、韦钊、孔辉、甘煜东、叶翔、史玮、冯静静、邢艺凡、朱淑珍、任敏、刘光璞、刘静、闫涛、孙成玺、孙向阳、孙媛媛、时方圆、吴云鹏、宋宇宁、张文超、张同霞、张国转、张建园、张艳丽、张晶卉、张燕、张鑫、单悌超、屈明明、孟辉、赵丽、赵杰、类振、贾海燕、徐小飞、高存、唐健、桑少伟、黄珊珊、黄晓莉、曹爱红、韩啸

第二医院：王文珂、王风娟、王伟伟、王存福、王季华、王金庆、王敏卿、王琳、王翠红、王骥、丛萍、刘冰天、刘真真、纪庆红、贠灿华、张波、张贺、张振、张蕾、李帅、李青松、李雅琼、李赞华、陈会强、陈超、周晓艳、姜衍凯、赵世春、赵洁、徐英、程静、韩敏、孙晶、陈晨、孙燕、许丽、陈芳、周秉侠、赵丽娟、郭静、卞军平、肖辉、王顺、许宁、辛倩、程广辉、王珏、王鹏、刘江、刘丽媛、张承科、陈晓静、高冬芳、黄淑亚

校医院：石文转、单涛、肖光、王彩静、柴丽娟、栾颖妮、张雅楠、李娜

十一级岗：29 人

第二医院：王敏、王永久、巨媛媛、石孝云、巩方鑫、孙晓丹、孙晓谛、孙浩森、许文、宋慧梳、张伟、张邱婷、张琪、李哲、李琦、李增宪、李鑫、肖俊超、周星辰、洪明、郑苑俊、郑雨竹、姜卉、赵秀梅、赵坤、曾复、甄云龙、张皓、张璐

山东大学

2022 年 1 月 3 日

组织机构与干部任职名单

中共山东大学委员会、校长、副校长

单　位	职　务	姓　名
山东大学	党委书记	郭新立
	党委副书记、校长	樊丽明
	党委常委、常务副校长	王琪珑
	党委副书记	张永兵
	党委常委、副校长	韩圣浩
	党委常委、副校长	芦延华
	党委副书记、纪委书记	陈向阳
	党委常委、副校长	刘建亚
	党委常委、副校长	李术才
	党委副书记	王君松
	党委副书记	陈宏伟
	党委常委、副校长	吴臻
	副校长	易凡

副校级干部、党委常委、校长助理

单　位	职　务	姓　名
山东大学	副校级干部	尹作升
	副校级干部	侯俊平
	党委常委	桑晓旻
	校长助理	邢占军
	校长助理	朱德建

处级领导干部

单　位	职　务	姓　名
党委办公室、校长办公室	主任	王浩
	副主任（兼）	王明良
	副主任（兼）	付岩志
	副主任	类淑毅
	副主任	马勇
	校长秘书（副处级）	陈菡
保密工作办公室	主任	付岩志
	副主任	林萍
	副主任（兼）	赵明晟
	副主任（兼）	林飞
政策研究室	副主任	田磊

续表

单　位	职　务	姓　名
信息化工作办公室	主任（兼）	王浩
	常务副主任	葛连升
	副主任（兼）	陈军
	副主任	李永在
	副主任	林飞
网络信息技术与服务中心	主任	陈军
会议服务中心	主任	王桂林
纪委办公室、监察处、巡视工作办公室	纪委副书记兼纪委办公室主任、监察处处长	刘珂
	纪委副书记兼巡视工作办公室主任	梅强
	监督检查室主任	高山
	纪委办公室副主任	毛永强
	审查调查室主任	王旭锋
	案件管理与审理室主任	朱恪川
	巡视工作办公室副主任	白向忠
	副处级纪检员	朱优县
党委组织部	部长	曲明军
	副部长	赵海
	副部长	王欣
	副处级组织员	江红
	副处级组织员	于超
机关党委	书记（兼）	陈宏伟
	常务副书记	付岩志
	副书记	刘华
党校	校长（兼）	曲明军
	专职副校长	罗建军
	副校长（兼）	桑晓旻
	办公室主任	张海宁

续表

单　位	职　务	姓　名
党委宣传部	部长	桑晓旻
	常务副部长	张青
	副部长	鞠晗
	副部长	孙宜山
融媒体中心	主任（兼）	桑晓旻
	副主任	万广远
	副主任	冯刚
山东大学报社	社长（兼）	桑晓旻
	主编（兼）	冯刚
党委教师工作部	部长（兼）	桑晓旻
	常务副部长	张青
	副部长	张权
党委统战部	部长	秦承涛
	副部长	朱文增
	副部长	马毓轩
党委学生工作部、武装部	部长	周作福
	学工部副部长（兼）	傅艺娜
	学工部副部长	朱伟
	学工部副部长	范蕊
	学工部副部长（兼）	李玉蓉
	武装部副部长	纪荣顺
学生心理健康教育与咨询中心	主任	傅艺娜
学生公寓管理服务中心	主任	曹源
工会、妇委会	工会主席	刘相金
	妇委会主任兼工会副主席	朱桂英
	工会副主席	程翠玉
	工会副主席	徐洪民
团委	书记	姜炳刚
	副书记	翁祥栋
	副书记（挂职）	范金林

续表

单 位	职 务	姓 名
人事部（人才工作办公室）	部长（主任）	刘健
	常务副部长（常务副主任）	郭春晓
	副部长（副主任）	王小平
	副部长（副主任）	李岩
	副部长（副主任）	朱子川
	副部长（副主任）	董斌
学科建设与发展规划部	部长	王志鹏
	副部长	董春杰
	副部长	李晶晶
	副部长（兼）	李泉
	副部长（兼）	田磊
本科生院	院长	崔立真
	副院长（兼）	张树永
	副院长（兼）	王丰晓
	副院长	王立祥
	副院长	姜兆亮
	副院长	高凯
	副院长（兼）	周成超
	教务管理办公室主任	申树欣
教学促进与教师发展中心	主任	张树永
	副主任	王彩霞
泰山学堂	院长	彭实戈
	常务副院长（兼）	吴臻
	专职副院长	刘振美
	副处级辅导员	徐孝刚
本科招生办公室	主任（兼）	崔立真
	副主任	徐延宝

续表

单　位	职　务	姓　名
研究生院、党委研究生工作部	院长（兼）	李术才
	常务副院长、部长	刘国亮
	副院长、副部长	万熠
	副院长、副部长	高弟
	副院长、副部长	郎剑锋
	副院长、副部长（兼）	秦莹莹
综合办公室	主任	孙艳洁
研究生招生办公室	主任	李汝宾
研究生培养办公室	主任	许峰
专业学位教育办公室（在职教育中心）	主任	郑彬
研究生质量保障办公室	主任（兼）	万熠
学位办公室	主任	徐先蓬
研究生教育管理办公室	主任（兼）	高弟
科学技术研究院	院长	周传健
	副院长	张希华
	副院长、苏州研究院常务副院长（兼）	吕明新
	副院长	刘德宝
	副院长（兼）	曹枫林
成果与综合办公室（科技服务中心）	副主任	胡大伟
项目组织办公室	副主任	张玉生
	副主任	刘全芬
学术委员会办公室	副主任	信春雨
国家大学科技园管理办公室	主任	吕明新
	副主任	王立民
科技创新军民融合研究院	院长	刘升贤
	副院长	赵明晟
	副院长（聘）	刘兆军

续表

单　位	职　务	姓　名
人文社科研究院	院长	黄凯南
	副院长	丁培卫
	副院长	王涛
国际事务部（港澳台事务办公室）	部长（主任）	孙凤收
	副部长（兼）	宋春玲
	副主任兼副部长	姬锐
	副部长	朱贵昌
	副部长	姜宏敏
	副部长（兼）	汤煜春
国际学生学者中心	主任	徐志全
国际中文教育办公室	主任（兼）	孙凤收
	副主任	孔梓
财务部	部长	路军伟
	副部长（兼）	王延太
	副部长（兼）	安爽
	副部长（兼）	刘竞虹
	副部长	孙栋
	副部长	张斌
会计服务中心	主任	王延太
招标采购管理中心	主任	安爽
预算绩效管理办公室	主任（兼）	路军伟
	副主任	刘仁芝
审计处	处长	王玉莲
	副处长	王善举
	副处长	张琦
资产与实验室管理部、国有资产管理办公室（经营性资产管理办公室）	部长、主任	刘丕平
	副部长、副主任	刘健
	副部长、副主任	胡美琴
	副部长、副主任	冉栋刚
	副部长、副主任	卢新郁

续表

单 位	职 务	姓 名
公共技术平台管理服务中心	主任（兼）	冉栋刚
公有住房管理服务中心	主任（兼）	卢新郁
公安处	处长	胡长玉
	副处长	栾希新
	副处长	菅维星
	副处长（兼）	董太华
	副处长（兼）	管晓亮
“610”办公室	主任（兼）	胡长玉
	副主任	董太华
校卫队	队长	管晓亮
基建部	部长	张敬明
	副部长兼总工程师	于振国
	副部长	田文宝
后勤保障部	部长、党委书记	殷录民
	党委副书记	巩勇
	副部长	罗司军
	副部长	彭恒军
	总工程师	刘浩
中心校区和洪家楼校区管理办公室	主任	赵元东
趵突泉校区管理办公室	主任	杨汝元
千佛山校区管理办公室	主任	郑延民
饮食管理服务中心	主任	赵龙
交通通讯管理服务中心	主任	王奉合
幼教服务中心	主任	张卫东
房改办公室	主任	殷录民
	副主任	解国
离退休工作处（离退休党委）	处长兼党委书记	郭举修
	副处长兼党委副书记	王景山
	副处长兼党委副书记	邵明石
	副处长兼党委副书记	李学禄

续表

单 位	职 务	姓 名
合作发展部	部长	王飞
	副部长（兼）	杨斌
	副部长	张灵
	副部长	王震
校友工作办公室	主任	杨斌
	副主任	李湘军
学生就业创业指导中心	主任	肖祥
	副主任	李勇
	副主任	王迎春
继续教育学院	党委书记	鲁统超
	院长	陈志军
	副院长	沈翔
	副院长	刘灿伟
兴隆山校区和软件园校区管理办公室	主任	王明山
	副主任	窦志强
	副主任	马岩
辅导员工作研究会与思政培训中心办公室	主任	夏晓虹
	副主任	王海宁
服务山东办公室	主任	井海明
	副主任	陈诚
直属附属单位		
直属单位党委	书记	李红
档案馆	馆长	史永志
	副馆长	楼蔚文
	副馆长	耿德良
校史办	办公室主任（兼）	史永志
	副主任	李彦英
博物馆	馆长	方辉
	副馆长	李慧竹
	副馆长	肖贵田

续表

单　位	职　务	姓　名
科技期刊社	社长	陈斌
	副社长	周英智
	副社长	姜百健
《山东大学学报》（哲学社会科学版）编辑部	主编、主任	魏建
	副主任	赵玉华
图书馆	党委书记	徐关众
	馆长	赵兴胜
	副馆长	姚传义
	副馆长	程蓓
	副馆长	汲言斌
	副馆长	程川生
工程训练中心（机械厂）	党总支书记	高建军
	主任（厂长）	李剑峰
	副主任（副厂长）	刘新
	副主任（副厂长）	齐炳和
	副主任	胡蔓
校医院	院长（兼）	王传新
	执行院长	孟彦
	副院长	田旭
	副院长	李玉
	副院长	姚海燕
	办公室主任	刘宝泉
卫生与健康服务中心（计划生育委员会办公室、爱国卫生运动委员会办公室）	主任	赵增科
出版社	党总支书记	张桂珍
	社长	陈斌
	总编辑	王贻社

续表

单　位	职　务	姓　名
附属中学	党委书记	李玉亮
	校长	赵勇
	常务副校长	庄晓迎
	党委副书记	申桂华
	副校长	陈立军
	副校长	王继萍
	副校长	刘成军
山东山大资本运营公司党委	党委书记	崇学文
	党委副书记	刘永新
科研机构		
晶体材料研究院	党委书记	曲刚
	常务副院长	于浩海
	党委副书记	赵希波
	副院长	孙洵
	副院长	王泽岩
晶体材料国家重点实验室	名誉主任（聘）	薛其坤
	主任（聘）	易凡
	常务副主任（聘）	于浩海
	副主任（聘）	赵国群
	副主任（聘）	陈峰
	副主任（聘）	郝京诚
	副主任（聘）	宋爱民
	副主任（聘）	孙洵
	主任助理（聘）	王泽岩
	主任助理（聘）	贾志泰
	办公室主任（聘）	蒋宛莉
新一代半导体材料集成攻关大平台	党总支书记	曲刚
	主任（聘）	徐现刚
	副主任（聘）	贾志泰
	副主任	王焕杨

续表

单　位	职　务	姓　名
经济研究院	院长	黄少安
	副院长	韦倩
	副院长	孙涛
	副处级辅导员	石莹
儒学高等研究院	党委书记	李平生
	执行院长（聘）	王学典
	党委副书记	李鹏程
	副院长（聘）	颜炳罡
	副院长（聘）	王加华
	副院长（聘）	徐庆文
	副院长（聘）	王震
《文史哲》编辑部	主编兼主任	王学典
	英文版编辑部主任兼副主任、副主编	李扬眉
金融研究院	院长（聘）	陈增敬
	常务副院长（聘）	嵇少林
	副院长（聘）	贾广岩
	副院长（聘）	石玉峰
	副院长（聘）	李健
数据科学研究院	名誉院长（聘）	汤涛
	院长（聘）	刘建亚
	副院长（聘）	王光辉
	副院长（聘）	薛付忠
	副院长（聘）	刘斌
	副院长（聘）	郭亮
	副院长（聘）	王芳
高等技术研究院	副院长（聘）	孙锲

续表

单 位	职 务	姓 名
哲学与社会发展学院	学院党委书记	郑倩
	党委副书记、院长	刘森林
	党委副书记	阚铮
	党委副书记	李永卫
	副院长	王华平
	副院长	陈坚
	副院长	程胜利
	副院长	付立华
	副处级组织员	何立光
经济学院	党委书记	王秀丽
	党委副书记、院长	曹廷求
	副院长	石绍宾
	党委副书记	林竹
	副院长	孙淑琴
	副院长	王哲伟
	党委副书记	李良杰
	正处级辅导员	李维林
	副处级组织员	马燕
文学院	党委书记	张帅
	党委副书记、院长	杜泽逊
	副院长	李剑锋
	党委副书记	王萌
	副院长	黄发有
	副院长	程相占
	副院长	马兵
	正处级辅导员	刘志业
	副处级组织员	沈文

续表

单　位	职　务	姓　名
外国语学院	党委书记、院长	王俊菊
	党委常务副书记	薛佩军
	副院长（兼）	申富英
	副院长	李建刚
	副院长	崔校平
	党委副书记	王海华
	副院长	马文
	副院长	刘洪东
	党委副书记	魏鲁鸿
	正处级辅导员	曾志英
	副处级组织员	周俊基
艺术学院	党委书记	李晓峰
	院长	安宁
	党委常务副书记	李雨嘉
	党委副书记	姜楠
	副院长	姚榕华
	副院长	王文灏
	副院长	孔南
	副处级组织员	孙亚娣
历史文化学院	党委书记	刘军
	党委副书记、院长	方辉
	副院长	刘家峰
	副院长	王芬
	党委副书记	张伟
	副院长	代国玺
	副处级组织员	薛辰兵
	副处级辅导员	李一楠
文化遗产研究院	副院长	孙强

续表

单 位	职 务	姓 名
数学学院	党委书记	王光辉
	院长	陈增敬
	党委副书记	王苗雨
	副院长	芮洪兴
	副院长	胡锡俊
	党委副书记	路云生
	副院长	赵立璐
	副处级组织员	崔玉红
	副处级组织员	赵伟
物理学院	党委书记	郁鹏
	院长	陈峰
	党委副书记	徐晓霞
	副院长	司宗国
	副院长	赵明文
	副院长	赵明磊
	党委副书记	辛莹
	副院长（聘）	郝晓涛
	正处级辅导员	张倩
	副处级组织员	于新好
化学与化工学院	党委书记	侯兴合
	党委副书记、院长	郝京诚
	党委副书记	关勇
	副院长	陈代荣
	党委副书记	孙国翠
	副院长	贾春江
	副院长	占金华
	副院长	刘磊
	正处级辅导员	刘红
	副处级组织员	彭彤

续表

单　位	职　务	姓　名
软件学院	党委书记	仇道滨
	党委副书记、院长	崔立真
	党委副书记	吕刚
	党委副书记	吴天柱
	副院长	许信顺
	副院长	刘士军
	副院长	刘卫国
	副院长	周元峰
	正处级组织员	潘国栋
材料科学与工程学院	党委书记、院长	赵国群
	常务副院长	吕宇鹏
	党委常务副书记	罗超
	党委副书记	董兴
	副院长	李辉
	副院长	管延锦
	副院长	毕见强
	副院长	张存生
	副处级组织员	张力勇
机械工程学院	党委书记	刘杰
	常务副院长	万熠
	党委副书记	吕伟
	副院长	贾存栋
	党委副书记	刘玥
	副院长	姚鹏
	副院长	宋清华
	副院长	朱洪涛

续表

单 位	职 务	姓 名
控制科学与工程学院	党委书记	高瑞
	党委副书记、院长	张承慧
	常务副院长	常发亮
	党委副书记	吴晓晴
	副院长	朱文兴
	副院长	宋锐
	副院长	孙波
	副院长	王光臣
	副处级组织员	管延新
能源与动力工程学院	党委书记	辛公明
	院长	刘林华
	党委副书记	滕玉军
	党委副书记	任伟
	副院长	王文龙
	副院长	韩奎华
	副院长	白书战
	正处级辅导员	徐波
电气工程学院	党委书记	刘相宜
	常务副院长	张恒旭
	党委副书记	宋思利
	副院长	丁磊
	副院长	李清泉
	副院长	杨明
	党委副书记	李功华
	副处级组织员	薛辉

续表

单　位	职　务	姓　名
土建与水利学院	党委书记	胡岩
	党委副书记、院长	张庆松
	党委副书记	张强
	党委副书记	辛帅
	副院长	张强勇
	副院长	王培军
	副院长	崔新壮
	副院长	韩勃
	副处级组织员	范方
管理学院	党委书记	吉小青
	院长（聘）	武常岐
	副院长	卞江
	副院长	王益民
	党委副书记	石岩
	副院长	孟庆春
	党委副书记	周琳
	正处级辅导员	石清云
体育学院	党委书记、院长	孙晋海
	党委常务副书记	郭学庆
	党委副书记	周庆华
	副院长	石振国
	副院长	王飞
	副院长	王先亮
	正处级组织员	任若强
马克思主义学院	党委书记	马晓琳
	党委副书记、院长	张士海
	副院长	周金龙
	副院长	黄广友
	党委副书记	周明明
	副院长	郑敬斌
	副处级组织员	齐子萍

续表

单 位	职 务	姓 名
国际教育学院	党委书记	徐希锋
	党委副书记、院长	马晓乐
	党委副书记	王璐璐
	副院长	王尧美
	副院长	王彦伟
	副院长（兼）	孔梓
微电子学院	党委书记	王卿璞
	执行院长（聘）	宋爱民
	常务副院长（聘）	林兆军
	党委副书记	卢士涌
	副院长（聘）	王永
新闻传播学院	党委书记	王德胜
	院长（聘）	吕芃
	常务副院长	刘明洋
	党委副书记	王丽君
	副院长	倪万
	副院长	邱凌
	副处级组织员	王智洁
齐鲁交通学院	名誉院长（聘）	聂建国
	院长（聘）	李术才
	党委书记	刘健
	党委副书记	孙玉玲
	副院长（聘）	李利平
	副院长（聘）	葛智
	副院长（聘）	杨为民
	副院长（聘）	孙法合
	副处级组织员	曾斌

续表

单　位	职　务	姓　名
威海校区		
校区领导	校长（兼）	刘建亚
	党工委书记	尹作升
	副校长	赵玉璞
	党工委副书记	李振奎
	党工委副书记、纪工委书记	杜言敏
	副校长	刘海
	党工委副书记	周慧如
	副校长	夏利东
	副校长	肖金明
党工委（校长）办公室	主任	杨玉
	副主任	顾炜
	副主任	李松
党工委组织部、机关党委	部长、书记	张文玺
	副部长、副书记	梁奉军
党工委宣传统战部（教师工作办公室）、工会（妇委会）	部长、主任	姜强
	副部长、副主任兼工会主席、妇委会主任	朱桂华
	副部长、副主任	魏斌
党工委学生工作部（学生工作处、武装部）、团工委	部长、处长	王景瑞
	副部长、副处长	孙丽霞
	副部长、副处长	孔雷
	副部长、副处长兼团工委书记	李彤彤
	副处级辅导员	于和利
纪监审办公室	纪工委副书记、主任	周大白
	副主任	薛施贞
人事处、离退休工作办公室（离退休党委）	处长、主任、书记	黄建军
	副处长、副主任	葛彩云
	副处长、副主任	吕兆生
教务处	处长	王湘云
	副处长	赵辉
	副处长	宋嵩

续表

单　位	职　务	姓　名
学科建设与研究生教育办公室	主任	吴丙新
	副主任	陈昌珠
科研处	处长	高军
	副处长	吴玉阁
财务处	处长	于燕臣
	副处长	牛光辉
国际合作与交流处（港澳台事务办公室）	处长（主任）	孔海燕
	副处长	孟凡波
校地合作与校友工作办公室	副主任	刘晓军
基建处	处长	王祖杰
	副处长	张珂
信息化工作办公室	主任	王亮
	副主任	王伟
图书馆（图书馆直属党支部）	馆长、书记	谢穗芬
	副馆长	左峰
	副馆长	王学福
资产与实验室管理处	处长	王福安
	副处长	宋玉厚
后勤管理处（后勤管理处党总支）	处长、党总支书记	徐健
	副处长	佟强
	副处长	刘会刚
保卫处	处长	林朝旭
	副处长	王绍林
继续教育学院	副院长	贾鹏
国际教育学院	院长	蒋保臣
	副院长	张正武
	正处级组织员	杨金才
山东大学威海前沿交叉科学研究院	副院长	吕健

续表

单　位	职　务	姓　名
东北亚学院	院长（兼）	赵玉璞
	党委书记	谷丽霞
	党委副书记	陈昕
	副院长	张景全
	副院长	郑冬梅
	正处级组织员	张秉江
商学院	党委书记	袁相万
	党委副书记、院长	戚桂杰
	党委副书记	郭晓妮
	党委副书记	韩鲁青
	副院长	杨林
	副院长	夏辉
	副院长	刘超
	副院长	陈学胜
	正处级组织员	韩延伟
	副处级组织员	井海波
法学院（威海）	党委书记	汪全胜
	党委副书记、院长	肖金明
	副院长	姜世波
	副院长	刘军
	党委副书记	侯丽娜
	副院长	门中敬
文化传播学院	党委书记	于培丽
	党委副书记、院长	张红军
	副院长	管恩森
	党委副书记	周玉宏
	副院长	周新顺
	副院长	尹海良

续表

单　位	职　务	姓　名
翻译学院	党委书记	栗庆冬
	党委副书记、院长	申富英
	党委副书记	常伟东
	副院长	李万军
	副院长	李克
	副院长	梁远
	副院长	崔英
	正处级组织员	王迎宾
艺术学院（威海）	党委书记	李恒江
	院长（兼）	李晓峰
	副院长	张剑
	党委副书记	宗文婷
	副院长	纪维剑
	副院长	赵鸿
海洋学院	党委书记	孙文范
	院长（聘）	贾磊
	常务副院长（聘）	梁振林
	副院长	杜宗军
	副院长	李霞
	副院长	葛长字
	党委副书记	牛志强
机电与信息工程学院	党委书记	彭兆强
	党委副书记、常务副院长	王丽
	党委副书记	单登科
	副院长	刘若伦
	党委副书记	高佚婧
	副院长	陈原
	副院长	姜斌
	副院长	宋凯凯
	副院长	郭春生
	正处级组织员	辛洪云
	正处级组织员	叶军堂

续表

单　位	职　务	姓　名
空间科学与物理学院	党委书记	迟涛
	常务副院长	王守宇
	副院长	陈耀
	党委副书记	李冶
	副院长	胡绍明
	副院长	吕英波
	副处级组织员	贾慧卿
空间科学研究院	行政副院长	杜猛
数学与统计学院	党委书记	于振涛
	院长（聘）	张益唐
	党委副书记、常务副院长	綦建刚
	副院长	李娟
	副院长	齐海涛
	党委副书记	王鹏飞
	副院长（聘）	郭亮
马克思主义学院（威海）	党委书记	郝书翠
	党委副书记、院长 马克思主义学院副院长（兼）	吴文新
	副院长	马秋丽
	副院长（聘）	焦佩
	正处级组织员	李洋修
体育教学部	直属党支部书记（兼）	周慧如
	主任	孙晋海
	副主任	王友坤
山东大学澳国立联合理学院	院长（兼）	刘建亚
	党委书记	单丙波
	执行院长	吕广世
	党委副书记	范其学
	副处级组织员	姜胤

续表

单　位	职　务	姓　名
青岛校区		
校区领导	校长（兼）	韩圣浩
	党工委书记	孔令栋
	常务副校长	韩建新
	副校长	韩明涛
	党工委副书记、纪工委书记	郭培良
	党工委副书记	郭邦礼
	副校长	曹现强
	副校长	汤亚杰
党工委（校长）办公室	主任	宋作标
	副主任	朱继磊
	副主任	张剑
党工委组织宣传统战部（机关党委）	部长（书记）	张海波
	副部长（副书记）	杜亮
党工委学生工作部（学生工作处、武装部）	部（处）长	刘琰
	副部（处）长	李海燕
纪监审办公室	常务副主任	史正勇
人事处	处长（兼）	刘健
	副处长	杜林
财务处	处长	刘竞虹
	副处长	何维兴
科研处	处长	张荣林
	副处长	王衍章
本科教育办公室（公共教学管理服务中心）	常务副主任	王丰晓
	主任（聘）	刘保东
	副主任	王建立
学科建设与研究生教育办公室	常务副主任	屠长河
国际事务办公室	常务副主任	宋春玲
资产与实验室管理处	处长	霍新喜
	副处长(聘)兼公共(创新)实验教学中心主任	王洪君

续表

单　位	职　务	姓　名
条件保障处	处长	苏保玲
	副处长	郭晓东
基建处	处长	薛建斌
保卫处	处长	李修荣
政治学与公共管理学院	党委书记	盖玉强
	院长（聘）	贝淡宁
	常务副院长	曹现强
	副院长	马奔
	副院长	刘昌明
	副院长	李济时
	副院长	孔新峰
	党委副书记	桑伟林
	党委副书记	石莹
	正处级辅导员	彭展
法学院	党委书记	于向明
	党委副书记、院长	周长军
	党委副书记	董雪梅
	副院长	张海燕
	副院长	李忠夏
	党委副书记	邹永厚
	副院长	郑智航
	副院长	满洪杰
	正处级辅导员	齐向东
	副处级组织员	江小荃

续表

单　位	职　务	姓　名
信息科学与工程学院	党委书记	张东升
	院长（聘）	黄卫平
	常务副院长	李德春
	副院长	刘琚
	党委副书记	宫相栋
	党委副书记	李鸿娟
	副院长	刘兆军
	副院长	赵佳
	副院长（聘）	陈杰智
	副处级组织员	马桂兰
计算机科学与技术学院	党委书记	贾智平
	院长（聘）	成秀珍
	党委副书记	张四化
	副院长	彭朝晖
	副院长（聘）	郭炅
	副院长	于东晓
	副院长	陈竹敏
	正处级辅导员	贺平
生命科学学院	党委书记	王纪磊
	院长（聘）	谭保才
	副院长	郭卫华
	副院长	刘相国
	副院长	张伟
	副院长	周传恩
	党委副书记	李娟
	党委副书记	张攀攀

续表

单　位	职　务	姓　名
环境科学与工程学院	党委书记	王曙光
	院长（聘）	景传勇
	党委副书记	王斌
	副院长	李玉江
	副院长	袁宪正
	副院长	胡振
	副处级组织员	宋红明
	副处级组织员	蒲业虹
国际创新转化学院	名誉院长（聘）	初大平
	院长（聘）	陈志军
	副院长（聘）	乔岳
	副院长（聘）	邢建平
网络空间安全学院（研究院）	党委书记	王宪华
	院长（聘）	王小云
	常务副院长（聘）	王美琴
	副院长	郭山清
	副院长	魏普文
	党委副书记	顾乃静
海洋研究院	党委书记	张振山
环境研究院	院长（聘）	张庆竹
	副院长（聘）	薛丽坤
微生物技术研究院（微生物技术国家重点实验室）	党委书记	林建群
	院长（聘）	张友明
	常务副院长（常务副主任）（聘）	李盛英
	党委副书记	韩春岫
	副院长（聘）	祁庆生
	副院长（聘）	王禄山
	副院长（聘）	胡玮
	副院长（聘）	王海龙

续表

单　位	职　务	姓　名
国家糖工程技术研究中心	主任（聘）	凌沛学
	副主任	肖敏
	副主任	谭海宁
前沿交叉科学青岛研究院	院长（聘）	韩圣浩
	党委书记	赵罡
	党委副书记	张杨
	副院长（聘）	黄性涛
	副院长（聘）	邓伟桥
人文社会科学青岛研究院	直属党支部书记兼副院长	张荣林
	院长	方雷
数学与交叉科学研究中心	主任（聘）	彭实戈
	常务副主任	赵永新
	副主任（聘）	陈增敬
	副主任（聘）	栾贻会
齐鲁医学院		
齐鲁医学院	院长（兼）	易凡
	党工委书记	刘洪渭
	常务副院长	曲波
	副院长	马春红
	副院长	刘奇迹
	副院长（兼）	纪春岩
	副院长（兼）	赵小刚
综合办公室	主任	王明良
	副主任	蔡清香
	副主任	方珺
	副处级组织员	王言法
本科教育管理办公室	主任	牟道玉
	副主任	李玉蓉
	副主任	周成超

续表

单　位	职　务	姓　名
研究生教育管理办公室、学科与发展规划办公室	主任	秦莹莹
	副主任	李泉
	副主任	孙钰
	副主任	王琳琳
人事人才办公室	副主任	李岩
	副主任	黄涛
科研与国际交流办公室	主任	曹枫林
	副主任	王振光
	副主任	汤煜春
实验动物中心	主任（聘）	高飞
基础医学院	党委书记	赵福昌
	党委副书记、院长	高成江
	副院长	高鹏
	党委副书记	马宏峰
	党委副书记	张乃亭
	副院长	邹永新
	副院长（聘）	于晓
	副处级辅导员	刘明利
	副处级组织员	张爱国
临床医学院	党委书记	牟道玉
	院长（聘）	王欣
	副院长	马金耀
	党委副书记	孙钰
	副院长	王立祥
公共卫生学院	党委书记	姜文丽
	常务副院长	孙强
	党委副书记	李松涛
	副院长	马伟
	副院长	席波
	副院长	温红玲
	副处级组织员	侯淑军

续表

单　位	职　务	姓　名
口腔医学院（口腔医院）	党委书记	吕波
	党委副书记、院长	葛少华
	党委副书记	齐山华
	党委副书记、纪委书记	陈国军
	党委副书记	吕光平
	副院长	孙钦峰
	副院长	熊世江
	副院长	宋晖
	副院长	郭杰
	副处级组织员	张海燕
护理与康复学院	党委书记	王晓林
	院长	王克芳
	党委副书记	艾斌
	副院长	厉萍
	副院长	李静
	副院长（聘）	岳寿伟
	副院长（聘）	曹英娟
	副院长（聘）	周庆博
	副处级组织员	鲍红
药学院	党委书记	王秋生
	院长（聘）	鞠建华
	常务副院长	方浩
	党委副书记	张慧
	党委副书记	王巍巍
	副院长	李敏勇
	副院长	王小宁
	副院长	沈涛
	副处级组织员	张春河

续表

单　位	职　务	姓　名
高等医学研究院	常务副院长（聘）	孙金鹏
	副院长（聘）	彭军
	副院长（聘）	刘招舰
	副院长（聘）	高飞
附属医院		
齐鲁医院	党委书记	侯俊平
	党委副书记、院长	陈玉国
	党委副书记	苏华
	总会计师	刘庆
	党委副书记	林亚杰
	副院长	纪春岩
	党委副书记、纪委书记	陈莹颖
	副院长	焉传祝
	副院长	程玉峰
	副院长	田辉
	党委副书记	王炳学
	副院长	韩辉
	副院长	徐峰
	党委办公室主任	高飞
	监察处纪委副书记兼监察处处长	葛楠
	党委组织部部长	张欣平
	党委宣传统战部部长	李宁
	学生工作处处长	孔令杰
	工会主席	高莉
	内科党总支书记	张桂兰
	外科党总支书记	闫琰
	妇儿神党总支书记	安丰玲
	五官肿瘤党总支书记	赵欣
	门诊党总支书记	于莉娟
	后勤党总支书记	陈浩

续表

单 位	职 务	姓 名
齐鲁医院	离退休职工服务中心主任	李勇
	院长办公室主任	连雪洪
	人事处处长	徐峰
	医务处处长	韩辉
	教育处处长	吕明
	科研处处长	杨晓云
	国际合作交流处处长	陈腾
	医院感染管理处处长	栾晓嵘
	法规事务处处长	郭刚
	门诊部主任	董来东
	护理部主任	曹英娟
	医师培训处处长	赵栋修
	计划财务处处长	艾量
	审计处处长	孙志霞
	国有资产管理处处长	费剑春
	供应处处长	王新宇
	保卫处处长	李超
	基建处处长	孟祥彬
	后勤保障处处长	曹雁南
	信息网络中心主任	张辉
	医疗保险管理办公室主任	姜子霞
	东院区综合管理办公室主任	耿磊
	保健办公室主任	张东
第一临床学院	党委书记	侯俊平
	党委副书记、院长	陈玉国
	党委副书记	王炳学
	副院长	徐峰
	教育处处长	吕明
	医师培训处处长	赵栋修
	学生工作处处长	孔令杰

续表

单　位	职　务	姓　名
第二医院	党委书记	柳丽华
	党委副书记、院长	王传新
	党委副书记	孔令华
	党委副书记、纪委书记	吕军
	副院长	赵小刚
	副院长	贾红英
	党委副书记、副院长	马宏峰
	党委副书记	孙永国
	副院长	余之刚
	总会计师	李彤冰
第二临床学院	党委书记	柳丽华
	院长	王传新
	党委副书记、副院长	马宏峰
专项工作、挂职外派等干部		
龙山校区（创新港）建设办公室	主任	李旭新
	副主任	周加强
	副主任	李延成
	副主任	闫忠明
	副主任	李传海
	副主任	王波
校庆筹备工作办公室	常务副主任	史永志
	副主任	靳光华
山东大学	校务委员会副主任、文化委员会主任	曹宪忠
齐鲁医学院	党工委副书记、纪工委书记	陈鑫
药学院	副处级组织员	徐文忠
纪委办公室、监察处、巡视工作办公室	副处级纪检员	宋尧玉
后勤保障部	副部长（挂职）	姜令嘉
深圳研究院	常务副院长、合作发展部副部长（兼）	王明星
兴隆山校区和软件园校区管理办公室	副主任（挂职）	陈广奕

山东大学 2021 年分省区市科类专业成绩统计

山东大学 2021 年分省区市[①]科类专业成绩统计（济南和青岛校区）（单位：人，分）

省区市代码	省（区、市）	科类	专业名称	统计类型	录取人数	控制线	最低分	最高分	平均分
11	北京	综合改革	工商管理类	高水平运动队	1	513	537	537	537
11	北京	综合改革	外国语言文学类	民委专项	1	513	589	589	589
11	北京	综合改革	材料类	民委专项	1	513	590	590	590
11	北京	综合改革	经济学类	普通类	4	513	633	636	635
11	北京	综合改革	法学类	普通类	2	513	631	631	631
11	北京	综合改革	中国语言文学类	普通类	2	513	647	650	648.5
11	北京	综合改革	新闻传播学类	普通类	2	513	631	631	631
11	北京	综合改革	外国语言文学类	普通类	2	513	636	643	639.5
11	北京	综合改革	数学类	普通类	2	513	638	647	642.5
11	北京	综合改革	物理学类	普通类	2	513	635	638	636.5
11	北京	综合改革	电子信息类（通信电子与光电方向）	普通类	2	513	629	630	629.5
11	北京	综合改革	计算机类（计算机与智能方向）	普通类	2	513	636	638	637
11	北京	综合改革	生物科学类	普通类	2	513	626	630	628
11	北京	综合改革	材料类	普通类	1	513	629	629	629
11	北京	综合改革	自动化类	普通类	5	513	628	630	629.4
11	北京	综合改革	智能医学工程	普通类	2	513	629	631	630
11	北京	综合改革	电气工程及其自动化	普通类	2	513	635	638	636.5

① 包括港澳台地区。

续表

省区市代码	省（区、市）	科类	专业名称	统计类型	录取人数	控制线	最低分	最高分	平均分
11	北京	综合改革	环境科学与工程类	普通类	2	513	624	624	624
11	北京	综合改革	临床医学（五年制）	普通类	2	513	622	625	623.5
11	北京	综合改革	工商管理类	普通类	2	513	632	632	632
11	北京	综合改革	计算机类（软件数媒与大数据方向）	普通类	5	513	632	641	635.4
11	北京	综合改革	电子信息类（微电子与电路集成方向）	普通类	2	513	631	634	632.5
11	北京	综合改革	网络空间安全	普通类	2	513	630	630	630
11	北京	综合改革	哲学	强基计划	1	513	588	588	588
11	北京	综合改革	历史学	强基计划	1	513	613	613	613
11	北京	综合改革	数学与应用数学	强基计划	1	513	625	625	625
11	北京	综合改革	化学	强基计划	1	513	612	612	612
11	北京	综合改革	马克思主义理论	提前批	3	513	620	623	622
12	天津	综合改革	社会学类	普通类	2	579	661	662	661.5
12	天津	综合改革	经济学类	普通类	4	579	662	670	665.75
12	天津	综合改革	法学类	普通类	2	579	667	668	667.5
12	天津	综合改革	中国语言文学类	普通类	2	579	668	674	671
12	天津	综合改革	新闻传播学类	普通类	2	579	664	665	664.5
12	天津	综合改革	外国语言文学类	普通类	3	579	660	662	661
12	天津	综合改革	数学类	普通类	2	579	661	663	662
12	天津	综合改革	物理学类	普通类	2	579	656	657	656.5
12	天津	综合改革	化学类	普通类	4	579	653	656	654.5
12	天津	综合改革	电子信息类（通信电子与光电方向）	普通类	3	579	658	663	660
12	天津	综合改革	计算机类（计算机与智能方向）	普通类	4	579	663	668	664.25
12	天津	综合改革	生物科学类	普通类	2	579	656	657	656.5
12	天津	综合改革	材料类	普通类	2	579	656	656	656
12	天津	综合改革	机械类	普通类	3	579	656	657	656.33
12	天津	综合改革	自动化类	普通类	3	579	656	658	657

续表

省区市代码	省（区、市）	科类	专业名称	统计类型	录取人数	控制线	最低分	最高分	平均分
12	天津	综合改革	能源动力类	普通类	2	579	656	656	656
12	天津	综合改革	电气工程及其自动化	普通类	3	579	664	672	667.33
12	天津	综合改革	药学类	普通类	2	579	657	657	657
12	天津	综合改革	工商管理类	普通类	4	579	660	666	663.25
12	天津	综合改革	计算机类（软件数媒与大数据方向）	普通类	6	579	658	662	660
12	天津	综合改革	电子信息类（微电子与电路集成方向）	普通类	2	579	657	657	657
12	天津	综合改革	生物医学科学	普通类	2	579	655	658	656.5
12	天津	综合改革	网络空间安全	普通类	3	579	660	661	660.67
12	天津	综合改革	数学与应用数学	强基计划	1	579	669	669	669
12	天津	综合改革	物理学	强基计划	1	579	655	655	655
12	天津	综合改革	生物科学	强基计划	1	579	647	647	647
13	河北	物理类	物理学类	高校专项	1	498	632	632	632
13	河北	物理类	电子信息类（通信电子与光电方向）	高校专项	2	498	620	622	621
13	河北	物理类	计算机类（计算机与智能方向）	高校专项	2	498	625	626	625.5
13	河北	物理类	生物科学类	高校专项	1	498	618	618	618
13	河北	物理类	机械类	高校专项	1	498	626	626	626
13	河北	物理类	自动化类	高校专项	1	498	619	619	619
13	河北	物理类	土木类	高校专项	1	498	617	617	617
13	河北	物理类	临床医学（五年制）	高校专项	1	498	623	623	623
13	河北	物理类	管理科学与工程类	高校专项	1	498	618	618	618
13	河北	物理类	电子信息类（通信电子与光电方向）	国家专项	1	498	627	627	627
13	河北	物理类	自动化类	国家专项	1	498	629	629	629
13	河北	物理类	临床医学（五年制）	国家专项	2	498	627	629	628
13	河北	物理类	管理科学与工程类	国家专项	1	498	621	621	621
13	河北	物理类	经济学类	普通类	4	498	633	636	634.5
13	河北	物理类	法学类	普通类	3	498	633	634	633.33

续表

省区市代码	省（区、市）	科类	专业名称	统计类型	录取人数	控制线	最低分	最高分	平均分
13	河北	物理类	数学类	普通类	5	498	638	647	640.4
13	河北	物理类	物理学类	普通类	4	498	634	639	636.5
13	河北	物理类	化学类	普通类	8	498	622	629	624.12
13	河北	物理类	电子信息类（通信电子与光电方向）	普通类	10	498	630	634	631.8
13	河北	物理类	计算机类（计算机与智能方向）	普通类	9	498	634	637	635.22
13	河北	物理类	生物科学类	普通类	7	498	624	627	625.43
13	河北	物理类	材料类	普通类	10	498	621	627	622.7
13	河北	物理类	机械类	普通类	10	498	624	629	625.7
13	河北	物理类	自动化类	普通类	11	498	628	630	629
13	河北	物理类	智能医学工程	普通类	2	498	624	626	625
13	河北	物理类	能源动力类	普通类	10	498	623	636	626.3
13	河北	物理类	电气工程及其自动化	普通类	12	498	630	636	631.25
13	河北	物理类	建筑学（五年制）	普通类	2	498	628	630	629
13	河北	物理类	土木类	普通类	13	498	620	627	623
13	河北	物理类	环境科学与工程类	普通类	4	498	622	624	622.75
13	河北	物理类	预防医学（五年制）	普通类	3	498	624	627	625.33
13	河北	物理类	临床医学（五年制）	普通类	8	498	634	636	635
13	河北	物理类	临床医学（5＋3一体化）	普通类	8	498	640	644	641.12
13	河北	物理类	口腔医学（五年制）	普通类	3	498	636	639	637.33
13	河北	物理类	口腔医学（5＋3一体化）	普通类	3	498	640	643	641.33
13	河北	物理类	药学类	普通类	5	498	624	629	626
13	河北	物理类	管理科学与工程类	普通类	3	498	626	627	626.33
13	河北	物理类	工商管理类	普通类	6	498	629	633	630.83
13	河北	物理类	计算机类（软件数媒与大数据方向）	普通类	17	498	630	633	631.53
13	河北	物理类	电子信息类（微电子与电路集成方向）	普通类	9	498	628	632	629.44
13	河北	物理类	网络空间安全	普通类	4	498	631	632	631.75

续表

省区市代码	省（区、市）	科类	专业名称	统计类型	录取人数	控制线	最低分	最高分	平均分
13	河北	物理类	护理学	普通类（专业志愿）	6	498	586	603	596.33
13	河北	物理类	数学与应用数学	强基计划	2	520	641	648	644.5
13	河北	物理类	物理学	强基计划	2	520	631	633	632
13	河北	物理类	化学	强基计划	2	520	623	636	629.5
13	河北	物理类	生物科学	强基计划	1	520	613	613	613
13	河北	物理类	生物医学科学	强基计划	1	520	622	622	622
13	河北	历史类	社会体育指导与管理	高水平运动队	2	520	326	332	329
13	河北	历史类	法学类	高校专项	1	520	607	607	607
13	河北	历史类	中国语言文学类	高校专项	1	520	607	607	607
13	河北	历史类	外国语言文学类	高校专项	1	520	606	606	606
13	河北	历史类	工商管理类	高校专项	1	520	612	612	612
13	河北	历史类	哲学类	普通类	2	520	622	623	622.5
13	河北	历史类	社会学类	普通类	2	520	621	622	621.5
13	河北	历史类	经济学类	普通类	4	520	627	630	628.25
13	河北	历史类	政治学类	普通类	2	520	625	625	625
13	河北	历史类	公共管理类	普通类	2	520	624	625	624.5
13	河北	历史类	法学类	普通类	3	520	627	632	629
13	河北	历史类	中国语言文学类	普通类	4	520	626	628	627
13	河北	历史类	新闻传播学类	普通类	3	520	623	624	623.67
13	河北	历史类	外国语言文学类	普通类	10	520	621	624	621.9
13	河北	历史类	历史学类	普通类	4	520	622	629	624.5
13	河北	历史类	工商管理类	普通类	6	520	625	626	625.17
13	河北	历史类	护理学	普通类（专业志愿）	2	520	607	619	613
13	河北	历史类	哲学	强基计划	2	520	612	615	613.5
13	河北	历史类	汉语言文学	强基计划	1	520	620	620	620
13	河北	历史类	历史学	强基计划	1	520	626	626	626
13	河北	历史类	马克思主义理论	提前批	2	520	620	620	620

续表

省区市代码	省（区、市）	科类	专业名称	统计类型	录取人数	控制线	最低分	最高分	平均分
13	河北	综合改革	英语	保送生	1	520	0	0	0
13	河北	综合改革	法语	保送生	2	520	0	0	0
13	河北	综合改革	美术学	艺术类	2	520	609	613	611
13	河北	综合改革	音乐学（键盘器乐表演）	艺术类	2	520	572	579	575.5
13	河北	综合改革	音乐学（中国民族器乐表演）	艺术类	3	520	564	583	573.33
13	河北	综合改革	音乐学（声乐表演）	艺术类	3	520	611	617	613.67
13	河北	综合改革	音乐学（西洋器乐表演）	艺术类	4	520	523	572	538
13	河北	综合改革	视觉传达设计	艺术类	2	520	610	614	612
13	河北	综合改革	产品设计	艺术类	2	520	608	613	610.5
14	山西	文史	英语	保送生	3	543	0	0	0
14	山西	文史	新闻传播学类	高校专项	1	543	593	593	593
14	山西	文史	哲学类	普通类	2	543	610	612	611
14	山西	文史	社会学类	普通类	2	543	609	611	610
14	山西	文史	经济学类	普通类	2	543	615	616	615.5
14	山西	文史	政治学类	普通类	2	543	610	610	610
14	山西	文史	公共管理类	普通类	3	543	609	612	610
14	山西	文史	法学类	普通类	3	543	614	614	614
14	山西	文史	中国语言文学类	普通类	4	543	614	618	615.75
14	山西	文史	新闻传播学类	普通类	2	543	613	614	613.5
14	山西	文史	外国语言文学类	普通类	10	543	608	611	608.9
14	山西	文史	历史学类	普通类	3	543	610	612	611
14	山西	文史	工商管理类	普通类	6	543	610	613	611
14	山西	文史	哲学	强基计划	1	543	614	614	614
14	山西	文史	汉语言文学	强基计划	1	543	601	601	601
14	山西	文史	马克思主义理论	提前批	2	543	602	603	602.5
14	山西	理工	日语	保送生	1	505	0	0	0
14	山西	理工	化学类	高校专项	1	505	579	579	579
14	山西	理工	能源动力类	高校专项	1	505	586	586	586
14	山西	理工	材料类	国家专项	1	505	595	595	595

续表

省区市代码	省（区、市）	科类	专业名称	统计类型	录取人数	控制线	最低分	最高分	平均分
14	山西	理工	管理科学与工程类	国家专项	1	505	590	590	590
14	山西	理工	经济学类	普通类	2	505	611	611	611
14	山西	理工	法学类	普通类	2	505	609	615	612
14	山西	理工	数学类	普通类	4	505	616	621	619.25
14	山西	理工	物理学类	普通类	4	505	607	613	609.75
14	山西	理工	化学类	普通类	7	505	601	606	604.29
14	山西	理工	电子信息类（通信电子与光电方向）	普通类	10	505	608	611	609.2
14	山西	理工	计算机类（计算机与智能方向）	普通类	12	505	610	616	612.5
14	山西	理工	生物科学类	普通类	10	505	600	607	603.4
14	山西	理工	材料类	普通类	15	505	600	605	602.87
14	山西	理工	机械类	普通类	15	505	604	610	605.27
14	山西	理工	自动化类	普通类	12	505	607	608	607.42
14	山西	理工	能源动力类	普通类	15	505	603	607	605.4
14	山西	理工	电气工程及其自动化	普通类	14	505	608	625	610.57
14	山西	理工	建筑学（五年制）	普通类	2	505	604	604	604
14	山西	理工	土木类	普通类	14	505	600	608	602.29
14	山西	理工	环境科学与工程类	普通类	2	505	601	603	602
14	山西	理工	预防医学（五年制）	普通类	2	505	603	603	603
14	山西	理工	临床医学（五年制）	普通类	7	505	613	617	614.86
14	山西	理工	临床医学（5＋3 一体化）	普通类	8	505	618	630	621.12
14	山西	理工	口腔医学（五年制）	普通类	2	505	611	613	612
14	山西	理工	口腔医学（5＋3 一体化）	普通类	3	505	620	632	626.33
14	山西	理工	药学类	普通类	3	505	601	604	602.67
14	山西	理工	管理科学与工程类	普通类	3	505	602	603	602.33
14	山西	理工	工商管理类	普通类	5	505	605	607	606.2
14	山西	理工	计算机类（软件数媒与大数据方向）	普通类	16	505	607	614	609.25

续表

省区市代码	省（区、市）	科类	专业名称	统计类型	录取人数	控制线	最低分	最高分	平均分
14	山西	理工	电子信息类（微电子与电路集成方向）	普通类	8	505	607	614	609.38
14	山西	理工	网络空间安全	普通类	5	505	610	613	610.6
14	山西	理工	数学与应用数学	强基计划	2	505	612	631	621.5
14	山西	理工	物理学	强基计划	1	505	599	599	599
14	山西	理工	化学	强基计划	1	505	590	590	590
14	山西	理工	生物科学	强基计划	1	505	599	599	599
14	山西	理工	生物医学科学	强基计划	1	505	595	595	595
14	山西	艺术	美术学	艺术类	2	543	242	252	247
14	山西	艺术	音乐学（键盘器乐表演）	艺术类	2	543	85	91	88
14	山西	艺术	音乐学（声乐表演）	艺术类	2	543	88	90	89
14	山西	艺术	视觉传达设计	艺术类	2	543	247	254	250.5
15	内蒙古	文史	历史学类	高校专项	1	488	581	581	581
15	内蒙古	文史	社会学类	普通类	4	488	579	612	591.75
15	内蒙古	文史	经济学类	普通类	2	488	614	617	615.5
15	内蒙古	文史	公共管理类	普通类	2	488	579	589	584
15	内蒙古	文史	法学类	普通类	2	488	615	617	616
15	内蒙古	文史	新闻传播学类	普通类	2	488	592	609	600.5
15	内蒙古	文史	外国语言文学类	普通类	5	488	600	610	605.8
15	内蒙古	文史	哲学	强基计划	1	488	597	597	597
15	内蒙古	文史	历史学	强基计划	1	488	617	617	617
15	内蒙古	文史	社会学类	预科转正	1	488	602	602	602
15	内蒙古	文史	新闻传播学类	预科转正	1	488	605	605	605
15	内蒙古	理工	环境科学与工程类	高校专项	1	418	592	592	592
15	内蒙古	理工	材料类	国家专项	1	418	547	547	547
15	内蒙古	理工	机械类	国家专项	1	418	583	583	583
15	内蒙古	理工	能源动力类	国家专项	2	418	582	585	583.5
15	内蒙古	理工	管理科学与工程类	国家专项	1	418	567	567	567
15	内蒙古	理工	经济学类	普通类	2	418	604	613	608.5
15	内蒙古	理工	数学类	普通类	2	418	627	629	628

续表

省区市代码	省(区、市)	科类	专业名称	统计类型	录取人数	控制线	最低分	最高分	平均分
15	内蒙古	理工	物理学类	普通类	3	418	608	614	611.33
15	内蒙古	理工	化学类	普通类	3	418	573	592	584.33
15	内蒙古	理工	电子信息类（通信电子与光电方向）	普通类	5	418	599	607	602.6
15	内蒙古	理工	计算机类（计算机与智能方向）	普通类	3	418	605	607	606
15	内蒙古	理工	生物科学类	普通类	3	418	591	598	593.33
15	内蒙古	理工	材料类	普通类	3	418	572	580	575.33
15	内蒙古	理工	机械类	普通类	4	418	591	600	594.5
15	内蒙古	理工	自动化类	普通类	3	418	575	603	593.67
15	内蒙古	理工	能源动力类	普通类	4	418	593	598	595.25
15	内蒙古	理工	电气工程及其自动化	普通类	6	418	593	613	603.17
15	内蒙古	理工	土木类	普通类	5	418	569	587	576.6
15	内蒙古	理工	环境科学与工程类	普通类	2	418	571	573	572
15	内蒙古	理工	预防医学（五年制）	普通类	2	418	584	593	588.5
15	内蒙古	理工	临床医学（五年制）	普通类	2	418	614	615	614.5
15	内蒙古	理工	工商管理类	普通类	3	418	591	605	598.67
15	内蒙古	理工	计算机类（软件数媒与大数据方向）	普通类	2	418	608	610	609
15	内蒙古	理工	电子信息类（微电子与电路集成方向）	普通类	2	418	579	612	595.5
15	内蒙古	理工	网络空间安全	普通类	2	418	603	615	609
15	内蒙古	理工	土木类	普通类(征集志愿)	1	418	560	560	560
15	内蒙古	理工	生物科学类	预科转正	1	418	570	570	570
15	内蒙古	理工	机械类	预科转正	1	418	579	579	579
15	内蒙古	理工	汉语国际教育	预科转正	1	418	578	578	578
15	内蒙古	理工	电子信息类（微电子与电路集成方向）	预科转正	2	418	549	564	556.5
21	辽宁	物理类	机械类	高校专项	1	503	633	633	633
21	辽宁	物理类	经济学类	普通类	3	503	646	650	647.67

续表

省区市代码	省（区、市）	科类	专业名称	统计类型	录取人数	控制线	最低分	最高分	平均分
21	辽宁	物理类	数学类	普通类	2	503	656	659	657.5
21	辽宁	物理类	物理学类	普通类	2	503	647	648	647.5
21	辽宁	物理类	化学类	普通类	3	503	642	643	642.33
21	辽宁	物理类	电子信息类（通信电子与光电方向）	普通类	5	503	645	648	646.4
21	辽宁	物理类	生物科学类	普通类	3	503	639	640	639.67
21	辽宁	物理类	材料类	普通类	3	503	636	638	636.67
21	辽宁	物理类	机械类	普通类	4	503	640	646	641.5
21	辽宁	物理类	自动化类	普通类	4	503	643	644	643.5
21	辽宁	物理类	智能医学工程	普通类	2	503	641	641	641
21	辽宁	物理类	能源动力类	普通类	3	503	641	645	642.33
21	辽宁	物理类	电气工程及其自动化	普通类	3	503	648	651	649.33
21	辽宁	物理类	土木类	普通类	4	503	635	639	637
21	辽宁	物理类	环境科学与工程类	普通类	2	503	639	640	639.5
21	辽宁	物理类	临床医学（五年制）	普通类	2	503	646	651	648.5
21	辽宁	物理类	临床医学（5＋3 一体化）	普通类	2	503	657	657	657
21	辽宁	物理类	药学类	普通类	3	503	636	646	640
21	辽宁	物理类	工商管理类	普通类	2	503	645	646	645.5
21	辽宁	物理类	计算机类（软件数媒与大数据方向）	普通类	3	503	648	648	648
21	辽宁	物理类	电子信息类（微电子与电路集成方向）	普通类	3	503	645	646	645.67
21	辽宁	物理类	生物医学科学	普通类	2	503	633	635	634
21	辽宁	物理类	网络空间安全	普通类	3	503	646	646	646
21	辽宁	物理类	数学与应用数学	强基计划	1	503	646	646	646
21	辽宁	物理类	物理学	强基计划	1	503	640	640	640
21	辽宁	物理类	化学	强基计划	1	503	627	627	627
21	辽宁	物理类	生物科学	强基计划	1	503	616	616	616
21	辽宁	物理类	社会体育指导与管理	体育类	3	503	149	155	151

续表

省区市代码	省（区、市）	科类	专业名称	统计类型	录取人数	控制线	最低分	最高分	平均分
21	辽宁	历史类	工商管理类	高水平运动队	1	534	0	0	0
21	辽宁	历史类	外国语言文学类	高校专项	1	534	626	626	626
21	辽宁	历史类	社会学类	普通类	2	534	630	632	631
21	辽宁	历史类	法学类	普通类	3	534	636	636	636
21	辽宁	历史类	中国语言文学类	普通类	3	534	634	639	637
21	辽宁	历史类	外国语言文学类	普通类	4	534	630	633	631.75
21	辽宁	历史类	工商管理类	普通类	2	534	634	639	636.5
21	辽宁	历史类	社会体育指导与管理	体育类	2	534	152	154	153
21	辽宁	历史类	美术学	艺术类	2	534	510	518	514
21	辽宁	历史类	音乐学（西洋器乐表演）	艺术类	3	534	357	467	407
21	辽宁	历史类	产品设计	艺术类	2	534	520	525	522.5
22	吉林	文史	英语	保送生	9	519	0	0	0
22	吉林	文史	外国语言文学类	高校专项	1	519	529	529	529
22	吉林	文史	社会学类	普通类	2	519	582	590	586
22	吉林	文史	公共管理类	普通类	2	519	581	581	581
22	吉林	文史	法学类	普通类	2	519	591	597	594
22	吉林	文史	中国语言文学类	普通类	3	519	590	602	595
22	吉林	文史	外国语言文学类	普通类	5	519	583	592	586.2
22	吉林	文史	工商管理类	普通类	3	519	581	584	583
22	吉林	文史	哲学	强基计划	1	519	593	593	593
22	吉林	文史	历史学	强基计划	1	519	574	574	574
22	吉林	理工	生物科学类	高校专项	1	482	550	550	550
22	吉林	理工	机械类	国家专项	1	482	582	582	582
22	吉林	理工	经济学类	普通类	3	482	580	589	584
22	吉林	理工	数学类	普通类	2	482	611	616	613.5
22	吉林	理工	物理学类	普通类	3	482	580	588	584.67
22	吉林	理工	化学类	普通类	3	482	577	589	583
22	吉林	理工	电子信息类（通信电子与光电方向）	普通类	8	482	585	600	589.88

续表

省区市代码	省（区、市）	科类	专业名称	统计类型	录取人数	控制线	最低分	最高分	平均分
22	吉林	理工	计算机类（计算机与智能方向）	普通类	4	482	604	612	607
22	吉林	理工	生物科学类	普通类	3	482	570	578	574
22	吉林	理工	材料类	普通类	4	482	573	575	574.25
22	吉林	理工	机械类	普通类	5	482	574	592	580.6
22	吉林	理工	自动化类	普通类	4	482	582	592	587.25
22	吉林	理工	能源动力类	普通类	4	482	574	582	577.5
22	吉林	理工	电气工程及其自动化	普通类	5	482	589	612	598.6
22	吉林	理工	土木类	普通类	3	482	571	573	572
22	吉林	理工	环境科学与工程类	普通类	2	482	573	575	574
22	吉林	理工	预防医学（五年制）	普通类	2	482	572	572	572
22	吉林	理工	临床医学（五年制）	普通类	2	482	596	614	605
22	吉林	理工	临床医学（5＋3 一体化）	普通类	2	482	620	626	623
22	吉林	理工	口腔医学（5＋3 一体化）	普通类	2	482	584	615	599.5
22	吉林	理工	管理科学与工程类	普通类	2	482	580	582	581
22	吉林	理工	工商管理类	普通类	3	482	578	589	583.33
22	吉林	理工	计算机类（软件数媒与大数据方向）	普通类	5	482	592	605	598.8
22	吉林	理工	电子信息类（微电子与电路集成方向）	普通类	5	482	589	604	594.4
22	吉林	理工	网络空间安全	普通类	3	482	592	597	593.67
22	吉林	理工	数学与应用数学	强基计划	1	482	628	628	628
22	吉林	理工	物理学	强基计划	1	482	570	570	570
22	吉林	理工	化学	强基计划	1	482	589	589	589
23	黑龙江	文史	外国语言文学类	高校专项	1	472	597	597	597
23	黑龙江	文史	社会学类	普通类	2	472	599	601	600
23	黑龙江	文史	法学类	普通类	2	472	608	609	608.5
23	黑龙江	文史	中国语言文学类	普通类	2	472	606	616	611
23	黑龙江	文史	新闻传播学类	普通类	2	472	602	603	602.5
23	黑龙江	文史	外国语言文学类	普通类	4	472	599	604	600.5

续表

省区市代码	省（区、市）	科类	专业名称	统计类型	录取人数	控制线	最低分	最高分	平均分
23	黑龙江	文史	工商管理类	普通类	4	472	600	605	602
23	黑龙江	理工	社会体育指导与管理	高水平运动队	1	415	335	335	335
23	黑龙江	理工	能源动力类	高校专项	1	415	590	590	590
23	黑龙江	理工	材料类	国家专项	1	415	591	591	591
23	黑龙江	理工	机械类	国家专项	1	415	592	592	592
23	黑龙江	理工	经济学类	普通类	3	415	604	608	606.33
23	黑龙江	理工	数学类	普通类	2	415	608	621	614.5
23	黑龙江	理工	物理学类	普通类	2	415	599	603	601
23	黑龙江	理工	化学类	普通类	3	415	594	601	596.33
23	黑龙江	理工	电子信息类（通信电子与光电方向）	普通类	5	415	595	601	598.4
23	黑龙江	理工	生物科学类	普通类	3	415	593	597	595.33
23	黑龙江	理工	材料类	普通类	4	415	592	593	592.25
23	黑龙江	理工	机械类	普通类	4	415	592	593	592.75
23	黑龙江	理工	自动化类	普通类	4	415	597	600	598.5
23	黑龙江	理工	能源动力类	普通类	4	415	592	594	593
23	黑龙江	理工	电气工程及其自动化	普通类	5	415	594	598	596
23	黑龙江	理工	土木类	普通类	6	415	592	594	592.83
23	黑龙江	理工	环境科学与工程类	普通类	2	415	594	595	594.5
23	黑龙江	理工	临床医学（五年制）	普通类	2	415	613	614	613.5
23	黑龙江	理工	临床医学（5＋3一体化）	普通类	2	415	617	621	619
23	黑龙江	理工	口腔医学（5＋3一体化）	普通类	2	415	615	615	615
23	黑龙江	理工	药学类	普通类	3	415	595	611	605.33
23	黑龙江	理工	工商管理类	普通类	3	415	603	621	609
23	黑龙江	理工	计算机类（软件数媒与大数据方向）	普通类	4	415	600	614	605.5
23	黑龙江	理工	电子信息类（微电子与电路集成方向）	普通类	2	415	594	597	595.5
23	黑龙江	理工	网络空间安全	普通类	3	415	596	599	597

续表

省区市代码	省（区、市）	科类	专业名称	统计类型	录取人数	控制线	最低分	最高分	平均分
23	黑龙江	理工	数学与应用数学	强基计划	1	415	614	614	614
23	黑龙江	理工	物理学	强基计划	1	415	611	611	611
23	黑龙江	理工	化学	强基计划	1	415	584	584	584
23	黑龙江	理工	生物科学	强基计划	1	415	583	583	583
23	黑龙江	体育	社会体育指导与管理	体育类	5	472	514	545	527.8
31	上海	综合改革	哲学类	普通类	2	503	555	555	555
31	上海	综合改革	经济学类	普通类	3	503	555	558	556.67
31	上海	综合改革	中国语言文学类	普通类	2	503	555	555	555
31	上海	综合改革	历史学类	普通类	2	503	553	558	555.5
31	上海	综合改革	数学类	普通类	3	503	559	563	560.67
31	上海	综合改革	物理学类	普通类	3	503	559	559	559
31	上海	综合改革	材料类	普通类	3	503	556	557	556.33
31	上海	综合改革	电气工程及其自动化	普通类	2	503	556	556	556
31	上海	综合改革	口腔医学（五年制）	普通类	2	503	558	560	559
31	上海	综合改革	工商管理类	普通类	3	503	553	554	553.67
31	上海	综合改革	计算机类（软件数媒与大数据方向）	普通类	5	503	556	558	556.6
31	上海	综合改革	网络空间安全	普通类	2	503	558	558	558
32	江苏	物理类	电子信息类（通信电子与光电方向）	高校专项	2	501	604	604	604
32	江苏	物理类	生物科学类	高校专项	1	501	599	599	599
32	江苏	物理类	机械类	高校专项	1	501	601	601	601
32	江苏	物理类	能源动力类	高校专项	2	501	599	600	599.5
32	江苏	物理类	土木类	高校专项	1	501	599	599	599
32	江苏	物理类	管理科学与工程类	高校专项	2	501	599	599	599

续表

省区市代码	省(区、市)	科类	专业名称	统计类型	录取人数	控制线	最低分	最高分	平均分
32	江苏	物理类	经济学类	普通类	4	501	609	610	609.25
32	江苏	物理类	法学类	普通类	2	501	608	609	608.5
32	江苏	物理类	数学类	普通类	5	501	611	617	613
32	江苏	物理类	物理学类	普通类	3	501	609	611	610
32	江苏	物理类	化学类	普通类	4	501	605	611	606.5
32	江苏	物理类	电子信息类(通信电子与光电方向)	普通类	7	501	608	611	608.71
32	江苏	物理类	计算机类(计算机与智能方向)	普通类	7	501	609	614	610.57
32	江苏	物理类	生物科学类	普通类	3	501	605	608	606.67
32	江苏	物理类	材料类	普通类	8	501	606	607	606.5
32	江苏	物理类	机械类	普通类	8	501	607	613	607.88
32	江苏	物理类	自动化类	普通类	8	501	607	610	608.12
32	江苏	物理类	智能医学工程	普通类	2	501	604	605	604.5
32	江苏	物理类	能源动力类	普通类	10	501	606	607	606.8
32	江苏	物理类	电气工程及其自动化	普通类	9	501	608	612	609.33
32	江苏	物理类	建筑学(五年制)	普通类	2	501	606	607	606.5
32	江苏	物理类	土木类	普通类	5	501	606	606	606
32	江苏	物理类	环境科学与工程类	普通类	2	501	607	607	607
32	江苏	物理类	临床医学(五年制)	普通类	4	501	609	609	609
32	江苏	物理类	临床医学(5+3一体化)	普通类	2	501	609	611	610
32	江苏	物理类	口腔医学(五年制)	普通类	3	501	606	613	608.67
32	江苏	物理类	药学类	普通类	3	501	605	606	605.33
32	江苏	物理类	管理科学与工程类	普通类	2	501	606	607	606.5
32	江苏	物理类	工商管理类	普通类	5	501	607	610	607.6

续表

省区市代码	省（区、市）	科类	专业名称	统计类型	录取人数	控制线	最低分	最高分	平均分
32	江苏	物理类	计算机类（软件数媒与大数据方向）	普通类	16	501	608	611	608.62
32	江苏	物理类	电子信息类（微电子与电路集成方向）	普通类	12	501	607	611	607.92
32	江苏	物理类	网络空间安全	普通类	3	501	608	609	608.33
32	江苏	物理类	物理学	强基计划	2	533	604	612	608
32	江苏	物理类	化学	强基计划	1	533	596	596	596
32	江苏	物理类	生物科学	强基计划	1	533	595	595	595
32	江苏	物理类	生物医学科学	强基计划	1	533	603	603	603
32	江苏	历史类	政治学类	高校专项	1	533	602	602	602
32	江苏	历史类	新闻传播学类	高校专项	1	533	603	603	603
32	江苏	历史类	历史学类	高校专项	1	533	602	602	602
32	江苏	历史类	哲学类	普通类	2	533	604	604	604
32	江苏	历史类	社会学类	普通类	3	533	605	605	605
32	江苏	历史类	经济学类	普通类	4	533	606	609	607.5
32	江苏	历史类	政治学类	普通类	2	533	603	603	603
32	江苏	历史类	法学类	普通类	2	533	606	606	606
32	江苏	历史类	中国语言文学类	普通类	6	533	605	610	606.83
32	江苏	历史类	新闻传播学类	普通类	2	533	605	606	605.5
32	江苏	历史类	外国语言文学类	普通类	10	533	603	607	604.3
32	江苏	历史类	历史学类	普通类	4	533	604	610	606.5
32	江苏	历史类	工商管理类	普通类	5	533	605	610	607.2
32	江苏	历史类	哲学	强基计划	1	533	592	592	592
32	江苏	历史类	汉语言文学	强基计划	1	533	598	598	598
32	江苏	历史类	美术学	艺术类	3	533	589	592	590
32	江苏	历史类	视觉传达设计	艺术类	3	533	588	591	589.67
32	江苏	历史类	产品设计	艺术类	3	533	590	596	592.67
32	江苏	综合改革	日语	保送生	1	533	0	0	0
32	江苏	综合改革	社会体育指导与管理	高水平运动队	2	533	0	0	0

续表

省区市代码	省（区、市）	科类	专业名称	统计类型	录取人数	控制线	最低分	最高分	平均分
33	浙江	综合改革	社会体育指导与管理	高水平运动队	1	589	0	0	0
33	浙江	综合改革	新闻传播学类	高校专项	1	589	650	650	650
33	浙江	综合改革	哲学类	普通类	3	589	654	656	655.33
33	浙江	综合改革	经济学类	普通类	5	589	654	656	654.6
33	浙江	综合改革	法学类	普通类	4	589	656	659	658
33	浙江	综合改革	中国语言文学类	普通类	4	589	657	658	657.25
33	浙江	综合改革	外国语言文学类	普通类	10	589	651	655	652.6
33	浙江	综合改革	历史学类	普通类	3	589	656	656	656
33	浙江	综合改革	数学类	普通类	7	589	651	659	653.29
33	浙江	综合改革	物理学类	普通类	4	589	646	648	647.25
33	浙江	综合改革	化学类	普通类	4	589	643	646	644.25
33	浙江	综合改革	电子信息类（通信电子与光电方向）	普通类	5	589	645	646	645.8
33	浙江	综合改革	计算机类（计算机与智能方向）	普通类	7	589	647	651	648.14
33	浙江	综合改革	生物科学类	普通类	4	589	646	647	646.5
33	浙江	综合改革	材料类	普通类	7	589	639	641	640.29
33	浙江	综合改革	机械类	普通类	7	589	642	645	643.29
33	浙江	综合改革	自动化类	普通类	8	589	644	645	644.62
33	浙江	综合改革	智能医学工程	普通类	2	589	643	645	644
33	浙江	综合改革	电气工程及其自动化	普通类	7	589	645	646	645.57
33	浙江	综合改革	建筑学（五年制）	普通类	5	589	646	648	646.8
33	浙江	综合改革	土木类	普通类	7	589	640	642	641.43
33	浙江	综合改革	预防医学（五年制）	普通类	2	589	649	649	649
33	浙江	综合改革	临床医学（五年制）	普通类	4	589	653	656	654.5
33	浙江	综合改革	临床医学（5＋3一体化）	普通类	2	589	656	656	656
33	浙江	综合改革	口腔医学（五年制）	普通类	3	589	658	660	658.67
33	浙江	综合改革	工商管理类	普通类	9	589	651	655	652

续表

省区市代码	省（区、市）	科类	专业名称	统计类型	录取人数	控制线	最低分	最高分	平均分
33	浙江	综合改革	计算机类（软件数媒与大数据方向）	普通类	8	589	646	651	647.38
33	浙江	综合改革	电子信息类（微电子与电路集成方向）	普通类	6	589	645	645	645
33	浙江	综合改革	生物医学科学	普通类	3	589	642	644	642.67
33	浙江	综合改革	网络空间安全	普通类	4	589	646	646	646
33	浙江	综合改革	哲学	强基计划	1	589	645	645	645
33	浙江	综合改革	历史学	强基计划	1	589	661	661	661
33	浙江	综合改革	数学与应用数学	强基计划	2	589	646	652	649
33	浙江	综合改革	物理学	强基计划	1	589	639	639	639
33	浙江	综合改革	生物科学	强基计划	1	589	642	642	642
33	浙江	综合改革	社会体育指导与管理	体育类	5	589	616	619	617.4
33	浙江	综合改革	美术学	艺术类	4	589	391	492	445.5
33	浙江	综合改革	音乐学（声乐表演）	艺术类	3	589	379	499	423.33
33	浙江	综合改革	音乐学（西洋器乐表演）	艺术类	2	589	375	508	441.5
33	浙江	综合改革	视觉传达设计	艺术类	3	589	392	474	434.33
33	浙江	综合改革	产品设计	艺术类	4	589	429	522	466.75
34	安徽	文史	中国语言文学类	高校专项	1	560	624	624	624
34	安徽	文史	工商管理类	高校专项	1	560	635	635	635
34	安徽	文史	哲学类	普通类	3	560	638	639	638.67
34	安徽	文史	社会学类	普通类	2	560	638	639	638.5
34	安徽	文史	经济学类	普通类	4	560	645	646	645.5
34	安徽	文史	政治学类	普通类	2	560	640	640	640
34	安徽	文史	公共管理类	普通类	2	560	639	639	639
34	安徽	文史	法学类	普通类	3	560	641	642	641.33
34	安徽	文史	中国语言文学类	普通类	6	560	641	645	642.33
34	安徽	文史	新闻传播学类	普通类	3	560	640	640	640
34	安徽	文史	外国语言文学类	普通类	15	560	639	642	639.33
34	安徽	文史	历史学类	普通类	6	560	639	641	639.33
34	安徽	文史	工商管理类	普通类	8	560	639	640	639.75

续表

省区市代码	省（区、市）	科类	专业名称	统计类型	录取人数	控制线	最低分	最高分	平均分
34	安徽	文史	护理学	普通类（专业志愿）	2	560	618	620	619
34	安徽	文史	哲学	强基计划	1	560	612	612	612
34	安徽	文史	历史学	强基计划	1	560	633	633	633
34	安徽	理工	物理学类	高校专项	1	488	628	628	628
34	安徽	理工	计算机类（计算机与智能方向）	高校专项	1	488	626	626	626
34	安徽	理工	材料类	高校专项	1	488	624	624	624
34	安徽	理工	机械类	高校专项	1	488	624	624	624
34	安徽	理工	临床医学（五年制）	高校专项	1	488	629	629	629
34	安徽	理工	管理科学与工程类	高校专项	1	488	620	620	620
34	安徽	理工	电子信息类（通信电子与光电方向）	国家专项	2	488	631	637	634
34	安徽	理工	计算机类（计算机与智能方向）	国家专项	2	488	634	634	634
34	安徽	理工	机械类	国家专项	2	488	629	631	630
34	安徽	理工	自动化类	国家专项	2	488	631	633	632
34	安徽	理工	能源动力类	国家专项	2	488	625	627	626
34	安徽	理工	土木类	国家专项	2	488	627	630	628.5
34	安徽	理工	临床医学（五年制）	国家专项	2	488	634	636	635
34	安徽	理工	管理科学与工程类	国家专项	1	488	632	632	632
34	安徽	理工	经济学类	普通类	4	488	639	643	641.25
34	安徽	理工	法学类	普通类	3	488	634	637	635.33
34	安徽	理工	数学类	普通类	6	488	640	645	641.33
34	安徽	理工	物理学类	普通类	4	488	634	637	635.5
34	安徽	理工	化学类	普通类	9	488	630	634	631.67
34	安徽	理工	电子信息类（通信电子与光电方向）	普通类	10	488	634	641	636.1
34	安徽	理工	计算机类（计算机与智能方向）	普通类	13	488	636	640	637.92
34	安徽	理工	生物科学类	普通类	8	488	630	637	632.75

续表

省区市代码	省（区、市）	科类	专业名称	统计类型	录取人数	控制线	最低分	最高分	平均分
34	安徽	理工	材料类	普通类	10	488	630	633	631.7
34	安徽	理工	机械类	普通类	10	488	632	639	633.2
34	安徽	理工	自动化类	普通类	15	488	633	642	634.4
34	安徽	理工	智能医学工程	普通类	2	488	631	631	631
34	安徽	理工	能源动力类	普通类	10	488	631	637	632.4
34	安徽	理工	电气工程及其自动化	普通类	12	488	633	641	635.17
34	安徽	理工	建筑学（五年制）	普通类	2	488	630	630	630
34	安徽	理工	土木类	普通类	11	488	630	633	631
34	安徽	理工	环境科学与工程类	普通类	3	488	631	631	631
34	安徽	理工	预防医学（五年制）	普通类	7	488	632	637	633.43
34	安徽	理工	临床医学（五年制）	普通类	4	488	639	639	639
34	安徽	理工	临床医学（5＋3一体化）	普通类	8	488	640	643	641.25
34	安徽	理工	口腔医学（五年制）	普通类	2	488	642	648	645
34	安徽	理工	药学类	普通类	4	488	630	631	630.75
34	安徽	理工	管理科学与工程类	普通类	3	488	630	631	630.67
34	安徽	理工	工商管理类	普通类	8	488	631	633	631.88
34	安徽	理工	计算机类（软件数媒与大数据方向）	普通类	15	488	635	643	636.53
34	安徽	理工	电子信息类（微电子与电路集成方向）	普通类	10	488	633	634	633.9
34	安徽	理工	网络空间安全	普通类	6	488	633	636	634.83
34	安徽	理工	护理学	普通类（专业志愿）	6	488	570	602	584.67
34	安徽	理工	数学与应用数学	强基计划	2	488	629	635	632
34	安徽	理工	物理学	强基计划	2	488	613	629	621
34	安徽	理工	化学	强基计划	1	488	621	621	621
34	安徽	理工	生物科学	强基计划	1	488	597	597	597
34	安徽	艺术	音乐学（中国民族器乐表演）	艺术类	2	560	774	782	778
34	安徽	艺术	产品设计	艺术类	3	560	809	810	809.67
35	福建	物理类	法语	保送生	1	530	0	0	0

续表

省区市代码	省(区、市)	科类	专业名称	统计类型	录取人数	控制线	最低分	最高分	平均分
35	福建	物理类	能源动力类	高校专项	1	530	616	616	616
35	福建	物理类	环境科学与工程类	高校专项	1	530	613	613	613
35	福建	物理类	管理科学与工程类	高校专项	1	530	610	610	610
35	福建	物理类	经济学类	普通类	3	530	631	634	632
35	福建	物理类	数学类	普通类	2	530	634	643	638.5
35	福建	物理类	物理学类	普通类	5	530	627	631	628.4
35	福建	物理类	化学类	普通类	4	530	622	624	623
35	福建	物理类	电子信息类（通信电子与光电方向）	普通类	5	530	628	629	628.4
35	福建	物理类	计算机类（计算机与智能方向）	普通类	6	530	633	634	633.67
35	福建	物理类	生物科学类	普通类	4	530	621	623	621.5
35	福建	物理类	材料类	普通类	7	530	625	627	625.43
35	福建	物理类	机械类	普通类	7	530	626	627	626.43
35	福建	物理类	自动化类	普通类	5	530	627	628	627.4
35	福建	物理类	能源动力类	普通类	7	530	624	626	625.14
35	福建	物理类	电气工程及其自动化	普通类	5	530	628	632	630.4
35	福建	物理类	土木类	普通类	6	530	624	627	625.83
35	福建	物理类	环境科学与工程类	普通类	2	530	626	627	626.5
35	福建	物理类	临床医学（五年制）	普通类	4	530	636	637	636.5
35	福建	物理类	临床医学（5+3一体化）	普通类	4	530	638	640	639
35	福建	物理类	口腔医学（五年制）	普通类	2	530	635	635	635
35	福建	物理类	口腔医学（5+3一体化）	普通类	3	530	637	642	639.67
35	福建	物理类	药学类	普通类	3	530	620	628	623
35	福建	物理类	管理科学与工程类	普通类	2	530	625	625	625
35	福建	物理类	工商管理类	普通类	5	530	625	631	627.6
35	福建	物理类	计算机类（软件数媒与大数据方向）	普通类	16	530	628	632	630
35	福建	物理类	电子信息类（微电子与电路集成方向）	普通类	12	530	627	628	627.5

续表

省区市代码	省（区、市）	科类	专业名称	统计类型	录取人数	控制线	最低分	最高分	平均分
35	福建	物理类	网络空间安全	普通类	5	530	628	632	630.2
35	福建	物理类	数学与应用数学	强基计划	2	530	644	650	647
35	福建	物理类	物理学	强基计划	1	530	607	607	607
35	福建	物理类	化学	强基计划	1	530	612	612	612
35	福建	物理类	生物科学	强基计划	1	530	611	611	611
35	福建	历史类	社会体育指导与管理	高水平运动队	2	546	307	493	400
35	福建	历史类	工商管理类	高校专项	1	546	605	605	605
35	福建	历史类	哲学类	普通类	2	546	603	603	603
35	福建	历史类	社会学类	普通类	2	546	605	605	605
35	福建	历史类	经济学类	普通类	2	546	608	610	609
35	福建	历史类	公共管理类	普通类	2	546	604	604	604
35	福建	历史类	法学类	普通类	3	546	605	607	606.33
35	福建	历史类	中国语言文学类	普通类	5	546	608	612	609.6
35	福建	历史类	新闻传播学类	普通类	2	546	605	608	606.5
35	福建	历史类	外国语言文学类	普通类	10	546	603	607	604.5
35	福建	历史类	历史学类	普通类	3	546	607	607	607
35	福建	历史类	工商管理类	普通类	5	546	605	608	606
35	福建	历史类	哲学	强基计划	1	546	612	612	612
35	福建	历史类	历史学	强基计划	1	546	597	597	597
35	福建	历史类	马克思主义理论	提前批	2	546	608	609	608.5
36	江西	文史	公共管理类	高水平运动队	1	559	0	0	0
36	江西	文史	社会体育指导与管理	高水平运动队	1	559	369	369	369
36	江西	文史	政治学类	高校专项	1	559	622	622	622
36	江西	文史	社会学类	普通类	2	559	627	629	628
36	江西	文史	经济学类	普通类	2	559	630	631	630.5
36	江西	文史	政治学类	普通类	2	559	627	628	627.5
36	江西	文史	法学类	普通类	2	559	629	630	629.5

续表

省区市代码	省（区、市）	科类	专业名称	统计类型	录取人数	控制线	最低分	最高分	平均分
36	江西	文史	中国语言文学类	普通类	4	559	629	633	630.5
36	江西	文史	新闻传播学类	普通类	2	559	627	628	627.5
36	江西	文史	外国语言文学类	普通类	8	559	626	628	627
36	江西	文史	历史学类	普通类	3	559	627	629	628
36	江西	文史	工商管理类	普通类	3	559	628	630	629
36	江西	文史	护理学	普通类（专业志愿）	2	559	599	600	599.5
36	江西	理工	机械类	高校专项	1	519	604	604	604
36	江西	理工	自动化类	高校专项	1	519	605	605	605
36	江西	理工	土木类	高校专项	1	519	609	609	609
36	江西	理工	电子信息类（通信电子与光电方向）	国家专项	2	519	623	623	623
36	江西	理工	计算机类（计算机与智能方向）	国家专项	2	519	624	626	625
36	江西	理工	自动化类	国家专项	2	519	619	623	621
36	江西	理工	临床医学（五年制）	国家专项	2	519	626	628	627
36	江西	理工	经济学类	普通类	3	519	626	626	626
36	江西	理工	数学类	普通类	2	519	629	630	629.5
36	江西	理工	物理学类	普通类	4	519	621	626	623
36	江西	理工	化学类	普通类	3	519	618	622	620
36	江西	理工	电子信息类（通信电子与光电方向）	普通类	6	519	622	625	623.17
36	江西	理工	计算机类（计算机与智能方向）	普通类	5	519	625	629	627.6
36	江西	理工	生物科学类	普通类	3	519	618	622	620.33
36	江西	理工	材料类	普通类	4	519	616	618	616.5
36	江西	理工	机械类	普通类	4	519	620	621	620.25
36	江西	理工	自动化类	普通类	4	519	620	621	620.75
36	江西	理工	能源动力类	普通类	4	519	617	621	619
36	江西	理工	电气工程及其自动化	普通类	5	519	621	625	622.6
36	江西	理工	土木类	普通类	3	519	616	618	616.67

续表

省区市代码	省（区、市）	科类	专业名称	统计类型	录取人数	控制线	最低分	最高分	平均分
36	江西	理工	环境科学与工程类	普通类	2	519	616	617	616.5
36	江西	理工	预防医学（五年制）	普通类	2	519	616	621	618.5
36	江西	理工	临床医学（五年制）	普通类	4	519	627	631	628.5
36	江西	理工	临床医学（5+3一体化）	普通类	4	519	630	636	632.25
36	江西	理工	药学类	普通类	3	519	616	621	619
36	江西	理工	管理科学与工程类	普通类	2	519	620	620	620
36	江西	理工	工商管理类	普通类	3	519	624	625	624.67
36	江西	理工	计算机类（软件数媒与大数据方向）	普通类	6	519	623	625	624.17
36	江西	理工	电子信息类（微电子与电路集成方向）	普通类	6	519	621	623	621.83
36	江西	理工	网络空间安全	普通类	3	519	622	625	623.33
36	江西	理工	护理学	普通类（专业志愿）	4	519	573	582	577.75
36	江西	理工	数学与应用数学	强基计划	1	519	635	635	635
36	江西	理工	物理学	强基计划	1	519	595	595	595
36	江西	理工	化学	强基计划	1	519	605	605	605
36	江西	理工	生物科学	强基计划	1	519	608	608	608
36	江西	艺术	音乐学（中国民族器乐表演）	艺术类	3	559	379	406	389.67
36	江西	艺术	视觉传达设计	艺术类	2	559	338	344	341
36	江西	艺术	产品设计	艺术类	2	559	367	370	368.5
37	山东	综合改革	英语	保送生	6	518	29	93	40.17
37	山东	综合改革	法语	保送生	1	518	26	26	26
37	山东	综合改革	临床医学（五年制，定向西藏）	定向西藏	5	518	573	595	580.4
37	山东	综合改革	药学类（定向西藏）	定向西藏	2	518	589	593	591
37	山东	综合改革	管理科学与工程类（定向西藏）	定向西藏	2	518	576	579	577.5
37	山东	综合改革	公共管理类	高水平运动队	5	518	63	379	246.4

续表

省区市代码	省（区、市）	科类	专业名称	统计类型	录取人数	控制线	最低分	最高分	平均分
37	山东	综合改革	社会体育指导与管理	高水平运动队	11	518	0	381	231.82
37	山东	综合改革	工商管理类	高水平运动队	8	518	63	435	325.12
37	山东	综合改革	法学类	高校专项	2	518	624	625	624.5
37	山东	综合改革	中国语言文学类	高校专项	2	518	631	632	631.5
37	山东	综合改革	新闻传播学类	高校专项	2	518	618	623	620.5
37	山东	综合改革	历史学类	高校专项	2	518	621	624	622.5
37	山东	综合改革	物理学类	高校专项	3	518	621	627	623.33
37	山东	综合改革	化学类	高校专项	3	518	621	622	621.67
37	山东	综合改革	电子信息类（通信电子与光电方向）	高校专项	4	518	624	628	625.5
37	山东	综合改革	计算机类（计算机与智能方向）	高校专项	5	518	626	628	627.2
37	山东	综合改革	生物科学类	高校专项	3	518	619	622	620.33
37	山东	综合改革	材料类	高校专项	3	518	617	620	618.33
37	山东	综合改革	机械类	高校专项	3	518	621	625	622.67
37	山东	综合改革	自动化类	高校专项	3	518	623	624	623.33
37	山东	综合改革	能源动力类	高校专项	3	518	621	622	621.33
37	山东	综合改革	土木类	高校专项	3	518	617	621	619
37	山东	综合改革	环境科学与工程类	高校专项	3	518	617	621	619
37	山东	综合改革	预防医学（五年制）	高校专项	3	518	618	619	618.67
37	山东	综合改革	药学类	高校专项	3	518	619	620	619.33
37	山东	综合改革	管理科学与工程类	高校专项	3	518	616	618	616.67
37	山东	综合改革	工商管理类	高校专项	3	518	619	620	619.67
37	山东	综合改革	哲学类	普通类	12	518	617	629	620.92
37	山东	综合改革	社会学类	普通类	15	518	615	622	617.2
37	山东	综合改革	经济学类	普通类	85	518	627	636	629.41
37	山东	综合改革	政治学类	普通类	14	518	619	624	622.14
37	山东	综合改革	公共管理类	普通类	15	518	616	626	617.6

续表

省区市代码	省（区、市）	科类	专业名称	统计类型	录取人数	控制线	最低分	最高分	平均分
37	山东	综合改革	法学类	普通类	45	518	626	640	628.76
37	山东	综合改革	中国语言文学类	普通类	31	518	626	636	629.94
37	山东	综合改革	新闻传播学类	普通类	15	518	620	628	623.13
37	山东	综合改革	外国语言文学类	普通类	67	518	615	626	618.31
37	山东	综合改革	历史学类	普通类	26	518	618	625	621.15
37	山东	综合改革	数学类	普通类	66	518	634	653	637.06
37	山东	综合改革	物理学类	普通类	70	518	623	640	627.29
37	山东	综合改革	化学类	普通类	50	518	617	638	622.06
37	山东	综合改革	电子信息类（通信电子与光电方向）	普通类	110	518	622	630	624.96
37	山东	综合改革	计算机类（计算机与智能方向）	普通类	100	518	630	640	632.2
37	山东	综合改革	生物科学类	普通类	50	518	617	632	620.54
37	山东	综合改革	材料类	普通类	65	518	612	621	613.38
37	山东	综合改革	机械类	普通类	66	518	616	630	617.95
37	山东	综合改革	自动化类	普通类	70	518	620	631	621.46
37	山东	综合改革	智能医学工程	普通类	10	518	621	628	623.4
37	山东	综合改革	能源动力类	普通类	60	518	615	621	617.18
37	山东	综合改革	电气工程及其自动化	普通类	100	518	622	638	625.49
37	山东	综合改革	建筑学（五年制）	普通类	18	518	615	621	616.56
37	山东	综合改革	土木类	普通类	18	518	614	622	615.72
37	山东	综合改革	环境科学与工程类	普通类	30	518	614	624	615.4
37	山东	综合改革	预防医学（五年制）	普通类	30	518	619	626	621
37	山东	综合改革	临床医学（五年制）	普通类	80	518	628	640	629.92
37	山东	综合改革	临床医学（5＋3一体化）	普通类	100	518	633	650	638.23
37	山东	综合改革	口腔医学（五年制）	普通类	18	518	632	635	632.89
37	山东	综合改革	口腔医学（5＋3一体化）	普通类	30	518	636	647	639.47
37	山东	综合改革	药学类	普通类	36	518	616	631	619.11
37	山东	综合改革	管理科学与工程类	普通类	20	518	614	618	615.15
37	山东	综合改革	工商管理类	普通类	82	518	618	639	621.95

续表

省区市代码	省（区、市）	科类	专业名称	统计类型	录取人数	控制线	最低分	最高分	平均分
37	山东	综合改革	计算机类（软件数媒与大数据方向）	普通类	150	518	623	639	625.95
37	山东	综合改革	电子信息类（微电子与电路集成方向）	普通类	72	518	621	629	622.71
37	山东	综合改革	生物医学科学	普通类	6	518	618	623	619.83
37	山东	综合改革	网络空间安全	普通类	72	518	622	629	624.04
37	山东	综合改革	哲学	强基计划	3	518	619	626	622.33
37	山东	综合改革	汉语言文学	强基计划	3	518	609	623	616
37	山东	综合改革	历史学	强基计划	3	518	630	647	636
37	山东	综合改革	数学与应用数学	强基计划	11	518	630	647	637.18
37	山东	综合改革	物理学	强基计划	9	518	625	665	639.22
37	山东	综合改革	化学	强基计划	5	518	616	637	628
37	山东	综合改革	生物科学	强基计划	5	518	614	627	622.4
37	山东	综合改革	生物医学科学	强基计划	4	518	625	635	632
37	山东	综合改革	社会体育指导与管理	体育类	25	518	642	655	647
37	山东	综合改革	美术学	艺术类	15	518	605	624	609.73
37	山东	综合改革	音乐学（键盘器乐表演）	艺术类	9	518	337	463	405.33
37	山东	综合改革	音乐学（中国民族器乐表演）	艺术类	9	518	355	444	398.22
37	山东	综合改革	音乐学（声乐表演）	艺术类	14	518	333	491	392.21
37	山东	综合改革	视觉传达设计	艺术类	13	518	616	631	619.15
37	山东	综合改革	产品设计	艺术类	20	518	607	626	610.7
37	山东	综合改革	音乐学（西洋弦乐与打击乐表演）	艺术类	10	518	341	538	414.6
37	山东	综合改革	音乐学（西洋管乐表演）	艺术类	10	518	345	452	396.9
37	山东	综合改革	音乐学（唢呐表演）	艺术类	3	518	361	389	370.67
37	山东	综合改革	社会学类	综合评价	10	518	598	616	605.2
37	山东	综合改革	公共管理类	综合评价	10	518	604	618	611
37	山东	综合改革	法学类	综合评价	10	518	619	634	626.9
37	山东	综合改革	新闻传播学类	综合评价	10	518	611	625	616.8
37	山东	综合改革	俄语（俄英双语）	综合评价	10	518	597	613	605.7

续表

省区市代码	省（区、市）	科类	专业名称	统计类型	录取人数	控制线	最低分	最高分	平均分
37	山东	综合改革	日语	综合评价	10	518	595	612	602.7
37	山东	综合改革	朝鲜语（朝英双语）	综合评价	10	518	593	619	603.3
37	山东	综合改革	材料类	综合评价	20	518	587	619	604.1
37	山东	综合改革	机械类	综合评价	20	518	602	617	610.65
37	山东	综合改革	自动化类	综合评价	20	518	608	625	617.2
37	山东	综合改革	能源动力类	综合评价	10	518	610	615	612.6
37	山东	综合改革	电气工程及其自动化	综合评价	10	518	611	628	620.4
37	山东	综合改革	土木类	综合评价	20	518	591	609	602.2
37	山东	综合改革	环境科学与工程类	综合评价	10	518	598	619	608.1
37	山东	综合改革	预防医学（五年制）	综合评价	10	518	602	620	613.9
37	山东	综合改革	护理学	综合评价	30	518	554	588	571.93
37	山东	综合改革	药学类	综合评价	10	518	604	616	609.5
37	山东	综合改革	工商管理类	综合评价	10	518	612	626	617.9
37	山东	综合改革	马克思主义理论	综合评价	15	518	600	624	613.4
37	山东	综合改革	计算机类（软件数媒与大数据方向）	综合评价	15	518	612	635	621.13
37	山东	综合改革	汉语国际教育	综合评价	10	518	606	619	611.2
37	山东	综合改革	电子信息类（微电子与电路集成方向）	综合评价	10	518	612	628	621.4
37	山东	综合改革	网络空间安全	综合评价	10	518	611	624	618.5
41	河南	文史	社会体育指导与管理	高水平运动队	1	558	0	0	0
41	河南	文史	工商管理类	高水平运动队	2	558	0	204	102
41	河南	文史	政治学类	高校专项	1	558	630	630	630
41	河南	文史	法学类	高校专项	2	558	636	637	636.5
41	河南	文史	新闻传播学类	高校专项	2	558	632	637	634.5
41	河南	文史	外国语言文学类	高校专项	3	558	628	629	628.33
41	河南	文史	工商管理类	高校专项	2	558	631	631	631
41	河南	文史	哲学类	普通类	2	558	636	636	636

续表

省区市代码	省（区、市）	科类	专业名称	统计类型	录取人数	控制线	最低分	最高分	平均分
41	河南	文史	社会学类	普通类	3	558	637	638	637.33
41	河南	文史	经济学类	普通类	4	558	640	645	642.25
41	河南	文史	政治学类	普通类	2	558	637	637	637
41	河南	文史	公共管理类	普通类	2	558	636	638	637
41	河南	文史	法学类	普通类	3	558	639	644	641.33
41	河南	文史	中国语言文学类	普通类	6	558	638	642	639.67
41	河南	文史	新闻传播学类	普通类	2	558	637	637	637
41	河南	文史	外国语言文学类	普通类	15	558	636	640	636.33
41	河南	文史	历史学类	普通类	6	558	636	638	636.67
41	河南	文史	工商管理类	普通类	10	558	637	639	638
41	河南	文史	护理学	普通类（专业志愿）	2	558	605	607	606
41	河南	文史	哲学	强基计划	1	558	620	620	620
41	河南	文史	汉语言文学	强基计划	1	558	645	645	645
41	河南	文史	历史学	强基计划	2	558	630	635	632.5
41	河南	文史	马克思主义理论	提前批	2	558	632	635	633.5
41	河南	文史	音乐学（键盘器乐表演）	艺术类	2	558	181	188	184.5
41	河南	文史	音乐学（中国民族器乐表演）	艺术类	3	558	183	187	184.67
41	河南	理工	物理学类	高校专项	2	518	635	636	635.5
41	河南	理工	化学类	高校专项	1	518	632	632	632
41	河南	理工	电子信息类（通信电子与光电方向）	高校专项	2	518	639	641	640
41	河南	理工	计算机类（计算机与智能方向）	高校专项	4	518	642	647	644.5
41	河南	理工	生物科学类	高校专项	2	518	634	636	635
41	河南	理工	材料类	高校专项	1	518	633	633	633
41	河南	理工	机械类	高校专项	2	518	635	635	635
41	河南	理工	自动化类	高校专项	2	518	636	639	637.5
41	河南	理工	能源动力类	高校专项	3	518	634	639	636
41	河南	理工	土木类	高校专项	1	518	633	633	633

续表

省区市代码	省（区、市）	科类	专业名称	统计类型	录取人数	控制线	最低分	最高分	平均分
41	河南	理工	环境科学与工程类	高校专项	1	518	632	632	632
41	河南	理工	临床医学（五年制）	高校专项	3	518	639	645	641.33
41	河南	理工	药学类	高校专项	2	518	632	635	633.5
41	河南	理工	管理科学与工程类	高校专项	1	518	636	636	636
41	河南	理工	电子信息类（通信电子与光电方向）	国家专项	2	518	643	645	644
41	河南	理工	计算机类（计算机与智能方向）	国家专项	3	518	643	648	645
41	河南	理工	材料类	国家专项	3	518	637	641	639.67
41	河南	理工	机械类	国家专项	3	518	641	642	641.67
41	河南	理工	自动化类	国家专项	2	518	643	643	643
41	河南	理工	能源动力类	国家专项	3	518	635	642	639.67
41	河南	理工	土木类	国家专项	3	518	638	639	638.67
41	河南	理工	预防医学（五年制）	国家专项	2	518	636	644	640
41	河南	理工	临床医学（五年制）	国家专项	1	518	652	652	652
41	河南	理工	管理科学与工程类	国家专项	2	518	630	631	630.5
41	河南	理工	经济学类	普通类	4	518	645	648	647.25
41	河南	理工	法学类	普通类	2	518	644	644	644
41	河南	理工	数学类	普通类	6	518	650	667	655.17
41	河南	理工	物理学类	普通类	5	518	644	650	647.4
41	河南	理工	化学类	普通类	12	518	638	644	640.5
41	河南	理工	电子信息类（通信电子与光电方向）	普通类	15	518	642	644	643
41	河南	理工	计算机类（计算机与智能方向）	普通类	11	518	646	647	646.27
41	河南	理工	生物科学类	普通类	12	518	639	645	640.5
41	河南	理工	材料类	普通类	13	518	639	644	639.92
41	河南	理工	机械类	普通类	15	518	639	641	639.87
41	河南	理工	自动化类	普通类	15	518	640	646	642.33
41	河南	理工	智能医学工程	普通类	2	518	640	640	640

续表

省区市代码	省（区、市）	科类	专业名称	统计类型	录取人数	控制线	最低分	最高分	平均分
41	河南	理工	能源动力类	普通类	12	518	639	641	639.92
41	河南	理工	电气工程及其自动化	普通类	15	518	641	645	642
41	河南	理工	建筑学（五年制）	普通类	2	518	639	640	639.5
41	河南	理工	土木类	普通类	15	518	638	640	638.87
41	河南	理工	环境科学与工程类	普通类	3	518	639	640	639.33
41	河南	理工	预防医学（五年制）	普通类	8	518	638	640	639.62
41	河南	理工	临床医学（五年制）	普通类	12	518	647	652	650.17
41	河南	理工	临床医学（5+3一体化）	普通类	10	518	652	659	654.8
41	河南	理工	口腔医学（五年制）	普通类	3	518	650	654	652.33
41	河南	理工	口腔医学（5+3一体化）	普通类	3	518	654	659	657
41	河南	理工	药学类	普通类	4	518	639	649	643.25
41	河南	理工	管理科学与工程类	普通类	3	518	638	640	639
41	河南	理工	工商管理类	普通类	9	518	638	644	639.67
41	河南	理工	计算机类（软件数媒与大数据方向）	普通类	27	518	641	646	642.67
41	河南	理工	电子信息类（微电子与电路集成方向）	普通类	10	518	641	645	642.6
41	河南	理工	网络空间安全	普通类	6	518	643	645	643.67
41	河南	理工	护理学	普通类（专业志愿）	6	518	594	603	596.83
41	河南	理工	数学与应用数学	强基计划	2	518	646	650	648
41	河南	理工	物理学	强基计划	2	518	626	632	629
41	河南	理工	化学	强基计划	2	518	621	628	624.5
41	河南	理工	生物科学	强基计划	2	518	616	617	616.5
41	河南	理工	生物医学科学	强基计划	2	518	625	631	628
42	湖北	物理类	生物科学类	高校专项	1	520	604	604	604
42	湖北	物理类	机械类	高校专项	1	520	616	616	616
42	湖北	物理类	临床医学（五年制）	高校专项	1	520	615	615	615
42	湖北	物理类	管理科学与工程类	高校专项	1	520	618	618	618
42	湖北	物理类	机械类	国家专项	2	520	616	616	616

续表

省区市代码	省（区、市）	科类	专业名称	统计类型	录取人数	控制线	最低分	最高分	平均分
42	湖北	物理类	自动化类	国家专项	2	520	618	620	619
42	湖北	物理类	能源动力类	国家专项	3	520	616	625	619.33
42	湖北	物理类	土木类	国家专项	2	520	616	616	616
42	湖北	物理类	经济学类	普通类	3	520	632	635	633
42	湖北	物理类	数学类	普通类	3	520	636	637	636.67
42	湖北	物理类	物理学类	普通类	4	520	631	633	631.5
42	湖北	物理类	化学类	普通类	5	520	626	629	627.6
42	湖北	物理类	电子信息类（通信电子与光电方向）	普通类	6	520	631	635	632.33
42	湖北	物理类	计算机类（计算机与智能方向）	普通类	4	520	633	636	635
42	湖北	物理类	生物科学类	普通类	4	520	629	634	631.75
42	湖北	物理类	材料类	普通类	6	520	628	630	628.5
42	湖北	物理类	机械类	普通类	6	520	629	631	629.5
42	湖北	物理类	自动化类	普通类	7	520	629	635	630.29
42	湖北	物理类	能源动力类	普通类	10	520	628	630	629.2
42	湖北	物理类	电气工程及其自动化	普通类	5	520	631	633	631.8
42	湖北	物理类	建筑学（五年制）	普通类	2	520	628	631	629.5
42	湖北	物理类	土木类	普通类	6	520	628	630	629
42	湖北	物理类	环境科学与工程类	普通类	3	520	628	630	629
42	湖北	物理类	临床医学（五年制）	普通类	3	520	635	635	635
42	湖北	物理类	临床医学（5＋3一体化）	普通类	2	520	636	637	636.5
42	湖北	物理类	口腔医学（5＋3一体化）	普通类	2	520	639	642	640.5
42	湖北	物理类	药学类	普通类	3	520	629	639	632.33
42	湖北	物理类	管理科学与工程类	普通类	3	520	628	632	630.33
42	湖北	物理类	工商管理类	普通类	3	520	631	632	631.33
42	湖北	物理类	计算机类（软件数媒与大数据方向）	普通类	11	520	631	636	632.55
42	湖北	物理类	生物医学科学	普通类	2	520	626	626	626
42	湖北	物理类	网络空间安全	普通类	4	520	632	633	632.75

续表

省区市代码	省(区、市)	科类	专业名称	统计类型	录取人数	控制线	最低分	最高分	平均分
42	湖北	物理类	护理学	普通类(专业志愿)	6	520	583	594	585.67
42	湖北	物理类	数学与应用数学	强基计划	1	520	623	623	623
42	湖北	物理类	物理学	强基计划	1	520	596	596	596
42	湖北	物理类	生物科学	强基计划	1	520	621	621	621
42	湖北	历史类	新闻传播学类	高校专项	1	558	609	609	609
42	湖北	历史类	社会学类	普通类	2	558	622	623	622.5
42	湖北	历史类	公共管理类	普通类	2	558	622	624	623
42	湖北	历史类	法学类	普通类	2	558	623	623	623
42	湖北	历史类	中国语言文学类	普通类	3	558	625	627	626
42	湖北	历史类	新闻传播学类	普通类	2	558	623	624	623.5
42	湖北	历史类	外国语言文学类	普通类	6	558	622	624	622.5
42	湖北	历史类	工商管理类	普通类	3	558	624	630	626.33
42	湖北	历史类	护理学	普通类(专业志愿)	4	558	598	602	600.25
42	湖北	历史类	哲学	强基计划	1	558	611	611	611
42	湖北	历史类	历史学	强基计划	1	558	630	630	630
43	湖南	物理类	计算机类(计算机与智能方向)	高校专项	1	504	613	613	613
43	湖南	物理类	材料类	高校专项	1	504	617	617	617
43	湖南	物理类	电子信息类(通信电子与光电方向)	国家专项	2	504	616	617	616.5
43	湖南	物理类	计算机类(计算机与智能方向)	国家专项	1	504	618	618	618
43	湖南	物理类	材料类	国家专项	2	504	614	617	615.5
43	湖南	物理类	能源动力类	国家专项	2	504	615	617	616
43	湖南	物理类	土木类	国家专项	2	504	614	615	614.5
43	湖南	物理类	预防医学(五年制)	国家专项	2	504	607	610	608.5
43	湖南	物理类	经济学类	普通类	3	504	622	626	623.67
43	湖南	物理类	数学类	普通类	3	504	631	650	638
43	湖南	物理类	物理学类	普通类	3	504	625	629	627

续表

省区市代码	省（区、市）	科类	专业名称	统计类型	录取人数	控制线	最低分	最高分	平均分
43	湖南	物理类	化学类	普通类	4	504	616	619	616.75
43	湖南	物理类	电子信息类（通信电子与光电方向）	普通类	5	504	623	630	624.8
43	湖南	物理类	计算机类（计算机与智能方向）	普通类	4	504	626	630	627.75
43	湖南	物理类	生物科学类	普通类	3	504	623	627	624.67
43	湖南	物理类	材料类	普通类	5	504	620	622	620.4
43	湖南	物理类	机械类	普通类	5	504	620	622	621
43	湖南	物理类	自动化类	普通类	6	504	621	623	621.83
43	湖南	物理类	能源动力类	普通类	5	504	621	623	621.6
43	湖南	物理类	电气工程及其自动化	普通类	5	504	622	625	623.2
43	湖南	物理类	土木类	普通类	5	504	621	621	621
43	湖南	物理类	环境科学与工程类	普通类	2	504	620	620	620
43	湖南	物理类	预防医学（五年制）	普通类	2	504	620	621	620.5
43	湖南	物理类	临床医学（五年制）	普通类	3	504	631	631	631
43	湖南	物理类	临床医学（5＋3一体化）	普通类	4	504	633	638	635.25
43	湖南	物理类	口腔医学（5＋3一体化）	普通类	2	504	628	633	630.5
43	湖南	物理类	药学类	普通类	3	504	619	620	619.33
43	湖南	物理类	管理科学与工程类	普通类	2	504	620	621	620.5
43	湖南	物理类	工商管理类	普通类	3	504	621	625	622.33
43	湖南	物理类	计算机类（软件数媒与大数据方向）	普通类	11	504	623	626	624.64
43	湖南	物理类	电子信息类（微电子与电路集成方向）	普通类	4	504	621	627	623.5
43	湖南	物理类	生物医学科学	普通类	3	504	616	619	617
43	湖南	物理类	网络空间安全	普通类	4	504	623	626	624
43	湖南	物理类	数学与应用数学	强基计划	1	521	628	628	628
43	湖南	物理类	化学	强基计划	1	521	618	618	618
43	湖南	物理类	生物科学	强基计划	1	521	607	607	607
43	湖南	物理类	社会体育指导与管理	体育类	5	504	788	792	790.6

续表

省区市代码	省（区、市）	科类	专业名称	统计类型	录取人数	控制线	最低分	最高分	平均分
43	湖南	历史类	工商管理类	高水平运动队	1	521	413	413	413
43	湖南	历史类	工商管理类	高校专项	1	521	600	600	600
43	湖南	历史类	哲学类	普通类	2	521	609	614	611.5
43	湖南	历史类	社会学类	普通类	2	521	608	610	609
43	湖南	历史类	政治学类	普通类	2	521	608	608	608
43	湖南	历史类	法学类	普通类	2	521	611	613	612
43	湖南	历史类	新闻传播学类	普通类	2	521	609	609	609
43	湖南	历史类	外国语言文学类	普通类	6	521	608	611	608.67
43	湖南	历史类	工商管理类	普通类	3	521	611	612	611.33
43	湖南	历史类	哲学	强基计划	1	521	596	596	596
43	湖南	历史类	历史学	强基计划	1	521	608	608	608
43	湖南	历史类	美术学	艺术类	2	521	381	423	402
43	湖南	历史类	音乐学（声乐表演）	艺术类	2	521	372	428	400
43	湖南	历史类	音乐学（西洋器乐表演）	艺术类	3	521	360	406	386
43	湖南	历史类	产品设计	艺术类	4	521	403	441	420
44	广东	物理类	化学类	高校专项	1	539	605	605	605
44	广东	物理类	经济学类	普通类	4	539	625	631	627.75
44	广东	物理类	数学类	普通类	3	539	636	644	640.67
44	广东	物理类	物理学类	普通类	3	539	629	631	630
44	广东	物理类	化学类	普通类	5	539	614	616	615.2
44	广东	物理类	电子信息类（通信电子与光电方向）	普通类	9	539	625	632	627.33
44	广东	物理类	计算机类（计算机与智能方向）	普通类	5	539	630	637	632
44	广东	物理类	生物科学类	普通类	4	539	615	629	620.25
44	广东	物理类	材料类	普通类	6	539	619	619	619
44	广东	物理类	机械类	普通类	6	539	619	621	619.83
44	广东	物理类	自动化类	普通类	8	539	622	626	624.62
44	广东	物理类	智能医学工程	普通类	2	539	615	620	617.5

续表

省区市代码	省（区、市）	科类	专业名称	统计类型	录取人数	控制线	最低分	最高分	平均分
44	广东	物理类	能源动力类	普通类	10	539	619	621	620
44	广东	物理类	电气工程及其自动化	普通类	6	539	621	629	623.5
44	广东	物理类	建筑学（五年制）	普通类	3	539	619	621	619.67
44	广东	物理类	土木类	普通类	5	539	619	620	619.2
44	广东	物理类	预防医学（五年制）	普通类	2	539	615	616	615.5
44	广东	物理类	临床医学（五年制）	普通类	2	539	633	635	634
44	广东	物理类	临床医学（5+3一体化）	普通类	2	539	634	635	634.5
44	广东	物理类	药学类	普通类	3	539	615	616	615.33
44	广东	物理类	管理科学与工程类	普通类	2	539	621	621	621
44	广东	物理类	工商管理类	普通类	5	539	622	625	623.2
44	广东	物理类	计算机类（软件数媒与大数据方向）	普通类	20	539	622	629	625.7
44	广东	物理类	电子信息类（微电子与电路集成方向）	普通类	10	539	621	623	621.9
44	广东	物理类	网络空间安全	普通类	4	539	628	629	628.25
44	广东	物理类	数学与应用数学	强基计划	1	539	636	636	636
44	广东	物理类	物理学	强基计划	1	539	615	615	615
44	广东	物理类	生物科学	强基计划	1	539	591	591	591
44	广东	物理类	生物医学科学	强基计划	1	539	619	619	619
44	广东	物理类	社会体育指导与管理	体育类	5	539	572	582	577
44	广东	历史类	英语	保送生	1	548	0	0	0
44	广东	历史类	日语	保送生	1	548	0	0	0
44	广东	历史类	哲学类	普通类	2	548	610	610	610
44	广东	历史类	经济学类	普通类	3	548	611	614	612.67
44	广东	历史类	公共管理类	普通类	2	548	607	608	607.5
44	广东	历史类	法学类	普通类	3	548	611	611	611
44	广东	历史类	中国语言文学类	普通类	4	548	614	616	615
44	广东	历史类	新闻传播学类	普通类	2	548	612	614	613
44	广东	历史类	外国语言文学类	普通类	10	548	609	611	610.2
44	广东	历史类	历史学类	普通类	5	548	612	612	612

续表

省区市代码	省（区、市）	科类	专业名称	统计类型	录取人数	控制线	最低分	最高分	平均分
44	广东	历史类	工商管理类	普通类	5	548	608	611	609.2
44	广东	历史类	哲学	强基计划	1	548	617	617	617
44	广东	历史类	历史学	强基计划	1	548	607	607	607
44	广东	综合改革	马克思主义理论	提前批	2	548	608	610	609
45	广西	文史	历史学类	高校专项	1	530	569	569	569
45	广西	文史	社会学类	普通类	2	530	619	621	620
45	广西	文史	经济学类	普通类	2	530	624	625	624.5
45	广西	文史	政治学类	普通类	2	530	619	620	619.5
45	广西	文史	公共管理类	普通类	2	530	619	623	621
45	广西	文史	法学类	普通类	2	530	624	624	624
45	广西	文史	中国语言文学类	普通类	2	530	624	625	624.5
45	广西	文史	新闻传播学类	普通类	2	530	623	623	623
45	广西	文史	外国语言文学类	普通类	8	530	616	622	617.5
45	广西	文史	工商管理类	普通类	4	530	617	623	619.25
45	广西	文史	汉语言文学	强基计划	1	530	592	592	592
45	广西	文史	历史学	强基计划	1	530	615	615	615
45	广西	文史	经济学类	预科转正	1	530	542	542	542
45	广西	文史	中国语言文学类	预科转正	1	530	578	578	578
45	广西	理工	自动化类	高校专项	1	487	584	584	584
45	广西	理工	能源动力类	高校专项	1	487	577	577	577
45	广西	理工	计算机类（计算机与智能方向）	国家专项	2	487	587	613	600
45	广西	理工	土木类	国家专项	3	487	538	584	568
45	广西	理工	临床医学（五年制）	国家专项	2	487	593	595	594
45	广西	理工	经济学类	普通类	2	487	613	620	616.5
45	广西	理工	数学类	普通类	2	487	620	622	621
45	广西	理工	物理学类	普通类	3	487	605	609	606.33
45	广西	理工	化学类	普通类	4	487	602	609	604.25
45	广西	理工	电子信息类（通信电子与光电方向）	普通类	6	487	608	629	613

续表

省区市代码	省（区、市）	科类	专业名称	统计类型	录取人数	控制线	最低分	最高分	平均分
45	广西	理工	计算机类（计算机与智能方向）	普通类	3	487	620	626	622.67
45	广西	理工	生物科学类	普通类	4	487	601	616	605.75
45	广西	理工	材料类	普通类	5	487	602	606	604.2
45	广西	理工	机械类	普通类	6	487	601	605	602.67
45	广西	理工	自动化类	普通类	6	487	607	608	607.17
45	广西	理工	能源动力类	普通类	6	487	601	614	605.5
45	广西	理工	电气工程及其自动化	普通类	5	487	609	619	614.4
45	广西	理工	土木类	普通类	6	487	602	603	602.5
45	广西	理工	环境科学与工程类	普通类	2	487	607	608	607.5
45	广西	理工	预防医学（五年制）	普通类	2	487	603	624	613.5
45	广西	理工	临床医学（五年制）	普通类	4	487	628	633	629.75
45	广西	理工	临床医学（5＋3一体化）	普通类	3	487	634	640	637
45	广西	理工	口腔医学（五年制）	普通类	2	487	630	632	631
45	广西	理工	药学类	普通类	3	487	603	616	608.33
45	广西	理工	工商管理类	普通类	3	487	608	615	610.67
45	广西	理工	计算机类（软件数媒与大数据方向）	普通类	8	487	610	618	613
45	广西	理工	电子信息类（微电子与电路集成方向）	普通类	4	487	607	625	611.75
45	广西	理工	网络空间安全	普通类	2	487	610	611	610.5
45	广西	理工	数学与应用数学	强基计划	1	487	617	617	617
45	广西	理工	化学	强基计划	1	487	581	581	581
45	广西	理工	法学类	预科转正	1	487	599	599	599
45	广西	理工	历史学类	预科转正	1	487	610	610	610
45	广西	理工	能源动力类	预科转正	1	487	596	596	596
45	广西	理工	预防医学（五年制）	预科转正	1	487	596	596	596
45	广西	理工	管理科学与工程类	预科转正	1	487	596	596	596
45	广西	理工	计算机类（软件数媒与大数据方向）	预科转正	1	487	594	594	594

续表

省区市代码	省（区、市）	科类	专业名称	统计类型	录取人数	控制线	最低分	最高分	平均分
46	海南	综合改革	外国语言文学类	高校专项	1	569	677	677	677
46	海南	综合改革	能源动力类	高校专项	1	569	630	630	630
46	海南	综合改革	经济学类	普通类	4	569	721	736	726.75
46	海南	综合改革	政治学类	普通类	2	569	708	718	713
46	海南	综合改革	中国语言文学类	普通类	2	569	724	742	733
46	海南	综合改革	外国语言文学类	普通类	2	569	714	723	718.5
46	海南	综合改革	历史学类	普通类	2	569	701	703	702
46	海南	综合改革	化学类	普通类	2	569	680	695	687.5
46	海南	综合改革	电子信息类（通信电子与光电方向）	普通类	3	569	701	703	702.33
46	海南	综合改革	计算机类（计算机与智能方向）	普通类	2	569	714	718	716
46	海南	综合改革	生物科学类	普通类	2	569	694	708	701
46	海南	综合改革	材料类	普通类	3	569	694	696	695
46	海南	综合改革	自动化类	普通类	3	569	699	703	700.67
46	海南	综合改革	能源动力类	普通类	2	569	697	698	697.5
46	海南	综合改革	土木类	普通类	3	569	694	694	694
46	海南	综合改革	环境科学与工程类	普通类	2	569	685	689	687
46	海南	综合改革	临床医学（五年制）	普通类	2	569	711	712	711.5
46	海南	综合改革	药学类	普通类	3	569	690	695	692.67
46	海南	综合改革	工商管理类	普通类	4	569	711	721	717.75
46	海南	综合改革	网络空间安全	普通类	3	569	696	698	696.67
50	重庆	物理类	土木类	高校专项	1	528	603	603	603
50	重庆	物理类	电子信息类（通信电子与光电方向）	国家专项	2	528	646	647	646.5
50	重庆	物理类	计算机类（计算机与智能方向）	国家专项	2	528	651	654	652.5
50	重庆	物理类	机械类	国家专项	2	528	643	645	644
50	重庆	物理类	能源动力类	国家专项	2	528	643	643	643
50	重庆	物理类	土木类	国家专项	1	528	637	637	637

续表

省区市代码	省（区、市）	科类	专业名称	统计类型	录取人数	控制线	最低分	最高分	平均分
50	重庆	物理类	经济学类	普通类	2	528	651	654	652.5
50	重庆	物理类	数学类	普通类	2	528	656	661	658.5
50	重庆	物理类	物理学类	普通类	3	528	648	650	648.67
50	重庆	物理类	化学类	普通类	3	528	639	644	641
50	重庆	物理类	电子信息类（通信电子与光电方向）	普通类	2	528	647	648	647.5
50	重庆	物理类	计算机类（计算机与智能方向）	普通类	5	528	649	653	651
50	重庆	物理类	生物科学类	普通类	2	528	639	646	642.5
50	重庆	物理类	材料类	普通类	3	528	635	648	641
50	重庆	物理类	机械类	普通类	2	528	641	644	642.5
50	重庆	物理类	自动化类	普通类	2	528	645	646	645.5
50	重庆	物理类	智能医学工程	普通类	2	528	635	640	637.5
50	重庆	物理类	能源动力类	普通类	2	528	636	638	637
50	重庆	物理类	电气工程及其自动化	普通类	4	528	643	645	644.25
50	重庆	物理类	土木类	普通类	3	528	637	640	638.33
50	重庆	物理类	环境科学与工程类	普通类	2	528	637	643	640
50	重庆	物理类	临床医学（五年制）	普通类	2	528	663	663	663
50	重庆	物理类	临床医学（5+3一体化）	普通类	2	528	666	675	670.5
50	重庆	物理类	口腔医学（五年制）	普通类	2	528	660	664	662
50	重庆	物理类	药学类	普通类	3	528	640	652	644.33
50	重庆	物理类	工商管理类	普通类	3	528	641	642	641.33
50	重庆	物理类	计算机类（软件数媒与大数据方向）	普通类	6	528	646	651	647.33
50	重庆	物理类	生物医学科学	普通类	2	528	637	645	641
50	重庆	物理类	网络空间安全	普通类	3	528	645	648	646.33
50	重庆	物理类	数学与应用数学	强基计划	1	528	659	659	659
50	重庆	物理类	化学	强基计划	1	528	629	629	629
50	重庆	物理类	生物科学	强基计划	1	528	626	626	626
50	重庆	历史类	社会体育指导与管理	高水平运动队	1	538	331	331	331

续表

省区市代码	省(区、市)	科类	专业名称	统计类型	录取人数	控制线	最低分	最高分	平均分
50	重庆	历史类	中国语言文学类	高校专项	1	538	614	614	614
50	重庆	历史类	工商管理类	高校专项	1	538	617	617	617
50	重庆	历史类	哲学类	普通类	2	538	624	626	625
50	重庆	历史类	经济学类	普通类	2	538	628	629	628.5
50	重庆	历史类	公共管理类	普通类	3	538	623	626	624
50	重庆	历史类	法学类	普通类	2	538	630	634	632
50	重庆	历史类	新闻传播学类	普通类	2	538	627	627	627
50	重庆	历史类	外国语言文学类	普通类	2	538	627	627	627
50	重庆	历史类	历史学类	普通类	3	538	626	629	627
51	四川	文史	新闻传播学类	高校专项	1	541	573	573	573
51	四川	文史	历史学类	高校专项	1	541	581	581	581
51	四川	文史	工商管理类	高校专项	1	541	586	586	586
51	四川	文史	社会学类	普通类	2	541	608	608	608
51	四川	文史	经济学类	普通类	2	541	612	612	612
51	四川	文史	政治学类	普通类	2	541	609	609	609
51	四川	文史	公共管理类	普通类	2	541	608	608	608
51	四川	文史	法学类	普通类	2	541	610	610	610
51	四川	文史	中国语言文学类	普通类	2	541	611	614	612.5
51	四川	文史	新闻传播学类	普通类	2	541	609	610	609.5
51	四川	文史	外国语言文学类	普通类	7	541	607	611	609
51	四川	文史	历史学类	普通类	2	541	607	607	607
51	四川	文史	工商管理类	普通类	3	541	609	609	609
51	四川	文史	哲学	强基计划	1	541	600	600	600
51	四川	文史	历史学	强基计划	1	541	599	599	599
51	四川	文史	哲学类	预科转正	1	541	556	556	556
51	四川	文史	政治学类	预科转正	1	541	557	557	557
51	四川	文史	马克思主义理论	预科转正	1	541	554	554	554
51	四川	理工	临床医学（五年制，定向西藏）	定向西藏	1	521	592	592	592
51	四川	理工	材料类	高校专项	1	521	613	613	613

续表

省区市代码	省（区、市）	科类	专业名称	统计类型	录取人数	控制线	最低分	最高分	平均分
51	四川	理工	机械类	高校专项	1	521	620	620	620
51	四川	理工	自动化类	高校专项	1	521	623	623	623
51	四川	理工	土木类	高校专项	1	521	607	607	607
51	四川	理工	药学类	高校专项	1	521	623	623	623
51	四川	理工	电子信息类（通信电子与光电方向）	国家专项	2	521	625	631	628
51	四川	理工	计算机类（计算机与智能方向）	国家专项	3	521	622	625	623.33
51	四川	理工	材料类	国家专项	2	521	617	618	617.5
51	四川	理工	机械类	国家专项	2	521	618	619	618.5
51	四川	理工	自动化类	国家专项	2	521	619	637	628
51	四川	理工	土木类	国家专项	2	521	617	617	617
51	四川	理工	管理科学与工程类	国家专项	1	521	618	618	618
51	四川	理工	经济学类	普通类	2	521	636	641	638.5
51	四川	理工	数学类	普通类	3	521	646	660	651
51	四川	理工	物理学类	普通类	3	521	635	641	637.67
51	四川	理工	化学类	普通类	5	521	630	634	632.6
51	四川	理工	电子信息类（通信电子与光电方向）	普通类	6	521	635	636	635.83
51	四川	理工	计算机类（计算机与智能方向）	普通类	4	521	643	645	643.5
51	四川	理工	生物科学类	普通类	3	521	633	634	633.67
51	四川	理工	材料类	普通类	5	521	630	633	631.6
51	四川	理工	机械类	普通类	6	521	631	635	632.67
51	四川	理工	自动化类	普通类	6	521	634	637	634.67
51	四川	理工	智能医学工程	普通类	2	521	632	634	633
51	四川	理工	能源动力类	普通类	8	521	632	634	632.88
51	四川	理工	电气工程及其自动化	普通类	5	521	636	639	637.2
51	四川	理工	土木类	普通类	3	521	632	634	633
51	四川	理工	环境科学与工程类	普通类	2	521	631	631	631

续表

省区市代码	省（区、市）	科类	专业名称	统计类型	录取人数	控制线	最低分	最高分	平均分
51	四川	理工	预防医学（五年制）	普通类	3	521	633	640	637
51	四川	理工	临床医学（五年制）	普通类	4	521	644	646	644.75
51	四川	理工	临床医学（5+3 一体化）	普通类	3	521	653	656	654.67
51	四川	理工	药学类	普通类	3	521	634	636	635
51	四川	理工	工商管理类	普通类	3	521	633	633	633
51	四川	理工	计算机类（软件数媒与大数据方向）	普通类	14	521	634	638	635.5
51	四川	理工	电子信息类（微电子与电路集成方向）	普通类	5	521	634	635	634.8
51	四川	理工	网络空间安全	普通类	3	521	635	637	636
51	四川	理工	数学与应用数学	强基计划	1	521	635	635	635
51	四川	理工	物理学	强基计划	1	521	627	627	627
51	四川	理工	生物科学	强基计划	1	521	616	616	616
51	四川	理工	物理学类	预科转正	2	521	583	588	585.5
51	四川	理工	电子信息类（通信电子与光电方向）	预科转正	1	521	584	584	584
51	四川	理工	计算机类（计算机与智能方向）	预科转正	1	521	587	587	587
51	四川	理工	自动化类	预科转正	1	521	586	586	586
51	四川	理工	电气工程及其自动化	预科转正	1	521	588	588	588
51	四川	理工	土木类	预科转正	1	521	581	581	581
51	四川	理工	计算机类（软件数媒与大数据方向）	预科转正	1	521	585	585	585
51	四川	体育	社会体育指导与管理	体育类	5	541	97	99	97.6
52	贵州	文史	外国语言文学类	高校专项	1	556	638	638	638
52	贵州	文史	工商管理类	高校专项	1	556	640	640	640
52	贵州	文史	社会学类	普通类	2	556	643	644	643.5
52	贵州	文史	经济学类	普通类	2	556	644	645	644.5
52	贵州	文史	政治学类	普通类	2	556	644	644	644
52	贵州	文史	法学类	普通类	2	556	648	650	649
52	贵州	文史	中国语言文学类	普通类	2	556	645	647	646

续表

省区市代码	省（区、市）	科类	专业名称	统计类型	录取人数	控制线	最低分	最高分	平均分
52	贵州	文史	外国语言文学类	普通类	4	556	642	643	642.5
52	贵州	文史	历史学类	普通类	3	556	644	645	644.33
52	贵州	文史	工商管理类	普通类	3	556	643	644	643.67
52	贵州	文史	社会学类	预科转正	1	556	606	606	606
52	贵州	文史	经济学类	预科转正	1	556	606	606	606
52	贵州	理工	机械类	高校专项	1	456	582	582	582
52	贵州	理工	自动化类	高校专项	1	456	580	580	580
52	贵州	理工	土木类	高校专项	1	456	580	580	580
52	贵州	理工	药学类	高校专项	1	456	578	578	578
52	贵州	理工	电子信息类（通信电子与光电方向）	国家专项	2	456	589	601	595
52	贵州	理工	计算机类（计算机与智能方向）	国家专项	2	456	595	596	595.5
52	贵州	理工	机械类	国家专项	2	456	568	581	574.5
52	贵州	理工	自动化类	国家专项	2	456	584	585	584.5
52	贵州	理工	能源动力类	国家专项	2	456	579	582	580.5
52	贵州	理工	土木类	国家专项	2	456	571	586	578.5
52	贵州	理工	预防医学（五年制）	国家专项	4	456	568	593	575
52	贵州	理工	临床医学（五年制）	国家专项	2	456	602	609	605.5
52	贵州	理工	管理科学与工程类	国家专项	2	456	569	577	573
52	贵州	理工	经济学类	普通类	2	456	608	609	608.5
52	贵州	理工	数学类	普通类	2	456	605	609	607
52	贵州	理工	物理学类	普通类	3	456	584	594	588
52	贵州	理工	化学类	普通类	4	456	588	604	593.5
52	贵州	理工	电子信息类（通信电子与光电方向）	普通类	6	456	590	608	595.67
52	贵州	理工	计算机类（计算机与智能方向）	普通类	2	456	608	612	610
52	贵州	理工	生物科学类	普通类	2	456	586	592	589
52	贵州	理工	材料类	普通类	4	456	581	586	582.5

续表

省区市代码	省（区、市）	科类	专业名称	统计类型	录取人数	控制线	最低分	最高分	平均分
52	贵州	理工	机械类	普通类	5	456	580	586	582.6
52	贵州	理工	自动化类	普通类	5	456	586	595	588.4
52	贵州	理工	能源动力类	普通类	6	456	582	591	585.5
52	贵州	理工	电气工程及其自动化	普通类	5	456	590	600	594.6
52	贵州	理工	土木类	普通类	6	456	581	597	584.67
52	贵州	理工	环境科学与工程类	普通类	2	456	581	582	581.5
52	贵州	理工	预防医学（五年制）	普通类	2	456	606	613	609.5
52	贵州	理工	临床医学（五年制）	普通类	3	456	617	620	618
52	贵州	理工	临床医学（5＋3一体化）	普通类	2	456	620	623	621.5
52	贵州	理工	药学类	普通类	3	456	587	613	599.67
52	贵州	理工	管理科学与工程类	普通类	2	456	583	584	583.5
52	贵州	理工	工商管理类	普通类	2	456	597	600	598.5
52	贵州	理工	计算机类（软件数媒与大数据方向）	普通类	3	456	600	602	601.33
52	贵州	理工	网络空间安全	普通类	3	456	594	596	595.33
52	贵州	理工	数学与应用数学	强基计划	1	456	581	581	581
52	贵州	理工	化学	强基计划	1	456	584	584	584
52	贵州	理工	生物科学	强基计划	1	456	571	571	571
52	贵州	理工	公共管理类	预科转正	1	456	592	592	592
52	贵州	理工	中国语言文学类	预科转正	1	456	586	586	586
52	贵州	理工	自动化类	预科转正	1	456	589	589	589
52	贵州	理工	环境科学与工程类	预科转正	1	456	585	585	585
52	贵州	理工	临床医学（五年制）	预科转正	1	456	588	588	588
52	贵州	理工	网络空间安全	预科转正	1	456	591	591	591
53	云南	文史	法学类	高校专项	1	565	627	627	627
53	云南	文史	哲学类	普通类	2	565	642	643	642.5
53	云南	文史	经济学类	普通类	2	565	645	646	645.5
53	云南	文史	政治学类	普通类	2	565	643	645	644
53	云南	文史	公共管理类	普通类	3	565	641	641	641
53	云南	文史	法学类	普通类	2	565	641	645	643

续表

省区市代码	省（区、市）	科类	专业名称	统计类型	录取人数	控制线	最低分	最高分	平均分
53	云南	文史	中国语言文学类	普通类	3	565	643	647	645.33
53	云南	文史	新闻传播学类	普通类	2	565	641	641	641
53	云南	文史	外国语言文学类	普通类	2	565	641	643	642
53	云南	文史	工商管理类	普通类	3	565	641	643	642
53	云南	文史	哲学	强基计划	1	565	643	643	643
53	云南	文史	汉语言文学	强基计划	1	565	640	640	640
53	云南	文史	历史学	强基计划	1	565	642	642	642
53	云南	文史	法学类	预科转正	1	565	615	615	615
53	云南	文史	外国语言文学类	预科转正	1	565	614	614	614
53	云南	文史	历史学类	预科转正	1	565	613	613	613
53	云南	理工	电子信息类（通信电子与光电方向）	高校专项	2	520	593	600	596.5
53	云南	理工	自动化类	高校专项	1	520	605	605	605
53	云南	理工	预防医学（五年制）	高校专项	1	520	606	606	606
53	云南	理工	电子信息类（通信电子与光电方向）	国家专项	2	520	620	622	621
53	云南	理工	计算机类（计算机与智能方向）	国家专项	2	520	623	623	623
53	云南	理工	材料类	国家专项	2	520	618	618	618
53	云南	理工	机械类	国家专项	2	520	619	620	619.5
53	云南	理工	自动化类	国家专项	2	520	620	621	620.5
53	云南	理工	能源动力类	国家专项	2	520	617	618	617.5
53	云南	理工	土木类	国家专项	1	520	618	618	618
53	云南	理工	预防医学（五年制）	国家专项	2	520	581	583	582
53	云南	理工	经济学类	普通类	2	520	639	646	642.5
53	云南	理工	数学类	普通类	2	520	639	645	642
53	云南	理工	物理学类	普通类	3	520	628	639	632.33
53	云南	理工	化学类	普通类	3	520	628	645	635.67
53	云南	理工	电子信息类（通信电子与光电方向）	普通类	5	520	629	637	633

续表

省区市代码	省（区、市）	科类	专业名称	统计类型	录取人数	控制线	最低分	最高分	平均分
53	云南	理工	计算机类（计算机与智能方向）	普通类	2	520	640	642	641
53	云南	理工	生物科学类	普通类	3	520	623	645	633.33
53	云南	理工	材料类	普通类	5	520	622	626	624
53	云南	理工	机械类	普通类	5	520	622	627	624
53	云南	理工	自动化类	普通类	4	520	626	628	626.75
53	云南	理工	能源动力类	普通类	4	520	623	643	630.25
53	云南	理工	电气工程及其自动化	普通类	5	520	628	643	632.4
53	云南	理工	土木类	普通类	4	520	626	634	628
53	云南	理工	环境科学与工程类	普通类	2	520	626	627	626.5
53	云南	理工	预防医学（五年制）	普通类	3	520	632	643	638.33
53	云南	理工	临床医学（五年制）	普通类	3	520	646	648	647.33
53	云南	理工	临床医学（5+3 一体化）	普通类	2	520	649	653	651
53	云南	理工	口腔医学（五年制）	普通类	2	520	650	652	651
53	云南	理工	药学类	普通类	3	520	625	632	627.67
53	云南	理工	管理科学与工程类	普通类	2	520	632	636	634
53	云南	理工	工商管理类	普通类	2	520	622	622	622
53	云南	理工	计算机类（软件数媒与大数据方向）	普通类	4	520	628	635	630.25
53	云南	理工	网络空间安全	普通类	2	520	629	637	633
53	云南	理工	数学类	预科转正	1	520	614	614	614
53	云南	理工	材料类	预科转正	1	520	616	616	616
53	云南	理工	能源动力类	预科转正	1	520	616	616	616
53	云南	理工	电气工程及其自动化	预科转正	1	520	615	615	615
53	云南	理工	临床医学（五年制）	预科转正	1	520	616	616	616
53	云南	理工	口腔医学（五年制）	预科转正	1	520	616	616	616
53	云南	理工	管理科学与工程类	预科转正	1	520	615	615	615
53	云南	理工	马克思主义理论	预科转正	1	520	616	616	616
54	西藏	文史	政治学类	高校专项	1	448	352	352	352
54	西藏	文史	公共管理类	普通类	1	448	580	580	580

续表

省区市代码	省（区、市）	科类	专业名称	统计类型	录取人数	控制线	最低分	最高分	平均分
54	西藏	文史	法学类	普通类	1	448	598	598	598
54	西藏	文史	工商管理类	普通类	2	448	584	607	595.5
54	西藏	文史	公共管理类	普通类（西藏少数民族）	1	448	425	425	425
54	西藏	文史	社会学类	西藏内地班	2	448	406	448	427
54	西藏	文史	经济学类	西藏内地班	3	448	463	474	468.33
54	西藏	文史	公共管理类	西藏内地班	2	448	442	442	442
54	西藏	文史	法学类	西藏内地班	2	448	462	511	486.5
54	西藏	文史	中国语言文学类	西藏内地班	2	448	469	489	479
54	西藏	文史	新闻传播学类	西藏内地班	2	448	433	455	444
54	西藏	文史	外国语言文学类	西藏内地班	2	448	429	432	430.5
54	西藏	文史	历史学类	西藏内地班	3	448	435	453	443
54	西藏	文史	工商管理类	西藏内地班	3	448	435	465	452
54	西藏	文史	工商管理类	预科转正	1	448	371	371	371
54	西藏	文史	汉语国际教育	预科转正	1	448	352	352	352
54	西藏	理工	药学类	高校专项	1	415	350	350	350
54	西藏	理工	计算机类（计算机与智能方向）	国家专项	2	415	610	619	614.5
54	西藏	理工	能源动力类	国家专项	2	415	607	615	611
54	西藏	理工	土木类	国家专项	1	415	402	402	402
54	西藏	理工	自动化类	普通类	2	415	566	587	576.5
54	西藏	理工	土木类	普通类	2	415	517	590	553.5
54	西藏	理工	预防医学（五年制）	普通类	1	415	587	587	587

续表

省区市代码	省（区、市）	科类	专业名称	统计类型	录取人数	控制线	最低分	最高分	平均分
54	西藏	理工	临床医学（五年制）	普通类	2	415	617	623	620
54	西藏	理工	药学类	普通类（西藏少数民族）	2	415	402	415	408.5
54	西藏	理工	计算机类（计算机与智能方向）	西藏内地班	2	415	436	494	465
54	西藏	理工	材料类	西藏内地班	2	415	416	430	423
54	西藏	理工	土木类	西藏内地班	3	415	376	439	411.33
54	西藏	理工	环境科学与工程类	西藏内地班	2	415	378	417	397.5
54	西藏	理工	预防医学（五年制）	西藏内地班	2	415	471	490	480.5
54	西藏	理工	临床医学（五年制）	西藏内地班	2	415	550	550	550
54	西藏	理工	药学类	西藏内地班	2	415	447	461	454
61	陕西	文史	社会体育指导与管理	高水平运动队	1	499	237	237	237
61	陕西	文史	工商管理类	高水平运动队	1	499	363	363	363
61	陕西	文史	政治学类	高校专项	1	499	551	551	551
61	陕西	文史	中国语言文学类	高校专项	1	499	565	565	565
61	陕西	文史	经济学类	普通类	2	499	626	634	630
61	陕西	文史	政治学类	普通类	2	499	620	621	620.5
61	陕西	文史	公共管理类	普通类	2	499	617	617	617
61	陕西	文史	法学类	普通类	2	499	622	625	623.5
61	陕西	文史	中国语言文学类	普通类	2	499	624	625	624.5
61	陕西	文史	新闻传播学类	普通类	2	499	619	620	619.5
61	陕西	文史	外国语言文学类	普通类	5	499	617	620	618.6
61	陕西	文史	历史学类	普通类	3	499	619	619	619

续表

省区市代码	省（区、市）	科类	专业名称	统计类型	录取人数	控制线	最低分	最高分	平均分
61	陕西	文史	工商管理类	普通类	4	499	621	624	622.25
61	陕西	理工	机械类	高校专项	1	443	588	588	588
61	陕西	理工	能源动力类	高校专项	1	443	580	580	580
61	陕西	理工	环境科学与工程类	高校专项	1	443	584	584	584
61	陕西	理工	临床医学（五年制）	高校专项	1	443	591	591	591
61	陕西	理工	电子信息类（通信电子与光电方向）	国家专项	2	443	600	602	601
61	陕西	理工	材料类	国家专项	2	443	594	597	595.5
61	陕西	理工	机械类	国家专项	4	443	594	598	595
61	陕西	理工	自动化类	国家专项	3	443	594	599	597
61	陕西	理工	能源动力类	国家专项	2	443	593	608	600.5
61	陕西	理工	经济学类	普通类	2	443	614	614	614
61	陕西	理工	数学类	普通类	3	443	623	637	629.67
61	陕西	理工	物理学类	普通类	3	443	608	621	614
61	陕西	理工	化学类	普通类	3	443	597	598	597.33
61	陕西	理工	电子信息类（通信电子与光电方向）	普通类	7	443	604	610	606.43
61	陕西	理工	计算机类（计算机与智能方向）	普通类	3	443	614	614	614
61	陕西	理工	生物科学类	普通类	3	443	599	613	605
61	陕西	理工	材料类	普通类	4	443	594	600	597
61	陕西	理工	机械类	普通类	4	443	596	600	597
61	陕西	理工	自动化类	普通类	5	443	601	612	606.8
61	陕西	理工	能源动力类	普通类	6	443	596	603	598.33
61	陕西	理工	电气工程及其自动化	普通类	4	443	606	607	606.5
61	陕西	理工	建筑学（五年制）	普通类	2	443	594	596	595
61	陕西	理工	土木类	普通类	3	443	595	595	595
61	陕西	理工	环境科学与工程类	普通类	2	443	595	596	595.5
61	陕西	理工	预防医学（五年制）	普通类	2	443	595	613	604
61	陕西	理工	临床医学（五年制）	普通类	4	443	615	618	616.5

续表

省区市代码	省（区、市）	科类	专业名称	统计类型	录取人数	控制线	最低分	最高分	平均分
61	陕西	理工	临床医学（5＋3 一体化）	普通类	4	443	620	626	622.25
61	陕西	理工	药学类	普通类	3	443	595	612	600.67
61	陕西	理工	工商管理类	普通类	3	443	600	601	600.67
61	陕西	理工	计算机类（软件数媒与大数据方向）	普通类	6	443	609	613	610.67
61	陕西	理工	电子信息类（微电子与电路集成方向）	普通类	4	443	596	615	602.25
61	陕西	理工	网络空间安全	普通类	3	443	609	613	610.33
61	陕西	理工	数学与应用数学	强基计划	1	443	621	621	621
61	陕西	理工	物理学	强基计划	1	443	572	572	572
61	陕西	理工	生物科学	强基计划	1	443	586	586	586
62	甘肃	文史	法学类	高校专项	1	502	575	575	575
62	甘肃	文史	历史学类	高校专项	1	502	571	571	571
62	甘肃	文史	哲学类	普通类	2	502	596	596	596
62	甘肃	文史	社会学类	普通类	2	502	594	595	594.5
62	甘肃	文史	经济学类	普通类	2	502	602	603	602.5
62	甘肃	文史	公共管理类	普通类	2	502	594	599	596.5
62	甘肃	文史	法学类	普通类	2	502	600	600	600
62	甘肃	文史	中国语言文学类	普通类	3	502	601	612	606.67
62	甘肃	文史	新闻传播学类	普通类	2	502	596	599	597.5
62	甘肃	文史	外国语言文学类	普通类	5	502	595	596	595.4
62	甘肃	文史	历史学类	普通类	2	502	597	600	598.5
62	甘肃	文史	工商管理类	普通类	4	502	594	595	594.25
62	甘肃	文史	哲学	强基计划	1	502	608	608	608
62	甘肃	文史	历史学	强基计划	1	502	598	598	598
62	甘肃	文史	公共管理类	预科转正	1	502	566	566	566
62	甘肃	理工	自动化类	高校专项	1	440	568	568	568
62	甘肃	理工	能源动力类	高校专项	1	440	546	546	546
62	甘肃	理工	预防医学（五年制）	高校专项	1	440	557	557	557
62	甘肃	理工	管理科学与工程类	高校专项	1	440	544	544	544

续表

省区市代码	省（区、市）	科类	专业名称	统计类型	录取人数	控制线	最低分	最高分	平均分
62	甘肃	理工	电子信息类（通信电子与光电方向）	国家专项	2	440	580	587	583.5
62	甘肃	理工	计算机类（计算机与智能方向）	国家专项	2	440	588	593	590.5
62	甘肃	理工	材料类	国家专项	1	440	593	593	593
62	甘肃	理工	机械类	国家专项	2	440	577	578	577.5
62	甘肃	理工	自动化类	国家专项	2	440	588	595	591.5
62	甘肃	理工	能源动力类	国家专项	2	440	574	576	575
62	甘肃	理工	预防医学（五年制）	国家专项	1	440	595	595	595
62	甘肃	理工	临床医学（五年制）	国家专项	2	440	597	601	599
62	甘肃	理工	经济学类	普通类	2	440	598	599	598.5
62	甘肃	理工	数学类	普通类	3	440	594	616	603
62	甘肃	理工	物理学类	普通类	3	440	576	584	579.33
62	甘肃	理工	化学类	普通类	5	440	572	592	579
62	甘肃	理工	电子信息类（通信电子与光电方向）	普通类	9	440	578	588	581
62	甘肃	理工	计算机类（计算机与智能方向）	普通类	3	440	585	593	590.33
62	甘肃	理工	生物科学类	普通类	4	440	575	581	577.25
62	甘肃	理工	材料类	普通类	6	440	571	581	575.17
62	甘肃	理工	机械类	普通类	7	440	575	583	577.57
62	甘肃	理工	自动化类	普通类	6	440	579	593	582
62	甘肃	理工	能源动力类	普通类	8	440	571	581	575.38
62	甘肃	理工	电气工程及其自动化	普通类	6	440	583	598	587.33
62	甘肃	理工	土木类	普通类	6	440	572	582	575.33
62	甘肃	理工	环境科学与工程类	普通类	2	440	574	575	574.5
62	甘肃	理工	预防医学（五年制）	普通类	2	440	583	597	590
62	甘肃	理工	临床医学（五年制）	普通类	4	440	600	603	601
62	甘肃	理工	临床医学（5＋3一体化）	普通类	4	440	605	616	612
62	甘肃	理工	药学类	普通类	5	440	571	576	573.8

续表

省区市代码	省（区、市）	科类	专业名称	统计类型	录取人数	控制线	最低分	最高分	平均分
62	甘肃	理工	管理科学与工程类	普通类	2	440	571	574	572.5
62	甘肃	理工	工商管理类	普通类	4	440	572	580	576.5
62	甘肃	理工	计算机类（软件数媒与大数据方向）	普通类	5	440	581	594	586.8
62	甘肃	理工	网络空间安全	普通类	3	440	580	585	582.67
62	甘肃	理工	数学与应用数学	强基计划	1	440	611	611	611
62	甘肃	理工	化学	强基计划	1	440	565	565	565
62	甘肃	理工	化学类	预科转正	1	440	540	540	540
62	甘肃	理工	计算机类（计算机与智能方向）	预科转正	1	440	517	517	517
62	甘肃	理工	生物科学类	预科转正	1	440	516	516	516
62	甘肃	理工	土木类	预科转正	1	440	524	524	524
62	甘肃	理工	口腔医学（五年制）	预科转正	1	440	533	533	533
62	甘肃	理工	药学类	预科转正	2	440	519	540	529.5
63	青海	文史	外国语言文学类	高校专项	1	456	505	505	505
63	青海	文史	工商管理类	高校专项	1	456	501	501	501
63	青海	文史	公共管理类	普通类	2	456	543	544	543.5
63	青海	文史	法学类	普通类	2	456	550	552	551
63	青海	文史	中国语言文学类	普通类	2	456	558	568	563
63	青海	文史	历史学类	普通类	2	456	548	557	552.5
63	青海	文史	工商管理类	普通类	3	456	541	545	542.33
63	青海	文史	政治学类	预科转正	1	456	539	539	539
63	青海	文史	工商管理类	预科转正	1	456	520	520	520
63	青海	理工	机械类	高校专项	1	403	499	499	499
63	青海	理工	能源动力类	高校专项	1	403	507	507	507
63	青海	理工	药学类	高校专项	1	403	498	498	498
63	青海	理工	能源动力类	国家专项	2	403	509	527	518
63	青海	理工	经济学类	普通类	2	403	519	524	521.5
63	青海	理工	数学类	普通类	2	403	539	548	543.5
63	青海	理工	物理学类	普通类	3	403	503	534	515.33

续表

省区市代码	省（区、市）	科类	专业名称	统计类型	录取人数	控制线	最低分	最高分	平均分
63	青海	理工	化学类	普通类	4	403	495	522	511
63	青海	理工	电子信息类（通信电子与光电方向）	普通类	3	403	519	542	528.33
63	青海	理工	计算机类（计算机与智能方向）	普通类	2	403	542	543	542.5
63	青海	理工	生物科学类	普通类	2	403	489	517	503
63	青海	理工	材料类	普通类	2	403	498	511	504.5
63	青海	理工	机械类	普通类	3	403	506	508	507.33
63	青海	理工	自动化类	普通类	3	403	510	553	532
63	青海	理工	能源动力类	普通类	5	403	504	518	509.2
63	青海	理工	电气工程及其自动化	普通类	3	403	522	544	530.33
63	青海	理工	环境科学与工程类	普通类	2	403	498	499	498.5
63	青海	理工	预防医学（五年制）	普通类	2	403	502	515	508.5
63	青海	理工	临床医学（五年制）	普通类	2	403	558	561	559.5
63	青海	理工	药学类	普通类	3	403	468	501	484.67
63	青海	理工	工商管理类	普通类	2	403	486	505	495.5
63	青海	理工	网络空间安全	普通类	3	403	534	544	538
63	青海	理工	经济学类	预科转正	1	403	504	504	504
63	青海	理工	材料类	预科转正	1	403	484	484	484
63	青海	理工	环境科学与工程类	预科转正	1	403	521	521	521
63	青海	理工	预防医学（五年制）	预科转正	1	403	510	510	510
63	青海	理工	工商管理类	预科转正	2	403	476	487	481.5
64	宁夏	文史	法学类	高校专项	1	505	567	567	567
64	宁夏	文史	历史学类	高校专项	1	505	535	535	535
64	宁夏	文史	经济学类	普通类	2	505	608	614	611
64	宁夏	文史	法学类	普通类	2	505	607	607	607
64	宁夏	文史	中国语言文学类	普通类	2	505	614	616	615
64	宁夏	文史	外国语言文学类	普通类	5	505	605	609	606
64	宁夏	文史	工商管理类	普通类	3	505	606	608	607
64	宁夏	文史	新闻传播学类	预科转正	1	505	583	583	583

续表

省区市代码	省（区、市）	科类	专业名称	统计类型	录取人数	控制线	最低分	最高分	平均分
64	宁夏	文史	外国语言文学类	预科转正	1	505	592	592	592
64	宁夏	理工	环境科学与工程类	高校专项	1	412	458	458	458
64	宁夏	理工	材料类	国家专项	1	412	521	521	521
64	宁夏	理工	能源动力类	国家专项	2	412	495	496	495.5
64	宁夏	理工	经济学类	普通类	2	412	559	559	559
64	宁夏	理工	数学类	普通类	3	412	555	574	563.67
64	宁夏	理工	物理学类	普通类	3	412	540	552	547.33
64	宁夏	理工	化学类	普通类	4	412	522	554	544
64	宁夏	理工	电子信息类（通信电子与光电方向）	普通类	3	412	563	566	565
64	宁夏	理工	计算机类（计算机与智能方向）	普通类	2	412	567	571	569
64	宁夏	理工	生物科学类	普通类	3	412	543	549	546.67
64	宁夏	理工	材料类	普通类	4	412	543	547	544.25
64	宁夏	理工	机械类	普通类	3	412	548	554	551.33
64	宁夏	理工	自动化类	普通类	3	412	555	556	555.33
64	宁夏	理工	能源动力类	普通类	4	412	535	554	545.5
64	宁夏	理工	电气工程及其自动化	普通类	3	412	558	567	561.67
64	宁夏	理工	土木类	普通类	2	412	528	541	534.5
64	宁夏	理工	环境科学与工程类	普通类	2	412	520	545	532.5
64	宁夏	理工	预防医学（五年制）	普通类	3	412	528	553	542.33
64	宁夏	理工	临床医学（五年制）	普通类	2	412	565	575	570
64	宁夏	理工	口腔医学（五年制）	普通类	2	412	562	563	562.5
64	宁夏	理工	工商管理类	普通类	2	412	551	552	551.5
64	宁夏	理工	计算机类（软件数媒与大数据方向）	普通类	2	412	559	560	559.5
64	宁夏	理工	网络空间安全	普通类	3	412	556	563	558.67
64	宁夏	理工	数学与应用数学	强基计划	1	412	586	586	586
64	宁夏	理工	生物科学	强基计划	1	412	537	537	537
64	宁夏	理工	经济学类	预科转正	1	412	528	528	528

续表

省区市代码	省（区、市）	科类	专业名称	统计类型	录取人数	控制线	最低分	最高分	平均分
64	宁夏	理工	数学类	预科转正	1	412	533	533	533
64	宁夏	理工	化学类	预科转正	1	412	517	517	517
64	宁夏	理工	电子信息类（通信电子与光电方向）	预科转正	1	412	548	548	548
64	宁夏	理工	机械类	预科转正	1	412	519	519	519
64	宁夏	理工	网络空间安全	预科转正	1	412	533	533	533
65	新疆	文史	工商管理类	高校专项	1	466	520	520	520
65	新疆	文史	社会学类	普通类	2	466	579	583	581
65	新疆	文史	经济学类	普通类	2	466	589	589	589
65	新疆	文史	公共管理类	普通类	2	466	580	585	582.5
65	新疆	文史	法学类	普通类	2	466	586	586	586
65	新疆	文史	中国语言文学类	普通类	3	466	584	586	584.67
65	新疆	文史	历史学类	普通类	2	466	582	586	584
65	新疆	文史	工商管理类	普通类	4	466	581	585	582.5
65	新疆	文史	经济学类	新疆内地班	2	466	594	596	595
65	新疆	文史	法学类	新疆内地班	2	466	561	571	566
65	新疆	文史	外国语言文学类	新疆内地班	2	466	550	553	551.5
65	新疆	文史	工商管理类	新疆内地班	2	466	511	557	534
65	新疆	文史	经济学类	预科转正	2	466	389	390	389.5
65	新疆	文史	公共管理类	预科转正	1	466	381	381	381
65	新疆	文史	法学类	预科转正	2	466	375	396	385.5
65	新疆	文史	中国语言文学类	预科转正	2	466	382	390	386
65	新疆	文史	外国语言文学类	预科转正	2	466	377	402	389.5
65	新疆	文史	历史学类	预科转正	2	466	382	388	385
65	新疆	文史	工商管理类	预科转正	2	466	382	393	387.5
65	新疆	理工	药学类	高校专项	1	405	553	553	553

续表

省区市代码	省（区、市）	科类	专业名称	统计类型	录取人数	控制线	最低分	最高分	平均分
65	新疆	理工	计算机类（计算机与智能方向）	国家专项	2	405	564	566	565
65	新疆	理工	能源动力类	国家专项	2	405	534	550	542
65	新疆	理工	土木类	国家专项	1	405	515	515	515
65	新疆	理工	管理科学与工程类	国家专项	4	405	514	534	524
65	新疆	理工	经济学类	普通类	2	405	577	586	581.5
65	新疆	理工	电子信息类（通信电子与光电方向）	普通类	6	405	569	578	572.67
65	新疆	理工	计算机类（计算机与智能方向）	普通类	2	405	579	579	579
65	新疆	理工	生物科学类	普通类	3	405	561	572	565.33
65	新疆	理工	材料类	普通类	3	405	562	568	564.67
65	新疆	理工	机械类	普通类	3	405	563	566	564.67
65	新疆	理工	自动化类	普通类	3	405	570	577	574.33
65	新疆	理工	能源动力类	普通类	3	405	562	573	566.33
65	新疆	理工	电气工程及其自动化	普通类	3	405	571	576	572.67
65	新疆	理工	土木类	普通类	3	405	561	564	562.33
65	新疆	理工	环境科学与工程类	普通类	2	405	562	568	565
65	新疆	理工	预防医学（五年制）	普通类	3	405	574	575	574.67
65	新疆	理工	临床医学（五年制）	普通类	3	405	579	588	582.67
65	新疆	理工	口腔医学（五年制）	普通类	2	405	589	614	601.5
65	新疆	理工	药学类	普通类	3	405	570	574	571.33
65	新疆	理工	管理科学与工程类	普通类	2	405	565	567	566
65	新疆	理工	工商管理类	普通类	3	405	573	576	574.33
65	新疆	理工	计算机类（软件数媒与大数据方向）	普通类	2	405	578	585	581.5
65	新疆	理工	经济学类	新疆内地班	2	405	570	580	575
65	新疆	理工	电子信息类（通信电子与光电方向）	新疆内地班	2	405	572	592	582

续表

省区市代码	省（区、市）	科类	专业名称	统计类型	录取人数	控制线	最低分	最高分	平均分
65	新疆	理工	计算机类（计算机与智能方向）	新疆内地班	2	405	573	591	582
65	新疆	理工	材料类	新疆内地班	2	405	582	585	583.5
65	新疆	理工	机械类	新疆内地班	2	405	572	575	573.5
65	新疆	理工	自动化类	新疆内地班	2	405	585	586	585.5
65	新疆	理工	能源动力类	新疆内地班	2	405	568	570	569
65	新疆	理工	电气工程及其自动化	新疆内地班	2	405	565	605	585
65	新疆	理工	土木类	新疆内地班	3	405	539	547	544
65	新疆	理工	预防医学（五年制）	新疆内地班	2	405	571	588	579.5
65	新疆	理工	临床医学（五年制）	新疆内地班	3	405	588	593	590.33
65	新疆	理工	药学类	新疆内地班	2	405	545	564	554.5
65	新疆	理工	经济学类	预科转正	2	405	348	348	348
65	新疆	理工	化学类	预科转正	2	405	360	363	361.5
65	新疆	理工	电子信息类（通信电子与光电方向）	预科转正	2	405	346	382	364
65	新疆	理工	生物科学类	预科转正	2	405	347	367	357
65	新疆	理工	材料类	预科转正	3	405	337	347	341
65	新疆	理工	机械类	预科转正	3	405	355	368	362
65	新疆	理工	自动化类	预科转正	2	405	339	393	366
65	新疆	理工	能源动力类	预科转正	3	405	349	378	364
65	新疆	理工	电气工程及其自动化	预科转正	2	405	351	355	353
65	新疆	理工	土木类	预科转正	3	405	341	362	348
65	新疆	理工	环境科学与工程类	预科转正	2	405	351	361	356

续表

省区市代码	省(区、市)	科类	专业名称	统计类型	录取人数	控制线	最低分	最高分	平均分
65	新疆	理工	预防医学（五年制）	预科转正	2	405	373	387	380
65	新疆	理工	临床医学（五年制）	预科转正	3	405	349	379	368.33
65	新疆	理工	药学类	预科转正	2	405	343	359	351
65	新疆	理工	管理科学与工程类	预科转正	2	405	341	346	343.5
65	新疆	理工	工商管理类	预科转正	4	405	341	364	348.25
90	港澳台	文史	哲学类	港澳台一联招	2	0	482	484	483
90	港澳台	文史	社会学类	港澳台一联招	2	0	482	482	482
90	港澳台	文史	经济学类	港澳台一联招	2	0	508	516	512
90	港澳台	文史	政治学类	港澳台一联招	2	0	479	481	480
90	港澳台	文史	公共管理类	港澳台一联招	2	0	488	505	496.5
90	港澳台	文史	法学类	港澳台一联招	2	0	486	492	489
90	港澳台	文史	中国语言文学类	港澳台一联招	2	0	508	525	516.5
90	港澳台	文史	新闻传播学类	港澳台一联招	2	0	491	501	496
90	港澳台	文史	外国语言文学类	港澳台一联招	2	0	521	527	524
90	港澳台	文史	历史学类	港澳台一联招	2	0	488	495	491.5
90	港澳台	文史	工商管理类	港澳台一联招	2	0	490	494	492
90	港澳台	文史	马克思主义理论	港澳台一联招	2	0	440	477	458.5
90	港澳台	理工	数学类	港澳台一联招	1	0	527	527	527
90	港澳台	理工	物理学类	港澳台一联招	1	0	493	493	493

续表

省区市代码	省（区、市）	科类	专业名称	统计类型	录取人数	控制线	最低分	最高分	平均分
90	港澳台	理工	电子信息类（通信电子与光电方向）	港澳台一联招	2	0	516	539	527.5
90	港澳台	理工	计算机类（计算机与智能方向）	港澳台一联招	2	0	545	551	548
90	港澳台	理工	生物科学类	港澳台一联招	1	0	484	484	484
90	港澳台	理工	材料类	港澳台一联招	2	0	483	488	485.5
90	港澳台	理工	机械类	港澳台一联招	1	0	511	511	511
90	港澳台	理工	自动化类	港澳台一联招	1	0	514	514	514
90	港澳台	理工	能源动力类	港澳台一联招	2	0	492	502	497
90	港澳台	理工	电气工程及其自动化	港澳台一联招	1	0	525	525	525
90	港澳台	理工	土木类	港澳台一联招	2	0	490	513	501.5
90	港澳台	理工	环境科学与工程类	港澳台一联招	1	0	493	493	493
90	港澳台	理工	预防医学（五年制）	港澳台一联招	1	0	519	519	519
90	港澳台	理工	临床医学（五年制）	港澳台一联招	1	0	527	527	527
90	港澳台	理工	护理学	港澳台一联招	2	0	466	483	474.5
90	港澳台	理工	药学类	港澳台一联招	1	0	509	509	509
90	港澳台	理工	计算机类（软件数媒与大数据方向）	港澳台一联招	2	0	528	553	540.5
90	港澳台	理工	电子信息类（微电子与电路集成方向）	港澳台一联招	2	0	507	514	510.5
90	港澳台	综合改革	法学类	港澳台一港	1				

续表

省区市代码	省（区、市）	科类	专业名称	统计类型	录取人数	控制线	最低分	最高分	平均分
90	港澳台	综合改革	计算机类（软件数媒与大数据方向）	港澳台一港	1				
90	港澳台	综合改革	工商管理类	港澳台一台	1				

山东大学2021年分省区市科类专业成绩统计（威海校区）（单位：人，分）

省区市代码	省（区、市）	科类	专业名称	统计类型	录取人数	控制线	最低分	最高分	平均分
11	北京	综合改革	经济学类	普通类	2	513	615	622	618.5
11	北京	综合改革	电子信息类	普通类	3	513	616	623	618.67
11	北京	综合改革	美术学	艺术类	2	513	470	490	480
11	北京	综合改革	设计学类	艺术类	2	513	505	506	505.5
12	天津	综合改革	新闻学	普通类	2	579	650	655	652.5
12	天津	综合改革	经济学类	普通类	2	579	655	657	656
12	天津	综合改革	工商管理类	普通类	2	579	652	653	652.5
12	天津	综合改革	外国语言文学类	普通类	4	579	650	653	652
12	天津	综合改革	法学类	普通类	2	579	655	659	657
12	天津	综合改革	自动化类	普通类	2	579	650	655	652.5
12	天津	综合改革	电子信息类	普通类	2	579	650	651	650.5
12	天津	综合改革	计算机类	普通类	2	579	653	654	653.5
12	天津	综合改革	海洋资源开发技术	普通类	3	579	649	649	649
12	天津	综合改革	数学类	普通类	2	579	654	654	654
12	天津	综合改革	物理学	普通类	2	579	649	651	650
12	天津	综合改革	数学与应用数学（中外合作办学）	中外合作办学	2	579	647	654	650.5

续表

省区市代码	省（区、市）	科类	专业名称	统计类型	录取人数	控制线	最低分	最高分	平均分
12	天津	综合改革	应用物理学（中外合作办学）	中外合作办学	2	579	641	645	643
12	天津	综合改革	机械设计制造及其自动化（中外合作办学）	中外合作办学	2	579	640	645	642.5
12	天津	综合改革	计算机科学与技术（中外合作办学）	中外合作办学	2	579	646	648	647
13	河北	物理类	经济学类	国家专项	1	498	616	616	616
13	河北	物理类	工商管理类	国家专项	1	498	611	611	611
13	河北	物理类	外国语言文学类	国家专项	1	498	607	607	607
13	河北	物理类	自动化类	国家专项	1	498	617	617	617
13	河北	物理类	计算机类	国家专项	1	498	621	621	621
13	河北	物理类	智能制造工程	国家专项	1	498	614	614	614
13	河北	物理类	海洋科学	国家专项	1	498	610	610	610
13	河北	物理类	海洋资源开发技术	国家专项	1	498	605	605	605
13	河北	物理类	数学类	国家专项	1	498	617	617	617
13	河北	物理类	经济学类	普通类	2	498	624	627	625.5
13	河北	物理类	工商管理类	普通类	8	498	613	616	614.25
13	河北	物理类	外国语言文学类	普通类	6	498	613	625	618
13	河北	物理类	自动化类	普通类	7	498	618	622	619.71
13	河北	物理类	电子信息类	普通类	7	498	619	622	619.71
13	河北	物理类	计算机类	普通类	8	498	620	623	621.25
13	河北	物理类	智能制造工程	普通类	4	498	616	618	617.25
13	河北	物理类	海洋科学	普通类	2	498	612	612	612
13	河北	物理类	海洋资源开发技术	普通类	2	498	610	611	610.5
13	河北	物理类	数学类	普通类	10	498	618	622	618.8
13	河北	物理类	物理学	普通类	7	498	614	617	615
13	河北	物理类	金融学（中外合作办学）	中外合作办学	2	498	608	609	608.5
13	河北	物理类	数学与应用数学（中外合作办学）	中外合作办学	3	498	607	610	608.33

续表

省区市代码	省(区、市)	科类	专业名称	统计类型	录取人数	控制线	最低分	最高分	平均分
13	河北	物理类	应用物理学（中外合作办学）	中外合作办学	4	498	603	608	605.75
13	河北	物理类	应用化学（中外合作办学）	中外合作办学	4	498	589	600	594
13	河北	物理类	生物科学（中外合作办学）	中外合作办学	4	498	594	599	596.75
13	河北	物理类	机械设计制造及其自动化（中外合作办学）	中外合作办学	3	498	605	607	606
13	河北	物理类	计算机科学与技术（中外合作办学）	中外合作办学	4	498	611	617	613.75
13	河北	历史类	国际政治	国家专项	1	520	607	607	607
13	河北	历史类	新闻学	国家专项	1	520	607	607	607
13	河北	历史类	工商管理类	国家专项	1	520	616	616	616
13	河北	历史类	外国语言文学类	国家专项	1	520	613	613	613
13	河北	历史类	新闻学	普通类	3	520	616	616	616
13	河北	历史类	汉语言文学	普通类	2	520	621	625	623
13	河北	历史类	经济学类	普通类	2	520	617	617	617
13	河北	历史类	工商管理类	普通类	2	520	616	619	617.5
13	河北	历史类	外国语言文学类	普通类	2	520	616	617	616.5
13	河北	历史类	法学类	普通类	4	520	618	620	619
13	河北	历史类	金融学（中外合作办学）	中外合作办学	2	520	610	612	611
13	河北	艺术（不分科目类）	音乐学（键盘）	艺术类	2	520	533	537	535
13	河北	艺术（不分科目类）	音乐学（声乐）	艺术类	2	520	574	579	576.5
13	河北	艺术（不分科目类）	音乐学（西洋管弦乐）	艺术类	2	520	496	504	500
13	河北	艺术（不分科目类）	音乐学（民族器乐）	艺术类	2	520	538	562	550
13	河北	艺术（不分科目类）	美术学	艺术类	2	520	590	591	590.5

续表

省区市代码	省(区、市)	科类	专业名称	统计类型	录取人数	控制线	最低分	最高分	平均分
13	河北	艺术（不分科目类）	舞蹈编导	艺术类	2	520	567	571	569
13	河北	艺术（不分科目类）	设计学类	艺术类	5	520	591	593	592
14	山西	文史	国际政治	普通类	2	543	598	600	599
14	山西	文史	新闻学	普通类	2	543	601	601	601
14	山西	文史	汉语言文学	普通类	2	543	601	602	601.5
14	山西	文史	经济学类	普通类	2	543	607	610	608.5
14	山西	文史	工商管理类	普通类	4	543	599	599	599
14	山西	文史	外国语言文学类	普通类	3	543	598	601	599.33
14	山西	文史	法学类	普通类	2	543	602	604	603
14	山西	文史	金融学（中外合作办学）	中外合作办学	2	543	588	591	589.5
14	山西	理工	外国语言文学类	国家专项	1	505	574	574	574
14	山西	理工	智能制造工程	国家专项	1	505	585	585	585
14	山西	理工	海洋科学	国家专项	2	505	575	580	577.5
14	山西	理工	海洋资源开发技术	国家专项	1	505	576	576	576
14	山西	理工	经济学类	普通类	2	505	592	594	593
14	山西	理工	工商管理类	普通类	6	505	591	592	591.17
14	山西	理工	外国语言文学类	普通类	5	505	588	589	588.8
14	山西	理工	法学类	普通类	5	505	589	595	591.2
14	山西	理工	自动化类	普通类	5	505	593	595	594
14	山西	理工	电子信息类	普通类	6	505	595	597	595.67
14	山西	理工	计算机类	普通类	4	505	597	600	598.25
14	山西	理工	智能制造工程	普通类	3	505	593	594	593.33
14	山西	理工	海洋科学	普通类	6	505	588	591	589.17
14	山西	理工	海洋资源开发技术	普通类	5	505	588	591	590
14	山西	理工	数学类	普通类	8	505	592	596	593.12
14	山西	理工	物理学	普通类	4	505	591	595	592.75

续表

省区市代码	省（区、市）	科类	专业名称	统计类型	录取人数	控制线	最低分	最高分	平均分
14	山西	理工	金融学（中外合作办学）	中外合作办学	2	505	569	572	570.5
14	山西	理工	机械设计制造及其自动化（中外合作办学）	中外合作办学	2	505	572	575	573.5
14	山西	理工	计算机科学与技术（中外合作办学）	中外合作办学	3	505	577	583	580
14	山西	艺术（不分文理）	音乐学（键盘）	艺术类	2	505	87	88	87.5
14	山西	艺术（不分文理）	音乐学（声乐）	艺术类	2	505	86	90	88
14	山西	艺术（不分文理）	音乐学（西洋管弦乐）	艺术类	2	505	89	89	89
14	山西	艺术（不分文理）	音乐学（民族器乐）	艺术类	2	505	90	91	90.5
14	山西	艺术（不分文理）	舞蹈编导	艺术类	8	505	74	76	75.12
14	山西	艺术（不分文理）	设计学类	艺术类	2	505	253	255	254
15	内蒙古	文史	工商管理类	国家专项	1	488	578	578	578
15	内蒙古	文史	外国语言文学类	国家专项	1	488	574	574	574
15	内蒙古	文史	国际政治	普通类	2	488	576	594	585
15	内蒙古	文史	汉语言文学	普通类	2	488	578	599	588.5
15	内蒙古	文史	经济学类	普通类	2	488	603	604	603.5
15	内蒙古	文史	工商管理类	普通类	4	488	579	596	591.25
15	内蒙古	文史	外国语言文学类	普通类	3	488	596	602	599
15	内蒙古	文史	法学类	普通类	2	488	597	601	599
15	内蒙古	理工	工商管理类	国家专项	1	418	579	579	579
15	内蒙古	理工	外国语言文学类	国家专项	2	418	546	565	555.5
15	内蒙古	理工	智能制造工程	国家专项	1	418	577	577	577
15	内蒙古	理工	海洋科学	国家专项	1	418	567	567	567
15	内蒙古	理工	海洋资源开发技术	国家专项	1	418	545	545	545
15	内蒙古	理工	物理学	国家专项	1	418	556	556	556

续表

省区市代码	省(区、市)	科类	专业名称	统计类型	录取人数	控制线	最低分	最高分	平均分
15	内蒙古	理工	经济学类	普通类	2	418	586	588	587
15	内蒙古	理工	工商管理类	普通类	5	418	578	583	579.6
15	内蒙古	理工	外国语言文学类	普通类	3	418	563	574	570.33
15	内蒙古	理工	法学类	普通类	4	418	575	580	577.5
15	内蒙古	理工	自动化类	普通类	4	418	583	586	583.75
15	内蒙古	理工	电子信息类	普通类	4	418	574	586	581.75
15	内蒙古	理工	计算机类	普通类	3	418	592	596	593.33
15	内蒙古	理工	智能制造工程	普通类	3	418	556	579	571
15	内蒙古	理工	数学类	普通类	6	418	584	589	586.33
15	内蒙古	理工	物理学	普通类	4	418	579	583	580.25
21	辽宁	物理类	经济学类	普通类	2	503	638	642	640
21	辽宁	物理类	工商管理类	普通类	4	503	624	627	625.75
21	辽宁	物理类	外国语言文学类	普通类	3	503	625	632	629
21	辽宁	物理类	自动化类	普通类	3	503	628	630	629
21	辽宁	物理类	电子信息类	普通类	3	503	630	635	632
21	辽宁	物理类	计算机类	普通类	3	503	631	635	632.67
21	辽宁	物理类	智能制造工程	普通类	2	503	625	627	626
21	辽宁	物理类	海洋科学	普通类	2	503	619	619	619
21	辽宁	物理类	海洋资源开发技术	普通类	2	503	615	617	616
21	辽宁	物理类	数学类	普通类	4	503	635	637	636
21	辽宁	物理类	物理学	普通类	3	503	623	628	626.33
21	辽宁	物理类	金融学（中外合作办学）	中外合作办学	2	503	616	619	617.5
21	辽宁	物理类	数学与应用数学（中外合作办学）	中外合作办学	4	503	612	621	615.75
21	辽宁	物理类	应压物理学（中外合作办学）	中外合作办学	5	503	590	605	595.4
21	辽宁	物理类	应用化学（中外合作办学）	中外合作办学	5	503	578	589	582.2
21	辽宁	物理类	生物科学（中外合作办学）	中外合作办学	4	503	591	597	595

续表

省区市代码	省（区、市）	科类	专业名称	统计类型	录取人数	控制线	最低分	最高分	平均分
21	辽宁	物理类	机械设计制造及其自动化（中外合作办学）	中外合作办学	3	503	603	605	604
21	辽宁	物理类	计算机科学与技术（中外合作办学）	中外合作办学	5	503	615	620	617.4
21	辽宁	历史类	汉语言文学	普通类	2	534	624	627	625.5
21	辽宁	历史类	经济学类	普通类	2	534	624	627	625.5
21	辽宁	历史类	工商管理类	普通类	2	534	622	624	623
21	辽宁	历史类	外国语言文学类	普通类	3	534	620	623	621.33
21	辽宁	历史类	金融学（中外合作办学）	中外合作办学	2	534	617	618	617.5
21	辽宁	艺术（历史类）	美术学	艺术类	2	534	489	494	491.5
21	辽宁	艺术（历史类）	舞蹈编导	艺术类	2	534	242	263	252.5
21	辽宁	艺术（历史类）	设计学类	艺术类	3	534	502	510	505
22	吉林	文史	汉语言文学	普通类	2	519	571	583	577
22	吉林	文史	经济学类	普通类	2	519	577	580	578.5
22	吉林	文史	工商管理类	普通类	2	519	568	576	572
22	吉林	文史	外国语言文学类	普通类	2	519	568	571	569.5
22	吉林	理工	经济学类	普通类	2	482	573	577	575
22	吉林	理工	工商管理类	普通类	3	482	566	572	568.33
22	吉林	理工	外国语言文学类	普通类	2	482	568	574	571
22	吉林	理工	法学类	普通类	3	482	568	579	575
22	吉林	理工	自动化类	普通类	2	482	576	576	576
22	吉林	理工	电子信息类	普通类	3	482	574	575	574.67
22	吉林	理工	计算机类	普通类	3	482	577	580	579
22	吉林	理工	智能制造工程	普通类	2	482	573	576	574.5
22	吉林	理工	海洋科学	普通类	6	482	562	571	565.5
22	吉林	理工	海洋资源开发技术	普通类	3	482	570	573	571
22	吉林	理工	数学类	普通类	4	482	573	580	576

续表

省区市代码	省（区、市）	科类	专业名称	统计类型	录取人数	控制线	最低分	最高分	平均分
22	吉林	理工	物理学	普通类	2	482	575	585	580
22	吉林	理工	数学与应用数学（中外合作办学）	中外合作办学	2	482	544	549	546.5
22	吉林	理工	应用物理学（中外合作办学）	中外合作办学	2	482	530	549	539.5
22	吉林	理工	应用化学（中外合作办学）	中外合作办学	3	482	526	540	531.67
22	吉林	理工	生物科学（中外合作办学）	中外合作办学	3	482	516	534	527.67
23	黑龙江	文史	汉语言文学	普通类	2	472	592	602	597
23	黑龙江	文史	经济学类	普通类	2	472	591	594	592.5
23	黑龙江	文史	工商管理类	普通类	2	472	587	589	588
23	黑龙江	文史	外国语言文学类	普通类	2	472	595	596	595.5
23	黑龙江	艺术（文）	舞蹈编导	艺术类	2	472	516	540	528
23	黑龙江	理工	外国语言文学类	国家专项	1	415	562	562	562
23	黑龙江	理工	海洋科学	国家专项	1	415	565	565	565
23	黑龙江	理工	海洋资源开发技术	国家专项	2	415	562	565	563.5
23	黑龙江	理工	物理学	国家专项	1	415	570	570	570
23	黑龙江	理工	经济学类	普通类	2	415	584	585	584.5
23	黑龙江	理工	工商管理类	普通类	4	415	583	585	584
23	黑龙江	理工	外国语言文学类	普通类	3	415	580	584	582.33
23	黑龙江	理工	法学类	普通类	4	415	581	587	583
23	黑龙江	理工	自动化类	普通类	2	415	585	586	585.5
23	黑龙江	理工	电子信息类	普通类	2	415	587	590	588.5
23	黑龙江	理工	计算机类	普通类	2	415	587	597	592
23	黑龙江	理工	智能制造工程	普通类	2	415	584	585	584.5
23	黑龙江	理工	海洋科学	普通类	6	415	579	585	582.5
23	黑龙江	理工	海洋资源开发技术	普通类	5	415	579	583	581.2
23	黑龙江	理工	数学类	普通类	3	415	587	606	593.67
23	黑龙江	理工	物理学	普通类	2	415	586	591	588.5

续表

省区市代码	省(区、市)	科类	专业名称	统计类型	录取人数	控制线	最低分	最高分	平均分
23	黑龙江	理工	数学与应用数学（中外合作办学）	中外合作办学	2	415	575	579	577
23	黑龙江	理工	应用物理学（中外合作办学）	中外合作办学	2	415	569	570	569.5
23	黑龙江	理工	应用化学（中外合作办学）	中外合作办学	3	415	561	568	564.67
23	黑龙江	理工	生物科学（中外合作办学）	中外合作办学	2	415	563	570	566.5
23	黑龙江	理工	机械设计制造及其自动化（中外合作办学）	中外合作办学	3	415	570	572	571
23	黑龙江	理工	计算机科学与技术（中外合作办学）	中外合作办学	3	415	573	579	576
31	上海	综合改革	经济学类	普通类	2	503	545	547	546
31	上海	综合改革	工商管理类	普通类	4	503	540	544	541.75
31	上海	综合改革	自动化类	普通类	3	503	539	547	542.33
31	上海	综合改革	电子信息类	普通类	2	503	539	540	539.5
32	江苏	物理类	经济学类	普通类	2	501	601	604	602.5
32	江苏	物理类	工商管理类	普通类	7	501	596	599	597.43
32	江苏	物理类	外国语言文学类	普通类	6	501	597	597	597
32	江苏	物理类	自动化类	普通类	5	501	598	599	598.2
32	江苏	物理类	电子信息类	普通类	6	501	598	600	598.83
32	江苏	物理类	计算机类	普通类	7	501	598	601	599.14
32	江苏	物理类	智能制造工程	普通类	4	501	598	598	598
32	江苏	物理类	数学类	普通类	12	501	598	604	600.33
32	江苏	物理类	物理学	普通类	8	501	596	597	596.88
32	江苏	物理类	金融学（中外合作办学）	中外合作办学	2	501	592	595	593.5
32	江苏	物理类	机械设计制造及其自动化（中外合作办学）	中外合作办学	2	501	592	593	592.5
32	江苏	物理类	计算机科学与技术（中外合作办学）	中外合作办学	2	501	594	595	594.5
32	江苏	历史类	新闻学	普通类	4	533	597	599	597.5

续表

省区市代码	省（区、市）	科类	专业名称	统计类型	录取人数	控制线	最低分	最高分	平均分
32	江苏	历史类	汉语言文学	普通类	4	533	597	600	598.5
32	江苏	历史类	工商管理类	普通类	6	533	596	599	596.83
32	江苏	历史类	外国语言文学类	普通类	7	533	595	600	596.86
32	江苏	历史类	金融学（中外合作办学）	中外合作办学	2	533	593	598	595.5
32	江苏	艺术（历史类）	美术学	艺术类	2	533	564	567	565.5
32	江苏	艺术（历史类）	设计学类	艺术类	6	533	562	575	567
33	浙江	艺术（不分文理）	美术学	艺术类	2	589	484	568	526
33	浙江	艺术（不分文理）	设计学类	艺术类	5	589	482	541	503.6
33	浙江	综合改革	汉语言文学	普通类	4	589	648	650	649
33	浙江	综合改革	经济学类	普通类	6	589	646	648	646.67
33	浙江	综合改革	工商管理类	普通类	8	589	645	648	646
33	浙江	综合改革	外国语言文学类	普通类	5	589	646	648	646.8
33	浙江	综合改革	法学类	普通类	4	589	648	649	648.5
33	浙江	综合改革	自动化类	普通类	3	589	640	642	640.67
33	浙江	综合改革	电子信息类	普通类	2	589	642	644	643
33	浙江	综合改革	海洋科学	普通类	4	589	636	640	638.5
33	浙江	综合改革	海洋资源开发技术	普通类	3	589	637	639	637.67
33	浙江	综合改革	数学类	普通类	4	589	644	646	644.75
33	浙江	综合改革	物理学	普通类	3	589	639	642	640.33
33	浙江	综合改革	金融学（中外合作办学）	中外合作办学	6	589	639	645	641.83
33	浙江	综合改革	数学与应用数学（中外合作办学）	中外合作办学	2	589	636	639	637.5
33	浙江	综合改革	机械设计制造及其自动化（中外合作办学）	中外合作办学	3	589	631	634	632.33
33	浙江	综合改革	计算机科学与技术（中外合作办学）	中外合作办学	6	589	638	642	639

续表

省区市代码	省(区、市)	科类	专业名称	统计类型	录取人数	控制线	最低分	最高分	平均分
34	安徽	文史	国际政治	国家专项	1	560	627	627	627
34	安徽	文史	新闻学	国家专项	3	560	625	632	627.67
34	安徽	文史	汉语言文学	国家专项	2	560	624	624	624
34	安徽	文史	工商管理类	国家专项	1	560	628	628	628
34	安徽	文史	外国语言文学类	国家专项	2	560	625	627	626
34	安徽	文史	国际政治	普通类	2	560	630	630	630
34	安徽	文史	新闻学	普通类	3	560	631	633	631.67
34	安徽	文史	汉语言文学	普通类	3	560	632	635	634
34	安徽	文史	经济学类	普通类	2	560	639	639	639
34	安徽	文史	工商管理类	普通类	6	560	631	632	631.17
34	安徽	文史	外国语言文学类	普通类	5	560	630	631	630.4
34	安徽	文史	法学类	普通类	5	560	631	634	632.4
34	安徽	文史	金融学（中外合作办学）	中外合作办学	2	560	627	630	628.5
34	安徽	理工	工商管理类	国家专项	3	488	619	621	619.67
34	安徽	理工	外国语言文学类	国家专项	2	488	614	620	617
34	安徽	理工	自动化类	国家专项	2	488	620	622	621
34	安徽	理工	电子信息类	国家专项	2	488	620	622	621
34	安徽	理工	计算机类	国家专项	2	488	623	623	623
34	安徽	理工	智能制造工程	国家专项	2	488	620	620	620
34	安徽	理工	海洋科学	国家专项	4	488	618	619	618.5
34	安徽	理工	海洋资源开发技术	国家专项	4	488	617	620	618.5
34	安徽	理工	数学类	国家专项	1	488	626	626	626
34	安徽	理工	物理学	国家专项	1	488	622	622	622
34	安徽	理工	国际政治	普通类	2	488	620	621	620.5
34	安徽	理工	经济学类	普通类	2	488	624	625	624.5
34	安徽	理工	工商管理类	普通类	4	488	620	621	620.75
34	安徽	理工	外国语言文学类	普通类	3	488	620	621	620.67
34	安徽	理工	法学类	普通类	4	488	621	628	623
34	安徽	理工	自动化类	普通类	4	488	624	628	625.75

续表

省区市代码	省(区、市)	科类	专业名称	统计类型	录取人数	控制线	最低分	最高分	平均分
34	安徽	理工	电子信息类	普通类	2	488	624	625	624.5
34	安徽	理工	计算机类	普通类	2	488	628	628	628
34	安徽	理工	智能制造工程	普通类	4	488	622	623	622.75
34	安徽	理工	海洋科学	普通类	7	488	620	623	621.29
34	安徽	理工	海洋资源开发技术	普通类	7	488	620	622	621
34	安徽	理工	数学类	普通类	9	488	622	627	623.44
34	安徽	理工	物理学	普通类	6	488	622	624	623.17
34	安徽	理工	金融学（中外合作办学）	中外合作办学	3	488	608	612	609.67
34	安徽	理工	数学与应用数学（中外合作办学）	中外合作办学	3	488	612	614	613
34	安徽	理工	应用物理学（中外合作办学）	中外合作办学	3	488	611	615	612.33
34	安徽	理工	应用化学（中外合作办学）	中外合作办学	5	488	602	608	604.4
34	安徽	理工	生物科学（中外合作办学）	中外合作办学	4	488	601	608	604.25
34	安徽	理工	机械设计制造及其自动化(中外合作办学)	中外合作办学	3	488	611	614	613
34	安徽	理工	计算机科学与技术（中外合作办学）	中外合作办学	3	488	615	619	617
34	安徽	艺术（不分文理）	音乐学（键盘）	艺术类	1	488	783	783	783
34	安徽	艺术（不分文理）	音乐学（声乐）	艺术类	3	488	774	795	783.33
34	安徽	艺术（不分文理）	美术学	艺术类	2	488	790	792	791
34	安徽	艺术（不分文理）	舞蹈编导	艺术类	2	488	772	773	772.5
34	安徽	艺术（不分文理）	设计学类	艺术类	6	488	792	797	795.17
35	福建	物理类	经济学类	普通类	2	530	620	621	620.5

续表

省区市代码	省（区、市）	科类	专业名称	统计类型	录取人数	控制线	最低分	最高分	平均分
35	福建	物理类	工商管理类	普通类	6	530	615	617	615.83
35	福建	物理类	外国语言文学类	普通类	6	530	615	615	615
35	福建	物理类	自动化类	普通类	4	530	617	620	618.25
35	福建	物理类	电子信息类	普通类	5	530	618	620	618.8
35	福建	物理类	计算机类	普通类	6	530	621	624	622.33
35	福建	物理类	数学类	普通类	10	530	617	623	620.2
35	福建	物理类	物理学	普通类	4	530	616	617	616.5
35	福建	物理类	金融学（中外合作办学）	中外合作办学	2	530	610	612	611
35	福建	物理类	数学与应用数学（中外合作办学）	中外合作办学	2	530	611	613	612
35	福建	物理类	应用物理学（中外合作办学）	中外合作办学	2	530	609	609	609
35	福建	物理类	生物科学（中外合作办学）	中外合作办学	2	530	606	607	606.5
35	福建	物理类	计算机科学与技术（中外合作办学）	中外合作办学	2	530	612	612	612
35	福建	历史类	新闻学	普通类	2	546	599	600	599.5
35	福建	历史类	汉语言文学	普通类	2	546	600	602	601
35	福建	历史类	工商管理类	普通类	2	546	600	602	601
35	福建	历史类	外国语言文学类	普通类	2	546	599	600	599.5
35	福建	历史类	法学类	普通类	2	546	600	601	600.5
35	福建	历史类	金融学（中外合作办学）	中外合作办学	2	546	595	597	596
35	福建	艺术（历史类）	美术学	艺术类	2	546	553	557	555
35	福建	艺术（历史类）	设计学类	艺术类	2	546	559	566	562.5
36	江西	文史	汉语言文学	国家专项	1	559	621	621	621
36	江西	文史	经济学类	国家专项	1	559	620	620	620
36	江西	文史	工商管理类	国家专项	1	559	620	620	620

续表

省区市代码	省(区、市)	科类	专业名称	统计类型	录取人数	控制线	最低分	最高分	平均分
36	江西	文史	外国语言文学类	国家专项	1	559	620	620	620
36	江西	文史	法学类	国家专项	1	559	622	622	622
36	江西	文史	汉语言文学	普通类	2	559	622	623	622.5
36	江西	文史	经济学类	普通类	2	559	623	625	624
36	江西	文史	工商管理类	普通类	3	559	621	624	622.33
36	江西	文史	外国语言文学类	普通类	3	559	621	622	621.33
36	江西	文史	法学类	普通类	2	559	622	623	622.5
36	江西	艺术(文)	美术学	艺术类	2	559	462	463	462.5
36	江西	艺术(文)	设计学类	艺术类	4	559	441	499	472.75
36	江西	理工	经济学类	国家专项	1	519	608	608	608
36	江西	理工	工商管理类	国家专项	2	519	607	608	607.5
36	江西	理工	外国语言文学类	国家专项	2	519	607	608	607.5
36	江西	理工	法学类	国家专项	1	519	610	610	610
36	江西	理工	自动化类	国家专项	1	519	612	612	612
36	江西	理工	电子信息类	国家专项	1	519	610	610	610
36	江西	理工	计算机类	国家专项	1	519	614	614	614
36	江西	理工	智能制造工程	国家专项	1	519	614	614	614
36	江西	理工	海洋科学	国家专项	3	519	601	613	606.33
36	江西	理工	海洋资源开发技术	国家专项	3	519	594	600	596.67
36	江西	理工	经济学类	普通类	2	519	611	611	611
36	江西	理工	工商管理类	普通类	5	519	609	610	609.6
36	江西	理工	外国语言文学类	普通类	2	519	609	610	609.5
36	江西	理工	自动化类	普通类	2	519	611	611	611
36	江西	理工	电子信息类	普通类	2	519	612	612	612
36	江西	理工	计算机类	普通类	3	519	612	614	613
36	江西	理工	海洋科学	普通类	5	519	608	611	609
36	江西	理工	海洋资源开发技术	普通类	6	519	608	610	608.67
36	江西	理工	数学类	普通类	4	519	612	616	613.75
36	江西	理工	物理学	普通类	2	519	611	611	611

续表

省区市代码	省(区、市)	科类	专业名称	统计类型	录取人数	控制线	最低分	最高分	平均分
36	江西	理工	应用化学（中外合作办学）	中外合作办学	2	519	589	595	592
36	江西	理工	生物科学（中外合作办学）	中外合作办学	2	519	590	598	594
37	山东	艺术（不分文理）	音乐学（键盘）	艺术类	8	518	336	457	396.25
37	山东	艺术（不分文理）	音乐学（声乐）	艺术类	9	518	337	490	398
37	山东	艺术（不分文理）	音乐学（西洋管弦乐）	艺术类	10	518	340	445	375.1
37	山东	艺术（不分文理）	音乐学（民族器乐）	艺术类	8	518	341	460	403.88
37	山东	艺术（不分文理）	音乐学（唢呐）	艺术类	1	518	339	339	339
37	山东	艺术（不分文理）	美术学	艺术类	12	518	599	605	601.42
37	山东	艺术（不分文理）	舞蹈编导	艺术类	24	518	288	447	349.29
37	山东	艺术（不分文理）	设计学类	艺术类	32	518	600	610	602.19
37	山东	综合改革	国际政治	普通类	4	518	606	610	608
37	山东	综合改革	新闻学	普通类	16	518	604	611	605.38
37	山东	综合改革	汉语言文学	普通类	46	518	607	622	610.11
37	山东	综合改革	经济学类	普通类	53	518	606	613	607.38
37	山东	综合改革	工商管理类	普通类	92	518	601	609	603.34
37	山东	综合改革	外国语言文学类	普通类	78	518	601	614	603.68
37	山东	综合改革	法学类	普通类	59	518	607	622	609.85
37	山东	综合改革	自动化类	普通类	69	518	605	612	606.07
37	山东	综合改革	电子信息类	普通类	49	518	606	617	607.55
37	山东	综合改革	计算机类	普通类	46	518	609	623	611.72
37	山东	综合改革	智能制造工程	普通类	24	518	604	608	604.83
37	山东	综合改革	海洋科学	普通类	18	518	601	605	602.56

续表

省区市代码	省（区、市）	科类	专业名称	统计类型	录取人数	控制线	最低分	最高分	平均分
37	山东	综合改革	海洋资源开发技术	普通类	18	518	600	604	600.72
37	山东	综合改革	数学类	普通类	71	518	604	628	606.89
37	山东	综合改革	物理学	普通类	34	518	603	613	604.71
37	山东	综合改革	新闻学	威海走读	3	518	593	594	593.67
37	山东	综合改革	汉语言文学	威海走读	6	518	596	614	600.67
37	山东	综合改革	经济学类	威海走读	8	518	595	601	597.25
37	山东	综合改革	工商管理类	威海走读	14	518	592	602	595.36
37	山东	综合改革	外国语言文学类	威海走读	10	518	594	601	596.7
37	山东	综合改革	法学类	威海走读	5	518	602	606	603.8
37	山东	综合改革	自动化类	威海走读	7	518	595	605	599.14
37	山东	综合改革	电子信息类	威海走读	6	518	596	604	599.67
37	山东	综合改革	计算机类	威海走读	7	518	604	607	605.29
37	山东	综合改革	智能制造工程	威海走读	8	518	591	595	592.5
37	山东	综合改革	海洋科学	威海走读	7	518	586	593	589.71
37	山东	综合改革	海洋资源开发技术	威海走读	5	518	585	588	586.6
37	山东	综合改革	数学类	威海走读	7	518	593	602	596.57
37	山东	综合改革	物理学	威海走读	7	518	589	593	590.86
37	山东	综合改革	金融学（中外合作办学）	中外合作办学	39	518	594	605	597.36
37	山东	综合改革	数学与应用数学（中外合作办学）	中外合作办学	40	518	590	602	592.38
37	山东	综合改革	应用物理学（中外合作办学）	中外合作办学	40	518	583	601	586.95
37	山东	综合改革	应用化学（中外合作办学）	中外合作办学	30	518	582	600	584.3
37	山东	综合改革	生物科学（中外合作办学）	中外合作办学	30	518	584	593	586.8
37	山东	综合改革	机械设计制造及其自动化（中外合作办学）	中外合作办学	37	518	587	603	589.68
37	山东	综合改革	计算机科学与技术（中外合作办学）	中外合作办学	50	518	595	603	598.26

续表

省区市代码	省(区、市)	科类	专业名称	统计类型	录取人数	控制线	最低分	最高分	平均分
41	河南	文史	国际政治	国家专项	1	558	634	634	634
41	河南	文史	新闻学	国家专项	2	558	629	630	629.5
41	河南	文史	汉语言文学	国家专项	2	558	630	634	632
41	河南	文史	经济学类	国家专项	1	558	634	634	634
41	河南	文史	工商管理类	国家专项	2	558	630	632	631
41	河南	文史	外国语言文学类	国家专项	2	558	628	632	630
41	河南	文史	法学类	国家专项	1	558	634	634	634
41	河南	文史	国际政治	普通类	3	558	630	633	631
41	河南	文史	新闻学	普通类	3	558	630	631	630.33
41	河南	文史	汉语言文学	普通类	2	558	632	634	633
41	河南	文史	经济学类	普通类	2	558	631	631	631
41	河南	文史	工商管理类	普通类	2	558	631	634	632.5
41	河南	文史	外国语言文学类	普通类	4	558	630	632	630.5
41	河南	文史	法学类	普通类	4	558	631	634	632
41	河南	文史	金融学（中外合作办学）	中外合作办学	2	558	625	627	626
41	河南	艺术(文)	音乐学（声乐）	艺术类	2	558	179	183	181
41	河南	艺术(文)	音乐学（西洋管弦乐）	艺术类	2	558	169	174	171.5
41	河南	艺术(文)	音乐学（民族器乐）	艺术类	2	558	181	182	181.5
41	河南	艺术(文)	音乐学（唢呐）	艺术类	1	558	160	160	160
41	河南	艺术(文)	美术学	艺术类	2	558	77	78	77.5
41	河南	艺术(文)	舞蹈编导	艺术类	2	558	182	183	182.5
41	河南	艺术(文)	设计学类	艺术类	4	558	78	80	79
41	河南	理工	经济学类	国家专项	1	518	634	634	634
41	河南	理工	工商管理类	国家专项	5	518	624	627	625.2
41	河南	理工	外国语言文学类	国家专项	3	518	624	625	624.67
41	河南	理工	法学类	国家专项	3	518	625	635	629.33
41	河南	理工	自动化类	国家专项	3	518	629	630	629.67
41	河南	理工	电子信息类	国家专项	3	518	630	633	631.67
41	河南	理工	计算机类	国家专项	3	518	631	633	632.33

续表

省区市代码	省(区、市)	科类	专业名称	统计类型	录取人数	控制线	最低分	最高分	平均分
41	河南	理工	智能制造工程	国家专项	3	518	628	628	628
41	河南	理工	海洋科学	国家专项	5	518	624	625	624.2
41	河南	理工	海洋资源开发技术	国家专项	5	518	623	627	624.8
41	河南	理工	数学类	国家专项	3	518	626	628	627
41	河南	理工	物理学	国家专项	3	518	626	631	627.67
41	河南	理工	国际政治	普通类	2	518	628	628	628
41	河南	理工	经济学类	普通类	2	518	631	633	632
41	河南	理工	工商管理类	普通类	4	518	628	631	629.25
41	河南	理工	外国语言文学类	普通类	3	518	627	628	627.33
41	河南	理工	法学类	普通类	5	518	628	629	628.4
41	河南	理工	自动化类	普通类	5	518	631	633	631.6
41	河南	理工	电子信息类	普通类	8	518	632	633	632.12
41	河南	理工	计算机类	普通类	10	518	633	640	635.3
41	河南	理工	智能制造工程	普通类	3	518	631	633	631.67
41	河南	理工	海洋科学	普通类	7	518	628	631	629.43
41	河南	理工	海洋资源开发技术	普通类	7	518	628	631	628.57
41	河南	理工	数学类	普通类	22	518	630	637	631.45
41	河南	理工	物理学	普通类	10	518	628	633	629.6
41	河南	理工	金融学（中外合作办学）	中外合作办学	2	518	626	627	626.5
41	河南	理工	数学与应用数学（中外合作办学）	中外合作办学	6	518	620	625	622.5
41	河南	理工	应用物理学（中外合作办学）	中外合作办学	6	518	614	621	616
41	河南	理工	应用化学（中外合作办学）	中外合作办学	7	518	612	613	612.86
41	河南	理工	生物科学（中外合作办学）	中外合作办学	8	518	612	614	612.62
41	河南	理工	机械设计制造及其自动化(中外合作办学)	中外合作办学	9	518	615	626	618

续表

省区市代码	省(区、市)	科类	专业名称	统计类型	录取人数	控制线	最低分	最高分	平均分
41	河南	理工	计算机科学与技术（中外合作办学）	中外合作办学	9	518	622	632	624.56
41	河南	艺术(理)	设计学类	艺术类	2	518	74	78	76
42	湖北	物理类	工商管理类	国家专项	3	520	609	612	610.67
42	湖北	物理类	自动化类	国家专项	1	520	615	615	615
42	湖北	物理类	电子信息类	国家专项	1	520	616	616	616
42	湖北	物理类	计算机类	国家专项	1	520	616	616	616
42	湖北	物理类	智能制造工程	国家专项	1	520	615	615	615
42	湖北	物理类	海洋科学	国家专项	2	520	588	603	595.5
42	湖北	物理类	海洋资源开发技术	国家专项	3	520	583	586	584
42	湖北	物理类	数学类	国家专项	2	520	614	617	615.5
42	湖北	物理类	物理学	国家专项	1	520	612	612	612
42	湖北	物理类	经济学类	普通类	2	520	626	627	626.5
42	湖北	物理类	工商管理类	普通类	3	520	623	625	624.33
42	湖北	物理类	外国语言文学类	普通类	2	520	622	624	623
42	湖北	物理类	自动化类	普通类	3	520	624	628	626.33
42	湖北	物理类	电子信息类	普通类	3	520	625	630	627
42	湖北	物理类	数学类	普通类	4	520	627	631	628.75
42	湖北	物理类	物理学	普通类	3	520	623	625	623.67
42	湖北	物理类	数学与应用数学（中外合作办学）	中外合作办学	2	520	619	622	620.5
42	湖北	物理类	应用物理学（中外合作办学）	中外合作办学	2	520	617	617	617
42	湖北	物理类	应用化学（中外合作办学）	中外合作办学	2	520	609	610	609.5
42	湖北	物理类	生物科学（中外合作办学）	中外合作办学	2	520	612	616	614
42	湖北	物理类	机械设计制造及其自动化（中外合作办学）	中外合作办学	2	520	617	621	619
42	湖北	历史类	汉语言文学	国家专项	1	558	614	614	614
42	湖北	历史类	经济学类	国家专项	1	558	618	618	618

续表

省区市代码	省(区、市)	科类	专业名称	统计类型	录取人数	控制线	最低分	最高分	平均分
42	湖北	历史类	工商管理类	国家专项	1	558	614	614	614
42	湖北	历史类	外国语言文学类	国家专项	1	558	613	613	613
42	湖北	历史类	汉语言文学	普通类	2	558	618	619	618.5
42	湖北	历史类	工商管理类	普通类	2	558	617	618	617.5
42	湖北	历史类	外国语言文学类	普通类	2	558	617	619	618
42	湖北	历史类	法学类	普通类	2	558	618	620	619
42	湖北	历史类	金融学（中外合作办学）	中外合作办学	2	558	609	609	609
43	湖南	物理类	经济学类	国家专项	2	504	600	607	603.5
43	湖南	物理类	工商管理类	国家专项	3	504	596	599	597.33
43	湖南	物理类	外国语言文学类	国家专项	1	504	600	600	600
43	湖南	物理类	自动化类	国家专项	1	504	609	609	609
43	湖南	物理类	电子信息类	国家专项	1	504	608	608	608
43	湖南	物理类	计算机类	国家专项	1	504	612	612	612
43	湖南	物理类	智能制造工程	国家专项	1	504	608	608	608
43	湖南	物理类	海洋科学	国家专项	3	504	591	594	592.33
43	湖南	物理类	海洋资源开发技术	国家专项	2	504	583	588	585.5
43	湖南	物理类	数学类	国家专项	3	504	602	606	604
43	湖南	物理类	物理学	国家专项	2	504	602	606	604
43	湖南	物理类	经济学类	普通类	2	504	609	610	609.5
43	湖南	物理类	工商管理类	普通类	6	504	609	610	609.17
43	湖南	物理类	外国语言文学类	普通类	5	504	609	612	610.4
43	湖南	物理类	自动化类	普通类	4	504	612	614	612.75
43	湖南	物理类	电子信息类	普通类	3	504	613	613	613
43	湖南	物理类	计算机类	普通类	2	504	614	614	614
43	湖南	物理类	数学类	普通类	9	504	611	618	613.33
43	湖南	物理类	物理学	普通类	5	504	609	613	610.2
43	湖南	物理类	金融学（中外合作办学）	中外合作办学	2	504	597	605	601

续表

省区市代码	省(区、市)	科类	专业名称	统计类型	录取人数	控制线	最低分	最高分	平均分
43	湖南	物理类	数学与应用数学（中外合作办学）	中外合作办学	2	504	599	599	599
43	湖南	物理类	应用物理学（中外合作办学）	中外合作办学	3	504	595	597	596
43	湖南	物理类	应用化学（中外合作办学）	中外合作办学	2	504	591	593	592
43	湖南	物理类	生物科学（中外合作办学）	中外合作办学	3	504	589	592	590.67
43	湖南	物理类	机械设计制造及其自动化(中外合作办学)	中外合作办学	3	504	595	596	595.33
43	湖南	物理类	计算机科学与技术（中外合作办学）	中外合作办学	3	504	599	604	601.67
43	湖南	历史类	新闻学	国家专项	2	521	592	593	592.5
43	湖南	历史类	经济学类	国家专项	1	521	595	595	595
43	湖南	历史类	工商管理类	国家专项	1	521	594	594	594
43	湖南	历史类	外国语言文学类	国家专项	2	521	593	594	593.5
43	湖南	历史类	法学类	国家专项	1	521	596	596	596
43	湖南	历史类	新闻学	普通类	3	521	597	600	598.33
43	湖南	历史类	汉语言文学	普通类	2	521	602	605	603.5
43	湖南	历史类	经济学类	普通类	2	521	602	603	602.5
43	湖南	历史类	工商管理类	普通类	2	521	601	603	602
43	湖南	历史类	外国语言文学类	普通类	3	521	597	598	597.67
43	湖南	历史类	法学类	普通类	2	521	599	604	601.5
43	湖南	历史类	金融学（中外合作办学）	中外合作办学	2	521	592	593	592.5
43	湖南	艺术（物理类）	音乐学（民族器乐）	艺术类	1	504	378	378	378
43	湖南	艺术（历史类）	音乐学（西洋管弦乐）	艺术类	2	521	405	430	417.5
43	湖南	艺术（历史类）	音乐学（民族器乐）	艺术类	1	521	446	446	446

续表

省区市代码	省(区、市)	科类	专业名称	统计类型	录取人数	控制线	最低分	最高分	平均分
43	湖南	艺术（历史类）	美术学	艺术类	2	521	493	513	503
43	湖南	艺术（历史类）	舞蹈编导	艺术类	4	521	399	447	429.5
43	湖南	艺术（历史类）	设计学类	艺术类	7	521	456	509	475
44	广东	物理类	经济学类	普通类	2	539	616	616	616
44	广东	物理类	工商管理类	普通类	7	539	610	614	611.43
44	广东	物理类	外国语言文学类	普通类	7	539	609	610	609.29
44	广东	物理类	自动化类	普通类	4	539	615	619	616
44	广东	物理类	电子信息类	普通类	5	539	615	617	615.8
44	广东	物理类	计算机类	普通类	3	539	617	620	618
44	广东	物理类	智能制造工程	普通类	5	539	610	615	611.8
44	广东	物理类	海洋科学	普通类	2	539	608	608	608
44	广东	物理类	海洋资源开发技术	普通类	2	539	607	608	607.5
44	广东	物理类	数学类	普通类	12	539	612	618	614.08
44	广东	物理类	物理学	普通类	7	539	610	612	611.14
44	广东	物理类	金融学（中外合作办学）	中外合作办学	2	539	612	616	614
44	广东	物理类	数学与应用数学（中外合作办学）	中外合作办学	3	539	610	613	611.33
44	广东	物理类	应用物理学（中外合作办学）	中外合作办学	2	539	609	609	609
44	广东	物理类	应用化学（中外合作办学）	中外合作办学	2	539	603	605	604
44	广东	物理类	生物科学（中外合作办学）	中外合作办学	2	539	608	608	608
44	广东	物理类	机械设计制造及其自动化（中外合作办学）	中外合作办学	2	539	610	613	611.5
44	广东	物理类	计算机科学与技术（中外合作办学）	中外合作办学	2	539	612	613	612.5
44	广东	历史类	汉语言文学	普通类	2	548	603	607	605

续表

省区市代码	省（区、市）	科类	专业名称	统计类型	录取人数	控制线	最低分	最高分	平均分
44	广东	历史类	经济学类	普通类	3	548	603	605	604
44	广东	历史类	工商管理类	普通类	2	548	604	605	604.5
44	广东	历史类	外国语言文学类	普通类	3	548	603	607	604.33
44	广东	历史类	法学类	普通类	2	548	602	604	603
44	广东	历史类	金融学（中外合作办学）	中外合作办学	2	548	599	600	599.5
45	广西	文史	新闻学	国家专项	1	530	581	581	581
45	广西	文史	汉语言文学	国家专项	1	530	588	588	588
45	广西	文史	经济学类	国家专项	1	530	580	580	580
45	广西	文史	工商管理类	国家专项	1	530	577	577	577
45	广西	文史	外国语言文学类	国家专项	1	530	577	577	577
45	广西	文史	法学类	国家专项	1	530	591	591	591
45	广西	文史	新闻学	普通类	2	530	606	606	606
45	广西	文史	汉语言文学	普通类	2	530	608	611	609.5
45	广西	文史	经济学类	普通类	2	530	606	609	607.5
45	广西	文史	工商管理类	普通类	4	530	603	615	606.25
45	广西	文史	外国语言文学类	普通类	4	530	604	607	605
45	广西	文史	法学类	普通类	3	530	607	610	608
45	广西	理工	工商管理类	国家专项	2	487	534	538	536
45	广西	理工	法学类	国家专项	1	487	558	558	558
45	广西	理工	智能制造工程	国家专项	1	487	544	544	544
45	广西	理工	海洋科学	国家专项	2	487	534	538	536
45	广西	理工	海洋资源开发技术	国家专项	2	487	528	536	532
45	广西	理工	经济学类	普通类	2	487	593	594	593.5
45	广西	理工	工商管理类	普通类	4	487	590	593	591.5
45	广西	理工	外国语言文学类	普通类	4	487	584	591	586.75
45	广西	理工	法学类	普通类	5	487	585	592	588.6
45	广西	理工	自动化类	普通类	3	487	594	595	594.33
45	广西	理工	电子信息类	普通类	3	487	595	596	595.33
45	广西	理工	计算机类	普通类	2	487	596	597	596.5

续表

省区市代码	省（区、市）	科类	专业名称	统计类型	录取人数	控制线	最低分	最高分	平均分
45	广西	理工	智能制造工程	普通类	2	487	593	593	593
45	广西	理工	海洋科学	普通类	6	487	582	592	586.5
45	广西	理工	海洋资源开发技术	普通类	8	487	581	590	582.88
46	海南	综合改革	海洋科学	国家专项	1	569	661	661	661
46	海南	综合改革	海洋资源开发技术	国家专项	1	569	651	651	651
46	海南	综合改革	经济学类	普通类	2	569	685	685	685
46	海南	综合改革	工商管理类	普通类	3	569	675	683	680.33
46	海南	综合改革	外国语言文学类	普通类	3	569	673	684	678
46	海南	综合改革	自动化类	普通类	2	569	670	672	671
46	海南	综合改革	海洋资源开发技术	普通类	2	569	668	674	671
50	重庆	物理类	经济学类	国家专项	1	528	636	636	636
50	重庆	物理类	工商管理类	国家专项	2	528	623	642	632.5
50	重庆	物理类	外国语言文学类	国家专项	1	528	625	625	625
50	重庆	物理类	自动化类	国家专项	1	528	630	630	630
50	重庆	物理类	电子信息类	国家专项	1	528	639	639	639
50	重庆	物理类	计算机类	国家专项	1	528	637	637	637
50	重庆	物理类	智能制造工程	国家专项	1	528	634	634	634
50	重庆	物理类	海洋科学	国家专项	1	528	617	617	617
50	重庆	物理类	海洋资源开发技术	国家专项	2	528	612	614	613
50	重庆	物理类	数学类	国家专项	1	528	632	632	632
50	重庆	物理类	经济学类	普通类	2	528	632	635	633.5
50	重庆	物理类	工商管理类	普通类	4	528	624	634	629.5
50	重庆	物理类	外国语言文学类	普通类	2	528	626	629	627.5
50	重庆	物理类	自动化类	普通类	3	528	629	630	629.33
50	重庆	物理类	计算机类	普通类	3	528	632	634	632.67
50	重庆	物理类	数学类	普通类	3	528	640	643	641.67
50	重庆	物理类	物理学	普通类	2	528	627	629	628
50	重庆	物理类	金融学（中外合作办学）	中外合作办学	2	528	616	617	616.5

续表

省区市代码	省（区、市）	科类	专业名称	统计类型	录取人数	控制线	最低分	最高分	平均分
50	重庆	物理类	数学与应用数学（中外合作办学）	中外合作办学	3	528	617	638	625
50	重庆	物理类	应用物理学（中外合作办学）	中外合作办学	2	528	612	616	614
50	重庆	物理类	机械设计制造及其自动化（中外合作办学）	中外合作办学	2	528	609	612	610.5
50	重庆	物理类	计算机科学与技术（中外合作办学）	中外合作办学	2	528	620	621	620.5
50	重庆	历史类	新闻学	国家专项	1	538	615	615	615
50	重庆	历史类	汉语言文学	国家专项	2	538	616	619	617.5
50	重庆	历史类	工商管理类	国家专项	1	538	626	626	626
50	重庆	历史类	外国语言文学类	国家专项	1	538	615	615	615
50	重庆	历史类	法学类	国家专项	1	538	616	616	616
50	重庆	历史类	新闻学	普通类	2	538	613	615	614
50	重庆	历史类	工商管理类	普通类	2	538	612	615	613.5
50	重庆	历史类	外国语言文学类	普通类	2	538	620	623	621.5
50	重庆	历史类	金融学（中外合作办学）	中外合作办学	2	538	609	615	612
51	四川	文史	新闻学	国家专项	3	541	592	595	593.33
51	四川	文史	汉语言文学	国家专项	2	541	594	602	598
51	四川	文史	经济学类	国家专项	1	541	599	599	599
51	四川	文史	工商管理类	国家专项	1	541	595	595	595
51	四川	文史	外国语言文学类	国家专项	1	541	595	595	595
51	四川	文史	法学类	国家专项	1	541	596	596	596
51	四川	文史	新闻学	普通类	3	541	599	601	599.67
51	四川	文史	汉语言文学	普通类	2	541	603	603	603
51	四川	文史	经济学类	普通类	2	541	600	603	601.5
51	四川	文史	工商管理类	普通类	4	541	599	600	599.25
51	四川	文史	外国语言文学类	普通类	5	541	598	600	599.4
51	四川	文史	法学类	普通类	3	541	600	604	602
51	四川	理工	经济学类	国家专项	1	521	608	608	608

续表

省区市代码	省（区、市）	科类	专业名称	统计类型	录取人数	控制线	最低分	最高分	平均分
51	四川	理工	工商管理类	国家专项	1	521	614	614	614
51	四川	理工	外国语言文学类	国家专项	2	521	603	616	609.5
51	四川	理工	法学类	国家专项	2	521	604	605	604.5
51	四川	理工	自动化类	国家专项	2	521	608	609	608.5
51	四川	理工	电子信息类	国家专项	1	521	611	611	611
51	四川	理工	计算机类	国家专项	1	521	621	621	621
51	四川	理工	智能制造工程	国家专项	1	521	608	608	608
51	四川	理工	海洋科学	国家专项	3	521	602	606	603.67
51	四川	理工	海洋资源开发技术	国家专项	3	521	590	603	594.67
51	四川	理工	数学类	国家专项	1	521	613	613	613
51	四川	理工	经济学类	普通类	2	521	621	625	623
51	四川	理工	工商管理类	普通类	4	521	619	620	619.5
51	四川	理工	外国语言文学类	普通类	4	521	620	626	622.25
51	四川	理工	法学类	普通类	4	521	620	621	620.75
51	四川	理工	自动化类	普通类	5	521	622	625	623.2
51	四川	理工	电子信息类	普通类	5	521	623	627	625.6
51	四川	理工	计算机类	普通类	2	521	628	630	629
51	四川	理工	智能制造工程	普通类	3	521	622	624	623
51	四川	理工	海洋科学	普通类	6	521	619	621	620.17
51	四川	理工	海洋资源开发技术	普通类	5	521	619	620	619.8
51	四川	理工	数学类	普通类	8	521	622	632	626.75
51	四川	理工	物理学	普通类	5	521	621	625	622.6
51	四川	理工	金融学（中外合作办学）	中外合作办学	2	521	609	612	610.5
51	四川	理工	数学与应用数学（中外合作办学）	中外合作办学	2	521	617	617	617
51	四川	理工	应用物理学（中外合作办学）	中外合作办学	2	521	610	612	611
51	四川	理工	应用化学（中外合作办学）	中外合作办学	3	521	603	611	607.33

续表

省区市代码	省（区、市）	科类	专业名称	统计类型	录取人数	控制线	最低分	最高分	平均分
51	四川	理工	生物科学（中外合作办学）	中外合作办学	2	521	603	604	603.5
51	四川	理工	机械设计制造及其自动化（中外合作办学）	中外合作办学	2	521	605	606	605.5
51	四川	理工	计算机科学与技术（中外合作办学）	中外合作办学	2	521	613	614	613.5
51	四川	艺术（不分文理）	舞蹈编导	艺术类	2	521	376	377	376.5
52	贵州	文史	新闻学	国家专项	3	556	628	632	629.67
52	贵州	文史	汉语言文学	国家专项	2	556	631	632	631.5
52	贵州	文史	经济学类	国家专项	1	556	633	633	633
52	贵州	文史	工商管理类	国家专项	4	556	629	632	630.5
52	贵州	文史	外国语言文学类	国家专项	2	556	634	635	634.5
52	贵州	文史	法学类	国家专项	3	556	633	638	634.67
52	贵州	文史	新闻学	普通类	2	556	632	632	632
52	贵州	文史	汉语言文学	普通类	2	556	632	633	632.5
52	贵州	文史	经济学类	普通类	2	556	632	634	633
52	贵州	文史	外国语言文学类	普通类	2	556	632	634	633
52	贵州	文史	法学类	普通类	2	556	635	635	635
52	贵州	理工	经济学类	国家专项	2	456	572	582	577
52	贵州	理工	工商管理类	国家专项	4	456	561	585	575.5
52	贵州	理工	外国语言文学类	国家专项	3	456	570	584	575
52	贵州	理工	法学类	国家专项	3	456	571	580	576.33
52	贵州	理工	自动化类	国家专项	1	456	576	576	576
52	贵州	理工	电子信息类	国家专项	1	456	577	577	577
52	贵州	理工	计算机类	国家专项	1	456	582	582	582
52	贵州	理工	智能制造工程	国家专项	2	456	572	575	573.5
52	贵州	理工	海洋科学	国家专项	3	456	559	569	563.33
52	贵州	理工	海洋资源开发技术	国家专项	4	456	566	572	569
52	贵州	理工	经济学类	普通类	2	456	574	580	577

续表

省区市代码	省(区、市)	科类	专业名称	统计类型	录取人数	控制线	最低分	最高分	平均分
52	贵州	理工	工商管理类	普通类	2	456	575	575	575
52	贵州	理工	外国语言文学类	普通类	2	456	572	574	573
52	贵州	理工	自动化类	普通类	2	456	575	575	575
52	贵州	理工	电子信息类	普通类	2	456	576	581	578.5
52	贵州	理工	智能制造工程	普通类	2	456	576	577	576.5
52	贵州	理工	海洋科学	普通类	5	456	570	573	571.6
52	贵州	理工	海洋资源开发技术	普通类	5	456	570	571	570.2
52	贵州	理工	数学类	普通类	2	456	578	591	584.5
53	云南	文史	新闻学	国家专项	2	565	627	627	627
53	云南	文史	汉语言文学	国家专项	2	565	626	630	628
53	云南	文史	经济学类	国家专项	2	565	631	633	632
53	云南	文史	工商管理类	国家专项	4	565	624	624	624
53	云南	文史	外国语言文学类	国家专项	2	565	624	635	629.5
53	云南	文史	法学类	国家专项	2	565	627	630	628.5
53	云南	文史	新闻学	普通类	2	565	630	632	631
53	云南	文史	汉语言文学	普通类	2	565	635	639	637
53	云南	文史	经济学类	普通类	2	565	632	632	632
53	云南	文史	工商管理类	普通类	3	565	630	630	630
53	云南	文史	外国语言文学类	普通类	2	565	630	630	630
53	云南	理工	经济学类	国家专项	1	520	610	610	610
53	云南	理工	工商管理类	国家专项	4	520	595	600	598
53	云南	理工	外国语言文学类	国家专项	1	520	603	603	603
53	云南	理工	法学类	国家专项	1	520	621	621	621
53	云南	理工	自动化类	国家专项	1	520	602	602	602
53	云南	理工	电子信息类	国家专项	1	520	604	604	604
53	云南	理工	计算机类	国家专项	1	520	603	603	603
53	云南	理工	智能制造工程	国家专项	1	520	602	602	602
53	云南	理工	海洋科学	国家专项	3	520	536	596	576
53	云南	理工	海洋资源开发技术	国家专项	4	520	537	595	562.75

续表

省区市代码	省(区、市)	科类	专业名称	统计类型	录取人数	控制线	最低分	最高分	平均分
53	云南	理工	工商管理类	普通类	3	520	604	610	606.33
53	云南	理工	外国语言文学类	普通类	2	520	610	618	614
53	云南	理工	法学类	普通类	3	520	610	613	611
53	云南	理工	自动化类	普通类	2	520	612	613	612.5
53	云南	理工	电子信息类	普通类	2	520	610	610	610
53	云南	理工	计算机类	普通类	2	520	615	616	615.5
53	云南	理工	智能制造工程	普通类	2	520	607	613	610
53	云南	理工	海洋科学	普通类	5	520	602	608	605.2
53	云南	理工	海洋资源开发技术	普通类	5	520	602	605	603
53	云南	理工	数学类	普通类	2	520	612	622	617
61	陕西	文史	新闻学	国家专项	2	499	601	602	601.5
61	陕西	文史	汉语言文学	国家专项	1	499	604	604	604
61	陕西	文史	经济学类	国家专项	1	499	603	603	603
61	陕西	文史	工商管理类	国家专项	2	499	596	601	598.5
61	陕西	文史	外国语言文学类	国家专项	1	499	599	599	599
61	陕西	文史	法学类	国家专项	1	499	602	602	602
61	陕西	文史	汉语言文学	普通类	2	499	611	615	613
61	陕西	文史	经济学类	普通类	2	499	615	616	615.5
61	陕西	文史	工商管理类	普通类	2	499	606	607	606.5
61	陕西	文史	外国语言文学类	普通类	2	499	609	609	609
61	陕西	文史	法学类	普通类	2	499	609	610	609.5
61	陕西	理工	经济学类	国家专项	1	443	582	582	582
61	陕西	理工	工商管理类	国家专项	2	443	575	577	576
61	陕西	理工	外国语言文学类	国家专项	2	443	578	580	579
61	陕西	理工	自动化类	国家专项	1	443	580	580	580
61	陕西	理工	电子信息类	国家专项	1	443	584	584	584
61	陕西	理工	计算机类	国家专项	1	443	581	581	581
61	陕西	理工	智能制造工程	国家专项	2	443	576	578	577
61	陕西	理工	海洋科学	国家专项	3	443	563	575	570

续表

省区市代码	省(区、市)	科类	专业名称	统计类型	录取人数	控制线	最低分	最高分	平均分
61	陕西	理工	海洋资源开发技术	国家专项	3	443	549	574	565
61	陕西	理工	数学类	国家专项	2	443	581	583	582
61	陕西	理工	物理学	国家专项	1	443	578	578	578
61	陕西	理工	经济学类	普通类	2	443	588	590	589
61	陕西	理工	工商管理类	普通类	3	443	584	585	584.67
61	陕西	理工	外国语言文学类	普通类	2	443	584	593	588.5
61	陕西	理工	自动化类	普通类	2	443	586	588	587
61	陕西	理工	电子信息类	普通类	3	443	586	587	586.67
61	陕西	理工	计算机类	普通类	3	443	587	589	588
61	陕西	理工	智能制造工程	普通类	2	443	585	586	585.5
61	陕西	理工	海洋科学	普通类	3	443	584	586	585
61	陕西	理工	海洋资源开发技术	普通类	2	443	585	585	585
61	陕西	理工	数学类	普通类	4	443	589	595	592.25
61	陕西	理工	数学与应用数学（中外合作办学）	中外合作办学	2	443	566	577	571.5
61	陕西	理工	应用物理学（中外合作办学）	中外合作办学	3	443	557	564	561.33
61	陕西	理工	应用化学（中外合作办学）	中外合作办学	2	443	550	551	550.5
61	陕西	理工	生物科学（中外合作办学）	中外合作办学	2	443	553	563	558
61	陕西	理工	机械设计制造及其自动化(中外合作办学)	中外合作办学	2	443	565	566	565.5
61	陕西	理工	计算机科学与技术（中外合作办学）	中外合作办学	2	443	569	576	572.5
62	甘肃	文史	国际政治	国家专项	1	502	582	582	582
62	甘肃	文史	新闻学	国家专项	3	502	582	584	583
62	甘肃	文史	汉语言文学	国家专项	1	502	584	584	584
62	甘肃	文史	经济学类	国家专项	2	502	587	594	590.5
62	甘肃	文史	工商管理类	国家专项	3	502	581	586	583
62	甘肃	文史	外国语言文学类	国家专项	2	502	583	584	583.5

续表

省区市代码	省(区、市)	科类	专业名称	统计类型	录取人数	控制线	最低分	最高分	平均分
62	甘肃	文史	法学类	国家专项	1	502	587	587	587
62	甘肃	文史	国际政治	普通类	2	502	584	587	585.5
62	甘肃	文史	新闻学	普通类	2	502	583	583	583
62	甘肃	文史	汉语言文学	普通类	2	502	588	588	588
62	甘肃	文史	工商管理类	普通类	3	502	582	587	584.33
62	甘肃	文史	外国语言文学类	普通类	2	502	581	593	587
62	甘肃	文史	法学类	普通类	3	502	585	590	586.67
62	甘肃	理工	经济学类	国家专项	2	440	553	558	555.5
62	甘肃	理工	工商管理类	国家专项	4	440	549	558	552.5
62	甘肃	理工	外国语言文学类	国家专项	4	440	543	555	549.5
62	甘肃	理工	法学类	国家专项	3	440	549	554	550.67
62	甘肃	理工	自动化类	国家专项	2	440	564	568	566
62	甘肃	理工	电子信息类	国家专项	2	440	569	569	569
62	甘肃	理工	计算机类	国家专项	1	440	570	570	570
62	甘肃	理工	智能制造工程	国家专项	2	440	559	563	561
62	甘肃	理工	海洋科学	国家专项	3	440	552	558	555.33
62	甘肃	理工	海洋资源开发技术	国家专项	3	440	539	555	547.67
62	甘肃	理工	国际政治	普通类	2	440	551	554	552.5
62	甘肃	理工	经济学类	普通类	2	440	556	561	558.5
62	甘肃	理工	工商管理类	普通类	5	440	553	556	554.4
62	甘肃	理工	外国语言文学类	普通类	4	440	552	556	554
62	甘肃	理工	法学类	普通类	5	440	552	556	554
62	甘肃	理工	自动化类	普通类	2	440	556	559	557.5
62	甘肃	理工	电子信息类	普通类	3	440	558	560	558.67
62	甘肃	理工	计算机类	普通类	2	440	560	562	561
62	甘肃	理工	智能制造工程	普通类	2	440	555	555	555
62	甘肃	理工	海洋科学	普通类	4	440	550	554	551
62	甘肃	理工	海洋资源开发技术	普通类	4	440	550	554	551.75
62	甘肃	理工	数学类	普通类	2	440	561	562	561.5

续表

省区市代码	省（区、市）	科类	专业名称	统计类型	录取人数	控制线	最低分	最高分	平均分
62	甘肃	艺术（不分文理）	舞蹈编导	艺术类	2	440	258	260	259
63	青海	文史	新闻学	国家专项	1	456	519	519	519
63	青海	文史	汉语言文学	国家专项	1	456	524	524	524
63	青海	文史	法学类	国家专项	1	456	534	534	534
63	青海	文史	工商管理类	普通类	2	456	526	528	527
63	青海	文史	法学类	普通类	2	456	531	534	532.5
63	青海	理工	工商管理类	国家专项	1	403	465	465	465
63	青海	理工	海洋科学	国家专项	1	403	462	462	462
63	青海	理工	经济学类	普通类	2	403	519	519	519
63	青海	理工	工商管理类	普通类	2	403	494	494	494
64	宁夏	文史	经济学类	国家专项	1	505	576	576	576
64	宁夏	文史	工商管理类	国家专项	1	505	574	574	574
64	宁夏	文史	法学类	国家专项	1	505	578	578	578
64	宁夏	文史	经济学类	普通类	2	505	585	591	588
64	宁夏	文史	外国语言文学类	普通类	2	505	583	584	583.5
64	宁夏	文史	法学类	普通类	2	505	590	591	590.5
64	宁夏	理工	工商管理类	国家专项	1	412	442	442	442
64	宁夏	理工	海洋科学	国家专项	1	412	488	488	488
64	宁夏	理工	经济学类	普通类	2	412	531	534	532.5
64	宁夏	理工	外国语言文学类	普通类	2	412	522	523	522.5
64	宁夏	理工	自动化类	普通类	2	412	534	542	538
64	宁夏	理工	海洋资源开发技术	普通类	2	412	519	530	524.5
65	新疆	文史	经济学类	国家专项	1	466	547	547	547
65	新疆	文史	工商管理类	国家专项	1	466	548	548	548
65	新疆	文史	外国语言文学类	国家专项	1	466	547	547	547
65	新疆	文史	汉语言文学	南疆计划	1	466	556	556	556
65	新疆	文史	新闻学	普通类	2	466	564	568	566
65	新疆	文史	汉语言文学	普通类	2	466	564	564	564
65	新疆	文史	经济学类	普通类	2	466	571	571	571

续表

省区市代码	省(区、市)	科类	专业名称	统计类型	录取人数	控制线	最低分	最高分	平均分
65	新疆	文史	工商管理类	普通类	3	466	563	566	565
65	新疆	文史	外国语言文学类	普通类	2	466	565	577	571
65	新疆	理工	工商管理类	国家专项	1	405	525	525	525
65	新疆	理工	法学类	国家专项	1	405	465	465	465
65	新疆	理工	电子信息类	国家专项	1	405	525	525	525
65	新疆	理工	计算机类	国家专项	1	405	528	528	528
65	新疆	理工	海洋科学	国家专项	2	405	496	513	504.5
65	新疆	理工	海洋资源开发技术	国家专项	1	405	496	496	496
65	新疆	理工	法学类	南疆计划	1	405	495	495	495
65	新疆	理工	经济学类	普通类	2	405	548	557	552.5
65	新疆	理工	工商管理类	普通类	4	405	541	546	542.5
65	新疆	理工	外国语言文学类	普通类	3	405	540	541	540.33
65	新疆	理工	法学类	普通类	3	405	541	545	542.67
65	新疆	理工	自动化类	普通类	2	405	547	548	547.5
65	新疆	理工	电子信息类	普通类	3	405	543	544	543.67
65	新疆	理工	计算机类	普通类	4	405	545	547	546.25
65	新疆	理工	智能制造工程	普通类	2	405	542	543	542.5
65	新疆	理工	海洋科学	普通类	4	405	540	542	541
65	新疆	理工	海洋资源开发技术	普通类	3	405	539	540	539.67